Stefan Karner – Gottfried Stangler (Hg.)

„Österreich ist frei!"
Der Österreichische Staatsvertrag 1955

Stefan Karner – Gottfried Stangler (Hg.)

„Österreich ist frei!" Der Österreichische Staatsvertrag 1955

Beitragsband zur Ausstellung auf Schloss Schallaburg 2005

Unter Mitarbeit
von
Peter Fritz und Walter M. Iber

Verlag Berger, Horn – Wien, 2005

Im Auftrag des Amtes der Niederösterreichischen Landesregierung,
Abteilung Kultur und Wissenschaft

Stefan Karner – Gottfried Stangler (Hg.)
„Österreich ist frei!" Der Österreichische Staatsvertrag 1955
Beitragsband zur Ausstellung auf Schloss Schallaburg 2005

Katalog des Niederösterreichischen Landesmuseums,
Neue Folge Nr. 457

Ludwig Boltzmann Institut
für Kriegsfolgen-Forschung
Graz - Wien - Klagenfurt

NIEDERÖSTERREICH

Grafisches Design des Einbandes:
Triform Alexander Korab Design, Wien

Gesamtherstellung:
Druckerei Ferdinand Berger & Söhne Gesellschaft m.b.H.
Wienerstraße 80
3580 Horn

ISBN-Nr. 3-85460-224-3

Verlag Berger, Horn – Wien, 2005

Danksagung

Besonderer Dank für die Zurverfügungstellung von Materialien für den Beitragsband
und die Ausstellung gebührt den privaten Leihgebern und den öffentlichen Institutionen und Archiven
in Österreich und im Ausland,
insbesondere

APA, Austria Presse Agentur
Familie Figl
ORF
Otto Pammer
Österreichische Nationalbibliothek
Foto Votava
Wiener Stadt- und Landesbibliothek
Familie Wohlmeyer (Raab)

Für die Unterstützung der Ausstellung bedankt sich das Land Niederösterreich
bei folgenden Firmen und Institutionen:

Brau Union Österreich AG
Die Niederösterreichische Versicherung
ORF NÖ
Ö1
Palmers

Vorwort

Die Jubiläen „60 Jahre Kriegsende" und „50 Jahre Staatsvertrag" sind ohne Zweifel ganz entscheidende Eckpunkte der österreichischen Nachkriegszeit. Niederösterreich kommt im Zusammenhang mit den beiden Jubiläen eine besondere Rolle zu, zählen doch die zwei Niederösterreicher Leopold Figl und Julius Raab zu den Schlüsselpersonen dieser Zeit und gelten als Väter des Staatsvertrages und Baumeister der Zweiten Republik.

Das Land Niederösterreich hat daher das Jubiläumsjahr 2005 zum Anlass genommen, um einerseits die vielschichtige Entwicklung und den dornenvollen Weg vom Kriegsende 1945 bis zur Unterzeichnung des Österreichischen Staatsvertrages im Mai 1955 zum Thema einer Ausstellung zu machen und andererseits das Handeln, die Politik und den unermüdlichen Einsatz der beiden niederösterreichischen Politiker Figl und Raab für Österreich vor dem Hintergrund der entscheidenden innen- und außenpolitischen Themen der Nachkriegszeit zu würdigen.

Neben den Verdiensten von Figl und Raab sollen aber auch die Leistungen der gesamten Aufbaugeneration honoriert werden. Jene Leistungen also, mit denen in einer Zeit der größten Not die Voraussetzungen für unseren heutigen Wohlstand geschaffen wurden und die uns noch heute zu Dank und Bewunderung verpflichten. Daher ist ein wesentliches Ziel dieser Ausstellung, vor allem den jungen Menschen den Werdegang Österreichs zu veranschaulichen und das Bewusstsein für den Umgang mit der Geschichte zu schärfen – ganz unter dem Motto: „Geschichte sehen und dadurch Geschichte verstehen".

Dies umso mehr in einer Zeit, wo vieles für selbstverständlich genommen wird. Gerade auf dem Weg nach vorne ist es besonders wichtig, sich im Blick zurück mit der eigenen Geschichte auseinander zu setzen und daraus die richtigen Lehren zu ziehen.

Dass mit der Schallaburg der passende Ort für diese Jubiläumsausstellung gewählt wurde, liegt auf der Hand, hat sich doch die Schallaburg zum einen als Ausstellungszentrum einen Namen gemacht. Zum anderen reiht sich diese Ausstellung nahtlos in die Serie der zeitgeschichtlichen Ausstellungen der Jahre 1985 und 1995 ein.

Eine Besonderheit erwartet Sie, verehrte Besucher, dennoch. Neben zahlreichen noch nie gezeigten Dokumenten aus russischen Archiven ist in dieser Ausstellung auch eine Vielzahl an Exponaten und privaten Leihgaben aus ganz Österreich zu bewundern, die im Rahmen einer großen Sammelaktion von der Bevölkerung in die Ausstellung eingebracht wurden.

Als Landeshauptmann danke ich allen, die durch ihr Zusammenwirken diese Ausstellung ermöglicht haben. Vor allem aber wünsche ich den Besuchern einen interessanten und eindrucksvollen Streifzug durch ein wichtiges Stück heimischer Zeitgeschichte.

Erwin Pröll
Landeshauptmann von Niederösterreich

Inhaltsverzeichnis

4. Die Einigung im Inneren

5. Kriegsgefangenschaft, Verhaftungen, Verschleppungen

6. Nachkriegsalltag

7. Wirtschaft und Sozialpolitik

10. Der (außenpolitische) Weg zum Staatsvertrag

11. Der Staatsvertrag „Österreich ist frei!"

12. Persönlichkeiten rund um den Staatsvertrag

Zur Einleitung

Zu den prägendsten Ereignissen der jüngeren Geschichte Österreichs zählt ohne Zweifel die Unterzeichnung des Österreichischen Staatsvertrages 1955 durch die Außenminister der vier Großmächte. Der österreichische Außenminister Leopold Figl traf in seiner kurzen Ansprache im Belvedere mit dem Schlusssatz „Österreich ist frei!" genau das Gefühl der Österreicher nach zehn Jahren des Hoffens und Bangens. Selten schien der Gleichklang zwischen den Worten eines Politikers und dem Gefühl der Menschen stimmiger.

Daher stellt es ein Wagnis dar, ein so emotionelles Ereignis in einer Ausstellung zu zeigen: jenen, die in diesen Jahren gelebt haben und die selbst ein Teil der dargestellten Geschichte sind sowie jenen jungen Menschen, für die diese Jahre weit entfernte Geschichte sind. Es gilt vor allem, die Entwicklungen, Ereignisse und die Geschichte in einer verständlichen Sprache zu vermitteln. Daher werden modernste technische Mittel eingesetzt und gleichzeitig Originale gezeigt.

Generell versucht die Ausstellung auf insgesamt rund 1.200 Quadratmetern Fläche einen Mix aus der Darstellung von

- Geschichte, wie sie im Alltag von den Menschen erlebt wurde, und der so genannten
- „Großen" Geschichte der politischen, wirtschaftlichen, kulturellen und sozialen Ebene.

Die zehn Jahre der Geschichte Österreichs nach dem Zweiten Weltkrieg beinhalten nicht nur die Geschichte eines vierfach besetzten Landes oder einer Gesellschaft, die anfangs viel zu wenig erzeugt hat, um sich selbst ernähren zu können, sondern ist auch die Geschichte eines Landes, das sich eine neue Identität suchen musste: als Kleinstaat, als Staat zwischen zwei großen militärischen und ideologischen Blöcken, als eine Gesellschaft, die den Konsens über tiefe Gräben hinweg suchte, die in den Jahren zuvor aufgerissen worden waren, und als ein Staat, dessen Menschen an seine Zukunft glauben.

Die Ausstellung versucht bereits im Bereich der architektonischen Gestaltung den Weg Österreichs plastisch darzustellen. Am Anfang ein Tunnel, mit wenig Blickmöglichkeit nach außen, ohne größere Bewegungsmöglichkeit, später mit Sicht nach außen und der Hereinnahme der Ereignisse von draußen (Österreich, das langsam in die europäische Staatengemeinschaft und Gesellschaft hineinwächst) und schließlich geöffnete Wände: Österreich wird von Fesseln befreit, kann sich frei entfalten.

Die Präsentation von Ausstellungen hat sich in den letzten Jahrzehnten stark verändert. Wurden vor 20 Jahren noch aufwändige Objekt-Inszenierungen, in möglichst naturgetreuer Abbildung des Geschehenen, attraktive Szenerien und Ausstellungslandschaften arrangiert (etwa bei „Burgenland 1945" oder bei „Graz 1938"), so werden heute viel stärker aufwändige computergesteuerte Simulationen, Audio- und Videotechniken, Erlebnisräume, reduzierte, knappe Botschaften, kurze, prägnante Aussagen, durchgestylte Wände und Raumfluchten bevorzugt. Das Originalobjekt wird sparsamer eingesetzt. Nicht selten geht dabei auch ein Teil der differenzierten Aussage verloren. Ausstellungskataloge werden von Beitragsbänden abgelöst.

Dennoch stellen Ausstellungen eine eigene kulturelle Leistung mit ihren eigenen Gesetzmäßigkeiten dar und sind nicht durch TV-Dokumentationen, Bücher oder Vorträge ersetzbar. Die Anordnung der Objekte, ihre Aufeinanderfolge und Dichte sollen die Aussage vermitteln, von denen der Ausstellungsgestalter geleitet wurde.

Anders als bei großen Kunstausstellungen muss bei einer zeitgeschichtlichen Schau jedes Thema neu erarbeitet werden, weil die Blickpunkte und Sichtweisen stetigen Veränderungen unterworfen sind. Jede zeitgeschichtliche Ausstellung hat zudem die Aufgabe, direkten Kontakt zu den Besuchern herzustellen. Die Staatsvertrags-Ausstellung ging dabei einen – in dieser Dimension – neuen Weg und forderte etwa ein Jahr vor Ausstellungsbeginn über die österreichischen Medien dazu auf, persönliche Erinnerungsstücke für die Schau zur Verfügung zu stellen. Der Hintergedanke war die Herstellung eines starken persönlichen Bezuges zur Ausstellung und einer tiefgehenden Identifikation mit dem Thema. Die Leihgeber brachten auf diese Weise einen Teil ihres eigenen Lebens mit in ein größeres Ganzes ein. Ihre persönliche Geschichte wurde anschaulich zu einem Mosaikstein der Geschichte Österreichs; sie sind dadurch nicht mehr nur Besucher, sondern auch Mitgestalter und bestimmten damit auch bis zu einem gewissen Grad die Aussagen und Schwerpunkte der Ausstellung.

Für diese Ausstellung wurden rund 7.000 persönliche Erinnerungsstücke (Exponate) von privaten Leihgebern zur Verfügung gestellt: Von den Holzschuhen, die nach dem Krieg von Frankreich bis vor die Tore Graz von einem Kriegsgefangenen getragen wurden, über jenen Alltagsgegenstand, der geradezu zum Signet dieser Zeit wurde: dem Identitätsausweis in vier Sprachen, über die „Singer"-Nähmaschine, den Getreide-Jutesack, mit dem lebenswichtiges Mehl geliefert wurde, oder die fast kurios anmutenden, aus Sektkorken des Staatsvertrags-Sektes geschnitzten Figuren der Politiker des Staatsvertrages.

Die Ausstellung zeigt auch jene Kamera (38mm Film), mit der die Aufnahmen von der Unterzeichnung gemacht wurden, die über die „Fox tönende Wochenschau" (Otto Pammer) in die ganze Welt gingen. Ebenso jenen Notizzettel, auf dem schon am 14. April 1955 in Moskau, nach den erfolgreichen Verhandlungen, vorweg die richtige Einschätzung Raabs zum erstenmal festgehalten wurde: „Wir werden frei sein!" Die Extra-Ausgabe des Kurier vom 14. April abends konnte von den Blattmachern Hugo Portisch und Hans Dichand kaum verkauft werden: Die Menschen konnten an den erfolgreichen Abschluss zunächst gar nicht glauben.

Figl und Raab sind mit persönlichen Leihgaben aus dem Besitz ihrer Familien vertreten. Erinnerungen an seelische und körperliche Wunden werden von den Menschen dieser Jahre in Gesprächen eingebracht. Andere bleiben bloße Erinnerung. Vieles ist heute noch so lebendig, als ob es am Morgen geschehen wäre. Und doch gibt es noch keine ausgesprochene Reflexion darüber.

Die Ausstellung „Österreich ist frei!" zeichnet neben den zahlreichen privaten Exponaten vor allem auch der erstmalige Einsatz russischer Dokumente aus. Sie stammen aus den Archiven des ehemaligen KGB, des NKVD, des Außenministeriums oder der Staatsarchive. Sie geben neue Sichtweisen frei und zeigen da und dort neue Sachverhalte auf. Das vom Bundesministerium für Bildung, Wissenschaft und Kultur (Bundesministerin Elisabeth Gehrer) geförderte Projekt „Die Rote Armee in Österreich 1945–1955" konnte dabei gewinnbringend mit seinen Forschungsergebnissen eingebracht werden.

Ein Unternehmen wie eine derartige Großausstellung ist nur durch die Mithilfe einer großen Zahl von Mitarbeiterinnen und Mitarbeitern aus den verschiedensten Bereichen möglich. Ihnen sei an dieser Stelle zu allererst für ihr Engagement bei der Vorbereitung der Ausstellung sowie für ihre Beiträge im vorliegenden Band sehr herzlich gedankt. Ein besonderer Dank gilt dem Land Niederösterreich und Landeshauptmann Dr. Erwin Pröll, dem diese Ausstellung ein besonderes Anliegen war und ist und der sich persönlich (als Leihgeber, Proponent und Verhandler) in die Vorbereitungen eingeschaltet hat.

Ein besonders herzlicher Dank gilt den Ausstellungskoordinatoren Mag. Peter Fritz und Dr. Wolfram Dornik. Sie koordinierten die Sammelaktion, die Mitarbeiter von Ausstellung und Beitragsband, die Rahmenprogramme, die Website, den Unterrichtsleitfaden sowie die Arbeiten der Grafiker und Architekten. Ein besonders herzlicher Dank gebührt auch dem gesamten Team des Ludwig Boltzmann-Instituts für Kriegsfolgen-Forschung, Graz – Wien – Klagenfurt.

Frau Mag. Dagmar Kunert von der Projektleitung organisierte in bewährter Art mit besonderem Engagement die notwendige Verwaltungstätigkeit, die Ausschreibungen und Jurysitzungen für Architekten und Grafiker, die Transporte, Werbung sowie Marketing und war stets zur Stelle, wenn es galt, eine plötzlich auftretende Schwierigkeit zu lösen. Dank gilt aber auch allen anderen Mitarbeiterinnen und Mitarbeitern der Abteilung Kultur und Wissenschaft.

Besonders zu danken ist dem jungen Team der Ausstellungsarchitekten, DI Gerhard Abel, DI Paul Linsberger und DI Martina Püringer, und dem Grafiker-Team um Richard Ferkl.

Die praktische Umsetzung gerade in der Schlussphase der Ausstellung wurde vom erfahrenen Team der Schallaburg vor Ort erfolgreich realisiert.

Schließlich danken wir allen Leihgebern, den Privaten und den öffentlichen Institutionen, Bibliotheken, Museen und Archiven sehr herzlich für die Möglichkeit der Entlehnung wichtiger Exponate.

Der vorliegende reich illustrierte Beitragsband wurde als Lesebuch für einen breiteren Leserkreis konzipiert. Dabei wurde versucht, einen breiten Themenkreis mit jeweils vielen Themen zu erfassen und in kurzen Beiträgen abzuhandeln.

Stefan Karner Gottfried Stangler

1. Alliierte Planungen zu Österreich

Aleksej Filitov

Die sowjetischen Planungen zu Österreich 1941–1945

Die Haltung der sowjetischen Führung zum Nachkriegsstatus Österreichs wurde bereits in den ersten Monaten des Zweiten Weltkrieges ausformuliert. Im Zuge eines Gespräches zwischen dem britischen Außenminister Anthony Eden und den beiden sowjetischen Staatslenkern Stalin und Molotov wurde von sowjetischer Seite am 16. Dezember 1941 klar erklärt: „Österreich muss als unabhängiger Staat wiedererrichtet werden."[1] Diese Sichtweise war bereits zuvor in einem vom Volkskommissar für Auswärtige Angelegenheiten der UdSSR, Vjačeslav Molotov, an den sowjetischen politischen Vertreter in London, Ivan Majskij, adressierten Telegramm vom 21. November 1941 zum Ausdruck gekommen.[2]

Im Verlaufe des erwähnten Gespräches vom 16. Dezember 1941 hatte Eden gegenüber der Mehrheit der Ideen der sowjetischen Führung über die Zukunft Europas eine ausweichende Position bezogen. Eine Ausnahme stellte dabei die österreichische Frage dar, zu der der britische Minister ähnlich klar Stellung bezog wie Stalin: „Die britische Regierung tritt unter allen Umständen für die Unabhängigkeit Österreichs ein."[3] Jedoch gab es bis zur vom 19. bis zum 30. Oktober 1943 abgehaltenen Moskauer Konferenz der Außenminister der „großen Troika" – Großbritannien, UdSSR und USA – in der Position der Westmächte zum zukünftigen Status Österreichs unterschiedliche Vorstellungen. Weit verbreitet waren Pläne einer Vereinigung Österreichs mit Nachbarstaaten (Ungarn, Tschechoslowakei) oder mit den südlichen Bundesländern Deutschlands im Rahmen verschiedener angedachter „Föderationen". Als einer der Beweggründe für die Schaffung von Föderationen wurde dabei das Argument der „Lebensunfähigkeit" Österreichs als selbständiger Staat ins Treffen geführt. In sowjetischen Dokumenten, die im Vorfeld der erwähnten Konferenz ausgearbeitet wurden, wird dieses Argument einer stichhaltigen Kritik unterzogen, indem man sich gleichzeitig für das Prinzip einer völligen Unabhängigkeit Österreichs einsetzt.[4]

Auf der Moskauer Konferenz wurde die Frage europäischer Föderationen keiner weiteren Erörterung unterzogen, wodurch die Pläne einer eingeschränkten Souveränität Österreichs ad acta gelegt waren. Die auf der Konferenz beschlossene Erklärung „Über Österreich" vom 1. November 1943 verkündete, dass die Regierungen der drei Großmächte „die Besetzung Österreichs durch Deutschland am 15. März 1938 als null und nichtig betrachten" und sie „wünschen, ein freies unabhängiges Österreich wiederhergestellt zu sehen" („Moskauer Deklaration").[5]

Das Programm einer vorübergehenden Besetzung des Gebietes Österreichs durch Truppen der Alliierten der Anti-Hitler-Koalition widersprach diesem Ziel dabei nicht. Konkrete Fragen der zukünftigen Besetzung als Teil eines allgemeinen Dokuments über die bedingungslose Kapitulation Deutschlands wurden zum Gegenstand von Erörterungen in der durch einen Beschluss der Moskauer Konferenz gegründeten „European Advisory Commission" (EAC) in London. Die Direktiven für den sowjetischen Vertreter in der EAC, Fedor Gusev, wurden in der am 4. September 1943 mittels Politbürobeschluss gebildeten Kommission zu Fragen eines Waffenstillstandes beim Volkskommissariat für Auswärtige Angelegenheiten der UdSSR ausgearbeitet. Zum Leiter dieser Kommission wurde Marschall Kliment Vorošilov ernannt (daher auch ihre gebräuchliche Kurzbezeichnung als „Vorošilov-Kommission").

Ein von der „Vorošilov-Kommission" ausgearbeiteter und mit 4. Februar 1944 datierter erster Entwurf eines Dokumentes über die bedingungslose Kapitulation sah keine Beteiligung der Streitkräfte der UdSSR an der Besetzung Österreichs vor. Entsprechend diesem Dokument sollte die Demarkationslinie „zwischen den Streitkräften der UdSSR einerseits und Streitkräften des Vereinigten Königreiches und der USA andererseits" entlang der „westlichen, südwestlichen und südlichen Grenze der Tschechoslowakei bis hin zur Stadt Bratislava und dann von dieser Stadt den Lauf der Donau stromabwärts bis zur Stadt Silistra und weiter in Richtung Osten entlang der rumä-

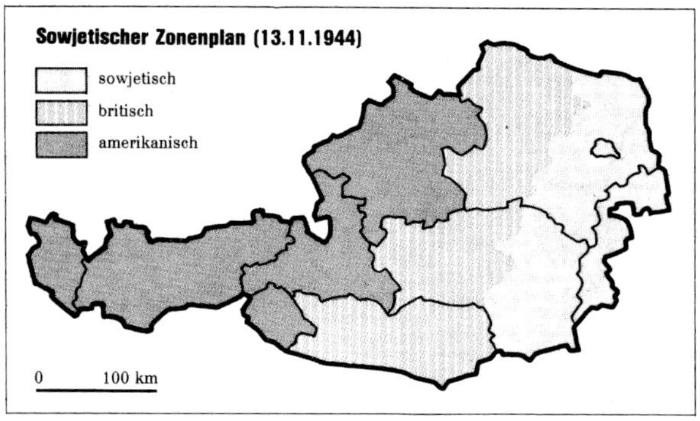

Sowjetischer Zonenplan 1944.
Quelle: FRUS 1944 und 1945; Wilfried Aichinger, Sowjetische Österreichpolitik 1943–1945. Phil. Diss. Wien 1977.

nisch-bulgarischen Grenze bis ans Ufer des Schwarzen Meeres" verlaufen.[6] Eine derartige Grenzziehungslinie hätte eine militärische Präsenz der UdSSR nicht nur in Österreich, sondern auch im Westteil Ungarns ausgeschlossen. In einer neuen Entwurfsvariante jedoch, die von Molotov zwecks Unterzeichnung am 12. Februar 1944 an Stalin gesandt wurde, war eine sowjetische militärische Präsenz bereits vorgesehen. Es hieß darin, dass „das Gebiet Österreichs von den Truppen der UdSSR, des Vereinigten Königreiches und der USA gemeinsam besetzt wird". Mit dieser Variante erklärte sich Stalin einverstanden.[7]

In einem Telegramm Molotovs an Gusev vom 12. Februar 1944 wurde darauf hingewiesen, dass der für die „Zone Berlins" und für das Gebiet Österreichs vorgeschlagene Status als „Ausnahme" von der Regel anzusehen wäre, weil „jede Zone nur von Truppen derjenigen der drei Mächte besetzt wird [...], der die jeweilige Zone zugeteilt wird".[8] Wenig später wurde beschlossen, von dieser „Ausnahme" abzugehen. Im Entwurf der „Vorošilov-Kommission" vom 17. April 1944 war eine Aufteilung Österreichs in Besatzungszonen wie folgt vorgesehen:

„a) Das Gebiet Österreichs östlich der Linie, ausgehend von der Grenzstadt Retz in Richtung Südwesten bis Horn und weiter südlich in Richtung Krems, von wo ab sie in Richtung Osten entlang dem rechten Ufer der Donau bis Tulln und weiter in südlicher Richtung über die Städte Hainfeld, Mürzsteg, Turnau, Bruck, Leoben und weiter entlang den Flüssen Mur und Lavant bis hin zur Südgrenze Österreichs verläuft, wird von Truppen der UdSSR besetzt, ausgenommen die unter Punkt ‚d' verzeichnete besondere Besatzungsordnung;

b) Das Gebiet westlich der in Punkt ‚a' genannten Linie mit westlicher Begrenzung durch die Linie, ausgehend von der österreichisch-bayrischen Grenze entlang dem rechten Ufer der Donau bis zur Einmündung der Enns und weiter entlang dem genannten Fluss in Richtung Süden bis Eisenerz und von dort nach Südosten entlang der vereinbarten Linie bis Leoben, wird von Truppen des Vereinigten Königreiches besetzt;

c) Das gesamte übrige Gebiet Westösterreichs wird von Truppen der USA besetzt;

d) Wien wird von Truppen der UdSSR, des Vereinigten Königreiches und der USA mit folgender Zoneneinteilung besetzt: Die Truppen der UdSSR besetzen den östlichen, zwischen Donau und Donaukanal gelegenen Teil der Stadt; die Truppen des Vereinigten Königreiches und die Truppen der USA das übrige Stadtgebiet, wobei die Demarkationslinie zwischen den Truppen des Vereinigten Königreiches und den Truppen der USA mittels Vereinbarung zwischen dem Kommando des Vereinigten Königreiches und dem der USA festgelegt wird."[9]

Im Zuge der am darauf folgenden Tag, dem 18. April 1944, abgehaltenen Sitzung der Kommission zur Frage der Besatzungszonen in Österreich taten Admiral Ivan Isakov und der stellvertretende Volkskommissar für Auswärtige Angelegenheiten, Majskij, ihre Meinung kund. Isakov wies darauf hin, dass die Grenzen der sowjetischen Zone eine direkte Bahn- und Schifffahrtsverbindung auf der Donau gewährleisten müssten, und Majskij hob hervor, „dass die sowjetische Zone nach Möglichkeit sowohl an Jugoslawien als auch an die Tschechoslowakei grenzen soll". Außerdem merkte Majskij an, dass es „die geografische Verteilung der Industriebetriebe in diesem Land und die Bevölkerungszahlen der einzelnen Bundesländer Österreichs in Betracht zu ziehen gilt. Alle drei Zonen müssen über eine ungefähr gleiche Bevölkerungszahl verfügen."[10]

In ihrer Sitzung am 30. April kehrte die Kommission neuerlich zur Frage der Grenzziehung zwischen den Besatzungszonen zurück. Die zur Durchsicht vorgelegten Vorschläge wurden „im Großen und Ganzen" angenommen. Wie im Protokoll vermerkt, wurden „der sowjetischen Besatzungszone folgende Bundesländer zugeteilt: das Burgenland, die Hälfte Niederösterreichs und der Steiermark; der Zone des Vereinigten Königreiches – die Hälfte Niederösterreichs und der Steiermark sowie die Hälfte Kärntens; der Zone der USA – Oberösterreich, Salzburg, Tirol und die Hälfte Kärntens. Die Bevölkerungszahl in jeder der Zonen liegt bei etwa 1,5 Millionen." In Bezug auf Wien wurde der bereits früher gefällte Beschluss zu den Zonen bestätigt.[11]

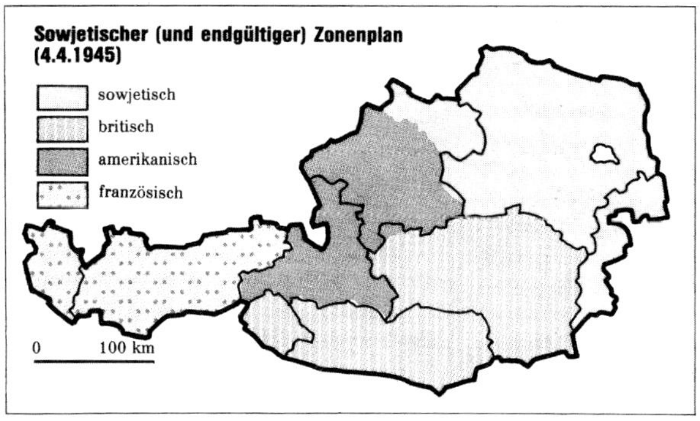

Sowjetische (und endgültige) Zonenaufteilung Österreichs 1945.
Quelle: FRUS 1944 und 1945; Wilfried Aichinger, Sowjetische Österreichpolitik 1943–1945. Phil. Diss. Wien 1977.

Das endgültige Ergebnis der Planungsarbeit der „Vorošilov-Kommission" zu Österreich wurde in einem mit 12. Juni datierten Resümee ihres Vorsitzenden zusammengefasst. In diesem hieß es:

„In Österreich liegt die Fläche der sowjetischen Besatzungszone bei 21.066 Quadratkilometern mit einer Gesamtbevölkerungszahl von 1,407.000 Personen. Der übrige Teil nimmt eine Fläche von 62.587 Quadratkilometern mit 2,738.000 Bewohnern ein. Wien mit seiner Bevölkerungszahl von 1,929.000 Personen wird als eigene Einheit mit einer gemeinsamen Besatzung durch Truppen der drei Mächte gesondert behandelt.

Die Kommission ist der Meinung, dass die Demarkationslinie zwischen der britischen und der amerikanischen Zone in Österreich und in Wien von den Engländern und Amerikanern selbst festgelegt werden muss.

Der Zoneneinteilung in Österreich liegt nicht die territoriale Komponente zu Grunde, sondern die Bevölkerungszahl und die Verteilung der Industrie.

In der sowjetischen Zone (deren Bevölkerungszahl ein Drittel der Bevölkerung Österreichs ausmacht) befindet sich ein großer Teil der Industriebetriebe, und dazu ist die sowjetische Zone durch Eisenbahnstrecken mit Jugoslawien, der Tschechoslowakei und mit Ungarn direkt verbunden."[12]

Die Westmächte präsentierten ihre Varianten der Zoneneinteilung in Österreich. Entsprechend dem letzten, von der britischen Seite am 30. Jänner 1945 in der EAC eingebrachten Entwurf sollte die UdSSR für ihre Besatzungszone nur das Gebiet Niederösterreichs (ohne Wien) erhalten; Großbritannien sollten die Steiermark und Kärnten; den USA Salzburg und Oberösterreich und Frankreich Tirol sowie Vorarlberg zugeteilt werden. Dieser Vorschlag rief bei einem Teil der sowjetischen Diplomatie eine ablehnende Reaktion hervor. In einem Memorandum vom 29. März 1945 brachten vier sowjetische Diplomaten (Andrej Smirnov, Nikolaj Ivanov, Aleksej Roščin, Semën Bazarov) die Befürchtung zum Ausdruck, dass bei einer solchen Zoneneinteilung „im Österreich benachbarten Jugoslawien die Engländer wesentlichen Einfluss (ähnlich, wie dies in Griechenland der Fall ist) geltend machen werden. Das ist für uns wohl kaum von Vorteil."[13]

In diesem Memorandum wurde vorgeschlagen, auch die Steiermark und Kärnten in die sowjetische Zone einzugliedern.

Laut den Erinnerungen des sowjetischen Diplomaten Vladimir Semënov, einer der Verfasser dieses Memorandums, trat Smirnov – zum damaligen Zeitpunkt Leiter der 3. Europäischen Abteilung des Volkskommissariates für Auswärtige Angelegenheiten (NKID) – in einem Gespräch mit Stalin (dessen Datum von Semënov leider nicht genannt wird) dafür ein, die sowjetischen Truppen nicht von den in der Endphase der Kampfhandlungen erreichten und gehaltenen Positionen abzuziehen. Bekanntermaßen waren sowjetische Einheiten gegen Kriegsende auf das

Gebiet der Steiermark – das Bundesland, das neben Kärnten die längste Grenze zu Jugoslawien aufwies – vorgerückt, womit entsprechend dem Standpunkt Smirnovs und seiner Gesinnungsgenossen eine günstige Situation eingetreten war, in der man auf die Alliierten dahin gehend Druck hätte ausüben können, von ihrem Plan zur Zoneneinteilung Abstand zu nehmen. Doch Stalin begegnete diesem Vorschlag Smirnovs mit kategorischer Ablehnung, indem er ihn als „falsch und schadend" bezeichnete.[14] Letztendlich waren alle Seiten zu Zugeständnissen bereit. Die UdSSR gab ihre Ansprüche auf die Steiermark auf. Am 9. Juli 1945 wurde das Alliierte Abkommen über die Besatzungszonen Österreichs unterzeichnet, nachdem es fünf Tage zuvor, am 4. Juli 1945, zur Unterzeichnung des Abkommens über den Kontrollmechanismus gekommen war. Für Österreich tat sich der Weg hin zur Entwicklung einer freien, demokratischen Gesellschaft auf. Der Geist des gemeinsamen Handelns der Staaten der Anti-Hitler-Koalition war stärker als der Wille zur Konfrontation.

Es gilt anzumerken, dass sogar in Zeiten des beginnenden „Kalten Krieges" die Besetzung Österreichs in führenden sowjetischen Kreisen als vorübergehender, zeitlich begrenzter Zustand angesehen wurde und die Idee, die sowjetische Besatzungszone in einen unabhängigen Staat zu verwandeln und dem „Ostblock" anzuschließen, abgelehnt wurde. Eine solche Idee war nicht seitens der UdSSR, sondern von jugoslawischen Kommunisten ins Spiel gebracht worden. Die sowjetische Reaktion darauf, die vom Mitglied des Politbüros Andrej Ždanov vorgetragen wurde, fiel eindeutig negativ aus: „Der Ratschlag, auf eine Teilung Österreichs hinzuarbeiten, ist ein vollkommen falscher Ratschlag."[15] Das Prinzip der Achtung der Souveränität und der Einheit der österreichischen Nation, das in aus der Zeit des Krieges stammenden Dokumenten festgeschrieben worden war, hatte auf diese Weise auch in der schwierigen Periode nach 1945 Bestand. Seinen sichtbaren Niederschlag fand es schließlich im Abschluss des Staatsvertrages im Mai 1955.

Anmerkungen

1 G. P. Kynin – J. Laufer, SSSR i germanskij vopros [Die UdSSR und die deutsche Frage] 1941–1949, Bd. 1. Moskau 1996, S. 126.
2 Ebd., S. 118f.
3 Ebd., S. 128.
4 Ebd., S. 301–303.
5 Sovetskij Sojuz na meždunarodnych konferencijach perioda Velikoj Otečestvennoj vojny 1941–1945 gg. Bd. 1. Moskovskaja konferencija ministrov inostranych del SSSR, SŠA i Velikobritanii (19–30 oktjabrja 1943 g.) [Die Sowjetunion auf internationalen Konferenzen zur Zeit des Großen Vaterländlichen Krieges (1941–1945), Bd. 1. Die Moskauer Konferenz der Außenminister der UdSSR, der USA und Großbritanniens (19.–30. Oktober 1943)]. Moskau 1984, S. 328.
6 Ebd., S. 402.
7 Ebd., S. 413.
8 Ebd., S. 416.
9 Ebd., S. 461.
10 Ebd., S. 464.
11 Ebd., S. 469.
12 Ebd., S. 488.
13 AVP RF, F. 07, op. 10, p. 13, d. 159, S. 1-3.
14 V. M. Falin, Vtoroj front. Antigitlerovskaja koalicija. Konflikt interesov [Die zweite Front. Die Anti-Hitler-Koalition. Ein Interessenskonflikt]. Moskau 2000, S. 565.
15 RGASPI, F. 77, op. 3, d. 100, S. 9–16 – Notiz eines Gespräches von A. A. Ždanov mit den Vertretern der Kommunistischen Partei Österreichs, Koplenig und Fürnberg, 13. Februar 1948. Bezeichnend ist auch folgende Reaktion Ždanovs: „Genosse Koplenig hat an dieser Stelle gesagt, dass die Besatzung durch die sowjetischen Truppen die innere Stabilität Österreichs fördert. Ich bin nicht dieser Meinung. Sie ist ein Übel, ein – wenn auch unvermeidbares – so dennoch ein Übel, das sich in einem bestimmten Stadium zunehmend als wirkliches Hindernis für die demokratische Entwicklung Österreichs erweisen wird."

Siegfried Beer

Die anglo-amerikanischen Planungen zu Österreich 1939–1945

Einleitung

Es gilt vorerst emphatisch festzuhalten, dass die durchaus als umfassend zu bezeichnenden Sondierungs- und Planungsarbeiten der anglo-amerikanischen Kriegsmächte für und über Österreich sowohl im Rahmen der globalen Strategiediskussionen im Krieg wie auch der konkreten Nachkriegspolitik in Europa zu jeder Zeit lediglich eine völlig untergeordnete Rolle spielten und die Österreichfrage aus der Perspektive Londons und Washingtons einerseits lange eine Funktion des Deutschlandproblems, also der angepeilten Zerstückelung Hitlerdeutschlands nach dem Krieg und andrerseits wieder einen Teilaspekt der Nachkriegsregelung für den deutsch-dominierten Raum in Mitteleuropa abgab. Die strategische und planerische Bedeutung Österreichs lag daher fast ausschließlich in der geostrategischen Lage der „Donau- und Alpengaue" im Raum Zentral-Südosteuropa, und jedenfalls nicht an ausgeprägten nationalen, militärischen, politischen oder auch wirtschaftlichen Interessen der westalliierten Kriegsmächte an diesem Kleinstaat in den Grenzen von 1937. Es mag daher etwas verblüffen, dass man sich in London und Washington schon so relativ früh und im Kriegsverlauf zunehmend intensiver mit dem Themenkomplex Österreich vor allem im Kontext der gesamten alpen- und donauländischen Region beschäftigt hat, wenn auch bis etwa Anfang 1943 in relativ unsystematischer Art und Weise.[1]

Im Folgenden kann natürlich nur kursorisch auf diese von politischen Entscheidungsträgern, aber auch von Experten und zuständigen Beamten gemachten Äußerungen und Überlegungen eingegangen werden, um die Evolution der anglo-amerikanischen Österreichplanung bis hin zur konkreten Befreiungs- und Besatzungspolitik ab Mai 1945 besser verstehen zu können.[2]

Erste Überlegungen und Lösungsansätze

Als die Deutsche Wehrmacht am 13. März 1938 Österreich militärisch besetzte, waren dessen Unabhängigkeit und Souveränität von den damaligen Großmächten schon weitgehend abgeschrieben. Dementsprechend hohl klangen denn auch deren verbale Proteste und Stellungnahmen zum vollzogenen „Anschluss" Österreichs, und man ging in der internationalen Diplomatie diesbezüglich sehr schnell wieder zur Tagesordnung über. Im Falle Großbritanniens bedeutete dies sowohl eine de facto als auch de jure Anerkennung des „Anschlusses", während Frankreich und die USA sich einer pragmatischen de jure Nicht-Anerkennungsformel bedienten, die jeweils eigenen realpolitischen Interessen entsprach.[3]

Immerhin war es der neue britische Kriegspremierminister Winston Churchill, der schon am 9. November 1940 in einer öffentlichen Rede Österreich unter denjenigen Staaten nannte, für die das britische Empire das Schwert ergriffen habe und die durch einen britischen Endsieg Befreiung vom deutschen Joch erwarten könnten.[4] Noch deutlicher wurde Churchill bei einer Ansprache vor österreichischen Emigranten am 18. Februar 1942 vor seinem Amtssitz 10 Downing Street, als er gemäß einem Zeitungsbericht wortwörtlich sagte: „We can never forget in this island that Austria was the first victim of Nazi aggression." Diese Formel wird später von Bedeutung werden.[5]

Anlässlich des Kriegsausbruchs mit Japan im Dezember 1941 nannte der amerikanische Präsident Franklin D. Roosevelt den deutschen Überfall auf Österreich ausdrücklich unter den zahlreichen Aggressionsakten Hitlerdeutschlands, und nur wenige Tage später, am 16. Dezember 1941, charakterisierte Josef Stalin in einem Gespräch mit dem britischen Außenminister Anthony Eden die Wiederherstellung Österreichs in den Grenzen von 1937 als ein der Aufteilung Deutschlands unmittelbar nachgereihtes Kriegsziel der Sowjetunion.[6] Während die sowjetische Regierung über den gesamten Verlauf des Krieges hinweg im Wesentlichen unbeirrt an dem Konzept der Wiedererrichtung des Kleinstaates Österreich fest-

Der britische Premierminister Winston Churchill um 1940.
Quelle: ÖNB/Bildarchiv/Wien.

Otto von Habsburg.
Quelle: Foto Votava/Wien.

hielt, wurden in der Folge von westlicher, vor allem britischer, Seite immer wieder auch andere Vorstellungen in die interalliierte Diskussion eingebracht, die eine Eingliederung Österreichs in eine größere staatliche Einheit im süddeutsch-donauländischen Raum vorsahen. Vor allem Churchill hatte sich der Idee verschrieben, Wien wieder den Status der Hauptstadt einer „großen Konföderation an der Donau" zu verleihen.[7] Auch im britischen Unterhaus waren bald ähnliche Töne zu hören. Sogar der amerikanische Präsident Roosevelt konnte sich wenigstens eine Zeit lang die Wiedereinsetzung der Habsburger in Zentraleuropa vorstellen, wie seine Kontakte zu „Otto of Austria" (so Roosevelts schmeichelhafte Anrede) belegen, und auch der Vatikan unterstützte die Idee der Restauration einer starken, katholisch ausgerichteten Donaumonarchie als Bollwerk gegen den Kommunismus.

Natürlich kam diesen gelegentlich sogar öffentlichen Erklärungen wichtiger Entscheidungsträger in den Regierungsapparaten der Briten und Amerikaner eo ipso Bedeutung zu; trotzdem muss man auch den planerischen Aktivitäten untergeordneter oder sogar privater Stellen Aufmerksamkeit schenken, etwa den für die jeweilige Außenpolitik damals schon einflussreichen „foreign policy think tanks" namens „Royal Institute of International Affairs" in London und „Council on Foreign Relations" in New York, welche sich am frühesten, nämlich schon ab 1939 bzw. 1941, in voneinander natürlich unabhängigen Studien-

Churchills Plan: Britische Überlegungen zur Bildung eines Süddeutschen Staates, der Süddeutschland, Österreich und Ungarn umfassen sollte.
Entwurf: BIK/Graz.

komitees mit Fragen der Nachkriegsgestaltung Zentraleuropas beschäftigten.[8] In diesen ersten Planungsansätzen war hauptsächlich von föderativen Lösungen des Österreichproblems die Rede, die entweder am imperialen Vorbild der Habsburgermonarchie orientiert waren oder eine multinationale „danubische" Staatenverbindung postulierten; kaum jemand machte sich damals für eine Wiedererrichtung der Ersten Republik stark. Zu den ganz wenigen Stimmen, die sich schon früh engagiert für die letztere Variante einsetzten, gehörte die des amerikanischen Balkanexperten im State Department, Cavendish Cannon, der sich – trotz des damaligen Mangels an verlässlichen Informationen über die Volksmeinung in den „Alpen- und Donaugauen" – überzeugt gab, dass die frühere Republik Österreich nicht nur lebensfähig sei, sondern deren völlige Unabhängigkeit von einer Mehrheit der ÖsterreicherInnen gewünscht werde. Er freute sich schon im Jänner 1943 – quasi in prophetischer Voraussicht – „auf ein zukünftiges Österreich, das einen Status ähnlich der Schweiz haben könnte"[9]. Mit Beginn des Kriegsjahres 1943 trat die alliierte Österreichplanung dann in ein deutlich intensiveres Stadium, was in der so genannten Moskauer Deklaration seinen Niederschlag fand.[10]

Westalliierte Vorbereitungen auf Befreiung und Besatzung Österreichs 1944/45

Zu den Beschlüssen der Moskauer Außenministerkonferenz im Oktober 1943 gehörte auch die

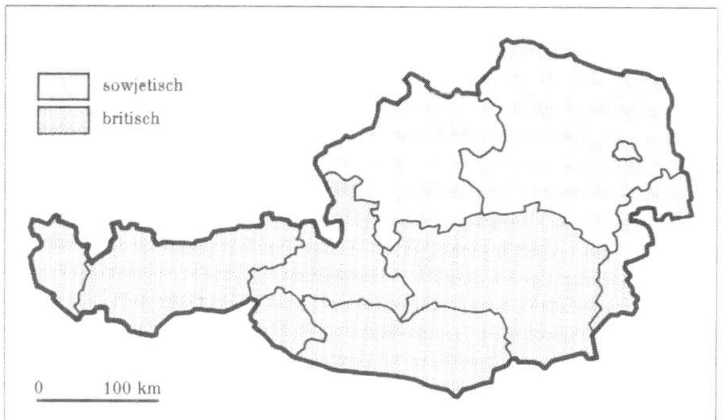

Britischer Zonenplan (21.8.1944).
Quelle: FRUS 1944 und 1945; Wilfried Aichinger, Sowjetische Österreichpolitik 1943–1945. Phil. Diss. Wien 1977.

Einsetzung eines permanenten Diplomatengremiums mit Sitz in London und mit der Bezeichnung European Advisory Commission (EAC), also der Europäischen Beratungskommission, welche Vorschläge zur Lösung der anstehenden Nachkriegsprobleme in Europa erarbeiten sollte. Als deren vorrangige Aufgabe wurde die Klärung der alliierten Vorgangsweise bei Besetzung und Verwaltung des Deutschen Reiches nach der Kapitulation angesehen. Auf Österreich bezogen hieß dies: Regelung bzw. Abkommen über die Besatzungszonen und über die Funktionsweise gemeinsamer Verwaltungs- und Kontrollinstrumente der alliierten Siegermächte.[11]

Die Zonenfrage

Es waren wieder einmal die Briten, die in eben dieser EAC im Jänner 1944 den ersten Zonenplan für Deutschland vorlegten, der eine Besatzungsverantwortung der USA für Süddeutschland und ganz Österreich vorsah.[12] Bereits am 18. Februar stellte ein sowjetisches Memorandum klar, dass die Zonenfragen über Österreich von der deutschen Zonenproblematik getrennt behandelt werden sollte und österreichisches Territorium jedenfalls von den Streitkräften der UdSSR, Großbritanniens und der USA gemeinsam zu besetzen wäre.[13] Präsident Roosevelt reagierte darauf mit einer Order an seinen EAC-Verhandler, Botschafter John G. Winant, aus militärstrategischen Gründen eine amerikanische Beteiligung bei der Besatzungsverwaltung Österreichs weiterhin zu verweigern, denn für ihn war damit die Gefahr einer Verwicklung in die Balkan-Rivalitäten Londons und Moskaus verbunden.[14] London reagierte darauf mit einem Zonenvorschlag, der eine bilaterale Aufteilung (im Norden die Sowjetunion, im Süden Großbritannien) vorsah, der z.B. eine Zweiteilung des Burgenlands gebracht hätte, jedoch eine gemeinsame Besatzungsverwaltung für Wien andachte.[15] Ein sowjetischer Zonenplan vom 13. November reagierte auf die Bereitschaft der amerikanischen Regierung, in Süddeutschland eine Besatzungszone zu übernehmen und sich an der Verwaltung Wiens als Hauptstadt zu beteiligen, und brachte eine etwas eigenwillige Schrägteilung Österreichs in drei Besatzungszonen, nach der die östlichen Hälften der Steiermark und Niederösterreichs den Sowjets zugefallen wären, die westlichen und Kärnten an die Briten und der Großteil Westösterreichs mit Vorarlberg, Tirol, Osttirol, Salzburg und Oberösterreich den Amerikanern zugeschlagen worden wäre.[16] Erst im Dezember stimmte der amerikanische Präsident der Errichtung einer US-Zone in Österreich zu, die an das den Amerikanern zugeteilte Bayern angrenzen sollte.[17] Im November war Frankreich als Mitverhandler in die Europäische Beratungskommission aufgenommen worden und im neuen Zonenplan der Briten vom 30. Jänner 1945, der sich an den Gaugrenzen vom 1. Oktober 1938 orientierte, mit einer westösterreichischen Zone und der Verwaltung eines Wiener Sektors vorgesehen.[18] Dieser Vorschlag der Briten sah erstmals eine zonale Vierteilung Österreichs vor, die der ab Sommer 1945 tatsächlich gelebten Regelung schon sehr nahe kam.[19] Diesem Vorschlag stellten die Sowjets am 4. April eine in drei Punkten veränderte Variante entgegen, gemäß welcher der nördlich der Donau gelegene Teil Oberösterreichs (Mühlviertel) und der steirische Teil des Burgenlandes gemäß den Grenzen vom 31. Dezember 1937 in die sowjetische Zone fallen sollten.[20] Diesen sowjetischen Wünschen wurde in der in London am 9. Juli unterzeichneten endgültigen Zonenregelung dann auch entsprochen, womit Wien in den Verwaltungsgrenzen der Vor-„Anschluss"-Ära in vier Sektoren aufgeteilt wurde, wobei es hier vor allem auch um den freien Zugang für die Westalliierten zu den Flugplätzen Tulln (Langenlebarn) für die Amerikaner und Schwechat (für die Briten und Franzosen) ging. Nur wenige Tage zuvor, am 4. Juli, war in London das Abkommen über die alliierte Kontrolle in Österreich unterzeichnet worden.[21] Damit waren eigentlich nur die Hülsen, nicht jedoch die Inhalte einer gemeinsamen alliierten Österreichpolitik nach dem Krieg bestimmt.

Die Kontrollfrage

Es ist hier nicht der passende Ort, Genese und Evolution von Kontrollvorstellungen in den einzelnen Ministerien Londons und Washingtons oder auch bilateral eingesetzter Planungsstäbe näher zu betrachten. Entscheidend ist nur, dass es im Laufe der beiden letzten Kriegsjahre eine ganze Reihe solcher Planungsgruppen gegeben hat, die entweder auf Kabinettsebene, auf Ebene der Generalstäbe oder auf Ebene der Kriegs-, Außen-, Finanz- und Handelsministerien eingesetzt wurden, sodass die anglo-amerikanische Österreichdiskussion relativ breit geführt wurde, sowohl in gemeinsamen als auch in unilateralen Stäben. Wegen der Ungewissheit, ob sowjetische, britische oder amerikanische Streitkräfte als erste Österreich okkupieren würden, wechselte die Hauptverantwortung für die westalliierte Besatzungsplanung für Österreich mehrmals zwischen dem Obersten Hauptquartier der Alliierten Expeditionskräfte (SHAEF: Supreme Headquarters Allied Expeditionary Force) und dem Hauptquartier der alliierten Streitkräfte im Mittelmeerraum (AFHQ: Allied Force Headquarters, Mediterranean Command), topograhisch also von London nach Caserta, Rom und Verona.[22] In unserem Kontext müssen jedoch inhaltliche Überlegungen besonders interessieren. So hieß es in einem frühen Planungsdokument der Amerikaner unter dem Titel „Political Guide for Austria" auszugsweise: „The political aims of the occupation of Austria will differ fundamentally from those of the occupation of Germany in that their primary purpose will be that of liberation. [...] The attitude to the Austrian population should be more friendly than in Germany."[23] In einem Grundsatzpapier des US State Department wiederum wurde die konsequente Wiederherstellung Österreichs als unabhängiger Staat moniert, eine klare Verwaltungstrennung von Deutschland verlangt, eine Rückkehr zur Verfassung von 1920 bzw. 1929 urgiert sowie eine möglichst frühe Einsetzung einer provisorischen Bundesregierung angeraten.[24]

Ab Frühherbst 1944, nachdem auf der zweiten Konferenz von Quebec die planerische Trennung Österreichs von der Deutschlandfrage beschlossen worden war, ging man in den Austrian Planning Units daran, Entwürfe für ein Handbuch für Österreich auszuarbeiten, das vor allem den verantwortlichen Besatzungsoffizieren der Militärregierungen vor Ort möglichst klare Handlungsanleitungen vermitteln sollte. Zugleich wurde in der EAC der Charakter des gemeinsamen Kontrollsystems in Österreich diskutiert. Ebendort brachten die Briten im Jänner 1945 einen weiteren Vorschlag ein, gemäß welchem Österreich auf der Basis von vier Zonen kontrolliert werden sollte, in Fragen, die Österreich als Ganzes beträfen, jedoch durch einen Alliierten Rat entschieden werden sollte.[25] Amerikanische Planer wandten dagegen ein, dass Einheit und Einheitlichkeit Österreichs eher durch einen zentralen Kontrollrat gewährleistet wären, dem die Zonenkommanden untergeordnet wären. Wie in Deutschland, sollte auch hier die Handlungsfreiheit der einzelnen Besatzungsmächte in den Zonen gegenüber der Zentralisierung obsiegen. Das Prinzip der „military necessity", also der Unterordnung nicht-militärischer Anliegen, sollte höchste Priorität haben, nicht nur in der letzten Kriegsphase, sondern auch in der konkreten Behandlung eines militärisch zu besetzenden Gebietes wie Österreich.[26] Dazu passte die im Vorwort zum „Provisional Handbook for Military Government in Austria" von Generalleutnant Walter Bedell Smith vorgelegte Kurzcharakterisierung des Österreichproblems aus westalliierter Sicht: „The problem of Military Government in Austria is a peculiar one. Austria has fought against the Allies and therefore merits treatment as a defeated enemy. Nevertheless, we intend that a free and independent Austria, purged of all traces of Nazi influences and ideologies, should be re-established. We must be firm therefore, as in Germany, and

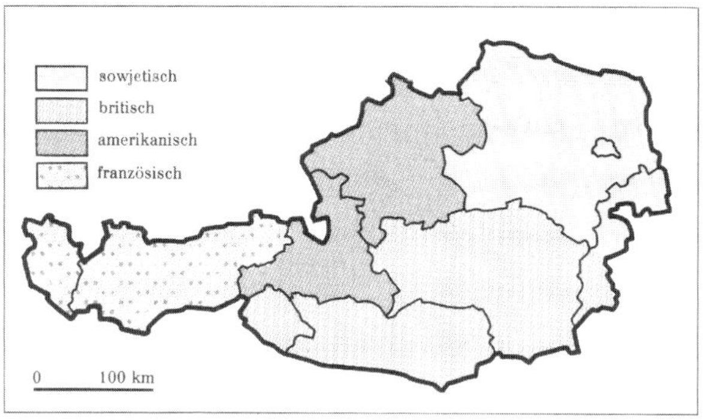

Britischer Zonenplan (30.1.1945).
Quelle: FRUS 1944 und 1945; Wilfried Aichinger, Sowjetische Österreichpolitik 1943–1945. Phil. Diss. Wien 1977.

demand unquestioning obedience to our orders, but at the same time, we must assist the genuine non-Nazi factions in Austria to re-establish themselves and their country."[27]

In einem für den einfachen anglo-amerikanischen Besatzungssoldaten in Österreich konzipierten Taschenführer wurde diese Grundhaltung ein wenig positiver ausgedrückt: „It was in part the Austrian people's own fault that their country was overrun by the Germans and that they found themselves fighting in Hitler's armies. The fact that we have beaten Hitler gives them another chance. They are lucky."[28]

Auch bei dem im Laufe des Frühjahrs 1945 in der EAC ausgehandelten so genannten Ersten Kontrollabkommen, welches bis zur Errichtung einer frei gewählten österreichischen Bundesregierung gelten sollte, war die für Deutschland beschlossene Kontrollmaschinerie ausschlaggebend. Es sah das Kontrollsystem einer alliierten Kommission für Österreich (ACA: Allied Commission for Austria) vor. Deren höchstes Organ sollte der Alliierte Rat, bestehend aus den vier militärischen Hochkommissären sein, die zugleich Oberstkommandierende der jeweiligen Besatzungsmacht im Lande waren. Daneben gab es ein vierfaches Exekutivkomitee und zwölf Hauptabteilungen, die in etwa den Verwaltungsbereichen österreichischer Ministerien entsprachen. Bei den Briten beispielsweise bezogen sich diese Divisions auf folgende Belange: Military; Naval; Air; Economic; Finance; Reparations; Legal; Political; Internal Affairs; Labour; Transport; POWs&DPs.[29]

Dieses am 4. Juli in London unterzeichnete Kontrollabkommen sollte schließlich erst am 28. Juni 1946 durch das Zweite, die Kompetenzen der österreichischen Regierung beträchtlich erweiternde Kontrollabkommen ersetzt werden.[30]

Die Wirtschaftsfrage

Noch ein kurzes Wort zu den wirtschaftlichen Planungen für die Zukunft Österreichs, wie sie insbesondere die Briten anstellten. Hier gibt es eine in Bedeutung der Denkschrift Harrisons vergleichbare Studie des Interdepartmental Committee on Post-War Economic Policy towards Austria vom 8. November 1944, das aus Beamten des britischen Außen- und Finanzministeriums sowie akademischen Spezialisten bestand und sich ganz auf Fragen der Wiedererrichtung Österreichs in den Grenzen von 1937 konzentrierte. Zwei Themen standen dabei im Vordergrund: erstens die Reparationsfrage und zweitens die wirtschaftliche Loslösung Österreichs von Deutschland. Die Vertreter des Foreign Office wollten Österreich in der Reparationsfrage nicht ganz freisprechen und konnten sich eine kurzfristige Verpflichtung Österreichs dazu durchaus vorstellen. Die Beamten des Schatzamtes konnten dem prinzipiell zustimmen, allerdings nur unter der Auflage, dass eine damit verbundene Verschlechterung des Lebensstandards der ÖsterreicherInnen nie so weit gehen dürfe, „den österreichischen Unabhängigkeitswillen zu untergraben".[31] Erst als sich zwei prominente Experten, nämlich der Finanzfachmann Sir Otto Niemayer und der Nationalökonom Lord (John Maynard) Keynes unzweideutig gegen jede Reparationsforderung an Österreich aussprachen, konnte man sich im Komitee zu der Empfehlung durchringen, Österreich im Sinne der Sicherung seiner Unabhängigkeit von Reparationsverpflichtungen gänzlich zu befreien. Es sollte jedoch angehalten werden, Restitutionen an Kriegsopfer zu leisten und die alliierten Besatzungskosten selbst zu tragen. Die britischen Planer sahen zudem voraus, dass die Sowjets österreichische Reparationen verlangen würden und das Land darüber hinaus wohl auf längere Sicht wirtschaftliche Unterstützung brauche.[32]

Schlussbetrachtung

Die Verhandlungen in der Europäischen Beratungskommission hatten immer wieder bewiesen, dass die Österreichische Frage im Denken der anglo-amerikanischen Planer ganz eng mit der Deutschen Frage verwoben war. Darin spiegelte sich auch die Tatsache wider, dass Österreich eben nicht Teil des berühmt-berüchtigten Prozentabkommens vom 9. Oktober 1944 zwischen Churchill und Stalin über Zentraleuropa und den Balkan geworden war. Churchills Grand Design für die Gestaltung der Nachkriegswelt zielte im Kontext unserer Fragestellung auf zweierlei ab: einerseits auf die Errichtung eines zukünftigen danubischen Staatenblocks zur Eindämmung des sowjetischen Einflusses in Ostmitteleuropa, nicht zuletzt aus Gründen der Sicherung des britischen Zugangs zum Südosten; und andererseits auf die Sicherung des britischen Weltreichs als Garantie für den bleibenden Großmachtstatus Londons. Auch darin war das konsistent große britische Interesse an der zukünftigen Gestaltung der zentraleuropäischen Staatenwelt begründet. In der Umsetzung beider strategischer Ziele war Churchill im Grunde schon bei Kriegsende gescheitert.

Das Auftreten der Briten in Österreich war dennoch bis 1947 vom Selbstimage einer Großmacht getragen.[33] Die Amerikaner wiederum zögerten auch in Österreich lange, die ihrem realen Machtstatus entsprechende westalliierte Führungsrolle zu übernehmen. Dies hatte sich schon in den Österreich-Planungen während des Krieges angedeutet und sollte sich erst angesichts der drohenden Gewitterwolken des frühen „Kalten Krieges" wirklich ändern.

Anmerkungen

1 Günter Bischof zufolge wurden diese frühen Sondierungen, etwa in privaten Expertenkreisen, im Stile eines „brainstormings" abgehalten. Vgl. dessen Anglo-amerikanische Planungen und Überlegungen der österreichischen Emigration während des Zweiten Weltkrieges für Nachkriegs-Österreich, in: Manfried Rauchensteiner – Wolfgang Etschmann (Hg.), Österreich 1945. Ein Ende und viele Anfänge. Forschungen zur Militärgeschichte 4. Graz – Wien – Köln 1997 (= Bischof, Anglo-amerikanische Planungen), S. 25.

2 Als grundlegende Sekundärliteratur ist heranzuziehen: Manfried Rauchensteiner, Der Sonderfall. Die Besatzungszeit in Österreich 1945 bis 1955. Graz 1975, S. 20–45 u. 103–107; David R. Whitnah – Edgar L. Erickson, The American Occupation of Austria: Planning and Early Years. Westport, CT 1985; Reinhold Wagnleitner, Die britische Österreichplanung, in: Anton Pelinka – Rolf Steininger (Hg.), Österreich und die Alliierten. Wien 1986 (= Wagnleitner, Britische Österreichplanung), S. 67–78; Robert H. Keyserlingk, Austria in World War II: An Anglo-American Dilemma. Montreal 1988; Günter Bischof, Die Planung und Politik der Alliierten 1940–1954, in: Rolf Steininger – Michael Gehler (Hg.), Österreich im 20. Jahrhundert, Bd. 2. Vom Zweiten Weltkrieg bis zur Gegenwart. Wien – Köln – Weimar 1997, S. 107–146; Gerald Stourzh, Um Einheit und Freiheit. Staatsvertrag, Neutralität und das Ende der Ost-West-Besetzung Österreichs 1945–1955. Studien zu Politik und Verwaltung, Bd. 62. Wien – Köln – Graz 1998 (= Stourzh, Einheit), S. 11–34; Alice Hills, Britain and the Occupation of Austria, 1943–45. London 2000 (= Hills, Britain).

3 Vgl. dazu vor allem: Stephan Verosta, Die internationale Stellung Österreichs 1938 bis 1947. Wien 1947 (= Verosta, Stellung); Cary T. Grayson Jr., Austria's International Position 1938–1953. The Reestablishment of an Independent Austria. Geneva 1953; Robert E. Clute, The International Legal Status of Austria 1938–1955. Den Haag 1962; Fritz Fellner, Die außenpolitische und völkerrechtliche Situation Österreichs 1938 – Österreichs Wiederherstellung als Kriegsziel der Alliierten, in: Erika Weinzierl – Kurt Skalnik (Hg.), Die Zweite Republik, Bd. 1. Wien 1975, S. 53–90.

4 Randolph S. Churchill (Hg.), Into Battle. Speeches by the Right Hon. Winston S. Churchill. London 1941, S. 311.

5 London Times, 19.2.1942, zit. bei Stourzh, Einheit, S. 14.

6 Wilfried Aichinger, Sowjetische Österreichpolitik 1943–45. Materialien zur Zeitgeschichte, Bd. 1. Wien 1977, S. 22f; Llewellyn Woodward, British Foreign Policy in the Second World War, Vol. 2. London 1971, S. 222f.

7 Wie er sich wörtlich in einer an Anthony Eden gerichteten Anmerkung ausdrückte. Vgl. John Mair, Four-Power Control in Austria 1945–1946. Survey of International Affairs 1939–1946. London 1956, S. 274; Winston Churchill, The Second World War, 6 Volumes. London 1948–1954, z.B. Vol. IV, S. 810; Vol. V, S. 354–356; Vol. VI, S. 210 u. 504.

8 Diese privaten Expertengruppen wurden 1942/43 mit den größeren Planungsstäben der jeweiligen Außenämter personell zusammengelegt.

9 Zit. bei Bischof, Anglo-amerikanische Planungen, S. 29.

10 Auf die Moskauer Deklaration wird an dieser Stelle nicht näher eingegangen, da dazu ein entsprechender Beitrag von Günter Bischof in diesem Band vorhanden ist.

11 Zum Thema Ringen um die Besatzungszonen vgl. Edgar L. Erickson, The Zoning of Austria, in: The Annals of the American Academy of Political and Social Science 267, Philadelphia 1950, S. 106–113.

12 Vgl. Foreign Relations of the United States (= FRUS), Diplomatic Papers 1944, Vol. I. Washington DC 1966 (= FRUS, 1944, Vol. I), S. 139–154. Man gab sich im Londoner Foreign Office kurzzeitig sogar der Illusion hin, man könne die Sowjets von einer Beteiligung an der Besetzung Österreichs abhalten. Vgl. Reinhold Wagn-

leitner, Großbritannien und die Wiedererrichtung der Republik Österreich. Phil. Diss. Salzburg 1975, S. 48.

[13] FRUS, 1944, Vol. I, S. 173–179.

[14] Cordell Hull, Memoirs. New York 1948, S. 1612f. Roosevelt hatte sich geradezu prinzipiell einer Politik des Hinauszögerns von Entscheidungen über Nachkriegsprobleme verschrieben.

[15] FRUS, 1944, Vol. I, S. 458f.

[16] Ebd., S. 471f.

[17] Ebd., S. 478f.

[18] FRUS, Diplomatic Papers 1945, Vol. III. Washington DC 1968, S. 17.

[19] Aus der Sicht der Briten war jedenfalls zu verhindern, dass die sowjetische Besatzungszone eine gemeinsame Grenze mit Jugoslawien habe. PRO, FO 371/C 81/81/G3 – Foreign Office Memorandum B.R.A. Butler, 8.1.1945, zit. bei Wagnleitner, Britische Österreichplanung, S. 72.

[20] Ebd., S. 41.

[21] Der Text dieser grundlegenden Abkommen über die alliierte Besatzung in Österreich findet sich in deutscher Übersetzung bei Verosta, Stellung, S. 66–74.

[22] Vgl. dazu die jüngsten Studien von: James J. Carafano, Waltzing into the Cold War. The Struggle for Occupied Austria. College Station, Texas 2002, S. 11–37; William W. Williams, British Policy and the Occupation of Austria, 1945–1955. Phil. Diss. Swansea 2004, S. 28–54.

[23] Planungsdokument CCS 551, Appendix, zit. bei Hajo Holborn, American Military Government. Its Organization and Policies. Washington DC 1947, S. 139f.

[24] „The Treatment of Austria", Memorandum des Committee on Post-war Programs, 8.6.1944, in: FRUS, 1944, Vol. I, S. 438–449.

[25] Hills, Britain, S. 60–65.

[26] Vgl. Merle Fainsod, The Development of American Military Government Policy during World War II, in: Carl J. Friedrich u.a. (Hg.), American Experiences in Military Government in World War II. New York 1948, S. 223–251.

[27] SHAEF, Office of the Chief of Staff, Provisional Handbook for Military Government in Austria. April 1945, S. 3f. Neben Handbüchern wurden auch so genannte Civil Affairs Guides vor allem von der Forschungs- und Analyseabteilung (R&A) des OSS vorbereitet. Vgl. Siegfried Beer, Research and Analysis about Austria, 1941–1949. American Intelligence Studies on the Reconstruction of Central Europe, in: Wiener Beiträge zur Geschichte der Neuzeit 24, Wien 2000, S. 192–210.

[28] MTOUSA (Mediterranean Theatre of Operations, US Forces), Austria. A Soldier's Guide. 1944.

[29] Also Prisoners of War (Kriegsgefangene) und Displaced Persons (Versetzte Personen).

[30] Auch bei dieser Maßnahme der Alliierten waren die Briten die Initiativmacht gewesen. Vgl. Alfred Ableitinger, Großbritannien und das Zweite Kontrollabkommen. Genese und Gehalt des britischen Regierungsentwurfes vom 4. Februar 1946, in: Alfred Ableitinger – Siegfried Beer – Eduard G. Staudinger (Hg.), Österreich unter alliierter Besatzung 1945–1955. Studien zu Politik und Verwaltung, Bd. 63. Wien – Köln – Graz 1998, S. 361–400.

[31] Zit. bei Bischof, Anglo-amerikanische Planungen, S. 35f.

[32] Ebd., S. 35–39.

[33] Vgl. dazu z.B.: David Reynolds, Great Britain: Imperial Diplomacy, in: David Reynolds – Warren F. Kimball – A. O. Chubarian (Hg.), Allies at War: The Soviet, American and British Experience. New York 1994, S. 333–353; Siegfried Beer, Die Besatzungsmacht Großbritannien in Österreich 1945–1949, in: Alfred Ableitinger – Siegfried Beer – Eduard G.Staudinger (Hg.), Österreich unter alliierter Besatzung 1945–1955. Studien zu Politik und Verwaltung, Bd. 63. Wien – Köln – Graz 1998, S. 44–52.

Thomas Angerer

Französische Österreichplanung im Zweiten Weltkrieg

Die französische Österreichplanung während des Zweiten Weltkriegs kannte im Wesentlichen drei Phasen. In der ersten Phase, die bis zur Niederlage von 1940 dauerte, war Frankreich bemerkenswert initiativ, blieb damit jedoch allein. In den beiden übrigen Phasen konnte es nur mehr reagieren – in Vichy-Frankreich auf die deutschen Besatzer, im Freien Frankreich und auch noch im befreiten Frankreich auf die „Großen Drei", Großbritannien, Vereinigte Staaten und Sowjetunion. Historisch war das französische Interesse an der Unabhängigkeit Österreichs fester verankert als etwa in Großbritannien oder den Vereinigten Staaten. Angesichts der Unterwerfung durch Hitlerdeutschland gab Vichy-Frankreich den herkömmlichen Kurs jedoch auf, und sogar das Freie Frankreich hielt sich gute drei Jahre lang bedeckt. Dies war die zweite Phase. Die dritte setzte ein, als sich die „Großen Drei" das traditionelle französische Bekenntnis zur österreichischen Unabhängigkeit selbst zu eigen gemacht hatten. Ab dann konnte sich das Freie Frankreich und bald auch das befreite Frankreich am kleinsten gemeinsamen Nenner der „Großen Drei" orientieren, daneben aber auch zukunftsweisende eigene Ideen entwickeln.

Den „Anschluss" erkannte Frankreich 1938 nur de facto an, nicht de jure.[1] Er war eine schwere Niederlage für die französische Außenpolitik. Niemand hatte nach der Auflösung der Habsburgermonarchie aus Sorge vor einem deutschen Machtzuwachs so kompromisslos auf die Unabhängigkeit Österreichs bestanden wie Frankreich. Wegen der Einverleibung Österreichs wollte zwar auch Frankreich noch keinen Krieg riskieren, doch wurde es sich seiner Ohnmacht deutlicher bewusst und begann vorrangig aufzurüsten.[2] Die französischen Behörden erhielten die Weisung, Flüchtlinge aus dem ehemaligen Österreich als „Ex-Österreicher" zu behandeln und nicht wie die übrigen Staatsangehörigen des feindlichen Großdeutschen Reichs. Außerdem unterstützte Frankreich zum Missfallen Großbritanniens schon vor Kriegsbeginn Bemühungen um die Bildung einer österreichischen Auslandsvertretung. Die Bemühungen scheiterten an der Zerstrittenheit des österreichischen Exils. Nichtsdestoweniger soll sich Premierminister Édouard Daladier schon in den ersten Direktgesprächen mit seinem britischen Amtskollegen während des „Sitzkrieges" dafür eingesetzt haben, die Wiederherstellung der österreichischen Unabhängigkeit unter die gemeinsamen Kriegsziele aufzunehmen. Offen trat der französisch-britische Auffassungsunterschied nach einer niederländisch-belgischen Friedensinitiative im November 1939 zutage. Im Gegensatz zu den Briten bestanden die Franzosen in ihrer Antwort gegenüber Hitlerdeutschland nicht nur darauf, die Tschechoslowakei und Polen wiederherzustellen, sondern auch Österreich.[3]

Die Eroberung Frankreichs durch die Deutsche Wehrmacht setzte österreichpolitischen Initiativen solcher Art im Juni 1940 ein Ende. Frankreich musste im Waffenstillstandsabkommen de facto kapitulieren, die Besetzung eines Großteils des Mutterlandes hinnehmen und sich zu einer „Zusammenarbeit" (collaboration) verpflichten, die bald immer größere Ausmaße annahm. Der Französische Staat (État Français), der unter Marschall Pétain an die Stelle der Französischen Republik trat und besser als Vichy-Frankreich bekannt ist, wurde zu einer Art Verbündeten Hitlerdeutschlands und fügte sich dessen Führungsanspruch in Europa. Die Macht hatten nun Anhänger der französisch-deutschen Zusammenarbeit wie Pierre Laval, der schon Ende 1939 erklärt haben soll, „die Österreicher sollten sich mit ihrem Los abfinden".[4] Für die etwa 15.000 bis 20.000 „Ex-Österreicher", die in Frankreich Zuflucht gefunden hatten, wurde aus dem „Land der Hoffnung" ein „Land der Hoffnungslosigkeit".[5] Rund 2.000 überlebten die deutsch-französische Zusammenarbeit bei der Rassenverfolgung nicht. Wohlgemerkt waren zuvor etwa 200.000 Exösterreicher in den Reihen der Deutschen Wehrmacht einmarschiert, und Exösterreicher waren auch in der Besatzungsverwaltung zahlreich vertreten, darunter mit berühmtberüchtigten Schergen wie Alois Brunner

Charles de Gaulle.
Quelle: Stiftung und Institut Charles de Gaulle/Paris.

als Lagerleiter und Organisator der Auschwitztransporte in Drancy. Auch fanden allein im Konzentrationslager Mauthausen fast 4.000 Franzosen und Französinnen den Tod.[6]

Im Gegensatz zu Pétains Französischem Staat wollte General de Gaulles Freies Frankreich die Niederlage von 1940 nicht hinnehmen und den Kampf von den Kolonien und dem Exil in Großbritannien aus weiterführen. Verstärkten Zulauf erhielt das Freie Frankreich erst nach der alliierten Landung in Nordafrika Ende 1942, als sich das Kriegsglück zu wenden begann, sich die Besatzung im Mutterland erheblich verschärfte und der innere Widerstand zunehmend bürgerkriegsähnliche Zustände hervorrief. Unterdessen hatte das Freie Frankreich auf diplomatischem Parkett allerdings schon einen beträchtlichen Aktivismus entwickelt. Umso stärker fällt auf, dass es sich in der Österreichfrage die längste Zeit zurückhielt. Warum?

An de Gaulles Grundhaltung zur Österreichfrage lag es nicht. Im Februar/März 1938 hatte de Gaulle angesichts der deutschen Ultimaten an Österreich zu den wenigen gehört, die ein militärisches Eingreifen forderten, und zwar ohne auf Großbritannien zu warten. Im Rückblick sah er in der französischen Zurückhaltung eines in einer Kette von Versagen, die schließlich zur Katastrophe von 1940 geführt hatten – eine Einschätzung, die sich zunehmend verbreitete.[7] Im Mittelpunkt seiner Überlegungen zur bevorstehenden Friedensregelung stand Deutschland und in diesem Zusammenhang auch dessen Südgrenzen. In diesem Punkt lag das Freie Frankreich ganz auf der Linie der unterlegenen Dritten Republik: Aus Gründen des Mächtegleichgewichts war Österreich aus Deutschland wieder herauszulösen, genauso wie die Sudetenlande.[8] Gegenüber den heftig rivalisierenden politischen Organisationen des österreichischen Exils hegte de Gaulle jedoch großes Misstrauen. So lehnte er die Aufstellung eines Österreich-Bataillons in den Rängen der frei-französischen Streitkräfte in Algier noch ebenso ab wie zuvor in London und entschloss sich erst im April 1945 dazu – viel zu spät, um das Bataillon noch rechtzeitig zur Teilnahme an der Befreiung Österreichs einsatzbereit zu machen.[9]

Das Freie Frankreich rang noch die längste Zeit um die Anerkennung durch die „Großen Drei“. Daher war es ein Gebot der Klugheit, in Nebenfragen abzuwarten, was die „Großen Drei“ tun würden – um dann umgehend zu reagieren und Ansprüche auf Mitsprache anzumelden. Denn de Gaulles Hauptziel war es, Frankreichs Rang unter den Weltmächten wiederherzustellen und an den Friedensregelungen gleichberechtigt mitzuwirken. Obwohl die frei-französische Österreichplanung schon im Sommer 1943 erste, unsichere Anfänge genommen hatte, erfolgte eine offizielle Stellungnahme erst in Reaktion auf die Moskauer Österreich-Erklärung der „Großen Drei“, am 16. November 1943. Unter Berufung auf das traditionelle französische Bekenntnis zur österreichischen Unabhängigkeit schloss sich das Französische Komitee der Nationalen Befreiung in Algier der Absichtserklärung der „Großen

Drei" an, die österreichische Unabhängigkeit wiederherzustellen, ebenso auch ihrem Aufruf an die österreichische Bevölkerung, selbst zur Befreiung ihres Landes beizutragen.[10] Im Unterschied zur Moskauer Erklärung drohte die Algierer Erklärung Österreich jedoch nicht damit, für den Krieg mit zur Verantwortung gezogen zu werden. Erst im März 1944, zum Jahrestag der deutschen Ultimaten vor dem Einmarsch in Österreich, erklärte auch de Gaulle in einem Radioaufruf an die Österreicher, sie müssten „vor den Augen der Welt beweisen, dass sie Österreichs würdig bleiben".[11]

Wie auf britischer Seite war man auch auf freifranzösischer Seite zunächst davon ausgegangen, dass die österreichische Unabhängigkeit am besten im Rahmen einer Donauföderation gesichert wäre. Auf unteren Ebenen spielte diese Vorstellung mitunter auch noch länger eine Rolle. Im Unterschied zu Churchill gab de Gaulle dieses Vorhaben jedoch spätestens nach der Moskauer Erklärung auf. Auf Donauföderationspläne enthielt diese nämlich nur mehr eine zur Unkenntlichkeit entstellte Anspielung und bestätigte damit den Eindruck, die Pläne hätten keine Chancen auf sowjetische Zustimmung. Um ein sowjetisches Bündnis gegen Deutschland bemüht, war de Gaulle bereit, Ost- und Zentraleuropa weitgehend dem sowjetischen Einfluss zu überlassen. Auch in der für Österreichs Zukunft so wichtigen Auseinandersetzung um die Errichtung der zweiten Front in Europa – zuerst im Westen oder im Süden? – ergriff de Gaulle die sowjetische Seite gegen die britische. Denn wichtiger, als die westlichen Truppen vor den sowjetischen in Wien und Berlin zu sehen, war ihm naheliegender Weise, so rasch wie möglich das französische Mutterland zu befreien und dort den eigenen Machtanspruch zu sichern.[12] In der Friedensplanung kam es unterdessen auch zu fließenden Übergängen zwischen Vichy und Algier, nachdem eine Reihe wichtiger Diplomaten die Seite gewechselt hatte und mitten im besetzten Paris insgeheim dem Freien Frankreich zuarbeitete. Dem Rat, in Österreich mangels direkter Interessen „keine besonderen Verantwortungen" vor Ort zu übernehmen, folgte de Gaulle allerdings nicht.[13]

Charles de Gaulle (re.) mit Winston Churchill.
Quelle: Stiftung und Institut Charles des Gaulle/Paris.

Nachdem sich die Europäische Beratungskommission, das alliierte Gremium für die Friedensplanung, im November 1944 nach langer Hinhaltung für Vertreter des befreiten Frankreichs geöffnet hatte, hätte zwar auch de Gaulle sein völlig ausgeblutetes Land lieber nur an der alliierten Kontrollkommission und einer symbolischen Präsenz in Wien beteiligt, ähnlich wie es die Vereinigten Staaten vorhatten. Als sich die Amerikaner im Jänner 1945 von den Briten zur Übernahme einer Besatzungszone überreden ließen, zogen die Franzosen aber nach, um nicht als einzige mit leeren Händen dazustehen.[14]

Frankreich hatte umso größere Schwierigkeiten, sich darauf einzustellen, als sich die „Großen Drei" wenig kooperativ zeigten. Der Planungsrückstand bezog sich jedoch mehr auf die Besatzung als auf die allgemeine Lösung des Österreichproblems. Hierzu hatte Frankreich schon 1944 eigene Vorstellungen ausgearbeitet, auf die es dann auch in seiner Besatzungspolitik aufbauen konnte. Den Ausgangspunkt bildete eine kritische Analyse der Erfahrungen der Zwischenkriegszeit. Das Österreichproblem, so der Grundtenor, vertrage „keine halben Lösungen". Um das alte Ziel, die Festigung der österreichischen Unabhängigkeit, nicht erneut zu verfehlen, müsse man neue Mittel wählen. Die Alliierten müssten sich stärker und dauerhafter engagieren, nicht nur auf politischer, wirtschaftlicher und militäri-

Unterzeichnung eines französisch-sowjetischen Paktes 1944 in Moskau. Rechts außen de Gaulle, links neben ihm Stalin und Molotov, rechts vorne sitzend der Außenminister Georges Bidault.
Quelle: Stiftung und Institut Charles de Gaulle/Paris.

scher Ebene, sondern auch auf psychologischer. So sollten sie von Anfang an „positive Gesten" setzen und das Land „unabhängig von jeder Gerechtigkeitserwägung" als „Freundesland" behandeln. Denn neben der wirtschaftlichen Lebensfähigkeit des Landes käme es mindestens so stark auf den Unabhängigkeitswillen der Bevölkerung an.[15]

Die Rücknahme des „Anschlusses" hatte schon die ausgehende „Dritte Republik" während des „Sitzkrieges" gefordert. Während das kollaborierende Vichy-Regime von dieser Linie abging, setzte sie das Freie Frankreich fort. Allerdings legte sich dieses öffentlich erst fest, nachdem sich auch die „Großen Drei" dazu entschlossen hatten; und nur die Sorge um die Gleichrangigkeit mit den „Großen Drei" bewog das befreite Frankreich schließlich dazu, sich in Österreich auch auf Besatzungsebene voll zu engagieren. Nichtsdestoweniger hatte es schon zuvor neue österreichpolitische Grundvorstellungen entwickelt, die sein Vorgehen von dem der „Großen Drei" im Land dann auffallend unterscheiden sollten.

Anmerkungen

1 Thomas Angerer, Frankreich und die Österreichfrage 1945–1955. Grundlagen und Leitlinien. Phil. Diss. Wien 1996 (= Angerer, Frankreich), S. 97f.

2 Ebd., S. 34–94.

3 Ebd., S. 98–105.

4 Ebd., S. 108.

5 Kristina Schewig-Pfoser – Ernst Schwager, Österreicher im Exil – Frankreich 1938–1945, in: DÖW (Hg.), Österreicher im Exil. Frankreich 1938–1945. Eine Dokumentation. Wien – München 1984, S. 5.

6 Angerer, Frankreich, S. 109f.

7 Ebd., S. 35 u. 85f.

[8] Lydia Braumann-Lettner, Die französische Österreichplanung und Österreichpolitik von 1943 bis zur Anerkennung der Regierung Figl, in: Jahrbuch für Zeitgeschichte 1982/83. Wien 1983 (= Braumann-Lettner, Österreichplanung), S. 106; vgl. Klaus Eisterer, De Gaulle und Österreich 1938–1946, in: Klaus Eisterer – Oliver Rathkolb (Hg.), De Gaulles europäische Größe: Analysen aus Österreich. Jahrbuch für Zeitgeschichte 1990/91. Wien – Salzburg o. J. (= Eisterer, De Gaulle).

[9] Alfred Palisek – Christoph Hatschek, Landesverräter oder Patrioten? Das österreichische Bataillon 1943 bis 1945. Graz 2001, S. 83–95.

[10] Braumann-Lettner, Österreichplanung, S. 97–100; Thomas Angerer, Besatzung, Entfernung... Integration? Grundlagen der politischen Beziehungen zwischen Frankreich und Österreich seit 1938/45, in: Friedrich Koja – Otto Pfersmann (Hg.), Frankreich – Österreich. Wechselseitige Wahrnehmung und wechselseitiger Einfluß seit 1918. Studien zu Politik und Verwaltung, Bd. 58. Wien – Köln – Graz 1994 (= Angerer, Besatzung), S. 83f.

[11] Eisterer, De Gaulle, S. 6.

[12] Angerer, Frankreich, S. 121–127.

[13] Ebd., S. 129–139, Zitat S. 138; vgl. Catherine Horel, Französische Vorstellungen zum Nachkriegs-Österreich, 1943–1945, in: Manfried Rauchensteiner – Wolfgang Etschmann (Hg.), Österreich 1945. Ein Ende und viele Anfänge. Forschungen zur Militärgeschichte, Bd. 4. Wien – Graz 1996, S. 53–71.

[14] Braumann-Lettner, Österreichplanung, S. 107–111.

[15] Angerer, Besatzung, S. 87f.

Günter Bischof

Die Moskauer Erklärung vom 1. November 1943: „Magna Charta" der Zweiten Republik

Jeder Staat zelebriert mit Recht seine Gründungsdokumente, da sie für die Identitätsstiftung einer Nation zentrale Bedeutung haben. Was für die Amerikaner ihre Unabhängigkeitserklärung vom 4. Juli 1776 ist, sollte für die Österreicher die Moskauer Erklärung vom 1. November 1943[1], die Unabhängigkeitserklärung vom 27. April 1945[2] und der Staatsvertrag vom 15. Mai 1955 sein.[3] Lediglich Karl Renners Unabhängigkeitserklärung, die zur Wiedergeburt des Staates Österreich nach dem Zweiten Weltkrieg führte, ist ein von Österreichern entworfenes Dokument. Die von den Briten konzipierte Moskauer Deklaration ist ein rein alliiertes Dokument, dessen Konzipierung ohne jegliches Zutun von Österreichern zustande kam, während österreichische Staatsmänner vor allem in der Endphase der Staatsvertragsverhandlungen mitentscheidend Einfluss auf den Schlusstext ausübten.

Der Kontext für die alliierte Erklärung zu Österreich stellte das Jahr 1943 dar – der Wendepunkt im Zweiten Weltkrieg als Hitlers Expansion in Europa gestoppt wurde. Nach den Niederlagen deutscher Truppen in Stalingrad und Nordafrika und der drastischen Ausweitung des anglo-amerikanischen Bombenkrieges auf deutsche Städte und Zivilisten ging die Initiative auf die Alliierten über. Zudem liefen bereits Ende 1944 die Vorbereitungen für die Invasion der Normandie auf vollen Touren. Inmitten dieser strategischen Wende trafen sich die alliierten Außenminister der USA (Cordell Hull), Großbritanniens (Anthony Eden) und der Sowjetunion (Vjačeslav M. Molotov) in der zweiten Oktoberhälfte in Moskau um wichtige Entscheidungen vor allem über die Zukunft Deutschlands und der restlichen Feindstaaten zu treffen.[4] Die Österreich-Erklärung der Außenminister – der Annex 6 des Protokolls der Moskauer Konferenz – wurde am Samstag den 30. Oktober von den Außenministern beschlossen, das gesamte Protokoll wurde von Hull, Eden und Molotov am 1. November unterzeichnet und am gleichen Tag veröffentlicht. Am 16. November schloss sich das von Charles de Gaulle geführte französische Komitee der nationalen Befreiung dieser Erklärung an.[5]

Die dreiteilige Moskauer Erklärung ist ein kurzes Dokument voller interner Widersprüche. Diese Ungereimtheiten gingen u.a. auf das Verhalten der Österreicher während des „Anschlusses" zurück. Damals meinten zynische britische Beobachter, der österreichische Jubel und Enthusiasmus während des deutschen Einfalles gleiche eher der Verführung „der österreichischen Kokette" als einer Vergewaltigung.[6] Die Moskauer Erklärung ging auf britische Initiativen zurück. Schon 1942 sprach Premier Winston Churchill davon, dass Österreich 1938 das „erste Opfer der Nazi-Aggression" war und träumte von einer Donau-Konföderation. Anfang 1943 sahen die britischen Geheimdienste eine Chance, die psychologische Kriegsführung gegen Nazi-Deutschland zu verstärken. In London perzipierte man zunehmende Verzweiflung und eine sinkende Moral in der deutschen Bevölkerung. Es galt, den Widerstand in den besetzten Gebieten wie in Österreich anzustacheln, um so den beschleunigten Zusammenbruch des „Dritten Reiches herbeizuführen. Zur gleichen Zeit machten sich aber auch hohe Beamte im britischen Foreign Office Gedanken über die langfristige Schwächung Deutschlands und politische Neuordnung des Donauraumes nach dem Krieg, inklusive Österreichs.[7]

Am 4. April 1943 legte der junge Diplomat Geoffrey Harrison im Foreign Office Außenminister Eden ein Grundsatzmemorandum zur „Zukunft Österreichs" vor. Harrison (der übrigens im Frühjahr 1955 in der Endrunde der Staatsvertragsverhandlungen als Leiter der deutschen Sektion auch die Österreichagenden im Londoner Außenamt koordinieren sollte), präsentierte mit seinem Memorandum dem britischen Kabinett die geopolitischen Nachkriegsoptionen zu Österreich (im Rahmen einer Neuordnung des Donauraumes). Dabei sollte Österreich nicht Teil

Deklaration über Österreich

Vom 19. bis zum 30. Oktober 1943 tagte in Moskau eine Konferenz der Aussenminister G. HULL — Vereinigte Staaten von Amerika, A. EDEN — Grossbritannien und W. M. MOLOTOW — Sowjetunion. In völliger Einmütigkeit wurden die Massnahmen besprochen, die ergriffen werden sollen, um den Krieg gegen Deutschland und seine Trabanten in Europa abzukürzen. Zu diesem Zweck wurden, unter Mitwirkung der Kriegssachverständigen der Generalstäbe der drei Mächte, Beschlüsse gefasst über bereits in Vorbereitung befindliche Kriegsoperationen. Die Konferenz veröffentlichte u. a. folgendes Dokument:

Die Regierungen Grossbritanniens, der Sowjetunion und der Vereinigten Staaten von Amerika kamen darin überein, dass Österreich, das erste freie Land, das der Hitlerschen Aggression zum Opfer gefallen ist, von der deutschen Herrschaft befreit werden muss.

Sie betrachten den Anschluss, der Österreich am 15. März 1938 von Deutschland aufgezwungen worden ist, als null und nichtig.

Sie betrachten sich in keiner Weise gebunden durch irgendwelche Veränderungen, die nach diesem Zeitpunkt in Österreich vorgenommen wurden. Sie geben ihrem Wunsch Ausdruck, ein freies und unabhängiges Österreich wiederhergestellt zu sehen und dadurch dem österreichischen Volk selbst, ebenso wie anderen benachbarten Staaten, vor denen ähnliche Probleme stehen werden, die Möglichkeit zu geben, diejenige politische und wirtschaftliche Sicherheit zu finden, die die einzige Grundlage eines dauerhaften Friedens ist.

Österreich wird jedoch darauf aufmerksam gemacht, dass es für die Beteiligung am Kriege auf seiten Hitlerdeutschlands die Verantwortung trägt, der es nicht entgehen kann, und dass bei der endgültigen Regelung unvermeidlich sein eigener Beitrag zu seiner Befreiung berücksichtigt werden wird.

Plakat zur Moskauer Deklaration.
Quelle: WStLB/Wien.

Josef Stalin.
Quelle: ÖNB/Bildarchiv/Wien.

Deutschlands oder einer süddeutschen Konföderation werden, sondern als freier Staat wiederhergestellt werden und in mittelfristiger Zukunft in eine mittel- oder osteuropäische (Donau-)Konföderation eingegliedert werden. Am 16. Juni beschloss Churchills Kriegskabinett die Adoptierung des Harrison- Memorandums als grundsätzliches britisches Positionspapier zur weiteren Diskussion mit den Alliierten USA und der Sowjetunion. Ende Juni entwarf Harrison dann handschriftlich auch den ersten Entwurf einer Österreich-Erklärung mit dem Inhalt: 1. „Österreich was das erste freie Land, das der Nazi-Aggression zum Opfer gefallen ist"; 2. Der Anschluss wurde als „null und nichtig angesehen"; deshalb sollte Österreich nach dem Krieg wiederhergestellt werden; 3. Gleichzeitig trugen die Österreicher aber für ihre Haltung im Krieg auch „eine Verantwortung, der sie nicht entrinnen können". Politisch betrachtet wurde zur Schwächung Deutschlands Österreich also gleichzeitig die Freiheit versprochen, zur Anstachelung des Widerstandes im Land die Österreicher aber an ihre Mitverantwortung am Krieg erinnert.[8]

Das britische Grundsatzpapier mit Harrisons Entwurf der Österreich-Erklärung wurde an die Amerikaner und Sowjets zur Stellungnahme weitergeleitet. Während die amerikanischen Verbündeten im Großen und Ganzen damit einverstanden waren, ohne jedoch die britischen Wunschvorstellungen über donaukonföderative Pläne voll zu teilen, stellte sich Moskau strikt gegen solche Neuordnungsabsichten in seiner unmittelbaren Nachbarschaft. Man sah darin doch ein typisches Ansinnen Londons, den „cordon sanitaire" der Zwischenkriegszeit zur Eindämmung des Bolschewismus wiederherzustellen. In Moskau betrachtete man Ostmitteleuropa als sowjetische Einflusszone (und im Oktober 1944 musste Churchill das im Moskauer „Prozentabkommen" mit Stalin auch konzedieren).[9] Den amerikanischen Planungsstäben war in ihren Vorstellungen zu Österreich politisch vor allem daran gelegen, Österreichs nationales Selbstbewusstsein möglichst zu fördern, um die Lebensfähigkeit des Landes zu garantieren. Dafür war man auch bereit, Österreichs „Opferstatus" voll zu unterstützen und lediglich den kleinen harten Kern des Pangermanismus, nicht aber den weiter verbreiteten „Dollfuß-Faschismus" der Vorkriegszeit als den Ursprung allen Übels in der schwächlichen Alpenrepublik zu sehen.[10]

Auf der Moskauer Tagung wurde Österreich als Anhängsel der Deutschlandfrage behandelt.[11] Ein von Briten und Amerikanern akkordierter Entwurf einer Österreich-Erklärung wurde von den Außenministern am 25. Oktober zur Endreaktion an das „Drafting Committee" von Experten weitergeleitet. Dort waren es dann vor allem die Einwände des Stellvertretenden Außenministers Andrej Vyšinskij, die Eingang in die Endfassung fanden. Die Sowjets wollten von der Formel zukünftiger Donauföderationen wegkommen. Zudem präzisierte er die „Verantwortlichkeitsklausel" indem er „Österreich" an Stelle des „Österreichischen Volkes" setzte. Damit verschob er die Verantwortung der Bevölkerung, wie sie die britische psychologische Kriegsführung vage konzipiert hatte, auf die völkerrechtlich-juristische Ebene der Verantwortlichkeit des Staates, wie Gerald Stourzh auf Grund neuer sowjetischer Aktenstücke akribisch nachgewiesen hat. Die Briten und Amerikaner sahen diese Änderungen ungern, wollten sich jedoch kompromissbereit zeigen und akzeptierten sie.[12]

In seiner Unabhängigkeitserklärung vom 27. April 1945 geht Renner dann wörtlich auf die ersten beiden Absätze der Moskauer Erklärung vom „ersten Opfer" Hitlers und auf die Tatsache ein, dass die Alliierten den „Anschluss" für „null und nichtig" erklärt hatten. In einer Art Vorwärtsverteidigung betonte er jedoch, dass der im dritten Absatz von den Alliierten geforderte Beitrag Österreichs zu seiner eigenen Befreiung nur bescheiden sein konnte, weil „das Volk entkräftet" und „das Land entgütert" sei. Karl Renner wollte die Verantwortlichkeitsklausel überhaupt weglassen, wurde aber von dem aus Moskau zurückgekommenen Kommunisten Ernst Fischer genötigt, diesen umstrittenen dritten Absatz in die Unabhängigkeitserklärung aufzunehmen.[13] Von den Westalliierten grundsätzlich abgesegnet, setzte Renner damit in der ersten Stunde der Zweiten Republik die Doktrin vom „Opfer Österreich" in die Welt. Aufbauend auf der Moskauer Erklärung, die in der Tat als eine Art „Magna Charta" der Zweiten Republik zu sehen ist, sollte diese „Opferdoktrin" die gesamte Geschichtspolitik der Zweiten Republik hin bis zur „Waldheim-Kontroverse" 1986 dominieren. Mit der Herausstreichung der Opferrolle wurde Österreich von seiner „deutschen" Vergangenheit losgelöst und damit von seiner Mitverantwortung befreit.[14]

Die Auseinandersetzungen zur Moskauer Erklärung innerhalb der Geschichtswissenschaft waren in den letzten 20 Jahren besonders lebhaft. Während eine konsensorientierte traditionelle Schule die offizielle „Opferdoktrin" zwei Generationen lang nicht in Frage stellte[15], hat eine revisionistische Schule in den Achtziger- und in den frühen Neunzigerjahren Aspekte der psychologischen Kriegsführung und die Instrumentalisierung des „Opfermythos" durch die Nachkriegspolitik herausgestellt.[16] Erst jüngst scheint sich eine post-revisionistische Sichtweise durchzusetzen, die das Gewicht wieder mehr auf die (geo-)politischen Intentionen der Alliierten zur Errichtung eines unabhängigen, national gefestigten Österreichs legt. Die aufgeworfenen moralischen Fragen über die österreichische „Tätergeschichte" haben dabei aber nur wenig Platz.[17]

Anmerkungen

1 Englischer Originaltext und deutsche Übersetzung bei: Gerald Stourzh, Um Einheit und Freiheit. Staatsvertrag, Neutralität und das Ende der Ost-West-Besetzung Österreichs 1945–1955. Studien zu Politik und Verwaltung, Bd. 62. 4. Aufl. Wien – Köln – Graz 1998 (= Stourzh, Einheit), S. 607f.

2 Text bei Eva-Marie Csáky (Hg.), Der Weg zu Freiheit und Neutralität. Dokumentation zur österreichischen Aussenpolitik 1945–1955. Schriftenreihe der Österreichischen Gesellschaft für Außenpolitik und internationale Beziehungen, Bd. 10. Wien 1980 (= Csáky, Dokumentation), S. 36f.

3 Der gesamte Text des Staatsvertrages in seiner Version vom 27.4.1947 und die am 15.5.1955 unterzeichnete Endversion bei Stourzh, Einheit, S. 681–765. Es existiert bis heute keine Dokumentation aller drei Schlüsseldokumente.

4 Keith Sainsbury, The Turning Point. Roosevelt, Stalin, Churchill, and Chiang-Kai-Shek, 1943: The Moscow, Cairo, and Teheran Conferences. Oxford – New York 1986.

5 Stourzh, Einheit, S. 23.

6 PRO, FO 371/93597/CA 10113/28 – Caccia to Eden, 16.11.1951, zit. bei Günter Bischof, Between Responsibility and Rehabilitation. Austria in International Politics 1940–1950. Phil. Diss. Harvard 1989 (= Bischof, Responsibility), S. 3f.

7 Robert H. Keyserlingk, Austrian World War II. An Anglo-American Dilemma. Kingston – Montreal 1988 (= Keyserlingk, Austria), S. 123–156; Bischof, Responsibility, S. 25–32; Stourzh, Einheit, S. 13f.

8 PRO, FO 371/34464/C 3729/321/18 – Erste Fassung von Harrisons „The Future of Austria" v. 4.4.1943. Weitere Fassungen im Konvolut FO 371/34465; vgl. Stourzh, Einheit, S. 11–15; Bischof, Responsibility, S. 32–36.

9 Stourzh, Einheit, S. 18–20; Bischof, Responsibility, S. 37f. u. 69–74 (zum „Prozentabkommen").

10 Auf diesen wichtigen, bisher unbekannten Aspekt der amerikanischen Planer hat Richard Mitten hingewiesen: Vgl. Richard Mitten, Jews and Other Victims. The „Jewish Questions" and Discourses of Victimhood in Postwar

Austria, in: Günter Bischof – Anton Pelinka – Michael Gehler (Hg.), Austria in the New Europe. Contemporary Austrian Studies 10. New Brunswick – London 2002 (= Mitten, Jews), S. 231–236.

11 Darauf hat bereits Fritz Fellner sehr früh hingewiesen: Vgl. Fritz Fellner, Die außenpolitische und völkerrechtliche Situation Österreichs 1938 – Österreichs Wiederherstellung als Kriegsziel der Allierten, in: Erika Weinzierl – Kurt Skalnik (Hg.), Österreich. Die Zweite Republik, Bd. 1. Graz 1972 (= Fellner, Situation 1938), S. 53–90.

12 Stourzh, Einheit, S. 20–22; ohne die einschlägigen sowjetischen Quellen zu kennen, wies bereits Bischof auf der Grundlage britischer Quellen auf Vyšinskijs Rolle im „drafting committee" hin: Vgl. Bischof, Responsibility, S. 944, Anm. 5.

13 Günter Bischof, Opfer Österreich? Zur moralischen Ökonomie des österreichischen Historischen Gedächtnisses, in: Dieter Stiefel (Hg.), Die politische Ökonomie des Holocaust. Zur wirtschaftlichen Logik von Verfolgung und „Wiedergutmachung". Querschnitte 7. Wien – München 2001, S. 306–309.

14 Thomas Albrich, Holocaust und Schuldabwehr. Vom Judenmord zum Kollektiven Opferstatus, in: Rolf Steininger – Michael Gehler (Hg.), Österreich im 20. Jahrhundert, Bd. 2. Vom Zweiten Weltkrieg bis zur Gegenwart. Wien – Köln – Weimar 1997 (= Albrich, Holocaust), S. 56–58.

15 Fellner, Situation 1938; Gerald Stourzh, Kleine Geschichte des Staatsvertrages. Mit Dokumententeil. 1. Aufl. Graz – Wien – Köln 1975, S. 11–15; Manfried Rauchensteiner, Der Sonderfall. Die Besatzungszeit in Österreich 1945 bis 1955. Graz – Wien – Köln 1979, S. 16–20.

16 Keyserlingk, Austria; Bischof, Responsibility; Günter Bischof, Die Instrumentalisierung der Moskauer Erklärung nach dem 2. Weltkrieg, in: Zeitgeschichte, Jg. 20, H. 11/12, Wien – Salzburg 1993, S. 345–366; Albrich, Holocaust; Robert Graham Knight, Besiegt oder befreit? Ein völkerrechtliche Frage historisch betrachtet, in: Günter Bischof – Josef Leidenfrost (Hg.), Die bevormundete Nation. Österreich und die Alliierten 1945–1949. Innsbrucker Forschungen zur Zeitgeschichte 4. Innsbruck 1988, S. 75–92; Lonnie Johnson, Die österreichische Nation, die Moskauer Deklaration, und die völkerrechtliche Argumentation, in: Dokumentationsarchiv des österreichischen Widerstandes. Wien 1988, S. 43–50.

17 Mitten, Jews; Stourzh, Einheit; Gerald Stourzh, Erschütterung und Konsolidierung des Österreichbewusstseins – Vom Zusammenbruch der Monarchie zur Zweiten Republik, in: Richard G. Plaschka – Gerald Stourzh – Jan Paul Niederkorn (Hg.), Was heisst Österreich? Inhalt und Umfang des Österreichbegriffs vom 10. Jahrhundert bis Heute. Wien 1995, S. 289–311.

2. Das Kriegsende in Österreich

Peter Ruggenthaler

Karl Renner und die Sowjets

Kreml, Ende März 1945: Mit dem Vorrücken der Roten Armee nach Österreich beginnt sich der sowjetische Diktator Stalin erstmals konkrete Gedanken über einen österreichischen Regierungschef zu machen.[1] Entgegen den Abmachungen mit den Westmächten, die sich einen langsamen Regierungsaufbau von unten wünschen, soll Stalin auf einer Besprechung des Staatlichen Verteidigungskomitees (GOKO) plötzlich gefragt haben: „Wo ist eigentlich jener Sozialdemokrat Karl Renner, der ein Schüler von Karl Kautsky war? Er gehörte viele Jahre zur Führung der österreichischen Sozialdemokratie. Und war, wenn ich nicht irre, Präsident des letzten österreichischen Parlaments." Sowohl der Generalstabschef der Roten Armee, Aleksej Antonov, als auch Armeegeneral Sergej Štemenko sollen betreten geschwiegen haben, ehe Stalin weiter ausführte: „Man darf die einflussreichen Kräfte, die auf antifaschistischen Positionen stehen, nicht außer Acht lassen. Die Hitlerdiktatur hat sicherlich auch den Sozialdemokraten etwas beigebracht." Stalin soll daraufhin der 3. Ukrainischen Front fernmündlich befohlen haben, „in Erfahrung zu bringen, was aus Renner geworden sei, ob er noch lebe und wo er sich aufhalte".[2]

Am 3. April wandte sich Renner aus eigenem Antrieb an die sowjetische Besatzungsmacht. Ein Politoffizier muss sich auf Grund des Such-Befehls sofort bewusst gewesen sein, mit wem er es zu tun hatte.[3] Renner wurde ins Hauptquartier der sowjetischen 9. Garde-Armee nach Hochwolkersdorf gebracht, wo er erstmals mit Marschall Fedor Tolbuchin zusammentraf. Als die Nachricht Tolbuchins über Renners Erscheinen am 4. April um 18.25 Uhr beim obersten militärischen Führungsstab, der Stavka, in Moskau eintraf, soll Stalin überrascht gewesen sein, dass der „alte Renner" noch lebt.[4] Stalin wies daraufhin unverzüglich, binnen Minuten, in einem Telegramm den Militärrat der 3. Ukrainischen Front unter Marschall Fedor Tolbuchin an, Renner Vertrauen zu erweisen, ihm mitzuteilen, dass das Oberkommando der sowjetischen Truppen ihm beim Aufbau der demokratischen Ordnung in Österreich unterstützen werde und dass Renner zu verdeutlichen sei, dass die sowjetischen Truppen, „die Grenzen Österreichs nicht zwecks Besetzung des Staatsgebiets Österreichs überschritten haben, sondern um die nationalsozialistischen[5] Besatzer aus Österreich zu vertreiben, nicht um dessen Territorium zu annektieren, sondern um die Okkupanten zu vertreiben".[6] Die Wortwahl ist dieselbe wie im ersten Aufruf der Roten Armee an die Bevölkerung Österreichs, die die Sowjets Anfang April verlautbarten. Der Text der sowjetischen Proklamationen geht auf Stalin selbst zurück. In der Direktive Nr. 11050 an Tolbuchin am 2. April 1945 hatte er ihn angewiesen, die österreichische Bevölkerung über die Ziele der Roten Armee in Österreich aufzuklären.[7] Dass sich Stalin just in diesem Moment für Renner entschied, wird zudem dadurch bekräf-

Karl Renner.
Quelle: ÖNB/Bildarchiv/Wien.

tigt, dass Stalin in der Direktive vom 2. April Tolbuchin und Malinovskij angewiesen hatte, „dem Bürgermeister der Stadt Wien verstehen zu geben, dass das sowjetische Kommando nicht gegen die Schaffung einer Provisorischen Regierung unter Einschluss der demokratischen Kräfte Österreichs entgegenwirken wird, auf den Flugzetteln über diese Frage nichts zu schreiben". Eine Alleinregierung der Kommunisten wurde vom Kreml 1945 nicht einmal für die Länder des späteren Ostblocks in Erwägung gezogen.[8] Der Weg zum Kommunismus sollte über die Errichtung von nationalen Volksfront-Regierungen, wie sie beim Vormarsch der Sowjets am Balkan und auch in Ungarn eingesetzt worden waren, führen. Das wesentlichste Ziel der sowjetischen Führung unmittelbar nach dem Zweiten Weltkrieg war die Schaffung einer Sicherheitszone und die Stärkung der kommunistischen Bewegung in den von der Roten Armee besetzten Ländern Europas. 1945 war die Ausgangsposition eine völlig andere geworden als etwa in den Zwanziger- und Dreißigerjahren. Die Rote Armee hatte immerhin in gewissem Sinne vorexerziert, dass der Kommunismus siegen konnte. Die Ausgangslage für eine weitere Ausbreitung des Kommunismus über Europa war niemals besser als nach dem unmittelbaren Ende des Zweiten Weltkriegs. Für Österreich sah Stalin zur Umsetzung seiner Pläne den idealen Mann in Renner, denn Renner war wohl mangels Alternativen der einzige, der alle Parteien einigen und sich auch mit den Exilkommunisten verständigen konnte. Die KPÖ sollte nicht von Anfang an allein das Ruder in der Hand haben.[9] Stalin schien die Nationale Volksfront für Österreich in der Person Karl Renners verkörpert zu sehen. Sie sollte die ideale Voraussetzung sein, um später alle Parteien des Landes einzuschließen. Renner erschien Stalin als die beste Möglichkeit zur späteren Verwirklichung des Nationalen Volksfront-Konzeptes für Österreich. Hier wird auch bei Stalin das strategische Denken seines Vorgängers Vladimir Lenin sichtbar, speziell unter den bürgerlichen Sozialisten „nützliche Idioten" zu finden, die ein entscheidendes Stück des Weges mitzugehen bereit sind. Dabei ist klar, dass Stalin im bereits Fünfundsiebzigjährigen Renner nicht mehr den endgültigen Vollstrekker des Übergangs Österreichs zum Sozialismus sah, sondern „nur" den perfekten Weichensteller. Nicht einzuschätzen ist, inwieweit die schmeichlerischen Briefe Renners an Stalin diesen in seiner Haltung beeinflussten. Vielleicht sah sich Stalin beim Lesen der Zeilen Renners durchaus in seinen Überlegungen, wonach auch die Sozialisten aus den Erfahrungen des Faschismus gelernt hätten[10], bekräftigt und erachtete Renner als einen, der bereits zum Kommunisten mutiert war und den „richtigen Weg" beschritt. Realpolitische Überlegungen, Österreich unmittelbar nach dem Einmarsch der Roten Armee den Sozialismus ohnehin nicht aufzwingen zu können, ohne eine offene Eskalation mit den Westmächten zu riskieren, könnten ebenfalls Motive Stalins für die Wahl Renners gewesen sein.[11] Zumindest konnte er sich ziemlich sicher sein, in Renner einen Gesprächspartner zu haben und nicht einen Politiker, der zu keinerlei Kompromissen bereit sein würde.[12] Renner war aus der Sicht der Sowjetmacht zweifelsohne der geeignetste Kanzler einer „antifaschistischen" Regierung. Renner hatte den Sowjets sogar eine „Entfaschisierung" (Entfernung von ÖVPlern aus der Regierung) angeboten, war damit vorgeprescht und hatte versucht, zwei Fliegen mit einer Klappe zu schlagen: Rücksichtnahme auf die vermeintlichen Wünsche der Sowjets und die personelle Demontage der ÖVP. Unter Berücksichtigung der Konzeptionen der Nationalen Volksfront-Strategien überrascht es jedoch nicht, dass sich die Sowjets besonders gegen diese für die Kommunisten vermeintlich vorteilhaften Pläne stellten. Denn noch wollten die Sowjets alle „antifaschistischen" Parteien in der Regierung vertreten sehen. Die seltsam anmutende sowjetische Vorgehensweise reflektierte jedoch die KP-Strategie wieder.[13] Renner hatte für die Sowjets auch andere strategische Vorteile: sein großer Bekanntheitsgrad, die zahllosen „dunklen Punkte" und „Schönheitsfehler" in seiner Biografie (vor allem seine explizite Befürwortung des „Anschlusses" an Hitler-Deutschland 1938), die noch als Druckmittel zu verwenden waren. Weiters die Möglichkeit, ihn den Westalliierten als Antikommunisten zu verkaufen, seine gewisse Akzeptanz beim politischen Gegner, der ÖVP. Darüber hinaus stand Renner bereits im 76. Lebensjahr und schien kompromissbereiter, um seine Pläne noch zu Lebzeiten verwirklicht zu sehen.[14] Am 17. April 1945 befahl Stalin Tolbuchin schlussendlich, Renner zu sich zu beordern und ihn mit der Bildung einer Provisorischen Regierung zu beauftragen. Am 19. April traf Renner mit Tolbuchin zusammen, doch er wurde nicht als erster empfangen. Unmittelbar vor ihm hatten die Sowjets mit Koplenig gesprochen, ein wohl unmissverständliches Zeichen dafür, dass an der KPÖ kein Weg vorbei führen sollte. An den Gesprächen nahmen darüber hinaus Generaloberst Aleksej Željtov, Generalleutnant Aleksej Blagodatov und Oberst Georgij Piterskij teil.

Am 27. April stellte Renner sein Kabinett der Öffentlichkeit vor. Die Bilder des Jubels, den die österreichische Bevölkerung der Provisorischen Regierung am 29. April 1945 entgegenbrachte und Renner gemeinsam mit sowjetischen Militärs vor dem Parlament stehend zeigten, verstärkten schließlich das Misstrauen der Westmächte, die der Provisorischen Österreichischen Regierung ihre Anerkennung verweigerten.

Die Sowjets bemerkten sehr rasch, dass Renner nicht der war, für den ihn Stalin gehalten haben dürfte. Erste negative Einschätzungen zur Person Renner finden sich bereits im Mai 1945. Renner ließ aus sich keine Marionette Stalins machen. Er nutzte die Gelegenheit, die sich ihm bot, sehr gut und stellte die Weichen für eine stabile Zweite Republik. Als Folge änderte die sowjetische Besatzungsmacht kontinuierlich ihre Meinung über Renner. Im Herbst 1947 kulminierte dies schließlich in offenen Hasstiraden gegen Renner in der sowjetischen Presse. Die Kominform stellte ihn in den Beschlüssen ihrer ersten Sitzung als Gefahr für den Sozialismus hin. Die nun zugänglichen internen Berichte der sowjetischen Besatzungsmacht machen diese Meinungsänderung der Sowjets rekonstruierbar.

Erste kritische Töne zu Renner finden sich in sowjetischen Akten sehr bald – nachdem Renner bei der 4. Plenarsitzung der Provisorischen Regierung am 10. Mai 1945 erklärt hatte, zu den folgenden Zusammenkünften nur noch die Minister einladen zu wollen. Den Sowjets war klar, was dieser Schritt bedeutete: „Damit strebt Renner danach, die neun stellvertretenden kommunistischen Staatssekretäre und genau so viele Vertreter der Volkspartei loszuwerden, womit er beabsichtigt, das Stimmenverhältnis in eine für die Sozialdemokraten günstige Lage zu ändern. [...] Die Auftritte Renners haben eine klare Tendenz zur Teilnahmebegrenzung aller Regierungsmitglieder bei der Lösung der grundsätzlichen Fragen und zur Ausschaltung aus diesen Fragen, in erster Linie der Kommunisten", berichtete Oberstleutnant Merkulov am 11. Mai 1945 nach Moskau. Renner in einer gewissen Weise durchschauend, beschrieb ihn Oberst Piterskij, als dieser zur Berichterstattung Ende Mai 1945 nach Moskau beordert wurde. Bei einem Gespräch mit einem Mitarbeiter der 3. Europäischen Abteilung des NKID äußerte er sich über den Provisorischen Staatskanzler wie folgt: „Renner interessiert sich für Fragen des materiellen Wohlstandes, nicht nur des ganzen österreichischen Volkes, sondern auch für seinen eigenen. Renner fragt, wie werden die Österreicher wohl leben und sagt gleichzeitig, dass er persönlich keine gute Uhr habe und ob es möglich wäre, ihm aus Moskau Kaviar zu schicken. Man darf Renner nicht in allem glauben, er ist bisweilen ein Schlitzohr".[15]

Anmerkungen

1 Siehe hier und im Folgenden, wenn nicht anders zitiert, vor allem den auf neuen sowjetischen Quellen basierenden Aufsatz zum Aufbau der Österreichischen Provisorischen Regierung im April 1945: Stefan Karner – Peter Ruggenthaler, Unter sowjetischer Kontrolle: Zur Regierungsbildung in Österreich 1945, in: Stefan Karner – Barbara Stelzl-Marx (Hg.), Die Rote Armee in Österreich. Sowjetische Besatzung 1945–1955. Beiträge. Graz – Wien – Klagenfurt 2005 (= Karner – Ruggenthaler, Kontrolle).

2 Sergej Matwejewitsch Schtemenko, Im Generalstab, Bd. 1. 6. Aufl. Berlin-Ost 1985 (= Schtemenko, Generalstab), S. 403–405; S. M. Štemenko, General'nyj štab v gody vojny [Der Generalstab in den Kriegsjahren]. Moskau 1974 (= Štemenko, General'nyj štab), S. 356.

3 Siegfried Nasko, Zur Rolle Dr. Renners im April 1945, in: Nasko Siegfried (Hg.), Gedenkraum 1945. Hier entsteht wieder Österreich. Katalog zu „Gedenkraum 1945“. Wien – Wiener Neustadt – Hochwolkersdorf 1981 (= Nasko, Rolle).

4 Molotov oder Mikojan gegenüber Schärf im April 1955 in Moskau. Nasko, Rolle, S. 22; siehe dazu: Herbert Grubmayr, 60 Jahre mit den „Russen“. Persönliche Erinnerungen, in: Stefan Karner – Barbara Stelzl-Marx (Hg.), Die Rote Armee in Österreich Sowjetische Besatzung 1945–1955. Beiträge. Graz – Wien – Klagenfurt 2005.

5 Im russischen Original wörtlich: „faschistischen“, was der sowjetischen Terminologie entspricht.

6 Die Aussagen Štemenkos können nun (mit Ausnahme des fernmündlichen Suchbefehls Stalins) mit Dokumenten erstmals belegt werden. Siehe dazu im Detail: Karner – Ruggenthaler, Kontrolle; vgl. auch Schtemenko, Generalstab, S. 405.

7 Beide Dokumente (Direktive der Stavka v. 2.4.1945, Aufruf Tolbuchins) abgedruckt in: Stefan Karner – Barbara Stelzl-Marx – Alexander Tschubarjan (Hg.), Die Rote Armee in Österreich. Sowjetische Besatzung 1945–1955. Dokumente. Krasnaja Armija v Avstrii. Sovetskaja okkupacija 1945–1955. Dokumenty. Graz – Wien – Klagenfurt 2005; Direktive bereits bei Manfried Rauchensteiner, Das Kriegsende in Österreich 1945. Wien 1985, S. 491.

8 Vojtech Mastny, The Cold War and Soviet Insecurity: The Stalin Years. New York – Oxford 1998, S. 21.

9 So äußerte sich auch Ernst Fischer in seinen Memoiren. Siehe: Ernst Fischer, Das Ende einer Illusion. Erinnerungen 1945–1955. Wien 1973, S. 20.

10 Vgl. Štemenko, General'nyj štab, S. 356.

11 Zu den Beweggründen Stalins für die Einsetzung Renners mit dem er gewisse Vorstellungen verband, siehe auch: Manfried Rauchensteiner, Der Sonderfall. Die Besatzungszeit in Österreich 1945 bis 1955. Graz – Wien – Köln 1979, S. 67.

12 „The last thing Stalin wanted in Austria was a politican who would take a similar uncompromising position.“ Harry Piotrowski, The Soviet Union and the Renner Government of Austria, April–November 1945, in: Central European History, Vol. 20, Cleveland 1987, S. 260.

13 Auch die Kommunisten in Osteuropa sollten unbedingt gezügelt und jede sowjetische Einflussnahme sorgfältig gesteuert und „maskiert“ werden. Donal O'Sullivan, Stalins „Cordon sanitaire“. Die sowjetische Osteuropapolitik und die Reaktionen des Westens. Paderborn u.a. 2003, S. 183.

14 Wilfried Aichinger, Sowjetische Österreichpolitik 1943–45. Materialien zur Zeitgeschichte, Bd. 1. Wien 1977, S. 127f.

15 Karner – Ruggenthaler, Kontrolle; siehe auch: Robert Kriechbaumer, „... dass der Einfluss der Kommunisten beseitigt wird.“ Sowjetische Meinungen über die politische Lage sowie über österreichische Politiker 1945/46, in: Siegfried Beer – Edith Marko-Stöckl – Marlies Raffler – Felix Schneider (Hg.), Focus Austria. Vom Vielvölkerstaat zum EU-Staat. Festschrift für Alfred Ableitinger. Graz 2003, S. 426.

Martin Moll

ÖVP, SPÖ und KPÖ von 1945 bis 1955

ÖVP, SPÖ und KPÖ waren 1945 die Parteien der „Stunde Null". Zu einer Zeit, als in Teilen Österreichs noch gekämpft wurde, konstituierten sich alle drei Parteien, vornehmlich im Raum Wien und im Wesentlichen so, wie es ihrer Tradition entsprach.[1] Das Gründungsdatum der SPÖ war der 14. April 1945, die ÖVP folgte drei Tage später. Schon in diesem Augenblick zeigte sich, dass sie die Zeit des Ständestaates und des Nationalsozialismus erstaunlich unverändert überstanden hatten. Aufgrund der restriktiven Haltung der Besatzungsmächte gegenüber der Neugründung von Parteien hatten ÖVP, SPÖ und KPÖ bis 1949 ein politisches Monopol.[2] Obwohl die aus der Ersten Republik stammende Lagermentalität ebenso fortbestand wie das Bestreben der beiden Großparteien, sich jedes organisierbare Interesse anzugliedern, hatte sich im Bewusstsein der Führungsschichten ein grundlegender Wandel vollzogen. Erst auf dieser Basis war es den einstigen Gegnern des Bürgerkrieges von 1934 möglich, eine Regierungskoalition einzugehen, die zwischen ÖVP und SPÖ bis 1966 halten sollte. Eine Abwehrfront gegenüber den Besatzern bildete dabei ebenso eine Klammer wie die schmerzlichen Erfahrungen aus der Zwischenkriegszeit. Bereits in den Konzentrationslagern des NS-Regimes hatten Vertreter des christlichsozialen und des sozialdemokratischen Lagers den Wiederaufbau Österreichs erörtert. 1945 kamen diese Eliten zum Zug, zumal bei Kriegsende jegliche revolutionäre Situation fehlte. Auf dieser Basis schritt man, unter Einbeziehung der KPÖ, im Frühjahr 1945 an die Errichtung einer demokratischen Ordnung, deren Grundkonsens die Zusammenarbeit aller nicht-nationalsozialistischen Gruppen sein sollte.[3]

Von der Staatsgründung Ende April 1945 an bildeten ÖVP, SPÖ und KPÖ eine bis zum 20. Oktober nur von den Sowjets anerkannte Allparteienregierung unter dem Vorsitz des Sozialdemokraten Karl Renner als „Staatskanzler"; in ihr waren alle drei Parteien annähernd in gleicher Stärke repräsentiert.[4] Die Kooperation reichte in dieser Phase über die Spitzen hinaus und führte auf lokaler Ebene zu Zusammenschlüssen der beiden Arbeiterparteien, denen sich fallweise die ÖVP anschloss. Bestrebungen, eine sozialistische Einheitsfront aufzubauen, wurden von der SPÖ-Führung abgebrochen. Auch die mit 25. November 1945 früh angesetzten ersten Nationalratswahlen zwangen die Parteien, ein eigenständiges Profil zu entwickeln und sich von der Konkurrenz abzugrenzen.

Die ÖVP, eine anti-sozialistische Volkspartei neuen Typs

Nach dem Willen ihrer Gründer, allesamt frühere Funktionäre der christlich-sozialen Partei, wurde die ÖVP als Sammelpartei der Mitte ins Leben gerufen. Schon der Name war ein Signal: Das Weglassen des Attributs „christlich" markierte ein Abrücken von der früheren Verzahnung mit der katholischen Kirche. Zu offensichtlich durfte die Anknüpfung an die christlich-soziale Partei der Zwischenkriegszeit nicht ausfallen, schon mit Rücksicht auf die Sozialdemokraten, denen das „ständestaatliche" System dieser Jahre verhasst war.[5]

Bereits im Juni 1945 trat die ÖVP mit einem rudimentären Programm, zusammengefasst in 15 Leitsätzen, an die Öffentlichkeit. Neu war das uneingeschränkte Bekenntnis zur österreichischen Nation. Großes Gewicht wurde der Kooperation „mit allen Österreich bejahenden Parteien" und dem ritterlichen Austrag bestehender Differenzen eingeräumt.[6] Ihrem Selbstverständnis nach war die ÖVP eine bürgerliche und anti-marxistische Integrationspartei. Ihre bündische Struktur sollte es ermöglichen, neben verschiedenen Berufsgruppen unterschiedliche ideologische Strömungen – Konservatismus, Liberalismus, katholische Soziallehre und gemäßigte Teile des deutschnationalen Lagers – einzubinden. Typisch für die ÖVP war ihre föderalistische Komponente: An den starken Landesorganisationen und den Bünden scheiterte schon im September 1945 ein Versuch des ersten Generalsekretärs, Felix Hurdes, der Partei eine zentralistische Struktur zu geben.[7]

Wahlplakat der ÖVP, 1949.
Quelle: WStLB/ Wien.

Wahlplakat der SPÖ, 1945.
Quelle: WStLB/Wien.

Umso mehr kam es darauf an, den Zusammenhalt durch starke Führungspersönlichkeiten zu gewährleisten. Diese Männer – Leopold Figl, Julius Raab, Felix Hurdes, Lois Weinberger und Leopold Kunschak – hatten ihre Wurzeln in der Zeit des „Ständestaates". Neben ihren Regierungsämtern übten sie hohe Funktionen in der Partei aus und nutzen die Parteileitung als Koordinationsstelle zum Interessenausgleich.

Die SPÖ und ihr ungeliebtes austromarxistisches Erbe

Als einzige Partei knüpfte die SPÖ bewusst an Vorkriegstraditionen an und übernahm ihr Parteiprogramm von 1926, obwohl dieses ein klassisches austromarxistisches Szenario beinhaltete. Im April 1945 gelang es, den ehemals reformistisch orientierten und den 1934 in die Illegalität gedrängten, revolutionären Flügel zusammenzuführen. Der Parteiname „Sozialistische Partei Österreichs (Sozialdemokraten und Revolutionäre Sozialisten)" symbolisierte den Kompromiss. Der Klammerzusatz wurde allerdings bald weggelassen. Für die Eliminierung des austromarxistischen Erbes war der rechte, an Reformen anstatt Revolution orientierte Parteiflügel unter Karl Renner, der unbestrittenen Führungsfigur des Jahres 1945, verantwortlich. Seine Gruppe, zu der der spätere Bundespräsident Adolf Schärf und Innenminister Oskar Helmer zählten, propagierte einen demokratischen Sozialismus und lehnte eine Oppositionsrolle ab. Stattdessen plädierte sie für die Übernahme von Regierungsverantwortung, die Aufgabe von Klassenstandpunkten und eine scharfe Abgrenzung gegenüber der KPÖ. Diese Positionen stießen beim linken Flügel und bei der Parteijugend auf heftige Kritik, worauf die Parteiführung mit dem Ausschluss des Rädelsführers, Zentralsekretär Erwin Scharf, reagierte.[8] Richtungsdiskussionen auf Parteitagen gab es noch bis 1949.[9] Dann war entschieden, dass die Parteispitze theoretische Positionen und ideologisches Erbe den Koalitionsinteressen unterordnete und die SPÖ zur staatstragenden Regierungspartei geworden war. Für den gemäßigten Flügel um Renner war damit ein politischer Traum in Erfüllung gegangen.[10] Der Preis dafür war die Ausblendung alles Belastenden aus der Zwischenkriegszeit und das Ruhenlassen der kulturkämpferischen Streitfragen von einst, etwa die Themen Kirche, Schule und Ehe. Auch der SPÖ kam es darauf an, zu einer Volkspartei zu werden, ihre frühere Konzentration auf die Arbeiterschicht zu überwinden und Anhänger möglichst aus allen Schichten der Bevölkerung zu gewinnen.

Die KPÖ und ihr Scheitern

Ungeachtet massiver Protektion durch die sowjetische Besatzungsmacht, verkörperte die KPÖ nur scheinbar ein drittes Lager in der Parteienlandschaft.[11] Bloß in den Monaten von April bis November 1945 war sie gleich stark wie ÖVP und SPÖ, nimmt man ihre Repräsentanz in der Regierung als Maßstab. Bei den ersten Wahlen im November sank sie mit rund 5 Prozent der Stimmen auf den Status einer Kleinpartei ab. Auf diesem Niveau sollte sie bis 1955 verharren.[12]

Abgesehen von der sowjetischen Rückendeckung, hatte die KPÖ von ihren im Widerstand gegen den Nationalsozialismus gebrachten Opfern profitiert. Der Übergang von der Illegalität in die Legalität sowie das Zusammenwirken zwischen den ehemaligen Untergrundaktivisten und der aus dem Exil heimgekehrten Parteiführung (Ernst Fischer, Friedl Fürnberg, Franz Honner und Johann Koplenig) wurden nie gelöst. Organisatorische Probleme und ideologische Spannungen taten ein Übriges. SPÖ und ÖVP verstanden es, den zentralen Programmpunkt der KPÖ, eine Aktionseinheit aller anti-nazistischen Parteien, abzubiegen. Erst recht waren alle Versuche zum Scheitern verurteilt, mit der SPÖ eine marxistische Einheitsfront zu gründen.[13] Ihrem Selbstverständnis nach verkörperte die KPÖ eine revolutionäre Bewegung, sie sah sich als Erbin der revolutionären Sozialdemokratie bzw. des Austromarxismus, als Österreich-bejahende Kraft ebenso wie als Teil der kommunistischen Internationale.[14] Als langfristiges Ziel schwebte ihr die Errichtung einer „wahren Volksdemokratie" vor, deren genauer Inhalt freilich vage blieb.[15]

Nach der Novemberwahl 1945 marginalisiert und von der Verwirklichung ihrer Visionen auf absehbare Zeit abgeschnitten, schwenkte die KPÖ auf eine kurzfristige Strategie um: Sie strebte nun den Aufbau von Positionen in jenen etwa

Wahlplakat der KPÖ, 1945.
Quelle: WStLB/Wien.

6.000 Betrieben an, die wegen der NS-Verstrickung ihrer Eigentümer unter öffentlicher Verwaltung standen. In den wirtschaftlich schwierigen Jahren 1947–1950, als mehrere Lohn-Preis-Abkommen zu erheblichen Reallohnverlusten der Arbeitnehmer führten, stellte sich die KPÖ an die Spitze von Massendemonstrationen, die fälschlich als Kommunistischer Putsch bezeichnet werden. Nur mit Mühe konnten die beiden Regierungsparteien die Streikbewegung unter Kontrolle halten. Damit war der Zenit des kommunistischen Einflusses überschritten. Wohl spielte die KPÖ in der Großindustrie die Rolle der schärfsten Konkurrentin der SPÖ und hatte dort insgesamt mehr Einfluss als in der Ersten Republik. Doch gelang es ihr nie, eine einflussreiche politische Kraft zu werden. Ihre Regierungsbeteiligung zwischen 1945 und 1947 beruhte auf ihrer Nähe zur sowjetischen Besatzungsmacht. Gerade dieses Naheverhältnis wirkte sich langfristig negativ aus, denn alle Übergriffe der Sowjets wurden der KPÖ angelastet; hinzu kam ein im Zeichen des „Kalten Krieges" virulenter Antikommunismus, dessen Ressentiments auf die KPÖ übertragen wurden.[16] Wie wenig die Partei zu bewirken vermochte, zeigte sich schon 1945, als die Verfassungsfrage anstand: Mühelos konnten Volkspartei und Sozialdemokratie die Übernahme der Verfassung von 1920 in der Fassung von 1929 durchsetzen, während die Kommunisten für eine Diskussion über vorgeblich demokratischere Inhalte plädierten; sie fanden damit aber kein Gehör.

Die Parteien auf der politischen Bühne 1945–1955

Bei den drei bundesweiten Wahlen (1945, 1949 und 1953) blieb das Kräfteverhältnis zwischen den beiden Großparteien annähernd gleich.[17] Mandatsstärkste Partei war stets die ÖVP, die Ende 1945 mit Leopold Figl den Bundeskanzler stellte. Der Sozialdemokrat Adolf Schärf wurde Vizekanzler, während der bisherige „Staatskanzler" Renner von der Bundesversammlung zum Bundespräsidenten gewählt wurde. Nur bei den Novemberwahlen 1945 erzielte die ÖVP eine absolute Mehrheit an Mandaten, doch führten zuvor getroffene Abmachungen zu einer Neuauflage der Koalition unter Figl und Schärf, der sich auch die enttäuschte KPÖ anschloss; sie stellte einen Minister. Ab 1949 wurden die Kommunisten, die nun lediglich mittels pseudo-unabhängiger linker Listen ins Hohe Haus einziehen konnten, vom Verband der Unabhängigen (VdU) überholt und als Opposition in den Schatten gestellt. Die letzte Chance, die KPÖ stärker in die Regierung einzubinden, wurde 1947 verspielt, als Geheimgespräche zwischen ÖVP-Kanzler Figl und dem KPÖ-Spitzenfunktionär Ernst Fischer publik gemacht und daraufhin abgebrochen wurden; sie gingen als „Figl-Fischerei" in die Geschichte ein. Wenig später, im November 1947, schied der einzige kommunistische Minister aus dem Kabinett aus. Dieses bestand von nun an bis 1966 aus einer Großen Koalition aus ÖVP und SPÖ.[18] Im Zuge der vorgezogenen Wahl vom Februar 1953 vollzog sich bei der ÖVP ein Wechsel an der Spitze: Auf Figl folgte Julius Raab als Parteichef und Bundeskanzler.

Resultate der Nationalratswahlen in Mandaten und Prozentanteilen der gültigen Stimmen:[19]

Partei	1945	1949	1953
ÖVP	85 (49,80 %)	77 (44,03 %)	74 (41,25 %)
SPÖ	76 (44,60 %)	67 (38,71 %)	73 (42,10 %)
KPÖ	4 (5,40 %)	Linksblock 5 (5,08 %)	Volksopposition 4 (5,28 %)

Die Abkehr von der Allparteienregierung erfolgte, nicht zuletzt wegen der chronischen Schwäche der KPÖ, reibungslos. 1947 legten beide Regierungsparteien neue Programme vor.[20] Die ÖVP propagierte, theoretisch anspruchslos, „Grundsätze und Ziele", die für einen „Solidarismus" warben. Die SPÖ folgte mit einem „Aktionsprogramm" für wirtschaftliche und soziale Anliegen, das sich zum freien Spiel der politischen Kräfte bekannte.[21] Die Volkspartei verkündete 1952 „Alles für Österreich", ein Programm, das Streitfragen wie Schule, Ehe und Kirche mied und im Zeichen koalitionsbedingter Kompromissbereitschaft stand. Beide Parteien wandelten sich in diesen Jahren von Weltanschauungsparteien zu Volks- bzw. Allerweltsparteien. Es lag in der Logik dieses Systems, dass es durch das Aushandeln von Lösungen zwischen den Sozialpartnern, die ihrerseits eng mit den Großparteien verflochten waren, ergänzt wurde. Konfliktvermeidend wirkte ferner die Aufteilung sämtlicher Einflusssphären in Staat, Verwaltung, Verbänden und staatsnaher Wirtschaft. Im ersten Nachkriegsjahrzehnt kam die sogenannte Proporzdemokratie zu ihrer höchsten Blüte. Einzementiert schien auch die 1945 fixierte Besetzung der Spitzenpositionen: Einem von der SPÖ gestellten Bundespräsidenten (zuerst Karl Renner, nach dessen Tod ab 1951 Theodor Körner) standen ÖVP-Bundeskanzler (Figl und Raab) und ein SPÖ-Vizekanzler (Schärf) zur Seite. Die ÖVP dominierte die Bundeswirtschafts- und die Landwirtschaftskammer, die SPÖ den Gewerkschaftsbund und die Arbeiterkammern. In den Ländern überwog der Einfluss der Volkspartei, sie stellte sieben von neun Landeshauptleuten. Lediglich in Wien und in Kärnten besetzte die Sozialdemokratie die führende Position. Unabhängige Tageszeitungen fehlten nahezu völlig, die Presselandschaft wurde von den Organen der Großparteien bestimmt. Dirigiert wurde dieses System von Funktionärskadern, in Wahrheit von einer Handvoll Männer (Frauen waren in Spitzenpositionen nicht anzutreffen), die eine heute unvorstellbare Fülle an Ämtern kumulierten. Obwohl an der Oberfläche Burgfrieden und Konfliktscheu herrschten, gab es darunter Spannungen. Abgesehen davon, dass der Nationalrat zweimal vor Ablauf seiner Funktionsperiode aufgelöst wurde, waren die Wahlkämpfe von Gehässigkeit geprägt: Die ÖVP präsentierte ihren Koalitionspartner als Steigbügelhalter des Kommunismus, während die Sozialdemokraten die ÖVP als Partei des Rentenklaus bezeichneten.[22]

Als bei den Wahlen 1949 der VdU auf Kosten beider Regierungsparteien 16 Mandate errang, wurde die Große Koalition eilig neu gezimmert. Von rechts unter Druck geraten, suchte die ÖVP Teile dieses Lagers zu integrieren. Ihr Bemühen um die Aufhebung der NS-Gesetze der Jahre 1945–1947, der autoritäre Führungsstil ihres Kanzlers und Parteiobmanns Julius Raab sowie erfolglose Gespräche über eine Regierungseinbindung des VdU waren die Folge. Kam es deshalb zu ernsthaften Spannungen in der Koalition, so wirkte doch noch immer das einigende Band der Frontstellung gegen die Besatzungsmächte. ÖVP und SPÖ waren sich einig, dass nur ein gemeinsames Auftreten den Weg zu einem unabhängigen Österreich eben konnte. Dieses Ziel, dem alle anderen untergeordnet wurden, konnte nur eine Große Koalition erreichen. Gleiches galt für den ökonomischen Wiederaufbau, der 1955 noch lange nicht abgeschlossen war. Folgerichtig blieb Österreich die ÖVP-SPÖ-Koalition und das politische System, das sie verkörperte, elf Jahre über den Abschluss des Staatsvertrags hinaus erhalten.

Anmerkungen

1 Anton Pelinka, Aspekte der Nachkriegspolitik, in: Leopold Rettinger u.a. (Hg.), Zeitgeschichte. Bericht über die gesamtösterreichischen Seminare. Wien 1982 (= Pelinka, Aspekte), S. 241–257.

2 Grundlegend hierzu: Alfred Ableitinger – Siegfried Beer – Eduard G. Staudinger (Hg.), Österreich unter alliierter Besatzung 1945–1955. Studien zu Politik und Verwaltung, Bd. 63. Wien – Köln – Graz 1998.

3 Hans Prader, Die Angst der Gewerkschaft vor'm Klassenkampf. Der ÖGB und die Weichenstellung 1945–1950. Wien 1975, S. 14.

4 Zu allen in diesem Text genannten Personen vgl. Herbert Dachs – Peter Gerlich – Wolfgang C. Müller (Hg.), Die Politiker. Karrieren und Wirken bedeutender Repräsentanten der Zweiten Republik. Wien 1995.

5 Vgl. Ludwig Reichold, Geschichte der ÖVP. Graz – Wien – Köln 1975; Robert Kriechbaumer – Franz Schausberger (Hg.), Volkspartei – Anspruch und Realität. Zur Geschichte der ÖVP seit 1945. Wien – Köln – Weimar 1995.

6 Klaus Berchtold, Österreichische Parteiprogramme 1868–1966. München 1967, S. 377.

7 Herbert Gottweis, Zur Entwicklung der ÖVP: Zwischen Interessenpolitik und Massenintegration, in: Peter Gerlich – Wolfgang C. Müller (Hg.), Zwischen Koalition und Konkurrenz. Österreichs Parteien seit 1945. Wien 1983, S. 56.

8 Fritz Weber, Der Kalte Krieg in der SPÖ. Koalitionswächter, Pragmatiker und Revolutionäre Sozialisten 1945–1950. Wien 1986.

9 Franz Buchegger – Walter Stamminger, Anspruch und Wirklichkeit: Marginalien zur Geschichte der SPÖ, in: Peter Gerlich – Wolfgang C. Müller (Hg.), Zwischen Koalition und Konkurrenz. Österreichs Parteien seit 1945. Wien 1983, S. 21.

10 Fritz Weber, Rechtsvorrang. Wie die Linken 1945 in die Sackgasse gerieten, in: Helene Maimann (Hg.), Die ersten 100 Jahre. Österreichische Sozialdemokratie 1888–1988. Wien – München 1988, S. 244; Peter Pelinka – Gerhard Steger (Hg.), Auf dem Weg zur Staatspartei. Zur Geschichte und Politik der SPÖ seit 1945. Wien 1988.

11 Grundlegend: Josef Ehmer, Die Kommunistische Partei Österreichs, in: Herbert Dachs u.a. (Hg.), Handbuch des politischen Systems Österreichs. Wien 1991, S. 275–285.

12 Pelinka, Aspekte, S. 248f.

13 Gerhard Jagschitz, Österreichplanungen und die Wiedererrichtung der Demokratie, in: Leopold Rettinger u.a. (Hg.), Zeitgeschichte. Bericht über die gesamtösterreichischen Seminare. Wien 1982, S. 305.

14 Albert Lichtblau – Michael Winter, Die Entwicklung der KPÖ im Spiegel ihrer Parteitage, in: Peter Gerlich – Wolfgang C. Müller (Hg.), Zwischen Koalition und Konkurrenz. Österreichs Parteien seit 1945. Wien 1983, S. 97.

15 Josef Ehmer – Rupert Herzog, Der Kampf um die gesellschaftliche Ordnung in Österreich nach der Befreiung vom Faschismus, in: Historische Kommission beim Zentralkomitee der KPÖ (Hg.), Die Kommunistische Partei Österreichs. Beiträge zu ihrer Geschichte und Politik. Wien 1987 (= Ehmer – Herzog, Kampf), S. 338–351.

16 Karl Ucakar, Die Entwicklung des Verbändewesens in Österreich, in: Heinz Fischer (Hg.), Das politische System Österreichs. Wien 1974, S. 418.

17 Vgl. Wolfgang C. Müller, Das Parteiensystem, in: Herbert Dachs u.a. (Hg.), Handbuch des politischen Systems Österreichs. Wien 1991, S. 181–196, Alfred Ableitinger, Die innenpolitische Entwicklung, in: Wolfgang Mantl (Hg.), Politik in Österreich. Die Zweite Republik: Bestand und Wandel. Studien zu Politik und Verwaltung, Bd. 10. Wien – Köln – Graz 1992, S. 119–203.

[18] Norbert Leser, Die Entwicklung des Demokratieverständnisses in Österreich, in: Heinz Fischer (Hg.), Das politische System Österreichs. Wien 1974; Ehmer – Herzog, Kampf, S. 349; Manfried Rauchensteiner, Die Zwei. Die Große Koalition in Österreich. Wien 1987.

[19] Heinz Fischer, Die parlamentarischen Fraktionen, in: Heinz Fischer (Hg.), Das politische System Österreichs. Wien 1974, S. 114; Gertrude Enderle-Burcel, Die österreichischen Parteien 1945 bis 1955, in: Reinhard Sieder – Heinz Steinert – Emmerich Tálos (Hg.), Österreich 1945–1995. Gesellschaft, Politik, Kultur. Österreichische Texte zur Gesellschaftskritik 60. Wien 1995, S. 92; Anton Pelinka – Manfried Welan, Demokratie und Verfassung in Österreich. Wien – Frankfurt am Main – Zürich 1971 (= Pelinka – Welan, Demokratie), S. 192; Anton Pelinka – Fritz Plasser (Hg.), Das österreichische Parteiensystem. Studien zu Politik und Verwaltung, Bd. 22. Wien – Köln – Graz 1988, S. 769.

[20] Robert Kriechbaumer, Parteiprogramme im Widerstreit der Interessen. Die Programmdiskussionen und die Programme von ÖVP und SPÖ 1945–1986. Österreichisches Jahrbuch für Politik, Sonderband 3. Wien – München 1990, S. 59–229.

[21] Margareta Mommsen-Reindl, Die Österreichische Proporzdemokratie und der Fall Habsburg. Wien – Köln – Graz 1976 (= Mommsen-Reindl, Proporzdemokratie), S. 35–44.

[22] Pelinka – Welan, Demokratie, S. 262; Mommsen-Reindl, Proporzdemokratie, S. 74f; Martin Polaschek – Stefan Riesenfellner, Plakate. Dokumente zur steirischen Geschichte 1918–1955. Veröffentlichungen des Steiermärkischen Landesarchives 25. Graz 2000, S. 163–256.

Felix Schneider

Der Krieg in Österreich, Wettlauf der Armeen und Kriegsende

Österreich im Luftkrieg

Der Kriegsverlauf des Jahres 1943 bedeutete den endgültigen Verlust der strategischen Initiative für das Deutsche Reich und somit die entscheidende militärische Wende zugunsten der Alliierten auf dem europäischen Kriegsschauplatz: Stalingrad, Tunis, Sizilien und Kursk seien hier stellvertretend als wichtige Meilensteine genannt. Für Österreich, die damalige „Ostmark", begann gleichzeitig ein Leidensweg, der schließlich erst mit dem totalen militärischen Zusammenbruch des „Dritten Reiches" und der damit verbundenen sechsfachen Besetzung des Staatsterritoriums durch die Alliierten Mächte im Mai 1945 seinen Abschluss finden sollte.

Bis zum Sommer 1943 hatte die „Ostmark" als „Luftschutzkeller des Dritten Reiches" gegolten. Aufgrund mangelnder Reichweiten der anglo-amerikanischen Jagd- und Bomberverbände, die von Südengland aus operieren mussten, war das Land bislang von den massiven Bomberoffensiven der Briten und US-Amerikaner verschont geblieben: Mit der Kapitulation der deutschen und italienischen Verbände in Nordafrika und der alliierten Invasion Siziliens und Süditaliens ab Sommer 1943 war durch die Stationierung

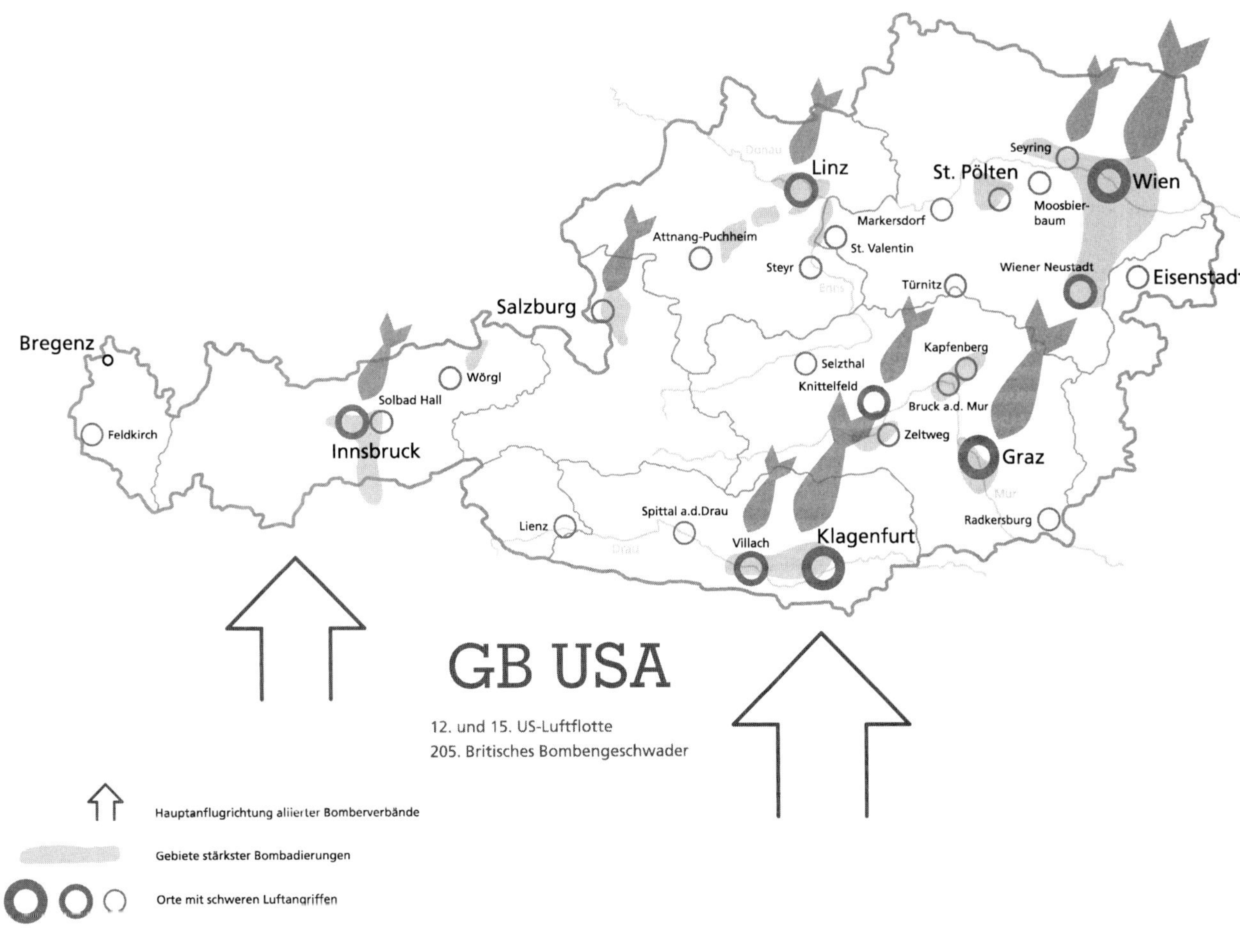

Westalliierte Luftangriffe auf Österreich, 1943–1945.
Entwurf: BIK/Graz.

der 15th USAAF und 205th RAF Bomber Group (vor allem im Raum Foggia) nun auch die „Ostmark“ zum erreichbaren Ziel geworden.

Fortan steigerten sich die Angriffe, die sich in erster Linie gegen deutsche Rüstungsbetriebe richteten, stetig: von einem ersten Angriff auf Wiener Neustadt am 13. August 1943, der noch von 61 B-24D „Liberator“ der USAAF durchgeführt wurde, bis hin zum Crescendo des 13. Februar 1945, bei dem 837 alliierte Bomber Ölraffinerien, Reparaturwerkstätten und Verkehrsknoten in Wien angriffen. Neben der totalen Zerstörung der kriegswichtigen Infrastruktur war es vor allem die Zivilbevölkerung in den Ballungsräumen, die schwer unter den Bombenangriffen zu leiden hatte: Insgesamt starben in Österreich mehr als 20.000 Menschen, mehr als 57.000 wurden im alliierten Bombenhagel verwundet – nicht gezählt jene tausenden Opfer, die sich damals auf der Flucht vor der Roten Armee auf österreichischem Boden befanden und deren Zahl bis heute niemand kennt.[1]

Durchbruch der Roten Armee

Nachdem Hitler im März 1945 in Ungarn mit der letzten deutschen Offensive des Zweiten Weltkrieges, dem „Unternehmen Frühlingserwachen“ (Plattenseeoffensive), vor den Toren Österreichs gescheitert war, ergriffen die Sowjets ihrerseits die Initiative: 42 sowjetische Infanteriedivisionen, begleitet von acht mechanisierten Korps, wälzten sich unaufhaltsam auf die Grenze der „Ostmark“ zu. Am 29. März überschritten Einheiten der 6. Garde-Panzerarmee erstmals die ehemalige österreichische Grenze bei Klostermarienberg. Die von der nationalsozialistischen Propaganda seit Monaten propagandistisch aufgebauschte „Reichsschutzstellung“ (od. „Südostwall“) – eine Verteidigungslinie, die laut Planung von Bratislava über den Neusiedlersee, den Geschriebenstein, Radkersburg, Maribor und Ljubljana bis an die Adria reichen sollte – war an den meisten Abschnitten nicht viel mehr als eine improvisierte letzte Auffanglinie.[2] Seit Herbst 1944 waren hier tausende Arbeiter des RAD, aber auch zehntausende Zwangsarbeiter (vor allem ungarische Juden) – Letztere unter unmenschlichsten Bedingungen mit unzähligen Opfern – eingesetzt worden.[3]

Am 31. März erreichten die Panzerspitzen des XVIII. sowjetischen Panzerkorps die „Reichsschutzstellung“ des Raabtales, die hier, wie in so vielen anderen Abschnitten auch, weitgehend unbesetzt geblieben war. Nur sporadischer Widerstand eilig herangeführter steirischer Volkssturmeinheiten konnte den sowjetischen Vormarsch nicht aufhalten. Am 1. April stand die Rote Armee schon in Kirchberg a. d. Raab, nur noch wenige Kilometer von Graz entfernt. Auch die Nahtstelle zwischen der in der Steiermark operierenden 6. deutschen Armee und der südlich anschließenden 2. Panzerarmee wurde auf einer Länge von 30 km aufgerissen. Alles, was irgendwie greifbar war, wurde nun in der Steiermark mobilisiert: Sogar alte Geschütze des ehemaligen Österreichischen Bundesheeres wurden entmottet. Trotz anfänglicher Lähmung der deutschen Verteidigung, bedingt durch mannigfaltige Kompetenzüberschneidungen zwischen Wehrkreiskommando, Heeresgruppenkommando, Gauleitung und SS, gelang es dem Befehlshaber des Wehrkreises XVIII, Gen d GebTr Julius Ringel in Zusammenarbeit mit dem Oberbefehlshaber der 6. Armee, General Balck, die Front in letzter Sekunde durch „Auskämmen“ der Etappe und eigenmächtiges Umleiten von zu verlegenden Einheiten zu stabilisieren.[4]

Die Steiermark war für Stalin strategisch jedoch nur von untergeordneter Bedeutung – weshalb der Stoß ins Grazer Becken letztlich angehalten wurde. Bereits Monate zuvor hatten sich die Alliierten über eine räumliche Aufteilung Österreichs geeinigt: Die Steiermark sollte in Zukunft von der britischen Besatzungsmacht verwaltet werden. Eine Fortsetzung der Angriffe auf steirischem Boden hätte also keine politischen oder militärischen Vorteile gebracht. Trotzdem hatte der Befehlshaber der auch in der Steiermark operierenden 3. Ukrainischen Front, Marschall Tolbuchin, den Auftrag, dafür zu sorgen, dass die deutsche 6. Armee und die 2. Panzerarmee keine Truppen nach Norden ins Wiener Becken verlegen konnten. Die Kämpfe wurden daher genau an der Schnittstelle zwischen 6. Armee und

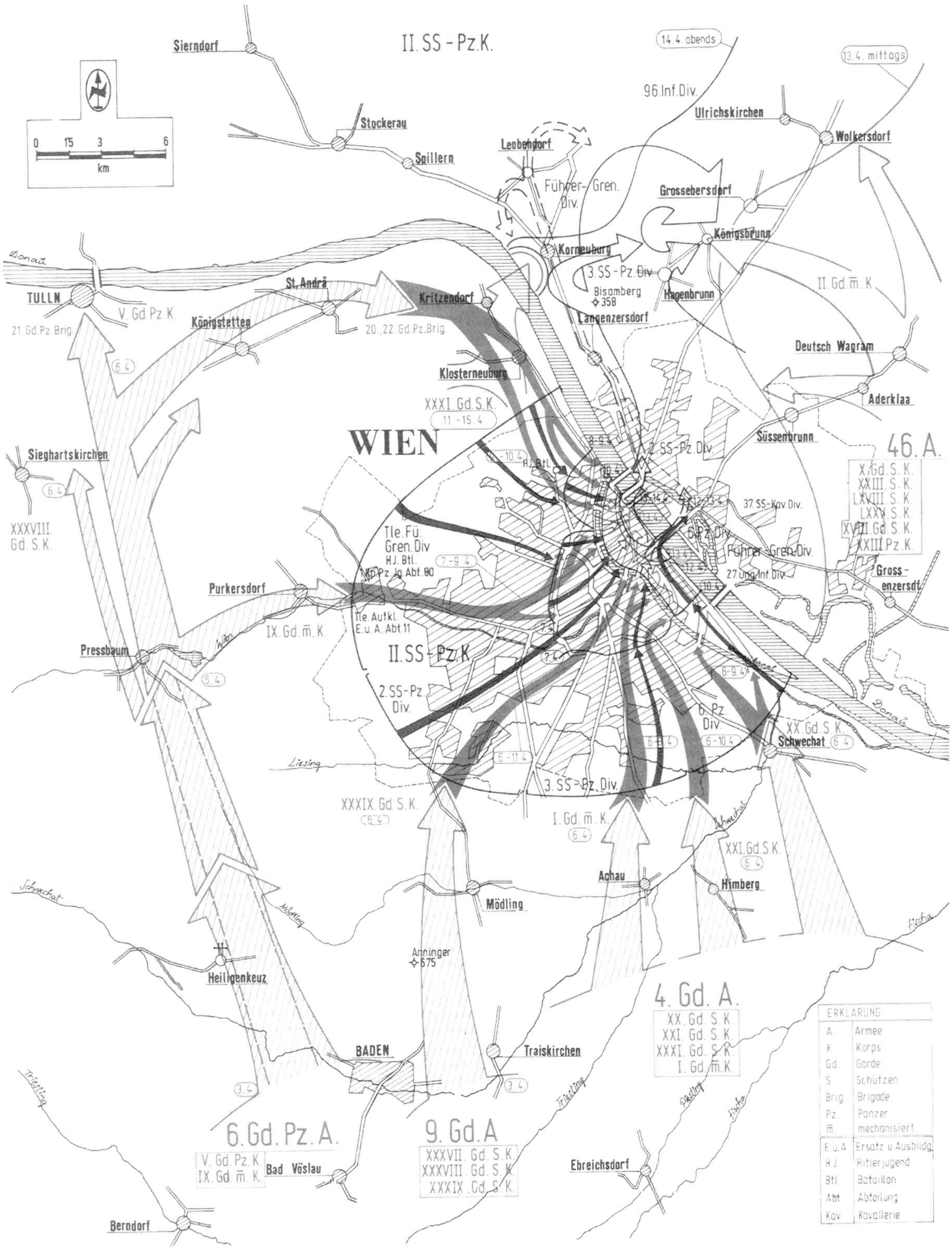

Vormarsch auf und Einnahme von Wien durch sowjetische Einheiten im April 1945.
Quelle: Manfried Rauchensteiner, 1945. Entscheidung für Österreich. Graz – Wien – Köln 1975.

Der österreichische Widerstandskämpfer Ludwig Steiner (re.) bei der Übergabe Innsbrucks an die US-Amerikaner. Gendarmerieposten Zirl, 3. Mai 1955. Weiters am Bild: Lt. Peter Randon (li.) und Mjr. Blend West.
Quelle: Ludwig Steiner/Wien.

6. SS-Panzerarmee (GenObst der Waffen-SS Sepp Dietrich), die im Wiener Becken stand, bis Kriegsende im Joglland und im Wechselgebiet mit unverminderter Heftigkeit weitergeführt. Die Sowjets nämlich rüsteten sich bereits für die „Wiener Angriffsoperation": Die Schlacht um Wien stand unmittelbar bevor.

Am 2. April wurde Wien zum Verteidigungsbereich erklärt. Die Rote Armee stand schon in Baden, das durch Luftangriffe total zerstörte Wiener Neustadt war im Westen umgangen worden. Dies war auch die Stunde einer kleinen Gruppe österreichischer Patrioten, die unter der Führung von Major Carl Szokoll versuchten, mit den Sowjets Kontakt aufzunehmen, was auch gelang. Ihr Ansinnen war, Wien bei der bevorstehenden Schlacht vor der totalen Zerstörung zu bewahren und die Sowjets zu veranlassen, die Stadt von Westen und Norden her zu nehmen und nicht von Süden, wo die deutsche Verteidigung es erwartete. Dies entsprach auch dem Plan der Sowjets. Weiters stellten die Verschwörer für den 6. April einen Aufstand von bewaffneten Teilen der Wiener Bevölkerung und ausgesuchter Wehrmachtseinheiten in Aussicht. Der Plan wurde jedoch verraten und die führenden Angehörigen der österreichischen Widerstandsbewegung mussten fliehen oder wurden verhaftet: Major Karl Biedermann, Hauptmann Alfred Huth und Oberleutnant Rudolf Raschke wurden am 8. April 1945 von einem SS-Standgericht zum Tode verurteilt und am Floridsdorfer Spitz gehenkt. Major Szokoll gelang es im letzten Moment, unterzutauchen.

Dem Angriff der weit überlegenen sowjetischen Kräfte (4. Garde-Armee, 9. Garde-Armee und

6. Garde-Panzerarmee) konnten die deutschen Verteidiger letztlich keine adäquaten Reserven entgegensetzen – ein buntes Konglomerat von Einheiten, vor allem der 6. SS-Panzerarmee, vermischt mit Resten kaum ausgebildeter und schlecht ausgerüsteter Verbände des Volkssturms, der Hitlerjugend und von Ersatzabteilungen konnte nur partiell wirklich Widerstand leisten und musste sich am 13./14. April endgültig über die Donau aus der Stadt nach Norden zurückziehen. Vom 3.–13. April fielen in den Kämpfen um Wien mehr als 19.000 deutsche sowie 18.000 sowjetische Soldaten. Am 14. April eroberten die Sowjets Zistersdorf. Damit gingen auch die letzten Ölreserven des „Dritten Reiches" verloren.

Wo sind die Westalliierten?

Zu einem Zeitpunkt, da in Moskau Josef Stalin mit 324 Salutschüssen die Einnahme von Wien feiern ließ und gleichzeitig veranlasste, den ehemaligen Österreichischen Staatskanzler Dr. Karl Renner, der damals in Gloggnitz weilte, mit der Führung einer provisorischen österreichischen Staatsregierung zu betrauen, zu einem Zeitpunkt, da sich Vertreter aller politischer Lager in den befreiten Teilen Österreichs anschickten, sich zu (re)organisieren und Verantwortung zu übernehmen – befand sich noch immer kein westalliierter Soldat auf österreichischem Boden.

Wo aber standen die Briten, wo die US-Amerikaner?

Der britischen 8. Armee in Italien sollte die Aufgabe zufallen, von Süden her nach Österreich vorzustoßen und die vorgesehene britische Besatzungszone, bestehend aus Kärnten, Osttirol und der Steiermark, zu besetzen. Trotz der am 2. Mai erfolgten Teilkapitulation der Heeresgruppe C (Kesselring) in Italien wurde der britische Vormarsch immer wieder von deutschen Einheiten behindert, die sich in Oberitalien nicht an diese Kapitulationsvereinbarungen gebunden fühlten. Gleichzeit stießen Teile der jugoslawischen Volksarmee in Verfolgung letzter Reste der aus dem Balkan zurückflutenden Verbände der Heeresgruppe E (Löhr) in Richtung Kärnten vor. In einem regelrechten Wettrennen nach Österreich trafen Briten wie Jugoslawen praktisch zeitgleich am 7. Mai in Klagenfurt ein, wo sich Titos Truppen erst nach britischer Androhung von Gewalt und gleichzeitiger Order Stalins wieder aus Kärnten zurückzogen. Der britische Vormarsch endete schließlich in der Gegend um Voitsberg in der Steiermark, wo man auf die Sowjets stieß und eine provisorische Demarkationslinie einrichtete.[5]

Die US-Amerikaner befanden sich zum Zeitpunkt der Befreiung von Wien ebenfalls noch weit von den österreichischen Grenzen entfernt und näherten sich Österreich von Nordwesten her. Erst am 26. April konnten Teile der 11. US-Panzerdivision im Raum Schwarzenberg erstmals kurz auf österreichisches Territorium vorfühlen. Südwestlich der 3. US-Armee (Patton), die auf Linz vorrückte, operierte die 7. US-Armee (Patch), die sich nach der Entscheidung General Eisenhowers, mit Schwerpunkt nach Süden durch Bayern gegen die vermeintliche „Alpenfestung" vorzugehen, in zwei Flügel spaltete: Der linke Flügel stieß in das Salzkammergut vor, während der rechte Flügel Richtung Brenner vorging. Zwischen Braunau und dem Böhmerwald überschritt die US-Armee zwischen dem 29. April und 2. Mai auf breiter Front die ehemaligen österreichischen Staatsgrenzen. Nördlich der Donau stieß das XII. US-Corps, südlich der Donau das XX. US-Corps vor.

Gleichzeitig überschritt die französische 5. Panzerdivision am 29. April die Grenze zu Vorarlberg, das bis zum 5. Mai ohne große Gegenwehr besetzt werden konnte.

Innsbruck wurde am 2. Mai von Widerstandskämpfern befreit, ganz Tirol innerhalb von nur vier Tagen von den Amerikanern besetzt. Reste der deutschen Heeresgruppe G leisteten kaum noch Widerstand. Auch Salzburg fiel am 3. Mai nach nur kurzen und sporadischen Gefechten praktisch kampflos. Der amerikanische Vormarsch in Oberösterreich war – vor allem nördlich der Donau – dagegen noch von teils schweren Gefechten geprägt. Linz wurde am 5. Mai befreit, am nächsten Tag praktisch gesamt Oberösterreich besetzt. Im östlichen Mühlviertel traf man auf die von Osten her vorrückenden Verbände der Roten Armee.[6] Mit Salzburg und dem Großteil Oberösterreichs hatten die USA ihre Positionen bezogen. Tirol, das ebenfalls von der US-Armee befreit worden war, wurde bald französische Besatzungszone. Die 80. US-Infanteriedivision (McBride) suchte ihren Weg über Spital am Pyhrn Richtung Ennstal und gelangte so in die Steiermark, wo am 11. Mai bei Liezen Kontakt mit der von Osten vorrückenden Roten Armee hergestellt wurde. Der Krieg in Österreich hatte sein Ende gefunden.

Anmerkungen

1 Manfried Rauchensteiner, Der Krieg in Österreich '45. Wien 1995 (= Rauchensteiner, Krieg), S. 77.

2 Vgl. zum „Südostwall" vor allem: Leopold Banny, Schild im Osten. Der Südostwall zwischen Donau und Untersteiermark. Lackenbach 1985.

3 Die Zahl der Opfer unter den eingesetzten KZ-Häftlingen kann heute nicht mehr genau rekonstruiert werden, war jedoch ungeheuerlich: Nach Angaben des damaligen Leiters des Reichssicherheitshauptamtes (RSHA), SS-Obersturmbannführer Adolf Eichmann, wurden im November 1944 38.000 Häftlinge zum Schanzen aus Ungarn über die Grenze gebracht. Ende März 1945 wurden die Marschunfähigen getötet, der Rest ging auf sog. „Todesmärschen" nach Mauthausen, wo nur noch 17.000 lebend ankamen. Vgl. Jenö Lévai, Eichmann in Ungarn. Budapest 1961, zit. bei Rauchensteiner, Krieg, S. 403.

4 Vgl. Felix Schneider, Die militärischen Operationen in der Steiermark März–Mai 1945, in: Stadt Graz (Hg.), Graz 1945. Historisches Jahrbuch der Stadt Graz, Bd. 25. Graz 1994, S.17–46.

5 Nach langen Verhandlungen, in denen es im Speziellen um die Modalitäten des westalliierten Zuganges nach Wien ging, konnten die Briten schließlich am 24. Juli 1945 den Rest der sowjetisch besetzten Steiermark übernehmen.

6 Stalin beanspruchte mit dem Mühlviertel den nördlich der Donau gelegenen Teil Oberösterreichs als sowjetische Besatzungszone. Diese Forderung wurde von den USA und Großbritannien akzeptiert, zumal die Briten ohnedies ähnliche Planungen verfolgt hatten. Vgl. auch bei Harry Slapnicka, Oberösterreich – zweigeteiltes Land. 1945–1955. Beiträge zur Zeitgeschichte Oberösterreichs, Bd. 11. Linz 1986, S. 36.

Harald Knoll

Die Befreiung des Konzentrationslagers Mauthausen

Im Konzentrationslager Mauthausen und seinen Nebenlagern wurden im Zuge des Holocaust über 100.000 Menschen getötet oder starben an den Folgen der Lagerhaft – durch Exekutionen, durch Unterernährung bei gleichzeitiger Schwerstarbeit u.a. Das ist etwa die Hälfte der Menschen, die wegen ihrer politischen Tätigkeit, „krimineller Vergehen“, religiösen Überzeugungen, Homosexualität, aus „rassischen“ Gründen oder als Kriegsgefangene in Mauthausen oder seinen Nebenlagern inhaftiert waren.[1]

Im Jahre 1945 herrschten im Hauptlager katastrophale Zustände, die im April ihren Höhepunkt erreichten. Aus den Konzentrationslagern Buchenwald, Dora-Mittelbau, Groß-Rosen, Ravensbrück, Flossenbürg und Sachsenhausen kamen Evakuierungstransporte mit Tausenden Häftlingen in Mauthausen an. Hinzu kamen aus den Nebenlagern evakuierte Häftlinge und beim Bau des „Ostwalls“ eingesetzte ungarische Juden, welche die Todesmärsche zunächst überlebt hatten.

1944 hatte man ein Zeltlager errichtet, in dem nun über 10.000 Menschen dahinvegetierten. Das Krankenlager war überfüllt, Tausende starben noch in den letzen Monaten vor Kriegsende an Entkräftung und an Epidemien, täglich durchschnittlich mehr als 200 Menschen.

Ende April 1945 begann die SS, die Spuren ihrer Verbrechen zu beseitigen. Trotzdem wurde bis 28. April gemordet, allein zwischen dem 21. und 25. April 1945 verloren 650 Häftlinge im Zuge der „Säuberungsaktionen“ des Krankenlagers in den Gaskammern ihr Leben.[2]

Die Mauthausener Häftlinge befürchteten, die SS werde sie noch alle kurz vor dem Eintreffen der amerikanischen Truppen liquidieren. Für den Fall einer beabsichtigten Massenliquidierung wurden innerhalb einzelner illegaler Häftlingsorganisationen Vorbereitungen zu einem bewaffneten Widerstand getroffen.

Noch am 2. und 3. Mai 1945 wurden von den SS-Bewachungseinheiten Häftlinge des Gusener und

US-Panzer im KZ Mauthausen am 7. Mai 1945. Das Banner, das über dem Lagertor hängt, trägt die Aufschrift „Die Spanischen Antifaschisten grüßen die Befreiungsmächte“.
Quelle: National Archives/United States Holocaust Memorial Museum/Washington.

des Mauthausener Krematorium-Kommandos als Geheimnisträger ermordet.

Am 3. Mai fand in Mauthausen der letzte Morgenappell statt. Danach verließen die Angehörigen des SS-Kommandos und die SS-Wachmannschaften das Lager. Die Bewachung der Häftlinge übernahm eine Formation der Wiener Feuerschutzpolizei.

Am 5. Mai erreichte eine amerikanische Panzer-Patrouille in Begleitung eines Delegierten des Internationalen Komitees des Roten Kreuzes das Hauptlager. Die Patrouille entwaffnete die das Lager bewachenden „Feuerschutzpolizisten“ und übergab die Leitung des Lagers dem internationalen Häftlingskomitee. Trotz einer Intervention des Häftlingskomitees zogen die Soldaten nach einigen Stunden gemäß ihres militärischen Auftrages wieder ab.

Bis zum Eintreffen von Einheiten der 11. Panzerdivision der 3. US-Armee unter dem Kommando von Colonel Seibel zwei Tag später, übernahmen bewaffnete Häftlingseinheiten die Sicherung des Lagers. Die Angst vor der Wiederkehr der Peiniger war groß.

Am selben Tag wie das Hauptlager Mauthausen wurden auch die Nebenlager Gusen, Linz II und III, Gunskirchen, Lenzing, Steyr und einen Tag später das Lager Ebensee von US-amerikanischen Soldaten befreit.

Gedenkfeier im ehemaligen Konzentrationslager Mauthausen, 1955.
Quelle: Otto Pammer/Wien.

Die US-Amerikaner übernahmen die Versorgung der entkräfteten Häftlinge und bauten sofort Lazarette auf, um etwa 20.000 schwerkranke Häftlinge medizinisch zu versorgen. Trotzdem verstarben nach der Befreiung noch Tausende an den Folgen der oft jahrelangen Lagerhaft.

Als Erinnerung an die Befreiung finden jährlich Gedenkveranstaltungen statt. Im Jahre 1947 übergab die sowjetische Besatzungsmacht das Gelände des Lagers an die Republik Österreich, die es zu einer Gedenkstätte umwandelte und als solche 1949 eröffnete. Im selben Jahr wurde das ehemalige Konzentrationslager zur „öffentlichen Gedenkstätte" erklärt.

Anmerkungen

1 Zum KZ Mauthausen vgl. insbesondere: Hans Maršálek, Die Geschichte des Konzentrationslagers Mauthausen. 3. Aufl. Wien – Linz 1995; http://www.mauthausen-memorial.at; Pädagogisches Institut des Bundes in Oberösterreich (Hg.), Annäherung an Mauthausen. Beiträge zum Umgang mit einer Gedenkstätte. o. O. 1997; DÖW (Hg.), Jahrbuch 2004. Schwerpunkt Mauthausen. Münster 2004.

2 Zur Diskussion um die Gaskammern vgl. Florian Freund – Bertrand Perz – Karl Stuhlpfarrer, Historische Überreste von Tötungseinrichtungen im KZ Mauthausen, in: Zeitgeschichte, Jg. 22, H. 9/10, Wien – Salzburg 1995, S. 297–317.

Peter Wassertheurer

„Volksdeutsche", Fremdarbeiter und Displaced Persons (DPs)

Österreichs Innenminister Franz Olah erklärte in einem Sonderbericht an den österreichischen Nationalrat von 1964 „Zur Flüchtlingssituation 1945-1961", dass sich 1945 über 1,650.000 Flüchtlinge, Heimatvertriebene, Umsiedler und „displaced persons" (1 Million Fremdsprachige und 650.000 Deutschsprachige, davon 300.000 „Volksdeutsche"[1]) in Österreich aufgehalten hatten.[2] Nach Angaben des Vatikanischen Auswanderungsbüros lebten mit Stand vom 1. Oktober 1948 insgesamt 328.798 „Volksdeutsche" in Österreich. Auch Franz Honner (KPÖ) sprach am 10.12.1948 von 40.650 „Reichsdeutschen", 366.638 „Volksdeutschen", 119.986 „fremdsprachigen DPs" (Zwangsarbeiter und Kriegsgefangene) und 17.278 jüdischen Flüchtlingen. Eine ganz ähnliche Größenordnung veröffentlichte das österreichische Innenministerium am 1. Jänner 1950, das in einer Erhebung 353.932 „Volksdeutsche" zählte.[3]

Ohnmacht und Verzweiflung nach der Ankunft in Österreich.
Quelle: Bildarchiv Donauschwäbische Arbeitsgemeinschaft/Wien.

Repatriierungen und Umsiedlungen

Das Verhalten der österreichischen Behörden gegenüber den „Volksdeutschen" und den „DPs" war an die Bestimmungen von Artikel 13 des „Potsdamer Abkommens" vom 2. August 1945[4] und an das Abkommen der Alliierten Kommission mit der österreichischen Regierung („Kontrollabkommen") gebunden, in dem „Betreuung und Abtransport von Kriegsgefangenen und Versetzten Personen („DPs") sowie Ausübung der rechtlichen Gewalt über dieselben" durch die Alliierte Kommission vereinbart wurde.[5] Die Repatriierungen der „DPs" wurden somit in Österreich von der UNRRA („United Nations Relief and Rehabilitation Administration") und der IRO („International Refugee Organisation") organisiert. Zwischen 1945 und 1954 verließen durch Repatriierungen, Umsiedlungen oder Auswanderung 1,037.241 Personen Österreich, von denen 703.152 repatriiert wurden. Gleichzeitig wurden zwischen 1945 und 1947 159.821 „Volksdeutsche" aus der Tschechoslowakei, Ungarn und Polen nach den Bestimmungen des Potsdamer Abkommens von Österreich nach Deutschland umgesiedelt.[6]

Staatenlos, Lagerdasein und Einbürgerung

Mit Stichtag 1. Oktober 1948 lebten 77.428 „Volksdeutsche" in Wien, 130.888 in Oberösterreich, 24.530 in Niederösterreich, 18.349 in Salzburg, 52.692 in der Steiermark, 13.171 in Kärnten, 5.158 in Tirol, 4.482 in Burgenland und 4.483 in Vorarlberg.[7] Die überwiegende Mehrheit war in Barackenlagern untergebracht und galt als staatenlos. Am 19. Februar 1946 verfügte Innenminister Oskar Helmer Richtlinien „für die Repatriierung der Reichs- und Volksdeutschen nach Deutschland", die „alle aus der Tschechoslowakei und aus Ungarn nach Österreich eingewanderten oder noch einwandernden sogenannten Volksdeutschen (Sudetendeutschen)" betreffen sollten. Ausnahmen gab es nur in Son-

Leben in den Barackenlagern für Flüchtlinge, DPs und Heimatvertriebene.
Quelle: ÖNB/Bildarchiv/Wien.

derfällen und für Personen, die „aus altösterr. Familien stammen, bis zum November 1918 die österreichische Staatsbürgerschaft besessen und sie beim Untergang der österr.-ung. Monarchie verloren haben, wenn sicher gestellt ist, dass sie dem österr. Staate weder in Bezug auf öffentliche Fürsorge noch auf Unterbringung zur Last fallen werden und wenn ihre nächsten Verwandten, d. s. Eltern, Kinder, Enkelkinder und Geschwister die österr. Staatsbürgerschaft besitzen“. Dieses Entgegenkommen war arbeitsmarktpolitisch motiviert und bezog sich vornehmlich auf Sudetendeutsche, „die aus den Randgebieten um Österreich stammen und der österr. Bevölkerung ethnografisch nahe verwandt sind“. Gebraucht wurden dabei vor allem „aus der Landwirtschaft stammende Arbeitskräfte (Bauern, Landarbeiter) und manuelle Arbeiter des Handwerks und der Industrie, besonders wenn sie sich durch fachliche Spezialkenntnisse auszeichnen“. Einschränkungen sollte es nur für akademische Berufe geben, außer, „wenn sie mit besonderen individuellen Fähigkeiten, die für die österr. Wirtschaft nützlich wären, verbunden sind“. Die „Volksdeutschen“ aus anderen Gebieten sollten nur dann von der Repatriierung zurückgestellt werden, wenn „die österr. Wirtschaft [an ihrer Arbeitskraft] interessiert ist“.[8] Bis zum 1. Jänner 1950 waren 176.908 „Volksdeutsche“ noch nicht eingebürgert. Von ihnen lebten zu diesem Zeitpunkt immer noch 34.406 in Lagern. Erst mit dem „Optionsgesetz“ vom 6. August 1954 konnten dann „Personen deutscher Sprachzugehörigkeit, die staatenlos sind oder deren Staatsangehörigkeit ungeklärt ist“ durch eine Loyalitätserklärung gegenüber der Republik Österreich die Staats-

Sonntäglicher Kirchgang der „Volksdeutschen" im Lager Simmering in Wien.
Quelle: ÖNB/Bildarchiv/Wien.

bürgerschaft erhalten.[9] Viele waren aber auch in andere europäische Staaten (Norwegen, Schweden) oder nach Übersee (USA, Kanada, Lateinamerika, Australien) ausgewandert.

Gleichstellung und Integration

1949 kam es zur Gründung der „Interessengemeinschaft Volksdeutscher Heimatvertriebener" (IVH), die in einem 10 Punkte-Programm[10] die Eingliederung und Gleichstellung der „Volksdeutschen" forderte. Neben der akuten Wohnungsnot verhinderte der beschränkte Zugang zum österreichischen Arbeitsmarkt, der sich vor allem auf das freie Gewerbe, das Handwerk und akademische Berufe bezog, eine Gleichberechtigung der „Volksdeutschen" mit den österreichischen Staatsbürgern. Die österreichische Bundesregierung verabschiedete am 8. August 1950 den Beschluss über die Errichtung eines Beirats für Flüchtlingsfragen im Innenministerium, um zwischen den beiden Regierungsparteien Grundlinien der sozialen und wirtschaftlichen Integration der „Volksdeutschen" zu vereinbaren. So stimmte der Nationalrat am 1. Juli 1953 der Novelle des „Kriegsopfervorsorgegesetzes" (KOVG) zu, mit der nunmehr auch die „Volksdeutschen" im KOVG berücksichtigt werden konnten. Gleichzeitig wurden mit der Bundesrepublik Deutschland für die „Volksdeutschen" sozialrechtliche Vereinbarungen („Sozialversicherungsabkommen") und bilaterale Verträge wie etwa das „Gmundner Abkommen" für ehemalige öffentliche Bedienstete abgeschlossen, die als Pensionsten nach Österreich gekommen waren und keine Ansprüche auf eine österreichische Pension hatten. Die Forderung der „Volksdeutschen" in Österreich nach Einbeziehung in den „deutschen Lastenausgleich" blieb aber trotz anfänglichen Erfolge („Kreuznacher Abkommen"[11]) unberücksichtigt. Große Anstrengungen wurden hingegen bundesweit bei der Errichtung von Wohn- und Siedlunggenossenschaften unternommen, die aus öffentlichen Mitteln und privaten Anleihen gegründet wurden.[12] 1960 startete die Bundesregierung im Weltflüchtlingsjahr mit internationaler Unterstützung das so genannte „Lagerräumungsprogramm" der österreichischen Bundesregierung.

Anmerkungen

1 Bereits im Spätherbst 1944 waren 300.000 Donauschwaben aus dem jugoslawischen Raum und 60.000 „Volksdeutsche" aus Rumänien (40.000 Nordsiebenbürger-Sachsen, 12.500 Banater Schwaben und 3.000 Sathmarer Schwaben) evakuiert worden und gelangten über Ungarn nach Österreich. Nach dem Prager Aufstand Anfang Mai 1945 wurden 150.000 Sudetendeutsche nach Österreich vertrieben (vgl. Brünner Todesmarsch). Zu den „volksdeutschen" Flüchtlingen gehörten auch die Deutsch-Untersteirer und die Gottscheer aus dem slowenischen Raum.

2 Adalbert Karl Gauß – Bruno Oberläuter, Das zweite Dach. Eine Zwischenbilanz über Barackennot und Siedlerwillen 1945–1965, in: Donauschwäbische Beiträge, Bd. 72, Salzburg 1979, S. 10–17.

3 Erwin Machunze, Vom Rechtlosen zum Gleichberechtigten. Die Flüchtlings- und Vertriebenenfrage im Wiener Parlament. Die V. Gesetzgebungsperiode (1945–1949), Bd. 1. Salzburg 1974 (= Machunze, Rechtlose, Bd. 1), S. 10.

4 In Artikel 13 des Potsdamer Abkommens legten die USA, Großbritannien und die Sowjetunion fest, dass die deutsche Bevölkerung aus der Tschechoslowakei, Ungarn und Polen in „humaner Form" nach Deutschland umgesiedelt werden soll.

5 Machunze, Rechtlose, Bd. 1, S. 20–25.

6 Erwin Machunze, Vom Rechtlosen zum Gleichberechtigten. Die Flüchtlings- und Vertriebenenfrage im Wiener Parlament. Die VII. Gesetzgebungsperiode (1953–1956), Bd. 3. Salzburg 1977 (= Machunze, Rechtlose, Bd. 3), S. 207.

7 Machunze, Rechtlose, Bd. 1, S. 10 u. 20–25.

8 Privatarchiv Wassertheurer – Bericht Oskar Helmer zur Frage der Einbürgerung der „Volksdeutschen", 19.2.1946.

9 Machunze, Rechtlose, Bd. 3, S. 274.

10 Die Forderungen umfassten: 1. arbeitsrechtliche Gleichstellung der Heimatvertriebenen mit den inländischen Arbeitskräften; 2. sozialrechtliche Gleichstellung; 3. Einleitung eines groß angelegten Hilfswerkes zur Unterstützung von Witwen und Waisen sowie Erwerbsunfähiger; 4. Familienzusammenführung; 5. Beschleunigung des Einbürgerungsverfahrens; 6. Erwirkung von Pensionen und Renten für die Alten; 7. Anerkennung der Berufsnachweise; 8. eine allgemeine Interessensvertretung der Volksdeutschen; 9. Gewinnung der „Volksdeutschen" für demokratischen Sozialismus, Völkerversöhnung und Frieden; 10. vermögensrechtliche Wiedergutmachung.

11 Der deutsche Lastenausgleich wurde zur Abgeltung von Schäden und Verlusten, die infolge der Vertreibung und der Zerstörung der Kriegs- und Nachkriegszeit entstanden waren, eingerichtet. Im so genannten Kreuznacher Abkommen wurde die Auszahlung eines ersten Teilbetrages durch Deutschland an die „Volksdeutschen" in Österreich vereinbart. Weitere Raten gelangten jedoch nicht mehr zur Auszahlung, weil keine Einigkeit zwischen Wien und Bonn zu Fragen von Leistungen an die „Volksdeutschen" durch Österreich erreicht werden konnte.

12 Zu den bekanntesten gehörten die „Neusiedler" in Salzburg, die Wohnbau- und Siedlungsgesellschaft m.b.H. „Danubia" in Linz und die IVH-Bau, Wohnungs- und Siedlungsgenossenschaft in Wien.

Andreas Kusternig

Bemerkungen zur Repatriierung der Kriegsgefangenen aus NS-Lagern bei Kriegsende 1945

In den letzten Tagen des Zweiten Weltkrieges schleppten sich kilometerlange Kolonnen von Kriegsgefangenen verschiedenster Nationalitäten aus den NS-Stammlagern Stalag XVII A Kaisersteinbruch und XVII B Gneixendorf bei Krems in Richtung eines „Sammellagers". Die Rationen, die man den Hungernden nur alle paar Tage ausgegeben hatte, waren noch kleiner als die, an die sich die Kriegsgefangenen in den Jahren zuvor gewöhnen hatten müssen. Umso mehr waren sie auf die Versorgungspakete des Roten Kreuzes angewiesen. Als die etwa 15.000 Kriegsgefangenen, vor allem Sowjets (davon mehrheitlich Ukrainer), Franzosen, Italiener, Briten und US-Amerikaner, endlich im „Sammellager" im Weilhartforst (nördlich von Braunau) ankamen, fanden sie nur einen einfachen Stacheldrahtzaun vor. Daher mussten sie sich Notunterkünfte, eine Art von Not-Lazarett und vor allem ausgedehnte Latrinen erst selbst bauen, denn Krankheiten wie Dysenterie hatten sich breit gemacht.[1]

Am Abend des 2. Mai 1945 erschien ein Captain der US-Armee im Lager und erklärte die Kriegsgefangenen für frei. Am nächsten Tag kamen einige Jeeps, deren Besatzungen die noch anwesenden deutschen Wachmannschaften entwaffneten und gefangen nahmen. Die Angehörigen westlicher Nationalitäten kamen rasch in bessere Quartiere, doch dauerte es dann Wochen, bis die „Assembly Centers", wie „Lucky Strike" bei Le Havre, mit der Repatriierung der großen Anzahl von Menschen zurechtkamen.

Besser sind wir über die Rückführung der etwa 4.600 Mann in einem Lager für französische Offiziere, dem Oflag XVII A Edelbach (bei Allentsteig), unterrichtet. Hier hatten sich Freikorps darauf vorbereitet, ihr Leben mit allen Mitteln zu verteidigen, falls sie doch noch liquidiert werden sollten. Von den Deutschen kaum versorgt, ernährten sie sich von Löwenzahn, am Wegrand oder von Bissen, die sie von der Bevölkerung gegen Zigaretten, Schokolade oder Seife eintauschten. Obwohl die Wächter dies unterbinden mussten, kamen die Franzosen mit den Einheimischen – Frauen, Kinder sowie alte Männer – in Kontakt und fanden diese oft sehr „sympathisch". Die Bewacher, meist Kriegsversehrte oder alte „Landesschützen", schleppten sich ebenso hungrig und müde dahin, schauten bei Fluchtversuchen oft weg oder zielten nicht selten daneben. Da der Abmarsch viel zu spät erfolgt war, erst am 17. April, kamen die Kräftigsten von ihnen nur bis Südböhmen, wo das Herannahen der US-Amerikaner einen Weitermarsch unmöglich machte. In Gratzen (Nové Hrady) konnten aber selbst nach drei Tagen Ruhepause 700 Mann nicht mehr weiter. Am Morgen des 6. Mai bemerkten jene Franzosen, die es dann doch noch bis zur Grenze zu Oberösterreich geschafft hatten, dass die Wachen verschwunden waren. Da erst am 8. Mai der erste Jeep aus Richtung Linz auftauchte, behauptete der Kommandant des Freikorps mit gewissem Recht, dass es hier zwischen den von den Sowjets und den US-Amerikanern eroberten Gebieten eine „französische Zone" gab. Freilich kam es ständig zu Zwischenfällen mit den unaufhörlich durchströmenden deutschen Kolonnen, die den Sowjets entkommen und sich den westlichen Alliierten ergeben wollten. In der Tat ergaben sich viele den Franzosen, die an der Entwaffnung abertausender Soldaten mitwirkten. Luftangriffe der US-Amerikaner, reguläre ungarische Einheiten, Vlasov-Truppen, die auf Seite der Deutschen gekämpft hatten, sowie noch intakte SS-Formationen und tschechische Insurgenten machten das Chaos komplett.

Doch die Marschunfähigen und viele weitere Franzosen, die sich den Gefahren und Strapazen dieses Marsches nicht aussetzen wollten, waren einfach im Lager Edelbach verblieben. Nachdem die ersten sowjetischen Soldaten am 9. Mai erschienen waren, brachte eine US-Wagenkolonne unter französischer Führung die Lagerinsassen Mitte Mai über die Demarkationslinie. Ebenso wie der Haupttrupp per Flugzeug weiter transportiert, langten sie nur einige Tage nach diesem in Frankreich ein.

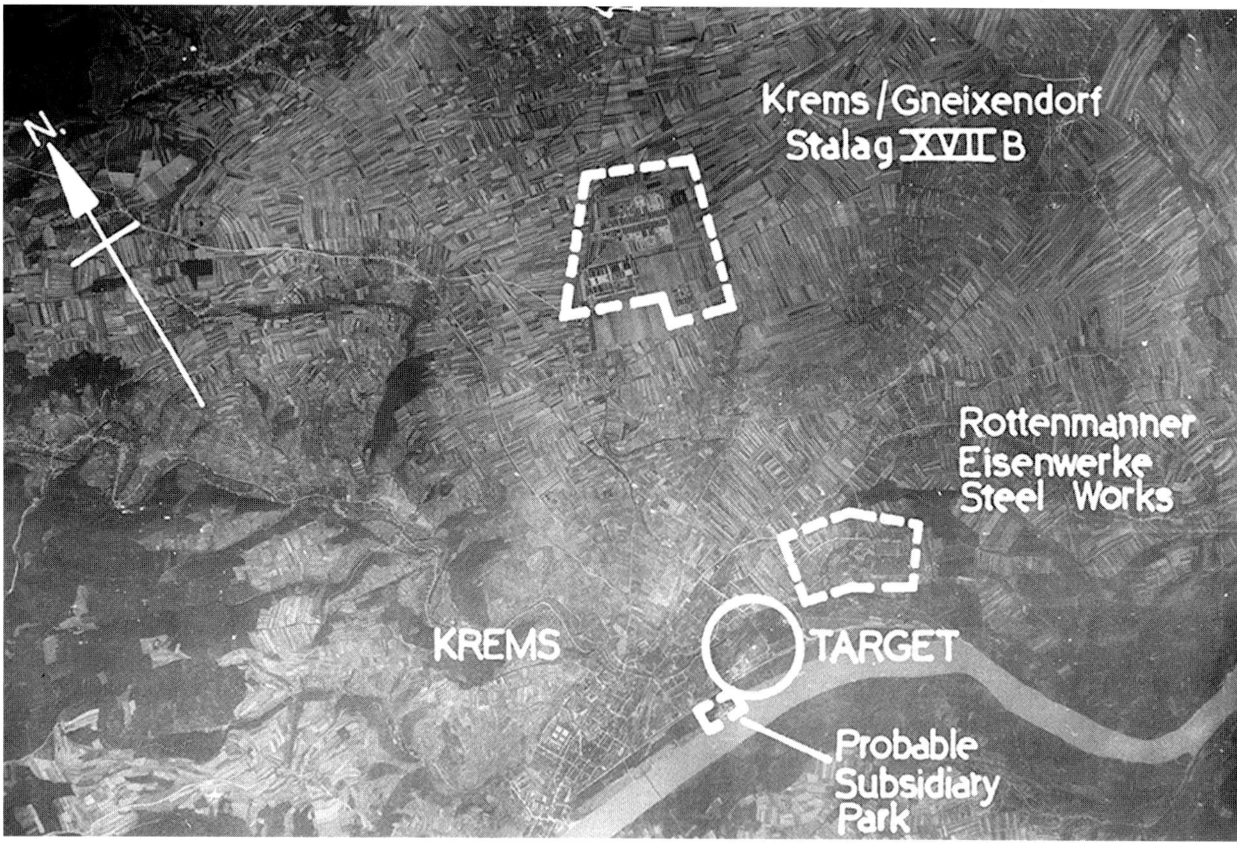

Stalag XVII B Krems-Gneixendorf, Luftaufnahme mit Angabe der zu schonenden (Stalag XVII B) und der zu bombardierenden Bereiche.
Quelle: NA/Washington.

Die etwa 700 „Gratzener" Franzosen wurden hingegen von den Sowjets zunächst in Richtung Osten in Marsch gesetzt, und es gelang ihnen nur mit Mühe, von den Sowjets LKWs zu erhalten, die sie Ende Mai nach Gmünd brachten. Die Letzten dieser Gruppe fuhren am 9. Juni über Linz in ihre Heimat. Doch einzelne „Edelbacher", die nach zahlreichen Irrwegen über Odessa repatriiert wurden, kamen erst im September in Marseille an.

Ganz anders entwickelte sich die Rückkehr der Insassen des Stalag XVIII A Wolfsberg: Die am 8. Mai per Fallschirm neben dem Lager gelandeten fünf Briten ersuchten den deutschen Kommandanten, das Lager noch bis zum Eintreffen größerer Verbände weiter zu führen. So kam es, dass britische und französische Ex-Kriegsgefangene in der Kärntner Stadt für ein paar Tage an der Seite österreichischer Ex-Wehrmachtsoldaten Posten bezogen, um einen drohenden Angriff von Tito-Partisanen abzuwehren, die ihrerseits noch am 9. Mai in den nahen Bergen in Kämpfe mit SS-Einheiten verwickelt waren. Die „westlichen" Kriegsgefangenen wurden dann – mit Ausnahme der Italiener, die noch Monate lang beim Wiederaufbau zerstörter Städte in Jugoslawien arbeiten mussten – ziemlich rasch nach Neapel und von dort auf dem Luftweg (Briten) bzw. mit Schiffen (Franzosen) in ihre Heimat gebracht.

Auf die sowjetischen Kriegsgefangenen wartete ein entsetzliches Schicksal: Stalin machte ihnen zwar vor, dass er ihnen „verziehen" habe, dass sie nicht den „Heldentod" gestorben waren, sondern sich gefangen nehmen hatten lassen. Dennoch widersetzten sich viele mit allen Mitteln einer Rückkehr. Doch nur wenigen gelang es, die anderen verschwanden zu einem großen Teil für Jahre im Lagersystem Stalins und blieben selbst nach ihrer Freilassung unter Chruščev bis an ihr Lebensende stigmatisiert. Erst unter Boris Jelzin wurden diese Unglücklichen von ihrer „Schuld" befreit und rehabilitiert.

Viele Kriegsgefangene hatten in kleinen Dörfern oder auf Bauernhöfen die Arbeit der an der Front eingesetzten „deutschen" Männer zu verrichten. Weil dort oft vom Kriegsende kaum etwas zu bemerken war, versäumten einige sogar die rechtzeitige Rückkehr ins Hauptlager. Sie stellten sich – wenn sie gut behandelt worden waren – oft noch Tage lang schützend vor ihre ehemaligen „Arbeitgeber" und Bewacher und mussten sich dann als „Zu-Spät-Gekommene" mühsam nach Hause durchschlagen.

Ein tragisches Schicksal erlebten etwa 500–600 rumänische Kriegsgefangene eines Arbeitskommandos in Wien-Ottakring: Sie wurden aus unbekannten Gründen von SS-Männern „eskortiert", wobei 36 von ihnen, großteils wegen „Marschunfähigkeit", erschossen wurden. Weil andere noch flüchten konnten, andere wiederum an Entkräftung verstarben, kamen letztlich nur mehr 300–400 Mann in Braunau an.

Versammlung von ehemaligen sowjetischen Kriegsgefangenen und „Ostarbeitern" in einem Repatriierungslager.
Quelle: GARF/Moskau.

Anmerkungen

1 Zu den vorangegangenen und folgenden Ausführungen vgl. z.B.: Stefan Karner – Peter Ruggenthaler – Barbara Stelzl-Marx (Hg.), NS-Zwangsarbeit in der Rüstungsindustrie. Die Lapp-Finze AG in Kalsdorf bei Graz 1939 bis 1945. Veröffentlichungen des Ludwig Boltzmann – Instituts für Kriegsfolgen-Forschung, Graz – Wien – Klagenfurt, Bd. 8. Graz 2004; Andreas Kusternig, (Zwischen) „Lageruniversität" und Widerstand. Französische kriegsgefangene Offiziere im Oflag XVII A Edelbach, in: Günter Bischof – Stefan Karner – Barbara Stelzl-Marx (Hg.), Kriegsgefangene des Zweiten Weltkrieges. Kriegsfolgen-Forschung. Wien – München 2005. In Druck; Andreas Kusternig, Die „Große Flucht" und die „Lageruniversität". Das Lager für kriegsgefangene französische Offiziere OFLAG XVII A Edelbach, in: Ernst Bezemek (Hg.), Heimat Allentsteig 1848–2002. Mit Beiträgen zur Geschichte der Katastralgemeinden Bernschlag, Reinsbach, Thaua, Zwinzen. Allentsteig 2002; Andreas Kusternig, Der Evakuierungsmarsch des Oflag XVII A Edelbach vom April und Mai 1945. Studien und Forschungen aus dem NÖ Institut für Landeskunde. St. Pölten 2005. In Vorbereitung; Hubert Speckner, In der Gewalt des Feindes. Kriegsgefangenenlager in der „Ostmark" 1939–1945. Kriegsfolgen-Forschung. Wissenschaftliche Veröffentlichungen des Ludwig Boltzmann-Instituts für Kriegsfolgen-Forschung, Bd. 3. Wien – München 2003; Barbara Stelzl-Marx, Zwischen Fiktion und Zeitzeugenschaft. Amerikanische und sowjetische Kriegsgefangene im STALAG XVII B Krems-Gneixendorf. Buchreihe zu den Arbeiten aus Anglistik und Amerikanistik, Bd. 16. Tübingen 2000.

Barbara Stelzl-Marx

Erbsen für Wien. Zur sowjetischen Lebensmittelhilfe 1945

„Die Rote Armee befreit, die Rote Armee hilft!“[1] thematisiert ein Plakat mit einem lächelnden sowjetischen Soldaten, der vor dem stilisierten Stephansdom eine rekonstruierte Donaubrücke hochhebt die sowjetische Wirtschaftshilfe im Nachkriegsösterreich. Neben der Instandsetzung von Brücken und Verkehrswegen oder der im Wahlkampf 1945 gewährten Millionenspende für die Wiener Staatsoper stellte die sowjetische Besatzungsmacht der hungernden Bevölkerung in zwei großen Hilfsaktionen auch Lebensmittel zur Verfügung: Sowohl die „Maispende“ oder „Stalin-Spende“ zum 1. Mai 1945 als auch die Lebensmittellieferungen, die von Stalin am 23. Mai 1945 angeordnet wurden und die Versorgung Wiens ab dem 1. Juni 1945 sichern sollten, wiesen einen hohen Anteil von Erbsen und Bohnen an den gelieferten Lebensmitteln auf. So wurde die zum 1. Mai propagandistisch groß herausgestrichene Lebensmittelspende als „Erbsenspende“ sprichwörtlich. Was in der Öffentlichkeit im Zuge des Nicht-Abschlusses des Österreichischen Staatsvertrages 1949 als „Erbsenschulden“ bekannt wurde, bezog sich jedoch nicht auf die „Maispende“, sondern die Lebensmittellieferungen ab Juni 1945.[2]

Die Erbsenspende: Stalins Spende zum 1. Mai 1945

In Anbetracht der katastrophalen Versorgungslage der Bevölkerung Ostösterreichs war Staatskanzler Karl Renner nur ein Weg offen geblieben – die Sowjets um Hilfe zu bitten.[3] In seinem berühmt gewordenen Brief an den „sehr verehrten Genossen Stalin“ vom 15. April 1945 dankt er der „siegreichen Roten Armee“ und Stalin persönlich für alle gewährte Hilfe und bittet „im Rate der Großen Österreichs wohlwollend zu gedenken und uns, soweit es die tragischen Umstände gestatten, in Ihren mächtigen Schutz zu nehmen“. Dann klagt Renner über die katastrophale Versorgungslage des Landes: „Uns drohen im Augenblick Hungersnot und Seuchen, uns droht bei der Auseinandersetzung mit den Nachbarn Gebietsverlust. In unseren steinigen Alpen haben wir schon jetzt zu wenig Ackerland“.[4]

Lebensmittelhilfe der sowjetischen Regierung an die Bevölkerung Wiens im Mai 1945.
Quelle: BGAKFFD/Dzjaržinsk.

Stalin entschied zu helfen und gab seinen Truppen in Österreich daraufhin den entsprechenden Befehl. Angesichts der „schwierigen Lage in Österreich und insbesondere in Wien“ habe sich das sowjetische Kommando entschlossen, „am 1. Mai an die Bewohner Wiens 7.000 Tonnen Brot, 1.000 Tonnen Erbsen und andere Lebensmittel zu verteilen“, teilte Marschall Fedor Tolbuchin am 27. April 1945 Karl Renner mit.[5] Renner hatte gerade dem Marschall alle Minister der neu gebildeten Provisorischen Regierung Österreichs vorgestellt und sich für das entgegengebrachte Vertrauen bedankt. Bei dem anschließenden Mittagessen erfuhr er von dieser – später im Volksmund auch als „Erbsen“- oder „Maisspende“ bezeichneten – Lebensmittellieferung.

Die Lebensmittel wurden aus „erbeuteten Beständen“ der Stadt Wien für die „Versorgung der Bevölkerung“ zur Verfügung gestellt. Tolbuchin hatte bereits am 21. April 1945 den sowjetischen Truppen den diesbezüglichen Beschluss verlautbart und ihn mit dem „erheblichen Mangel an Lebensmitteln und den großen Unregelmäßigkeiten bei der Versorgung der Stadt Wien mit Lebensmitteln sowie auch auf Grund der Unmöglichkeit einer Zulieferung aus den Bezirken des Umlandes“ begründet. Dem Chef des Hinterlandes der Front wurde dabei angeordnet, „die Übergabe [der Lebensmittel] mit 25. April 1945 abzuschließen".[6]

Dank dieser Lebensmittelspende konnten die Bäckereien zum ersten Mal seit dem Ende der Kampfhandlungen am 13. April 1945 wieder Brot backen. 9.500 Tonnen Getreide, 800 Tonnen Mehl, 300 Tonnen Fleisch, 200 Tonnen Zucker, 200 Tonnen Fett, 1.000 Tonnen Erbsen u.a. hatte das Kommando der Roten Armee aus ihren Beutebeständen „als Geschenk der Roten Armee zum 1. Mai" übergeben.[7] Die aller ihrer Vorräte beraubte Ankerbrot-Fabrik nahm ihren Betrieb wieder auf und arbeitete mit Hochdruck, um den Menschen das dringend benötigte Brot zukommen zu lassen: Pro Familie ein Laib Brot, solange der Vorrat reichte.[8] Allerdings handelte es sich dabei nur um einen Tropfen auf den heißen Stein, und gerade für den sowjetisch besetzten Teil Österreichs drohte weiterhin eine Hungersnot. Infolgedessen musste eine längerfristige Regelung gefunden werden.[9]

Lebensmittellieferungen und „Erbsenschulden"

Am 23. Mai 1945 fasste das staatliche Verteidigungskomitee GOKO den Beschluss (Nr. 8719), die Versorgung Wiens ab dem 1. Juni mit genau festgesetzten Mengen aus „Armee-Reserven" sicherzustellen.[10] Jedoch nicht mehr als Spende, sondern auf Kredit, den Österreich später mit Waren tilgen könne. Stalin schrieb dazu am folgenden Tag an Renner: „Habe Ihr letztes Schreiben erhalten.[11] Wie ich verstanden habe, ist die Lebensmittellage in Wien ungünstig. Die Sowjetregierung hat darum beschlossen, Wien mit Lebensmitteln zu helfen im Austausch gegen Waren, die von der österreichischen Regierung der Sowjetunion bereitgestellt werden können."[12] Die Regierung sagte erfreut zu.[13]

Sofort nach der Beschlussfassung durch das GOKO ordnete der Militärrat der 3. Ukrainischen Front unter Marschall Tolbuchin, der spätere stellvertretende Militärkommissar, Generaloberst Aleksej Želtov, und Lajok, ebenfalls Mitglied des Militärrates der 3. Ukrainischen Front, die notwendigen Maßnahmen an. Demgemäß standen im Durchschnitt jedem Wiener 300 Gramm Brot,

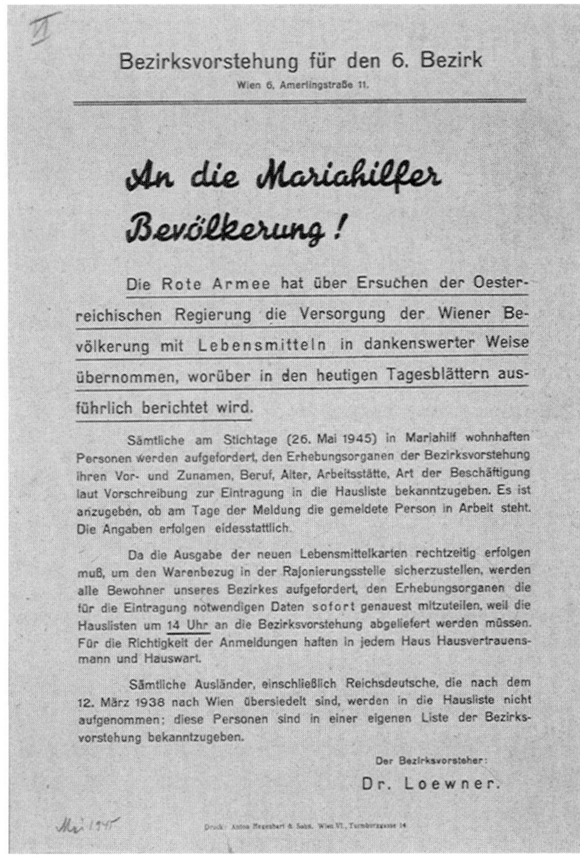

Bezirksvorstehung für den 6. Bezirk

Wien 6, Amerlingstraße 11.

An die Mariahilfer Bevölkerung!

Die Rote Armee hat über Ersuchen der Oesterreichischen Regierung die Versorgung der Wiener Bevölkerung mit Lebensmitteln in dankenswerter Weise übernommen, worüber in den heutigen Tagesblättern ausführlich berichtet wird.

Sämtliche am Stichtage (26. Mai 1945) in Mariahilf wohnhaften Personen werden aufgefordert, den Erhebungsorganen der Bezirksvorstehung ihren Vor- und Zunamen, Beruf, Alter, Arbeitsstätte, Art der Beschäftigung laut Vorschreibung zur Eintragung in die Hausliste bekanntzugeben. Es ist anzugeben, ob am Tage der Meldung die gemeldete Person in Arbeit steht. Die Angaben erfolgen eidesstattlich.

Da die Ausgabe der neuen Lebensmittelkarten rechtzeitig erfolgen muß, um den Warenbezug in der Rajonierungsstelle sicherzustellen, werden alle Bewohner unseres Bezirkes aufgefordert, den Erhebungsorganen die für die Eintragung notwendigen Daten sofort genauest mitzuteilen, weil die Hauslisten um 14 Uhr an die Bezirksvorstehung abgeliefert werden müssen. Für die Richtigkeit der Anmeldungen haften in jedem Haus Hausvertrauensmann und Hauswart.

Sämtliche Ausländer, einschließlich Reichsdeutsche, die nach dem 12. März 1938 nach Wien übersiedelt sind, werden in die Hausliste nicht aufgenommen; diese Personen sind in einer eigenen Liste der Bezirksvorstehung bekanntzugeben.

Der Bezirksvorsteher:

Dr. Loewner.

Bekanntmachung über die Lebensmittelversorgung durch die Rote Armee in Mariahilf im Mai 1945.
Quelle: WStLB/Wien.

50 Gramm Graupen, 30 Gramm Fleisch, 10 Gramm Fett und 20 Gramm Zucker pro Tag sowie 50 Gramm Kaffee und 400 Gramm Salz pro Monat zu, wobei bei den jeweiligen Normen zwischen Schwerarbeitern, Arbeitern, Angestellten, Kindern und der übrigen Bevölkerung unterschieden wurde. Für die Verteilung der Lebensmittel hatte die Rote Armee dem Wiener Stadtkommandanten vorübergehend die notwendigen Transportmittel zur Verfügung zu stellen.[14]

Erstmals wurden wieder Lebensmittelkarten gedruckt und ausgegeben. Da man nicht wusste, welche Waren wann eintreffen würden, waren nur minimale Brot- und Fettzuteilungen vorgedruckt. Alle übrigen Kartenabschnitte trugen lediglich Nummern und Buchstaben. Anfang Juni waren etwa im 6. Wiener Gemeindebezirk 13 Bäckereien und 163 Lebensmittelgeschäfte wieder in Betrieb, die Brot und andere Produkte auf Karte ausgaben. Drei Stellen waren für die Verteilung der Lebensmittelkarten an die örtliche Bevölkerung zuständig.[15]

Allein bis zum 15. Juni 1945 stellten die 2. und 3. Ukrainische Front mehr als 46.000 Tonnen Getreide, darunter mehrere Tonnen Hülsenfrüchte, und 4.000 Tonnen Fleisch zur Verfügung. Der amerikanische Geheimdienst berichtete darüber: „The Russians are giving large stocks of Army food to the local administration of Vienna."[16]

Benennung der Lebensmittel (in Tonnen)	2. Ukrainische Front		3. Ukrainische Front		Insgesamt	
	geplante Lieferung	tatsächlich angeliefert mit 15.6.45	geplante Lieferung	tatsächlich angeliefert mit 20.7.45	geplante Lieferung	tatsächlich übergeben und angeliefert
Getreide für die Herstellung von Mehl und Graupen	25.000	25.029	20.000	21.519	45.000	46.548
Fleisch	1.000	1.000	3.000	3.000	4.000	4.000
Fette	500	500	500	633	1.000	1.133
Zucker	1.000	1.000	1.700	1.700	2.700	2.700
Salz	1.800	2.407	–	122	1.800	2.529
Kaffeeersatz	125	125	100	105	225	230

Tab. 1: Lebensmittellieferungen der Roten Armee an die Regierung Österreichs zur Versorgung der Bevölkerung von Wien bis 15. Juni 1945.[17]

Für österreichische Arbeiter, die bei der Wiedererrichtung der zerstörten Donaubrücken eingesetzt waren, galten per Anordnung des Militärrates der Zentralen Gruppe der Streitkräfte (CGV) vom 27. August 1945 eigene Verpflegungssätze. Die dafür bereitgestellten Lebensmittel wurden direkt aus den Beständen der sowjetischen Armee entnommen.[18]

Am 26. Oktober 1945 gab Marschall Ivan Konev, der sowjetische Militärkommissar in Österreich, die neuen, für das vierte Quartal 1945 festgelegten Verpflegungssätze für die 513.000 Bewohner der sowjetischen Besatzungszone in Wien in einem internen Bericht bekannt. Bemerkenswert dabei ist, dass er Anastas Mikojan ersuchte, angesichts der fehlenden Fleisch- und Fettvorräte in Österreich an die CGV 1.100 Tonnen Fett zu liefern und aus ungarischen Vorräten 2.700 Tonnen Fleisch bereitzustellen.[19]

Obwohl die Sowjets von Juni bis September 1945 Lebensmittel für insgesamt 35 Millionen Militärschilling lieferten, reichte das Angebot nur zur Ausgabe von Minimalrationen an die Bevölkerung, nach wie vor in erster Linie Trockenerbsen. Menschenschlangen gehörten vor den wenigen offenen Geschäften zum täglichen Straßenbild, und auch der Hunger blieb groß.[20] Der Wiener Stadtkommandant, Garde-Generalleutnant Nikita Lebedenko, teilte am 4. Februar 1946 schließlich mit, dass die Lebensmittellieferungen an die Stadt Wien mit 1. März 1946 eingestellt würden und die österreichische Seite „bitte rechtzeitige Maßnahmen zur selbständigen Organisation der Lebensmittelversorgung" unternehmen solle.[21]

Neben den Lieferungen, die die Versorgung Wiens sichern sollten, kamen noch einige weitere Lieferungen und Leistungen zum Paket der Verbindlichkeiten Österreichs gegenüber der Sowjetunion dazu, deren Wert insgesamt rund 48 Millionen Schilling betrug. Österreich sollte dafür teuer bezahlen: Im Zuge der Staatsvertragsverhandlungen 1949 wurden diese als so genannte „Erbsenschulden" ins Spiel gebracht. Die Westmächte nutzten die nicht geregelte Frage der „Erbsenschulden" geschickt aus. Es entstand der Eindruck, dass die UdSSR dem Abschluss des Staatsvertrages nur deswegen nicht zustimmen würde.[22]

Resümee

Die sowjetischen Hilfslieferungen (Lebensmittel, aber auch Brennmaterial oder Transportmittel) waren die ersten wesentlichen Hilfen des Auslandes. Versuche der sowjetischen Propaganda, daraus noch vor dem Anlaufen der UNRRA („United Nations Relief and Rehabilitation Administration") 1946 und der Marshall-Plan-Hilfe (European Recovery Programm, ERP) 1948 politisches Kapital zu schlagen und die Stimmungslage in der Bevölkerung zugunsten der Sowjetunion zu beeinflussen, schlugen allerdings fehl. Bereits im November 1945 beschwerte sich die Abteilung für Propaganda des Sowjetischen Teils der Alliierten Kommission, dass lediglich die kommunistische „Volksstimme" über die „große Hilfe, die

die Rote Armee der Bevölkerung Österreichs gewähre" gebührend berichten würde.[23]
Für die mangelnde Anerkennung der gewährten Hilfe sind allerdings nicht die Würmer in den Erbsen, die die hungernde Wiener Bevölkerung gerne in Kauf nahm, sondern die Übergriffe und Plünderungen durch sowjetische Soldaten und natürlich auch die Nachwirkungen der nationalsozialistischen Propaganda verantwortlich zu machen. So wurde etwa in Neunkirchen auf Anordnung des sowjetischen Generalleutnants Rossijanov „die gesamte Stadt regelrecht ausgeraubt", bis das übergeordnete sowjetische Kommando die Aktion stoppen konnte. Die Beschlagnahmungen von Vieh wurden als Alltagsereignis kaum noch registriert und standen gewissermaßen auf der Tagesordnung.[24]

Anmerkungen

1 WStLB, Plakatsammlung 1945. Die Recherchen zu diesem Beitrag erfolgten im Rahmen des vom BMBWK geförderten Projektes „Die Rote Armee in Österreich 1945–1955", durchgeführt am Ludwig Boltzmann-Institut für Kriegsfolgen-Forschung, Graz – Wien – Klagenfurt (BIK).

2 Gerald Stourzh, Um Einheit und Freiheit. Staatsvertrag, Neutralität und das Ende der Ost-West-Besetzung Österreichs 1945–1955. Studien zu Politik und Verwaltung, Bd. 62. 4. Aufl. Wien – Köln – Graz 1998 (= Stourzh, Einheit), S. 175–178; Manfried Rauchensteiner, Der Sonderfall. Die Besatzungszeit in Österreich 1945 bis 1955. Neuaufl. Wien 1995 (= Rauchensteiner, Sonderfall), S. 78f. u. 275.

3 Hugo Portisch, Österreich II, Bd. 2. Die Wiedergeburt unseres Staates. München 1993 (= Portisch, Wiedergeburt), S. 34.

4 Zit. bei Eva-Marie Csáky, Der Weg zu Freiheit und Neutralität. Dokumentation zur österreichischen Außenpolitik 1945–1955. Schriftenreihe der Österreichischen Gesellschaft für Außenpolitik und internationale Beziehungen, Bd. 10. Wien 1980, S. 33.

5 AVP RF, F. 066, op. 25, p. 118a, d. 7, S. 41. Abgedruckt in: Stefan Karner – Barbara Stelzl-Marx – Alexander Tschubarjan (Hg.), Die Rote Armee in Österreich. Sowjetische Besatzung 1945–1955. Dokumente. Krasnaja Armija v Avstrii. Sovetskaja okkupacija 1945–1955. Dokumenty. Graz – Wien – Klagenfurt 2005.

6 CAMO, F. 243, op. 2973, d. 59, S. 75. Zit. bei Ministerstvo inostrannych del SSSR [Außenministerium der UdSSR] (Hg.), SSSR-Avstrija. 1938–1979. Dokumenty i materialy [UdSSR-Österreich. 1938–1979. Dokumente und Materialien] Moskau 1980, S. 22. Abgedruckt in: Stefan Karner – Barbara Stelzl-Marx – Alexander Tschubarjan (Hg.), Die Rote Armee in Österreich. Sowjetische Besatzung 1945–1955. Dokumente. Krasnaja Armija v Avstrii. Sovetskaja okkupacija 1945–1955. Dokumenty. Graz – Wien – Klagenfurt 2005.

7 AVP RF, F. 66, op, 23, p. 24, S. 11. – M. Choev an A. Smirnov, 29.1.1946.

8 Portisch, Wiedergeburt, S. 35f.

9 Rauchensteiner, Sonderfall, S. 78f.

10 CAMO, F. 243, op. 2912, d. 146, S. 329f.

11 Gemeint ist Renners Schreiben an Stalin vom 16.5.1945, worin auf die katastrophale Versorgungslage hingewiesen wird: „Das Gesamtergebnis faßt das Ernährungsministerium zusammen in der Feststellung, daß wir von den zehn Wochen bis zur neuen Ernte nur auf drei Wochen eingedeckt sind und für die weiteren sieben Wochen nicht wissen, wie wir unsere Bevölkerung am Leben erhalten sollen. Ich fühle mich verpflichtet, Ihnen, verehrter Genosse, von diesem alarmierenden Zustand Mitteilung zu machen, damit Sie über die Tatsachen, wie sie sind, genau unterrichtet sind." Zit. bei Gertrude Enderle-Burcel – Rudolf Jeřábek – Leopold Kammerhofer (Hg.), „... im eigenen Haus Ordnung schaffen". Protokolle des Kabinettsrates 29. April 1945 bis 10. Juli 1945. Protokolle des Kabinettsrates der Provisorischen Regierung Karl Renner 1945, Bd. 1. Horn – Wien 1995, S. 149.

12 Ebd.

13 Portisch, Wiedergeburt, S. 36.

14 CAMO, F. 243, op. 2963, d. 136, S. 830–832.

15 CAMO, F. 243, op. 2914, d. 267, S. 235f.

16 NA, RG 263, B 180. Zit. bei Siegfried Beer, Wien in der frühen Besatzungszeit. Erkundungen des US-Geheimdienstes OSS/SSU im Jahre 1945. Eine exemplarische Dokumentation, in: Ferdinand Opll – Karl Fischer (Hg.), Studien zur Wiener Geschichte. Jahrbuch des Vereins für Geschichte der Stadt Wien, Bd. 51. Wien 1995, S. 52.

17 CAMO, F. 67, op. 12001, d. 702, S. 40. Abgedruckt in: Stefan Karner – Barbara Stelzl-Marx – Alexander Tschubarjan (Hg.), Die Rote Armee in Österreich. Sowjetische Besatzung 1945–1955. Dokumente. Krasnaja Armija v Avstrii. Sovetskaja okkupacija 1945–1955. Dokumenty. Graz – Wien – Klagenfurt 2005; zu den Lebensmittellieferungen der 2. Ukrainischen Front bis 3. August 1945 vgl. CAMO, F. 275, op. 28382, d. 17, S. 326.

18 CAMO, F. 275, op. 888478, d. 1, S. 317. Abgedruckt in: Stefan Karner – Barbara Stelzl-Marx – Alexander Tschubarjan (Hg.), Die Rote Armee in Österreich. Sowjetische Besatzung 1945–1955. Dokumente. Krasnaja Armija v Avstrii. Sovetskaja okkupacija 1945–1955. Dokumenty. Graz – Wien – Klagenfurt 2005; vgl. dazu auch: Valerij Vartanov, Die Richtlinien der Tätigkeit der Militärkommandanturen in der sowjetischen Besatzungszone Österreichs von 1945 bis 1955, in: Stefan Karner – Barbara Stelzl-Marx (Hg.), Die Rote Armee in Österreich. Sowjetische Besatzung 1945–1955. Beiträge. Graz – Wien – Klagenfurt 2005.

19 CAMO, F. 275, op. 888478, d. 1, S. 332.

20 Portisch, Wiedergeburt, S. 36.

21 WStLA, Verwaltung des Militärkommandanten der Stadt Wien, 4.2.1946. Abgedruckt in: Stefan Karner – Barbara Stelzl-Marx – Alexander Tschubarjan (Hg.), Die Rote Armee in Österreich Sowjetische Besatzung 1945–1955. Dokumente. Krasnaja Armija v Avstrii. Sovetskaja okkupacija 1945–1955. Dokumenty. Graz – Wien – Klagenfurt 2005.

22 Stourzh, Einheit, S. 175f.

23 CAMO, F. 275, op. 353764, S. 281.

24 AVP RF, F. 06, op. 7, p. 26, d. 322, S. 26.

Stefan Karner

Zur Übergabe der Kosaken und Vlasov-Truppen an die Sowjets 1945 in Judenburg

Glasnost und Perestrojka haben auch in Russland die Kosaken wieder öffentlich bewusst gemacht und damit ihre Auslieferung durch die Briten an die sowjetischen Organe zu Pfingsten, zwischen dem 28. Mai und Anfang Juli 1945 auf der Judenburger Murbrücke.[1] Ein Teil von ihnen hatte sich während der NS-Besetzung der Ukraine und Südrusslands der Deutschen Wehrmacht angeschlossen, um gegen die Rote Armee zu kämpfen. Mit dem Rückzug der Wehrmacht aus dem Osten waren auch die verschiedenen Kosakenverbände (unter ihnen das 15. Kosaken-Kavallerie-Korps unter Hellmuth von Pannwitz und Kosakeneinheiten unter Domanov mit Frauen und Kindern), erbitterten KP-Gegnern der ersten Stunde, nach Südösterreich gelangt und so vor allem unter britische Besatzungshoheit gekommen. Formell unterstanden die Kosaken vor Kriegsende bereits dem „Komitee zur Befreiung der russischen Völker" (KONR, unter General Vlasov).

Die militärische Führung der Kosaken wurde in Moskau bereits im Juni 1945 von Smerš-Chef Abakumov persönlich verhört.

Die Briten ahnten, welches Schicksal den Kosaken und den anderen, rund 15.000 von den Briten und zum geringeren Teil auch von den Amerikanern als Sowjetbürger angesehenen Kaukasiern und russischen politischen Emigranten

Das erste Foto vom Prozess gegen die Kosaken-Atamane und -Generäle in Moskau 1945/46. Erste Reihe v. li. n. re.: Sultan Keletsch-Girei (stehend), Petr N. Krasnov und Andrej G. Škuro. Sie wurden zu Pfingsten 1945 zusammen mit Helmuth v. Pannwitz von Judenburg über Graz nach Moskau gebracht, zum Tode verurteilt und hingerichtet.
Quelle: Archiv des KGB/Moskau.

Übergabe von Kosaken- und Vlasov-Truppen an die Sowjets auf der Murbrücke in Judenburg.
Quelle: Stefan Karner/Graz.

bevorstand. Die schlimmsten Erwartungen trafen ein. Tausende von ihnen überlebten den Sommer 1945 nicht mehr, sei es, weil sie sich selbst aus Furcht vor den Sowjetorganen und den Verfolgungen das Leben nahmen, ihre Kinder und Verwandten selbst umbrachten, sei es weil sie auf den Transporten ums Leben kamen oder – wie vor allem die Offiziere – von sowjetischen Organen nach kurzen schematischen Prozessen hingerichtet wurden. Dabei war bis vor kurzem lediglich die Aburteilung und Hinrichtung der Kosaken-Spitze unter Krasnov, Škuro und dem zu diesen in Gegnerschaft stehenden Helmuth von Pannwitz zu Jahresbeginn 1947 in Moskau bekannt geworden.

Aus sowjetischer Sicht war die Deportation der Kosaken lediglich ein Teil jener umfangreichen Repatriierungsaktion, in deren Verlauf allein zwischen 1945 und dem 1. März 1946 insgesamt 5,352.963 Sowjetbürger in die Sowjetunion verbracht wurden. Als erster Ort für den Menschenaustausch zwischen Briten und Sowjets in Österreich wurde Judenburg, ab 19. Juli 1945 schließlich St. Valentin an der Ennsgrenze ausersehen.

Vor allem am Beispiel der Übergabe der Kosaken und Vlasov-Angehörigen in Judenburg geht es auch um die moralische und politische Verantwortung der britischen militärischen und politischen Besatzungsführung. Immer wieder kommt dabei die Vermutung auf, dass die Auslieferung der Kosaken im Austausch für die ehemalige Waffen-SS-Division „Galizien" (rund 10.000 Mann) durchgeführt wurde, von deren antisowjetischem Einsatz sich vor allem Churchill im Zuge des zu erwartenden „Kalten Krieges" Vorteile erwartete.[2]

Nur ein kleinerer Teil der Kosaken konnte vor der Auslieferung oder während der Transporte – teilweise mit Hilfe einzelner britischer Besatzungssoldaten – fliehen, der weitaus größere Teil, soweit sich die Menschen nicht selber das Leben nahmen, kam über die sowjetischen Filtrations- und Repatriierungslager bis nach Sibirien. Ein kleiner Teil von 808 Personen der in Judenburg übergebenen Kosaken, vor allem Frauen und Kinder, überlebte noch bis Ende Oktober 1945. Zu diesem Zeitpunkt findet man sie auf einer NKVD-Liste des Speziallagers 525/9 (Kemerovo/KUSBAS) in Sibirien.

Von den insgesamt 808 auf der Liste namentlich erfassten und in Judenburg an die Sowjets übergebenen Kosaken waren 807 Frauen und Kinder und ein Mann: Viktor V. Klavdiev, geboren 1929, aus Vorone. Er gab als Beruf „Rechnungsführer" an. Bei den Deportierten handelte es sich überwiegend um junge Menschen: Mehr als die Hälfte von ihnen war unter 21 Jahren, etwa jeder siebente noch keine 5 Jahre alt, rund 5 Prozent waren Babys, geboren 1945, irgendwo in Österreich oder Italien. Von den 269 Frauen zwischen 15 und 35 Jahren waren in Kemerovo Ende Oktober 1945 insgesamt 26 schwanger[3], einige stillten noch ihre Babys. Ein Säugling überlebte die Strapazen nicht und starb während der Erstellung der Transportlisten.

Von den 808 ausgelieferten Kosaken stammte der überwiegende Teil aus Südrussland, der Westukraine, dem Nordkaukasus und dem Kubaner Gebiet. 456 von ihnen gaben russisch, 261 ukrainisch, 32 weißrussisch als Nationalität an. Dazu kamen noch sieben mit deutscher, sechs mit polnischer, drei mit tschechischer und jeweils ein(e) mit bulgarischer, estnischer, kroatischer und tatarischer Volkszugehörigkeit.

Wie viele von ihnen die Strapazen der Lager überlebten und heute noch am Leben sind, sich vielleicht aktiv um die „Wiedergeburt" des Kosakentums in Russland bemühen, lässt sich derzeit nicht sagen. Viele können es freilich nicht sein.

Anmerkungen

1 Vgl. dazu: Stefan Karner, Zur Auslieferung der Kosaken an die Sowjets 1945 in Judenburg, in: Johann Andritsch (Hg.), Judenburg 1945 in Augenzeugenberichten. Judenburger Museumsschriften XII. Judenburg 1994, S. 243–259.

2 James D. Sanders – Mark A. Sauter – R. Cort Kirkwood, Soldiers of Misfortune. The Cold War Betrayal and Sacrifice of American POWs. New York 1994, v.a. S. 86f. u. 92f.

3 Die Altersverteilung der schwangeren Frauen war: 19–24-jährig 14, 25–35-jährig 7 und 36–40-jährig 5 Frauen.

Auf nahezu allen Plakaten, die von der Roten Armee ab der ersten Aprilhälfte 1945 in Österreich verbreitet wurden, wird proklamiert, dass die Rotarmisten Österreich als Befreier betreten haben. Im Gegensatz dazu findet sich auf den von den Amerikanern und Briten in Westösterreich affichierten Plakaten die Formulierung, dass die Alliierten Streitkräfte in Österreich als Sieger einrücken.
Anfänglich wurden die sowjetischen Plakate in der Druckerei des ehemaligen „Neuen Wiener Tagblatts" am Fleischmarkt gedruckt, die im Juni 1946 von der Sowjetunion endgültig als „Deutsches Eigentum" beschlagnahmt wurde.
Text: Markus Feigl. Quelle: WStLB/Wien.

3. Die vier Besatzungszonen

Barbara Stelzl-Marx

Die sowjetische Besatzung Österreichs 1945–1955 Zur militärischen Struktur und Verwaltung

Am Gründonnerstag, dem 29. März 1945, überschritten Einheiten der 3. Ukrainischen Front der Roten Armee unter Marschall Fedor Tolbuchin die Grenze des Deutschen Reiches bei Klostermarienberg im Burgenland. Damit begann die alliierte Befreiung Österreichs vom Nationalsozialismus und die militärische Besetzung des Landes. Wien wurde in zähen und verlustreichen Kämpfen von Einheiten der 3. Ukrainischen Front vom 6. bis zum 13. April 1945 eingenommen, zwei Tage später St. Pölten. Dann stoppten die Sowjets ihren Vormarsch in diesem Raum etwa auf der Linie St. Pölten – Semmering, um Einheiten an die 2. Ukrainische Front unter Marschall Rodion Malinovskij abzugeben, die nördlich der Donau operierte und schließlich bis ins Mühlviertel vorstoßen sollte. Bis Kriegsende besetzten die sowjetischen Truppen der 2. und 3. Ukrainischen Front – trotz teilweise starken militärischen Widerstandes deutscher Truppen – das Burgenland, Wien und Niederösterreich. Im Süden drangen sie noch nach dem 8. Mai bis über Graz hinaus und besetzten gemeinsam mit der unter sowjetischem Oberkommando stehenden 1. Bulgarischen Armee den größten Teil der Steiermark.

Im Westen hatten französische Truppen am 29. April die Vorarlberger Grenze überschritten und waren bis nach St. Anton am Arlberg vorgestoßen. Amerikanische Einheiten waren von Bayern kommend in Tirol und am 4. Mai in Salzburg einmarschiert und hatten Teile Oberösterreichs besetzt. Die Briten gelangten erst – gemeinsam mit Einheiten der Tito-Partisanen – am 8. Mai nach Kärnten und besetzten Osttirol, Teile des Lungaus und der Steiermark. Damit war Österreich militärisch sechsfach besetzt, wobei die sowjetischen Truppen den weitaus größten Gebietsanteil in Besitz genommen hatten.[1]

Die Zentrale Gruppe der Streitkräfte: Zur Umstrukturierung der Roten Armee

Rund 400.000 Rotarmisten befreiten Österreich, allein 270.000 wurden mit dem Orden „Za vzjatie Veny" („Für die Einnahme Wiens") ausgezeichnet. Im Zuge der Kämpfe hatten 26.000 sowjetische Soldaten auf österreichischem Territorium ihr Leben verloren. Für Herbst 1945 wird die Stärke der sowjetischen Besatzungstruppen auf 180.000 bis 200.000 Personen geschätzt. Zehn Jahre später waren noch rund 40.000 Armeeangehörige, 7.600 Mitglieder von Offiziersfamilien sowie etwa 2.400 sowjetische Arbeiter und Bedienstete in Österreich stationiert.

Am 2. April 1945 regelte das Staatliche Verteidigungskomitee (GOKO) die Finanzierung der auf österreichischen Gebiet stationierten Einheiten der Roten Armee. Dazu waren „alliierte militärische Banknoten, die als Schilling-Noten gedruckt werden, in Umlauf zu bringen." Die Gehälter der hier stationierten Soldaten waren in Schilling (im Verhältnis 1 Schilling = 50 Kopeken = 1 Reichsmark) auszubezahlen, wobei ihnen während ihres Einsatzes in Österreich doppelte Gehälter und ein genau festgelegter Sold zustanden. Vorhandene Rubel mussten entsprechend dem Wechselkurs auf Bankeinlagen eingezahlt oder in die Sowjetunion überwiesen werden, da die sowjetische Währung auf dem Gebiet Österreichs nicht in Umlauf gebracht werden sollte.[2]

Nach dem Kriegsende im Westen erfolgte eine militärische Reorganisation: Mit Befehl der Stavka, des Oberkommandos an die Oberbefehlshaber der Truppen, wurden die Fronten aufgelöst und stattdessen die „Gruppen der Streitkräfte" (Nord, Zentral und Süd) sowie die „Gruppe der sowjetischen Besatzungstruppen in Deutschland" gebildet. Für Österreich war die Direktive der Stavka Nr. 11096 vom 29. Mai 1945 ausschlaggebend, die die Umbenennung der 1. Ukrainischen Front in „Zentrale Gruppe der Streitkräfte" (CGV) unter Marschall Ivan Konev, dem „Befreier Prags", anordnete: „Umzubenennen sind mit 10. Juni dieses Jahres, 24.00 Uhr: Die 1. Ukrainische Front in Zentrale Gruppe der Streitkräfte. Der Stab der Gruppe hat sich ab diesem Zeit-

Der Kampf um Wien: Soldaten der 3. Ukrainischen Front, April 1945.
Quelle: CMVS/Moskau.

punkt im Bezirk Wien zu befinden. Der Oberbefehlshaber der Truppen der 1. Ukrainischen Front, Marschall Konev, ist zum Oberbefehlshaber der Zentralen Gruppe der Streitkräfte zu ernennen."

Zur CGV gehörten damals neben Österreich noch Ungarn und die Tschechoslowakei, wobei die westliche Grenze – die Armeen der Alliierten, die nördliche – die Grenze zwischen der Tschechoslowakei und der SBZ und die südliche – die Grenze Österreichs mit Ungarn und Jugoslawien bildete. Mit der Übernahme des Kommandos ging auch ein Wechsel der Truppen einher: Die Truppen der 2. und 3. Ukrainischen Front wurden teilweise abgezogen; im südlichen Burgenland verblieb die ursprünglich zur 3. Ukrainischen Front gehörende 4. Garde-Armee, die gemeinsam mit der 5. Garde-Armee die 40. Armee der 2. Ukrainischen Front und die 26. und 57. Armee der 3. Ukrainischen Front an ihren Standorten ablöste. Von der 2. Ukrainischen Front wurden u. a. die 7. und 9. Garde-Armee, die 40. Armee und die 1. Rumänische Armee „an Ort und Stelle" in die CGV aufgenommen, deren zentraler Stab sich in Baden bei Wien befand.[3]

Marschall Konev, der erste sowjetische Militärkommissar in Österreich, kam Anfang Juli nach Wien, weswegen ihm Karl Renner erst am 9. Juli 1945 seine Aufwartung machen konnte.[4] Nach der Ernennung Konevs zum Oberkommandierenden der sowjetischen Landstreitkräfte 1946 übernahm Generaloberst Vladimir Kurasov im Mai 1946 dessen Funktion als Oberbefehlshaber der CGV in Baden und als sowjetischer Militärkommissar in Österreich. Kurasov galt als hochqualifizierter und erfahrener Heerführer, der unmittelbar nach Kriegsende zunächst als Stabschef der Sowjetischen Militär-Administration in Deutschland, SVAG, eingesetzt gewesen war. Ihm folgte von 1950 bis 1953 Generalleutnant Vadim Sviridov, ebenfalls ein erfahrener Kommandeur an verschiedenen Fronten.

Im Juli 1953 löste der Gesandte Ivan Il'ičev Generalleutnant Sviridov als Hochkommissar ab. Erstmals wurde somit die Funktion des Oberbefehlshaber der CGV von der des Militär- bzw. Hochkommissars in Österreich abgekoppelt. Die Funktion des Oberbefehlshabers der CGV übernahm der Armee-Stabschef Generaloberst Sergej Birjuzov, dem schließlich von 1954 bis 1955 Generaloberst Aleksej Žadov folgte.

Im Laufe des Septembers 1955 erfolgte gemäß Befehl Nr. 010 vom 9. September die Auflösung der Zentralen Gruppe der Streitkräfte. Der Offiziersstand der Feldverwaltung der CGV wurde vorwiegend in Militärbezirke der UdSSR verlegt, der Unteroffiziers- und Mannschaftsstand nach „Transkarpatien" abkommandiert und die Arbeiter und Bediensteten der Sowjetischen Armee an ihre Wohnorte verbracht. Sämtliche im Archiv des Stabes der CGV verwahrten geheimen Dokumente wurden an das Zentralarchiv des Verteidigungsministeriums übergeben (wo sie sich bis zum heutigen Tag befinden). Siegel und Stempel der Verwaltungen bzw. Abteilungen oder Dokumente, die keiner Verwahrung in einem Archiv unterlagen, mussten vernichtet werden. Außerdem waren die von den Versorgungsabteilungen und Abteilungen der CGV erstellten Abrechnungen an die Zentralverwaltung des Verteidigungsministeriums zu senden. Die Verwaltung der Zentralen Gruppe der Streitkräfte galt somit per 25. September 1955 als aufgelöst.

Auch in der Sowjetunion selbst waren nach Kriegsende mehrere den Verteidigungsbereich betreffende Umstrukturierungen erfolgt: Am 4. September 1945 wurde das Staatliche Verteidigungskomittee GOKO aufgelöst, und bis Ende des Jahres stellte die Stavka ihre Tätigkeit ein. Alle militärischen Agenden übernahm nunmehr wieder das Volkskommissariat für die Verteidigung der UdSSR das – wie auch alle anderen Volkskommissariate – im Februar 1946 nach westlichem Muster in „Ministerium" für die Streitkräfte umbenannt wurde. Im März 1946 wurde die Rote Arbeiter- und Bauernarmee, RKKA, die de facto seit 1936 nur noch als Rote Armee bezeichnet worden war, schließlich in Sowjetische Armee umbenannt.[5]

Die sowjetischen Militärkommandanturen in Österreich

Am 2. April 1945 wurde im „Befehl des sowjetischen Oberkommandos an die 2. und 3. Ukrainische Front" angeordnet, in den besetzten Orten „militärische Kommandanten zu bestimmen, die zur Ausübung der Funktionen der zivilen Behörden provisorische Bürgermeister und Älteste [richtig: Gemeindevorsteher] aus der örtlichen österreichischen Bevölkerung zu bestimmen haben".[6] In der Folge errichteten die beiden Fronten in allen größeren sowjetisch besetzten Orten Kommandanturen, „um die Tätigkeit der österreichischen Machtorgane, demokratischen Parteien und Organisationen etc. zu überwachen". Außerdem erhielten die Kommandanturen den Auftrag, auf die Bevölkerung propagandistisch einzuwirken. Im Zuge des vorab erwähnten Truppenabbaus und der Umstrukturierung der Roten Armee im Sommer 1945 wurde ein Teil dieser Kommandanturen wieder aufgelöst, sodass es zu Jahresende 1945 51 Stadt- und drei Landeskommandanturen (in Niederösterreich, im Burgenland und im Mühlviertel), sowie elf sowjetische Kommandanturen in Wien gab.

Erst drei Wochen später, am 20. April 1945, wurde durch Marschall Fedor Tolbuchin, Oberbefehlshaber der 3. Ukrainischen Front, und Generaloberst Aleksej Želtov, Mitglied des Militärrates der 3. Ukrainischen Front und späterer stellvertretender Militärkommissar in Österreich, eine „Provisorische Verordnung über die Militärkommandanturen" erlassen, die die Rechte und Pflichten des Militärkommandanten bei der Errichtung des Besatzungsregimes, die Maßnahmen „zur Erfassung politisch-wirtschaftlichen Lage auf dem besetzten Gebiet" und zur Repatriierung von DPs sowie die „Rechte und Pflichten des Militärkommandanten in Bezug auf Einheiten und Angehörige der Roten Armee" festlegte.[7]

Einleitend hieß es dabei, dass die Militärkommandanturen in allen Bezirkshauptstädten, Städ-

Soldaten der Roten Armee bewachen die wieder errichtete Donaubrücke, 1946.
Quelle: RGAKFD/Krasnogorsk.

ten mit Selbstverwaltung sowie in größeren Orten zu errichten seien, wobei die Kommandanturen direkt dem Militärrat der 3. Ukrainischen Front unterstellt waren. Wesentlich ist hierbei auch der vierte Punkt dieses Abschnittes: „Die Militärkommandanten führen auf dem Gebiet Österreichs keine sowjetischen Bestimmungen ein, sämtliche erforderlichen Maßnahmen, die aus den Interessen der Roten Armee erwachsen, werden über von diesen ernannte Bürgermeister (Gemeindevorsteher) und über die von Letztgenannten eingesetzten Zivilbehörden durchgeführt."

Am 9. September 1945 wurde schließlich eine vom Stabschef der CGV, Generaloberst German Malandin, verfasste und wenig später von Marschall Ivan Konev sowie Generalobert Želtov bestätigte „Weisung an die Militärkommandanten auf dem besetzten Gebiet Österreichs" erlassen, die in strafferer Form die Organisation der Kommandanturen sowie Rechte und Pflichten des Kommandanten festlegte. Die einleitende „Allgemeine Verordnung" der Provisorischen Verfügung vom April 1945, die u. a. auch auf die Moskauer Deklaration vom Oktober 1943 verwies, fehlte hier allerdings.[8]

Im Zusammenhang mit der Auflösung sämtlicher Militärkommandanturen in Ungarn und einer drastischen Reduktion in Österreich wurde 1948 eine Reorganisation der Militärkommandanturen notwendig. Zu diesem Zeitpunkt gab es im Burgenland drei Bezirks- und eine Landes-Militärkommandantur, im Mühlviertel drei Militärkommandanturen, wobei diejenige in Urfahr als Landeskommandantur fungierte, sowie in Niederösterreich 22 Bezirks- und eine Landeskommandantur (insgesamt 27 Bezirks- und drei Landeskommandanturen). Vorgeschlagen wurde eine Vereinigung aller drei Landes-Militärkommandanturen zu einer einzigen in der Sowjetischen Zone, wobei diese mit einem angemessenen Kontingent an Instruktoren, Übersetzern und technischem Personal ausgestattet werden sollte.[9]

Ohne auf die Umstrukturierung des sowjetischen Besatzungsapparates in der Phase von 1950 bis 1953 an dieser Stelle eingehen so wollen, sei auf die Weisung des Oberbefehlshabers der CGV, Aleksej Žadov, und des sowjetischen Hochkommissars, Ivan Il'ičev, betreffend die – nun entscheidend veränderten – wesentlichen Pflichten der Militärkommandanten der sowjetischen Zone Österreichs vom 16. Juni 1954 verwiesen. Von den vier vorherigen Hauptfunktionen blieben praktisch nur mehr zwei über. Der Schwerpunkt lag nun auf der Aufrechterhaltung von Disziplin und Ordnung an den Stationierungsorten sowjetischer Truppen sowie auf der Kontrolle über die Tätigkeit der örtlichen österreichischen Behörden, wie Polizei, Gendarmerie oder Gerichte. Im Zuge der Staatsvertragsverhandlungen 1955 und dem schließlich fixierten Abzug der Besatzungstruppen erfolgte die Auflösung sämtlicher Kommandanturen in der sowjetischen Besatzungszone Österreichs.[10]

Ende der Besatzung und Abzug der Truppen

Gemäß Teil III, Artikel 20 des am 15. Mai 1955 unterzeichneten Staatsvertrages verlor das „Übereinkommen über den Kontrollapparat in Österreich vom 28. Juni 1946" mit dem Inkrafttreten des Vertrages seine Wirksamkeit und die Streitkräfte der Alliierten sowie die Mitglieder der Alliierten Kommission für Österreich mussten „innerhalb von neunzig Tagen, angefangen vom Inkrafttreten des vorliegenden Vertrages, soweit irgend möglich, spätestens bis zum 31. Dezember 1955, aus Österreich zurückgezogen" werden. Mit der Hinterlegung der Ratifizierungsurkunde in Moskau durch die Franzosen am 27. Juli 1955 trat der Staatsvertrag schließlich in Kraft, wodurch alle Befugnisse des Alliierten Rates in Österreich erloschen und die für den Abzug der Truppen vorgesehene 90-Tagesfrist zu laufen begann.[11]

Das Präsidium des ZK der KPdSU beschloss daraufhin in seiner Sitzung am 8. Juni 1955, das Verteidigungsministerium unter Marschall Georgij Žukov zu beauftragen, „entsprechend dem auf der Sitzung des Präsidiums des ZK der KPdSU erfolgten Meinungsaustausch neue Vorschläge betreffend den Abzug der sowjetischen Truppen aus Österreich auszuarbeiten und diese dem ZK der KPdSU vorzulegen". Am 30. Juli 1955, drei Tage nach Inkrafttreten des Staatsvertrages, nahm das Präsidium des ZK der KPdSU den von Žukov präsentierten Befehlentwurfs zum Abzug der Truppen an, der am 31. Juli in der Izvestija und Pravda abgedruckt wurde. Žukov befahl darin, „sämtliche in Österreich stationierten Truppen bis 1. Oktober 1955 auf das Gebiet der Sowjetunion zu verlegen" und „aus den Reihen der Armee eine entsprechende Zahl an Militärdienstleistenden zu entlassen". Das von der Sowjetunion angepeilte Datum des Abschlusses des Truppenabzuges lag somit weit vor der im Staatsvertrag fixierten 90-Tagesfrist, die am 25. Oktober 1955 endete. Abschließend wurde dem Mannschaftsstand „für die vorbildliche Erfüllung seiner militärischen Pflicht" Dank ausgesprochen. Am 8. August 1955 nahm das ZK auch den Beschlussentwurf des Ministerrates der UdSSR unter Nikolaj Bulganin an, worin die zuständigen Ministerien für Kommunikationswege und Seestreitkräfte verpflichtet wurden, die Verlegung der Truppen bis 1. Oktober zu gewährleisten.[12]

Parallel dazu wurden – offensichtlich aus gegebenen Anlass – von den Armeekommandierenden, Politorganen und Partei- und Komsomolzenorganisationen der CGV Maßnahmen zur „Intensivierung der politisch-erzieherischen Arbeit und zur Festigung der militärischen Disziplin des Mannschaftstandes" durchgeführt. Bereits am 28. April 1955 hatte das Verteidigungsministerium Maßnahmen zur Unterbindung von Übergriffen und zur Instruierung der Soldaten „über die Notwendigkeit eines korrekten Verhältnisses zur österreichischen Bevölkerung" erlassen. Nicht nur die

Abschied von Österreich: Soldaten der Zentralen Gruppe der Streitkräfte am Bahnhof von St. Pölten, 23. August 1955.
Quelle: CMVS/Moskau.

Soldaten selbst, sondern auch die in Österreich stationierten Familienmitglieder hatten politische Schulungen zu ihrer „Erziehung im Sinne einer strengen Einhaltung der Verhaltensnormen gegenüber der österreichischem Bevölkerung" zu durchlaufen, um die „Ehre und Würde sowjetischer Staatsbürger" nicht in Verruf zu bringen. Im Gegensatz zum Kriegsende und zur ersten Besatzungszeit waren die Übergriffe durch Armeeangehörige drastisch zurückgegangen. Nun wurde zu Recht durch den bevorstehenden Abzug aus Österreich ein neuerliches Ansteigen des „amoralischen Verhaltens" befürchtet.

Nichtsdestotrotz ließ die Disziplin der sowjetischen Truppen ab der Unterzeichnung des Staatsvertrages erneut nach, wobei die 177. Garde-Artilleriedivision der Luftwaffe, die 95. Garde-Schützendivision und die 10. Garde-Jagdfliegerdivision besonders negativ auffielen. Ab Juni 1955 wurden die „undiszipliniertesten Armeeangehörigen" jeder einzelnen Einheit, die erfasst werden konnten, vorzeitig in die Sowjetunion transportiert, „da deren weiterer Aufenthalt in Österreich unter den veränderten Bedingungen unzulässig" gewesen wäre. Diese Maßnahme betraf bis Anfang September 650 Soldaten und Unteroffiziere sowie 49 Offiziere. Außerdem wurden in der Zeit von Mai bis Juli 1955 70 Armeeangehörige wegen Diebstahls, Ausschreitungen, Schlägereien oder Ungehorsams verurteilt.

Der Abzug der sowjetischen Truppen aus Österreich begann am 4. August 1955. In allen Garnisonen wurden noch gemeinsam mit der österreichischen Bevölkerung Kränze auf die Grabstätten sowjetischer Soldaten gelegt, Treffen von Soldaten mit der örtlichen Bevölkerung organisiert und mehr als 30 große Konzerte allein des Volkstanzensembles der CGV mit bis zu 200.000

Besuchern veranstaltet.[13] Auch auf den Bahnhöfen wurden Abschiedsfeiern organisiert, Ansprachen gehalten, letzte Fotos von Besatzungssoldaten mit einheimischen Kindern geschossen und den abziehenden Offizieren und Soldaten Blumen überreicht.[14]

Ab dem 2. August war ein Großteil der Kader des Stabes und der Politischen Verwaltung direkt in den Einheiten zur Vorbereitung und Durchführung des Abzuges tätig. Schließlich handelte es sich dabei um ein gewaltiges logistisches Unterfangen, das in kürzester Zeit durchgeführt werden musste. 49 Verladerampen wurden eingerichtet, die wichtigsten in Baden bei Wien und Bruck an der Leitha, aber auch in St. Pölten, Krems und Wiener Neustadt. Auch Möbel und Hausrat wurden verpackt und zum nächsten Bahnhof gebracht, dazu viele Kisten mit der Aufschrift „Ne kantovat'!" – „Nicht stürzen!". Bis zum 1. September wurden von den insgesamt 308 Zügen 218 abgefertigt und beinahe alle Familienmitglieder (rund 7.500 Personen) außer Landes gebracht. (Der Nachzug von Offiziersfamilien auf österreichisches Staatsgebiet war im Juni eingestellt worden. Mit Ende Juli waren insgesamt 1.300 Familien von Offizieren in die Sowjetunion transportiert worden.) Die Österreichischen Bundesbahnen stellten auf sowjetische Forderung mit Beginn der Transporte 3.600 Güter- und 350 Personenwaggons bereit, was die Umsetzung des Transportplanes ermöglichte. Insgesamt wurden 39.512 Armeeangehörige, 7.590 Mitglieder von Offiziersfamilien sowie 2.383 Arbeiter und Bedienstete aus Österreich abgezogen, wobei ein Teil der Einheiten nach Ungarn verlegt wurde. Sämtliche nicht mehr benötigte Vorräte an Öl- und Treibstoff, Hausrat und andere Gütern kamen zur Versorgung der sowjetischen Truppen nach Ungarn.[15]

Bereits am 19. September, eineinhalb Wochen vor der im erwähnten Befehl Nr. 125 des Verteidigungsministeriums vom 31. Juli gesetzten Frist, hatte der letzte sowjetische Soldat Österreich verlassen. Noch am 19. September teilte Botschafter Ivan Il'ičev Bundeskanzler Julius Raab mit, dass mit gleichem Tage die Räumung Österreichs durch sowjetische Truppen abgeschlossen sei. Die Zentrale Gruppe der Streitkräfte galt, wie vorab erwähnt, per 25. September 1955 als aufgelöst. Genau einen Monat später verließ der letzte – britische – Besatzungssoldat Österreich.

Anmerkungen

1 Vgl. Manfried Rauchensteiner, Der Krieg in Österreich '45. Wien 1995 (= Rauchensteiner, Krieg); zum sowjetischen Vormarsch im Detail: CAMO, F. 243, op. 2900, d. 2058a, S. 83–99. Abgedruckt in: Stefan Karner – Barbara Stelzl-Marx – Alexander Tschubarjan (Hg.), Die Rote Armee in Österreich. Sowjetische Besatzung 1945–1955. Dokumente. Krasnaja Armija v Avstrii. Sovetskaja okkupacija 1945–1955. Dokumenty. Graz – Wien – Klagenfurt 2005; Die Rote Armee (3. Ukrainische Front und Teile der 2. Ukrainischen Front) hatte am 16. März 1945 von Ungarn kommend ihre „Wiener Angriffsoperation" begonnen. Vgl. dazu u. a. V. A. Zolotarev u. a. (Hg.), Krasnaja Armija v stranach v Central'noj Evropy i na Balkanach. Dokumenty i materialy 1944–1945; Russkij archiv: Velikaja Otečestvennaja [Die Rote Armee in den Ländern Mitteleuropas und auf dem Balkan. Dokumente und Materialien 1944–1945. Russisches Archiv. Zweiter Weltkrieg]. Bd. 14-3(2). Moskau 2000, S. 601; Die Recherchen zu diesem Beitrag erfolgten im Rahmen des vom BMBWK geförderten Projektes „Die Rote Armee in Österreich 1945–1955", durchgeführt am Ludwig Boltzmann-Institut für Kriegsfolgen-Forschung, Graz – Wien – Klagenfurt (BIK). Ein Großteil der hier verwendeten Dokumente ist abgedruckt in: Stefan Karner – Barbara Stelzl-Marx – Alexander Tschubarjan (Hg.), Die Rote Armee in Österreich. Sowjetische Besatzung 1945–1955. Dokumente. Krasnaja Armija v Avstrii. Sovetskaja okkupacija 1945–1955. Dokumenty. Graz – Wien – Klagenfurt 2005.

2 CAMO, F. 275, op. 140920g, d. 7, S. 152f; RGASPI, F. 644, op. 1, d. 387, S. 62–64.

3 CAMO, F. 3, op. 11556, d. 18, S. 156–159. Zit. bei V. A. Zolotarev u.a. (Hg.), Bitva za Berlin (Krasnaja Armija v poverdennoj Germanii). Russkij Archiv. Velikaja Otečestvennaja [Kampf um Berlin (Die Rote Armee im besiegten Deutschland). Russisches Archiv. Zweiter Weltkrieg], Bd. 15 (4–5), Moskau 1995, S. 421–422.

4 Manfried Rauchensteiner, Der Sonderfall. Die Besatzungszeit in Österreich 1945 bis 1955. Neuaufl. Wien 1995, S. 372f; vgl. zur Bildung des Sowjetischen Teils der Alliierten Kommission u.a. AVP RF, F. 066, op. 25, p. 119, d. 15, S. 51–55; Harald Knoll – Barbara Stelzl-Marx, Der Sowjetische Teil der Alliierten Kommission in Österreich, in: Stefan Karner – Barbara Stelzl-Marx (Hg.), Die Rote Armee in Österreich. Sowjetische Besatzung 1945–1955. Beiträge. Graz – Wien – Klagenfurt 2005.

5 CAMO, F. 25, op. 657741s, d. 2, S. 1f; Peter Gosztony, Die Rote Armee. Geschichte und Aufbau der sowjetischen Streitkräfte seit 1917. Wien – München – Zürich – New York 1980, S. 310.

6 Zit. bei Rauchensteiner, Krieg, S. 491.

7 RGASPI, F. 17, op. 128, d. 117, S. 92f; CAMO, F. 243, op. 2914, d. 259, S. 22–30 u. CAMO, F. 243, op. 2922, d. 49, S. 168–177; Wolfgang Wagner, Die Besatzungszeit aus sowjetischer Sicht. Die Errichtung der sowjetischen

Besatzungsmacht in Österreich von 1945 bis 1946 im Spiegel ihrer Lageberichte. DA Wien 1998, S. 49–52.

8 CAMO, F. 275, op. 45235ss, d. 2, S. 184–189; vgl. dazu auch: Valerij Vartanov, Die Aufgabe der Militärkommandanturen in der sowjetischen Besatzungszone Österreichs von 1945 bis 1955, in: Stefan Karner – Barbara Stelzl-Marx (Hg.), Die Rote Armee in Österreich. Sowjetische Besatzung 1945–1955. Beiträge. Graz – Wien – Klagenfurt 2005 (= Vartanov, Aufgabe).

9 RGASPI, F. 17, op. 127, d. 1720, S. 82–83.

10 CAMO, F. 275, op. 512507s, d. 1, S. 34f. CAMO, F. 275, op. 140935ss, d. 1, S. 182–190; Vartanov, Aufgabe.

11 Gerald Stourzh, Um Einheit und Freiheit. Staatsvertrag, Neutralität und das Ende der Ost-West-Besetzung Österreichs 1945–1955. Studien zu Politik und Verwaltung, Bd. 62. 4. Aufl. Wien – Köln – Graz 1998, S. 546 u. 707f; Hugo Portisch, Österreich II, Bd. 4. Der lange Weg zur Freiheit. München 1993, S. 401f.

12 RGANI, F. 3, op. 8, d. 275, S. 68–70; RGANI, F. 3, op. 10, d. 149, S. 2; RGANI, F. 3, op. 10, d. 162, S. 154; RGANI, F. 3, op. 10, d. 165, S. 5 u. S. 102.

13 CAMO, F. 275, op. 140920g, d. 7, S. 2f.

14 Vgl. dazu die Fotodokumentation der Politverwaltung der CGV, in: CAMVS, Vyvod Sovetskich vojsk iz Avstrii. Avgust–Sentjabr' 1955 goda. Fotodokumenty [Der Abzug der sowjetischen Truppen aus Österreich. August–September 1955. Fotodokumente]; Wegen des so rasch durchgeführten Abzuges aus Österreichs kam es teilweise zu Schwierigkeiten bei der Bereitstellung von Kasernen, Unterkünften für Offiziere und ihre Familien oder Maschinenparks. Vgl. Evgenij Malašenko, V sovetskich vojskach v Avstrii [Bei den sowjetischen Truppen in Österreich]. Manuskript Moskau 2003, S. 11f; AdBIK, OHI – Interview mit Evegnij Malašenko, 20.10.2003 Moskau.

15 CAMO, F. 275, op. 140920g, d. 7, S. 6 u. 149–156.

Gregory Weeks

Das amerikanische Jahrzehnt? Die Besatzungszeit in Österreich 1945–1955

Die Schlagwörter einer Generation sind stark mit der amerikanischen Besatzungsmacht in Österreich verbunden: Vier im Jeep, Chocolate Girls, Jitterbug, Swing, Glenn Miller, Identitätsausweis, Zonengrenzen...

Es ist jetzt 50 Jahre her, seit U.S.-Soldaten in Folge des Abschlusses des Staatsvertrages die Republik Österreich verließen. Nach der bedingungslosen Kapitulation und dem Ende der nationalsozialistischen Herrschaft war das Schicksal Österreichs ungewiss. Geteilt zwischen den vier Siegermächten Frankreich, Großbritannien, USA und UdSSR, befand sich Österreich in einer ähnlichen Situation wie Deutschland, jedoch gab die Moskauer Deklaration (1943) Österreich einen Sonderstatus im Vergleich zum größeren Nachbarn. Österreich, das in der Moskauer Deklaration als „erstes Opfer" Hitlerdeutschlands bezeichnet worden war, hatte Glück. Wie wir aus der späteren Geschichte wissen, wurde Deutschland zwischen den so genannten Westallierten (Großbritannien, Frankreich und USA) und UdSSR geteilt. Warum wurde gerade Österreich dieses Schicksal erspart? War es wegen der Propagandaerfolge, die die Sowjets erhofft hatten, oder auf Grund der „Gutmütigkeit" der Westallierten? Auf diese Frage gibt es mittlerweile eine klare Antwort: Der Staatsvertrag war für alle Seiten vorteilhaft. Auf der einen Seite haben die Sowjets Österreich als Partner der westlichen Militärallianz ausgeschaltet und einen Propagandasieg, der ihre Friedensbereitschaft dokumentieren sollte und eine Verminderung der Spannungen des Kalten Krieges herbeiführte, erreicht.[1] Diese Politik sollte auch helfen, den bisherigen kulturellen Sieg der Amerikaner zurückzudrängen und die Sowjets dem österreichischen Volk gegenüber besser darzustellen. Auf der anderen Seite war die amerikanische Österreichpolitik darauf ausgerichtet, die wirtschaftliche Ausbeutung Österreichs sowie eine

Amerikanische Diplomatenautos überqueren die Sektorengrenze zwischen Klosterneuburg und dem Kahlenbergerdorf.
Quelle: ÖNB/Bildarchiv/Wien.

Eroberung Westeuropas durch die Sowjets zu verhindern und zugleich die US-Kulturpolitik zu stärken und eine so genannte „Eindämmungspolitik" gegen die Verbreitung des Kommunismus in Osteuropa nach dem Krieg zu betreiben.

Sowohl die Amerikaner als auch die Sowjets betrachteten den Staatsvertrag als Sieg ihrer eigenen Politik. Ohne sowjetische Verhandlungsbereitschaft wäre es aber nie zum Staatsvertrag gekommen.[2] Im Großen und Ganzen ist der Abschluss des Staatsvertrages den Sowjets zu verdanken, da sie der Welt demonstrieren wollten, dass sie nicht die Eroberung Zentraleuropas zum Ziel hatten, sondern lediglich um „gute" Nachbarschaft bemüht waren. Dennoch, und obwohl alle Verhandlungspartner aus eigenen Motiven gehandelt und letztendlich einen annehmbaren Konsens für den Staatsvertrag erreicht hatten, war es der Staatsvertrag, der den Einfluss der amerikanischen Kultur in der Zweiten Republik sicherte.

Die überwiegende Mehrheit der Österreicher begrüßte die Politik der Amerikaner in der US-Zone (Salzburg, das südliche Oberösterreich sowie Teile Wiens), und diese Politik weitete sich

Zwei dunkelhäutige amerikanische Soldaten auf einer Rutsche im Wiener Prater.
Quelle: ÖNB/Bildarchiv/Wien.

nach Unterzeichnung des Staatvertrages im Mai 1955 auf das restliche Österreich aus. Erinnerungen von Österreichern (und auch Amerikanern) an diese Zeit (1945–1955) sind durchaus positiv. Die Beziehung zwischen den „Einheimischen" und den ausländischen Soldaten war aber teilweise auch von einer Entnazifizierungspolitik sowie von der amerikanischen Antifraternisierungspolitik, die die Kontakte zwischen Österreichern und Amerikanern regelte, bestimmt. Das Ziel der Entnazifizierungspolitik war die Säuberung der Wirtschaft, der Presse und des Rundfunks sowie der Politik von nationalsozialistischen Elementen. Alle Mitglieder der NSDAP und SS wurden von Kommissionen untersucht und, je nach dem Grad der Verstrickung mit dem NS-System, entlassen oder durch die Volksgerichtshöfe zu Gefängnisstrafen verurteilt. Die Antifraternisierungspolitik der Amerikaner schloss direkt an die Entnazifizierungsverfahren an, da die US-Militärregierung ihre Soldaten von möglichen NS-Tätern und ihren Familien fernhalten wollte.

Im Gegensatz zur erfolgreichen amerikanischen Kulturpolitik[3] stellte die Entnazifizierungspolitik der Amerikaner einen Misserfolg dar. In der amerikanischen Zone wurden ungefähr 9.000 bis 10.000 Personen auf amerikanischen Befehl hin entlassen, rund 22.000 Personen waren insgesamt von der Entnazifizierung betroffen.[4] Dennoch sind viele Schuldige nie zur Rechenschaft gezogen worden und die Entlassungen haben den Amerikanern sowohl Freunde als auch Feinde gebracht.

Die wirtschaftliche Lage, die Entwicklung einer amerikanischen „anti-kommunistischen Eindämmungspolitik" mit der Verkündung der Truman-Doktrin am 12. März 1947, gefolgt vom berühmten Marshall-Plan im Juni 1947[5] und die Politik des „Turn it over to the Austrians, die eine Unterstützung des Aufbaus einer Demokratie in Österreich und die Möglichkeit des Einsatzes amerikanischer Truppen für andere Aufgaben, vor allem den Koreakrieg (1950–1953), bedeutete, trugen dazu bei, dass die amerikanische Entnazifizierungspolitik den politischen Zielen des „Kalten Krieges" gewichen ist. Die Unklarheit dieser politischen Ziele und die Missachtung von eindeutigen Befehlen der Vorgesetzten, sich nicht mit der Bevölkerung anzufreunden, haben von Anfang an zum Scheitern dieser Politik beigetragen[6]; die amerikanischen Soldaten suchten den sozialen Kontakt mit der Bevölkerung.

In der Regel wurden die Antifraternisierungsbestimmungen der US-Militärregierung von den US-Soldaten wie auch den Österreichern ignoriert, vor allem wenn Kinder im Spiel waren. Es war zu erwarten, dass österreichische Kinder sich für die amerikanischen Soldaten interessierten und dass die Soldaten diese Freundlichkeit erwiderten. Es gab zum Beispiel auf der Hohen Warte in Wien einen Baseballplatz, zu dem Kinder kamen, um den Spielen zuzusehen und kaputte Baseballs einzusammeln. Das Innere eines Baseballs enthielt genug Wolle, um daraus zwei paar kleine Kindersocken zu stricken. Ein kaputter Baseballschläger diente zudem sehr gut als Brennholz, da er aus echtem Eichenholz war. Die Sowjets wiederum versuchten von diesem Interesse der Kinder zu profitieren, indem sie Hefte mit Regeln amerikanischer Sportarten wie Baseball und Football produzierten und in ihren Läden verkauften.[7] Die Kinder lernten die Regeln für Baseball allerdings mehr durch das Zusehen bei den Spielen als durch sowjetische Hefte kennen und nahmen darüber hinaus Kontakt mit den US-Soldaten auf.[8] Ähnliche Situationen entstanden in der Nähe von US-Kantinen und Militärbasen: Kinder und Jugendliche suchten diese Orte auf, um gratis Essen zu bekommen. Obwohl diese Art der Lebensmittelverteilung untersagt war, umgingen viele Soldaten dieses Verbot. Viele ehemalige Soldaten erzählen von Unmengen an Nahrungsmitteln, die auf diese Art und Weise an Österreicher verteilt wurden: Der Koch bestellte doppelt so viele Lebensmittel, als er für die Soldaten benötigte, um das Essen an die vor dem Tor wartenden Österreicher zu verteilen. Wie viele von den nicht verwendeten Lebensmittelpaketen (die so genannten C und K Rationen) auf den Schwarzmarkt kamen, ist nicht bekannt. Allerdings weiß man, dass nach 1945 in Österreich ein blühender Schwarzmarkt entstand, auf dem typisch amerikanische Waren wie Nylonstrumpfhosen, Schokolade und Zigaretten gegen andere Gebrauchsgegenstände getauscht wurden.

Amerikanische CARE-Pakete, vor allem mit Lebensmitteln, halfen vielen Österreichern, die triste Situation nach Ende des Krieges zu meistern.[9] CARE-Pakete gab es aber nicht nur mit Lebensmitteln, sondern auch mit Sportartikeln (vor allem Bällen) oder mit Stoff für das Nähen von Kleidung. Diese Pakete machten Freude, retteten Leben und bewahrten viele vor Hunger. Die Arbeit von CARE-Österreich in dieser Zeit bleibt bis heute ein Musterbeispiel einer erfolgreichen sozialen Hilfe in einem vom Krieg zerstörten Land.

Wichtig erscheint in diesem Zusammenhang auch die Entwicklung der österreichischen Nationalidentität nach 1945.[10] Österreichische Politiker, vor allem Leopold Figl und Julius Raab,

CARE-Paket.
Quelle: CARE Austria/Archiv/Wien.

orientierten ihre Politik am Vorbild der westlichen Demokratien. Österreich war ein geteiltes Land mit vielen wirtschaftlichen, sozialen und politischen Problemen. Der Sonderstatus Österreichs als Opfer *und* Verbündeter von Nazi-Deutschland nach 1938 wurde abgelöst von einem Sonderstatus als neutrale Zone zwischen Westdeutschland und den kommunistischen Ländern Ungarn und Tschechoslowakei.[11]

Die Anfänge der österreichischen Nachkriegsdemokratie stehen im engem Zusammenhang mit den Bemühungen der Amerikaner in ihrer Zone und in der geteilten Hauptstadt. Das Demokratieverständnis hatte bleibenden Einfluss auf die Entwicklung der demokratischen Strukturen nach dem Abschluss des Staatsvertrages 1955.

Die „Amerikanisierung" Österreichs erfolgte in vielen verschiedenen Bereichen, angefangen von Film, Fernsehen und Radio bis hin zu Journalismus, Handel und Tourismus.[12] Der „Wiener Kurier" ist wahrscheinlich das beste Beispiel einer Zeitung, die bis heute von amerikanischem Einfluss geprägt ist, aber auch Reporter und Redakteure anderer österreichischer Zeitungen sind von der amerikanischen Medienkultur nachhaltig beeinflusst worden.

Zudem erlebte die amerikanische Konsum- und Filmkultur in der Nachkriegszeit einen großen

Aufschwung und trotz der gescheiterten Entnazifizierungspolitik war der kulturelle Einfluss der Amerikaner auf die Österreicher im Allgemeinen viel größer als jener der anderen Alliierten. Man kann daher durchaus von einem „amerikanischen Jahrzehnt" im Bereich der Kultur und Politik in den unmittelbaren Nachkriegsjahren, und vor allem in der Zeit des Staatsvertrages 1955, sprechen. Kultur – von Rock 'n' Roll bis Kaugummi – spielte im Nachkriegs-Österreich eine größere Rolle als militärische Macht oder Diplomatie.[13] Der „Kalte Krieg" wurde letztendlich auf genau diese Weise von den Amerikanern fast 50 Jahre später „gewonnen".

Anmerkungen

1 Robert L. Ferring, The Austrian State Treaty of 1955 and the Cold War, in: Western Political Quarterly, Jg. 21, H. 4, Salt Lake City 1968, S. 657–661.

2 Siehe hierzu: Oliver Rathkolb, Superpower Perceptions of Austrian Neutrality Post-1955, in: Kurt Richard Luther – Peter Pulzer (Hg.), Austria 1945–1995. Fifty Years of the Second Republic. Association for the Study of German Politics. Papers delivered at the conference on the Second Austrian Republic held in June 1995 at the London School of Economics. Aldershot – Brookfield – Singapore – Sydney 1998; Eva-Maria Csáky (Hg.), Der Weg zu Freiheit und Neutralität. Dokumentation zur österreichischen Außenpolitik 1945–1955. Schriftenreihe der Österreichischen Gesellschaft für Außenpolitik und internationale Beziehungen, Bd. 10. Wien 1980.

3 Reinhold Wagnleitner, Coca-Colonization and the Cold War. The Cultural Mission of the United States in Austria after the Second World War. Chapel Hill 1994.

4 Kurt Tweraser, Die amerikanische Säuberungspolitik in Österreich, in: Walter Schuster – Wolfgang Weber (Hg.), Entnazifizierung im regionalen Vergleich. Linz 2004, S. 369.

5 Ebd., S. 375–381. Tweraser nennt die Truman-Doktrin „Die erste Säule eine[r] anti-kommunistischen Eindämmungspolitik"; vgl. auch: Wilfried Mähr, Der Marshallplan in Österreich. Graz 1989.

6 Vgl. Günter Bischof – Josef Leidenfrost (Hg.), Die bevormundete Nation. Österreich und die Alliierten 1945–1949. Innsbrucker Forschungen zur Zeitgeschichte, Bd. 4. Innsbruck 1988.

7 Siehe: Ernst Bezemek – Otto Klambauer, Die USIA-Betriebe in Niederösterreich: Geschichte, Organisation, Dokumentation. Studien und Forschungen aus dem Niederösterreichischen Institut für Landeskunde 5. Wien 1983.

8 Gespräch mit Christian Lösch, 30. 8. 2004 Wien.

9 CARE Austria Archiv, Wien, Briefe.

10 Siehe hierzu: Ernst Brückmüller, The Development of Austrian National Identity, in: Kurt Richard Luther – Peter Pulzer (Hg.), Austria 1945–1995. Fifty Years of the Second Republic. Aldershot – Brookfield – Singapore – Sydney 1998, S. 83; David F. Good – Ruth Wodak, From World War to Waldheim. Culture and Politics in Austria and the United States. New York – Oxford 1999; Gerald Stourzh, Vom Reich zur Republik. Studien zum Österreichbewusstsein im 20. Jahrhundert. Wien 1990.

11 Manfried Rauchensteiner, Der Sonderfall. Die Besatzungszeit in Österreich 1945–1955. Graz – Wien – Köln 1979.

12 Vgl. Günter Bischof – Anton Pelinka (Hg.), The Americanization/Westernization of Austria. Contemporary Austrian Studies, Bd. 12. New Brunswick – London 2004.

13 James Jay Carafano, Waltzing into the Cold War. The Struggle for Occupied Austria. College Station, Texas 2002.

Siegfried Beer

Britische Zonenpolitik

Obwohl das Vereinigte Königreich Großbritannien die für Besatzungsaufgaben in Österreich vielleicht am besten vorbereitete Siegermacht war, sah sich die 8. Britische Armee bei ihrem Eintreffen in Südösterreich am 7./8. Mai 1945 vor ein Bündel völlig unerwarteter Probleme gestellt; das bei weitem heikelste war darin zu sehen, dass zugleich mit dem V. Corps der Briten beträchtliche jugoslawische Partisanenverbände und auch bulgarische Truppen in Kärnten einmarschierten und sich sofort anschickten, eigene Besatzungstätigkeiten zu entwickeln.[1] Zudem strömten tausende „Volksdeutsche", Slowenen und Kroaten ins Land, die vor den Partisanen flüchteten. Dazu kamen nach britischen Schätzungen noch ungefähr 250.000 Soldaten unterschiedlichster Nationalität (von den Briten unter dem Titel Surrendered Enemy Personnel, S. E. P. geführt), darunter kosakische und ungarische Einheiten, ganz zu schweigen von den etwa 80.000 Displaced Persons verschiedenster Herkunft. Es herrschte also nicht nur das wohl erwartete Chaos, sondern auch höchste Sicherheitsalarmstufe. Dies vor allem wegen der Tito-Truppen, die – wie der britische Politoffizier Jack Nicholls zugeben musste – „are looting and requisitioning on the grand scale right under our noses".[2] Es sollte noch Tage und Wochen dauern, ehe die Briten diese explosive Situation mit Wirkung vom 21. Mai, 19 Uhr durch einen Kompromiss: Abzug aus Kärnten gegen Repatriierung aller Jugoslawen, welche auf Seite Hitlerdeutschlands gekämpft hatten, unter Kontrolle bringen konnten. Schließlich musste es noch zwei Monate dauern, ehe die Briten am 23./24. Juli endlich auch den Großteil der Steiermark als zu ihrer Besatzungszone gehörig von den Sowjets übernehmen konnten. Bei Kriegsende hatten sie lediglich die weststeirischen Orte Judenburg, Murau und Köflach erreichen können.[3]

Schon in Kärnten, aber insbesondere in der Steiermark nach zehnwöchiger Besatzung durch die Rote Armee, fanden sie Verhältnisse vor, die einen völligen Neubeginn von Politik und Verwaltung, wie er in den Planungen vorgesehen war, unmöglich machten. Dennoch konnten schlussendlich nur von der Besatzungsmacht bestätigte österreichische Stellen und Funktionäre tätig werden, denn der Anspruch der militärischen Besetzer lautete anfangs auf totale Kontrolle von Politik, Verwaltung, Wirtschaft, Kultur und Gesellschaft. Der am 5. Juni von den Briten anerkannte Konsultative Landesausschuss in Kärnten durfte zunächst nur mit Bitten und Vorschlägen an den Senior Military Government Officer (SMGO), also den höchsten Militärregierungsoffizier herantreten. Die Landesverwaltung in Klagenfurt wurde zunächst nur über britische Anweisungen an den Landesamtsdirektor geführt. Erst nach Übernahme der Steiermark wurden die provisorischen Landesregierungen beider Bundesländer von der britischen Besatzungsmacht offiziell anerkannt.[4] Von da an bis zum Wirksamwerden des Zweiten Kontrollabkommens der Alliierten vom 28. Juni 1946 sollten die Briten eine bisweilen sogar harte, jedenfalls umfassende und konsequente Kontrolle des gesamten öffentlichen Lebens in ihrer Zone ausüben. Dies wurde den KärntnerInnen und SteirerInnen insbesondere in den Bereichen Bildung, Sicherheit, Justiz, Wirtschaft, Gesundheit und Kommunikation sehr eindringlich vorgeführt.

Eine grobe Periodisierung und zugleich Charakterisierung der britischen Besatzungspolitik in Österreich, die insbesondere den Blickwinkel der schrittweisen Wiederherstellung österreichischer Selbstverwaltung und stetig zunehmender Selbstbestimmung beachtet, gliedert sich in fünf Phasen.

Die Phase der Österreich-Planungen (1943–1945)

Bereits 1943 war in London begonnen worden, über das zukünftige Österreichproblem ganzheitlich nachzudenken, vorerst einmal im Sinne einer Motivierung der ÖsterreicherInnen zum inneren Widerstand gegen Hitler. Aus diesen Überlegungen sollte unter maßgeblicher Beteiligung des britischen Foreign Office einerseits am 1. Dezember 1943 die Moskauer Österreich-Deklaration zustande kommen und andererseits im Rahmen

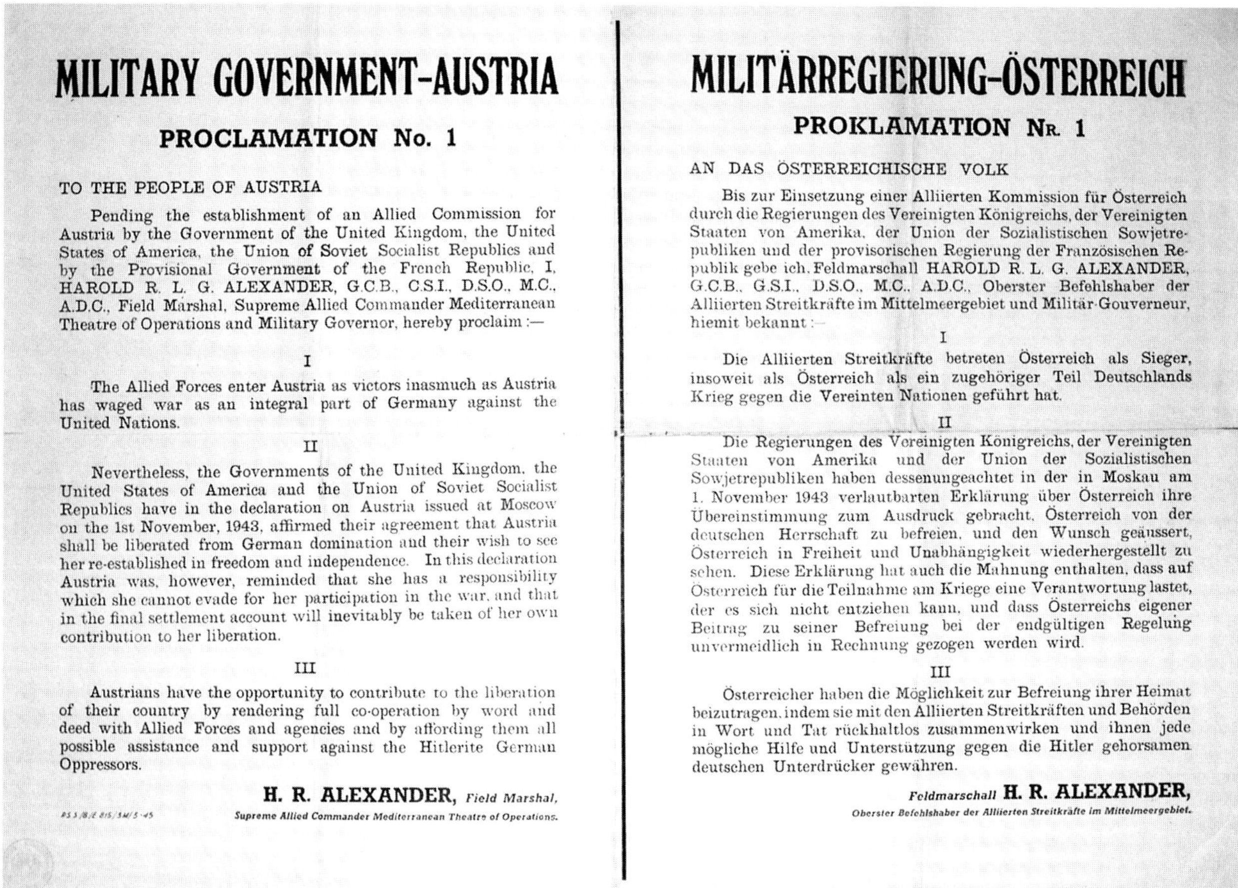

MILITARY GOVERNMENT-AUSTRIA

PROCLAMATION No. 1

TO THE PEOPLE OF AUSTRIA

Pending the establishment of an Allied Commission for Austria by the Government of the United Kingdom, the United States of America, the Union of Soviet Socialist Republics and by the Provisional Government of the French Republic, I, HAROLD R. L. G. ALEXANDER, G.C.B., C.S.I., D.S.O., M.C., A.D.C., Field Marshal, Supreme Allied Commander Mediterranean Theatre of Operations and Military Governor, hereby proclaim :—

I

The Allied Forces enter Austria as victors inasmuch as Austria has waged war as an integral part of Germany against the United Nations.

II

Nevertheless, the Governments of the United Kingdom, the United States of America and the Union of Soviet Socialist Republics have in the declaration on Austria issued at Moscow on the 1st November, 1943, affirmed their agreement that Austria shall be liberated from German domination and their wish to see her re-established in freedom and independence. In this declaration Austria was, however, reminded that she has a responsibility which she cannot evade for her participation in the war, and that in the final settlement account will inevitably be taken of her own contribution to her liberation.

III

Austrians have the opportunity to contribute to the liberation of their country by rendering full co-operation by word and deed with Allied Forces and agencies and by affording them all possible assistance and support against the Hitlerite German Oppressors.

H. R. ALEXANDER, *Field Marshal,*
Supreme Allied Commander Mediterranean Theatre of Operations.

MILITÄRREGIERUNG-ÖSTERREICH

PROKLAMATION Nr. 1

AN DAS ÖSTERREICHISCHE VOLK

Bis zur Einsetzung einer Alliierten Kommission für Österreich durch die Regierungen des Vereinigten Königreichs, der Vereinigten Staaten von Amerika, der Union der Sozialistischen Sowjetrepubliken und der provisorischen Regierung der Französischen Republik gebe ich, Feldmarschall HAROLD R. L. G. ALEXANDER, G.C.B., G.S.I., D.S.O., M.C., A.D.C., Oberster Befehlshaber der Alliierten Streitkräfte im Mittelmeergebiet und Militär-Gouverneur, hiemit bekannt :—

I

Die Alliierten Streitkräfte betreten Österreich als Sieger, insoweit als Österreich als ein zugehöriger Teil Deutschlands Krieg gegen die Vereinten Nationen geführt hat.

II

Die Regierungen des Vereinigten Königreichs, der Vereinigten Staaten von Amerika und der Union der Sozialistischen Sowjetrepubliken haben dessenungeachtet in der in Moskau am 1. November 1943 verlautbarten Erklärung über Österreich ihre Übereinstimmung zum Ausdruck gebracht, Österreich von der deutschen Herrschaft zu befreien, und den Wunsch geäussert, Österreich in Freiheit und Unabhängigkeit wiederhergestellt zu sehen. Diese Erklärung hat auch die Mahnung enthalten, dass auf Österreich für die Teilnahme am Kriege eine Verantwortung lastet, der es sich nicht entziehen kann, und dass Österreichs eigener Beitrag zu seiner Befreiung bei der endgültigen Regelung unvermeidlich in Rechnung gezogen werden wird.

III

Österreicher haben die Möglichkeit zur Befreiung ihrer Heimat beizutragen, indem sie mit den Alliierten Streitkräften und Behörden in Wort und Tat rückhaltlos zusammenwirken und ihnen jede mögliche Hilfe und Unterstützung gegen die Hitler gehorsamen deutschen Unterdrücker gewähren.

Feldmarschall **H. R. ALEXANDER,**
Oberster Befehlshaber der Alliierten Streitkräfte im Mittelmeergebiet.

Proklamation des britischen Feldmarschalls Harold R. Alexander, Mai 1945.
Quelle: KLA/Klagenfurt.

der in London tagenden Europäischen Beratungskommission die beiden grundlegenden Abkommen über Zonenkontrolle (Erstes Kontrollabkommen) und Zonenaufteilung vom 4. bzw. 9. Juli 1945. Darüber hinaus befassten sich anglo-amerikanische Planungsstäbe ab Frühjahr 1944 auch mit konkreten Reformkonzepten für Österreich, die sich an der größtmöglichen Kontinuität mit dem republikanischen Österreich der Jahre 1918 bis 1933 orientierten und jedenfalls eine harte Besatzungspolitik vorsahen.

Die Phase des Neuanfangs und direkter Kontrolle (Mai bis Oktober/November 1945)

Der Niederringung des NS-Regimes folgte zuerst in Kärnten und ab 23./24. Juli auch im Großteil der Steiermark die rasche Etablierung militärisch abgesicherter Ordnung und die Errichtung einer politisch-administrativen Kontrolle vorerst durch militärdiktatorische Maßnahmen, jedoch bald durch eine britische Militärregierung Land Kärnten bzw. Land Steiermark, die dem Britischen Element der Alliierten Kommission in Wien unterstand. Da die westalliierten Mächte die Regierung Renner de jure erst ab Oktober 1945, de facto überhaupt erst ab Jänner 1946 anerkannten, mussten die britischen Militärregierungen in Kärnten und in der Steiermark über eigene Verordnungen und Erlässe regieren. Steirische Politfunktionäre und Beamte übten daher eine reine Auftragsverwaltung aus. In dieser bevormundenden Kontrollphase, welche durch die herbstlichen Länderkonferenzen etwas aufgeweicht wurde, ging es den Briten in erster Linie um die Wiederherstellung von Recht und Ordnung, wofür durchaus britische Vorbilder für Demokratie und Verwaltung herangezogen wurden, ohne dass deshalb ein Systemwechsel in wichtigen staatlichen Bereichen wie Bildung, Justiz und Wirtschaft angestrebt worden wäre.[5]

Die Phase der Demokratisierung und Konsolidierung (November 1945 bis Juni 1946)

Die seit 1930 ersten freien Wahlen zum Nationalrat vom 25. November 1945, deren Ergebnisse zugleich für die Beschickung der Landtage herangezogen wurden, brachten eine deutliche Zäsur im Denken der Besatzer, wodurch eine erste Aufweichung der militärdiktatorischen Grundhaltung der britischen Besatzungsmacht insgesamt feststellbar wurde. Ab Jänner 1946 galten nunmehr auch in der britischen Zone die Gesetze der Provisorischen Regierung Renner, und die Reformgesetzgebung der Regierung Figl I sowie der demokratisch gewählten Landtage konnte voll greifen. Damit war zwar nicht die oberste Kontrolle durch den Alliierten Rat aufgehoben, jedoch wurde der politische Spielraum der österreichischen Allparteienregierung in Wien und damit auch die Verwaltung im Bund und in den Ländern deutlich erweitert. Bald nach den Novemberwahlen fanden auf Initiative der Briten erste Gespräche der Alliierten über die Schaffung eines neuen Kontrollinstruments statt, die schließlich am 28. Juni 1946 im Zweiten Kontrollabkommen mündeten, durch welches die direkten Einspruchsrechte der Besatzungsmächte neu definiert wurden, wodurch in der politischen Realität die Souveränität Österreichs deutlich erweitert wurde.

Die Phase weitgehender Selbstverwaltung und Emanzipierung (Juli 1946 bis 1948/49)

Mit dem Inkrafttreten des Zweiten Kontrollabkommens wurde das Military Government der Länder Kärnten und Steiermark in eine Civil Affairs-Struktur umgewandelt, womit einerseits eine Demilitarisierung der Besatzungsorgane und andererseits eine wesentliche Besatzungserleichterung vom Status einer längst aufgeweichten Militärregierungskontrolle zu einer „freundlichen Supervision" durch eine in Zahl und Funktion

Britische Militärmusik in Wien.
Quelle: Karl Benesch/Wien.

deutlich abgeschlankte Besatzungsmacht angestrebt wurde. Damit erhielten auch die Landesregierungen in ihrem Wirkungsbereich fast alle Kompetenzen zurück. In der Folge wurden schon ab Anfang 1947 und auch weiterhin kontinuierlich praktisch alle Abteilungen der ehemaligen Militärregierung und auch die militärischen Formationen der British Troops Austria (BTA) personell zum Teil drastisch abgebaut. Es sollte ab 1948 nur mehr äußerst selten vorkommen, dass britische Funktionäre der dann auf Zivile Verbindungsstelle (Civil Liaison) umbenannten Zonenverwaltung österreichische Verfahren oder Entscheidungen beeinspruchten.

Die Phase symbolischer britischer „Besatzungspräsenz" (1950 bis 1955)

Im April 1950 sah sich die britische Regierung veranlasst, das britische Element der Alliierten Kommission in den Apparat der britischen Gesandtschaft in Wien zu integrieren. Zu diesem Zeitpunkt – es war kurz vor dem Ausbruch des Koreakrieges – hatte London in Österreich ganze drei kampfbereite Bataillone stationiert, von bestenfalls 2.500 Mann Stärke. Mitte 1950 dürfte der Personalstand der britischen „Besatzungsmacht" in der Steiermark beispielsweise schon auf unter 750 Mann gefallen sein. Im Sommer 1953 fiel in London die Entscheidung, diese ohnedies nur mehr bescheidene Militärpräsenz erneut drastisch zu reduzieren, und zwar von

„Liebenauer Prozess“ gegen vier ehemalige, des Mordes an ungarischen Juden angeklagte Mitglieder des Lagerpersonals im „Ausländerlager“ Graz/Liebenau. Der am 8. September 1947 beginnende Prozess wurde vor einem Oberen Britischen Militärgericht geführt.
Quelle: Joanneum/Bild- und Tonarchiv/Graz.

drei kampfbereiten auf ein einziges Bataillon. Im Zuge dieser Truppen- und Personalreduktion sollte Graz die erste österreichische Landeshauptstadt werden, die noch vor Abschluss des Staatsvertrages von Kampftruppen gänzlich frei wurde. Damit war Großbritannien, militärstrategisch und sicherheitspolitisch betrachtet, freiwillig auf die Position einer „Alibi“-Besatzungsmacht zurückgefallen. Das innenpolitische Besatzungsbiedermeier war ohnedies schon seit 1950 ausgebrochen.

Man kann daher eigentlich nur für die Jahre 1945 bis 1948 von einem besatzungsmäßigen Einwirken auf Politik, Wirtschaft und Verwaltung in Österreich durch die Briten sprechen. Es kann hier exemplarisch nur auf eines der wesentlichen Besatzungsanliegen der Briten näher eingegangen werden, nämlich auf das zentrale Kontrollinstrument der Entnazifizierung der österreichischen Gesellschaft nach mit den Amerikanern akkordierten Kriterien. Die Briten haben die Entnazifizierung bis Februar 1946 mit nur marginaler Beteiligung österreichischer Beratungskomitees konsequent durchgezogen. Doch die Ausmerzung nazistischer Gesinnung und totalitären Einflusses blieb ihnen auch nach Abgabe der Entnazifizierunsagenden an österreichische Behörden ein zentrales Anliegen, das über Personenkontrolle, Brief- und Telefonzensur sowie Kontrolle der Medien den Alltag praktisch jedes Zonenbewohners tangierte.

Wie aufwendig und gründlich die Briten dabei vorgingen, wird in einer Mitte 1946 beim Britischen Element der Alliierten Kommission verfassten Statistik über eigene Entnazifizierungsmaßnahmen in der Zone bzw. in den Wiener Sektoren im ersten Besatzungsjahr klar. Es wurden folgende aufgerundete Zahlen angeführt:[6]

Ausgeführte Verhaftungen:
insgesamt: 7.500
davon in der Steiermark und in Kärnten: 7.200
davon in Wien: 300

Britische Internierungen zum Stichtag 30. Juni 1946:
insgesamt: 6.850
davon wurden 3.500 als weniger schuldig und gefährlich
2.900 als mittlere Kategorien und
450 als hochgradige Sicherheitsverhaftungen charakterisiert,
davon 120 Kriegsverbrecher

Entlassungen unter britischen Direktiven:
Bezogen auf die österreichische und britische Verwaltung wurden insgesamt 75.000 Fragebögen untersucht
davon 65.000 in Kärnten und in der Steiermark
10.000 in Wien
5.000 Entlassungen bzw. Arbeitsverbote wurden veranlasst

Bekanntlich hat sich das zentrale Internierungslager der Briten im kärntnerischen Wolfsberg befunden; Ausweichlager wurden darüber hinaus auch in Federaun, in Ebenthal und Weissenstein in Kärnten sowie im Grazer Bezirk Wetzelsdorf eingerichtet. Wolfsberg wurde erst 1948 den österreichischen Behörden übergeben. Über Zweck und Sinnhaftigkeit administrativer Entnazifizierungsverfahren sowie über die Abwicklung von Internierungen hat es spätestens seit Anfang 1946 auch innerhalb des britischen Besatzungsregimes heftige Kontroversen und ausgeprägte Meinungsunterschiede gegeben, die jedoch den betroffenen österreichischen ZeitgenossInnen kaum bewusst werden konnten.[7]

Anmerkungen

1 Zur Situation in Kärnten bei Kriegsende und in den ersten Besatzungsjahren vgl. Wilhelm Wadl, Das Jahr 1945 in Kärnten. Ein Überblick. Klagenfurt 1985; August Walzl, Kärnten 1945. Klagenfurt 1985; Gabriela Stieber, Die Briten als Besatzungsmacht, in: Helmut Rumpler – Ulfried Burz (Hg.), Kärnten. Von der deutschen Grenzmark zum österreichischen Bundesland. Geschichte der österreichischen Bundesländer seit 1945, Bd. 6/2. Wien 1998, S. 107–136.

2 TNA, PRO, FO 1020/1021 – Nicholls to Brig. Hughes, 19 May 1945.

3 Vgl. u.a.: Siegfried Beer, Judenburg 1945 – im Spiegel britischer Besatzungsakten. Judenburger Museumsschriften X. Judenburg 1990.

4 Zur Steiermark im Jahre 1945 und in der frühen Besatzungszeit vgl. u.a.: Stefan Karner, Die Steiermark im Dritten Reich. 3. Aufl. Graz 1994, Kap. 11; Alfred Ableitinger, Politik in der Steiermark, in: Alfred Ableitinger – Dieter A. Binder (Hg.), Steiermark. Die Überwindung der Peripherie. Geschichte der österreichischen Bundesländer seit 1945, Bd. 6/7. Wien 2002, S. 21–83.

5 Vgl. dazu: Siegfried Beer (Hg.), Die „britische" Steiermark 1945–1955. Graz 1995.

6 TNA, PRO, FO 945/786 – „Denazification" in Austria, July 1946.

7 Vgl. dazu: Siegfried Beer, Die britische Entnazifizierung in Österreich 1945–1948, in: Walter Schuster – Wolfgang Weber (Hg.), Entnazifizierung im regionalen Vergleich. Linz 2004, S. 399–427.

Thomas Angerer

Frankreich, die alliierte Besatzung Österreichs und die Staatsvertragsverhandlungen

Frankreich verfolgte in Österreich zwei Grundanliegen: Sicherheit und Einfluss. Sicherheit – das bedeutete für Frankreich auch in Österreich zunächst einmal Sicherheit vor Deutschland. Deutschland dürfe mit Österreich nie mehr einen Block bilden können, weder politisch, noch militärisch, noch wirtschaftlich. Der „Anschluss" lag auf dem Weg zu den „schwarzen Jahren" 1940–44. Das Trauma, das sie hinterließen, verstärkte in Frankreich noch einmal die traditionelle, schon auf die späte Habsburgermonarchie zurückgehende Empfindlichkeit gegenüber deutsch-österreichischen Nahverhältnissen jeglicher Art. Österreich sollte von Deutschland jetzt vollkommen getrennt werden, und zwar nicht nur staatlich, sondern auch wirtschaftlich und mental. Im Gegenzug müssten die Alliierten seine wirtschaftliche Lebensfähigkeit und seinen Willen zur Unabhängigkeit stärken.[1]

Rasch kam eine weitere Sorge dazu: die Sicherheit vor der Sowjetunion. Für Frankreich war der „Kalte Krieg" gefährlicher als für die anderen beiden Westmächte, denn es lag der Sowjetunion am Nächsten. Außerdem erlebte ihn Frankreich auch als „Kalten Bürgerkrieg". Die Kommunisten waren die stärkste politische Kraft und bis Mai 1947 mit an der Regierung. Daher nahm Frankreich nur sehr zögernd und zunächst nur unterschwellig Partei gegen die Sowjetunion. Auch in Österreich versuchte es immer wieder zu vermitteln. Nichtsdestoweniger fand es sich dort mangels vergleichbarer anderer Konflikte schon früher auf Seiten der Angloamerikaner als in Deutschland.[2]

Genauso wie in Deutschland wechselte Frankreich in Österreich allerdings nicht einfach den Gegner. Auch hier löste die sowjetische Gefahr die deutsche in französischen Augen nicht ab, sondern überlagerte sie nur und verband sich sogar bald mit ihr. Sollte die Sowjetunion in Österreich nämlich so vorgehen wie in Deutschland und es zu einer Teilung des Landes kommen, konnte sich das westliche Restösterreich nur Westdeutschland zuwenden und dort wieder seine Schwerindustrie, seine Wasserkraft, sein Forschungs- und Bevölkerungspotential einbringen. Daher fürchtete Frankreich immer alles, was die Sowjetunion provozieren könnte und bremste in Österreich auf westlicher Seite etwa sowohl bei der geheimen Aufrüstung als auch bei Propagandamanövern bei den Staatsvertragsverhandlungen. Abgesehen davon steigerte der „Kalte Krieg" Österreichs wirtschaftliche Abhängigkeit von (West)Deutschland in einem Ausmaß, das in Frankreich schon Anfang der Fünfzigerjahre die Alarmglocken läuten ließ. So erneuerte der „Kalte Krieg" aus französischer Sicht die Anschlussgefahr. Wohlgemerkt war und blieb der Anschlussbegriff in Frankreich nicht auf einen staatlichen Zusammenschluss beschränkt, sondern umfasste jegliche Blockbildung oder enge Anlehnung, insbesondere auch eine wirtschaftliche.[3]

Schließlich blockierte der „Kalte Krieg" die Verhandlungen über den österreichischen „Friedensvertrag", wie der Staatsvertrag auch in Frankreich während der ersten Jahre der Besatzung noch genannt wurde. An diesem Vertrag war Frankreich zwar nicht um jeden Preis und zu jeder Zeit, doch insgesamt wohl am Stärksten unter den vier Alliierten interessiert. Zwischendurch fürchtete zwar auch Frankreich ein strategisches Loch bei einem Abzug der westlichen Truppen, bei einer Neutralitätslösung vorübergehend auch einen Präzedenzfall für Deutschland. Grundsätzlich sah Frankreich in einem Vertragsabschluss, der die sowjetischen Truppen aus dem Land und dieses dann in keine ungebührliche Abhängigkeit von der Sowjetunion brachte, jedoch einen doppelten Gewinn: Zum einen stärkte er die österreichische Unabhängigkeit, während die anhaltende Besatzung der Wirtschaft wie dem Selbstwertgefühl und damit auch der Eigenständigkeit Österreichs gegenüber Deutschland schadete. Zum anderen entlastete der Vertrag das Ost-West-Verhältnis, was für Frankreich unter äußeren wie inneren Gesichtspunkten von Vorteil war und sowohl im Herbst 1954 als auch im Frühling 1955 zu fran-

Französische Soldaten bei der Abschiedsparade am Stalinplatz (Schwarzenberg-Platz) in Wien, 22. Oktober 1955.
Quelle: Otto Pammer/Wien.

zösischen Initiativen führte, die sich von der anglo-amerikanischen Haltung abhoben und konstruktive Signale setzten.

Neben Sicherheit ging es Frankreich in Österreich auch um Einfluss. Dies zunächst aus Prestigegründen: Frankreich kämpfte auch hier um die Gleichrangigkeit mit den „Großen Drei", und hatte nur deshalb schließlich auch eine eigene Besatzungszone für sich beansprucht. Darüber hinaus sah es in Österreich eine Möglichkeit, etwas von seinem verlorenen Einfluss in Zentraleuropa wiederherzustellen, nicht zuletzt weil Ostmitteleuropa bald ganz unter sowjetischem Einfluss stand.

An besonderen Besorgnissen und ehrgeizigen Zielen fehlte es also nicht; sehr wohl aber an auch nur annähernd angemessenen Mitteln. In der Tat brachte de Gaulles „Politik der Größe" Frankreich in Österreich zumindest in der ersten Zeit fast nur Probleme, auch und gerade für das eigene Prestige. Frankreich war mit Abstand die schwächste Besatzungsmacht und materiell wie personell weitgehend überfordert.[4] Die französische Armee musste anfänglich auf Kolonialtruppen und amerikanische Uniformen zurückgreifen und konnte sich nicht einmal selbst ausreichend mit Nahrungsmitteln versorgen, geschweige denn die Bevölkerung, für die sie die Verantwor-

Französische Besatzungssoldaten in Bregenz.
Quelle: Archiv der Landeshauptstadt Bregenz.

tung übernahm. Die Anfänge der Besatzung in Vorarlberg waren chaotisch. Tirol (ohne Osttirol) und den französischen Sektor in Wien (den 6., 14., 15. und 16. Bezirk) konnten die Franzosen im Juli bzw. September 1945 von den Amerikanern bzw. Russen schon unter etwas geordneteren Verhältnissen übernehmen. Nichtsdestoweniger fielen die Franzosen auch in Wien durch besonders rigorose Beschlagnahmungen auf und galten mitunter als „parfümierte Russen". Obwohl die französischen Verantwortlichen ihr Bestes taten, um die Ernährungssituation und damit auch ihren Ruf zu bessern, konnte ihnen nur amerikanische Hilfe aus der Patsche helfen, denn die französische Zone hatte die ärmste Landwirtschaft und Frankreich selbst kaum genug zu essen.[5]

Kaum hatte sich die Lage halbwegs stabilisiert, verschoben sich in Paris die Prioritäten. Das französische Parlament weigerte sich, de Gaulles „Politik der Größe" länger mitzutragen, setzte weniger auf Prestige und militärisches Gegengewicht zur Sowjetunion als auf wirtschaftliche Modernisierung und strich das Verteidigungsbudget zusammen. Noch 1946 bekam auch Österreich de Gaulles Verabschiedung zu spüren: die französische Truppenstärke wurde ein weiteres Mal halbiert und sank auf etwa 7.000 Mann, ein Siebentel der amerikanischen bzw. britischen und fast ein Fünfunddreißigstel der sowjetischen.[6] Von den „Großen Drei" ohnehin nicht ganz ernst genommen, fühlte sich die französische Besatzung bald auch von der Heimat im Stich gelassen. Nachdem sich im Herbst 1953 schließlich auch Frankreich gezwungen sah, auf die Einhebung von Besatzungskosten zu verzichten, verschwand die französische Besatzung geradezu fluchtartig und fast völlig von der Bildfläche, noch lange vor dem offiziellen Abzug.[7]

„Positive Gesten", wie sie sich Frankreich während der Friedensplanung im Krieg in Österreich vorgenommen hatte, um in der Bevölkerung den Unabhängigkeitswillen zu stärken[8], fielen unter solchen Umständen schwer. In der Lebensmittelversorgung, wo sie angesichts der Ernährungskrise in der ersten Zeit die größte Wirkung gehabt hätten, konnte die Besatzung großteils nur fremde Hilfe organisieren. Auch auf Reparationen konnte Frankreich im Anbetracht der eigenen Besatzungs- und Kriegsschäden nicht so einfach verzichten wie die Angloamerikaner.[9] Neben den materiellen Schwierigkeiten gab es aber auch psychologische und politische.

Wenn die französischen Befehlshaber beim Einmarsch in Vorarlberg an der Grenze die vielzitierte Tafel „Hier Österreich, ein Freundesland" („Ici l'Autriche, pays ami") anbrachten, so galt diese zunächst einmal zur Orientierung der eigenen Truppen.[10] In Wehrmachtsuniformen waren die Österreicher von den Deutschen während des Kriegs nämlich schwer von einander zu unterscheiden gewesen. Im Gegensatz zu Amerikanern und Briten maschierten die Franzosen erklärtermaßen als „Befreier" ein und hatten kein Fraternisierungsverbot, doch der Großteil der französischen Besatzungsmitglieder, so die Klage der obersten französischen Verantwortlichen in Österreich, General Béthouart und Generaladministrator Voizard, war noch ein Jahr später kaum davon zu überzeugen, dass sie die Bevölkerung in Österreich besser behandeln sollten als in Deutschland.[11] In Paris zeigte sich bei den ersten Arbeiten am „Friedensvertrag" ein ähnliches Misstrauen.[12] Umgekehrt schlug den Franzosen von den Österreichern zunächst eine beträchtliche Feindseligkeit entgegen.[13]

Zu den psychologischen Hindernissen kamen politische. So hatte Frankreich ursprünglich vor, Österreich Südtirol zuzusprechen und sah darin eine der wichtigsten „positiven Gesten", die die Alliierten setzen konnten. Schon im August 1945 ließ man diesen Plan zum Entsetzen der Tiroler wie der örtlichen Besatzungsverwaltung aber wieder fallen, weil Frankreich damit isoliert, Italien wichtiger und Österreichs Zukunft im „Kalten Krieg" unsicher geworden war.[14] Viel versprach sich Frankreich auch von einer raschen Lockerung der Kontrolle und möglichst baldigen Aufhebung der Besatzung. Hier durchkreuzte der „Kalte Krieg" die meisten französischen Pläne und brachte zeitweise sogar die eigene Haltung ins Wanken.[15] Mitunter bekam Frankreich sogar den Schwarzen Peter zugeschoben, wie etwa im Herbst 1949, als es beschuldigt wurde, eine Chance zum Abschluss des Staatsvertrags verdor-

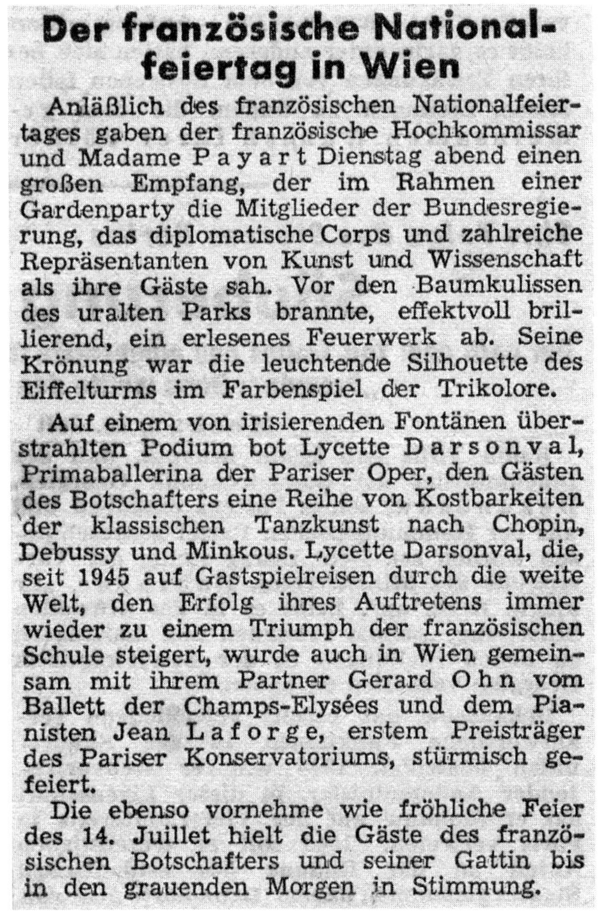

Der französische Nationalfeiertag in Wien

Anläßlich des französischen Nationalfeiertages gaben der französische Hochkommissar und Madame Payart Dienstag abend einen großen Empfang, der im Rahmen einer Gardenparty die Mitglieder der Bundesregierung, das diplomatische Corps und zahlreiche Repräsentanten von Kunst und Wissenschaft als ihre Gäste sah. Vor den Baumkulissen des uralten Parks brannte, effektvoll brillierend, ein erlesenes Feuerwerk ab. Seine Krönung war die leuchtende Silhouette des Eiffelturms im Farbenspiel der Trikolore.

Auf einem von irisierenden Fontänen überstrahlten Podium bot Lycette Darsonval, Primaballerina der Pariser Oper, den Gästen des Botschafters eine Reihe von Kostbarkeiten der klassischen Tanzkunst nach Chopin, Debussy und Minkous. Lycette Darsonval, die, seit 1945 auf Gastspielreisen durch die weite Welt, den Erfolg ihres Auftretens immer wieder zu einem Triumph der französischen Schule steigert, wurde auch in Wien gemeinsam mit ihrem Partner Gerard Ohn vom Ballett der Champs-Elysées und dem Pianisten Jean Laforge, erstem Preisträger des Pariser Konservatoriums, stürmisch gefeiert.

Die ebenso vornehme wie fröhliche Feier des 14. Juillet hielt die Gäste des französischen Botschafters und seiner Gattin bis in den grauenden Morgen in Stimmung.

Zeitungsausschnitt zur Feier des französischen Nationalfeiertages (14. Juli) in Wien, 1952.
Quelle: Alfred Pokorny/Wien.

ben zu haben.[16] Für das französische Image in Österreich waren solche Dinge verheerend.
So dauerte es Jahre, bis sich das Klima besserte. „Positive Gesten“ auf symbolischen Gebieten trugen dazu maßgeblich bei, sobald die Menschen wieder genug zu essen hatten. Die französische Besatzung förderte gezielt die Wiederbelebung lokaler Traditionen. Insbesondere in Tirol eroberte General Béthouart damit die Herzen der Bevölkerung. Dahinter stand, worauf es Frankreich in Österreich am meisten ankam, nämlich alles zu tun, um in der Bevölkerung den Sinn für die eigene Identität zu fördern und auf lange Sicht auch ein österreichisches Nationalbewusstsein zu schaffen. In diese Richtung stieß die Besatzungsmacht auch mit einer ausserordentlich aktiven, großteils aus den österreichischen Besatzungsgeldern finanzierten Kultur- und Jugendpolitik. Die Franzosen waren zwar mit leeren Händen gekommen, doch hatten sie dafür – salopp gesprochen – viel im Kopf. In diesem Punkt deckte sich der eigene Anspruch auch mit den Erwartungen der Eliten vor Ort. In der Hochkultur fungierte Frankreich im Österreich der Nachkriegsjahre als erstes Modernisierungsmodell, auch wenn es in der Popularkultur und im Kampf gegen den Vorrang des Englischen im Bildungswesen keine Chance hatte.[17]
Unterdessen wirkte sich eine weitere Wende der Pariser Politik aus. Frankreich setzte auf eine engere europäische Einigung, als sie unter den Marshallplanstaaten und den Mitgliedern des Europarats – darunter von Anfang an bzw. bald auch Österreich – möglich war, und wandte sich der Bundesrepublik Deutschland zu, um mit ihr als Hauptpartner supranationale Integration im kleineren Kreis zu betreiben und daneben auch bilateral bald eng zusammenzuarbeiten. Noch während der Besatzungszeit bekam Österreich bei seinen Bemühungen um einen besseren Zugang zum Gemeinsamen Markt für Kohle und Stahl zu spüren, dass Frankreich als Erster der Sechs zum Teil andere Interessen hatte denn als Vierter der Vier in Österreich, nicht zuletzt aber auch eine Art Anschluss durch Integration fürchtete.[18]
So war Frankreich nicht nur die einzige Besatzungsmacht, die mit einem Programm der Freundschaftspolitik nach Österreich gekommen war, sondern auch die einzige, die es als Mitglied einer Europäischen Gemeinschaft verließ. Obwohl ihm zur Umsetzung seiner Freundschaftspolitik weitgehend die Möglichkeiten fehlten, hinterließ es mit den Kulturinstituten in Innsbruck und Wien, und in Wien auch mit einem französischen Gymnasium eine Infrastruktur, die Frankreichs Einfluss in Österreich ungleich besser und dauerhafter wiederherstellte, als es ohne Besatzung möglich gewesen wäre. Gegenüber den Jahrzehnten vor der Besatzungszeit hat sich das französisch-österreichische Verhältnis deutlich verbessert, auch wenn Frankreichs Beiträge zur Identitätsbildung und Wahrung der Einheit des Landes einer breiteren Öffentlichkeit verborgen geblieben sind. Nichtsdestoweniger gingen die Wege in Europa noch während der Besatzung für Jahrzehnte spürbar auseinander.

Anmerkungen

1 Thomas Angerer, Der ‚bevormundete Vormund‘. Die französische Besatzungsmacht in Österreich, in: Alfred Ableitinger – Siegfried Beer – Eduard G. Staudinger (Hg.), Österreich unter alliierter Besatzung 1945–1955. Studien zu Politik und Verwaltung, Bd. 63. Wien – Köln – Graz 1998 (= Angerer, Vormund), S. 173–185.

2 Thomas Angerer, Frankreich und die Österreichfrage 1945–1955. Grundlagen und Leitlinien. Phil. Diss. Wien 1996 (= Angerer, Frankreich), S. 128–137.

3 Hierzu und zum folgenden: Thomas Angerer, Besatzung, Entfernung... Integration? Grundlagen der politischen Beziehungen zwischen Frankreich und Österreich seit 1938/45, in: Friedrich Koja – Otto Pfersmann (Hg.), Frankreich – Österreich. Wechselseitige Wahrnehmung und wechselseitiger Einfluß seit 1918. Studien zu Politik und Verwaltung, Bd. 58. Wien – Köln – Graz 1994 (= Angerer, Besatzung), S. 191–195.

4 Angerer, Vormund, S. 189–196.

5 Klaus Eisterer, Französische Besatzungspolitik. Tirol und Vorarlberg 1945/46. Innsbrucker Forschungen zur Zeitgeschichte, Bd. 9. Innsbruck 1991, S. 31–75; Stefan Vogel, Frankreich und die Alliierte Besatzung in Wien von 1945 bis 1955, DA Wien 1997, S. 128–161.

6 Zahlen zu diesem Absatz bei Margit Sandner, Die französisch-österreichischen Beziehungen während der Besatzungszeit von 1947 bis 1955. Dissertationen der Universität Wien, Bd. 162. 2. Aufl. Wien 1985, S. 20–31 u. 280; Klaus Eisterer, Frankreich und das Zweite Kontrollabkommen vom 28. Juni 1946, in: Günter Bischof – Josef Leidenfrost (Hg.), Die bevormundete Nation. Österreich und die Alliierten 1945–1949. Innsbrucker Forschungen zur Zeitgeschichte, Bd. 4. Innsbruck 1988 (= Eisterer, Kontrollabkommen), S. 189 (mit Anm.).

7 Angerer, Frankreich , S. 184–191.

8 Siehe dazu den diesbezüglichen Beitrag des Autors in diesem Band.

9 Mit weiteren Literaturverweisen: Angerer, Frankreich, S. 222–224.

10 Vgl. Thomas Angerer, Französische Freundschaftspolitik in Österreich nach 1945. Gründe, Grenzen und Gemeinsamkeiten mit Frankreichs Deutschlandpolitik, in: Manfried Rauchensteiner – Robert Kriechbaumer (Hg.), Die Gunst des Augenblicks. Neuere Forschungen zu Staatsvertrag und Neutralität. Wien – Köln – Weimar 2005. In Druck.

11 Klaus Eisterer, Die Stimmung in der französischen Besatzungszone in Österreich im ersten Nachkriegsjahr (1945/46), in: Klaus Eisterer (Hg.), Tirol zwischen Diktatur und Demokratie (1930–1950). Beiträge für Rolf Steininger zum 60. Geburtstag. Innsbruck 2002 (= Eisterer, Stimmung), S. 149.

12 Angerer, Frankreich, S. 159.

13 Eisterer, Stimmung, S. 134–136.

14 Klaus Eisterer, Die Südtirolfrage 1945/46 und die Besatzungsmacht in Tirol, in: Zeitgeschichte, Jg. 19, H. 9/10, Wien – Salzburg 1992, S. 225–228.

15 Vgl. dazu: Eisterer, Kontrollabkommen.

16 Angerer, Frankreich, S. 299–343.

17 Ebd., S. 193–196 u. 202–204; Thomas Angerer – Jacques Le Rider (Hg.), „Ein Frühling, dem kein Sommer folgte"? Französisch-österreichische Kulturtransfers seit 1945. Wien – Köln – Weimar 1999; Michaela Feurstein-Prasser, Von der Besatzungspolitik zur Kulturmission. Französische Schul- und Bildungspolitik in Österreich 1945–1955. Phil. Diss. Wien 2002.

18 Thomas Angerer, Integrität vor Integration. Österreich und „Europa" aus französischer Sicht, 1949–1960, in: Michael Gehler – Rolf Steininger (Hg.), Österreich und die europäische Integration 1945–1992. Aspekte einer wechselvollen Entwicklung. Arbeitskreis Europäische Integration, Historische Forschungen, Bd. 1. Wien – Köln – Weimar 1993, S. 184–200.

Peter Fritz

Das alliierte Kontrollsystem in Österreich

Das österreichische Staatsgebiet wurde bei Kriegsende 1945 von den alliierten Truppen besetzt und sämtliche staatliche Macht ging auf die Besatzungstruppen über. Deren Hauptaufgaben waren neben der Sicherstellung der Ernährung vor allem die Wiederherstellung von Ordnung und Sicherheit und die Überführung des vom Krieg stark in Mitleidenschaft gezogenen Landes in ein funktionierendes Gemeinwesen.

Das alliierte Kontrollsystem wurde in vier Schritten aufgebaut:

- Erstes Kontrollabkommen vom 4. Juli 1945.
- Zonenabkommen vom 9. Juli 1945.
- Memorandum des Alliierten Rates vom 20. Oktober 1945.
- Zweites Kontrollabkommen vom 28. Juni 1946.

Erstes Kontrollabkommen

Über einen Monat nach der Ausrufung der Republik beschlossen die vier Alliierten in London, bis zur Errichtung einer frei gewählten und von den vier Mächten anerkannten österreichischen Regierung, ein gemeinsames Kontrollsystem einzurichten.[1] Dieses bestand aus der Alliierten Kommission – einer Militärregierung für das gesamte Staatsgebiet, die wiederum aus dem Alliierten Rat, dem Exekutivkomitee und den Stäben bestand.

Die Hauptaufgaben der Alliierten Kommission waren:

- die Trennung Österreichs von Deutschland zu verwirklichen,
- so rasch wie möglich eine österreichische Zentralverwaltung zu errichten,
- freie Wahlen zu gewährleisten und
- bis dahin die Verwaltung Österreichs sicherzustellen.

Im Abkommen trat hervor, dass es sich dabei nur um eine vorübergehende Einrichtung handelte. So hieß es etwa, dass die Ausübung der Verwaltungstätigkeiten den Ämtern der österreichischen Zentralverwaltung übertragen werde, sobald diese in der Lage seien, in hinreichender Weise tätig zu sein.

An der Spitze des Kontrollsystems stand der Alliierte Rat, gebildet aus den vier militärischen Kommissaren, die zugleich die Oberbefehlshaber der jeweiligen Besatzungstruppen waren. Zu Beginn waren dies: Marschall Ivan S. Konev (UdSSR), General Mark W. Clark (USA), Generalleutnant Richard L. McCreery (GB) und General Marie-Emile Béthouart (FRA). Der Vorsitz innerhalb des Alliierten Rates wechselte monatlich unter den Oberbefehlshabern, die Tagungen fanden mindestens alle zehn Tage statt. Der Alliierte Rat übte praktisch die oberste politische Kontrolle für alle Fragen, die Österreich in der Gesamtheit betrafen, aus. Die Beschlüsse waren einstimmig zu fassen. Der Alliierte Rat war quasi der verlängerte Arm der Regierungen der Besatzungsmächte in Österreich und übernahm am 11. September 1945 die oberste Macht in Österreich.

Direkt dem Alliierten Rat unterstellt war das Exekutivkomitee – zusammengesetzt aus je einem Vertreter der vier Militär- bzw. Hochkommissare. Meist waren dies die jeweiligen Stellvertreter der Oberbefehlshaber. Das Komitee tagte zweimal monatlich – mit Ausnahme von Sondersitzungen – jeweils am ersten und dritten Freitag im Monat. Aufgabe des Exekutivkomitees war die Umsetzung der Beschlüsse des Alliierten Rates.

Die Stäbe wiederum waren Fachabteilungen, zusammengesetzt aus zivilen oder militärischen Fachorganen und Offizieren aller vier Besatzungsmächte. Den einzelnen Stäben waren spezielle Aufgabengebiete zugewiesen: so etwa Militär, Marine, Luftfahrt, Wirtschaft, Soziales, Finanzwesen, Kriegsgefangene und Versetzte Personen (Displaced Persons) etc. Jedem der Stäbe stand ein Viererkollegium vor – gebildet aus je einem Vertreter jeder Besatzungsmacht.

Für die Stadt Wien wurde eine Sonderverwaltung eingerichtet – eine Alliierte Kommandantur, auch bezeichnet als Wiener Interalliierte Kommandantur. Den Vorsitz führten vier Kommandanten, je einer von jeder Besatzungsmacht. Der Vorsitz wechselte ebenfalls monatlich. Hauptaufgabe war die Kontrolle der Tätigkeit der Organe der

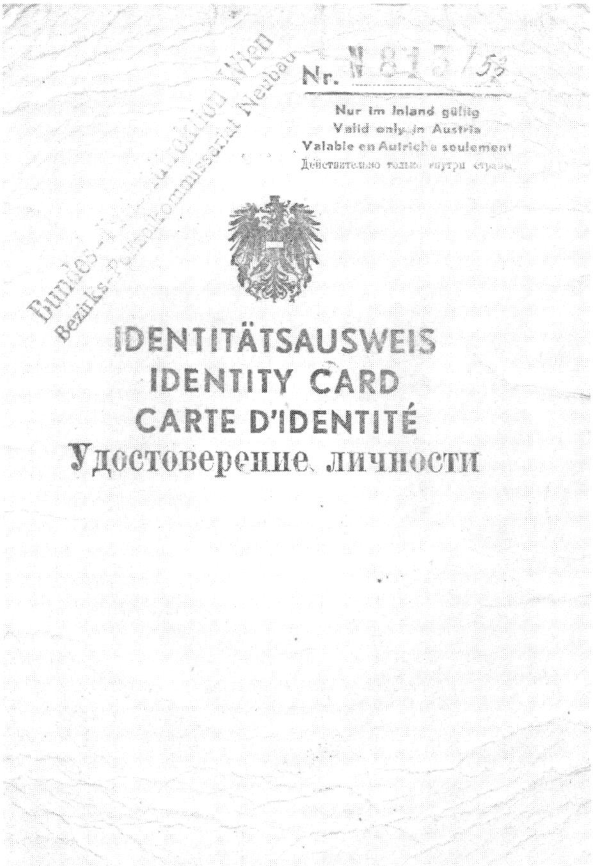

Der viersprachige Identitätsausweis diente während der Besatzungszeit als gültiger Personalausweis. Er wurde zum Symbol für die Zonenteilung Österreichs.
Quelle: AdBIK/Graz.

Stadt Wien. Der Kommandantur waren ebenso Stäbe unterstellt, denen spezielle Fachgebiete in der Verwaltung der Stadt zugeordnet waren. Die Alliierte Kommandantur wiederum unterstand sowohl dem Alliierten Rat als auch dem Exekutivkomitee.
Sitz dieser alliierten Einrichtungen war vorerst der Justizpalast, ab 1953 das Haus der Industrie am damaligen Stalinplatz, dem heutigen Schwarzenbergplatz.

Zonenabkommen

Mit dem ersten Kontrollabkommen vom 4. Juli 1945 wurde die Frage der Aufteilung der politischen Macht für das gesamte Staatsgebiet geregelt. Der nächste Schritt war die Aufteilung

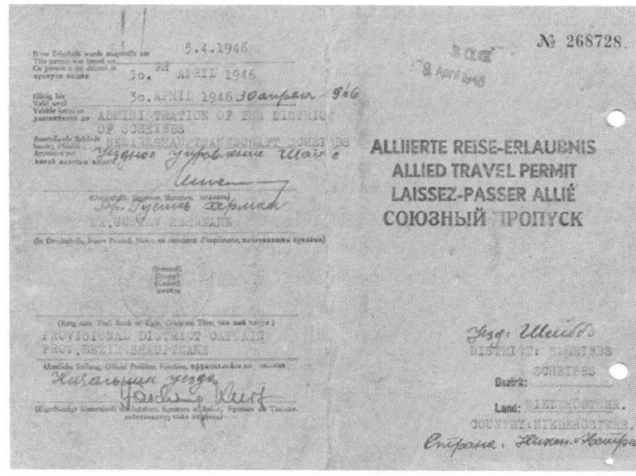

Zur Überschreitung der Zonengrenzen war von 1947 bis 1953 eine alliierte Reiseerlaubnis notwendig.
Quelle: AdBIK/Graz.

der Einflusszonen – der Besatzungszonen in Österreich.

Im Zonenabkommen wurde das österreichische Staatsgebiet folgendermaßen geteilt:

- Sowjetische Zone: Burgenland, Niederösterreich (ohne Wien in den Grenzen von 1937), Mühlviertel.
- US-amerikanische Zone: Oberösterreich (ohne Mühlviertel), Salzburg.
- Britische Zone: Steiermark, Kärnten (mit Osttirol).
- Französische Zone: Vorarlberg, Tirol.

Wien – in den Grenzen von 1937 – wurde in vier Zonen geteilt, der erste Bezirk stand unter gemeinsamer Verwaltung. Für die Stadt wurde folgende Zuordnung getroffen:

- Sowjetischer Sektor: 2., 4., 10., 20., 21., 22. Bezirk.
- US-amerikanischer Sektor: 7., 8., 9., 17., 18., 19. Bezirk.
- Britischer Sektor: 3., 5., 11., 12., 13. Bezirk.
- Französischer Sektor: 6., 14., 15., 16. Bezirk.

Die alliierten Truppen nahmen in den darauf folgenden Wochen die ihnen zugeteilten Zonengebiete ein – so mussten etwa die Sowjets aus der Steiermark abziehen oder US-amerikanische Truppen das Mühlviertel im Juli 1945 räumen. Wien blieb jedoch vorerst weiterhin nur von

Das Symbol für alliierte Besatzung und Kontrolle in Österreich: Die Vier im Jeep.
Quelle: Foto Votava/Wien.

sowjetischen Truppen besetzt – erst am 1. September 1945 zogen die Truppen der andern drei Besatzungsmächte in Wien ein und übernahmen ihre Aufgaben.

Teil der alliierten Kontrolle und in der kollektiven Erinnerung von Zeitzeugen bis heute das Symbol für die Besatzungszeit sind die „Vier im Jeep" – die interalliierte Militärpatrouille, der je ein Vertreter der Alliierten angehörte. Zehn Streifenfahrzeuge kontrollierten das Wiener Stadtgebiet: je ein Jeep für jede Besatzungszone und ein Jeep für den 1. Bezirk. Die weiteren fünf Wagen standen in Bereitschaft. Hauptaufgabe dieser speziellen Form der alliierten Kontrolle war die Unterstützung der Wiener Polizei und das Einschreiten gegen Angehörige der Besatzungstruppen. Diese waren dem Zugriff der Wiener Polizei entzogen. Die „Vier im Jeep" waren zwar nur wenige Monate tatsächlich im Jeep unterwegs; 1946 fuhr man im Dodge und ab 1951 mit zivilen Limousinen durch die Stadt. Dennoch hat sich dieser Topos bis heute als das Symbol für das besetzte Wien und Österreich gehalten.

Memorandum des Alliierten Rates

Am 11. September 1945 übernahm der „Alliierte Rat" die Verwaltung des österreichischen Staatsgebietes. In einem Memorandum vom 20. Oktober 1945 erkannte er die österreichische Provisorische Regierung von Karl Renner an:

- Die Regierung verwaltete das Land unter Aufsicht des Alliierten Rates,
- bis Ende des Jahres 1945 waren freie Wahlen abzuhalten,

Die „Vier im Jeep“ – wie sie heute nur wenige in Erinnerung haben.
Quelle: Otto Pammer/Wien.

Befreiungsfeier der Stadt Wien am Heldenplatz, 22. Oktober 1955.
Quelle: Otto Pammer/Wien.

- die Regierung durfte Gesetze erlassen, diese mussten aber dem Alliierten Rat zur Zustimmung vorgelegt werden, erst bei Zustimmung treten sie in Kraft.

Klar festgehalten wurde, dass die Regierungsfunktion des Rates voll intakt blieb.

Zweites Kontrollabkommen

Am 25. November 1945 wurden in Österreich die ersten freien Wahlen abgehalten, und schrittweise emanzipierte sich die österreichische Regierung.[2] Die alliierte Kontrolle ihrerseits wurde in einem nächsten Schritt weiter gelockert. Mit dem Zweiten Kontrollabkommen vom 28. Juni 1946 wurde der österreichischen Regierung ein großer Anteil an Eigenständigkeit gegeben:

- Die Regierung konnte eigenständig handeln, im unmittelbaren Aufgabengebiet der Alliierten verblieben weiterhin: die Entmilitarisierung, der Schutz und die Sicherheit der alliierten Streitkräfte in Österreich, die Verfolgung von Kriegsverbrechern, Kriegsgefangene und DPs, die Verfügung über das „Deutsche Eigentum“ etc.
- Die Regierung konnte bilaterale Verträge schließen.
- Die Alliierten verpflichteten sich, Beschränkungen im Personen- und Güterverkehr zwischen den Zonen zurückzunehmen.
- Der österreichischen Regierung wurde es freigestellt, mit den Staaten der Vereinten Nationen diplomatische und konsularische Beziehungen aufzunehmen.
- Gesetze mussten zwar weiterhin dem Alliierten Rat vorgelegt werden, traten aber automatisch in Kraft, wenn der Alliierte Rat nicht binnen 31 Tagen Einspruch erhob.
- Verfassungsgesetze bedurften weiterhin der ausdrücklichen Genehmigung der Alliierten.
- Der Alliierten Kommission stand weiterhin das Recht zu, Gesetzesbeschlüsse oder Verwaltungsmaßnahmen aufzuheben.

Mit dem Abkommen wurden die Mitglieder des Alliierten Rates – die Militärkommissare – in Hochkommissare umbenannt.

Mit dem Zweiten Kontrollabkommen wurde ein wesentlicher Schritt für die Emanzipation und das Zusammenwachsen des österreichischen Staates gesetzt. Neue Gesetze konnten rascher umgesetzt werden, es gab keine Wartefristen mehr bei einfachen Gesetzen; die Regierung weitete ihren Einfluss auf das gesamte Staatsgebiet aus und konnte unmittelbar in die Verwaltung des Landes nach den eignen Vorstellungen und Wünschen eingreifen. Gleichzeitig konnte durch den schrittweisen Abbau der Kontrollen und Beschränkungen im Personen- und Güterverkehr durch die Alliierten ein Zusammenwachsen des

Landes ermöglicht werden. Österreich war im Jahre 1946 ein vierfach besetzter Staat und damit noch weit davon entfernt, souverän zu sein; die Bestimmungen des Zweiten Kontrollabkommens glichen aber einem wichtigen Schritt in Richtung Unabhängigkeit. Das Zweite Kontrollabkommen galt bis zum Inkrafttreten des Staatsvertrages am 27. Juli 1955.

Die Militärkommissare, ab 28. Juni 1946 Hochkommissare, in Österreich 1945 bis 1955[3]

Sowjetische Militär- und Hochkommissare

9.1945 bis 4.1946
Marschall Ivan S. Konev

5.1946 bis 4.1949
General Vladimir V. Kurasov

5.1949 bis 6.1953
Generalleutnant Vladimir P. Sviridov

7.1953 bis 7.1955
Gesandter Ivan I. Il'ičev

Stellvertretende sowjetische Militär- und Hochkommissare

9.1945 bis 1.1950
Generaloberst Aleksej S. Željtov

7.1950 bis 8.1951
Generalmajor Georgij K. Cinev

9.1951 bis 6.1953
Generalmajor V. M. Kraskevič

7.1953 bis 7.1955
Gesandter Sergej M. Kudrjavcev

US-amerikanische Militär- und Hochkommissare

9.1945 bis 12.1946/5.1947
General Mark W. Clark

(1.1.) 15.5.1947 bis 9./10.1950
Generalleutnant Geoffrey Keyes

9./10.1950 bis 7./8.1952
Botschafter Walter J. Donnelly

9.1952 bis 7.1955
Botschafter Llewellyn E. Thompson jr.

Stellvertretende US-amerikanische Militär-Hochkommissare

9.1945 bis 10.1945
Generalmajor Alfred Maximilian Gruenther

11.1945 bis 12.1945
Generalmajor Donald W. Brann

1.1946 bis 2. 1947
Brigadegeneral R. H. Tate

(1.1947 bis 15.5.1947)
Generalleutnant Geoffrey Keyes (als stv. Hochkommissar)

3.1947 bis 11.1949
Brigadegeneral J. D. Balmer

12.1949 bis 10.1950
Brigadegeneral James C. Fry

11.1950 bis 7.1953
Gesandter Walter Dowling

9.1953 bis 9.1954
Gesandter Charles W. Yost

9.1954 bis 7. 1955
Gesandter J. K. Penfield

Britische Militär- und Hochkommissare

9.1945 bis 4.1946
Generalleutnant Sir Richard McCreery

5.1946 bis 9.1947
Generalleutnant Sir James S. Steele

10.1947 bis 12.1949
Generalleutnant Sir Alexander Galloway

1.1950 bis 7.1950
Generalmajor Thomas John W. Winterton

8.1950 bis 1.1954
Botschafter Sir Harold Caccia

2.1954 bis 7.1955
Botschafter Sir Geoffrey Wallinger

Stellvertretende britische Militär- und Hochkommissare

9.1945 bis Jänner 1950
Generalmajor Thomas John W. Winterton

1.1950 bis 7.1950
Brigadegeneral A. J. Edney

8.1950 bis 12.1950
Gesandter Nicholas J. A. Cheetham

12.1950 bis 7.1953
Gesandter George P. Labouchere

9.1953 bis 7.1955
Gesandter A. C. E. Malcolm

Französische Militär- und Hochkommissare

9.1945 bis 9.1950
General Marie-Emile Béthouart

9.1950 bis 9.1954
Botschafter Jean Payart

10.1954 bis 1.1955
Botschafter Jean Chauvel

1.1955 bis 5.1955
M. Roger Laloutte führt stv. die Geschäfte

5.1955 bis 7.1955
Botschafter Francois Seydoux de Clausonne

Stellvertretende französische Militär- und Hochkommissare

9.1945 bis 12.1948 (47)
Brigadegeneral Paul-Raymond-Phillippe Cherričre

1.1948 (49) bis 11.1949
Oberst Pierre L. M. Carolet

12.1949 bis 2.1951
Gouverneur Jean L. Dutheil

2.1951 bis 7.1955
Gesandter M. Roger Laloutte

Wiener Stadtkommandanten

Sowjetunion (April, August, Dezember)

5.4.1945 bis 13.4.1945
Generalmajor Nikolaj Travnikov

13.4.1945 bis 15.10.1945
Generalleutnant Alexej Vasilievič Blagodatov

15.10.1945 bis 18.5.1948
Garde-Generalleutnant Nikita Fedotovič Lebedendko

18.5.1948 bis 21.5./11.1949
Garde-Generalmajor Dmitrij Lvovič Abakumov

21.5./11.1949 bis 22.6./7.1953
Garde-Generalmajor Arkadij Alexandrovič Borejko

22.6./7.1953 bis 9.1955
Generalmajor Nikolaj Matveevič Molotkov

USA (Jänner, Mai, September)

7.1945 bis 12.1946
Brigadegeneral Thomas Edward Lewis

12.1946 bis 3.1947
Generalmajor Holmes Ely Dager

3.1947 bis 5.1948
Brigadegeneral Alexander Oscar Gorder

5.1948 bis 11.1948
Generalmajor Robert T. Frederick

12.1948 bis 1.1951
Brigadegeneral Ira Platt Swift

2.1951 bis 4.1954
Brigadegeneral William Thrower Fitts jr.

5.1954 bis 9.1955
Brigadegeneral William Henry Nutter

Großbritannien (Februar, Juni, November)

7.1945 bis 11.1945
Brigadegeneral Georg V. Palmer

11.1945 bis 5.1946
Brigadegeneral Gerald Lloyd Verney

6.1946 bis 12.1946
Oberst S. W. Gordon-Smith

12.1946 bis 11.1949
Brigadegeneral John Harold Hogshaw

11.1949 bis 9.1952
Brigadegeneral Cyril Knowles

10.1952 bis 9.1955
Brigadegeneral A. E. Howard

Frankreich (März, Juli, November)

7.1945 bis 2.1946
Brigadegeneral Noel du Payrat

2.1946 bis 7.1949
Brigadegeneral W. Joppé

7.1949 bis 3.1950
Brigadegeneral Pierre Masson

3.1950 bis 5.1951
Oberst Robert Petetin

6.1951 bis 3.1953
Oberst Raoul Daviron

4.1953 bis 11.1953
Oberst Jacques Faure

12.1953 bis 9.1955
Oberst Pierre Olle-Laprune

Anmerkungen

1 Vollständige Bezeichnung: Abkommen über die alliierte Kontrolle in Österreich vom 4. Juli 1945. Das Abkommen wurde in London von den vier Alliierten beschlossen. Siehe zu diesem Beitrag: Stephan Verosta, Die internationale Stellung Österreichs 1938–1947. Eine Sammlung von Erklärungen und Verträgen aus den Jahren 1938 bis 1947, eingeleitet, übersetzt und mit Anmerkungen versehen. Wien 1947. Weitere Literatur zum Thema: Wilfried Aichinger, Sowjetische Österreichpolitik 1943–45. Materialien zur Zeitgeschichte, Bd. 1. Wien 1977; Hugo Portisch, Österreich II, Bd. 4. Der lange Weg zur Freiheit. München 1993; Manfried Rauchensteiner, Der Sonderfall. Die Besatzungszeit in Österreich 1945 bis 1955. Graz – Wien – Köln 1979 (= Rauchensteiner, Sonderfall); Manfried Rauchensteiner, Das Jahrzehnt der Besatzung als Epoche in der österreichischen Geschichte, in: Alfred Ableitinger – Siegfried Beer – Eduard G. Staudinger (Hg.), Österreich unter alliierter Besatzung 1945–1955. Studien zu Politik und Verwaltung, Bd. 63. Wien – Köln – Graz 1998; Gerald Stourzh, Um Einheit und Freiheit. Staatsvertrag, Neutralität und das Ende der Ost-West-Besetzung Österreichs 1945–1955. Studien zu Politik und Verwaltung, Bd. 62. 4. Aufl. Graz – Wien – Köln 1998 (= Stourzh, Einheit).

2 Vollständige Bezeichnung: Abkommen zwischen den Regierungen des Vereinigten Königreiches, der Vereinigten Staaten von Amerika, der Union der Sozialistischen Sowjet-Republiken und der Französischen Republik über den Kontrollapparat in Österreich, 28. Juli 1946 („2. Kontrollabkommen").

3 Nach: Manfried Rauchensteiner, Der Sonderfall. Die Besatzungszeit in Österreich 1945 bis 1955. Graz 1995, S. 351f.; ergänzt von Harald Knoll.

Anfang Februar 1953 verbreitete die SPÖ im Zuge des laufenden Nationalratswahlkampfes ein Plakat, auf dem auf politische Säuberungen und politischen Terror in der Tschechoslowakei hingewiesen wurde. Das Plakat hatte die Überschrift „Österreichische Volksstimme" und bestand aus einer Collage von Zeitungsmeldungen über den Prozess gegen den ehemaligen Generalsekretär der KPC, Rudolf Slansky. Darüber gezeichnet war ein Galgen, auf dessen Sockel „Volks Opposition" geschrieben stand. Im Sockel selbst findet sich der Text „Niemand braucht den Galgen wählen – unsere Wahlen sind geheim. Sichert Freiheit – sichert Leben – wählt SPÖ". Als Gestalter dieses Plakats fungierte der wichtigste Plakatgestalter der Sozialdemokratie, Viktor Theodor Slama.
Am 4. Februar 1953 wurde dieses Plakat von der Interallierten Kommandantur des gemeinsam verwalteten 1. Wiener Bezirks verboten. Die zu dieser Zeit unter britischem Vorsitz stehende Kommandantur begründete das Verbot des „Galgenplakats" mit „Beleidigung der Besatzungsmächte".
Als Reaktion auf dieses Verbot affichierte die SPÖ an allen Stellen, wo dieses Plakat ursprünglich angebracht war, vorliegendes „Zensurplakat".
Text: Markus Feigl. Quelle: WStLB/Wien.

4. Die Einigung im Inneren

Andreas Rosner

Zu den Grundlagen der Länderkoordination 1945–1955: Die Länderkonferenzen

Im Herbst 1945 kamen Vertreter aller neun österreichischen Länder auf Einladung von Staatskanzler Karl Renner zu drei Konferenzen in Wien zusammen, die unter dem Begriff „Länderkonferenzen 1945" bekannt sind. Die Ergebnisse insbesondere der Ersten Länderkonferenz von 24. bis 26. September 1945 waren von großer Bedeutung für die Entwicklung Österreichs nach 1945: Die Provisorische Staatsregierung wurde unter Beteiligung von Ländervertretern neu zusammengesetzt und in der Folge vom Alliierten Rat anerkannt.

Renner selbst bezeichnete die Erste Länderkonferenz 1945 in seiner Schlussansprache als „Versuch, durch den Zusammenschluss unserer Länder unsere Republik für die Ewigkeit zu begründen".[1] Durch die Länderkonferenzen 1945 wurde „ein wesentlicher Beitrag zur Vermeidung der Teilung und der Erhaltung der Einheit Österreichs trotz der bis 1955 fortbestehenden vierfachen Besatzung Österreichs geleistet".[2] Zeitzeugen bezeichnen sie als „Geburtsstunde der Demokratie, der Zweiten Republik"[3] oder als „Durchbruch zu einem einheitlichen Österreich".[4]

Der vorliegende Beitrag zeigt auf, wie die Länderkonferenzen 1945 und die nachfolgende Entwicklung bis 1955 Grundlagen für die heute bestehenden informellen Koordinationsgremien der Länder geschaffen haben. Die Länderkonferenzen im heutigen Sinne sind horizontale Koordinationseinrichtungen unter Beteiligung aller Länder, deren Koordination und Willensbildung grundsätzlich freiwillig, informell und einhellig sind. Bekanntestes Beispiel ist die Landeshauptleutekonferenz, weiters bestehen Konferenzen der übrigen Mitglieder der Landesregierungen, der Landtagspräsident/inn/en, der Landesamtsdirektoren und auf Expertenebene.

Am Schlusstag der Ersten Länderkonferenz (26. September 1945) regte der Vorarlberger Landeshauptmann Ilg „die Verankerung der Länderkonferenz als Organ an der Seite der Staatsregierung zur Verhandlung aller wichtigen Fragen der Staatspolitik" sowie deren regelmäßige Einberufung und Beschlussfassung unter dem Grundsatz der Einstimmigkeit an.[5] Dazu kam es jedoch nicht. Zwar lud Bundeskanzler Figl in den Jahren 1946 bis 1949 zu insgesamt 16 Beratungen ein, die in der Einladung als „Landeshauptmännerkonferenzen" bezeichnet wurden und sich hauptsächlich mit Fragen der Ernährungssicherung befassten. Dabei handelte es sich jedoch weder um die von Ilg angeregte Fortführung der Länderkonferenzen von 1945 noch um Vorläufer der heutigen Länderkonferenzen, weil durch die übergeordnete Stellung des Bundes in diesen Beratungen insbesondere das Merkmal der Freiwilligkeit der Koordination fehlte.[6]

Die freiwillige Länderkoordination auf politischer Ebene wurde in den ersten zehn Nachkriegsjahren zurückhaltend geübt. Es gab ab Februar 1946 länderinterne Vorberatungen zu Finanzausgleichsverhandlungen, die als Tagungen der Landesfinanzreferentenkonferenz[7] betrachtet werden können. Die Landeshauptleutekonferenz jedoch tagte 1945–1955 kaum; ihre regelmäßigen Tagungen nahm sie erst Ende der Sechzigerjahre nach der Anerkennung der Verbindungsstelle der Bundesländer durch die Bundesregierung auf.

So war es die aus den Beamtenchefs der Länder gebildete Landesamtsdirektorenkonferenz, die als erste Länderkonferenz eine ständige Tätigkeit entfaltete. Seit 22. Oktober 1948 tagt sie regelmäßig, ab der zweiten Sitzung am 17. Februar 1949 unter Beiziehung von Vertretern des Bundeskanzleramtes, eine Übung, die bis heute beibehalten wird. Im Jahre 1950 wurde in der Landesamtsdirektorenkonferenz die Idee der Einrichtung einer ständigen Länderkonferenz auf politischer Ebene samt gemeinsamem Ländersekretariat entwickelt. Dieses Sekretariat, die Verbindungsstelle der Bundesländer, nahm am 1. Mai 1951 seine Arbeit auf. Es unterstützt die Länderkoordination durch die gleichartige und gleichzeitige Information aller Länder sowie durch einen einheitlichen Geschäftsapparat für alle Länderkonferenzen und stellt dadurch auch die gemeinsame Kontaktstelle der Länder zum Bund dar.

Erste Länderkonferenz. Karl Renner am Rednerpult im Niederösterreichischen Landhaus.
Quelle: ÖNB/Bildarchiv/Wien.

15 Jahre lang lehnte es die Bundesregierung ab, dieses Länderbüro anzuerkennen. Nach der offiziellen Anerkennung im Jahre 1966 jedoch entfalteten die Länderkonferenzen – vor allem die Landeshauptleutekonferenz – regelmäßigere Aktivitäten. Heute ist der Verbindungsstelle der Bundesländer auch vom Bundesgesetzgeber eine Fülle von Aufgaben zugewiesen.[8]

So wie die Länderkonferenzen von 1945 sind auch die heutigen Länderkonferenzen rechtlich gering verfestigt und dadurch flexibel im Handeln. Informelle Gremien ohne oder mit nur geringer rechtlicher Basis können bedeutende Faktoren im politischen Kräftefeld darstellen. So sei beispielsweise der soeben zu Ende gegangene Österreich-Konvent erwähnt, dessen Relevanz sich ebenfalls nicht aus formeller verfassungsrechtlicher Legitimation, sondern aus der materiellen Legitimation der Summe der in ihm vereinigten politischen Kompetenz und des in ihm vereinigten wissenschaftlichen Sachverstandes ergibt.

Zusammenfassend können als Ergebnisse festgehalten werden:

- Die Länder haben 1945 durch ihr geschlossenes Auftreten entscheidenden Anteil an der Gründung der Zweiten Republik genommen und sich in Krisenzeiten (so wie auch 1918/19) als Träger der Kontinuität erwiesen.

- Die entscheidenden Initiativen zur Intensivierung der Länderkoordination kamen im untersuchten Zeitraum 1945–1955 von den Landesamtsdirektoren, d.h. von beamteter Seite.
- Die Schaffung eines gemeinsamen Ländersekretariats förderte die Tätigkeit der Länderkonferenzen durch organisatorische Verfestigung.
- Die Bundesregierung beobachtete die freiwillige Länderkoordination zunächst äußerst skeptisch; eine formelle Anerkennung erfolgte erst in den Sechzigerjahren.
- Die Landeshauptleutekonferenz nahm erst mehr als 20 Jahre nach den Länderkonferenzen 1945 regelmäßige Sitzungen auf.
- Damals wie heute sind die Länderkonferenzen rechtlich äußerst gering verfestigt, was flexibles Handeln ermöglicht. Wesentliches Charakteristikum ist damals wie heute das Konsensprinzip als notwendige Folge der Selbständigkeit der österreichischen Länder.
- Damals wie heute beziehen die Länderkonferenzen ihr Gewicht nicht aus formalrechtlichen Kompetenzen, sondern aus der tatsächlichen Effektivität des gemeinsamen und einhelligen Auftretens aller Länder.

Anmerkungen

1 Stenographisches Protokoll der Plenarsitzungen der Ersten Länderkonferenz in Wien, 24.–26. September 1945 (= Protokoll Erste Länderkonferenz), S. 35.

2 Herbert Schambeck, Zum Werden und zu den Aufgaben des österreichischen Föderalismus, in: Herbert Schambeck (Hg.), Föderalismus und Parlamentarismus in Österreich. Wien 1992, S. 21.

3 Wolfgang Weber, Interview mit Bundesrat a. D. Eugen Leissing, in: Die Länderkonferenzen 1945. Dokumente und Materialien. Studien und Forschungen aus dem NÖ Institut für Landeskunde, Sonderband. Wien 1995, S. 134.

4 Josef Prinz, Die Länderkonferenzen 1945: Geburtsstunde der Zweiten Republik?! Interview mit Fritz Molden, in: Die Länderkonferenzen 1945. Dokumente und Materialien. Studien und Forschungen aus dem NÖ Institut für Landeskunde, Sonderband. Wien 1995, S. 120.

5 Protokoll Erste Länderkonferenz, S. 19.

6 Gernot Meirer, Die Verbindungsstelle der Bundesländer oder die gewerkschaftliche Organisierung der Länder. Schriftenreihe des Institutes für Föderalismusforschung, Bd. 90. Wien 2003, S. 25–39.

7 Das ist die Konferenz der für Finanzfragen zuständigen Mitglieder der Landesregierungen.

8 Vgl. die Nachweise bei Andreas Rosner, Koordinationsinstrumente der österreichischen Länder. Schriftenreihe des Institutes für Föderalismusforschung, Bd. 78. Wien 2000, S. 165.

Wilhelm Brauneder

Die Kontinuität der Verfassung 1945

Die derzeitige österreichische Verfassungsordnung stellt insofern eine Merkwürdigkeit dar, als sie sich nicht auf die jüngsten Verfassungen gründet – auf die Verfassung 1934 des Bundes sowie auf die in ihrem Gefolge ergangenen Landesverfassungen – , sondern auf eine davor liegende Verfassungsgesetzgebung, nämlich das Bundes-Verfassungsgesetz (B-VG) 1920 in der Fassung der Novelle von 1929 und auf ihm entsprechende Landesverfassungen.[1]

Dieser Zustand hat seine Ursache in der Wiederherstellung österreichischer Staatlichkeit im Jahre 1945. Diese machte es erforderlich, die nunmehr oder weiter geltende Rechtsordnung zu bestimmen. Dabei stellte die Verfassungsordnung insofern einen eigenen Komplex dar, als sie eben den Staat als solchen betrifft bzw. ihn überhaupt konstituiert, während die übrige, die einfache Rechtsordnung primär oder ausschließlich die Staatsbürger unter sich erfasst, wie etwa mit Ehe- oder Erbrecht oder Verwaltungsrecht.

Was die Verfassungssituation betraf, so konnte sich Österreich 1945 nicht völlig frei entscheiden, es hatte auf die Besatzungsmächte und deren künftiges Besatzungsregime Rücksicht zu nehmen. Von ihnen hatten sich die UdSSR, die USA und Großbritannien 1943 in der Moskauer Erklärung dahingehend geeinigt, Österreich als freien und selbständigen Staat wiederherzustellen. Die „Unabhängigkeitserklärung" vom 27. April 1945 bezog sich darauf und präzisierte, dass die „demokratische Republik [...] im Geiste der Verfassung 1920 einzurichten" sei. Strikt beim Wort genommen, hätte Österreich somit zur Verfassungssituation vor der großen Bundesverfassungsgesetz-Novelle von 1929 zurückkehren müssen. Die Wendung „im Geiste" gab aber Spielraum. Jedenfalls nicht in diesem „Geiste" stand die unmittelbar vor dem Anschluss 1938 in Geltung stehende Verfassung 1934: Sie hatte sich bewusst vom demokratischen als tragendem Verfassungsprinzip abgewendet und dieses durch das berufsständische wie auch durch das autoritäre Prinzip ersetzt. Die Verfassung 1934 entsprach aber nicht nur keineswegs der Moskauer Deklaration 1943, sondern auch nicht den Intentionen der drei neu entstandenen Parteien ÖVP, SPÖ und KPÖ. Das Beibehalten der Verfassung 1934 hätte beispielsweise bedeutet, auf eine gewählte Volksvertretung zu verzichten. So kam es zu dem eingangs erwähnten Umstand, dass man 1945 nicht auf die jüngste Verfassung, jene von 1934, zurückgriff, sondern auf das B-VG 1920/29 und sogar aus diesem ein berufsständisches Element entfernte, nämlich den 1929 vorgesehenen Länder- und Ständerat, der an die Stelle des Bundesrates von 1920 hätte treten sollen; in diesem Falle griff man tatsächlich auf die Verfassungsschicht von 1920 zurück und etablierte wieder den dort vorgesehenen Bundesrat.

Das Wiederherstellen der österreichischen Staatlichkeit 1945 glich in manchen Aspekten der Staatsgründung von 1918, wich aber doch auch wesentlich davon ab. Ein wesentliches Kontinuitätselement bestand in Karl Renner als dem Staatskanzler von 1918 und nun abermals von 1945. Gerade aber er wusste um die theoretischen Unterschiede und natürlich um die nun, 1945, vorhandenen praktischen Möglichkeiten. Der theoretische Unterschied zwischen 1918 und 1945 bestand darin, dass es 1918 um die Gründung eines neuen Staates ging, 1945 aber darum, den eben schon 1918 gegründeten Staat wieder zu beleben. So konnte 1945 von dem staatenbegründenden Erfordernis einer konstituierenden Nationalversammlung abgesehen werden. Es bedurfte aber doch eines mit entsprechender Autorität ausgestatteten Organs, um vor allem die konkrete Wiederherstellung der Staatlichkeit durchzuführen. War 1918 der neue republikanische Staat durch die Provisorische Nationalversammlung begründet worden, so sollte nunmehr die Aufgabe der Wiederherstellung der Staatlichkeit nicht einem Organ der Legislative wie damals, sondern einem solchen der Exekutive obliegen, nämlich einer Provisorischen Staatsregierung. Diese theoretische Überlegung verband sich mit praktischen Bedingungen: Während im Jahre 1918 die Provisorische Nationalversammlung sich aus im Parlamentsgebäude an der Ringstraße tagenden Mitgliedern des Abgeordnetenhauses bilden konnte, gab es ein derartiges „Reservoir" 1945 nicht. Angesichts der zu diesem Zeitpunkt in weiten Teilen Österreichs noch fortdauernden Kämpfe, wie der Kriegsgeschehnisse seit 1939 überhaupt, wäre es mangels Kenntnis über den Verbleib der entsprechenden Personen unmöglich gewesen entweder den Bundestag der Verfassung 1934 oder gar den Nationalrat des Jahres 1933 einzuberufen. Ähnlich wie schon 1918 verbanden sich somit 1945 im tatsächlichen Geschehen die theoretische Fundierung mit den praktischen Möglichkeiten zu einer sinnvollen Einheit insofern, als damals wie auch jetzt Gestaltungen vermieden worden waren, die an der Staatsgründung von 1918 oder an der Wiederherstellung der Staatlichkeit von 1945 hätten Zweifel aufkommen lassen. Gerade 1945 war dies im Hinblick auf die Besatzungsmächte von besonderer Bedeutung.

So konstituierten sich im April drei politische Parteien: ÖVP, SPÖ und KPÖ. Sie nahmen für sich die Legitimation in Anspruch, das österreichische Volk zu repräsentieren und für dieses zu sprechen. In diesem Sinne erließen sie eine entsprechende „Proklamation", die sie als ersten staatsrechtlichen Schritt werteten (daher StGBl 1/1945), die vor allem die schon erwähnte „Unabhängigkeitserklärung" enthielt: Die Wiederherstellung der österreichischen Staatlichkeit war somit angekündigt. Zu ihrer Durchführung setzten die politischen Parteien als zweiten staatsrechtlich erheblichen Schritt (daher StGBl 2/1945) die schon erwähnte Provisorische Staatsregierung ein. Da sie als Provisorium nur für eine Übergangszeit amtieren sollte und an die Einberufung eines Parlaments aus den schon erwähnten Gründen nicht gedacht werden konnte, vereinigte sie Exekutivgewalt und Legislativgewalt, ging daher in ihrer Größe über ein übliches Regierungskabinett hinaus, und zwar auch deshalb, weil an ihrer Zusammensetzung alle drei Parteien Anteil hatten. Als erster Legislativakt war nun eine Festlegung der Verfassungsordnung erforderlich: Dem kam die Provisorische Staatsregierung umgehend nach. Aufgrund einer Regierungserklärung (StGBl. 3/1945) setzte sie (StGBl 4/1945) die Bundesverfassung 1920/29 mit Stand vom 5. März 1933 in Kraft, dem Tag, als sie noch nicht durch die dann folgenden bedenklichen Kriegswirtschaftsverordnungen beeinträchtigt war. Die Verfassung 1934 wurde übrigens ausdrücklich außer Kraft gesetzt.

Die nun aufgrund der Bundesverfassung 1920/29 erforderliche Verfassungsgestaltung war aber nicht sofort herstellbar: Ein Nationalrat hatte in voller Besetzung seit 1933 nicht mehr getagt, es hätten zumindest Ergänzungswahlen durchgeführt werden müssen. Dies galt in nahezu gleicher Weise für den Bundesrat. Der noch vor der Verfassung 1934 gewählte Bundespräsident Wilhelm Miklas hatte im Jahre 1938 sein Amt niedergelegt, es war also notwendig, eine Bundespräsidentenwahl durchzuführen. Auch der Verfassungsgerichtshof konnte seine Tätigkeit nicht aufnehmen, da er 1933/34 durch Mitgliederschwund inaktiv geworden war; neue Mitglieder mussten bestellt werden. Was die Bundesregierung betraf, so hatte sich an ihre Stelle die Provisorische Staatsregierung gesetzt. Diese Umstände erforderten ein – vorläufiges – Abgehen von der Bundesverfassung 1920/29. Dies geschah durch die sogenannte „Vorläufige Verfassung". Sie sollte bis zum vollen Wirksamwerden der Verfassung 1920/29 in Geltung stehen, das heißt, bis zur Existenz der von ihr vorgesehenen höchsten Organe. Insgesamt erfasste die „Vorläufige Verfassung" den gesamten staatlichen Aufbau. Sie enthielt aber auch einige Besonderheiten, die offenbar Weichen zu einer künftigen definitiven Verfassungssituation stellen sollten. In Abweichung von der Verfassung 1920/29 organisierte sie Österreich nicht als Bundesstaat, sondern als dezentralisierten Einheitsstaat mit drei Selbstverwaltungsebenen: Land, Bezirk und Gemeinde.

Zu einer neuen Verfassungsgestaltung kam es aber nicht. Einerseits bildete die Verfassung 1920/29 den gemeinsamen Nenner, auf welchen sich alle drei Parteien zumindest vorläufig geeinigt hatten, und andererseits stimmte ihr auch das alliierte Besatzungsregime zu. Bei einer Verfassungsdiskussion samt anschließender Neu-

gestaltung war aber zu erwarten, dass es sich einmengen werde: Verfassungsgesetze bedurften immerhin der ausdrücklichen Zustimmung der Alliierten.
Das Kernstück der Aktivierung der Bundesverfassung 1920/29 bildeten die Wahlen zum Nationalrat und zu den Landtagen, die beide am 25. November 1945 stattfanden. Die nunmehr wieder existierenden Landtage wählten die ihnen zukommenden Bundesratsmitglieder, womit zum Nationalrat der Bundesrat hinzutrat. Von der – schon in der Zwischenkriegszeit umstrittenen – Volkswahl des Bundespräsidenten nahm man vorläufig Abstand und ersetzte sie durch die Wahl in der Bundesversammlung: Sie erfolgte am 20. 12. 1945. In dieser Hinsicht war man, zumindest vorläufig, zur Verfassungssituation von 1920 zurückgekehrt. Mit einem wieder existierenden Bundespräsidenten war die Möglichkeit gegeben, eine Bundesregierung einzusetzen, was sogleich am 20. Dezember 1945 geschah. Damit war insgesamt der von der Bundesverfassung 1920/29 geforderte Zustand hergestellt.
Was bedeutet der bisher mehrfach gebrauchte Begriff der Wiederherstellung österreichischer Staatlichkeit? War abermals eine österreichische Republik begründet worden so wie erstmals 1918? Die gängige Periodisierung in „Erste Republik" sowie „Zweite Republik" lässt dies vermuten. Auf den Unterschied der Situation zwischen 1918 und 1945 war schon zuvor hingewiesen worden. Sogleich 1945 ging man wie bis heute – überwiegend – von der Ansicht aus, im Jahre 1938 sei der österreichische Staat von einer ausländischen Macht, dem Deutschen Reich, besetzt, das heißt „okkupiert" worden. Diese Okkupation habe allerdings die Existenz des österreichischen Staates nicht berührt, diesen nicht aufgehoben, es sei keine „Annexion" mit der Folge des Untergangs des annektierten Staates eingetreten. Mangels oberster Organe – insbesondere einer Bundesregierung – fehlte es aber dem fortexistierenden österreichischen Staat an Handlungsmöglichkeiten, er war handlungsunfähig geworden. Anders als im Falle etwa von Polen im Jahre 1939 war die österreichische Bundesregierung nicht vor der deutschen Besetzung in das Ausland ausgewichen und es hatte sich auch nicht, wie etwa im Falle der Tschechoslowakei 1940, im Ausland eine Exilregierung gebildet, die für den österreichischen Staat zumindest formal hätten handeln können. Mit der Einsetzung der Provisorischen Staatsregierung 1945 fiel diese Handlungsunfähigkeit fort, Österreichs Staatlichkeit lebte wieder auf: Dieses Aufleben bedeutet also Herstellung der Handlungsfähigkeit Österreichs durch seine verfassungsmäßigen Organe.

Anmerkung

[1] Zu den folgenden Ausführungen vgl. z.B.: Wilhelm Brauneder, Österreichische Verfassungsgeschichte. 9. Aufl. Wien 2003; Klaus Berchtold, Verfassungsgeschichte der Republik Österreich I: 1918–1933. Wien – New York 1998.

Winfried R. Garscha

„Ordnung machen im eigenen Haus“: Entnazifizierung und Prozesse wegen Kriegs- und Humanitätsverbrechen

Von den fast 700.000 Mitgliedern, die der NSDAP angehört hatten, folgten nach 1945 rund 540.000 der Pflicht zur Registrierung. 98.330 Registrierte galten als „Illegale“, d.h. sie waren bereits vor dem 13. März 1938 Parteimitglieder gewesen. Die Registrierung war von praktischer Bedeutung, weil Mitgliedern der NSDAP bei den ersten Wahlen am 25. November 1945 nicht wählen durften. Der Entzug des Wahlrechts war eine der Maßnahmen der so genannten „Entnazifizierung“, die seitens der österreichischen Behörden auch Entlassungen, Pensionierungen und Berufsverbote sowie die Heranziehung zu Aufräumarbeiten umfasste, seitens der Alliierten vor allem die vorübergehende Einweisung von rund 30.000 Verdächtigen sowie von Funktionsträgern der NSDAP in Internierungslagern – die beiden größten waren das amerikanische Lager Glasenbach bei Salzburg und das britische Lager Wolfsberg in Kärnten.[1]

Der Hauptzweck dieser Maßnahmen war es, die Mitglieder jener Partei, deren Gewaltherrschaft auch in Österreich Zehntausende zum Opfer gefallen waren, und die die Hauptverantwortung für den Krieg trug, von der Gestaltung der Nachkriegsgesellschaft auszuschließen. Erst nach einer Phase der Umerziehung („re-education“) sollten sie in die – bis dahin wieder demokratisch gewordene – Gesellschaft integriert werden. Die „Illegalen“ wurden als „Hochverräter“ behandelt, weil sie durch ihre Mitgliedschaft in der NSDAP – zu einer Zeit, in der die Partei in Österreich verboten gewesen war und als „fünfte Kolonne“ Hitlers in Österreich gewirkt hatte – an der Vorbereitung des „Anschlusses“ indirekt beteiligt gewesen waren. Es wurden jedoch nur jene „Illegalen“ tatsächlich bestraft, die während des NS-Regimes Funktionen bekleidet oder Verbrechen begangen hatten. Für alle Parteimitglieder galt die Verpflichtung zur Entrichtung eines befristeten Zuschlags zur Lohn- oder Einkommenssteuer sowie einer einmaligen so genannten Sühneabgabe. Diese Straf-Steuern wurden zur Finanzierung des Wiederaufbaues herangezogen. Von den Entlassungen waren zunächst mehr als 23 Prozent aller Staatsbediensteten (nämlich rund 70.000 Personen) und 36.000 Personen in der Privatwirtschaft betroffen, 960 Personen wurden aus führenden Positionen in Staat und Wirtschaft entfernt. Die Bestimmungen wurden 1947 auf Druck der Alliierten verschärft, sodass die Gesamtzahl der Entlassungen aus dem Staatsdienst die Zahl von 100.000 (33 Prozent) überstieg.

Für Personen, die zwar der NSDAP angehört, sich aber schon vor der Befreiung 1945 für die Wiedererrichtung Österreichs engagiert hatten (z.B. durch Desertion aus der Deutschen Wehrmacht oder Hilfestellung für Verfolgte), waren Ausnahmen vorgesehen. Binnen kürzester Zeit wimmelte es nur so von „Persilscheinen“ – das waren Bestätigungen für ehemalige Nationalsozialisten, in denen ihnen von Widerstandskämpfern oder von den Parteisekretariaten bescheinigt wurde, dass sie ehrbare österreichische Patrioten waren. Neun von zehn registrierungspflichtigen österreichischen Nationalsozialisten betrachteten sich als derartige Ausnahmefälle. Die drei politischen Parteien (ÖVP, SPÖ, KPÖ) einigten sich daraufhin im März 1946, dass die in den Gemeinden eingerichteten Entnazifizierungskommissionen die ehemaligen Nationalsozialisten in „Belastete“ (rund 10 Prozent) und die große Masse der „Minderbelasteten“ (d.h. einfachen Parteimitglieder) unterteilen sollten – ausgehend von der Funktion, welche die betroffene Person innerhalb des NS-Regimes bekleidet hatte.

Belastete und Minderbelastete unterschieden sich vor allem hinsichtlich der so genannten Sühnefolgen. Die je nach Höhe des Vermögens progressive einmalige Sühneabgabe betrug für Belastete 20 bis 70 Prozent, für Minderbelastete 10 bis 40 Prozent. Der Zuschlag zur Lohn- bzw. Einkommenssteuer (Belastete 20 Prozent, Minderbelastete 10 Prozent) galt für die Belasteten bis 1950, für die Minderbelasteten bis 1948. In sehr

»Er hat mir's doch befohlen!«

Karikatur aus „Neues Österreich", 20.7.1946.
Quelle: Universitätsbibliothek Wien.

vielen Fällen wurde die Steuer gestundet, doch bis zum Inkrafttreten der NS-Amnestie 1957 wurden 97 Prozent der vorgeschriebenen Beträge tatsächlich eingehoben.

Seit dem Jahre 1947 wurde über die Amnestierung jugendlicher und kriegsversehrter Minderbelasteter verhandelt, im Frühjahr 1948 einigte sich die österreichische Bundesregierung mit dem Alliierten Rat darauf, sämtliche Minderbelastete zu amnestieren. Ebenfalls 1948 lösten die Alliierten ihre Lager auf. Damit war die Entnazifizierung in Österreich weitestgehend abgeschlossen.

Auch während der Zeit der alliierten Internierungen und österreichischen Entlassungen versahen viele ehemalige Nationalsozialisten weiter Dienst bei Behörden und anderen öffentlichen Einrichtungen, weil ihre fachliche Kompetenz als unersetzbar galt. Aber erst mit der großen Amnestie des Jahres 1948 fielen die psychologischen Schranken: Die Wiedereinstellung Entlassener oder vom Dienst Suspendierter wurde zur Selbstverständlichkeit – selbst in der Exekutive, wo ehemals nationalsozialistische Polizisten teilweise in jene Stellen nachrückten, die von den Kommunisten (nach ihrem Ausscheiden aus der Bundesregierung im Herbst 1947 und der Absetzung des kommunistischen Chefs der Wiener Staatspolizei) geräumt werden mussten.

Mit der Minderbelasteten-Amnestie erlangte die Masse der ehemaligen Nationalsozialisten das Wahlrecht wieder und wurde damit für die Parteien als Wählerinnen und Wähler interessant. Damit ging eine tief greifende Änderung des politischen Klimas in Österreich einher, die mit dem Ausbruch des Kalten Krieges auf internationaler Ebene zusammenfiel. Als Hauptgegner von Freiheit und Demokratie galt nicht mehr der ohnehin besiegte Nationalsozialismus, sondern der Kommunismus. Da eine demokratische Gesellschaft nicht ein Viertel der erwachsenen Bevölkerung von der politischen Mitgestaltung ausschließen kann, war die Reintegration der ehemaligen Nationalsozialisten in die Gesellschaft eine Notwendigkeit. Problematisch war, dass sich die Entnazifizierung fast ausschließlich auf bürokratische Maßnahmen beschränkte und kaum eine breite öffentliche Auseinandersetzung mit den Auffassungen des nationalsozialistisch gesinnten Teils der Bevölkerung erfolgte.

Mit demselben Gesetz, durch das die NSDAP verboten und die Registrierung ihrer Mitglieder verfügt wurde („Verbotsgesetz" vom 8. Mai 1945), wurde eine besondere Form der Gerichtsbarkeit für NS-Verbrechen eingeführt: Die Volksgerichte. Dabei handelte es sich um große Schöffengerichte, bestehend aus zwei Berufs- und drei Laienrichtern. Die Listen der Schöffinnen und Schöffen wurden zunächst von ÖVP, SPÖ und KPÖ paritätisch zusammengestellt, doch auch später galt, dass kein ehemaliges NSDAP-Mitglied an einem Volksgerichtsverfahren mitwirken durfte.

Am 26. Juni 1945 wurde von der Provisorischen Staatsregierung das Kriegsverbrechergesetz beschlossen, das die für die nationalsozialistische Gewaltherrschaft typischen Verbrechen – teilweise rückwirkend – unter Strafe stellte. Dazu zählten die Denunziation von Nazi-Gegnern und der Raub jüdischer Vermögenswerte („Arisierung") ebenso wie Verletzungen der Menschenwürde und alle Verbrechen, die den „natürlichen Anforderungen der Menschlichkeit" widersprachen. Sowohl Prozesse wegen Kriegs- und Humanitätsverbrechen als auch die Verfahren zur Feststellung, ob ein „Illegaler" Funktionen im NS-Regime bekleidet oder Handlungen aus „schimpflicher" Gesinnung begangen hatte, wurden den Volksgerichten übertragen. Vier solcher Gerichte wurden eingerichtet – an den Landesgerichten Wien, Graz (mit Außensenaten in Leoben und Klagenfurt), Linz (mit Außensenaten in Ried und Salzburg) und Innsbruck. Für diese außerordentlichen Gerichte arbeiteten dieselben Richter und Staatsanwälte, die auch ordentliche Strafverfahren führten, d.h. es gab keine alliierten Beisitzer, die Urteile konnten auch (im Gegensatz zu Gesetzen und Verordnungen) von den Alliierten nicht beeinsprucht werden – allerdings hatten die Besatzungsmächte die Möglichkeit, freigesprochene oder zu geringen Strafen verurteilte Angeklagte anschließend in Verwahrungshaft zu nehmen. Es wurden auch keine alliierten Strafbestimmungen angewandt (wie in Deutschland), sondern es galt die österreichische Strafprozessordnung, und außer auf dem Verbots- und dem Kriegsverbrechergesetz fußten die Urteile auf dem normalen österreichischen Strafgesetz. Der große Unterschied zur normalen Strafgerichtsbarkeit bestand darin, dass im Volksgerichtsverfahren die so genannten Rechtsmittel (Berufung und Nichtigkeitsbeschwerde) außer Kraft gesetzt waren. Doch auch diese Regelung wurde dadurch abgemildert, dass dem Präsidenten des Obersten Gerichtshofes die Möglichkeit eingeräumt wurde, Urteile der Volksgerichte aufzuheben.

Österreich lag mit den genannten Gesetzen im Trend der damaligen europäischen Rechtsentwicklung. Die bis dahin unvorstellbare Scheußlichkeit nationalsozialistischer Verbrechen, für deren Bestrafung das traditionelle Strafrecht nur ungenügende Instrumente bereitstellte, war in vielen Ländern mit rückwirkenden Gesetzen beantwortet worden. Die Diktion des Kriegsverbrechergesetzes ähnelt teilweise der des sechs Wochen später in London beschlossenen Statuts für den internationalen alliierten Militärgerichtshof in Nürnberg. Die österreichische Regierung müsse, sagte Staatssekretär (Justizminister) Josef Gerö bei der Beratung der Provisorischen Staatsregierung über das Kriegsverbrechergesetz am 20. Juni 1945, der Öffentlichkeit „zeigen, dass wir nicht darauf warten wollen, bis das Ausland nach eigenem Kriegsrecht urteilt, sondern dass wir im eigenen Haus Ordnung schaffen wollen".[2]

Das für die sowjetische Besatzungszone zuständige Volksgericht Wien nahm seine Tätigkeit im Sommer 1945 auf, die Volksgerichte in den westlichen Besatzungszonen fällten im Frühjahr 1946 erste Urteile. Insgesamt wurden 136.829 Verfahren eingeleitet, in 28.148 Fällen wurde Anklage erhoben. Von den 23.477 Urteilen waren 9.870 Frei- und 13.607 Schuldsprüche. Von den 43 Todesurteilen wurden 30 vollstreckt, zwei Verurteilte begingen Selbstmord. 29 Angeklagte wurden zu lebenslänglichem Kerker verurteilt. Insgesamt verhängten die Volksgerichte Kerkerstrafen im Ausmaß von rund 30.000 Jahren. Der Großteil der Verfahren wurde bis Anfang 1948 eingeleitet. Am 20. Dezember 1955, wenige Wochen nach dem Abzug der letzten alliierten Besatzungssoldaten, wurde die Volksgerichtsbarkeit abgeschafft. Mit der NS-Amnestie 1957 wurden auch das Kriegsverbrechergesetz und Teile des NS-Verbotsgesetzes außer Kraft gesetzt.

Der Großteil der Urteile der vier Volksgerichte erging in Verfahren wegen Zugehörigkeit zur illegalen NSDAP vor 1938, mehrere Tausend jedoch wegen Gewaltverbrechen, wie Misshandlung, Verletzung der Menschenwürde, Denunziation und Raub, aber auch Mord, Totschlag und Kriegsverbrechen im eigentlichen Sinne. Nach neuesten Forschungen wurde in 500 Verfahren wegen Verbrechen, die den Tod des Opfers zur Folge hatten, ein Urteil gesprochen. Rund die Hälfte davon waren Denunziationen, als deren Folge die denunzierte Person hingerichtet wurde oder im KZ zugrunde ging. Gemessen an der Gesamtzahl von 23.477 Urteilen erscheint dies wenig. Gemessen an den 425 westdeutschen Prozessen wegen derartiger Verbrechen im selben Zeitraum ist die Zahl jedoch beeindruckend: Die Bundesrepublik Deutschland hatte Anfang der fünfziger Jahre 50 Millionen, Österreich 6,7 Millionen Einwohner.[3]

Wenn man das Ausmaß beurteilen will, in dem österreichische NS-Täter zur Verantwortung gezogen wurden, ist außer den Volksgerichten auch die Tätigkeit alliierter Militärgerichtshöfe sowohl in Österreich selbst als auch in Deutschland zu berücksichtigen – so hatte sich der Großteil jener Angehörigen des Bewachungspersonals des KZ Mauthausen, die verhaftet und vor Gericht gestellt werden konnten, nicht vor österreichischen Volksgerichten, sondern vor einem amerikanischen Militärgerichtshof im ehemaligen Konzentrationslager Dachau zu verantworten.

Nach der Abschaffung der Volksgerichte kam die Ahndung von NS-Gewaltverbrechen in Österreich fast völlig zum Erliegen. Es wurden seither nur mehr 35 Prozesse geführt. Während in Deutschland, aber auch anderen europäischen Ländern, noch in den Achtziger- und Neunzigerjahren große Prozesse wegen NS-Verbrechen stattfanden, wurde in Österreich das letzte Urteil vor 30 Jahren, am 2. Dezember 1975, gefällt.

Anmerkungen

1 Das heute noch gültige Standardwerk zur Entnazifizierung ist: Dieter Stiefel, Entnazifizierung in Österreich. Wien – München – Zürich 1981.

2 Ministerratsprotokoll vom 20. Juni 1945. Abgedruckt in: Gertrude Enderle-Burcel – Rudolf Jeřábek – Leopold Kammerhofer (Hg.), „. . . im eigenen Haus Ordnung schaffen". Protokolle des Kabinettsrates 29. April 1945 bis 20. Juli 1945. Protokolle des Kabinettsrates der Provisorischen Regierung Karl Renner 1945, Bd. 1. Horn – Wien 1995, S. 260.

3 Detaillierte Zahlen in: Winfried R. Garscha, Statistische Zahlen zu nationalsozialistischen Tötungsverbrechen vor österreichischen und deutschen Gerichten, in: Heimo Halbrainer – Martin F. Polaschek (Hg.), Kriegsverbrecherprozesse in Österreich. Eine Bestandsaufnahme. Historische und gesellschaftspolitische Schriften des Vereins CLIO, Bd. 2. Graz 2003, S. 9–31.

Edith Petschnigg

Alliierte Entnazifizierung in Österreich

„Wir sind entschlossen, die Nationalsozialistische Partei, die nationalsozialistischen Gesetze, Organisationen und Einrichtungen zu beseitigen, alle nationalsozialistischen und militärischen Einflüsse aus den öffentlichen Dienststellen sowie dem kulturellen und wirtschaftlichen Leben des deutschen Volkes auszuschalten." Mit diesen programmatischen Worten definierten die „großen Drei" der Alliierten, die USA, Großbritannien und die Sowjetunion, bei der Konferenz von Jalta im Februar 1945 erstmals ihre Ziele für die Zeit nach der Kapitulation des „Dritten Reiches" in einer gemeinsamen Erklärung. Diese Ziele konnten jedoch nicht allein mit der Niederlage des Deutschen Reiches erreicht werden, sondern bedurften einer darüber hinausgehenden Vorgangsweise: der so genannten Entnazifizierung.[1]

Der Begriff „Entnazifizierung" leitet sich von dem US-amerikanischen Terminus „Denazification" ab, der von einem Politologen im Stab des politischen Beraters von General Dwight D. Eisenhower geprägt wurde. Im April 1945 wurden unter diesem Begriff folgende neun Aufgabenfelder der US-Besatzung in Deutschland und Österreich zusammengefasst:[2]

- „Auflösung der NSDAP,
- Ausmerzung des Nationalsozialismus aus deutschen Gesetzen und Verordnungen,
- Abschaffung von NS-Symbolen, Straßennamen und Denkmälern,
- Beschlagnahme des Vermögens und der Unterlagen der NSDAP,
- Verbot von aus der NS-Herrschaft herrührenden Privilegien,
- Internierung von NS-Führern,
- Ausschließung von mehr als nur nominellen Mitgliedern der NSDAP vom öffentlichen Leben,
- Unterbindung von NS-Indoktrination in jeder Form,
- Verbot von Paraden und NS-Demonstrationen."

Der Begriff Entnazifizierung wurde in der Folge in zweifacher Hinsicht verwendet: Einerseits als Synonym für die politische Säuberung der deutschen und österreichischen Nachkriegsgesellschaft, andererseits bezeichnete er den Prozess der personellen Säuberungen, der sich insbesondere in Form von Verhaftungen und Amtsenthebungen manifestierte.[3]

Berücksichtigt man sowohl die alliierte als auch die österreichische Entnazifizierungspolitik lassen sich fünf Phasen feststellen:[4]

1. Von April 1945 bis Juni 1945: Phase der militärischen Sicherheitsvorkehrungen, die vor allem durch Internierungen durch die Besatzungsmächte gekennzeichnet war,
2. von Juni 1945 bis Februar 1946: Phase der autonomen, voneinander unabhängig vorgenommenen Entnazifizierung durch die Alliierten,
3. von Februar 1946 bis Februar 1947: Phase der österreichischen Entnazifizierung auf Grundlage der Gesetze von 1945 (Verbotsgesetz, Wirtschaftssäuberungsgesetz und Kriegsverbrechergesetz),[5]
4. von Februar 1947 bis Mai 1948: Phase der österreichischen Entnazifizierung auf Grundlage des Nationalsozialistengesetzes von 1947,
5. von 1948 bis 1957: Zeit der Amnestien.

US-Entnazifizierungspolitik

Die US-amerikanische Entnazifizierungspolitik verfolgte in Österreich die grundlegenden Ziele, die NS-Ideologie zu tilgen, NS-Institutionen zu zerschlagen sowie Urheber, Repräsentanten und „glühende Anhänger" des NS-Regimes zur Verantwortung zu ziehen. Im Unterschied zur US-amerikanischen Entnazifizierung in Deutschland wurden die Säuberungskategorien in Österreich um Heimwehrfaschismus und Ständestaat erweitert.[6] Insgesamt lässt sich die Entnazifizierung im Bereich der US-Zone in zwei Phasen gliedern:[7]

1. Von Mai 1945 bis Mitte 1946: Phase der direkten amerikanischen Entnazifizierung,
2. von Mitte 1946 bis Ende 1950: Phase der indirekten Säuberung, die in der Überwachung der von Österreich durchgeführten Entnazifizierung bestand.

Das „373 POW Camp" Wolfsberg, Gemälde eines Insassen.
Quelle: KLA/Klagenfurt.

Mit der systematischen US-amerikanischen Entnazifizierung wurde allerdings erst im Juli 1945 begonnen. Von diesem Zeitpunkt an bis April 1946 wurden rund 9.700 Personen im Rahmen der US-Entnazifizierungsprogramme verhaftet. Zunächst wurden die Verhafteten in provisorischen Lagern untergebracht; ab September 1945 erfolgte die Inhaftierung im neu errichteten Internierungslager „Markus W. Orr" in Glasenbach in Salzburg.[8]

Sowjetische Entnazifizierungspolitik

Die sowjetische Besatzungsmacht schlug bei ihrer Entnazifizierungspolitik in Österreich von Beginn an einen eigenständigen, von den Westalliierten unabhängigen Weg ein. So überließ sie die Durchführung der Entnazifizierung nahezu ausschließlich den österreichischen Behörden,[9] von welchen sie ab Dezember 1945 jedoch laufend eine strengere Vorgehensweise forderte.[10] Auch die westlichen Besatzungsmächte wurden von der Sowjetunion in zunehmendem Maße für ihre allzu laxe Entnazifizierung kritisiert. Selbst führte die sowjetische Besatzungsmacht in dieser Hinsicht nur vereinzelte Maßnahmen durch, die sich insbesondere in Verhaftungen und Verschleppungen österreichischer Zivilisten manifestierten.[11] Eigene Internierungslager für Nationalsozialisten gab es in der sowjetischen Zone nicht.[12]

Französische Entnazifizierungspolitik

Die französische Besatzungsmacht verfügte über keine eigentlichen Direktiven zur Entnazifizierung in Österreich; wie auf allen Gebieten der französischen Besatzungspolitik herrschte auch im Bereich der Entnazifizierung Improvisation vor.[13] Jedoch können für die französische Besatzungszone zwei wichtige Phasen der Entnazifizierung unterschieden werden:[14]

1. Vom Frühjahr 1945 bis zum Sommer 1945: von Pragmatismus geprägte Phase, Verhaftungen und Internierungen von Nationalsozialisten,
2. vom Sommer 1945 bis zum Frühjahr 1946: Zusammenarbeit mit ehemaligen österreichischen Widerstandsgruppen, Hauptaufgabe: Überwindung des Nationalsozialismus sowie Betreuung und Versorgung der Opfer.

In der französischen Zone bestanden ebenso wie in der US-amerikanischen und der britischen Zone Internierungslager für Nationalsozialisten. In Vorarlberg wurden diese in Lochau (Bregenz), Brederis (Feldkirch) und Rungelin (Bludenz) errichtet. In Tirol waren bereits unter US-amerikanischer Besatzung erste Lager entstanden, etwa in Geroldseck in Kufstein oder in Reichenau bei Innsbruck; unter den Franzosen kamen später weitere hinzu, wie etwa das Lager „Oradour" östlich von Schwaz.[15]

Britische Entnazifizierungspolitik

„Denazification is regarded by the British as a destructive and preventive process rather than a punitive system", lautete das britische Entnazifizierungsprinzip.[16] Die britische Säuberungspolitik erfolgte – trotz einiger Auffassungsunterschiede – weitgehend im Einklang mit der Vorgangsweise der USA, was sich beispielsweise in der Anwendung derselben Verhaftungsbestimmungen äußerte.[17] Im Wesentlichen sind sechs Perioden der britischen Entnazifizierungspolitik in Österreich unterscheidbar:[18]

1. Von Anfang 1944 bis ca. April 1945: Phase der gemeinsamen Planungen mit den USA,
2. von Mai 1945 bis September 1945: Phase der militärischen Sicherheitsvorkehrungen in Kärnten und ab 23. Juli in der bis dahin fünffach besetzten Steiermark,

3. von Oktober 1945 bis Februar 1946: Phase der Durchführung einer weitgehend autonomen britischen Entnazifizierung,
4. von Februar 1946 bis Februar 1947: Phase, in der die Briten von ihrer autonomen Entnazifizierung zur Kontrolle der österreichischen Entnazifizierung übergingen.
5. von Februar 1947 bis Mai 1948: Phase der fast vollständigen Überlassung der Entnazifizierung an die österreichischen Behörden,
6. ab Mitte Mai 1948: Phase der Amnestien.

Hinsichtlich der Internierung von Nationalsozialisten knüpften die Briten an bestehende Lagerstrukturen an: Das zentrale britische Entnazifizierungslager in Wolfsberg in Kärnten (373 POW Camp) ging aus dem ehemaligen Kriegsgefangenen-Mannschaftsstammlager (Stalag) XVIII A Wolfsberg[19] hervor.

Weitere Internierungslager bestanden in Weißenstein, Ebenthal und Federaun in Kärnten, in Wetzeldorf bei Graz und auch in Wien. Beinahe drei Jahre lang verfolgten die Briten eine konsequente Internierungspolitik. Im Frühjahr 1948 ging diese mit der Schließung des Lagers in Wolfsberg[20] zu Ende, und die Entnazifizierung wurde auf der Grundlage des Nationalsozialistengesetzes von 1947[21] den österreichischen Behörden überlassen.[22]

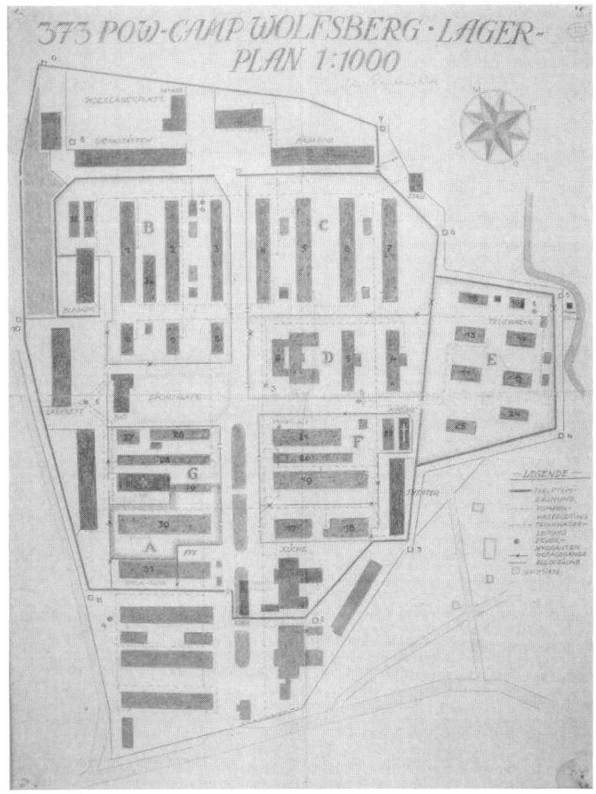

Plan des „373 POW Camp" Wolfsberg, von einem Insassen angefertigt.
Quelle: KLA/Klagenfurt.

Resümee

Die Entnazifizierung in Österreich war ein gemeinsames Produkt der vier Besatzungsmächte USA, Großbritannien, Frankreich und Sowjetunion sowie der drei politischen Parteien ÖVP, SPÖ und KPÖ.[23] In einer ersten Phase – Frühjahr 1945 bis Herbst 1945 – verfolgten die Besatzungsmächte in ihrer jeweiligen Zone eine autonome Entnazifizierungspolitik. Doch bereits ab dem Winter 1945/46 begann der Übergang zu einer pragmatischen und realistischen Phase, die von einem Rückzug der Alliierten aus dem politischen Säuberungsprozess zugunsten der österreichischen Behörden gekennzeichnet war.[24] Mit den Amnestien von 1948 bis 1957 und der damit verbundenen Reintegration der ehemaligen Nationalsozialisten in das politische und wirtschaftliche Leben Österreichs fand die Entnazifizierungspolitik ihren Abschluss.[25] Aber war sie auch erfolgreich?

Die Entnazifizierungsmaßnahmen konnten – auch auf Grund ihrer wesensimmanenten Grenzen, nämlich die der Rechtsstaatlichkeit, der demokratischen Regierungsform und des wirtschaftlichen Wiederaufbaus Österreichs – keine vollständige Entnazifizierung bewirken. Sie brachten zwar die formale Entmachtung des Nationalsozialismus auf allen gesellschaftlichen Ebenen, doch beinhalteten sie keine speziellen politischen Umschulungsmaßnahmen für ehemalige Parteigänger.[26] Zu tief war die österreichische Gesellschaft mit NS-Gedankengut durchdrungen, als dass die Überwindung desselben durch temporäre Maßnahmen erzielt werden hätte können. Erst in den Achtzigerjahren konnte das große öffentliche Schweigen über die NS-Vergangenheit durchbrochen und eine moralische Bewältigung begonnen werden.[27]

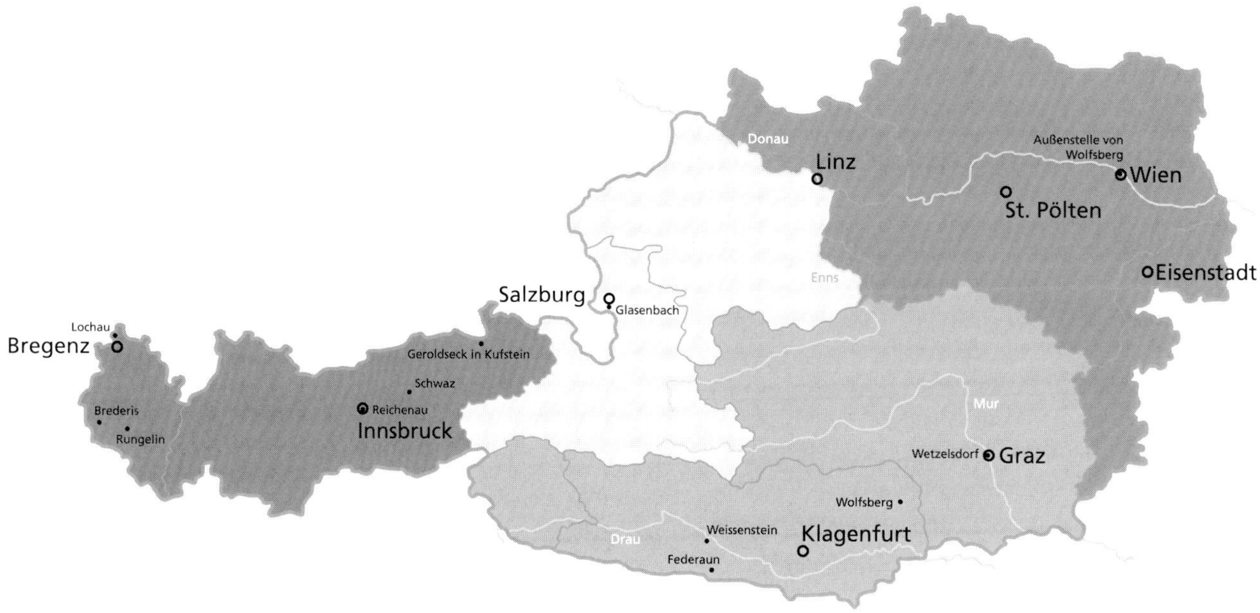

Entnazifierung: Alliierte Internierungslager.
Entwurf: BIK/Graz.

Anmerkungen

1 Dieter Stiefel, Entnazifizierung in Österreich. Wien – München – Zürich 1981 (= Stiefel, Entnazifizierung), S. 21; zur Entnazifizierung in Österreich vgl. weiters: Sebastian Meissl – Klaus-Dieter Mulley – Oliver Rathkolb (Hg.), Verdrängte Schuld, verfehlte Sühne. Entnazifizierung in Österreich 1945–1955. Symposion des Instituts für Wissenschaft und Kunst, Wien, März 1985. Wien 1986.

2 Walter Schuster – Wolfgang Weber, Entnazifizierung im regionalen Vergleich: Der Versuch einer Bilanz, in: Walter Schuster – Wolfgang Weber (Hg.), Entnazifizierung im regionalen Vergleich. Linz 2004 (= Schuster – Weber, Vergleich), S. 16f.

3 Ebd., S. 17.

4 Dieter Stiefel, Forschungen zur Entnazifizierung in Österreich: Leistungen, Defizite, Perspektiven, in: Walter Schuster – Wolfgang Weber (Hg.), Entnazifizierung im regionalen Vergleich. Linz 2004 (= Stiefel, Forschungen), S. 44f.

5 Zur österreichischen Entnazifizierungspolitik vgl. den Beitrag von Winfried R. Garscha in diesem Band.

6 Kurt Tweraser, Die amerikanische Säuberungspolitik in Österreich, in: Walter Schuster – Wolfgang Weber (Hg.), Entnazifizierung im regionalen Vergleich. Linz 2004 (= Tweraser, Säuberungspolitik), S. 364f; zur US-Entnazifizierungspolitik in Österreich vgl. auch Oliver Rathkolb, U.S.-Entnazifizierung in Österreich zwischen kontrollierter Revolution und Elitenrestauration (1945–1949), in: Zeitgeschichte, Jg. 11, H. 9/10, Wien – Salzburg 1984 (= Rathkolb, U.S.-Entnazifizierung), S. 302–325.

7 Tweraser, Säuberungspolitik, S. 363.

8 Rathkolb, U.S.-Entnazifizierung, S. 308f.

9 Barbara Stelzl-Marx, Entnazifizierung in Österreich: Die Rolle der sowjetischen Besatzungsmacht, in: Walter Schuster – Wolfgang Weber (Hg.), Entnazifizierung im regionalen Vergleich. Linz 2004 (= Stelzl-Marx, Entnazifizierung), S. 432; vgl. Stiefel, Entnazifizierung, S. 40–42.

10 Stelzl-Marx, Entnazifizierung, S. 448.

11 Vgl. dazu: Harald Knoll – Barbara Stelzl-Marx, Sowjetische Strafjustiz in Österreich. Verhaftungen und Verurteilungen 1945 bis 1955, in: Stefan Karner – Barbara Stelzl-Marx (Hg.), Die Rote Armee in Österreich. Sowjetische Besatzung 1945–1955. Graz – Wien – Klagenfurt 2005; Harald Knoll – Barbara Stelzl-Marx, Österreichische Zivilverurteilte in der Sowjetunion. Ein Überblick, in: Andreas Hilger – Mike Schmeitzner – Ute Schmidt (Hg.), Die Verurteilung deutscher Zivilisten 1945–1955. Sowjetische Militärtribunale, Bd. 2. Köln – Weimar – Wien 2003, S. 571–605.

12 Stelzl-Marx, Entnazifizierung, S. 432.

13 Jürgen Klöckler, Ici L'Autriche – Pays Ami! Frankreich und die Entnazifizierung im besetzten Österreich 1945/46, in: Walter Schuster – Wolfgang Weber (Hg.), Entnazifizierung im regionalen Vergleich. Linz 2004, S. 460.

14 Ebd., S. 463–467.

15 Ebd., S. 463f.

16 PRO, FO 1020/784 – MGOs Directive Nr. 44.

17 Siegfried Beer, Die britische Entnazifizierung in Österreich 1945–1948, in: Walter Schuster – Wolfgang Weber (Hg.), Entnazifizierung im regionalen Vergleich. Linz 2004 (= Beer, Entnazifizierung), S. 404; zur Entnazifizierung in der britischen Zone siehe auch: Robert Knight, Britische Entnazifizierungspolitik 1945–1949, in: Zeitgeschichte, Jg. 11, H. 9/10, Wien – Salzburg 1984, S. 287–301.

18 Beer, Entnazifizierung, S. 403.

[19] Zum Stalag XVIII A Wolfsberg vgl. etwa: Barbara Stelzl-Marx, Das Oflag XVIII B/Stalag XVIII A Wolfsberg 1939–45, in: Robert Grazer (Hg.), Wolfsberg. Wolfsberg 2001, S. 182–206; zur Geschichte des Lagerstandortes Wolfsberg ist eine Dissertation der Verfasserin dieses Beitrages unter dem Arbeitstitel „Lagerkontinuität im 20. Jahrhundert am Beispiel des Lagers Wolfsberg" in Vorbereitung.

[20] Das Kriegstagebuch für das 373 POW Camp Wolfsberg ist bis Juni 1946 erhalten. Vgl. PRO, WO 170/7250.

[21] BGBL Nr. 25/1947. Bundesverfassungsgesetz vom 6.2.1947 über die Behandlung der Nationalsozialisten.

[22] Beer, Entnazifizierung, S. 411.

[23] Vgl. Stiefel, Forschungen.

[24] Schuster – Weber, Vergleich, S. 27.

[25] Stiefel, Entnazifizierung, S. 314f.

[26] Ebd., S. 327f.

[27] Vgl. Tweraser, Säuberungspolitik, S. 396.

Karl W. Schwarz – Michael Staikos –
Annemarie Fenzl

Die Rolle der Kirchen in der Nachkriegszeit

Evangelische Kirche A. u. H.B.

Am 11. Mai 1945 gab Radio Wien einen Runderlass des Evangelischen Oberkirchenrates bekannt: Es wurde angeordnet, dass in den Gottesdiensten am 13. Mai in allen evangelischen Kirchen Österreichs dankbar der Beendigung des Krieges gedacht werde. Der Gottesdienst sollte als ein Bußgottesdienst gestaltet werden. „Es mußte gesagt werden, was die meisten unmittelbar empfanden, daß sich vor unseren Augen ein Gottesgericht mit unheimlicher Folgerichtigkeit vollzogen hat, aber dies mußte gesagt werden [...], daß es nicht als ein politisches, sondern als ein religiöses Wort vom Evangelium her verstanden wird." Derjenige, der dies schrieb und anordnete, war seit 1944 leitender geistlicher Amtsträger der Evangelischen Kirche A. u. H.B. in Österreich, Bischof Dr. Gerhard May, verantwortlich für 129 Gemeinden seiner Kirche. Er war zuvor Pfarrer in Celje gewesen, er hatte als Angehöriger der deutschen Minderheit in Slowenien eine „volkstumspolitische Mission" wahrgenommen (die „volksdeutsche Sendung der Kirche"), von der er entschieden abrückte, als er nach Wien übersiedelte. In einem Hirtenbrief zum Ewigkeitssonntag 1944 hatte er von der unlösbaren Schicksals- und Schuldgemeinschaft der Kirche mit dem Volk gesprochen und zum Strafgericht Gottes Stellung genommen, welches „am Hause Gottes" seinen Anfang nimmt. Er greift Motive eines Schuldbekenntnisses auf („Wie viel christlichen Dienst sind wir unserem Volk schuldig geblieben! Wir sind träge geworden in Gebet und Fürbitte, matt im Glauben, lau in der Liebe, lässig in der Zucht, armselig in der Brüderlichkeit, schwächlich an Bekennermut.") und deutet damit eine Schuldverstrickung seiner Kirche an, die sich in einer erheblichen politischen Anpassung („Nazi"-Kirche) geäußert hatte. Dazu ging die Kirchenleitung nunmehr auf strikte Distanz. Gerhard May hat diesen Prozess mit seiner persönlichen Konversion vom „volksdeutschen" Politiker zum bischöflichen Wegweiser glaubwürdig gemacht und eine entschiedene Entpolitisierung seiner Kirche erreicht: Man habe sich einmal die Finger verbrannt und möchte sich hüten, dies noch einmal zu tun. Mit diesem Weg von der deutschnationalen Programmatik mit ihren Los-von-Rom-Motiven hin zu einer bewussten Standortbestimmung „in Österreich", weg von einer Orientierung an das Mutterland der Reformation hin zu einer neuen ökumenischen Orientierung war eine deutliche Annäherung zur römisch-katholischen Kirche verbunden. Die große Flüchtlingswelle, die „Volksdeutsche" aus Ost- und Südosteuropa nach Österreich brachte, darunter 70.000 Protestanten, legte der Evangelischen Kirche eine große Verantwortung auf. Über ihr Engagement in der Flüchtlingsseelsorge und ihre Integrationsarbeit zugunsten dieser Flüchtlinge fand sie auch Zustimmung und Anerkennung seitens der Politiker. Ja sie vermochte so ein mitunter tief liegendes Misstrauen abzubauen, welches staatliche Behörden dem „deutschen" Protestantismus entgegenbrachten. In langen Verhandlungen in den Fünfzigerjahren konnten diese Vorbehalte sukzessive überwunden und mit dem Protestantengesetz 1961 ein Modell für ein modernes Staatskirchenrecht („freie Kirche im freien Staat") entwickelt werden, das den Evangelischen Kirchen vollkommene Religionsfreiheit gewährte. 1981 wurde den Evangelischen schließlich sogar seitens des österreichischen Bundespräsidenten Dr. Rudolf Kirchschläger attestiert, dass sie ein unverzichtbarer Teil des Ganzen seien. Damit war der Prozess der „Austrifizierung" dieser Kirche, der 1945 seinen Ausgang genommen hatte, endgültig abgeschlossen.

Orthodoxe Kirche

Das Ende des Zweiten Weltkrieges hat auch für die Orthodoxe Kirche in Österreich einen neuen Beginn signalisiert. In Österreich verbliebene Zwangsarbeiter und Flüchtlinge und einige Jahre später Tausende von griechischen Studenten mussten pastoral betreut werden. Es waren wie auch vor dem Krieg Jahre eines friedlichen

Nebeneinanders mit der römisch-katholischen und den anderen Kirchen in Österreich.
Der Durchbruch kam in den Sechzigerjahren, als im Jahre 1963 das Ökumenische Patriarchat von Konstantinopel eine eigene Erzdiözese, die Griechisch-Orientalische Metropolis von Austria errichtet und den damaligen Bischof Dr. Chrysostomos Tsiter als ersten Metropoliten von Austria ernannt hat. Heutzutage umfasst die Metropolis von Austria die griechisch-orthodoxen Gemeinden in Österreich und Ungarn und steht unter der Leitung von Erzbischof Dr. Michael Staikos, der den Titel eines Metropoliten von Austria und Exarchen von Ungarn und Mitteleuropa trägt.
Das Zweite Vatikanische Konzil fand in der Persönlichkeit des Erzbischofs von Wien, Kardinal Dr. Franz König, einen authentischen Interpreten, der 1964 die Stiftung „Pro Oriente" gegründet hat und somit dem orthodoxen Osten die Tore zum katholischen Westen geöffnet hat. Schließlich brachte das Jahr 1967 durch das Orthodoxengesetz die staatliche Anerkennung der Griechisch-Orientalischen Kirche in Österreich, die bis zu diesem Zeitpunkt durch die griechische, die serbische und die rumänische Kirchengemeinde vertreten war. Zwei Jahre später (1969) sind auch die russische und die bulgarische Kirchengemeinde anerkannt worden. Zur Zeit organisieren sich zwei weitere Kirchengemeinden, die des Patriarchates von Antiochien und des Patriarchates von Georgien.
Die heute in Österreich lebenden Orthodoxen werden auf etwa 400.000 geschätzt und vom Metropoliten von Austria bzw. von Bischöfen und Priestern der anderen zuständigen autokephalen Orthodoxen Kirchen betreut, die auch für den orthodoxen Religionsunterricht sorgen.
Im Geiste der ökumenischen Bewegung leistet die griechisch-orientalische Kirche in Österreich Wesentliches zur Förderung des Dialogs zwischen den christlichen Kirchen im Rahmen des Ökumenischen Rates der Kirchen in Österreich und der Stiftung „Pro Oriente".

Katholische Kirche

Bis 1938 war die Stellung der katholischen Kirche in Staat und Gesellschaft – als Folge einer speziellen österreichischen historischen Entwicklung – durch eine besonders enge Bindung an die politische Macht gekennzeichnet. Den anfänglichen Bemühungen nach dem Anschluss, zu einem „modus vivendi" zwischen Kirche und Nationalsozialismus zu kommen, erteilten die Bischöfe, ernüchtert durch den einsetzenden Kirchenkampf, schon im Sommer 1938 eine klare Absage. Dem nationalsozialistischen Sturm auf das Erzbischöfliche Palais in Wien folgten sechs Jahre der Verfolgung von Klerus und katholischen Aktivisten.

1945: Der brennende Stephansdom.
Quelle: ÖNB/Bildarchiv/Wien.

Die Konsequenzen, die die Kirche aus dieser Lektion in der Folge zog, bestimmten ihre neue Stellung in Staat und Gesellschaft. Bereits bei ihrer ersten Zusammenkunft nach dem Krieg, im Herbst 1945 in Salzburg, entschied die österreichische Bischofskonferenz, die bereits 1933

Kardinal Innitzer (li.) am Tag der Unterzeichnung des Staatsvertrages mit Bundespräsident Theodor Körner.
Quelle: Ludwig Steiner/Wien.

erfolgte Abberufung des Klerus aus der aktiven Politik beizubehalten. Im Herbst 1946 prägte Kardinal Innitzer die Devise von einer „freien Kirche im neuen Staat“. Diese nun freie Kirche, die ab nun selbst für ihren Personal- und Sachaufwand aufzukommen hatte, behielt die bis auf den heutigen Tag nicht unproblematische, aus der NS-Zeit stammende, Einhebung der Kirchenbeiträge bei.

Eine grundsätzliche Auseinandersetzung bahnte sich um die Gültigkeit des 1933 abgeschlossenen Konkordates an, welches von der Sozialistischen Partei, in Erinnerung an das Dollfuß-Regime, mit dem Hinweis auf die so genannte Annexionstheorie abgelehnt wurde. Ein weiteres Problem, die ebenfalls von den Nationalsozialisten angeordnete Einführung der obligatorischen Zivilehe, derzufolge die kirchliche Trauung erst nach vollzogener Ziviltrauung vorgenommen werden konnte, wurde vom österreichischen Episkopat bereits auf dessen Herbstkonferenz 1950 in Angriff genommen.

Aufgrund der allgemein schwierigen politischen Situation konnte die Kirche aber in diesen Jahren lediglich versuchen, durch Klarstellung der Rechtsfragen künftigen positiveren Verhandlungen, vor allem im Hinblick auf die Konkordatsfrage, vorzuarbeiten. Eine entscheidende Weichenstellung leistete die von 1. bis 4. Mai 1952 in Mariazell abgehaltene Studientagung, welche der geistigen Vorbereitung auf den ersten Nachkriegskatholikentag, der unter dem Motto: „Freiheit und Würde des Menschen“ stand, dienen sollte. Priester und besonders auch Laien aus ganz Österreich – organisiert in der „Katholischen Aktion“, die seit 1945 das frühere katholische Vereinswesen abgelöst hatte, und besonders im Bereich der katholischen Jugend unter dem Motto „In der Liebe zu Österreich soll uns niemand übertreffen“ aktiv am Wiederaufbau mitarbeitete – versuchten gemeinsam, die gegenwärtige Situation ihrer Kirche zu analysieren und zu prüfen, um jene Grundlagen zu finden, auf welchen das zukünftige Leben und Wirken aufbauen konnte. Vergangenheit und Gegenwart wurden durchleuchtet, Missstände erkannt und neue Ansatzpunkte gefunden.

Das Ergebnis dieser Beratungen von 1952 zeichnete die Konturen einer „freien Kirche in einer freien Gesellschaft“ vor. Eine solcherart freie Kirche bedeutete daher: „Keine Rückkehr zum Staatskirchentum vergangener Jahrhunderte [...], Keine Rückkehr zu einem Bündnis von Thron und Altar [...], Keine Rückkehr zum Protektorat einer Partei über die Kirche!“ Eine solcherart freie Kirche bedeutet aber nicht eine Kirche des katholischen Ghettos; eine solche Kirche ist vielmehr bereit zur „Zusammenarbeit mit allen: zur Zusammenarbeit mit dem Staat in allen Fragen, die gemeinsame Interessen berühren, also in Ehe, Familie und Erziehung; zur Zusammenarbeit mit allen Ständen, Klassen und Richtungen zur Durchsetzung des gemeinsamen Wohles; zur Zusammenarbeit mit allen Konfessionen auf der Grundlage des gemeinsamen Glaubens an den lebendigen Gott; zur Zusammenarbeit mit allen Menschen, wer immer sie seien und wo immer sie stehen, die gewillt sind, mit der Kirche für den wahren Humanismus, für ‚Freiheit und Würde des Menschen' zu kämpfen."

Als große anstehende Probleme, die der Lösung harrten, wurde die Not der Familien, das Wohnungselend, die Rolle der Frauen, der Schutz der Kinder, aber auch die Krise des geistigen Arbeiters und schließlich die Tragödie der hunderttausenden Heimatvertriebenen aufgezeigt.

In logischer Konsequenz dieser Grundeinstellung begann sich der österreichische Episkopat unmittelbar nach der Befreiung Österreichs durch den Staatsvertrag vom 15. Mai 1955 zunächst entschieden für die Klärung der Konkordatsfrage einzusetzen. Bereits mit Datum vom 18. Mai 1955 veröffentlichte der damalige Sekretär der österreichischen Bischofskonferenz, Erzbischof-Koadiutor Dr. Franz Jachym, in deren Auftrag ein Weißbuch mit dem Titel „Kirche und Staat in Österreich", worin der Standpunkt der Kirche zu dem Problem der Gültigkeit des Konkordates, zur Reform des geltenden Ehegesetzes, zu Erziehung und Schulgesetzgebung sowie zu vermögensrechtlichen Fragen nochmals klar dargelegt wurde.

In der Folgezeit begann sich langsam auch ein wachsendes Verständnis für die Notwendigkeit der Schaffung einer befriedigenden Grundlage des Verhältnisses von Kirche und Staat abzuzeichnen. Faire Verhandlungen von beiden Seiten, unter anderem bestärkt durch Dokumente wie den von Bischof Rusch konzipierten Sozialhirtenbrief der österreichischen Bischöfe vom 16. Oktober 1956, der neben einer klaren Verurteilung des liberalen Kapitalismus, des Kommunismus sowie einer sozialistisch-materialistischen Weltanschauung „den gemäßigten Sozialismus von heute", der eine sozialere Gesellschaftsordnung anstrebt, anerkannte, mündeten ein in eine stufenweise Regelung der Beziehung der Republik Österreich zum Heiligen Stuhl in den Jahren 1957 bis 1964.

In diesen Jahren begannen auch die behutsamen Kontakte, die der seit 1956 amtierende neue Wiener Erzbischof Franz König aus einem grundsätzlichen Verständnis seiner Aufgabe als oberster Hirte Österreichs unmittelbar nach seinem Amtsantritt zu knüpfen begonnen hatte, langsam Früchte zu tragen. Die unverrückbaren Maximen seines bischöflichen Dienstes beschrieb der Kar-

Franz König mit Leopold Figl und Julius Raab (v. li. n. re.).
Quelle: Maria Hauer/Wien.

dinal selbst später in seiner Rede vor dem Bundesvorstand des Österreichischen Gewerkschaftsbundes am 27. Februar 1973 klar: „Ich bin kein Bischof der ÖVP und kein Bischof der SPÖ, kein Bischof der Unternehmer und keiner der Gewerkschafter, nicht ein Bischof der Bauern und nicht einer der Städter: Ich bin der Bischof aller Katholiken. Die Kirche ist für alle da, sie fühlt sich verantwortlich für alle Menschen, auch für jene, die ihr formell nicht zugehören. Die Kirche muss politisch handeln, sie darf aber nicht politisieren. Das politische Freund-Feind-Verhältnis kommt für die Kirche nicht in Betracht, da sie grundsätzlich für alle Menschen da sein muss; ihr Blick muss immer so klar sein, dass sie im vermeintlichen Gegner von heute den möglichen Verbündeten von morgen sehen kann."

Diese neue Grundhaltung, die Kardinal König bereits 1965 folgendermaßen beschrieben hatte: „Die Kirche in Österreich ist keiner Ideologie und keiner Interessengemeinschaft verhaftet. Ihre Aufgabe ist es nicht, zu trennen, sondern zu vereinen. [...] Sie will nicht herrschen, sondern nur dienen" hat die Kirche in den darauf folgenden Jahrzehnten konsequent durchzuhalten versucht. Sie überstand auch ernste Belastungsproben wie die Auseinandersetzung um die so genannte Fristenlösung, in der bis heute kein wirklicher Konsens gefunden werden konnte.

So leistet die katholische Kirche – auf der Basis des Zweiten Vatikanischen Konzils und in fruchtbarer Zusammenarbeit mit den anderen staatlich anerkannten Kirchen – in ihren Wortmeldungen und praktischen Aktionen zu sozialen und gesellschaftspolitischen Fragen der Heimat, immer auch in selbstkritischer Haltung in der Auseinandersetzung mit der eigenen Vergangenheit, einen Beitrag zur positiven Entwicklung Österreichs in der Zweiten Republik.[1]

Anmerkung

[1] Zur Thematik „Kirchen in Österreich nach 1945" vgl. u.a.: Maximilian Liebmann, Von der Dominanz der katholischen Kirche zu freien Kirchen im freien Staat – vom Wiener Kongress 1815 bis zur Gegenwart, in: Rudolf Leeb – Maximilian Liebmann – Georg Scheibelreiter – Peter G. Tropper, Geschichte des Christentums in Österreich. Von der Spätantike bis zur Gegenwart. Österreichische Geschichte. Wien 2003, S. 440–452.

Hermann Rafetseder

„Der Preis der Vergangenheit": Restitution und „Entschädigung"

Auswirkungen des NS-Regimes beschäftigten Bund, Länder, Kommunen, aber auch Gerichte oder Wirtschaftsbetriebe Österreichs bis lange nach 1945 in einem breiteren Ausmaß, als es der Öffentlichkeit bewusst war.[1] In entsprechenden Gesetzesregelungen wurden Gruppen von Betroffenen sehr eng abgegrenzt, größere Gruppen blieben lange generell ausgeschlossen, individuelle Ansprüche wurden gegenüber Ansprüchen von Staaten und Interessensvertretungen vernachlässigt.

Vor allem waren auch die in diesen Zusammenhängen verwendeten Begriffe von Beginn an offenbar unzulänglich. Der problematische Terminus „Wiedergutmachung"[2] hat sich im deutschen Sprachraum bis heute auch im juristischen Gebrauch als Oberbegriff für zwei (nur bedingt abgrenzbare) Sachverhaltsgruppen gehalten: einerseits „Restitution" oder Rückerstattung konkreter Vermögenswerte bzw. (bei deren Untergang) für entsprechenden Wert- oder Schadensersatz, anderseits „Entschädigung" als Schadensausgleich bei Rechtsgütern wie Leben, Körper, Gesundheit oder Freiheit. Bei „Wiedergutmachung" wären eigentlich die Elemente der Sühne (seitens juristisch oder moralisch „Schuldiger") und des Verzeihens (seitens Geschädigter) implizit mitgedacht. Letzteres ist ja immerhin gelegentlich bei Versöhnungsfondsfällen offensichtlich – wobei es aber lange und komplizierte Wege waren, bis sich Ex-Zwangsarbeiter aus Frankreich oder Österreich ausdrücklich als „jetzt versöhnt" bzw. mit Zusatz „der Versöhnte" unterschreiben konnten[3].

Lange Zeit kümmerte man sich (wenn überhaupt) eher um Vermögenswerte: Vom „Anmeldegesetz" von 1945 bis zum Bundesgesetz über „Rückgabe von Kunstgegenständen aus den Österreichischen Bundesmuseen und Sammlungen" von 1998 gab es verschieden weit greifende Regelungen, wobei auch mit dem Entschädigungsfondsgesetz von 2001 immer noch vieles ungelöst blieb.[4]

Vor anderem Hintergrund zu sehen waren Zahlungen, die man auf eher „fürsorgemäßiger", innerstaatlich-sozialpolitischer Basis „gewährte" (ohne wirkliche Verpflichtung einzugestehen).[5]

Im Zuge des in den Achtzigerjahren eingeleiteten erinnerungspolitischen Paradigmenwechsels (Affären Reder-Frischenschlager 1985, Waldheim ab 1986, gekennzeichnet durch Bundespräsidenten-Reden 1988 im Fernsehen bzw. 1994 in Jerusalem[6]) kam es zur „Entdeckung der Verantwortung"[7]. Am 1. Juni 1995 beschloss der Nationalrat rückwirkend mit dem symbolträchtigen Datum 27. April 1995 (50. Geburtstag der Zweiten Republik) das Nationalfondsgesetz: Finanzielle Leistungen für Personen, die 1938 die österreichische Staatsbürgerschaft besessen oder zu diesem Zeitpunkt bereits zehn Jahre in Österreich gewohnt hatten (der Berechtigtenkreis wurde durch Novellierung 2001 erweitert) und dann im NS-Regime „aus politischen Gründen, aus Gründen der Abstammung, Religion, Nationalität, sexuellen Orientierung, auf Grund einer körperlichen oder geistigen Behinderung oder auf Grund des Vorwurfes der sogenannten Asozialität verfolgt oder auf andere Weise Opfer typisch nationalsozialistischen Unrechts geworden sind oder das Land verlassen haben, um einer solchen Verfolgung zu entgehen". Dadurch sollte (so Heinz Fischer) „die moralische Mitverantwortung und das Leid, das den Menschen in Österreich durch den Nationalsozialismus zugefügt wurde, anerkannt werden und den Opfern in besonderer Weise Hilfe zukommen, wobei wir natürlich wissen, dass das zugefügte Leid nicht ‚wiedergutgemacht' werden kann".[8]

Der Nationalfonds war aber nur eine Zwischenetappe im Wechsel vom Grundkonsens der „Opferthese" zur „Mitverantwortungsthese", vom Grundtenor des „uns ist es auch schlecht gegangen" in abwimmelnden Firmenschreiben zur moralischen „Mitverantwortung für das Leid, das zwar nicht Österreich als Staat, wohl aber Bürger dieses Landes über andere Menschen und Völker gebracht haben", so Bundeskanzler Vranitzky am 8. Juli 1991.

Lohn-Nachforderungen einzelner ausländischer Ex-ZwangsarbeiterInnen blieben ebenso ohne

Heimkehrerzug mit ehemaligen sowjetischen Zwangsarbeitern und deren Kindern.
Quelle: GARF/Moskau.

Resonanz wie ein Vorschlag Simon Wiesenthals bezüglich einer Fondslösung für ausländische ZwangsarbeiterInnen; folgenlos waren ähnliche Vorschläge des damaligen Diplomaten (und späteren Präsidenten des Versöhnungsfonds), Ludwig Steiner, knapp nach Abschluss des Staatsvertrages 1955.[9] Vor allem im Ostblock wohnende Betroffene hatten aber auch aus anderen Gründen lange keine Chance auf Kompensationen.

Hier (und für das Entschädigungsfondsgesetz 2001) waren auch sehr komplexe außerösterreichische Entwicklungen nötig. Entsprechende Faktoren waren, abgesehen vom nötigen Zeitabstand, die „Entdeckung" bzw. „Amerikanisierung des Holocausts" in den USA, verbunden mit auch in Österreich wirksamen massenmedialen Aufbereitungen[10], Ermöglichung der „Holocaust Era Assets"-Debatte durch die Revolutionen im ehemaligen Ostblock ab 1989 bzw. das Ende des „Kalten Krieges"[11]. Diese Entwicklungen „stieß[en] die Türen der Archive auf" und waren außerdem die Voraussetzung für die Bereitschaft der USA, Gelder auch etwa nach Russland fließen zu lassen; dazu der geänderte Umgang Russlands mit den NS-ZwangsarbeiterInnen, Gründung der World Jewish Restitution Organisation im Juni 1992 (von Israel mit weltweiter Suche nach verschollenen Vermögen jüdischer Nazi-Opfer betraut), etc.

Ab 1995 gab es die „Schweizer Bankenaffäre", vor allem rund um das besonders medienwirksame „Raubgold" – dazu gab es eine Londoner Konferenz im Dezember 1997, beigelegt wurde der Streit durch einen Vergleich vom August 1998; dieser Vergleich war nur durch das (hierzulande meist als böswillige Erpressung missverstandene) Instrument der Sammelklagen („class actions") möglich (im US-Rechtssystem „eine rechtspolitische Ergänzung, die Probleme" mit Hilfe öffentlich-medialen Drucks lösen helfen soll, „die der Gesetzgeber übersehen hat oder bislang nicht anpacken wollte".[12] Damit verbunden waren dann auch Sammelklagen ehemaliger Zwangsarbeiter gegen deutsche und schließlich (nach ab August 1998 bekannt gewordenen Absichten im Oktober 1998 eingebracht) auch gegen österreichische Firmen. Mit 1. Oktober 1998 wurde „Historikerkommission der Republik Österreich" eingesetzt. Deren Schlussbericht wurde am 24. Jänner 2003 übergeben.

Nach dem Vergleich in der „Schweizer Bankenaffäre" und der Washingtoner „Conference on Holocaust Era Assets" (30. November – 3. Dezember 1998, unter Teilnahme von 44 Regierungsdelegationen nebst Opferverbänden) wurde klar, dass das Thema „Wiedergutmachung" nunmehr auch für Deutschland und Österreich entscheidungsreif geworden war. In Deutschland wurden die Zahlungen an Ex-ZwangsarbeiterInnen wie folgt geregelt: Vorbereitet durch kleinere Zahlungen Deutschlands an polnische ExzwangsarbeiterInnen ab 1991 bzw. an russische, ukrainische und belarussische ab 1993, verbunden mit der Gründung entsprechender, halbstaatlicher Stiftungen[13], dann etwa durch Grundsatzurteil des deutschen Bundesverfassungsgerichtes vom Juli 1996 pro Individualanspruch[14] kam es vor dem Hintergrund drohender Sammelklagen bzw. Imageverluste am 16. Februar 1999 zur Gründung der deutschen Stiftung „Erinnerung, Verantwortung und Zukunft" durch deutsche Firmen, und schließlich nach langem Tauziehen verschiedener Interessen am 17. Juli 2000 zur Vertragsunterzeichnung für Deutschland.

Im Windschatten bzw. komplementär dazu wurde (nach auch völkerrechtlich erklärbarer Verzögerung) das Problem in Österreich behandelt, wobei u.a. diese Verzögerung es ermöglichte, verschiedene Schwachpunkte der deutschen Regelung zu vermeiden: Am 15. Februar 2000 wurde Maria Schaumayer zur Regierungsbeauftragten bestellt, die mit US-Unterhändler Eizenstat und den anderen Verhandlungsparteien die Voraussetzungen für das Versöhnungsfonds-Gesetzes vom 8. August 2000 schaffen konnte. Österreich holte auch deshalb ein Jahr gegenüber Deutschland auf, weil die Restitutionsproblematik dabei ausgeklammert werden konnte – nachgeholt dann mit einem Gesetzespaket von 2001. Wenige Tage vor der Vertragsunterzeichnung im Oktober 2000 wurde eine Rentenerhöhung für österreichische Kriegsgefangene beschlossen – als „spiegelgleiche Lösung" in Bezug auf die Zwangsarbeiter-Entschädigung.[15] Anzumerken ist, dass die Akzeptanz für die Zwangsarbeiter-Entschädigung in der breiten Öffentlichkeit nicht zuletzt dadurch gegeben war, dass diese beiden Lösungen – wenn auch nur in indirekter Verbindung zueinander stehend – nahezu zeitgleich erfolgten.[16] Dabei wurden im Versöhnungsfonds übrigens auch die oben erwähnten einheimischen Opfergruppen berücksichtigt (ebenso – anders als bei der deutschen Regelung – auch westeuropäische Zwangsarbeiter sowie grundsätzlich auch landwirtschaftliche Arbeitskräfte; Entschädigungen für KZ-Haft werden normalerweise von der deutschen Stiftung übernommen).

Bei der Unterzeichnung der bilateralen Abkommen zur Zwangsarbeitsregelung am 24. Oktober 2000 in Wien stellte Schaumayer fest, „dass Österreich zwar keine staatlich zurechenbare Verantwortung für das damals geschehene krasse Unrecht trägt, dass es uns aber wohl ansteht, moralische Verantwortung aus den damaligen Geschehnissen zu übernehmen". Diese Ansicht wird laut Umfragen mittlerweile von einer Mehrheit der Bevölkerung geteilt.[17]

Die Zahlungen an Ex-ZwangsarbeiterInnen begannen nach Abweisung der letzten in diesem Kontext in den USA anhängigen Klagen im Juli 2001, die Tätigkeit des Versöhnungsfonds soll mit Ende des Jubiläumsjahres 2005 abgeschlossen werden; die Zahlungen aus dem Entschädigungsfondsgesetz von 2001 beginnen erst im Jahr 2005.

Anmerkungen

1 Der Titel ist entnommen aus: Reinhard Christl – Marianne Enigl, in: Profil, Jg. 29, Nr. 35, 24.8.1998, S. 32–37; vgl. zum Thema im Allgemeinen Hermann Rafetseder, Der „Ausländereinsatz" zur Zeit des NS-Regimes am Beispiel der Stadt Linz, in: Fritz Mayrhofer – Walter Schuster (Hg.), Nationalsozialismus in Linz, Bd. 2. Linz 2001 (= Rafetseder, Ausländereinsatz), S. 1107–1269 bzw. v.a. 1258–1264 über die Entwicklungen von 1945 bis 2000.

2 Vgl. Christian Thonke, Hitlers langer Schatten. Der mühevolle Weg zur Entschädigung der NS-Opfer. Wien u.a. 2004 (= Thonke, Schatten), S. 22–25; Wieder gut machen? Enteignung, Zwangsarbeit, Entschädigung, Restitution, Österreich 1938–1945/1945–1999. Informationen zur politischen Bildung, Sonderband. Innsbruck u.a. 1999.

3 Vgl. dazu als bahnbrechende Arbeit: Brigitte Bailer-Galanda, Wiedergutmachung kein Thema. Österreich und die Opfer des Nationalsozialismus. Wien 1993.

4 Vgl. http://www.nationalfonds.org; Stuart Eizenstat, Unvollkommene Gerechtigkeit. Der Streit um die Entschädigung der Opfer von Zwangsarbeit und Enteignung. München 2003 (= Eizenstat, Gerechtigkeit), S. 380–395.

5 Zum Thema Opferfürsorgegesetz siehe den Beitrag von Winfried R. Garscha in diesem Band.

6 Ansprachen 1988 und 1994, zit. bei Clemens Jabloner, Die Historikerkommission der Republik Österreich, in: Gedächtnis und Gegenwart. HistorikerInnenkommissionen, Politik und Gesellschaft. Informationen zur Politischen Bildung 20, 2003. Wien 2003/2004 (= Jabloner, HistorikerInnenkommissionen), 20f.

7 Vgl. Anton Pelinka – Sabine Mayr (Hg.), Die Entdeckung der Verantwortung. Die Zweite Republik und die vertriebenen Juden. Eine kommentierte Dokumentation aus dem persönlichen Archiv von Albert Sternfeld. Wien 1998.

8 Vgl. Nina Genböck, Der Nationalfonds der Republik Österreich für die Opfer des Nationalsozialismus. Die politische Debatte um „Wiedergutmachung", Mitverantwortung und Opferdefinitionen. DA Salzburg 1999.

9 Vgl. dazu: Rafetseder, Ausländereinsatz, S. 1260f.

10 Vgl. dazu etwa: Thonke, Schatten, S. 86–111; Heidemarie Uhl, Von „Endlösung" zu „Holocaust". Die TV-Ausstrahlung von „Holocaust" und die Transformation des österreichischen Gedächtnisses, in: Heidemarie Uhl (Hg.), Zivilisationsbruch und Gedächtniskultur. Das 20. Jahrhundert in der Erinnerung des beginnenden 21. Jahrhunderts. Gedächtnis – Erinnerung – Identität 3. Innsbruck u.a. 2003, S. 153–179.

11 Vgl. Stuart Eizenstat, Unvollkommene Gerechtigkeit. Der Streit um die Entschädigung der Opfer von Zwangsarbeit und Enteignung. München 2003, S. 16; Thonke, Schatten, S. 111–116.

12 Mark Spoerer, Rezension Zwangsarbeiterentschädigung, in: http://hsozkult.geschichte.hu-berlin.de/rezensionen/2003-3-121.

13 Weitere Versöhnungsstiftungen: 1995 Estland, 1996 Litauen, 1997 Tschechien, 1998 Lettland; die 1991/93 gegründeten vier Stiftungen sowie die tschechische wurden später nicht nur Partnerorganisationen der deutschen Stiftung, sondern auch des Versöhnungsfonds (im Falle Tschechiens mit einer organisatorisch-nominellen Teilung) – vgl. http://www.versoehnungsfonds.at.

14 Vgl. etwa: Matthias Arning, Späte Abrechnung. Über Zwangsarbeiter, Schlussstriche und Berliner Verständigungen. Frankfurt am Main 2001, S. 35–39; kritisch: Thomas Kuczynski, Brosamen vom Herrentisch. Hintergründe der Entschädigungszahlungen an die im Zweiten Weltkrieg nach Deutschland verschleppten Zwangsarbeitskräfte. Berlin 2004; vgl. auch http://www.stiftung-evz.de/

15 Vgl. Rafetseder, Ausländereinsatz, S. 1263.

16 Stefan Karner – Harald Knoll, Späte Anerkennung. Zu den österreichischen Entschädigungsgesetzen 2000/2001 für österreichische Kriegsgefangene und Internierte des Zweiten Weltkrieges, in: Österreichisches Jahrbuch für Politik 2001. Wien 2002, S. 377.

17 Vgl. Martin Eichtinger, Der Versöhnungsfonds. Österreichs Leistungen an ehemalige Sklaven- und Zwangsarbeiter des NS-Regimes, in: Österreichisches Jahrbuch für Politik 2000. Wien 2001, S. 193–242.

Winfried R. Garscha

Vertreibung und (keine) Heimkehr

Adolf Eichmann als Angeklagter im „Eichmann-Prozess", 1961.
Quelle: Foto Votava/Wien.

Wenn von „Vertreibung" die Rede ist, denkt man meist an die Aus- und Umgesiedelten der Jahre 1944 bis 1946 – jene Millionen Deutschen vor allem aus Polen, der Tschechoslowakei und Jugoslawien, die unmittelbar nach Kriegsende gewaltsam vertrieben und oder auf der Grundlage alliierter Beschlüsse planmäßig ausgesiedelt wurden. Dazu zählen auch jene Hunderttausende, die in den letzten Kriegsmonaten vor der vorrückenden Roten Armee geflüchtet waren oder von der SS aus frontnahen Gebieten ins „Reich" transferiert worden waren und später nicht mehr in ihre Heimatorte zurückkehren durften. Das von den Opfern dieser Vertreibung erlebte Leid wurde nach 1945 durch landsmannschaftliche Organisationen an die nachfolgenden Generationen weiter gegeben. Die Erinnerung an Flüchtlinge und Umsiedler der letzten Kriegsmonate und der ersten Nachkriegsjahre lebt in lokalen Traditionen fort: Diese Menschen wurden als Opfer wahrgenommen, auch wenn die Erinnerung mancherorts nicht nur positiv ist, und vielen von ihnen wurde bei der Bewältigung ihres schwierigen Schicksals geholfen. Fast eine Viertelmillion dieser Menschen fand in Österreich eine neue Heimat.

Weitestgehend aus dem öffentlichen Bewusstsein verschwunden ist hingegen eine Vertreibung, die nur wenige Jahre zuvor von Österreich ihren Ausgang genommen hatte und an der Tausende Österreicher aktiv mitgewirkt hatten: Der Exodus der österreichischen Juden, an dessen Beginn der Pogrom des März 1938 auf den Straßen Wiens, unmittelbar nach der nationalsozialistischen Machtübernahme in Österreich und dem Einmarsch der Deutschen Wehrmacht, stand. Diese tagelange Hatz von Wiener Nationalsozialisten auf ihre jüdischen Nachbarn, die geschmäht, misshandelt und beraubt wurden, stellte die bis dahin schlimmsten antisemitischen Ausschreitungen im nationalsozialistischen Machtbereich dar.

Die spontane Menschenjagd des Pöbels wurde durch die von den nationalsozialistischen Behörden systematisch betriebene Entrechtung und „legale" Beraubung abgelöst: Betriebe wurden „arisiert", Vermögen beschlagnahmt, und wer auswandern wollte, musste eine „Reichsfluchtsteuer" entrichten. Unter Wiener Nationalsozialisten machte der Spruch die Runde: „Der Jud muss weg, aber's Gerstl bleibt da!" Unter der Leitung von Adolf Eichmann wurde ab dem Sommer 1938 die so genannte Zentralstelle für jüdische Auswanderung aufgebaut, die so gut funktionierte, dass die NS-Führung später ähnliche Stellen auch in Berlin und im besetzten Prag einrichtete. Um die Beschaffung von Visa in mögliche Aufnahmeländer, was zunehmend schwieriger wurde, kümmerten sich jüdische Organisationen.

Im Oktober 1941 verfügte das Reichssicherheitshauptamt einen Auswanderungsstopp. Eichmanns Behörde bestand weiter, anstelle der Auswande-

Tote im KZ Auschwitz.
Quelle: Foto Votava/Wien.

rung organisierte sie aber bereits seit Monaten die Deportationen in die Ghettos und später in die Vernichtungslager: Innerhalb von nicht einmal zwei Jahren (zwischen Februar 1941 und Oktober 1942) wurden an der Post-Rampe des Wiener Aspangbahnhofs 45 Züge mit jeweils rund tausend Menschen abgefertigt.

Bis zum Oktober 1941 waren über 130.000 Menschen aus Österreich vertrieben worden oder geflüchtet, die übergroße Mehrheit von ihnen waren Jüdinnen und Juden. Über 90 Prozent der österreichischen jüdischen Bevölkerung hatte in Wien gelebt, im Jahre 1938 waren 182.000 Österreicherinnen und Österreicher jüdischen Glaubens, 24.000 weitere Personen galten nach den nationalsozialistischen „Nürnberger Rassegesetzen" als jüdisch. Die Befreiung Wiens im April 1945 erlebten 5.500 von ihnen.[1]

Etwas mehr als die Hälfte aller Vertriebenen, nämlich 69.400, hatten in europäischen Ländern Zuflucht gefunden, davon allein 31.000 in Großbritannien. Von den Nachbarländern nahm die Schweiz mit 5.800 die meisten österreichischen Flüchtlinge auf, gefolgt von Ungarn (4.400) und Italien (3.900), wobei in diesen beiden faschistisch regierten Staaten Jüdinnen und Juden nur bis zu ihrer Besetzung durch Deutschland sicher waren. 15.200 österreichischen Jüdinnen und Juden gelang die Einreise in das damals britisch besetzte Palästina. Die wichtigsten überseeischen Aufnahmeländer waren die USA (30.000) und China (6.200, fast alle von ihnen in Shanghai), fast 9.000 erhielten Visa für lateinamerikanische Staaten.

In den mit Deutschland im Kriegszustand befindlichen Staaten wurden auch jüdische Flüchtlinge aus Deutschland und Österreich bei Kriegsbeginn als feindliche Staatsangehörige („enemy aliens") interniert, in Großbritannien wurden sie im Herbst 1939 in Lager auf der Insel Man, aber auch nach Kanada und Australien verbracht, in Frankreich in Lager im Süden des Landes, in der Sowjetunion nach dem Angriff Hitler-Deutschlands im Juni 1941 in Lager in Zentralasien. Aber auch die neutrale Schweiz hielt jüdische Flüchtlinge in Lagern fest.

Doch auch ohne Internierungen (die in Großbritannien schließlich aufgehoben wurden) sahen sich die österreichischen Flüchtlinge und Vertriebenen damals in den Aufnahmeländern vor ganz ähnliche Probleme gestellt wie sie auch heute von Flüchtlingen zu bewältigen sind: Heimweh, Sprachprobleme, kulturelle Anpassungsschwierigkeiten, ablehnende Haltung seitens Teilen der Bevölkerung des Aufnahmelandes, Schwierigkeiten eine der erlernten Qualifikation entsprechende Arbeit zu finden. Nur jene wenigen Personen, die über besondere (meist naturwissenschaftliche) Qualifikationen verfügten, konnten sich rasch integrieren und haben in vielen Fällen auch Karriere gemacht.

Der „Anschluss" bedeutete nicht nur für Jüdinnen und Juden eine lebensgefährliche Bedrohung, sondern auch für bekannte Nazi-Gegner – sowohl aus dem Regierungslager als auch aus der illegalen Arbeiterbewegung (Kommunisten und Sozialisten). Vielen von ihnen war die Flucht über die Schweiz nach Frankreich und weiter nach Großbritannien oder in die USA gelungen, wo sie österreichische Exilorganisationen aufbauten. Diese Organisationen wirkten politisch für die Wiederherstellung Österreichs und pflegten österreichische kulturelle Traditionen. Außerdem bemühten sie sich, „unpolitischen" jüdischen Emigranten zu vermitteln, dass es ein anderes Österreich gab als das, aus dem sie vertrieben worden waren. Es waren diese Organisationen, die, als sich der Sieg der Alliierten über Hitler-Deutschland abzeichnete, für eine Rückkehr nach Österreich warben. Nach der Moskauer Deklaration vom 30. Oktober 1943 erhielten insbesondere in Großbritannien und den USA österreichische Exilanten die Möglichkeit zum Eintritt in Armee oder Geheimdienst, um einen militärischen Beitrag zur Befreiung Österreichs leisten zu können – ein besonders riskantes Unterfangen, weil sie im Falle einer Gefangennahme nicht als alliierte Soldaten, sondern als deutsche Fahnenflüchtige behandelt wurden.

Das in Großbritannien tätige „Free Austrian Movement" führte im Juli und August 1945 eine Fragebogenaktion unter aus Österreich stammenden 2.000 Personen bezüglich ihrer Bereitschaft zu einer Rückkehr durch (nur 8 Prozent standen einer Rückkehr nach Österreich negativ gegenüber). Die Ergebnisse wurden im September der Provisorischen Regierung nach Wien übermittelt und werden heute im Österreichischen Staatsarchiv/Archiv der Republik aufbewahrt. Interessant ist, dass 60 Prozent der Rückkehrwilligen zwischen 30 und 45 Jahren und nur 3 Prozent unter 30 Jahren alt waren. Die Staatskanzlei in Wien legte das Schreiben übrigens unerledigt zu den Akten.[2]

Den Rückkehrwilligen wurden große Schwierigkeiten bereitet. Die USA und Großbritannien verhängten bis Ende 1945 ein generelles Einreiseverbot nach Österreich, das nur in Ausnahmefällen umgangen werden konnte. In Österreich selbst mussten die Rückkehrer meist feststellen, dass sie nicht willkommen waren: Ihre Wohnungen waren entweder noch im Besitz der „Ariseure" oder von Bombengeschädigten, ehemalige Berufskollegen betrachteten sie als Konkurrenten, und die Parteisekretariate von ÖVP und SPÖ fürchteten ein Wiederanschwellen des Antisemitismus für den Fall, dass zu viele österreichische Juden nach Österreich zurückkehrten. Einzig der kommunistische Kulturstadtrat von Wien, Viktor Matejka, sprach eine öffentliche Einladung an Künstler und Schriftsteller im Exil aus, nach Wien zurückzukehren. Viele der zurückgekehrten Wissenschaftler standen der KPÖ nahe, was ihre Reintegration in den politisierten österreichischen Wissenschaftsbetrieb zusätzlich erschwerte. Erst Anfang der Siebzigerjahre warb

Viktor Matejka.
Quelle: Foto Votava/Wien.

Bundeskanzler Bruno Kreisky, selbst ein aus dem (schwedischen) Exil heimgekehrter Vertriebener, dafür, mit den in vielen Ländern wirkenden österreichischen Wissenschaftlern wieder Kontakt aufzunehmen, um dieses Potenzial für einen Modernisierungsschub in Österreich selbst zu nutzen.

Insgesamt dürften im Zeitraum 1945 bis 1959 rund 8.000 Personen aus ihrem erzwungenen Exil nach Österreich zurückgekehrt sein, das waren 6 Prozent oder jeder Siebzehnte. Für den Großteil unter ihnen waren familiäre und andere persönliche Gründe (wie Heimweh) oder wirtschaftliche Erwägungen maßgeblich.

Die Vertreibung einer großen Anzahl von Künstlern und Intellektuellen aus Österreich, darunter Spitzenwissenschaftler einschließlich sämtlicher Nobelpreisträger (und, wie die weitere Entwicklung zeigte, künftiger Nobelpreisträger), bedeutete einen Aderlass, von dem sich Österreich auf einigen Gebieten erst nach Jahrzehnten zu erholen begann, auf anderen nie wieder das ursprüngliche Niveau erreichte. Dazu haben nicht nur das Wüten des Nazi-Mobs in den Straßen Wiens und das Wirken der NS-Bürokratie 1938/39 beigetragen, sondern auch das Unverständnis der politischen Eliten in den ersten Jahren der Zweiten Republik sowie die ressentimentgeladene Haltung von Beamten, die mit Rückkehrangelegenheiten befasst waren, und die Missgunst mittelmäßiger Konkurrenten. Gleichzeitig war dieser „Wissenstransfer“ jedoch ein unbeabsichtigter Beitrag Österreichs zur wissenschaftlichen und kulturellen Entwicklung der Aufnahmeländer, insbesondere Großbritanniens und der USA, in den Vierziger- und Fünfzigerjahren, wie ein Blick in die Vorlesungsverzeichnisse der Universitäten, die Labors großer Firmen und nicht zuletzt die Filmstudios von Hollywood zeigt.

Anmerkungen

1 Detaillierte Tabellen sind enthalten im Handbuch: Emmerich Tálos – Ernst Hanisch – Wolfgang Neugebauer – Reinhard Sieder (Hg.), NS-Herrschaft in Österreich. Wien 2000, S. 789–794. Diese Zahlen beruhen auf den Forschungen von Jonny Moser zur Demographie der jüdischen Bevölkerung Österreichs und auf den Ergebnissen des vom Dokumentationsarchiv des österreichischen Widerstandes durchgeführten Forschungsprojekts „Namentliche Erfassung der österreichischen Holocaust-Opfer“. Im selben Buch befindet sich ein Beitrag, in dem die Ergebnisse der wissenschaftlichen Erforschung des österreichischen Exils zusammengefasst werden: Peter Schwarz – Siegwald Ganglmair, Emigration und Exil 1938–1945, S. 817–849.

2 Siehe: Wolfgang R. Reiter, Naturwissenschaften und Remigration: Vertreibung ohne Rückkehr, in: Paul Pasteur – Friedrich Stadler (Hg.), Exil et retours d'exil. Austriaca. Cahiers universitaires d'information sur l'Autriche, Nr. 56. Rouen 2004, S. 147–161. In dieser Ausgabe der Halbjahreszeitschrift Austriaca befinden sich weitere Aufsätze in deutscher und französischer Sprache, die vor allem das politische Exil behandeln. Es ist die erste österreichische Zusammenstellung wissenschaftlicher Beiträge zum Thema „Remigration“.

Lothar Höbelt

Die „vierte Partei": Der Verband der Unabhängigen (VdU)

Österreich kannte im 20. Jahrhundert nicht bloß Parteien, sondern politische „Lager" mit ihren eigenen Subkulturen. Zwei „bürgerliche" Lager, durch das Erbe des Kulturkampfes getrennt, und ein geschlossen proletarisch-marxistisches. Im Jahre 1945 stellte sich die Situation plötzlich ganz anders dar: Jetzt gab es plötzlich zwei Arbeiterparteien im Parlament – und auf der rechten Seite eine ÖVP, die den Anspruch erhob, eine bürgerliche Sammelpartei zu sein. Das national-freiheitliche Lager war augenblicklich diskreditiert und von der Bildfläche verschwunden. War das eine Augenblickskonstellation oder würde es sich als dauerhafte Weichenstellung erweisen?

Die SPÖ stand der Gründung neuer Parteien positiv gegenüber: Eine Spaltung der bürgerlichen Einheitsfront kam ihr gelegen. Die ÖVP argumentierte, in einer Zeit, wo der „Kalte Krieg" Europa spaltete, die Zonengrenzen quer durch Österreich gingen und der Kommunismus vor der Tür stand, könne man sich diesen Luxus nicht leisten. Klerikale, Nationale und Liberale fänden alle ihren Platz in der ÖVP, verkündete Generalsekretär Maleta sein „neues Konzept". ÖVP-Staatssekretär Graf aber drohte: „Wer eine Partei gründet, den lass ich einsperren." Einer Gruppe von alten Landbündlern, die mit einem solchen Gedanken spielte, passierte das auch tatsächlich: Ihr Kopf, der Grazer Verleger Leopold Stocker, wurde arretiert und erst nach Monaten ohne Anklageerhebung wieder frei gelassen.

Eine neue, eine „vierte" Partei gab es 1949 dennoch: Sie ging nicht von Graz aus, sondern von Salzburg, dem Hauptquartier der Amerikaner, die diese Neugründung auch diskret unterstützten. Herbert Kraus, der im Februar 1949 den Verband der Unabhängigen (VdU) ins Leben rief, stellte das ÖVP-Argument auf den Kopf: Wenn es für all die Unzufriedenen keine Alternative zur ÖVP gab, wäre eine linke Mehrheit unausweichlich. Sein VdU sollte eine Bewegung, ein lockerer Verbund von Vereinen, Zeitungen und Wählergruppen sein. Unter der Parole „Recht, Sauberkeit, Leistung" vertrat er liberale Anliegen: die Aufhebung der Bewirtschaftung, des Proporzes und der Strafbestimmungen gegen die „Ehemaligen", die zwar einem vielfach verständlichen Revanchedenken entsprangen, aber kaum als gelungenes Beispiel rechtsstaatlichen Vorgehens gelten konnten.

Der VdU sollte nach Kraus' Vorstellungen keine weltanschauliche Lagerpartei sein, sondern ein Sammelbecken. „Wir Österreicher sind alle in irgendeinem Winkel unseres Herzens Monarchisten und Großdeutsch", beschied er den 150-prozentigen Ideologen. Tatsächlich waren Vertreter beider Strömungen im VdU vertreten. Es gab eine Reihe „bunter Vögel". Dazu kamen Vorkriegspolitiker wie Vizekanzler Hartleb und Weltkriegsoffiziere wie der General der Jagdflieger Gollob; der VdU wurde vom Gros der Industrie im Westen unterstützt und erhielt gleichzeitig eine Menge Arbeiterstimmen, was die SPÖ verstimmte; auch Kontaktleute des einen oder anderen Nachrichtendienstes zeigten reges Interesse an der neuen Partei. Noch heute finden sich in diversen Archiven Abhörprotokolle…

Der VdU hatte Erfolg, regional gestaffelt: Er kam 1949 in den westlichen Zonen auf fast 20 Prozent, aber nur auf fünf Prozent im Osten, wo die Sowjets Wahlwerbung vielfach unmöglich machten. Er blieb in der Opposition – und hatte mit seinen Anliegen dennoch Erfolg. Die „Sühnefolgen" für NSDAP-Mitglieder wurden schrittweise abgebaut, die Wirtschaft liberalisiert. Nach ihrer Niederlage bei der Präsidentschaftswahl 1951 (der VdU unterstützte damals den unabhängigen Arzt Burghard Breitner, „BB") nahm die ÖVP einen Kurswechsel vor. Wo Figl den Eindruck von Unversöhnlichkeit erweckt hatte, kam ihr neuer Obmann Raab dem nationalen Lager entgegen. Er ernannte mit Kamitz einen „Pg." zum Finanzminister, der liberale Wirtschaftspolitik machte, dazu einen Handelsminister, Böck-Greissau, der mit Kraus befreundet war, und einen alten Landbündler (Thoma) zum Landwirtschaftsminister.

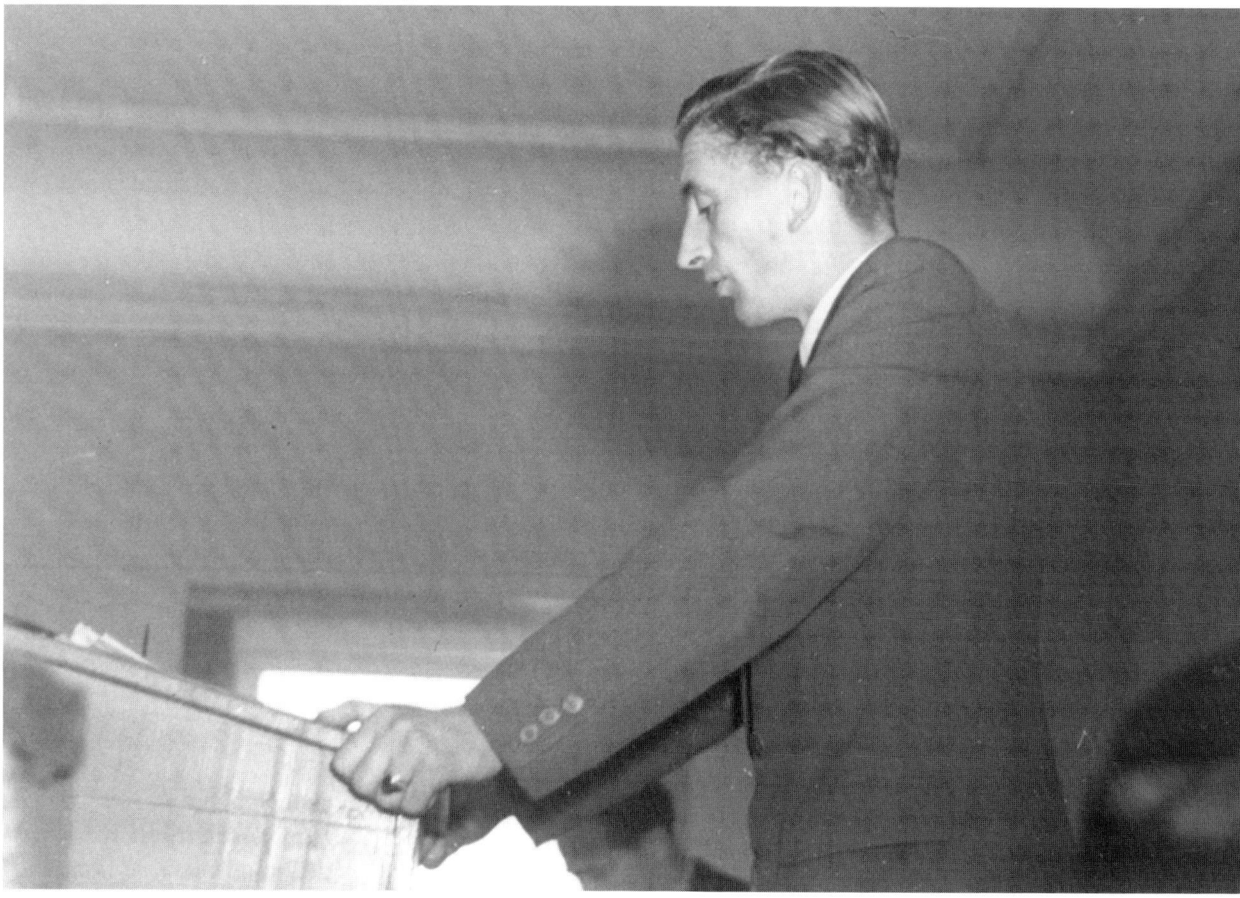

Herbert Kraus, Gründer des VdU.
Quelle: Neue Freie Zeit/Wien.

Raab wollte den VdU 1953 auch in die Koalition aufnehmen, doch die SPÖ weigerte sich. Die Wahlen 1953 hatten für den VdU trotz hoher Erwartungen mit einem Misserfolg geendet. Die internen Streitigkeiten nahmen zu. Auf der einen Seite entzog die Industrie Kraus ihre Unterstützung; auf der anderen Seite warfen viele der „Fundis" ihm einen „Kuschelkurs" mit der ÖVP vor. Der VdU drohte zu zerfallen. In dieser Situation trat Kanzler Raab über Mittelsmänner an Anton Reinthaller heran, er solle sich mit „demokratischen Auftriebselementen" umgeben und in die Politik zurückkehren. Gerade weil Reinthaller als „Anschlussminister" des Jahres 1938 für die „Ehemaligen" eine Autorität darstellte, könne er allen Radikalen leichter entgegentreten. Zugleich war er als Mann des Ausgleichs bekannt, auf den Raab sich verlassen konnte.

Anfang 1955 einigte Reinthaller sich mit den westlichen Landesgruppen des VdU, die Kraus die Gefolgschaft aufgekündigt hatten. Nach einem Sommer voll taktischer Winkelzüge fanden Reinthaller und die Reste des VdU zu einem Kompromiss. Die FPÖ, die daraus entstand, war, viel mehr als der VdU, eine Partei des klassischen nationalfreiheitlichen Lagers, viel mehr auch eine klassische Partei, durchorganisiert, diszipliniert und mit Vorfeldorganisationen versehen. Bloß die Hoffnung auf eine politische Partnerschaft mit Raab erfüllte sich nicht. Die mit einem gemeinsamen Kandidaten verlorene Bundespräsidentenwahl 1957 führte zum Bruch. Im Verlauf des nächsten Jahres starb

Reinthaller, Raab erlitt einen Schlaganfall. Wenn die FPÖ aus ihrem „Ghetto“ ausbrechen wolle, räsonierten schon bald führende Vertreter, so müsse sie mit der SPÖ reden ...[1]

Anmerkung

1 Zu den vorangegangenen Ausführungen vgl. Lothar Höbelt, Von der vierten Partei zur dritten Kraft. Die Geschichte des VdU. Graz – Stuttgart 1999.

5. Kriegsgefangenschaft, Verhaftungen, Verschleppungen

Harald Knoll

Kriegsgefangenschaft und Heimkehr

Im Zuge des Zweiten Weltkrieges gerieten über 600.000 Österreicher als Soldaten der deutschen Streitkräfte in alliierte Kriegsgefangenschaft. Mehr als 100.000 von ihnen wurden schon wenige Wochen und Monate nach Kriegsende aus alliierten Front- oder Sammellagern, vor allem auf dem Gebiet Deutschlands und Österreichs, wieder nach Hause entlassen. Sie hatten, soweit sie in westlichem Gewahrsam waren, meist den völkerrechtlich nicht gedeckten Status von DEF[1] oder SEP[2] erhalten und waren damit von einer Behandlung gemäß der Genfer Konvention von 1929 ausgeschlossen, wurden aber meist noch im Sommer 1945 repatriiert. Knapp eine halbe Million Österreicher wurde allerdings von den Alliierten als Kriegsgefangene registriert.[3]

USA	139.343	Großbritannien und Commonwealth	133.155
Frankreich	57.995	Belgien	ca. 1.500
Gesamtsumme „Westen" ca. 332.474[4]			

Sowjetunion	142.815	Jugoslawien	15.856
Gesamtsumme „Osten" 159.589[5]			

Diese zahlenmäßige Zuordnung zeigt ein unerwartetes, von der allgemeinen Vorstellung abweichendes Bild. Zwei Drittel der Österreicher wurden im „Westen" und ein Drittel im „Osten" festgehalten. Im kollektiven Gedächtnis hat sich ein umgekehrtes Bild eingeprägt, das vor allem durch die Dauer der Kriegsgefangenschaft bedingt ist. Während die Rückführung der Kriegsgefangenen aus dem „Westen" im Wesentlichen bereits 1946 abgeschlossen war, kehrte die Masse der Kriegsgefangenen aus der Sowjetunion erst 1947/48 heim, aus Jugoslawien ein weiteres Jahr später.[6]
Der letzte offizielle Heimkehrertransport aus dem „Osten" traf erst am 23. Dezember 1956, mehr als ein Jahr nach Unterzeichnung des Staatsvertrages, in Österreich ein.[7]

Die Rückführung der Kriegsgefangenen aus dem „Westen" war 1946/47 praktisch abgeschlossen. Damit entsprach man den Vorgaben der Genfer Konvention von 1929. Die Westalliierten repatriierten grundsätzlich zuerst Kriegsgefangene, die aus ihrer Besatzungszone stammten, anschließend diejenigen aus einer anderen „westlichen" und erst zum Schluss Kriegsgefangene aus der sowjetischen Besatzungszone.[8]

Die US-Behörden entließen, abgesehen von den nach Besatzungszonen gesetzten Prioritäten, anfangs nur Kriegsgefangene, die einer in Österreich dringend benötigten Berufsgruppe angehörten, wozu Beschäftigte in der Landwirtschaft, im Verkehrswesen oder im Bergbau zählten. Zudem wurde nach dem Grad der politischen Belastung unterschieden. Zurückbehalten wurden jedenfalls Angehörige der Waffen-SS, des Abwehrdienstes und als Kriegsverbrecher eingestufte Kriegsgefangene. Zu Problemen kam es bei der Rückführung der rund 5.000 Kriegsgefangenen aus Italien, wo es keine strikte Trennung zwischen Österreichern und Deutschen gab und die Gefangenen bereits in fixen Arbeitseinheiten zum Wiederaufbau herangezogen worden waren.

Österreichische Kriegsgefangene in britischem Gewahrsam wurden vor allem in Deutschland, Norwegen, Großbritannien und Österreich sowie außerhalb Europas in Kanada, dem Mittleren Osten, in Ägypten und in Australien festgehalten. Zuerst wurden Kriegsgefangene, die in Europa interniert waren, repatriiert und danach jene, die in außereuropäischen Staaten festgehalten wurden.[9]

Frankreich, das Kriegsgefangene aus Österreich seit 1943 interniert hatte, bemühte sich, die Repatriierung in Abhängigkeit vom Grad der politischen Belastung durchzuführen. Politisch Unbelastete wurden rascher zurückgeführt, als belastet eingestufte Österreicher – Angehörige von SA, SS, Waffen-SS, SD, Gestapo, NS-Funktionäre – wurden schließlich der österreichischen Justiz übergeben. Die letzten Kriegsgefangenen aus französischem Gewahrsam kehrten im Oktober 1947 heim.[10]

Die rund 1.500 an Belgien übergebenen Österreicher arbeiteten, meist unter äußerst schlechten

Obwohl der größere Teil der österreichischen Kriegsgefangenen in westlichem Gewahrsam war, hat sich dennoch dieses Bild im kollektiven Gedächtnis erhalten: Gefangenschaft in Russland.
Quelle: AdBIK/Graz.

Bedingungen, vor allem in Bergwerken und bei der Minenräumung. Ihre Repatriierung konnte nach zahlreichen Interventionen im Mai 1947 abgeschlossen werden.
Bei den nach 1950 aus der Sowjetunion repatriierten Österreichern handelte es sich ausnahmslos um Kriegsgefangene und Zivilisten, die – aus welchen Gründen auch immer – von sowjetischen Gerichtsorganen, vor allem in den Jahren 1948/49, wegen verschiedener Vergehen zu jahrelangen Haftstrafen verurteilt worden waren und nach 1950, vor allem nach der Unterzeichnung des Staatsvertrages, vorzeitig entlassen wurden. Bei rund zwei Dritteln von ihnen haben die russischen Behörden in den letzten zehn Jahren die seinerzeitigen Schuldsprüche als Unrechtsurteile qualifiziert und die Betroffenen nach russischem Gesetz rehabilitiert.[11]
Österreich traf, beginnend mit 1947, Maßnahmen zu einer materiellen Entschädigung für „heimgekehrte" Kriegsgefangene auf verschieden Ebenen. Allerdings hatten die finanziellen Leistungen von Bund, Ländern und Gemeinden in Form einer einmaligen finanziellen Entschädigung in erster Linie Symbolcharakter. Sie konnten den tatsächlichen Verdienstentgang, die Rückstufungen an der Arbeitsstelle, den Verlust des Arbeitsplatzes, persönliche und familiäre Probleme, die durch die lange Dauer der Kriegsgefangenschaft oder Inhaftierung entstanden waren, niemals ausgleichen. Sie sollten vor allem psychologisch wirken und bei der Entwicklung einer österreichischen Identi-

tät helfen. Im Vordergrund stand für den Staat meist die Vermittlung des Gefühls, dass man auch nach so langer Zeit auf seine Kriegsgefangenen nicht vergessen hatte.
So wurde beispielsweise vom Land Steiermark als „Befürsorgung" den „heimgekehrten" Kriegsgefangenen und Internierten ein Handgeld von drei bis fünf, ab 1947 von 100 Schilling ausbezahlt. „Heimkehrer" einiger Transporte erhielten bei ihrer Ankunft zusätzlich Lebensmittelpakete. Ab Herbst 1947 zahlte das Kriegsgefangenenfürsorgereferat so genannte Sonderzuweisungen (einmalige Geldbeträge) aus. Die meisten Sachleistungen (Kleidung und Schuhe) konnten vom Land Steiermark allerdings nur aus privaten Spenden erbracht werden.
Grundsätzlich erhielten alle Heimkehrer von 1945 bis zum 25. Juli 1950, unabhängig von der Dauer ihrer Gefangenschaft, eine einmalige Entschädigung durch die Republik Österreich in der Höhe von fünf Schilling. Die Heimkehrer aus der UdSSR und aus Jugoslawien erhielten ab dem 5. März 1947 wesentlich höhere Beträge. Die Einmalzahlungen betrugen anfangs zehn und erhöhten sich bis 1955 auf 2.000 Schilling.
Sozialversicherungsrechtlich[12] wurden die Jahre der Kriegsgefangenschaft und die Dauer der Rückführung als „Ersatzzeiten" angerechnet, wobei Versicherungszeiten entweder vor oder nach der Kriegsgefangenschaft erworben werden mussten. Eine Benachteiligung der Kriegsgefangenen entstand bei den Durchrechnungszeiten für die Höhe der Pensionen.
Die 12.500 Kriegsgefangenen und Internierten, die unter das „Spätheimkehrergesetz" 1958[13] fielen, erhielten für jeden Monat, den sie nach dem 1. Mai 1949 in Kriegsgefangenschaft verbracht hatten, eine einkommensteuer- und gebührenfreie „Hilfeleistung" von 300 Schilling.[14] Nach Meinung des „Österreichischen Heimkehrerverbandes" war dies weniger, als nach den internationalen Bestimmungen hätte ausbezahlt werden müssen.
Ab 1972 versuchte der „Heimkehrerverband Österreichs" (HVÖ) mehrfach eine Entschädigung für die Kriegsgefangenen zu erreichen. Der 1972 vom HVÖ im österreichischen Finanzministerium

Ankunft repatriierter österreichischer Kriegsgefangener aus der Sowjetunion am Bahnhof von Wiener Neustadt – der „Heimkehrerstadt" – im Juni 1955.
Quelle: AdBIK/Graz.

eingebrachte Entwurf zu einem Entschädigungsgesetz für alle Kriegsgefangenen, eine 1984 bei der Menschenrechtskommission in Strassburg gegen die Republik Österreich eingereichte Beschwerde und eine Anfrage an den österreichischen Nationalrat und eine Eingabe bei der Volksanwaltschaft 1991 blieben erfolglos.
Die österreichischen Kriegsgefangenen-Entschädigungsgesetze brachten schließlich in den Jahren 2001/02 den noch in Österreich lebenden ehemaligen Kriegsgefangenen und Internierten der östlichen und westlichen Gewahrsamstaaten je nach Dauer der Gefangenschaft monatliche Pensionszuschüsse zwischen 14,53 und 36,34 Euro.[15] Zunächst galt diese Entschädigung nur für die österreichischen Kriegsgefangenen und Internierten in mittelost- und osteuropäischen Gewahrsamstaaten. In einem zweiten Schritt erfolgte eine Adaption des Gesetzes auch für die „Heimkehrer" aus westlichen Staaten.[16]

Anmerkungen

1 Disarmed Enemy Forces = entwaffnete Feindkräfte.
2 Surrendered Enemy Personnel = kapituliertes Feindpersonal.
3 Unter den als „Österreicher" zurückgekehrten Kriegsgefangenen und Internierten waren zehn Prozent „Volksdeutsche", die in Österreich eine neue Heimat finden sollten und rund ein Prozent Angehörige anderer Staaten, die sich als Österreicher bezeichnet hatten.

[4] Darunter unter anderem etwa 300 Österreicher in Dänemark und 150 Österreicher in Luxemburg.

[5] Eine größere Anzahl von Österreichern war noch in Polen (679) und in Rumänien (97) in Gefangenschaft.

[6] Zu den Bemühungen der österreichischen Regierung vgl. den Beitrag von Sabine Elisabeth Gollmann in diesem Band.

[7] Zu den österreichischen Kriegsgefangenen in der Sowjetunion vgl. Stefan Karner, Im Archipel GUPVI. Kriegsgefangenschaft und Internierung in der Sowjetunion 1941–1956. Kriegsfolgenforschung. Wissenschaftliche Veröffentlichungen des Ludwig Boltzmann-Instituts für Kriegsfolgen-Forschung, Graz – Wien, Bd. 1. Wien – München 1995; vgl. dazu weiters den diesbezüglichen Beitrag von Stefan Karner in diesem Band, ebenso die Detailstudien zu einzelnen Bundesländern am BIK: Edda Engelke, Niederösterreicher in sowjetischer Kriegsgefangenschaft während und nach dem Zweiten Weltkrieg. Graz 1998; Sabine Elisabeth Gollmann, Kärntner in sowjetischer Kriegsgefangenschaft während und nach dem Zweiten Weltkrieg. Graz 1999; Felix Schneider, Oberösterreicher in sowjetischer Kriegsgefangenschaft. Graz 2004.

[8] Zur Kriegsgefangenschaft in den diversen Staaten immer noch grundlegend: Erich Maschke (Hg.), Zur Geschichte der Deutschen Kriegsgefangenen des Zweiten Weltkrieges. 22 Bde. Bielefeld 1962–1977.

[9] Zu den österreichischen Kriegsgefangenen vgl. Wolfgang Weber, Großbritannien, Österreich – und ein NS-Erbe. Österreichische Soldaten der deutschen Streitkräfte in britischer Kriegsgefangenschaft 1943 bis 1947, in: Günter Bischof – Stefan Karner – Barbara Stelzl-Marx (Hg.), Kriegsgefangene des Zweiten Weltkrieges. Wien 2005. In Druck.

[10] Zu den österreichischen Kriegsgefangenen vgl. Klaus Eisterer, Die österreichischen Kriegsgefangenen in französischer Hand, in: Günter Bischof – Rüdiger Overmans (Hg.), Kriegsgefangenschaft im Zweiten Weltkrieg. Eine vergleichende Perspektive. Ternitz – Pottschach 1999, S. 109–132.

[11] Zu den verurteilten österreichischen Kriegsgefangenen in der Sowjetunion vgl. Harald Knoll, Verurteilte österreichische Kriegsgefangene in der Sowjetunion 1944 bis 1953, in: Günther Bischof – Stefan Karner – Barbara Stelzl-Marx (Hg.), Kriegsgefangene des Zweiten Weltkrieges. Wien 2005. In Druck.

[12] BGBL Nr. 189/1955, Nr. 13/1962. Paragraphen 227 und 228 des ASVG.

[13] BGBL Nr. 128/1958 v. 25.6.1958.

[14] Von der österreichischen Bundesregierung musste ein Gesamtbetrag von 4,429.400 Schilling aufgebracht werden, was einer durchschnittlichen Auszahlung von 5.100 Schilling pro ehemaligem Gefangenen entsprach.

[15] Damit betrat Österreich Neuland, vgl. Artikel von Reinhard Olt, in: FAZ, 22.2.2001.

[16] Zum Entschädigungsgesetz vgl. Stefan Karner – Harald Knoll, Späte Anerkennung. Zu den österreichischen Entschädigungsgesetzen 2000/01 für österreichische Kriegsgefangene und Internierte des Zweiten Weltkrieges, in: Jahrbuch für Politik 2003. Wien – München 2003, S. 377–385.

Sabine Elisabeth Gollmann

„Die Kriegsgefangenenfrage ist keine Frage der Parteipolitik, sondern eine Frage der Menschlichkeit.“ Die Zentrale Kommission für Kriegsgefangenenangelegenheiten

Am 5. Juli 1947 fand die erste Sitzung der zentralen Kommission für Kriegsgefangenenangelegenheiten[1] unter dem Vorsitz von Innenminister Oskar Helmer statt. Neben Minister Helmer waren bei diesem ersten Zusammentreffen je drei Vertreter der politischen Parteien und vier Mitarbeiter des Innenministeriums anwesend. Die KPÖ wurde unter anderem von Nationalrat Franz Honner vertreten, die ÖVP vom Bundesleiter der VP-Heimkehrerhilfs- und Betreuungsstellen Alois Fleischmann und die SPÖ von der Wiener Gemeinderätin und Landtagsabgeordneten Frieda Nödl. Helmer gab in dieser Besprechung neben einem Resümee über den Stand der Kriegsgefangenenrückführung und der bis zu diesem Zeitpunkt umgesetzten Maßnahmen auch den Grundsatz für die Kommissionsarbeit aus: „Die Kriegsgefangenenfrage ist keine Frage der Parteipolitik, sondern eine Frage der Menschlichkeit.“[2] Dieses Prinzip war allerdings während der nächsten Jahre nicht immer in den Köpfen der Kommissionsmitglieder verankert. So wurden beispielsweise Ansprachen bei Heimkehrerempfängen immer wieder für Parteipropaganda missbraucht.

Warum war es – zwei Jahre nach Kriegsende – zur Gründung der Kriegsgefangenenkommission gekommen? Warum bestand Handlungsbedarf?

In der ersten Hälfte des Jahres 1947 erwies sich die Situation bei der Kriegsgefangenenrückführung als ungenügend, da es die zuständigen Stellen noch immer nicht geschafft hatten, die Entlassung eines Großteils der österreichischen Soldaten aus fremden Gewahrsam zu erreichen und in die Heimat zu repatriieren. Zur Beschleunigung der Gefangenenrückführung wurde daher vom Bundesministerium für Inneres die Gründung einer überparteilichen Kommission beschlossen. Zwar waren zu diesem Zeitpunkt von den westlichen Alliierten beinahe alle Kriegsgefangenen entlassen worden, im Osten hingegen befanden sich noch viele Österreicher in Gefangenschaft. Im Mai 1947[3] regte Innenminister Helmer in einem Schreiben an die Vorstände der drei Parlamentsparteien offiziell die Gründung dieser Kommission an. Dieses neue Gremium sollte die Arbeiten des Innenministeriums und der sonstigen mit dem Thema der Kriegsgefangenschaft befassten Regierungsstellen unterstützen. Die Kommission war dem Bundesministerium für Inneres zugeordnet und bestand neben dem vorsitzenden Innenminister aus Vertretern der drei politischen Parteien, Mitarbeitern des Ministeriums und Mitgliedern der sich nach dem Krieg formierten Frauendelegationen. Zu den Aufgaben der Kommission zählte die Rückführung aller Kriegsgefangenen aus fremdem Gewahrsam (hauptsächlich aus der UdSSR, Jugoslawien, Rumänien, Polen und Albanien), Hilfe bei der Wiedereingliederung in der Heimat und die Vermisstensuche.

In der Ministerratssitzung vom 8. Juli 1947 berichtete Helmer von der ersten Sitzung der Kriegsgefangenenkommission. Der Innenminister teilte den Regierungsmitgliedern mit, dass die Initiative zur Gründung von den politischen Parteien ausgegangen ist und erläuterte auch den obersten Grundsatz der Kommissionsarbeit. Im Beschlussprotokoll dieser Ministerratssitzung wird die Gründung der Kommission von der Bundesregierung bestätigt: „Der Ministerrat nimmt den Bericht des Bundesministers für Inneres über die Schaffung einer Kommission für Kriegsgefangene, bestehend aus Vertretern aller drei Parteien, die auf unpolitischer Basis alle die österreichischen Kriegsgefangenen betreffenden Fragen behandeln wird, und das Ergebnis der ersten Sitzung zur Kenntnis.“[4]

Durch die Kommissionsgründung erhielt die Kriegsgefangenenthematik einerseits wieder verstärkte öffentliche Aufmerksamkeit, da unter anderem in der Presse regelmäßig über die Kommissionsarbeit berichtet wurde. Andererseits erhielten die Parteien durch die Tätigkeit der Kommission mehr Einblick in die Materie und die Arbeit des Ministeriums. Darüber hinaus war es enorm wichtig, dass persönliche Beziehungen der Kommissionsmitglieder als Erfolgsfaktoren für die Repatriierung und Wiedereingliederung in der Heimat genutzt wurden.

Ausgehend von der Zentralen Kommission für Kriegsgefangenenangelegenheiten kam es – auf Anregung des Innenministeriums – auch zu Kommissionsgründungen auf Bundesländer-, Bezirks- und Gemeindeebene. Durch diesen direkteren Kontakt zur Bevölkerung erhofften sich die Verantwortlichen eine bessere Einbindung der Menschen bei Spendenaufrufen und ähnlichen Aktionen zugunsten der noch nicht repatriierten Kriegsgefangenen und der Heimkehrer.

Kriegsgefangenenkommissionen bildeten sich unter anderem in den Bundesländern Wien, Steiermark, Kärnten oder Niederösterreich. In Vorarlberg gab es allerdings eine andere Entwicklung als in „Innerösterreich". Hier wurde zwar von der SPÖ die Bildung eines Landesheimkehrerkomitees auf Basis der drei politischen Parteien vorgeschlagen, dieser Vorschlag wurde jedoch von der Landesregierung in Bregenz abgelehnt. Die Landesregierungsmitglieder waren der Meinung, dass die bereits eingerichtete Heimkehrerleitstelle ausreiche um sich um die Angelegenheiten der Heimkehrer zu kümmern. In einzelnen Städten Vorarlbergs – wie z. B. Feldkirch – hatten sich dennoch Heimkehrerkommissionen, bestehend aus je einem Vertreter der drei politischen Parteien gebildet.[5]

Die Sitzungen der Zentralen Kommission für Kriegsgefangenenangelegenheiten fanden in unregelmäßigen Abständen statt. Während zwischen Juli 1947 und Juli 1949 noch eine gewisse Regelmäßigkeit in den abgehaltenen Zusammenkünften erkennbar ist und diese auch anhand von überlieferten Sitzungsprotokollen dokumentiert sind, kam es danach nur noch zu sporadischen Treffen. Insgesamt 28 Mal trafen sich die Kommissionsmitglieder zwischen der ersten Sitzung am 5. Juli 1947 und der letzten am 7. Juni 1950. Danach ist die Kriegsgefangenenkommission entweder nicht mehr zusammengetreten oder offiziell aufgelöst worden. Viele Fakten sprechen jedoch für erstere Annahme, da sich weder in den Quellen noch in der Literatur Hinweise für eine offizielle Auflösung finden. Auch die Tatsache, dass Kommissionsmitglieder in den folgenden Jahren noch vereinzelt bei Heimkehrerempfängen aufgetreten sind, erhärtet die Annahme, dass es nie eine offizielle Kommissionsauflösung gegeben hat.

Anmerkungen

1 Die Ausführungen zu diesem Thema beruhen auf der Dissertation der Verfasserin, in der auch die Sitzungsprotokolle der Zentralen Kommission für Kriegsgefangenenangelegenheiten zwischen 1947 und 1949 ediert sind. Vgl. Sabine Elisabeth Gollmann, Die zentrale Kommission für Kriegsgefangenenangelegenheiten von 1947 bis 1951. Ein Beispiel für die Arbeit einer politischen Kommission in Österreich zu Beginn der Zweiten Republik. Phil. Diss. Graz 2004.

2 AdBIK – Protokoll der zentralen Kommission für Kriegsgefangenenangelegenheiten im Bundesministerium für Inneres vom 5.7.1947.

3 Vgl. Bundesministerium für Inneres, Abt. 14 (Hg.), Das Buch des österreichischen Heimkehrers. o. O. 1949, S. 29f.

4 ÖStA, AdR, BKA, 75 – Sitzung des Ministerrates am 8. Juli 1947, Beschlussprotokoll Nr. 75, 24, S. 6.

5 Vgl. Vorarlberger Volkswille, 20.9.1947 u. 24.9.1947; Vorarlberger Volksblatt, 29.9.1947.

Stefan Karner

Die Rückkehr der österreichischen Kriegsgefangenen aus der Sowjetunion

Von den rund 600.000 Österreichern, die bei Kriegsende in alliiertem Gewahrsam namentlich registriert und erfasst wurden, befanden sich rund 120.000 bis 130.000 in der Sowjetunion. Sie fanden sich vor allem in den sowjetischen Lagern der GUPVI (Hauptverwaltung für Kriegsgefangene und Internierte des NKVD), in Gefängnissen oder in Arbeitsbataillonen wieder. Rund 70.000 bis 80.000 von ihnen waren nicht mehr in den sowjetischen Lagern und Gefängnissen registriert worden, weil sie zuvor starben. Ihr Schicksal ist bis heute ungeklärt.[1]

Unter den Österreichern, die nach 1941 in der Sowjetunion lebten und die aus der Sowjetunion großteils wieder „heimkehren“ konnten, lassen sich folgende Gruppen unterschieden:[2]

- Ehemalige Kriegsgefangene des Ersten Weltkrieges (insbesondere in Sibirien). Einige von ihnen hatten im Bürgerkrieg auf Seite der „Weißen“ gegen die Rote Armee gekämpft.
- Zivile Arbeitskräfte, die – vor allem wegen des Drucks der Weltwirtschaftskrise – Anfang der Dreißigerjahre in die Sowjetunion emigriert waren, um dort am „Aufbau des Sozialismus in einem Land“ mitzuarbeiten.
- Die politische Emigration der Dreißigerjahre (vor allem Schutzbündler, Sozialdemokraten und Kommunisten). Sie waren, soweit sie von Stalin nicht aus verschiedensten politischen Gründen verurteilt oder 1939 an Hitler-Deutschland ausgeliefert worden waren, nach 1941 zum politisch-propagandistischen Einsatz bei der „Betreuung“ der österreichischen Kriegsgefangenen (später in der österreichischen „Antifa“) herangezogen worden.
- Wirtschaftsberater, Händler und Ingenieure, die nach dem Hitler-Stalin-Pakt ab 1939 in der Sowjetunion gearbeitet hatten.
- Österreichische Kriegsgefangene der Deutschen Wehrmacht.

Kriegsgefangene des Lagers 241 Sewastopol.
Quelle: RGVA/Moskau.

- Österreichische Deserteure aus der Deutschen Wehrmacht, sie waren nach einer kürzeren Phase ihres propagandistischen Einsatzes meist in das Lagersystem der GUPVI gekommen.
- „Volksdeutsche“, die von sowjetischen Einheiten vor allem 1945 aus Österreich verschleppt und in der Folge ohne Anklage oder Urteil jahrelang in der Sowjetunion als „mobilisierte und internierte Deutsche“ in Arbeitsbataillonen festgehalten wurden.
- Zivilisten, die wegen verschiedenster Vorwürfe ab 1945 von Sowjetorganen in Österreich verhaftet, meist noch in Österreich von Sowjetgerichten verurteilt und in die UdSSR verbracht wurden.[3]
- Techniker und Ingenieure, die man 1945 in die Sowjetunion verschleppt hatte.

Die größte unter den oben angeführten Gruppen waren die österreichischen Kriegsgefangenen der ehemaligen Deutschen Wehrmacht. Nach sowjetischen Angaben waren rund 156.000 Kriegsgefangene österreichischer Staatszugehörigkeit in den Lagern registriert worden. Tatsächlich waren es – bedingt durch zahlreiche Doppelnennungen – etwa dreißigtausend weniger. Dennoch stellten sie zusammen mit den Internierten, vor allem „Volksdeutschen“, mehr als 90 Prozent aller Österreicher in der Sowjetunion nach 1941. Ein eigens für die Kriegsgefangenen und Internierten eingerichteter Archipel von NKVD[4]-Lagern der GUPVI-Verwaltung[5], von der polnischen Grenze bis nach Sibirien, hatte sie „aufgenommen“. Für

Nach vielen Jahren Elend und Gefangenschaft fahren die Kriegsgefangenen und Zivilisten, teilweise in Güterwaggons, der Freiheit und der Heimat entgegen.
Quelle: RGVA/Moskau.

viele Zivilisten und Kriegsgefangene endete die Gefangenschaft erst nach Jahren, für Tausende erst im Zuge der erfolgreichen österreichischen Staatsvertragsverhandlungen. Keine andere Gewahrsamsmacht behielt österreichische Kriegsgefangene so lange wie die Sowjetunion. Dort sollten sie für die sowjetische Industrie arbeiten und wieder aufbauen, was zuvor im Krieg von der Deutschen Wehrmacht zerstört worden war. Große Leistungen des ersten sowjetischen Nachkriegs-Fünfjahresplans sind von ihnen erbracht worden. Es gab nahezu keine Baustelle in der Sowjetunion, bei der nicht auch Österreicher eingesetzt wurden.

Ein Teil der österreichischen Kriegsgefangenen war zwischen 1943 und 1955 sowohl wegen ihnen angelasteter Kriegsverbrechen als auch wegen Vergehen gegen die sowjetische Lagerordnung des GUPVI-Systems und wegen krimineller Delikte verurteilt worden. Die politischen Verfahren wurden anfangs in Schauprozessen und Einzelanklagen, später – besonders 1949 – in Massenverfahren, bei denen der Nachweis einer persönlichen Schuld nicht mehr erbracht werden musste, abgehandelt.[6]

Die Repatriierung der österreichischen Kriegsgefangenen aus der Sowjetunion

Die ersten österreichischen Kriegsgefangenen wurden 1945/46 entlassen. Es waren dies vor allem kranke, invalide und langfristig arbeitsunfähige Personen, also solche, deren Arbeitskraft für den Wiederaufbau nicht genutzt werden konnte – immer mit der Einschränkung, dass der Gefangene nicht an Kriegsverbrechen beteiligt gewesen war.[7]

Diese frühzeitig Entlassenen trafen noch kaum in geschlossen Transporten ein, sondern einzeln und oft sogar zu Fuß. Auf sie wartete zu Hause noch kein Empfangskomitee, sondern sie fanden ausgebombte Häuser vor. Die Familie war oft in alle Windrichtungen zerstreut. Viele Heimkehrer mussten sich während längerer Krankenhausaufenthalte von Kriegsverwundungen, der Hungerkrankheit Dystrophie oder anderen Leiden erholen.

Die Repatriierung bedeutete für die Kriegsgefangenen eine ungeheure psychische Belastung, weil innerhalb der bereits zusammengestellten Transporte noch Filtrationen des Geheimdienstes durchgeführt wurden. Sie richteten sich in erster Linie gegen Mitglieder der Waffen-SS, des SD, der Gestapo, aber auch gegen Mitglieder so genannter „belasteter Einheiten".[8] Es gab viele Gründe, deretwegen ein Gefangener, der sich schon auf die Heimat freute, doch noch zurückbehalten werden konnte, und vielfach waren diese Begründungen für den Gefangenen nicht einsichtig – dies verstärkte die psychische Belastung. So wurden zum Beispiel gute Facharbeiter oft später entlassen, ebenso durften nicht transportfähige Personen keinesfalls repatriiert werden, um dem Ansehen der Sowjetunion nicht zu schaden. Musste ein Unglücklicher zurückbleiben, so gab er seinem heimreisenden Kameraden wenigstens eine Nachricht für die Familie mit.

Entlassene Kriegsgefangene wurden von der Sowjetunion noch mit Kleidung versorgt, was wohl in erster Linie dem Prestige- und Propagandadenken der sowjetischen Führung entsprang, in zweiter Linie aber sehr wohl eine soziale Komponente beinhaltete. Was uns heute als unwichtiges Detail erscheint, war für die Kriegsgefangenen bedeutend, da diese zu Hause oft nichts mehr vorfanden und die finanzielle Absicherung bzw. die Neuanschaffung von Bekleidung längere Zeit in Anspruch nehmen konnte. So waren die russische „Fufajka"[9] und die Hose aus der sowjetischen

Kriegsgefangenschaft für die Heimkehrer oft die einzige Winter- oder Arbeitsbekleidung.
Die ärztlichen Untersuchungen vor der Abreise dienten dazu, Angehörige der Waffen-SS zu enttarnen, Transportunfähige auszusortieren und Arbeitsunfähige für die Repatriierung als erste auszusondern. Dazu wurden die Lagerärzte herangezogen, die sich zu einem Gutteil auch aus kriegsgefangenen Ärzten rekrutierten. Dass diese versuchten, ihren Lagerkameraden zu einer früheren Heimkehr zu verhelfen, kann nicht verwundern.[10]
Außer den abschließenden ärztlichen Untersuchungen wurden noch genaue Durchsuchungen der persönlichen Habe des Kriegsgefangenen vorgenommen. Nichts, das dem Lande schaden oder ausländischen Geheimdiensten nützen konnte, durfte außer Landes gebracht werden. Tatsächlich gelang es nur selten, Tagebuchaufzeichnungen oder anderes geschriebenes Material nach Hause zu bringen. Nur kleinste Zettelchen, im Schuh oder unter dem Arm versteckt, konnten über die Grenze gebracht werden. Findigen gelang aber immer wieder auch das Unmögliche. In diesem Zusammenhang sei an das Manuskript von Konrad Lorenz erinnert, das mehrere hundert Seiten umfasste und nach seinen eigenen Angaben herausgeschmuggelt wurde. Sogar ein unentwickelter Film mit Lagerfotos konnte in einem Gipsbein nach Deutschland gelangen. Zeitzeugen berichten mit unverhohlener Begeisterung über ihren Erfindungsreichtum, wenn es darum ging, die Durchsuchungen zu überstehen. Meist wurden aber nur das Essgeschirr oder kleine Erinnerungsstücke aus der Gefangenschaft mitgenommen. „Wohlhabende" Spätheimkehrer hatten ihre Habseligkeiten in einen Holzkoffer aus der Lagertischlerei gepackt.
Die geordnete Rückführung der Österreicher wurde ab 8. Jänner 1946 federführend vom Bundesministerium für Inneres betrieben. Dazu hatte man als Überbau ein fünfköpfiges Komitee unter Vorsitz von Bundeskanzler Leopold Figl gegründet, das sich neben den Fragen der Rückführung auch der Vermisstensuche und der Abwicklung bzw. Aufnahme des Postverkehrs annahm. Die Gründung einer „Zentralen Kriegsgefangenen-

Spätheimkehrer vor dem Abtransport in die Heimat.
Quelle: RGVA/Moskau.

kommission" unter Bundesminister Oskar Helmer am 5. Juli 1947 sollte ein weiterer Schritt in den Bemühungen der Österreicher um eine Beschleunigung der Rückführung der Kriegsgefangenen aus der Sowjetunion sein.[11]
Vor diesen Organisationen hatte der österreichische Staat versucht, in persönlichen Kontakten – etwa bei Treffen von Handelsdelegationen oder anlässlich der „Wiener Messen" – und über das sowjetische Außenministerium in Moskau die Rückführung der Österreicher zu betreiben. Tatsächlich kamen bis Ende 1945 2.600 Heimkehrer in geschlossenen Transporten und eine weit größere Zahl[12] einzeln und ohne Entlassungspapiere nach Hause. In den Verhandlungen zur Rückführung der Kriegsgefangenen stütze man sich auf österreichischer Seite auf die Kontakte der österreichischen KP-Funktionäre, vor allem auf Franz Honner und Ernst Fischer. Laufende Interventionen bei der sowjetischen Kommandantur waren notwendig, um nach der ersten Entlassungswelle von 1945 auch im folgenden Jahr 15.000 Mann nach Hause zu bekommen. Schließlich legte man als Ankunftsort für die großen Heimkehrertransporte ab 1947 Wiener Neustadt fest.
Trotz Fürsprache des österreichischen Innenministeriums bei den sowjetischen Besatzungsbehörden kamen bis zur Jahresmitte 1947 nur drei Transporte an und dies, obwohl bei der Moskauer Außenministerkonferenz vom April 1947

ein wesentlicher Schritt zur Abwicklung der weiteren Vorgangsweise bezüglich der Repatriierung aller Österreicher festgelegt wurde.
1947 versuchte eine Frauendelegation mit Vorsprachen und Demonstrationen die Rückführung zu beschleunigen. Generaloberst Aleksej Želtov gab für die Sowjetunion eine Bemühungszusage. Ab dem September 1947 begannen organisierte Heimkehrertransporte, die bis zum Jahresende den Großteil der noch in den Lagern verbliebenen Österreicher heimbrachten. Bis 31. Dezember 1948 wären vereinbarungsgemäß alle Österreicher zu entlassen gewesen.
1953 und 1955 wurden fast ausschließlich die verurteilten Kriegsgefangenen und Zivilisten entlassen. 1956 waren die Repatriierungen abgeschlossen. Nach der Ankunft dieser Spätheimkehrer kam schließlich 1956 ein letzter Kriegsgefangenen-Transport aus der Sowjetunion an. Die Sowjetunion bezeichnete die mit diesem 78. Transport Heimgekehrten als die letzten österreichischen Kriegsgefangenen aus der Sowjetunion. Dass dies keinesfalls so war, kann erst heute – in mühsamer wissenschaftlicher Detailarbeit – belegt werden.

Anmerkungen

1 Zum vorliegenden Beitrag vgl. vor allem: Stefan Karner, Im Archipel GUPVI. Kriegsgefangenschaft in der Sowjetunion 1941–1956. Kriegsfolgen-Forschung. Wissenschaftliche Veröffentlichungen des Ludwig Boltzmann-Instituts für Kriegsfolgen-Forschung, Graz – Wien, Bd. 1. Wien – München 1995; Stefan Karner (Hg.), „Gefangen in Rußland". Die Beiträge des Symposions auf der Schallaburg 1995. Veröffentlichungen des Ludwig Boltzmann-Instituts für Kriegsfolgen-Forschung, Graz – Wien, Bd.1. Graz – Wien 1996.

2 Die folgende Einteilung basiert auf einer Auswertung der vom Autor 1991/92 auf Basis der sowjetischen GUPVI-Personaldaten erstellten Datenbank „Österreicher in der Sowjetunion 1941–1956", die an die 130.000 Personen mit jeweils 28 Variablen enthält sowie auf persönlichen Erfahrungen, Gesprächen mit Betroffenen und Recherchen in Russland und Österreich.

3 Zu dieser Gruppe vgl. den Beitrag von Harald Knoll – Barbara Stelzl-Marx in diesem Band.

4 NKVD (lies: NKWD) = Narodnyj komissariat vnutrennych del SSSR [Volkskommissariat für Innere Angelegenheiten der UdSSR], ab März 1946 MVD = Ministerstvo vnutrennych del SSSR [Ministerium für Innere Angelegenheiten der UdSSR].

5 GUPVI = Glavnoe upravlenie po delam voennoplennych i internirovannych [Hauptverwaltung für Angelegenheiten von Kriegsgefangenen und Internierten].

6 Vgl. dazu vor allem: Nikita Petrov, Die Strafgerichtsverfahren gegen Angehörige der Deutschen Wehrmacht und andere NS-Organsiationen in der Sowjetunion. Manuskript Moskau 1996.

7 GARF, F. 9401, op. 12, d. 205, Bd. 2, Befehl Nr.00955ss vom 13.8.45 (Berija).

8 Das waren Einheiten, denen von der Sowjetunion Kriegsverbrechen auf dem Boden der UdSSR zur Last gelegt wurden.

9 Es handelte sich dabei um eine wattierte Jacke.

10 GARF, F. 9401, op. 1a, d. 290. In einem Telegramm vom 1.4.1948 fordert der Stv. Innenminister der UdSSR, Generaloberst Serov, jegliche Mitwirkung von kriegsgefangenen Ärzten bei der Auswahl und Vorbereitung der zu repatriierenden Kriegsgefangenen zu untersagen.

11 Zur Kriegsgefangenkommission vgl. den Beitrag von Sabine Elisabeth Gollmann in diesem Band.

12 Rund 100.000 Heimkehrer kamen ohne Entlassungspapier, sie sind deshalb in Statistiken des Innenministeriums nicht enthalten.

Harald Knoll – Barbara Stelzl-Marx

Die Fälle Marek und Kiridus
Zur sowjetischen Strafjustiz in Österreich

Während der zehnjährigen Besatzung Österreichs verhafteten sowjetische Organe rund 2.200 österreichische Zivilisten, die meisten davon in Wien und Niederösterreich. Über tausend der 236 Frauen und 1.965 Männer wurden anschließend von Militärtribunalen zu meist hohen Haftstrafen verurteilt und in die UdSSR verschleppt, mehr als 150 hingerichtet.[1] Für die österreichische Bevölkerung und Öffentlichkeit blieben die Gründe für eine Verhaftung und das weitere Schicksal der „Verschleppten" weitestgehend im Dunkeln. Die scheinbar willkürlich durchgeführte „Menschenräuberei", gekoppelt mit der Ohnmacht der österreichischen Behörden, haben sich tief im kollektiven Gedächtnis verankert.

Die Gründe für die Verhaftungen, die am helllichten Tag, beim Spaziergang, unter dem Vorwand einer dienstlichen Erledigung auf der sowjetischen Kommandantur oder in der eigenen Wohnung erfolgten, waren vielfältig und müssen häufig in einem engen Zusammenhang mit den Ereignissen des „Kalten Krieges" gesehen werden. So reagierte die sowjetische Besatzungsmacht rigoros auf alles, was sie als Bedrohung empfand: Spionage, unerlaubter Waffenbesitz, Zugehörigkeit zu „Werwolf"-Gruppen, Auseinandersetzungen mit Soldaten der Roten Armee und kriminelle Handlungen. Aber auch die Ahndung von NS-Kriegsverbrechen stellte ein wichtiges Argument der sowjetischen Strafjustiz in Österreich dar.

Unter den Verhafteten befanden sich „der kleine Mann von der Straße" ebenso wie namhafte Persönlichkeiten des öffentlichen Lebens und der Wirtschaft – wie etwa die Leiterin der Planungssektion im Ministerium für Vermögenssicherung und Wirtschaftsplanung unter Minister Peter Krauland, Margarethe Ottillinger[2], oder die inoffiziellen „Geheimdienstchefs", Polizeiinspektor Anton Marek und der Gendameriebeamte Franz Kiridus.[3]

Sowjetische Verurteilungspraxis

Zu den wichtigsten sowjetischen Gerichten, vor die österreichische Zivilisten gestellt wurden, zählten die Militärtribunale der Zentralen Gruppe der sowjetischen Streitkräfte in Baden bzw. der 4. Gardearmee und die Sondergerichte des NKVD/MVD in Moskau. Als rechtliche Grundlage wurden das Strafgesetzbuch der RSFSR (insbesondere Artikel 58) und – bei Kriegsverbrechen – der so genannte „Ukaz 43" herangezogen. Bei Verwandtschaft mit Hitler (Eduard und Johann Schmidt, Maria und Ignaz Koppensteiner) kam Artikel 2 des vom Kontrollrat in Deutschland verabschiedeten Gesetzes Nr. 10 zur Anwendung.

Rund 17 Prozent der Österreicher wurden – vor allem wegen Spionage – zum Tod verurteilt, alle anderen zu ein- bis 25-jährigen Haftstrafen in GULag-Lagern oder Gefängnissen; darunter rund ein Drittel zu 25 und mehr als ein Viertel zu zehn Jahren. Als die Todesstrafe zwischen Mai 1947 und Jänner 1950 ausgesetzt war, wurden stattdessen 25 Jahre Haft als Höchststrafe verhängt.

Im zeitlichen Längsschnitt wird deutlich, dass die Zahl der Verhaftungen in den ersten vier Jahren der Besatzung am höchsten war und ab 1949/1950 sukzessive abnahm. Eine Ausnahme bildete die Steiermark, wo es in der kurzen sowjetischen Besatzungszeit bis Juli 1945 zu regelrechten Massenverhaftungen kam: Mit beinahe 200 Festnahmen (vor allem wegen der Zugehörigkeit zum „Werwolf") wurde hier österreichweit die höchste Zahl an Verhaftungen durch sowjetische Organe innerhalb eines Jahres beziehungsweise sogar eines Vierteljahres vorgenommen.

Anfangs erfolgten die Festnahmen vor allem auf Grund von Hinweisen aus der Bevölkerung, während mit zunehmender Besatzungszeit vermehrt gezielt nach tatsächlichen oder vermeintlichen Straffälligen gesucht wurde, etwa Österreichern, die Kriegsverbrechen auf sowjetischem Territorium oder Verbrechen an Bürgern der UdSSR (Zwangsarbeitern und Kriegsgefangenen) verübt hatten. Dazu zählten u.a. 50 ehemalige Schutzpolizisten, die sowjetische Bürger – vorwiegend jüdischer Nationalität – im Gebiet von Galizien

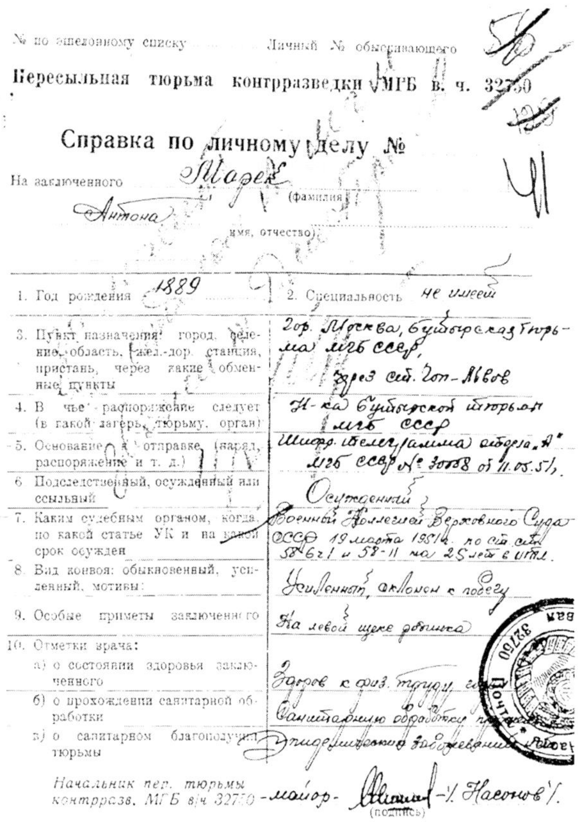
№ по эшелонному списку Личный № обыскивающего

Пересыльная тюрьма контрразведки МГБ в. ч. 32750

Справка по личному делу №

На заключенного Марек (фамилия)

Антона (имя, отчество)

1. Год рождения 1889	2. Специальность не имеет
3. Пункт назначения: город, селение, область, жел.-дор. станция, пристань, через какие обменные пункты	гор. Москва, бутырская тюрьма МГБ СССР, через ст. Чоп-Львов
4. В чье распоряжение следует (в какой лагерь, тюрьму, орган)	Н-ка Бутырской тюрьмы МГБ СССР
5. Основание к отправке (наряд, распоряжение и т. д.)	Шифр. телеграмма отдела „А" МГБ СССР № 30088 от 11.05.51,
6. Подследственный, осужденный или ссыльный	Осужденный
7. Каким судебным органом, когда, по какой статье УК и на какой срок осужден	Военной Коллегией Верховного Суда СССР 19 марта 1951 г. по ст. ст. 58-6 ч. 1 и 58-11 на 25 лет в ИТЛ.
8. Вид конвоя: обыкновенный, усиленный, мотивы:	Усиленный, склонен к побегу
9. Особые приметы заключенного	На левой щеке родинка
10. Отметки врача:	
а) о состоянии здоровья заключенного	Здоров к физ. труду
б) о прохождении санитарной обработки	Санитарную обработку
в) о санитарном благополучии тюрьмы	Эпидемических заболеваний

Начальник пер. тюрьмы контрразв. МГБ в/ч 32750 - майор - /Насонов/.
(подпись)

Bescheid zum Personalakt Anton Marek.
Quelle: RGVA/Moskau.

getötet oder misshandelt hatten. Kriegsverbrechen an nicht-sowjetischen Bürgern (zum Beispiel US-amerikanischen Fliegern) stellten keinen Verurteilungsgrund vor einem sowjetischen Militärtribunal dar.

Spionagedrehscheibe Wien: Die Fälle Marek und Kiridus

Gerade der Tatbestand der Spionage stellt wegen der Komplexität des Themas und einer gewissen „Sprachlosigkeit" der Betroffenen ein besonders heikles Thema dar. In Wien als Drehscheibe mannigfaltiger Spionageaktivitäten prallten die unterschiedlichsten Spionageabteilungen aufeinander.[4] Neueste Dokumente aus dem Archiv des FSB (vormals KGB) zeigen, wie genau der sowjetische Geheimdienst in Österreich über die Aktivitäten der amerikanischen Spionageabwehr CIC (Counter-Intelligence Corps) unterrichtet war und die angeworbenen österreichischen CIC-Agenten – zum Teil über Jahre hinweg – beobachtete.[5] Zu den Aufgaben der wissentlich oder unwissentlich in diesem Bereich eingesetzten Österreicher zählten u. a. das Notieren von Flugbewegungen sowjetischer Flugzeuge und Kennzeichnen sowjetischer Militärfahrzeuge oder das Fotografieren von Militäranlagen und Truppenübungsplätzen. Selbst 1955 wurde noch ein Österreicher aufgrund von Spionage verhaftet, der den Truppenübungsplatz in Kaisersteinbruch fotografiert hatte. In dieser Hinsicht besonders gefährdet waren zudem Österreicherinnen, die – zum Teil „professionelle" – Verhältnisse mit sowjetischen Besatzungssoldaten unterhielten. Ihnen wurde der Vorwurf seitens der sowjetischen Besatzungsmacht zum Verhängnis, das „Bettgeflüster" zu Spionagezwecken missbraucht zu haben. So kritisierte die Politische Abteilung der NKVD-Truppen im Juli 1945 Verhältnisse sowjetischer Offiziere mit österreichischen Frauen als „politisch folgenschwer" und die betroffenen Männer als „moralisch instabil". Die Österreicherinnen wurden als reale Gefahr gesehen, die den „verzauberten" Soldaten militärische Geheimnisse entlocken könnten.[6] Verhaftungen und Verurteilungen einer ganzen Reihe von Österreicherinnen, die „Umgang mit sowjetischen Einheiten pflegten", waren die Folge.[7]

1948 stellten – abgesehen von Margarethe Ottillinger – die Festnahmen des Kriminalinspektors Anton Marek und des Gendarmeriebeamten Franz Kiridus nicht nur den Höhepunkt der sowjetischen Verhaftungswelle dar, sondern erregten als prominente Fälle besonderes Aufsehen: Sowohl in der nationalen wie internationalen Presse riefen diese Verhaftungen starkes Echo hervor und kamen auch am häufigsten von allen Verschleppungen durch die sowjetische Besatzungsmacht im Alliierten Rat zur Sprache.[8]

1945 war Marek einer der Hauptbeteiligten bei der Auffindung der so genannten „Gauakten"[9], die mit Hilfe der direkt SPÖ-Innenminister Oskar Helmer unterstellten und ausschließlich für ihn arbeitenden Abteilung 5 (Gruppe Marek) auch erfolgreich vor dem KPÖ-Chef der Wiener Staatspolizei, Heinrich Dürmayer, geheim gehalten werden konnten. Natürlich hatte Marek dabei Fälle zu bearbeiten, die Dürmayer eben aus Gründen des fehlenden Vertrauens nicht übertragen wurden. Dabei galt es Lösungen zu erzielen, „ohne die Regierung zu kompromittieren“[10]. Marek war damit der verlängerte Arm Helmers bei der Staatspolizei.

Zum Aufgabenkreis der Gruppe Marek gehörten auch Aktionen gegen die KPÖ, wofür sich besonders die sowjetischen Geheimdienstorgane in Österreich interessierten, wie ein KGB-Akt belegt: „So erteilten die führenden Beamten des [österreichischen] Innenministeriums, Pammer und Peterlunger, Marek eine bestimmte Aufgabe in Bezug auf die KPÖ. Marek rekrutierte dazu zu den ihm unterstellten 36 Beamten noch weitere Kriminalbeamte mit dem Auftrag, in der KPÖ, in ihren Unter-Organisationen eine Agententätigkeit einzurichten und sie in ihrem Aufbau zu unterwandern.“[11] Marek und seine Mitarbeiter hatten zudem Entführungen und Verschleppungen durch die sowjetischen Besatzer aufzuklären. Nach seiner am 17. Juni 1948 erfolgten Festnahme warf die sowjetischen Anklage Marek noch weitere Tätigkeiten vor, wie Spionage in den sowjetischen Erdölbetrieben und Fluchthilfen aus Ungarn.

Wie Marek bei Dürmayer so war Helmers Arm bei seinem ÖVP-Staatssekretär Ferdinand Graf der Gendarm Franz Kiridus, der zweite führende Beamte der Abteilung 5. Der etwa dreißig-jährige Wiener war nach 1945 der Gruppe Marek zugeteilt worden und hatte in deren Tätigkeitsfeld gearbeitet. Am 16. Juli 1948 wurde er wegen Spionage an der Zonengrenze am Semmering von Sowjetorganen verhaftet und anschließend in die UdSSR deportiert.

Bisher kaum bekannt sind die im Herbst 1948 im Zusammenhang mit der Gruppe Marek erfolgten Festnahmen von Igor Mermelstein und Viktor Ruew (Großfeld). Mermelstein, der bei der Handelsabteilung des sowjetischen Teils der Alliierten Kommission arbeitete, soll von einem Mitarbeiter Mareks als Agent gegen die sowjetischen Truppen angeworben worden sein. Der als Dolmetscher bei der sowjetischen Erdölverwaltung im Büro für Tiefbohrungen tätige Ruew soll ab Mai 1948

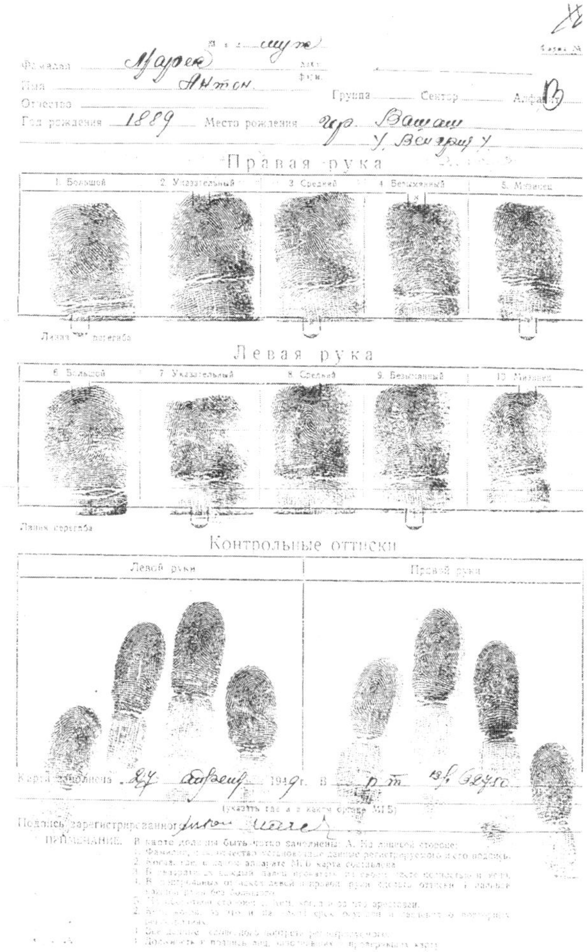

Fingerabdrücke zu Personalakt Anton Marek.
Quelle: RGVA/Moskau.

drei Berichte über die sowjetische Ölindustrie an Mareks Mitarbeiter übergeben haben. Beide wurden im selben Prozess wie Marek und Kiridus zu 25 Jahren Haft verurteilt.[12]

Marek und Kiridus wurden am 7. Februar 1951 durch ein Militär-Tribunal des Truppenteils 28990 (Zentrale Gruppe der sowjetischen Streitkräfte) zur Höchststrafe, dem Tod durch Erschießen, verurteilt. Die Verurteilungen erfolgten nach den Artikeln 58-6-1 (Spionage) und 58-11 (Teilnahme an verbrecherischen Organisationen) des Strafgesetzbuches der RSFSR. Kurze Zeit später, am 19. März 1951, wurde das Todesurteil von einem Militär-Kollegium des Obersten Gerichts der UdSSR aufgehoben und in eine Haftstrafe

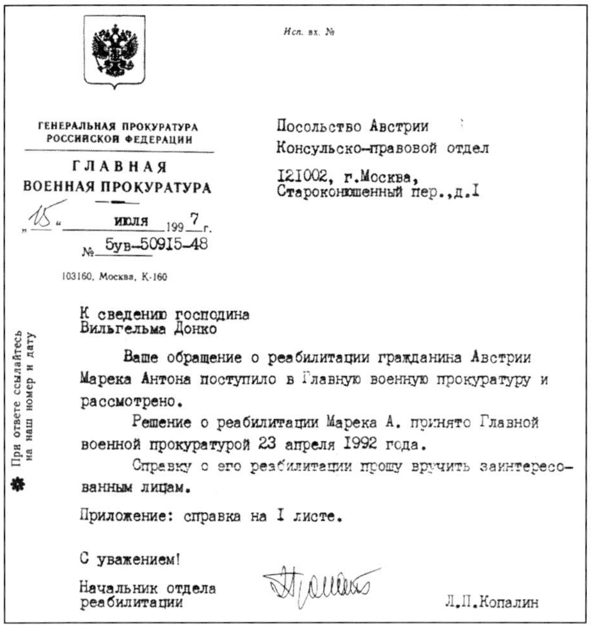

Исп. вх. №

ГЕНЕРАЛЬНАЯ ПРОКУРАТУРА
РОССИЙСКОЙ ФЕДЕРАЦИИ

ГЛАВНАЯ
ВОЕННАЯ ПРОКУРАТУРА

„15“ июля 1997 г.
№ 5ув-50915-48

103160, Москва, К-160

Посольство Австрии
Консульско-правовой отдел

121002, г.Москва,
Староконюшенный пер.,д.1

При ответе ссылайтесь на наш номер и дату

К сведению господина
Вильгельма Донко

Ваше обращение о реабилитации гражданина Австрии Марека Антона поступило в Главную военную прокуратуру и рассмотрено.

Решение о реабилитации Марека А. принято Главной военной прокуратурой 23 апреля 1992 года.

Справку о его реабилитации прошу вручить заинтересованным лицам.

Приложение: справка на I листе.

С уважением!

Начальник отдела
реабилитации Л.П.Копалин

Rehabilitierungsbescheid Anton Mareks aus dem Jahr 1997.
Quelle: AdBIK/Graz.

von 25 Jahren umgewandelt. Beide kamen erst 1955, nach Abschluss des Österreichischen Staatsvertrages, nach Österreich zurück. Und beide wurden in den letzten Jahren von der Hauptmilitärstaatsanwaltschaft Russlands rehabilitiert.[13]

Anmerkungen

1 AdBIK, Datenbank österreichischer Zivilverurteilter in der UdSSR. Der vorliegende Beitrag beruht auf: Harald Knoll – Barbara Stelzl-Marx, Österreichische Zivilverurteilte in der Sowjetunion. Ein Überblick, in: Andreas Hilger – Mike Schmeitzner – Ute Schmidt (Hg.), Sowjetische Militärtribunale, Bd. 2. Köln – Weimar – Wien 2003 (= Knoll – Stelzl-Marx, Zivilverurteilte), S. 571–605 u. Harald Knoll – Barbara Stelzl-Marx, Sowjetische Strafjustiz in Österreich: Verhaftungen und Verurteilungen 1945–1955, in: Stefan Karner – Barbara Stelzl-Marx (Hg.), Die Rote Armee in Österreich. Sowjetische Besatzung 1945–1955. Beiträge. Graz – Wien – Klagenfurt 2005 (= Knoll – Stelzl-Marx, Strafjustiz).

2 Stefan Karner (Hg.), Geheime Akten des KGB. „Margarita Ottillinger“. Graz 1992; Stefan Karner, Verschleppt in die Sowjetunion: Margarethe Ottillinger, in: Gerhard Jagschitz – Stefan Karner (Hg.), Menschen nach dem Krieg. Schicksale 1945–1955. Ausstellung Schloß Schallaburg 1995. Innsbruck 1995, S. 35–49.

3 Gerald Stourzh, Um Einheit und Freiheit. Staatsvertrag, Neutralität und das Ende der Ost-West-Besetzung Österreichs 1945–1955. Studien zu Politik und Verwaltung, Bd. 62. 4. Aufl. Wien – Köln – Graz 1998, S. 140–142; Manfred Fuchs, Der österreichische Geheimdienst. Das zweitbeste Gewerbe der Welt. Wien 1994, S. 133–135; Wilhelm Svoboda, Die Partei, die Republik und der Mann mit den vielen Gesichtern. Oskar Helmer und Österreich II. Eine Korrektur. Wien – Köln – Weimar 1993 (= Svoboda, Partei), S. 84–87; RGVA, F. 461, Personalakt Nr. 190448, Anton Marek (= Personalakt Marek).

Heimkehrer werden mit einem letzten Gruß aus der Sowjetunion verabschiedet.
Quelle: RGVA/Moskau.

4 Vgl. Erwin A. Schmidl (Hg.), Österreich im frühen Kalten Krieg 1945–1958. Spione, Partisanen, Kriegspläne. Wien – Köln – Weimar 2000.

5 So wurde etwa Herbert B. bereits in einem Geheimdienstbericht vom März 1948 im Zusammenhang mit dem CIC-430 erwähnt. Fünf Jahre später, im Februar 1953, erfolgte seine Verhaftung und Verurteilung durch das Militärtribunal der Zentralen Gruppe der Streitkräfte in Baden. Vgl. dazu: CA FSB RF, F. 135, op. 1, d. 37, S. 100–106. Abgedruckt in: Stefan Karner – Barbara Stelzl-Marx – Alexander Tschubarjan (Hg.), Die Rote Armee in Österreich. Sowjetische Besatzung 1945–1955. Dokumente. Krasnaja Armija v Avstrii. Sovetskaja okkupacija 1945–1955. Dokumenty. Graz – Wien – Klagenfurt 2005 (= Karner – Stelzl-Marx – Tschubarjan, Rote Armee).

6 RGVA, F. 32902, op. 1, d. 11, S. 158f. Abgedruckt in: Karner – Stelzl-Marx – Tschubarjan, Stefan Karner – Barbara Stelzl-Marx – Alexander Tschubarjan (Hg.), Die Rote Armee in Österreich. Sowjetische Besatzung 1945–1955. Dokumente. Krasnaja Armija v Avstrii. Sovetskaja okkupacija 1945–1955. Dokumenty. Graz – Wien – Klagenfurt 2005.

7 Vgl. dazu ausführlicher: Knoll – Stelzl-Marx, Zivilverurteilte, S. 587–589.

8 Die starken westlichen Proteste in der Presse kamen der sowjetischen Besatzungsmacht äußerst ungelegen. Andrej Smirnov, Leiter der 3. Europäischen Abteilung des MID, bezog sich Ende Dezember 1948 auf die negative Wirkung der Zunahme der Verhaftungen durch sowjetische Organe, „die unserer Politik in Österreich Schaden zufügt“. AVP RF, F. 066, op. 29, p. 137, d. 15, S. 102–112. Abgedruckt in: Karner – Stelzl-Marx – Tschubarjan, Stefan Karner – Barbara Stelzl-Marx – Alexander Tschubarjan (Hg.), Die

Rote Armee in Österreich. Sowjetische Besatzung 1945–1955. Dokumente. Krasnaja Armija v Avstrii. Sovetskaja okkupacija 1945–1955. Dokumenty. Graz – Wien – Klagenfurt 2005. Graz – Wien – Klagenfurt 2005; selbst das Politbüro setzte sich mit diesen prominenten Verhafteten und den diesbezüglichen Anfragen der österreichischen Regierung an die sowjetischen Behörden auseinander. RGASPI, F. 17, op. 3, d. 1091. – Politbürobeschluss Nr. P 84 (425) des ZK d. VKP(b) v. 19.11.1951. Über eine Antwortnote an die österreichische Regierung bezüglich Anton Marek.

9 Maximilian Pammer, Die „Gauakten". Unveröffentlichtes Manuskript Wien 1980, S. 1, zit. bei Svoboda, Partei, S. 62f.

10 Oliver Rathkolb, Politische Propaganda der amerikanischen Besatzungsmacht in Österreich 1945 bis 1950. Ein Beitrag zur Geschichte des Kalten Krieges in der Presse-, Kultur- und Rundfunkpolitik. Phil. Diss. Wien 1981, S. 267.

11 CA FSB RF, F. 4, op. 5, d. 870, S. 172–181.

12 Personalakt Marek. Ruew starb am 13. Dezember 1953 in Haft und Mermelstein wurde erst im Dezember 1956 repatriiert.

13 Knoll – Stelzl-Marx, Strafjustiz.

Herbert Killian

Wegen drei Ohrfeigen nach Nordostsibirien verschleppt – Der Betroffene im Interview

Wann wurden Sie von den Sowjets verschleppt?

Ich war bald nach Kriegsende aus amerikanischer Gefangenschaft in meine Heimatstadt Korneuburg in Niederösterreich zurückgekehrt. Die versäumten Schuljahre mussten nachgeholt, die Wissenslücken geschlossen werden. Die schriftliche Matura hatte ich bereits abgelegt, die mündliche stand unmittelbar bevor. Es war ein Sonntag, der 8. Juni 1947, an dem ich verschleppt wurde.

Warum wurden Sie verschleppt?

Kinder von sowjetischen Besatzungsoffizieren lärmten und rauften im Hof, schließlich flogen Steine gegen die Fensterscheiben. Ich erwischte einen Burschen, gab ihm drei Ohrfeigen. Daraufhin wurde ich von sowjetischen Soldaten niedergeschlagen und auf die Kommandantur geschleppt. In der Kellerzelle gefoltert und geschlagen, wurde ich nach nächtlichen Verhören in ein Gefängnis nach Wien überstellt und dort von einem sowjetischen Militärtribunal zu drei Jahren „Besserungsarbeitslager" verurteilt.

Wie ging es dann weiter?

Zusammen mit anderen Leidensgenossen wurde ich in das Zentralgefängnis von Sopronköhida [Steinabrückl] gebracht. Acht Wochen später ging es weiter nach Lemberg und schließlich in einem Güterzug, unter kaum vorstellbaren Verhältnissen, in einer fünfwöchigen Fahrt auf der Transsibirischen Eisenbahn bis an den Pazifik. Bei Windstärke elf transportierte man uns per Schiff an Sachalin vorbei durch das Ochotskische Meer nach Magadan, der Hauptstadt der gefürchteten Strafkolonie Kolyma. Das Klima: neun Monate Winter, davon vier Monate Temperaturen zwischen – 50° bis – 60° C. Während der Überfahrt war ich an Ruhr, anschließend an Skorbut erkrankt. Wieder genesen, kam ich in ein Goldlager. Nach einem Fluchtversuch und einem längeren Krankenhausaufenthalt wurde ich ihn ein „Stlannik-Lager gebracht. Dort musste ich auf den Bergen unter tiefem Schnee die Nadeln der Zwergzirbelkiefer sammeln, aus denen ein vitaminreicher Sirup gewonnen wurde.

Wann wurden Sie aus dem Straflager entlassen? Konnten Sie sofort nach Österreich zurückkehren?

Nein. Nach drei Jahren wurde ich aus der Lagerhaft entlassen. Damit hatte zwar das Leben unter Kriminellen, Dieben, Räubern, Mördern, die nur deshalb nicht hingerichtet wurden, weil damals gerade die Todesstrafe in der Sowjetunion ausgesetzt war, ein Ende, eine Rückkehr in die Heimat war aber nicht möglich. Ich erhielt kein Ausreisevisum.

Wie bewältigten Sie diese Situation?

Ohne handwerkliche Kenntnisse suchte ich eine Arbeit in geheizten Räumen und fand diese schließlich als Sanitäter im Bezirkskrankenhaus von Jagodnoe. Hier konnte ich mich nach drei furchtbaren Hungerjahren erstmals wieder satt essen und meine Dystrophie ausheilen.

Wann gelang Ihnen die Ausreise?

Nachdem ich Ende 1951 meinen österreichischen Reisepass erhalten hatte, durfte ich mich im Umkreis von 20 Kilometern bewegen und Kontakt mit meinen Angehörigen aufnehmen. Alle Gesuche um Ausreisegenehmigung blieben erfolglos. Wie ich selbst erst vor kurzem erfuhr, verweigerte Stalin persönlich meine Ausreise, weil ich mich weigerte als Spion für die Sowjetunion zu arbeiten. Erst nach dem Tod Stalins bekam ich dann das sowjetische Ausreisevisum und konnte Ende 1953 in die Heimat zurückkehren.

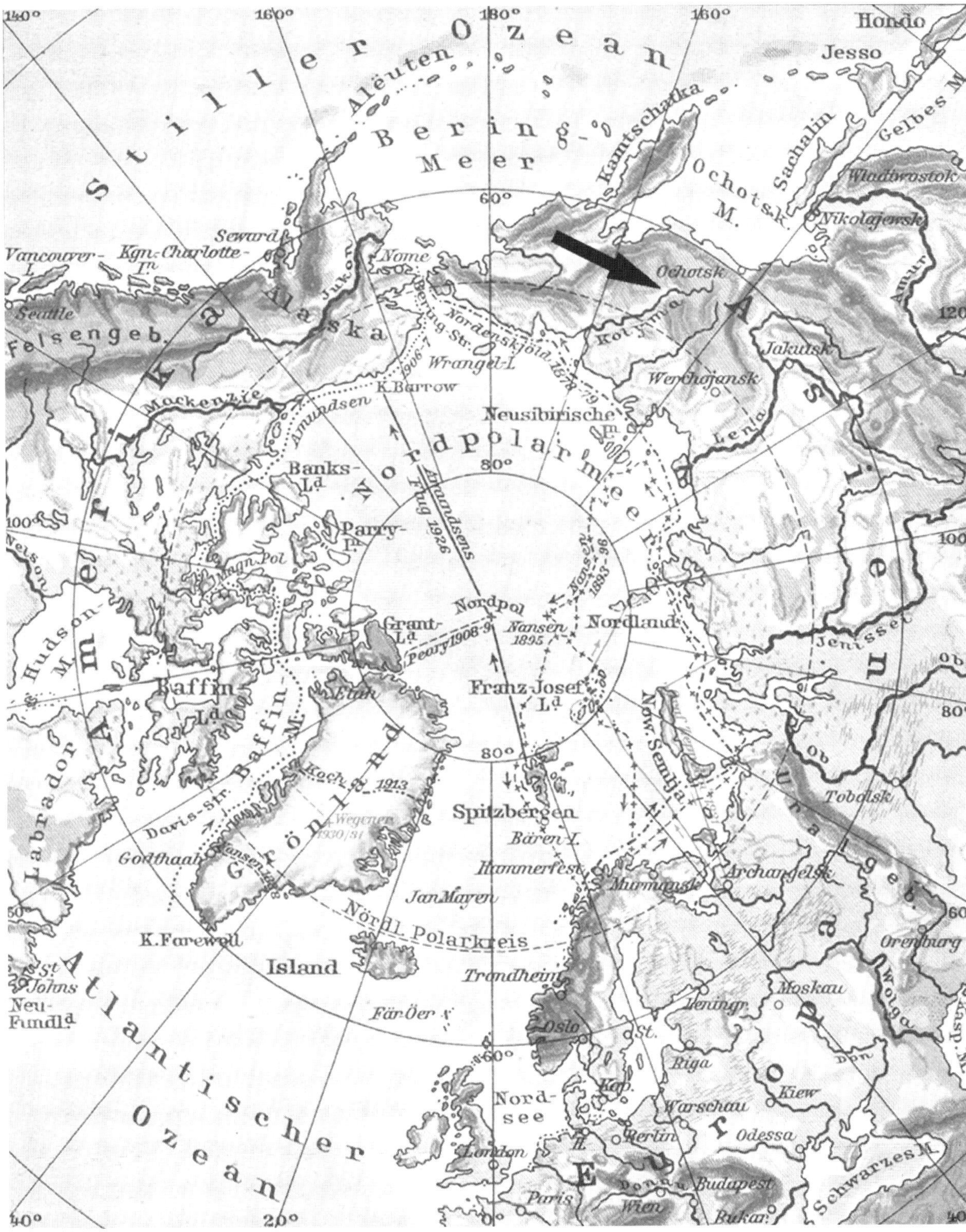

Polargebiet mit der Halbinsel Kolyma.
Quelle: AdBIK/Graz.

Peter Ruggenthaler

„Repatriierungen“ bis zum Letzten: Kindesentführungen durch die sowjetische Besatzungsmacht

Es war der 15. Juni 1950. Ein normaler Schultag im noch jungen Leben der beiden Freundinnen Elfi und Maria. Ein Tag wie jeder andere. Die beiden Erstklasslerinnen sitzen nebeneinander in einer Bank in der Volkschule in Großweikersdorf in Niederösterreich. Es ist kurz vor Mittag. Die gehbehinderte Lehrerin will den Unterricht gerade beenden, die Kinder packen ihre Schulsachen zusammen. Plötzlich betreten zwei sowjetische Soldaten die Klasse und fragen nach Maria. Sie erblicken sie, gehen auf sie zu und entführen sie gewaltsam aus dem Klassenraum. Die Soldaten zerren die kleine Maria ins Auto, das vor der Schule bereit steht und fahren davon. Die ganze Klasse ist geschockt, besonders die beste Freundin von Maria. Elfriede Gruber heute über jenen Tag vor 54 Jahren: „Ich stand so unter Schock, dass ich mich ein halbes Jahr nicht mehr in die Schule traute, ich ging nicht mehr hin, vor lauter Furcht, dass auch mich die Russen holen würden.“[1]

Maria Vološenko (links) und Elfriede Gruber vor der Volksschule in Großweikersdorf.
Quelle: Elfriede Gruber/Großweikersdorf.

Elfriede Gruber wusste damals nicht, dass Maria eigentlich keine Österreicherin war. Sie war zwar in Österreich geboren worden, aber die Tochter einer ukrainischen „Ostarbeiterin“, die während des Zweiten Weltkriegs nach Niederösterreich zur Zwangsarbeit verschleppt worden war. Die Mutter, Elena Vološenko, hatte Maria am 25. Dezember 1943 in Waidhofen an der Thaya im Alter von 17 Jahren geboren. Der Vater blieb unbekannt. Nach dem Einmarsch der sowjetischen Truppen 1945 wurde die Mutter so wie alle „Ostarbeiter“ von den Sowjets erfasst und sollte nach Hause zurück gebracht werden. Beim Rücktransport ließ sie jedoch – vermutlich aus Angst – in einem Heustall in Großweikersdorf die eineinhalbjährige Maria zurück. „Sie hat wahrscheinlich Angst gehabt, in Russland dafür bestraft zu werden, dass sie ein Kind in Österreich bekommen hat. Noch dazu war der Vater unbekannt“, mutmaßt Elfriede Gruber heute. „Schließlich war das Schicksal der zurückgeholten Zwangsarbeiter ja ungewiss!“ Die kleine Maria kam in der Folge zu Zieheltern im Ort und wuchs dort auf, bis zu jenem tragischen Tag, als sie in ihre „Heimat“, die sie nie zuvor gesehen hatte, zwangsweise „repatriiert“ wurde.

Der Fall der Maria Vološenko ist kein Einzelfall. Die sowjetischen Behörden hatten die Weisung, Kinder sowjetischer Eltern ausfindig zu machen und zu „repatriieren“. Sie alle sollten in die Sowjetunion gebracht werden, um den eklatanten Menschenverlust während des Zweiten Weltkrieges etwas auszugleichen, so zumindest argumentierten die beauftragten sowjetischen Offiziere. Unter sowjetischen Kindern verstand man aus sowjetischer Sicht auch diejenigen Bürger, egal ob diese nun weder Russisch noch Ukrainisch sprachen oder jemals zuvor in ihrer „Heimat“ gewesen waren. „Repatriierung bis zum Letzten“ lautete die Losung der sowjetischen Repatriierungsbehörden.

Zwangsrepatriierungen dieser Art wie im Fall der Maria Vološenko sind zweifelsohne aus menschlicher Sicht gesehen sehr tragisch. Kinder wurden aus ihren Familien gerissen und in eine für sie ungewohnte, fremde Umgebung verbracht. Zwangsrepatriierungen in die Sowjetunion machten jedoch nur einen kleinen Teil der Rückführungen aus und können in ihrem Ausmaß nicht mit dem tragischen Schicksal der Kosaken auf dem Weg in die „Heimat“, wo danach im Lager meist der Tod wartete, verglichen werden.

Das Leben schreibt oft die unglaublichsten Geschichten. Mehr als 53 Jahre nach der Entführung der kleinen Maria aus der Volkschule in Großweikersdorf fällt der 61-jährige Elfriede Gruber über Umwege ein Brief aus Usbekistan in die Hände. Die Absenderin des Briefes: ihre damalige beste Freundin Maria, die seit dem Zusammenbruch der Sowjetunion intensiv auf der Suche nach ihren richtigen Eltern und ihren österreichischen Zieheltern ist. Mit Hilfe des kirchlichen Suchdienstes in Stuttgart war es ihr gelungen, ihren Aufenthaltsort in Österreich herauszufinden. Diesen hatte sie inzwischen vergessen, ebenso ihren wirklichen Geburtstag. Nun erfuhr Elfriede Gruber den weiteren Lebensweg ihrer einstigen Klassenkameradin, die sie längst für tot hielt.

Nachdem Maria Vološenko im Juni 1950 mit Gewalt aus Großweikersdorf entführt worden war, wurde sie zunächst ins Sammel-Durchgangslager Nr. 300 für sowjetische „Heimkehrer“ in Wiener Neustadt gebracht. Von dort wurde sie mit dem Zug in einer Gruppe von 22 sowjetischen „Repatrianten“ von Wien nach Čop gebracht. Dann ging es weiter nach Borislav bei Lemberg, wo Maria Vološenko in der Folge in einem Kinderheim für Waisen aufwuchs. Sie erhielt neue, sowjetische Dokumente. Ihren Geburtstag wusste Maria nicht genau, sie durfte sich einen „aussuchen“. Nach der Beendigung der Mittelschule und des Studiums in Moskau übersiedelte Maria Vološenko nach Usbekistan, wo sie an der Universität eine Lehrstelle für russische Sprache und Literatur antrat und schließlich heiratete. An Österreich hat Maria Vološenko noch viele Erinnerungen, besonders an ihre Zieheltern und an Elfriede Gruber, an die sie im Dezember 2003 folgenden Brief schrieb: „Guten Tag, meine liebe Elfi! Ist es wirklich wahr, was mit uns geschehen ist? Ist es wirklich wahr, dass wir uns gefunden haben? Ich kann es kaum glauben. [...] Wie schade, dass wir uns erst so spät gefunden haben! Ich konnte Mutter Christine und Vater Franz leider nicht mehr meinen großen herzlichen Dank Ausdruck verleihen und auch Deinen Eltern, für ihre Unterstützung. [...] Weißt Du, ich habe Deine Fotos angesehen, in aller Stille, und ich wähnte mich in Österreich. Verschwommen beginne ich mich zu erinnern, an unsere Spiele im Hof und auch an Franz, ich sehe vor meinen Augen, dass auch ein Bub mit uns spielte.“ Im Juli 2004 kam es schließlich zu einem tränenreichen Wiedersehen der beiden Freundinnen nach 54 Jahren. Elfriede Gruber brauchte nach dem schockartigen Erlebnis lange Zeit, um wieder Vertrauen zu Erwachsenen zu gewinnen. Als Kind spielte für sie weniger der Umstand eine Rolle, dass „die Russen“ ihre Freundin entführt hatten als vielmehr die Angst davor, Erwachsene könnten nach Belieben mit Kindern verfahren und diese einfach abholen und weitergeben. Die Familie Gruber hatte in der ersten Nachkriegszeit einen sowjetischen Soldaten zu Hause einquartiert, der sich rührend um die Tochter des Hauses kümmerte.

Zwischen 1947 und 1951 brachten die sowjetischen Repatriierungsorgane insgesamt 428 Kinder in die „Heimat“, den Großteil davon aus den sowjetischen Besatzungszonen Deutschlands und Österreichs. Während sich die Amerikaner in den meisten Fällen weigerten, die von den Sowjets geforderten Kinder herauszugeben und darauf verwiesen, dass diese längst an Adoptiveltern vermittelt worden seien, verlief die Zusammenarbeit der sowjetischen Organe mit der britischen Besatzungsmacht „besser“: von 67 Kinder-„Heimführungen“ aus den westlichen Besatzungszonen entfielen 54 auf die britischen Besatzungszonen in Deutschland und Österreich.[2] Der österreichische Staat war in dieser Frage wenig kooperativ. Nachdem die sowjetischen Repatriierungsorgane der Alliierten Kommission für Österreich Ende 1953 dem österreichischen Roten Kreuz eine Namensliste von Kindern sowjetischer Mütter übergeben hatte, mit der Bitte, diese auszuforschen, übergab das österreichische Innenministerium den Sowjets lediglich das Erhebungsergebnis, nicht aber die Namen und Adressen der Kinder. Das österreichische Außenministerium ließ, um sich abzusichern, in der Folge in Erfahrung bringen, „ob nicht das Sowjetelement auf Grund der Bestimmungen des Kontrollabkommens und des sowjetischen Staatsbürgerschaftsrechtes berechtigt sein könnte, die noch in Österreich wohnhaften Kinder für sich zu reklamieren".[3] Die Rechtsabteilung des österreichischen Außenministeriums stellte in ihrem Bericht fest, dass auf Grund sowjetischen Rechts Kinder die sowjetische Staatsbürgerschaft nicht verlieren, das Kontrollabkommen[4] aber nicht Bestandteil der österreichischen Rechtsordnung und daher lediglich als Tatsache zur Kenntnis zu nehmen sei.[5]

Nach österreichischem Recht kam ein Einschreiten österreichischer Gerichte auf Grund sowjetischer Aufforderungen nach der Herausgabe „sowjetischer" Kinder für den Fall, dass sie von österreichischen Staatsbürgern adoptiert worden waren, nicht in Betracht, unabhängig davon, ob auch das Kind im Besitz der österreichischen Staatsbürgerschaft war. Waren die „sowjetischen" Kinder nicht adoptiert, oblag die Entscheidung über den weiteren Verbleib des Kindes „ausschließlich den österreichischen Gerichten". Hatte das Kind „infolge Abstammung von sowjetischen Staatsangehörigen" die sowjetische Staatsbürgerschaft, kam eine „Vollstreckung einer Entscheidung einer sowjetischen Behörde durch ein österreichisches Gericht [...] mangels Gegenseitigkeit nicht in Betracht". Die Juristen stellten weiters fest, dass „die in Frage stehenden Kinder auf Grund der österreichischen Rechtsordnung von sowjetischen Stellen nicht reklamiert werden könnten". Ihre Schlussfolgerung des Ganzen zeigt allerdings deutlich auf, wie wirkungslos in solchen Fällen österreichische Gesetze waren: „Auf Grund des Kontrollabkommens wäre allerdings damit zu rechnen, dass die Kinder – soferne sie in der russischen Besatzungszone wohnhaft sind – repatriiert werden könnten." Der kleinen Maria, die ihre „Heimat" nie zuvor gesehen hatte, konnten die österreichischen Gesetze nicht helfen. Die Macht des Besatzers war größer.

Anmerkungen

1 Interview mit Elfriede Gruber, 4.4.2004 Großweikersdorf; siehe hierzu: Stefan Karner – Peter Ruggenthaler, (Zwangs)-Repatriierungen sowjetischer DPs aus Österreich in die UdSSR, in: Stefan Karner – Barbara Stelzl-Marx (Hg.), Die Rote Armee in Österreich. Sowjetische Besatzung 1945–1955. Beiträge. Graz – Wien – Klagenfurt 2005.

2 Pavel Poljan, Deportiert nach Hause. Sowjetische Kriegsgefangene im „Dritten Reich" und ihre Repatriierung. Kriegsfolgen-Forschung. Wissenschaftliche Veröffentlichungen des Ludwig Boltzmann-Instituts für Kriegsfolgen-Forschung, Graz – Wien – Klagenfurt, Bd. 2. München – Wien 2001, S. 159; In den westlichen Besatzungszonen war u.a. auch das polnische Rote Kreuz von den Sowjets herangezogen worden, um Kinder sowjetischer Eltern aufzuspüren und den sowjetischen Behörden zu übergeben. Vgl. Stefan Karner – Peter Ruggenthaler, Zwangsarbeit in der Land- und Forstwirtschaft auf dem Gebiet Österreichs 1939 bis 1945. Veröffentlichung der Österreichischen Historikerkommission. Vermögensentzug während der NS-Zeit sowie Rückstellungen und Entschädigungen seit 1945 in Österreich, Bd. 26/2. Wien – München 2004.

3 ÖStA, AdR, BMaA, II-pol. 1953, Kt. 248, 325.067-pol. 1953.

4 Im Kontrollabkommen war Österreich zur „Betreuung und Abtransport von Kriegsgefangenen und versetzten Personen [DPs] sowie Ausübung der rechtlichen Gewalt über dieselben" verpflichtet worden.

5 ÖStA, AdR, II-pol. 1953, Kt. 292, 144.204 pol. 53.

6. Nachkriegsalltag

Hannes Leidinger – Verena Moritz

Zwischen den Zeiten Der Dorfalltag in Österreich 1945–1955

Erdverbunden und traditionsbewusst, friedlich und gerecht – die Romantisierung der ländlichen Lebensweise reicht weit zurück. Schon im ausgehenden 18. Jahrhundert schien sie als Antwort auf gesellschaftliche Umwälzungen bedeutsam. Die ältere Volkskunde schuf Gegenbilder zur städtischen Unruhe und Konfliktgeladenheit. Nationalkonservative und faschistische Bewegungen entwarfen damit Fiktionen eines sozialharmonischen Staates. Das kleine Dorf abseits der Ballungszentren wurde zur „natürlichen" Siedlungsform schlechthin. Linke Emanzipationsbestrebungen gingen in die selbe Richtung. Kibbuz, Kommune oder freie Schulgemeinde standen hoch im Kurs. Nach dem real existierenden Sozialismus und der nationalsozialistischen „Volksgemeinschaft" verlor das vermeintliche Zukunftsmodell zwar an Einfluss; mit den Wachstumsgrenzen der Industriegesellschaft, der ökologischen Debatte und den Anforderungen des Globalisierungstendenzen kehrte die überschaubare Ortsgemeinschaft allerdings zurück ins Blickfeld. Das Bild von der uralten bäuerlich-dörflichen Lebensweise als überzeitliche und raumgebundene Ganzheit erwies sich als denkmächtiger Topos bis in die Gegenwart.[1]

Dass sich auf dem Land tief greifende Veränderungen abspielten, passte nur schlecht in die Vorstellungswelten transhistorischer Sozialutopien. Dabei hat man doch im Hinblick auf das 19. und frühe 20. Jahrhundert von einer Agrarisierung beziehungsweise Verbäuerlichung der ländlichen Existenzweise gesprochen, nachdem die Landwirtschaft zuvor lange mit gewerblicher Produktion, Transportdiensten und Handelstätigkeiten kombiniert worden war.[2] Zudem vertrug sich das Konzept eines klar begrenzten Territoriums der autarken Dorfgemeinde schlecht mit gesamtgesellschaftlichen Transformationsprozessen. Großräumigere Güter-, Arbeits- und Finanzmärkte, verbunden mit Industrialisierungs- bzw. Technisierungseffekten machten sich bemerkbar. Hinzu kamen staatliche Institutionen, wie Strafrecht, Sozialversicherung, Raumordnung, Agrarpolitik und Regionalförderung, aber auch soziale und kulturelle Entwicklungen, die sich unter anderem mit den Schlagworten „Individualisierung" und „Medialisierung" verbinden lassen.[3] Weitere Konsequenzen ließen nicht lange auf sich warten. Die Zahl der selbständig Erwerbstätigen in der Landwirtschaft ist seit 1951 auf ungefähr ein Sechstel zusammengeschrumpft. Klein- und Mittelbetriebe verwandelten sich in Zu- und Nebenerwerbsbetriebe. Die Pendlerproblematik rückte ins Zentrum des öffentlichen Interesses. Nicht zuletzt auf Grund des Fremdenverkehrs sind heute selbst die entlegensten Gebiete nicht mehr unbedingt agrarisch dominiert.[4]

Nach 1945 noch überall üblich: das Pferdefuhrwerk.
Quelle: Hannes Leidinger/Wien.

Dementsprechend hat sich das Leben in den Landgemeinden gewandelt. Was man darunter zu verstehen hat, ist allerdings unklar. Den Alltag haben die „kleinen Leute", „die da oben" hingegen haben die Macht, lautet eine etwas irreführende Polarisierung. So als wäre Politik nur die Sache einer mit Haupt- und Staatsaktionen befassten Elite. Auch die Meinung, Alltag habe vor allem etwas mit der Wiederholung des Gleichen zu tun, überzeugt nur bedingt. Der Arbeitstag steht in keinem scharfen Gegensatz zum besonderen Ereignis. Feste, Sonn- und Feiertage haben ihre alltagsgeschichtlichen Facetten.[5] Der

Von vielen Zeitzeugen betont: Geselligkeit statt Vereinzelung.
Quelle: Hannes Leidinger/Wien.

Unterschied liegt vielmehr im Auge des Betrachters. Die Eröffnung einer Schule mag für einen Bundespräsidenten Routine sein; Bürgermeister, Lehrer und Kinder dürften darüber in der Regel anders denken. Dennoch gibt es daneben übereinstimmende Erfahrungen und Ansichten, die einen öffentlichen Alltag konstruieren. Dieser tritt in Kriegszeiten stärker hervor als in Friedensepochen mit Phasen größeren Wohlstandes und persönlicher Freiheiten.[6]

Als außergewöhnlich in jeder Hinsicht verankerte sich im kollektiven Gedächtnis jedenfalls das Herannahen der Front im Jahr 1945. Das Ende des „Dritten Reiches" bedeutete die Einbeziehung des „Hinterlandes" in die „große Geschichte". Die totale „Besetzung" wurde in Niederösterreich augenscheinlich. Nur etwa 30 von über 1.600 Orten gaben an, nie besetzt worden zu sein.[7] Vertraut wirkte an einem solchen Vorgang so gut wie gar nichts. Letzte Kampfhandlungen, Versorgungsengpässe, der Zusammenbruch der Infrastruktur und die Anwesenheit alliierter Streitkräfte erinnerten an die Ausnahmesituation gleichermaßen wie die Unterbringung hunderttausender Flüchtlinge.[8]

Obwohl „Entwurzelte" und Besatzungstruppen bald zum Alltag gehörten, erwiesen sich nun die regionalen Unterschiede als beträchtlich. Ab 1948 spürten die westlichen Bundesländer von den fremden Soldaten nicht mehr viel. In der amerikanischen Zone galten die US-Verbände bald als Schutzmacht, während das Verhältnis zu den Sowjeteinheiten gespannt blieb.[9] Die große Zahl von Plünderungen, Verschleppungen und Vergewaltigungen in der ersten Phase der Besatzungszeit stand im Widerspruch zur Strategie des Kremls, in Österreich als Befreier aufzutreten. Eine ohnehin von der NS-Propaganda beeinflusste Bevölkerung blieb den „Russen" gegenüber distanziert. Wahlniederlagen der Kommunisten durften wohl mit Recht auch als Protest gegen Ausschreitungen und Übergriffe verstanden werden. Bei den Behörden sammelten sich Schreckensnachrichten. Allein im November und Dezember 1945 notierte beispielsweise die Gesundheitsabteilung der Bezirkshauptmannschaft Hollabrunn weit über hundert Schändungsfälle.[10] Nicht viel besser sah es im Mühlviertel aus. Von Mai bis Dezember 1945 wurden im gesamten Bezirk Freistadt 861 Vergewaltigungen sowie 6.344 Plünderungen und Ausschreitungen registriert.[11]

Standen derartige Vorkommnisse einer Normalisierung auch langfristig im Wege, so stellten sich auf anderen Gebieten für die Einheimischen bald Verbesserungen ein. Die untere und mittlere Verwaltungsebene überließen alle Besatzungsmächte bereits früh den Einheimischen. Die einflussreichen politischen Lager aus der Zwischenkriegszeit rückten währenddessen die alten Differenzen in den Hintergrund. Die „(KZ-)Lagerstraße" als Schule der Versöhnung und der Mythos von der „Stunde Null" verdeckten zahlreiche Kontinuitäten. Die Führungsschichten des Ständestaates waren ebenso gefragt wie die NS-Spezialisten.[12] Neben politischen Kräfteverhältnissen bewahrten sich soziale Hierarchien vielfach über die vermeintlichen Brüche hinweg. Im Dorf hatten auch weiterhin die traditionellen Eliten das Sagen. Pfarrer, Lehrer und Grundbesitzer galten unverändert als Respektspersonen, während „Kleinhäusler" oder Arbeiter über ihre Benachteiligungen klagten.[13] Darüber hinaus bestand die gewohnte Ordnung innerhalb der bäuerlichen Großfamilie. 1951 galten immerhin noch 22 Prozent des gesamten landwirtschaftlichen Arbeitskräftepotentials als unselbständig.[14] Wie Knechte und Mägde fühlten sich indes auch viele Mitglieder der bäuerlichen „Kernfamilie". Kinder und Ehefrauen hatten sich der patriarchalischen Herrschaft zu fügen.[15] Daran änderte die kriegsbedingte Abwesenheit der „Hausvorstände" wenig. Von der Front und aus der Gefangenschaft kamen sie zurück, um ihre Vorrangstellung im Berufsleben wieder einzunehmen. Frauen waren stärker an den Hof geklammert.[16] Ihre Männer verfügten über eine größeren Handlungsspielraum. Das zeigte sich auch am Sonntag, beim „Kirchgang". Das Wirtshaus blieb eine Männerdomäne. In einer Lebenswelt, die Haushalt und Hofwirtschaft ebenso wenig trennte wie Arbeit und Freizeit, mussten die Frauen, denen obendrein Küchenarbeit und Kindererziehung überlassen wurde, zurückstecken.[17] An eine Änderung der Verhältnisse war vorläufig nicht zu denken. Eine weitgehend auf Selbstversorgung ausgerichtete Landwirtschaft, in der die meisten Tätigkeiten noch rein manuell verrichtet wurden, benötigte jede verfügbare Arbeitskraft. Darunter litt auch der Schulbesuch. Erntezeiten behinderten neben geographischen Entfernungen und finanziellen Problemen die Ausbildung; erst recht bei den Frauen, die man(n) langfristig ohnehin eher auf familiäre Pflichten als auf berufliche Anforderungen vorbereitete.[18] Interviews im Rahmen von lebensgeschichtlichen Forschungsprojekten machen jedoch deutlich, dass weder Mütter noch Töchter von Bauernfamilien der späten Vierzigerjahre ihre damalige Lebenssituation ausschließlich negativ bewerten. Positiv wird vor allem die größere Gemeinschaft gegenüber den heutigen Individualisierungstendenzen hervorgehoben. In den Arbeitsprozess integrierte Freiräume ließen überdies Platz für Unterhaltung. Zeitvertreib war dabei im Großen und Ganzen von Eigeninitiativen abhängig. Gesang und Tanz lagen gewissermaßen in den Händen „kultureller Selbstversorger", insbesondere im Rahmen familiärer Feste, kirchlicher Veranstaltungen und zunehmender Vereinsaktivitäten.[19]

Eine neue Zeit kündigte sich dennoch an: Flüchtlinge und Besatzungssoldaten waren nach 1945 die ersten Fremden im ländlichen Raum. Einige von ihnen kamen als Feriengäste wieder.[20] Andere folgten. 1950 zählte man in Österreich bereits knapp 42 Millionen Übernachtungen.

Die gesamte Familie im Ernteeinsatz.
Quelle: Hannes Leidinger/Wien.

Gemessen an den 17 Millionen im Jahr 1937 und den 85 Millionen von 1970 zeigt sich bereits in der Nachkriegszeit ein steter Aufwärtstrend mit starken Zuwachsraten ab der zweiten Hälfte der Fünfzigerjahre. Wie stark davon das Dorf betroffen war, verdeutlicht die prozentuelle Verteilung der Übernachtungen auf die Bundesländer. Ihr zufolge entfielen 1950 18,3 Prozent auf Salzburg, 16,2 auf Nieder- und 15,6 auf Oberösterreich, gefolgt von Tirol und Steiermark mit rund 14 Prozent, während Wien damals gerade einmal auf ein Zwanzigstel aller Nächtigungen kam.[21]

Ansätze der Konsumgesellschaft waren am Land hingegen noch kaum wahrnehmbar. Allein das Radio stand um 1950 bereits in zwei Drittel aller österreichischen Haushalte.[22] Geschaffen wurde dadurch zunächst vor allem der Wunsch nach einer bunten Warenwelt. Immerhin hatte sich 1947/48 die Ernährungssituation bereits erheblich gebessert. Bis 1951 konnte man dann von einer „Bekleidungs- und Möblierungswelle" sprechen, die zunächst die Stadt und mit regionalen Unterschieden schließlich auch das Dorf erreichte.[23] Unterdessen blendete der deutsche Schlager den Alltag aus. Im Radio paarten sich Fernweh-Hits und Infantilismus (z. B.: „Pack die Badehose ein") mit einem unüberhörbaren „Mir san mir"-Bewusstsein („Was gibt es Neues").[24] Durch leichte Tanzmusik wurden gleichzeitig die „heißen Rhythmen" aus den

Vorboten neuer „Freizeitmobilität": Liebespärchen auf dem Motorroller.
Quelle: Hannes Leidinger/Wien.

USA entschärft. Auch eine am Land noch weitgehend von katholischen Organisationen gezähmte Jugend orientierte sich dabei nicht an Generationenkonflikt und Rock'n Roll-Rebellion, sondern an der Zerstreuung und am Lebensgenuss der kommenden Freizeit- und Unterhaltungsindustrie.[25] Bis 1955 galten die damit verbundenen Konsumgüter allerdings noch größtenteils als unerschwinglich. Danach ging es jedoch durch Motorisierung, Elektrifizierung und höhere Einkommen rasch bergauf. Waschmaschinen, Kühlschränke, Fernsehapparate und Autos waren ein halbes Jahrzehnt nach dem Staatsvertrag immerhin bereits in jedem zehnten bis fünften Haushalt zu finden.[26] Am Land vollzog sich eine regelrechte Revolution. Landmaschinenzählungen in der zweiten Hälfte der Fünfzigerjahre verdeutlichen den dynamischen Technisierungsprozess. Zwischen 1946 und 1957 stieg die Zahl der Motormäher von 3.834 auf 57.578. Nicht viel anders verlief die Entwicklung bei den Traktoren. 1946 verzeichnete man 7.465, 1957 waren es hingegen schon 78.718. Hand in Hand mit dem Maschineneinsatz ging die Intensivierung und Rationalisierung der Bodennutzung. Bislang unbekannte Ernteerträge waren das Resultat. Neben dem Fremdenverkehr wechselte nun auch die Agrarproduktion auf größere Märkte. Die Dorfgesellschaft veränderte sich irreversibel.[27]

Anmerkungen

1 Ernst Langthaler – Reinhard Sieder, Die Dorfgrenzen sind nicht die Grenzen des Dorfes. Positionen, Probleme und Perspektiven der Forschung, in: Ernst Langthaler – Reinhard Sieder (Hg.), Über die Dörfer. Ländliche Lebenswelten in der Moderne. Wien 2000 (= Langthaler – Sieder, Dorfgrenzen), S. 9–11.

2 Erich Landsteiner, Leben und Arbeiten auf dem Lande. Wirtschaftsweise und Hausformen im vorindustriellen Österreich I, in: Ernst Bruckmüller (Hg.), Alltagserfahrungen in der Geschichte Österreichs. Wien 1998, S. 93.

3 Langthaler – Sieder, Dorfgrenzen, S. 8.

4 Peter Eigner – Andrea Helige (Hg.), Österreichische Wirtschafts- und Sozialgeschichte im 19. und 20. Jahrhundert. Wien – München 1999 (= Eigner – Helige, Wirtschafts- und Sozialgeschichte), S. 233f.

5 Reinhard Sieder, Alltagsgeschichte in Wissenschaft und Unterricht, in: Ernst Bruckmüller (Hg.), Alltagserfahrungen in der Geschichte Österreichs. Wien 1998, S. 9f.

6 Karl Gutkas, Der Alltag der fünfziger Jahre in Niederösterreich, in: Gerhard Jagschitz – Klaus-Dieter Mulley (Hg.), Die „wilden" fünfziger Jahre. Gesellschaft, Formen und Gefühle eines Jahrzehnts in Österreich. St. Pölten – Wien 1985, S. 10.

7 Manfried Rauchensteiner, Der Sonderfall. Die Besatzungszeit in Österreich 1945 bis 1955. Graz – Wien – Köln 1979, S. 81.

8 Eigner – Helige, Wirtschafts- und Sozialgeschichte, S. 194.

9 Manfried Rauchensteiner, Das Jahrzehnt der Besatzung als Epoche in der österreichischen Geschichte, in: Alfred Ableitinger – Siegfried Beer – Eduard G. Staudinger (Hg.), Österreich unter alliierter Besatzung 1945–1955. Studien zu Politik und Verwaltung, Bd. 63. Wien – Köln – Graz 1998, S. 28f.

10 Ernst Bezemek, „Der lange Weg zur Freiheit". Der Bezirk Hollabrunn unter sowjetischer Besatzung, in: Ernst Bezemek (Hg.), Krieg und Besatzungsalltag in Niederösterreich 1945. Hollabrunn 1994 (= Bezemek, Weg), S. 49.

11 Edmund Merl, Besatzungszeit im Mühlviertel. Anhand der Entwicklung im politischen Bezirk Freistadt. Linz 1980, S. 174 u. 179.

12 Eigner – Helige, Österreichische Wirtschafts- und Sozialgeschichte, S. 196; Bezemek, Weg, S. 58–65; Kurt Tweraser, Von der Militärdiktatur 1945 zur milden Bevormundung des „Bargaining-Systems" der Fünfzigerjahre. Verhaltensmuster und Interaktion von Amerikanern und Österreichern auf der Military-Government-Ebene, in: Alfred Ableitinger – Siegfried Beer – Eduard G. Staudinger (Hg.), Österreich unter alliierter Besatzung 1945–1955. Studien zu Politik und Verwaltung, Bd. 63. Wien – Köln – Graz 1998; Klaus-Dieter Mulley, Befreiung und Besatzung. Aspekte sowjetischer Besatzung 1945–1948, in: Alfred Ableitinger – Siegfried Beer – Eduard G. Staudinger (Hg.), Österreich unter alliierter Besatzung 1945–1955. Studien zu Politik und Verwaltung, Bd. 63. Wien – Köln – Graz 1998.

13 Cornelia Reitermaier, Frauenbild und Mädchenleben in der österreichischen Nachkriegszeit. DA Wien 1996, S. 38–42 u. 60–66.

[14] Erika Winkler, Im Dorf geschah in den fünfziger Jahren ein „Wunder" ..., in: Gerhard Jagschitz – Klaus-Dieter Mulley (Hg.), Die „wilden" fünfziger Jahre. Gesellschaft, Formen und Gefühle eines Jahrzehnts in Österreich. St. Pölten – Wien 1985, S. 30.

[15] Roland Girtler, Aschenlauge. Bergbauernleben im Wandel. Linz 1988 (= Girtler, Aschenlauge), S. 26f., 188f. u. 209f.

[16] Nora Watteck, Alltag ohne Wiederkehr. Bergbauernleben vor einem halben Jahrhundert. Salzburg 1991, S. 44–46; Renate Huber, „I säg oll, ma heat vrgessa höra schoffa ..." Alltagsleben von Frauen in Vorarlberg während der französischen Besatzungszeit 1945–1953 anhand lebensgeschichtlicher Interviews. DA Salzburg 1996 (= Huber, Alltagsleben), S. 77f. u. 119–121.

[17] Huber, Alltagsleben, S. 119–121; Girtler, Aschenlauge, S. 209–211; Maria Agnes Scheucher-Fastl, „Ma muaß wirklich olls kennan ..." Frauen in der Landwirtschaft 1945 bis heute. DA Graz 1997 (= Scheucher-Fastl, Frauen), S. 50f. u. 96f.

[18] Scheucher-Fastl, Frauen, S. 47–50, 128 u. 151.

[19] Fred Strohmeier, Landluft macht frei. Bilder von gestern – Texte von heute. Wien 1997, S. 184; Girtler, Aschenlauge, S. 26 u. 218f; Scheucher-Fastl, Frauen in der Landwirtschaft, S. 151; siehe dazu auch: Hubert Ch. Ehalt, Wandel der ländlichen Lebenswelt – Entwicklungslinien und Perspektiven, in: Hubert Ch. Ehalt – Wolfgang Schulz (Hg.), Ländliche Lebenswelten im Wandel. Historisch-soziologische Studien in St. Georgen/Lavanttal. Frankfurt am Main 2000.

[20] Girtler, Aschenlauge, S. 286f.

[21] Eigner – Helige, Wirtschafts- und Sozialgeschichte, S. 215.

[22] Ebd., S. 204.

[23] Roman Sandgruber, Vom Hunger zum Massenkonsum, in: Gerhard Jagschitz – Klaus-Dieter Mulley (Hg.), Die „wilden" fünfziger Jahre. Gesellschaft, Formen und Gefühle eines Jahrzehnts in Österreich. St. Pölten – Wien 1985, S. 118 u. 120.

[24] Heinz Conrads, Was gibt es Neues? Aus den Rundfunksendungen 1955/56, in: Ernst Grissemann – Hans Veigl (Hg.), Testbild, Twen und Nierentisch. Unser Lebensgefühl in der 50er Jahren. Wien – Köln – Weimar 2002, S. 155f.; Der Kinderstar Conny Froebess begeisterte 1951 mit dem Schlager „Pack die Badehose ein". Siehe dazu: Thomas H. Macho, Nachkriegsmusik, in: Gerhard Jagschitz – Klaus-Dieter Mulley (Hg.), Die „wilden" fünfziger Jahre. Gesellschaft, Formen und Gefühle eines Jahrzehnts in Österreich. St. Pölten – Wien 1985 (= Macho, Nachkriegsmusik), S. 258.

[25] Macho, Nachkriegsmusik, S. 258; Anton Rohrmoser, Österreichische kirchliche Jugendarbeit auf dem Land 1945–1978. Wien – Salzburg 1979, S. 52f.

[26] Eigner – Helige, Wirtschafts- und Sozialgeschichte, S. 204.

[27] Therese Kraus, Bauern zwischen gestern und morgen. Österreichs Land- und Forstwirtschaft in ökonomischer und soziologischer Sicht. Wien 1958, S. 25.

Klaus-Dieter Mulley

Zur österreichischen „Gesellschaft" der Vierziger- und Fünfzigerjahre

Die österreichische „Gesellschaft" der Vierziger- und Fünfzigerjahre hat viele Gesichter und Geschichten. Gemeinhin wird sie in der großen nationalgeschichtlichen Erzählung als „Erfolgsstory" entlang der vertikalen Abfolge von Trümmerabfuhr, Wiederaufbau, Normalisierung und Modernisierung als Weg von Schutt und Asche zum Wirtschaftswunder der späten und vor allem „langen" Fünfzigerjahre präsentiert.

Es war jedoch – was meist vergessen wird – eine andere österreichische „Gesellschaft" als in den Jahren vor Faschismus und Krieg, die nun 1945 zum Teil verarmt und hungernd, verunsichert und vor allem schweigend mit ihrer Reproduktion begann: Das liberale, zum Teil großbürgerliche Judentum, ein Kennzeichen Wiens, aber auch kleinerer Bezirksstädte, war vernichtet oder vertrieben. Und jenen, die im Exil überlebten, wurde die Rückkehr erschwert. Tausende Verfolgte und von österreichischen Nationalsozialisten auch in den letzten Kriegswochen noch Ermordete lasteten auf einer Gesellschaft, deren sozialstruktureller Wandel sich langsam zu beschleunigen schien.

Die „Flucht in den Westen" Österreichs nach 1945 führte zu einer Bevölkerungszunahme in den Bundesländern Kärnten, Oberösterreich, Salzburg, Tirol und Vorarlberg.[1] Die rasante industriegesellschaftliche Entwicklung der Vierziger- und Fünfzigerjahre, die bereits unter NS-Herrschaft einsetzende räumlich-regionale Trennung in Produktions- und Reproduktionsphären und die als Folge fordistischer Wirtschaftsentwicklung einsetzende innerregionale Differenzierung in Abwanderungs- und wirtschaftliche Aufstiegsregionen beeinflusste die demographische Entwicklung[2] zwischen dem Osten und den Westen des Landes. Dies korrespondierte mit einer „Verstädterung" der Gesellschaft, die bereits in den Vierzigerjahren bemerkbar wurde und in den folgenden Jahrzehnten an Dynamik gewann. Sie ging einher mit einem Trend zum sekundären (Industrie und Gewerbe) und Dienstleistungssektor auf Kosten der Land- und Forstwirtschaft. War der Agrarsektor 1934 mit rund 37 Prozent dominierend, so wurde er 1951 von Handel und Industrie (37,8 Prozent) abgelöst. Kurz: Die einstige „Agrargesellschaft" wurde zur „Industriegesellschaft". Dies zeigt sich auch in der Verteilung der Berufe durch ein konstantes Ansteigen des Anteiles der Angestellten und Beamten. Erst in den Fünfzigerjahren gewann zudem die Frauenerwerbstätigkeit an Bedeutung.

Soldaten der Roten Armee in Österreich.
Quelle: AdBiK/Graz.

Die regional unterschiedliche Zerstörung der Städte und des Landes durch den Krieg sowie die Besetzung des Landes im Osten durch die Sowjets, im Westen durch die Amerikaner, Engländer und Franzosen und die damit verbundenen Erfahrungen prägten die Gesellschaft über Jahrzehnte hinweg. Während in den Dörfern des Burgenlandes und des östlichen Niederösterreichs 1945 Monate der Anarchie herrschten, Soldaten der Roten Armee mancherorts bis zu 80 Prozent der Frauen vergewaltigten, Einbrüche und Diebstähle nicht nur von Seiten der Besatzungsmacht, sondern vielfach auch von einheimischen Banden an der Tagesordnung waren[3], Angst und Unsicherheit das dörfliche Leben zum Teil bis 1947 lahm legten[4], gelang die soziale Rekonstruktion im Westen Österreichs rascher. Während in den Gemeinden Niederösterreichs Soldaten der Roten Armee mit gestohlenen Fahrrädern patroulierten und kein Weinkeller vor Diebstählen sicher schien, wurde in Salzburg die „Coca Cola-Gesellschaft" gegründet. Thomas Bernhard etwa berichtete: „Die Amerikaner überhäuften ihre Mädchen aus der Siedlung mit Schokolade und mit Nylonstrümpfen und Nylonblusen und mit dem ganzen, plötzlich mit ihnen in Europa hereingebrochenen Luxusunrat."[5]

Allerdings: Nachdem große Teile der Bevölkerung durch ihre Unterstützung von ständestaatlicher Herrschaft und Nationalsozialismus desavouiert waren, entwickelte sich, auch bestärkt durch den hegemonialen Opferdiskurs, eine Gesellschaft des (Ver-) Schweigens. In den späten Vierzigerjahren war die Gesellschaft vor allen in den kleinen Dörfern des Landes tief gespalten. Auf der einen Seite die ehemaligen Nationalsozialisten, die um ihre gesellschaftliche Rehabilitierung kämpften und ihre individuelle Unschuld zu beweisen suchten, auf der anderen jene die bereitwillig „Persil-Scheine" verteilten und von den vergangenen Verbrechen nichts wissen wollten und zum dritten die, die oft auch ihres materiellen oder beruflichen Vorteils Willen zu Denunzianten gegenüber der Besatzungsmacht wurden. Erst die ab 1948 rasch und konsequent durchgeführte Entregistrierung, die gegen Ende der Fünfzigerjahre zu einer Rehabilitierung der ehemaligen Nationalsozialisten führte, und die emotionale Flucht in Wiederaufbau und durch Produktions- und Produktivitätssteigerung bald ermöglichte Konsumorientierung führten zu einem Zuschütten der Gräben der Vergangenheit. Das Schweigen über die Jahre 1938 bis 1945 jedoch blieb.

Die Rekonstruktion der großen Lager der Ersten Republik und die Machtausübung jenes bereits in den Dreißigerjahren als konsensorientiert bekannten Teiles der politischen Elite ermöglichte im lebensweltlichen Bewusstsein die Tradierung obrigkeitsstaatlicher Orientierungen. Der „lange Schatten des Staates" (Ernst Hanisch) wurde von der Nachkriegsgesellschaft – von kleineren „Störungen" durch die Streiks der Jahre 1948 bis 1950 und die Arbeitslosigkeit der Jahre 1952/53 (280.000 Arbeitslose) abgesehen – angenommen. Denn das „neue Österreich" schien – wenn auch

„Es geht aufwärts".
Quelle: Das kleine Blatt, 11.9.1948, S.1.

langsam und unrevolutionär – steigende Einkommen, soziale Sicherheiten (ASVG 1955) und zunehmenden Wohlstand zu garantieren.

Doch Vorsicht: Die „wilden Fünfzigerjahre" fanden hierzulande für die breite Masse der Bevölkerung wohl erst in den Sechzigerjahren statt. Die Grundlage hierfür wurde von den Arbeitnehmern durch Lohnverzicht gelegt. Dennoch sprach man bald von einer „Fresswelle", später dann von einer „Bekleidungswelle", die mit einer „Möblierungs- und Einrichtungswelle" einherging. Doch die zahlreichen Berichte über die „Elekrifizierung" und Motorisierung der Haushalte täuschen. Sie blieb überwiegend nur begüteten Familien vorbehalten. Die Ausstattung der österreichischen Haushalte[6] mit Waschmaschinen lag 1951 bei 0,14 Prozent und stieg bis 1955 auf 1,7 Prozent, um erst in den folgenden fünf Jahren auf 12,3 Prozent zu steigen. Die Rate in den Sechzigerjahren

Symbol der Elektrifizierung: Werbeplakat aus der Nachkriegszeit.
Quelle: WStLB/Wien.

lag demgegenüber bei 24,6 Prozent. Ähnlich die Prozentsätze der Ausstattung mit Autos und Waschmaschinen: Von 100 österreichischen Haushalten hatten 1951 2,3 ein Auto und 0,14 Prozent einen Kühlschrank. 1961 hatte jeder fünfte ein Auto und gerade einmal jeder neunte eine Waschmaschine. Zu Beginn der Siebzigerjahre war jedoch bereits jeder zweite Haushalt mit einem PKW und jeder dritte mit einer Waschmaschine ausgestattet. Das bedeutet: Überwiegend konnten die beworbenen „Träume jeder Hausfrau" erst in den Sechzigerjahren realisiert werden.

Die Gesellschaft der Fünfzigerjahre war vielfach von einer Ambivalenz zwischen Traum und irgendwann – aber weithin sichtbarer – möglicher Verwirklichung geprägt. Der Glaube in das Machbare und das Gefühl des Erreichbaren prägten eine Gesellschaft, die noch vielfach in den Denk- und Ordnungsmustern vergangener Jahrzehnte verharrte und sich erst langsam an Konsum- und Freizeitorientierung gewöhnen sollte: Volksgemeinschaftsideologie und Wiederaufbauharmonie prägten die Nachkriegsgesellschaft und ließen Kritik und Protest nur in Bereichen wie Kunst und Literatur zu. Das funktionierende politische System ließ das Streben der Menschen nach individuellem Wohlstand, mehr Leistung und Lebensstandard mit gleichzeitiger Tradierung alter Werte wie Religion, Familie und Heimat vereinbaren. Ob damit nicht mehr verloren ging, als durch Bauten und Straßen der Nachwelt hinterlassen wurde, sollte zumindest eine kritische Überlegung wert sein.[7]

Anmerkungen

1 Vgl. zum Folgenden jeweils die Interpretation bei Klaus-Dieter Mulley, Modernität oder Traditionalität? Überlegungen zum sozialstruktrellen Wandel in Österreich 1938 bis 1945, in: Emmerich Tálos – Ernst Hanisch – Wolfgang Neugebauer (Hg.), NS-Herrschaft 1938–1945 in Österreich. Wien 1988, S. 25–48.

2 Zur demographischen Entwicklung vgl. den Beitrag von Peter Teibenbacher in diesem Band.

3 Klaus-Dieter Mulley, Befreiung und Besatzung. Aspekte sowjetischer Besatzung in Niederösterreich 1945–1948, in: Alfred Ableitinger – Siegfried Beer – Eduard G. Staudinger (Hg.), Österreich unter alliierter Besatzung 1945–1955. Studien zu Politik und Verwaltung, Bd. 63. Wien – Köln – Graz 1998, S. 361–400.

4 Vgl. Ernst Langthaler, Umbruch im Dorf? Ländliche Lebenswelten von 1945 bis 1950, in: Reinhard Sieder – Heinz Steinert – Emmerich Talos (Hg.), Österreich 1945–1995. Gesellschaft – Politik – Kultur. Wien 1995, S. 35–53.

5 Thomas Bernhard, Der Keller. Berlin 1983, S. 204

6 Roman Sandgruber, Ökonomie und Politik. Österreichische Wirtschaftsgeschichte vom Mittelalter bis zur Gegenwart. Österreichische Geschichte. Wien 1995, S. 476.

7 Vgl. dazu: Gerhard Jagschitz – Klaus-Dieter Mulley (Hg.), Die „wilden" fünfziger Jahre. Gesellschaft, Formen und Gefühle eines Jahrzehnts in Österreich. St. Pölten – Wien 1985.

Barbara Stelzl-Marx

„Russenkinder“: Besatzung und ihre Kinder

Plakat zum 35-jährigen Bestehen der Roten Armee, 1953.
Quelle: WStLB/Wien.

Rund 400.000 Rotarmisten befreiten Österreich, allein 270.000 wurden mit dem Orden „Za vzjatie Veny“ – „Für die Einnahme Wiens“ ausgezeichnet. Für Herbst 1945 wird die Stärke der sowjetischen Besatzungstruppen in Österreich auf 180.000 bis 200.000 Personen geschätzt. Zehn Jahre später waren noch etwa 50.000 sowjetische Soldaten, Familienangehörige und Angestellte der Armee in Österreich stationiert.[1]

Gerade bei Kriegsende und in der ersten Nachkriegszeit waren die Soldaten der Sowjetischen Armee in Ostösterreich beinahe omnipräsent, dominierten das öffentliche Leben, drangen in die Privatsphäre ein, sahen – zumindest zu einem gewissen Teil – die Frau als Beute der Sieger. Weniger bekannt ist, dass sich – wie auch in den westlichen Besatzungszonen[2] – eine große Bandbreite erotischer Annäherungen zwischen Österreicherinnen und sowjetischen Besatzungssoldaten entwickelte, die von Flirts, Beziehungen für ab und zu oder die Dauer der Stationierung – und in Ausnahmefällen – bis hin zu Eheschließungen reichten. Außerdem gab es jede Form von professioneller und halbprofessioneller Prostitution, wobei sich vor dem Hintergrund der katastrophalen wirtschaftlichen Lage zu Kriegsende und der materiellen Asymmetrien zwischen Soldaten und einheimischen Frauen die Grenzen zwischen Freiwilligkeit und Zwang nicht immer eindeutig ziehen lassen. Das Schlagwort „Überlebensprostitution“[3], das Beschaffen von Lebensmitteln durch sexuelle Kontakte, wurde in diesem Zusammenhang geprägt.

Obwohl von sowjetischer Seite diese Kontakte alles andere als gern gesehen waren und als „politisch folgenschwer“ eingestuft wurden, ließen sie sich de facto nicht verhindern.[4] Somit gingen aus den Liebesbeziehungen aber natürlich auch als Folge von Vergewaltigungen tausende[5] „Besatzungskinder“ hervor, deren sowjetische Väter bald nicht mehr greifbar oder bereits vor der Geburt absent waren. Viele dieser so genannten „Russenkinder“ wissen bis heute nicht, wer ihr leiblicher Vater ist oder kennen nicht mehr als einen russischen Vornamen und eine Region in der damaligen Sowjetunion als Herkunft. Zudem trug und trägt die gesellschaftliche Stigmatisierung jener Österreicherinnen, die sich „auf einen Russen einließen“, dazu bei, dass selbst bekannte Daten über den sowjetischen Besatzungssoldaten vor den Angehörigen verheimlicht wurden beziehungsweise immer noch werden. Umso schwieriger gestaltet sich daher die Suche nach den eigenen Wurzeln, die sowohl von Kindern als auch von Enkeln vorangetrieben wird. Umgekehrt sind aber auch Fälle von ehemaligen sowjetischen Besatzungssoldaten bekannt, die sich Jahrzehnte nach dem Abzug der Truppen auf die Suche nach ihrem österreichischen „Kind“ machen.

Die sowjetischen Besatzungssoldaten ließen sich besonders gerne mit österreichischen Kindern fotografieren und waren für ihre Kinderliebe bekannt, Krems 1945.
Quelle: AdBIK/Graz.

„Als Russenkind war ich das Letzte" – Zum Umgang in der österreichischen Familie und Gesellschaft

Allein die selbst heute noch verwendete Bezeichnung „Russenkind" verweist auf die Diskriminierung und Stigmatisierung, der die aus einer Beziehung zwischen einer Österreicherin und einem sowjetischen Besatzungssoldaten hervorgegangenen Kinder in der österreichischen Nachkriegsgesellschaft vielfach ausgesetzt waren. Jahrelang waren die „Besatzungskinder" für offizielle Stellen, wie die Fürsorge, ein Problem, für die breite Öffentlichkeit ein beliebtes Objekt scheinmoralischer allgemeiner Entrüstung. Auch wirtschaftliche Probleme spielten eine Rolle, weil die in die Sowjetunion zurückgekehrten Väter – so ihre Adresse überhaupt bekannt war – nicht zur Alimentationspflicht herangezogen werden konnten. Nichtsdestotrotz standen die Mütter in der Mehrzahl der Fälle zu ihren Kindern: Von österreichweit 603 Fällen, in denen die Mütter von der Fürsorge aufgefordert wurden, ihre Kinder zur Adoption freizugeben, erklärten sich nur 92 dazu bereit.[6]

Der Terminus „Russenkind" war noch in den Sechzigerjahren ein weit verbreitetes Schimpfwort unter Jugendlichen und Kindern, die diesen Begriff von ihren Eltern als Synonym für etwas besonders Verachtenswertes übernommen hatten, vielfach ohne genau zu wissen, was dahinter an Beleidigendem steckte.[7] So berichtet etwa der im Februar 1947 geborene F. R., dass er als Sohn eines in Tulln stationierten Soldaten in den Häusern seiner Freunde unerwünscht war: „Als ‚Russenkind' war ich das Letzte. Die Eltern meiner Freunde haben mich aus ihren Häusern hinausgejagt."[8] Die Gleichaltrigen aus dem Dorf griffen das von Erwachsenen abwertend eingesetzte Etikett „Russenkind" auf und verwendeten es als Schimpfwort, erinnert sich F. R.

Zwei Gründe macht F. R. dafür verantwortlich, dass „die Russen" – und somit auch sein Vater – im Ort insgesamt und im Elternhaus seiner Mutter im Speziellen nicht gerne gesehen waren: einerseits die Vergewaltigungen zu Kriegsende, andererseits der hohe Anteil an überzeugten „Nazis". Es überrascht kaum, dass diese beiden Faktoren in einem Atemzug genannt werden: Schließlich bestätigten und verstärkten die Übergriffe die von den Nationalsozialisten propagierten rassistischen Feindbilder, die seit Jahrhunderten tradierten Negativbilder über die „Gefahr aus dem Osten" und die antikommunistische Stimmung bei Kriegsende. In der kleinen Gemeinschaft des Dorfes, wo jeder jeden kannte und über alles Bescheid wusste, wurde dieses negative, von NS-Propaganda geprägte „Russenbild" außerdem auf jene österreichischen Frauen übertragen, die eine Beziehung mit einem Besatzungssoldaten hatten, und auf die Kinder, die daraus entstammten. Die in der NS-Zeit propagierte „Rassenschande" ging gleichsam auf die Frauen des Nachkriegsösterreich über und prägte ihr weiteres Leben.

„... das ist alles, was ich weiß" – Auf der Suche nach dem verlorenen Vater

Die Suche nach dem „verlorenen Vater" war und ist für viele „Besatzungskinder" – und selbst deren Nachkommen – Zeit ihres Lebens ein Thema. Allerdings ist häufig – abgesehen von ungefähren Orts- und Zeitangaben der Stationierung in Österreich – lediglich ein russischer Vorname überliefert. Die wenigen ursprünglich bekannten Angaben sind außerdem in vielen Fällen verloren gegangen, weil das Thema des sowjetischen Vaters entweder in der Familie tabuisiert oder eine intensive Suche erst im Zuge der Ost-Öffnung Ende der Achtzigerjahre aufgenommen werden konnte, als manche der wichtigsten Auskunftspersonen nicht mehr am Leben waren.

Hinzu kommt, dass in der Nachkriegszeit keine Unterstützung von sowjetischer Seite bei der Suche nach ehemaligen Besatzungssoldaten zu erwarten war. So teilte die Österreichische Botschaft in Moskau im Oktober 1957 der Jugendfürsorge des Amtes der Niederösterreichischen Landesregierung mit: „Eine Ausforschung über das sowjetische Ministerium des Äußeren ist nicht möglich, da Pokulov einerseits Sowjetbürger ist und überdies das genannte Ministerium Ausforschungen zu Privatzwecken ablehnt. Eine Ausforschung Pokulovs seitens der Kindesmutter käme daher nur auf dem Weg über das österreichische Rote Kreuz an das sowjetische Rote Kreuz in Frage."[9]

In einigen Fällen glückt allerdings diese Suche nach den persönlichen Spuren und Wurzeln, findet ein Wiedersehen – oder sogar erstes Treffen – nach Jahrzehnten statt. Die Dramatik, Emotionalität, Freude, aber auch Angst in dieser Situation sind schwer zu übertreffen. Vera Ganswohl sah ihren Vater 1983 – mehr als 30 Jahre nach ihrer Trennung – in Moskau wieder. Noch heute kommen ihr Tränen, wenn sie an das Treffen vor dem Hotel Kosmos denkt: „Aber das war wirklich für alle Beteiligten so ein, irgend so ein Ereignis, das, glaube ich, nicht nachvollziehbar ist für jemanden anderen. [...] An sich bin ich ein recht stabiler Mensch und sehr ausgeglichen, aber das war ganz einfach so viel Gefühl und so viel Emotionen, die da hochgekommen sind. Und das alles so zu verkraften, das hat mich eigentlich schon sehr hergenommen, muss ich sagen."[10]

Ausloser für dieses erste Wiedersehen nach dem Abzug der sowjetischen Truppen aus Österreich war eine Ansichtskarte, die der Vater 1979 in ihren burgenländischen Heimatort sandte, wo er die Mutter 1945 kennen gelernt hatte. Der

Vera Ganswohl, Tochter eines sowjetischen Besatzungssoldaten in Österreich, mit ihrer Mutter, 1948.
Quelle: AdBIK/Graz.

Schock und die Aufregung auf diese unerwartete Nachricht aus der Sowjetunion waren gewaltig, berichtet Vera Ganswohl. „Natürlich Schock! Aufregung! Und, und meine Mutter wollte alles so auf sich beruhen lassen. Ja, Vergangenheit, und es war schön und aus. Ich hab' natürlich ein vitales Interesse gehabt, meine Wurzeln, meinen Vater und so kennen zu lernen. Und sie hat dann lang gezögert, mir überhaupt die Adresse [zu geben]. Aber ich hab nicht locker gelassen."[11]

Vera Ganswohl entschloss sich, trotz der Ressentiments der Mutter zu antworten und somit den Kontakt wieder herzustellen. Durch das Treffen mit dem „verlorenen Vater" kam sie gleichsam zur Ruhe.

Resümee

Die zehnjährige Besatzungszeit in Österreich brachte ein weites Spektrum an Beziehungen zwischen den sowjetischen Soldaten und einheimi-

Der 21-jährige sowjetische Besatzungssoldat war die erste Liebe dieser Wienerin.
Quelle: AdBIK/Graz.

schen Frauen mit sich, die bis heute – auf beiden Seiten – Spuren in den jeweiligen Biographien hinterlassen haben. Trotz starker gesellschaftlicher Ressentiments stellten die freiwilligen Liebesverhältnisse mit Besatzungssoldaten mitunter eine zentrale Überlebensstrategie dar, die – abgesehen von wirtschaftlichen Vorteilen – gewissermaßen eine Rückkehr zu einem friedlichen Leben bildeten, aber auch einen Schutz vor Übergriffen durch andere Besatzungssoldaten bildeten. Auffallend ist, dass ursprüngliche Feindbilder und Ressentiments der Nachkriegszeit auch vor dem Hintergrund der besonders intensiv tradierten Vergewaltigungen durch Rotarmisten teilweise immer noch fest im kollektiven Gedächtnis verankert sind und Bereiche dieses emotional besetzten Themas nach wie vor tabuisiert werden. Auf der anderen Seite setzen sich „Besatzungskinder und -enkel" über ein jahrzehntelanges Frage- und Redeverbot hinweg, beseelt von dem Wunsch, die eigenen, vielfach von Mythen umwobenen Wurzeln zu finden. Das Thema „Besatzung und ihre Kinder" hat somit nichts an Aktualität eingebüßt.

Anmerkungen

1 Franz Severin Berger – Christiane Holler, Trümmerfrauen. Alltag zwischen Hamstern und Hoffen; Wien 1994 (= Berger-Holler, Trümmerfrauen), S. 174; dieser Beitrag beruht auf: Barbara Stelzl-Marx, „Russenkinder" und „Sowjetbräute". Besatzungserfahrungen in Österreich 1945–1955, in: Clemens Vollnhals – Mike Schmeitzner (Hg.), Sowjetisierung oder Neutralität? Optionen sowjetischer Besatzungspolitik in Deutschland und Österreich 1945–1955. Dresden 2005; Barbara Stelzl-Marx, Freier und Befreier: Zum Beziehungsgeflecht zwischen sowjetischen Soldaten und österreichischen Frauen, in: Stefan Karner – Barbara Stelzl-Marx (Hg.), Die Rote Armee in Österreich. Sowjetische Besatzung 1945–1955. Beiträge. Graz – Wien – Klagenfurt 2005. Die Recherchen zu diesem Beitrag erfolgten im Rahmen des vom BMBWK geförderten Projektes „Die Rote Armee in Österreich 1945–1955", durchgeführt am Ludwig Boltzmann-Institut für Kriegsfolgen-Forschung, Graz – Wien – Klagenfurt (BIK).

2 Vgl. dazu: Ingrid Bauer, „Besatzungsbräute". Diskurse und Praxen einer Ausgrenzung in der österreichischen Nachkriegsgeschichte 1945–1955, in: Irene Bandhauer-Schöffmann – Claire Duchen (Hg.), Nach dem Krieg. Frauenleben und Geschlechterkonstruktionen in Europa nach dem Zweiten Weltkrieg. Herbholzheim 2000, S. 263; Renate Huber, Identität in Bewegung. Zwischen Zugehörigkeit und Differenz. Vorarlberg 1945–1965. Innsbruck – Wien – München – Bozen 2004, S. 184–197.

3 Irene Bandhauer-Schöffmann – Ela Hornung, Von der Trümmerfrau auf der Erbse. Ernährungssicherung und Überlebensarbeit in der unmittelbaren Nachkriegszeit in Wien, in: L'Homme. Zeitschrift für feministische Geschichtswissenschaft, Jg. 2, H. 1, Wien 1991, S. 103.

4 RGVA, F. 32902, op. 1, d. 11, S. 158f. Abgedruckt in: Stefan Karner – Barbara Stelzl-Marx – Alexander Tschubarjan (Hg.), Die Rote Armee in Österreich. Sowjetische Besatzung 1945–1955. Dokumente. Krasnaja Armija v Avstrii. Sovetskaja okkupacija 1945–1955. Dokumenty. Graz – Wien – Klagenfurt 2005.

5 Für Österreich liegt keine Gesamtstatistik der „Besatzungskinder" vor, aber nach Angaben der einzelnen Bundesländer wurden allein wischen 1946 und 1953 in allen vier Zonen rund 8.000 so genannte „Soldatenkinder" geboren. Vgl. Arbeiter-Zeitung, 3.11.1955, S. 5. Die tatsächliche Gesamtzahl liegt aber sicherlich darüber, da bei weitem nicht alle Kinder von Besatzungssoldaten offiziell als solche registriert wurden. Vielfach wurde nach der Geburt der Vater als „unbekannt" oder als „Österreicher" eingetragen.

6 Arbeiter-Zeitung, 3.11.1955, S. 5.

7 Berger-Holler, Trümmerfrauen, S. 189.

8 F. R., Freundliche Auskunft, 17.6.2004 Tulln.

9 ÖBM, Personalakt, R. H.

10 AdBIK, OHI – Interview mit Vera Ganswohl, 5.8.2004 Graz.

11 Ebd.

7. Wirtschaft und Sozialpolitik

Stefan Karner

Der Handel überwindet die Grenzen: Zum Aufbau des österreichischen Handels 1945/46

Nach Kriegsende 1945 gab es zunächst keine österreichische Wirtschaft. Das Land war nicht nur in der Besatzungsverwaltung politisch und militärisch zerschnitten, sondern vor allem wirtschaftlich, besonders entlang der sowjetischen Zonengrenze völlig getrennt worden.

Im Zentrum aller beginnenden wirtschaftspolitischen Überlegungen der sich erst allmählich für das gesamte Staatsgebiet Geltung verschaffenden österreichischen Staatsregierung stand die Wiederbelebung der Produktion der Betriebe und damit der Aufbau eines gesamtstaatlichen Handels, auch über die Zonengrenzen hinweg.[1] Denn zum Aufbau einer Primärproduktion fehlte es zunächst besonders an Steinkohle und Koks, an Rohstoffen also, die die österreichische Industrie schon früher überwiegend durch Import bezogen hatte. Auch der Hauptverbraucher, die Bahn, musste ihre Kohle zum Großteil einführen. Kohle und Koks, aber auch die zur Verbesserung der katastrophalen Ernährungslage in Niederösterreich nötigsten und wichtigsten Lebensmittel wurden deshalb in zahlreichen kleinen Kompensationsgeschäften aufgetrieben, wo immer es möglich war. So verwundert es auch nicht, dass einzelne Bundesländer oder Besatzungszonen zur Deckung des dringendsten Bedarfes für ihre Industriebetriebe und zur Versorgung der Bevölkerung direkt mit Nachbarländern und Nachbarregionen laufend Handelsvereinbarungen trafen. Diese Geschäfte verliefen fast durchwegs auf der Grundlage von Kompensation, was allerdings die Gefahr weiterer Abhängigkeiten zwischen den Partnern steigerte.

Mit Jahresende 1945 hatte etwa die sowjetische Besatzungszone bereits mehrere Verträge teilweise abgeschlossen, teilweise ausverhandelt:

- Mit Ungarn waren drei Verträge ausverhandelt; ein Vertrag sah einen Austausch von österreichischem Grubenholz gegen ungarische Braunkohle vor. In weiterer Folge sollten dann ungarische Lebensmittel gegen österreichisches Holz, Papier und Industrieprodukte ausgetauscht werden.
- Die Tschechoslowakei verpflichtete sich, Braunkohle für österreichische Erze zu liefern, und zwar 25.000 Tonnen monatlich. Verhandlungen über größere Abschlüsse sollten folgen.
- Mit der Schweiz wurde über einen gegenseitigen Austausch von Fertigwaren verhandelt; später sollten Schweizer Lebensmittel mit österreichischem Roh- und Gasöl kompensiert werden.

Die Außenhandelsgeschäfte in der sowjetischen Zone wurden fast ausschließlich Privatinitiativen überlassen; die österreichischen staatlichen Stellen unterstützten und kontrollierten lediglich die Abwicklung, und die Kompensationsbewilligungen mussten vom österreichischen Warenverkehrsbüro in Wien eingeholt werden.

Auch die westlichen und südlichen Bundesländer hatten – mit bedeutender Unterstützung durch die westlichen Besatzungsmächte – in der zweiten Jahreshälfte 1945 vielfache Kompensationsgeschäfte mit dem Ausland abgeschlossen und waren dabei wie „souveräne Staaten" aufgetreten: Das amerikanisch besetzte Oberösterreich etwa tauschte mit der Tschechoslowakei Soda gegen Glas und Ammonium-Karbonat gegen Glaswaren; die Steiermark kompensierte Magnesit gegen Phosphate aus Frankreich; Vorarlberg leitete mit der Schweiz einen Veredelungsverkehr ein; Kompensationsgeschäfte mit Italien und Bayern wurden ebenfalls angebahnt.

Damit war aber, nach der Einteilung Österreichs in vier Besatzungszonen, auch der ohnehin geringe Wirtschaftsverkehr zwischen den einzelnen österreichischen Ländern zu einer Art „Außenhandel" geworden. Am Beispiel Oberösterreichs lässt sich zeigen, dass sogar innerhalb eines einzelnen Bundeslandes der Ergänzungsbedarf der abgetrennten Gebietsteile auf dem Kompensationswege befriedigt wurde. Oberösterreich war ja bekanntlich nicht nur von den US-Amerikanern, sondern teilweise auch von den Sowjets besetzt.

Dieser nur als Folge der unmittelbaren Nachkriegszeit erklärbare Kompensationshandel innerhalb eines so kleinen Landes wie Österreich war grotesk. Mehr noch, zwischen einzelnen Besatzungszonen bestand beinahe ein latenter Wirtschaftskrieg. Dieser schmälerte nicht nur die Chancen für eine rasche Wiederingangsetzung einer österreichischen Produktion – notwendige Ergänzungsmaterialien für die Industrie in Ostösterreich konnten wegen der Zonengrenze aus Westösterreich nicht bezogen werden –, sondern er störte den Aufbau eines gesamtösterreichischen Handels. So scheiterte beispielsweise ein Kompensationsgeschäft mit Ungarn nicht zuletzt daran, dass die Donaukähne, die in der amerikanischen Zone lagen, nicht herangezogen werden konnten, weil man das Risiko der Beschlagnahmung durch die Sowjets auf dem Transportweg nicht auf sich nehmen wollte. Oberösterreich wiederum tauschte, wie schon erwähnt, mit der Tschechoslowakei im Kompensationsverkehr Soda gegen Glas, während zur gleichen Zeit der Sodabedarf der Glasindustrie in Niederösterreich unbefriedigt blieb.

Andererseits bot die Aufrechterhaltung der Zonengrenzen natürlich bis zu einem gewissen Grad sogar Schutz gegen weitere Demontagen bzw. eine weitere Verbringung von österreichischen Anlagegütern durch die sowjetische Besatzungsmacht.

Die österreichischen Bundesländer richteten schließlich eigene Außenhandelsstellen ein, die zunächst gar nicht an einer engeren Zusammenarbeit mit der Wiener Zentrale interessiert waren. Wollte man eine einheitliche österreichische Konzeption – wenigstens für die dringendsten und wichtigsten Rohstoffe und Maschinen – überhaupt noch durchsetzen so war die Stärkung des österreichischen Warenverkehrsbüros in Wien unter gleichzeitiger Einführung von Planungs- und dirigistischen Vorgaben dringend notwendig. Denn nur der Mangel an Kontakt mit den Wiener zentralen Außenhandelsstellen konnte dazu führen, dass etwa Tirol Heilmittel gegen Importwaren in das Ausland lieferte, während in Wien nicht einmal die Spitäler die nötigen Arzneimittel zur Verfügung hatten. Auf der anderen Seite waren Bundesländer gezwungen, Kompensationsgeschäfte mit dem Ausland einzugehen, um eine Ware zu erhalten, die zum Tausch gegen ein noch dringender benötigtes Gut aus einem anderen Bundesland gebraucht wurde.

Die wirtschaftliche Wiedervereinigung der österreichischen Besatzungszonen hatte daher im gesamtstaatlichen Interesse höchste Priorität. Sie wurde durch drei legistische Maßnahmen möglich:

Das Gesetz vom 10. November 1945, das den Gültigkeitsbereich der von der Provisorischen österreichischen Staatsregierung erlassenen Gesetze auf das gesamte österreichische Staatsgebiet ausdehnte, beabsichtigte auch die Akzeptanz dirigistischer Planungsvorgaben für die Grundbedürfnisse der österreichischen Wirtschaftsproduktion, für Eisen und Stahl, Energie- und Industriepläne. Diesen von der österreichischen Staatsregierung zentralistisch erarbeiteten Vorgaben, hatten die Bundesländer in der 3. Länderkonferenz am 25. Oktober 1945 ihre ausdrückliche Zustimmung erteilt. Der Industrieplan etwa sah eine strenge Prioritätenliste vor, nach der bestimmte Industriezweige bevorzugt in Gang gebracht werden mussten, um selbst wieder andere Industrien in Betrieb zu setzen:

1. Energieerzeugungs- und Verteilungsbetriebe,
2. Transportmittelindustrien,
3. bodenständige Industrien mit günstigen Produktionsbedingungen für den Wiederaufbau,
4. Export- und Veredlungsindustrien mit geringem Kohlenverbrauch,
5. Baumaterialien,
6. Konsumindustrien, soweit diese nicht kostenintensiv waren und ihre Erzeugnisse nicht mit geringem Frachtraum aus dem Ausland bezogen werden konnten,
7. neue Industrien mit großen Entwicklungsmöglichkeiten und
8. Industrien, die nach Verlagerung aus anderen Ländern in Österreich angesiedelt werden konnten.

Diese Reihung bestimmte naturgemäß auch die Prioritätenliste der österreichischen Einfuhren.

Das Warenverkehrsgesetz vom Oktober 1945 schaffte die gesetzlichen Grundlagen für eine ganz Österreich umfassende zentrale Bewirtschaftung. Damit war dem Handelsminister die Möglichkeit gegeben, auch jene Güter in seinem Wirkungsbereich zu bewirtschaften, deren Verteilung bis dahin noch nicht gesetzlich geregelt war. Dazu zählten etwa die Bewirtschaftung von Eisen und Metallen, von Textilrohstoffen und Garnen, von Papier, Leder, Tierhaaren und Borsten sowie von Altstoffen. Die Verordnungen bekamen Gesetzeskraft, wenn sie nicht innerhalb von 31 Tagen von den Alliierten einstimmig beeinsprucht wurden. Die Einheit des österreichischen Wirtschaftsgebietes rückte so um einen bedeutenden Schritt näher. Das alliierte Kontrollabkommen vom 28. Juni 1946 sah die Einheit des österreichischen Wirtschaftsgebietes auch de jure vor.

Zu diesen legistischen Maßnahmen kamen flankierend:

- Der Aufbau einer österreichischen Außenhandelsorganisation, die sich im Wesentlichen auf das österreichische Warenverkehrsbüro und auf die Abteilung für Exportförderung stützte.
- Diesen beiden Behörden übergeordnet das Bundesministerium für Handel und Wiederaufbau sowie das Außenamt des Bundeskanzleramtes bzw. dessen Abteilung für auswärtige Kultur- und Wirtschaftspolitik. Für den Devisenverkehr war die Österreichische Nationalbank bzw. deren Prüfstelle für den Zahlungsverkehr zuständig. Weitere Außenhandelsfragen deckten die Ministerien für Finanzen, Land- und Forstwirtschaft sowie für Volksernährung ab.

Als Folge dieser Maßnahmen und Regelungen stieg ab 1946 nicht nur die Anzahl der Außenhandelsgeschäfte, sondern auch ihr Wert entscheidend an. Das erste offizielle Kompensationsgeschäft der Republik Österreich wurde schon Ende August 1945 mit Ungarn abgeschlossen. Das nächste folgte im September mit der Tschechoslowakischen Republik, aber erst ab dem November 1945 kam es zu einer regeren Abschlusstätigkeit. Im März 1946 konnten bereits einige Dutzend, im April 1946 schon 121 Kompensationsgeschäfte abgeschlossen werden. Zu den bedeutendsten Handelspartnern Österreichs zählten außer der Tschechoslowakei die Schweiz und Italien, also die unmittelbaren Nachbarstaaten. Der Außenhandelsumsatz Österreichs mit diesen drei Ländern betrug bis Mai 1946 insgesamt 93,8 Prozent aller Einfuhren bzw. 62,7 Prozent aller Ausfuhren. Die umfangreichsten Abschlüsse wurden bis Mai 1946 mit der Tschechoslowakei getätigt. Hingegen war der Außenhandelsverkehr mit Deutschland, auch gegenüber 1937, äußerst gering. Die Gründe lagen vor allem in den geringen Produktionen in Deutschland selbst, aber auch in der strengen Genehmigungspflicht des Außenhandels und der geschäftlichen Korrespondenz mit Deutschland. Die meisten Abschlüsse mit deutschen Partnern tätigte die US-Besatzungszone Österreichs.

Das weitere Zusammenwachsen des österreichischen Wirtschaftsgebietes ab dem Frühsommer 1946 war allerdings begleitet von einem Umstand, der die Unselbstständigkeit des österreichischen Exports und Imports deutlich dokumentiert: Der überwiegende Teil der Aus- und Einfuhren wurde nicht von österreichischen Stellen, sondern von alliierten Behörden bzw. der UNRRA (United Nations Relief and Rehabilitation Administration) durchgeführt. So kann man die gesamte österreichische Ein- und Ausfuhrtätigkeit ab dem Frühjahr 1946 hinsichtlich der Zusammensetzung der Importeure und Exporteure in drei großen Gruppen zusammenfassen. Der Handel erfolgte demnach

1. auf Anweisung der Besatzungsmächte und der UNRRA,
2. unter Anmeldung beim österreichischen Warenverkehrsbüro oder
3. unter Umgehung des österreichischen Warenverkehrsbüros.

Die erste Gruppe umfasste bezüglich des Importes die Lieferungen der alliierten Militärbehörden und der UNRRA. Dabei handelte es sich vor allem um Lebensmittel- und Kohlenlieferungen. Auf der Exportseite waren außer den beschlagnahmten und abtransportierten Maschinen, Apparaten, Lagerbeständen usw. alle jene Leistungen der österreichischen Wirtschaft zu berücksichtigen, die von den alliierten Stellen aufgrund der vom österreichischen Staat zur Verfügung gestell-

ten Gelder erworben wurden. Auch der Export elektrischer Energie ist hier einzubeziehen.
In der zweiten Gruppe waren alle Außenhandelsgeschäfte enthalten, die vom österreichischen Warenverkehrsbüro registriert wurden. Die Umsätze waren jedenfalls im Vergleich zur ersten Gruppe gering. Sie zeigten jedoch steigende Tendenz, was besonders auf private Initiativen unter Mithilfe des Staates zurückzuführen war.
Die dritte Gruppe umfasste alle übrigen Außenhandelsgeschäfte, die zwar beim Warenverkehrsbüro anmeldepflichtig gewesen wären, aber nicht registriert, sondern „schwarz" durchgeführt wurden. Diese Geschäfte waren naturgemäß bis zum März 1946 besonders zahlreich, nahmen dann allerdings ab.

Die so eingeleitete Reintegration des österreichischen Handels unter gemeinsamen Prioritäten und Zielen bildete die Basis der wirtschaftlichen Wiederfindung des Staates schlechthin.

Anmerkung

[1] Vgl. zum Beitrag: Stefan Karner, Zu den ökonomischen Problemen 1945 in Österreich, in: Ernst Bezemek – Willibald Rosner (Hg.), Niederösterreich 1945 – Südmähren 1945. Wien 1996, S. 79–87; siehe dazu auch die WIFO-Monatsberichte, Wien 1945/46.

Roman Sandgruber

Die Wirtschaft der Nachkriegszeit

Die Kriegsschäden waren gewaltig. Der gesamte durch Annexion und Krieg ausgelöste materielle Schaden wurde auf Preisbasis 1960 auf 160 Milliarden Schilling geschätzt (= 61 Milliarden Euro Preisbasis 2003). Die Zerstörungen schienen gigantisch. Berechnungen über das Flächenmaß der zerbrochenen Fensterscheiben oder die zu bewältigenden Schuttmassen muten wie Zahlenspielereien an. Die Ausgangslage der einzelnen Bundesländer war allerdings sehr unterschiedlich. Wien, Niederösterreich und das Burgenland befanden sich in einer viel schlechteren Situation.[1]

Am auffälligsten waren die Schäden an den Gebäuden und Verkehrseinrichtungen. Etwa 10 Prozent aller Wohnungen, ein Drittel aller Eisenbahnstrecken, 6 Prozent aller Eisenbahnbrücken, darunter sämtliche Donaubrücken, waren zerstört und zahlreiche Bahnhöfe zerbombt. Nur 40 Prozent der Lokomotiven, 48 Prozent der Personen- und 70 Prozent der Güterwaggons waren einsatzbereit, wurden aber, ebenso wie die Industrieanlagen, zum Teil von den Besatzungsmächten requiriert. Die Zahl der Kraftfahrzeuge war auf ein Viertel des Vorkriegsstandes gesunken. Treibstoffe fehlten fast vollständig. Die Donaudampfschifffahrtsgesellschaft (DDSG) hatte mehr als die Hälfte ihrer Schiffe eingebüßt. Der Flugverkehr wurde zur Gänze untersagt. Wem sein Fahrrad unbeschädigt durch den Krieg erhalten geblieben und nicht gestohlen oder beschlagnahmt worden war, der konnte sich überglücklich schätzen. Fahrraddiebstahl war ein lukratives Geschäft. Weder Post noch Telefon funktionierten.

Die landwirtschaftliche Produktion war auf das Niveau des frühen 19. Jahrhunderts abgesunken. Insgesamt dürfte die Ernte des Jahres 1945 nur 50 Prozent des Ergebnisses des Jahres 1937 erbracht haben. Der Rinderbestand war zwar einigermaßen gehalten worden, der Schweinebestand aber, zumindest soweit er von den Bauern deklariert wurde, auf ein Drittel der Vorkriegszeit abgesunken. Die Wertschöpfung der Landwirtschaft erreichte 1946 nur 60,8 Prozent des Jahres 1937.

Kriegsschäden in Wien, 1945.
Quelle: ÖNB/Bildarchiv/Wien.

Ob die kapazitätserweiternden Investitionen zwischen 1938 und 1945 größer waren als die Zerstörungen und Demontagen, ist umstritten. Die Schätzungen reichen von einem Nettorückgang des Kapitalstocks um ein Drittel bis zu einem nicht genau quantifizierten Zuwachs. Das Anlagenkapital, gemessen am Bestand an Werkzeugmaschinen, dürfte jedenfalls in vielen Branchen bei Kriegsende höher als 1937 gewesen sein. Die Kapazität der Roheisenerzeugung war auf 1,6 Millionen Jahrestonnen angestiegen, die bei Aluminium von 9.000 Tonnen im Jahr 1937 auf 69.000 Tonnen. Stickstoffdünger hatte man vor dem Krieg zur Gänze importieren müssen. Die Papier-, Textil- und Bekleidungsindustrie war zwar nicht ausgebaut worden, hatte aber auch unter den Kriegsfolgen wenig gelitten.

Der Wirtschaftsinfarkt fiel 1945 ähnlich dramatisch aus wie nach dem Ersten Weltkrieg. 1946 betrug das österreichische Bruttoinlandsprodukt etwa 60 Prozent des Volumens von 1913 und 1937. Dennoch waren die wirtschaftlichen Ausgangsbedingungen nach 1945 besser als nach 1918. Auf Grund der Interessenlage der deutschen Rüstungspolitik waren in Österreich zahlreiche Projekte entstanden, die in dieser Größenordnung vor 1938 nicht vorhanden waren. Der Krieg bedeutete einen gewaltigen technischen Lernprozess. Ein Industrialisierungs-, Konzentrations- und gleichzeitig Regionalisierungsprozess war in Gang gekommen. Geographisch war die Industrie nach dem Zweiten Weltkrieg gleichmäßiger verteilt als vorher.

Das geringe Niveau der Nachkriegsproduktion erklärt sich nicht aus fehlenden Produktionsanlagen, sondern aus dem Mangel an Energie, Rohstoffen, geeigneten Arbeitskräften, Transportmöglichkeiten und Nahrungsmitteln. Die tatsächliche Produktion der Industrie im Jahre 1946 erreichte etwa die Hälfte des Jahres 1937. Von der Kapazität her wäre ein doppelt bis dreimal so hoher Ausstoß möglich gewesen. Aber auch 1937 waren die Kapazitäten bei weitem nicht ausgelastet gewesen.

Die nationalsozialistische Herrschaft, der Krieg und das Kriegsende hatten die größte Wanderungs- und Fluchtwelle ausgelöst, die Österreich je über sich ergehen lassen musste. Österreich war von Menschen überschwemmt: 1,2 Millionen deutsche Soldaten, die in Österreich kapituliert hatten, mehr als 1 Million Besatzungssoldaten, eine halbe Million Angehörige von Fremdarmeen aus Ungarn, Kroatien und der Ukraine und 400.000 volksdeutsche Flüchtlinge und Vertriebene sowie 200.000 Reichsdeutsche, die als Beamte, Parteifunktionäre, Arbeiter oder Evakuierte nach Österreich gekommen waren, zusammen mit etwa 590.000 fremdsprachigen, als DPs („displaced persons“) bezeichneten Zwangsdeportierten, befreiten KZ-Häftlingen, ausländischen Juden und ehemaligen Kriegsgefangenen standen rund 6 Millionen Österreichern gegenüber. Die Repatriierung der Verschleppten und Evakuierten zog sich über längere Zeit hin. Noch länger dauerte die Bewältigung der Flüchtlingsprobleme. Insgesamt dürften über 550.000 Volks- und Sudetendeutsche nach Österreich gelangt sein, von denen sich etwa 320.000 auch hier ansiedelten.

Dennoch fehlte es an Arbeitskräften. Das Arbeitskräfteangebot war per Saldo gegenüber der Vorkriegszeit durch die Gefallenen, Gefangenen und Kriegsversehrten erheblich reduziert. 1937 hatte das Angebot an unselbständigen Arbeitskräften mehr als 2 Millionen ausgemacht. Für 1945 wurde es auf rund 1,5 Millionen geschätzt. Es fehlten die vielen noch in Gefangenschaft befindlichen Soldaten, es fehlte die Qualifikation der verschleppten, vertriebenen und ermordeten Juden, und es fehlten auch zahlreiche Nationalsozialisten, die nicht mehr in ihren früheren Berufen arbeiten konnten.

Der Mangel an Energie, Rohstoffen, geeigneten Arbeitskräften, Transportmöglichkeiten und Nahrungsmitteln behinderte die Produktion. Dazu kamen die hohen Besatzungskosten, die am Anfang ein Drittel der gesamten Staatsausgaben ausmachten.

Hunger und Hilfe

Österreichs Bevölkerung hungerte, und viele wären ohne fremde Hilfe verhungert. Private und öffentliche Hilfsaktionen aus den USA, Kanada, England, Schweden, Dänemark, Irland, Portugal und der Schweiz, ebenso wie die „Erste-Mai-Spende“ der Roten Armee trugen zur Überwindung der ersten Not bei.

Im März 1946 setzten die Hilfsmaßnahmen der der UNRRA (United Nations Relief and Rehabilitation Administration) ebenso wie die CARE-Paket-Aktion (Cooperative for American Remittances for Europe) ein. 1946 stammten die an die nichtagrarische Bevölkerung abgegebenen Nahrungsmittel nur zu 39 Prozent aus der österreichischen Landwirtschaft, zu 60 Prozent aus Hilfslieferungen und zu 1 Prozent aus kommerziellen Importen. In den 16 Monaten ihres Wirkens hat die UNRRA nahezu 800.000 Tonnen Nahrungsmittel nach Österreich gebracht. Noch für das

Wirtschaftsjahr 1946/47 lässt sich zusammenfassend sagen, dass der Verbrauch der Nichtselbstversorger Österreichs unter Zugrundelegung eines Kaloriensatzes von 1.700 pro Tag und Normalverbraucher nur zu rund 40 Prozent von heimischer Seite gedeckt werden konnte. Unter Zugrundelegung eines Mindestnormalverbrauches von 2.550 Kalorien pro Tag hätte die Eigenaufbringung gar nur zu 26 Prozent ausgereicht. Im Frühjahr 1947 konnte Österreich immer noch als eines der Länder mit der am schlechtesten ernährten Bevölkerung Europas eingestuft werden.

So mochte es fast überraschen, als im Herbst 1947 der Tageskaloriensatz für Normalverbraucher endlich von 1.800 auf 2.100 Kalorien erhöht und ab 1948 die Lebensmittelbewirtschaftung nach und nach abgebaut werden konnte. Erst 1954 allerdings überschritt die landwirtschaftliche Produktion Österreichs das Niveau von 1937.

Österreich konnte am 1. Juli 1948 dem Marshallplan (European Recovery Program – ERP) beitreten. Es hatte rasch auf das Angebot der Marshallplanhilfe reagiert. Es flossen ihm im Rahmen dieses Programms knapp eine Milliarde Dollar an Hilfslieferungen zu – von den rund 13 Milliarden Dollar, die im Rahmen des ERP insgesamt verteilt wurden. Pro Kopf und bezogen auf das Bruttoinlandsprodukt lag das im Spitzenfeld aller Marshallplanländer.

Zudem gehörte Österreich zu den Ländern, die die Güter zur Gänze geschenkt erhielten. Ähnlich hoch dotiert waren nur Norwegen, Griechenland und die Niederlande, während die BRD oder Italien pro Kopf kaum mehr als ein Zehntel, Frankreich und England nur die Hälfte der österreichischen Pro-Kopf-Quoten erhielten. Gemessen am Sozialprodukt war dies ein sehr beträchtlicher Impuls: für das Jahr 1949 – je nach Berechnungsart – sieben bis 18 Prozent des österreichischen Bruttoinlandsprodukts, in Westdeutschland hingegen weniger als drei Prozent.

Österreich hat in den ersten zehn Nachkriegsjahren Auslandshilfe in der Höhe von 1585 Millionen Dollar (= 17,5 Milliarden Euro auf Wertbasis 2003) erhalten. 87 Prozent davon leisteten die USA. Während die vor 1948 gewährte Auslandshilfe hauptsächlich als karitative Unterstützung konzipiert war, wurde der Marshall-Plan ein entscheidender Hebel zum Wiederaufbau der Wirtschaft. Den auf etwa 1.250 Millionen Dollar geschätzten Kriegsschäden standen 1.585 Millionen Dollar Auslandshilfe gegenüber.

Ausgabe von CARE-Paketen.
Quelle: CARE Austria Archiv/Wien.

Ende der Vierzigerjahre entfielen rund 30 Prozent der Brutto-Investitionen und sogar 60 Prozent der Netto-Investitionen auf Counterpart-Mittel. So konnte die Investitionsquote, die 1937 bei 9,4 Prozent gelegen war, 1948 schon 13,7 Prozent betragen und bis 1952 auf 20,9 Prozent ansteigen. Für Österreich war der Marshallplan – anders als für die BRD – tatsächlich von strategischer Bedeutung.

Der Großteil der Mittel, etwa 60 Prozent, ging in die Verstaatlichte Industrie, die E-Wirtschaft und die Eisenbahn. Die Aufteilung der Mittel auf die einzelnen Besatzungszonen entsprach dem strategischen Ziel, die Westzonen wirtschaftlich aufzuwerten und die Abhängigkeit von der Ostzone zu verringern. Sofern ERP-Mittel in die Ostzone vergeben wurden, musste nachgewiesen werden, dass die damit produzierten Güter nicht in die Sowjetunion oder die anderen osteuropäischen Staaten geliefert wurden. USIA-Betriebe erhielten bis 1955 praktisch keine ERP-Kredite. Auf Wien, Niederösterreich und das Burgenland entfielen bis Oktober 1950 bei 46 Prozent der Arbeitneh-

ERP-Plakat.
Quelle: WStLB/Wien.

mer nur 16,5 Prozent der ERP-Gelder, auf Salzburg und Oberösterreich mit 22 Prozent der Industriebeschäftigten 44 Prozent dieser Kredite. Pro Industriebeschäftigten bekam Niederösterreich bis 1953 insgesamt 5.500 Schilling, während die entsprechenden Pro-Kopf-Quoten für Salzburg 66.000 Schilling, Kärnten 28.000 Schilling, Oberösterreich 21.800 Schilling und Steiermark 14.600 Schilling betrugen. So war Ostösterreich nicht nur vom Nachkriegsboom ausgeschlossen, sondern erhielt durch Neugründungen im Westen noch zusätzliche inländische Konkurrenz.

Verstaatlichung und Wiederaufbau

Bereits die nationalsozialistische Wirtschafts- und Beschäftigungspolitik hatte mit ihren Industriegründungen deutliche staatswirtschaftliche Akzente gesetzt. Mit den Hermann-Göring-Werken und den Alpen-Elektro-Werken waren große staatseigene Komplexe entstanden. Die totale Kriegswirtschaft stärkte das zentralistische Lenkungsinstrumentarium noch zusätzlich.

In der SPÖ nahmen staatswirtschaftliche und zentralverwaltungswirtschaftliche Vorstellungen aus politisch-ideologischen und beschäftigungspolitischen Intentionen eine bestimmende Position ein: Das Ziel einer Neutralisierung der in der Zwischenkriegszeit so gewerkschaftsfeindlichen und antidemokratischen Schwerindustrie, der Etablierung eines planwirtschaftlichen Systems und der Herstellung einer gerechteren Einkommensverteilung und Gesellschaftsordnung war zumindest im linken Flügel unbestritten.

Auch im linken Flügel der ÖVP spielten etatistische Überlegungen in Form einer Übertragung des „Gemeindesozialismus" Luegerscher Prägung auf die staatliche Ebene eine Rolle. In den „Programmatischen Leitsätzen der ÖVP" von 1945 wurden gemeinwirtschaftliche Bestrebungen akzeptiert, soweit sich „die Sozialisierung oder Kommunalisierung lebenswichtiger Betriebe innerhalb wohlüberlegter, sozial und wirtschaftlich tragbarer Grenzen" vollziehe.

Die Aussicht auf raschen Wiederaufbau, der unter staatlicher Beteiligung eher durchführbar erschien, und die Möglichkeit der Austrifizierung, um sowohl den Potsdamer Beschlüssen vom Juli 1945 und den dort deklarierten alliierten Ansprüchen auf das „Deutsche Eigentum" zuvorzukommen als auch eine Situation wie in den Dreißigerjahren mit deutlicher Auslandsüberfremdung und entsprechender Einmischung zu verhindern, ließen eine Verstaatlichung auch für Gegner dieser Eigentumsform als gangbare Lösung erscheinen.

Die Verstaatlichungsgesetze vom 26. Juli 1946 und 26. März 1947 brachten ungefähr 70 Industrie- und Bergbauunternehmungen und die wichtigsten Elektrizitätsgesellschaften in öffentliches Eigentum, dazu die drei großen Banken Creditanstalt-Bankverein, Länderbank und Österreichisches Creditinstitut und damit indirekt auch die mit diesen Banken verbundenen Industriekonzerne.

Bei der Elektrizitätswirtschaft war auf einer Länderkonferenz im Januar 1946 beschlossen worden, eine Verstaatlichung unter Beteiligung von Bund, Ländern und Gemeinden durchzuführen und eine Monopolisierung durch den Bund abzulehnen. Das Erste Verstaatlichungsgesetz erfasste etwa ein Fünftel der österreichischen Industrie, das Zweite alle Elektrizitätsversorgungsunternehmen, die eine bestimmte Größe überstiegen. Ende der Fünfzigerjahre, am Höhepunkt ihres Einflusses, beschäftigte die Verstaatlichte Industrie (einschließlich Bergbau) etwa 130.000 Personen und lieferte rund 30 Prozent der österreichischen Exporte.

Die grundsätzliche Entscheidung für eine großzügige Weiterführung und Ausweitung der nationalsozialistischen Industrieansiedlungen fiel nicht bereits unmittelbar nach Kriegsende, sondern erst in den Jahren 1947 und 1948. Stimulierend war der Marshallplan. Nach langwierigen Verhandlungen und erheblichen Widerständen wurden die aus der Kriegszeit ererbten Torsi wieder in Betrieb genommen, aber nur in den westlichen Besatzungszonen, während in der sowjetischen praktisch keine der Neugründungen überleben konnte.

Die Westorientierung

Die Besatzungszonenaufteilung und der Marshallplan führten zu einer klaren Westorientierung und auch räumlichen Westverlagerung der österreichischen Wirtschaftsordnung und Produktionsstruktur.

Der Handelsverkehr mit den östlichen Nachbarstaaten, der in der Ersten Republik noch circa ein Drittel der Ausfuhren ausgemacht hatte, reduzierte sich bis 1951 auf einen Exportanteil von 13 Prozent und einen Importanteil von 11 Prozent. Österreich nahm am westeuropäischen Aufschwung voll teil, wurde aber durch die Gründung des RGW und die Errichtung des Eisernen Vorhangs seiner östlichen Handelspartner beraubt. Da ein erheblicher Teil des Handels naturgemäß mit den Nachbarn verläuft, war Ostösterreich gegenüber Westösterreich benachteiligt.

Daher begann die wirtschaftliche Lage der westlichen Zonen und der sowjetischen immer mehr auseinanderzudriften. Hatte schon die ungleiche Belastung einzelner Regionen durch den Krieg ganz unterschiedliche Ausgangssituationen geschaffen, so vertiefte die unterschiedliche Politik der Besatzungsmächte das Ungleichgewicht. Westösterreich war privilegiert. 71 Prozent der Bauschäden der gesamten österreichischen Industrie entfielen auf Niederösterreich. In Ostösterreich war die Rüstungsindustrie bei Kriegsende ein Trümmerhaufen. Im westlichen Österreich hingegen war der überwiegende Teil der Industriebetriebe von Bombenangriffen verschont geblieben. Auch die Energie- und Verkehrssituation war im Osten deutlich schlechter als im Westen, wo kaum Schäden an den Verkehrswegen und Eisenbahnen entstanden waren und elektrische Energie aus Wasserkraft verfügbar war. Auch bei Vieh war in Westösterreich viel weniger verloren gegangen als in Ostösterreich.

Die in den letzten Kriegswochen erfolgte Verlagerung von Anlagen, Rohstoffen und Vorräten aus Ostösterreich nach Westen besserte ebenfalls die Ausgangsposition Westösterreichs. Die dramatische Verminderung des Maschinenbestands zwischen April 1945 und Jänner 1946 wurde zu einem wesentlichen Teil durch Demontagen verursacht. Davon betroffen war vor allem Ostösterreich. Immerhin lagen damals 60 Prozent der industriellen Kapazitäten in Ostösterreich, also im sowjetischen Sektor.

Der Gesamtwert der sowjetischen Demontagen kann wohl nur mehr sehr schwer festgestellt werden. Laut Österreichischem Institut für Wirtschaftsforschung belief sich der Wert der im Jahre 1945 beschlagnahmten Maschinen in Wien, Niederösterreich und dem Burgenland auf 650 Millionen Schilling. Darüber hinaus wurden Rohstoffe, Halb- und Fertigfabrikate im Wert von 180 Millionen Schilling, Transportmittel im Wert von 20 Millionen und 50 Millionen Schilling Bargeld beschlagnahmt. Die Steiermark erlitt während der kurzen sowjetischen Besatzung einen Schaden von etwa 200 Millionen Schilling (Wertbasis April 1946).

Sowohl ostösterreichische wie auch aus dem Sudetenland vertriebene und ausländische Unternehmer tendierten wegen der labilen Situation in

Erste Tagung des Wirtschaftsbundes im Sofiensaal, 1945. Julius Raab (stehend) bei seinen Ausführungen.
Quelle: ÖNB/Bildarchiv/Wien.

der Ostzone nach Westösterreich. Das Institut für Wirtschaftsforschung schätzte die Zahl der in Oberösterreich ansässigen Industriebetriebe im Sommer 1946 auf circa 1.100 gegenüber 500 bis 600 im Jahr 1937. Davon waren etwa 100 im Krieg entstanden oder hierher verlagert worden. Den Rest bildeten Neugründungen und Verlagerungen nach Kriegsende. Dieser „Gründerboom" unmittelbar nach Kriegsende war von Flüchtlingen, Vertriebenen und Wagemutigen getragen, die ihr Glück versuchten. In Westösterreich war es auch leichter, entsprechende Produktionsmittel aufzutreiben. Die Verlegung von Firmensitzen und Firmenvermögen, das große Angebot an neuen Arbeitskräften durch Flüchtlinge und die unterschiedlichen Strategien der westlichen Besatzungsmächte schufen in Westösterreich eine vergleichsweise günstige Lage für die weitere wirtschaftliche Entwicklung.

Das Geldwesen

Die Geldwirtschaft war 1945 vorübergehend funktionsunfähig geworden. Vorerst blieb die Reichsmark gesetzliches Zahlungsmittel. Durch das Schaltergesetz vom 3. Juli 1945 wurden 60 Prozent der bei Kreditinstituten vorhandenen Reichsmarkguthaben eingefroren. Über den Rest durfte nur beschränkt verfügt werden.

Mit 30. November 1945 wurde der Schilling wieder zur österreichischen Währung. Das Umtauschverhältnis betrug 1:1. Zur Barauszahlung gelangte jedoch nur eine Pro-Kopf-Quote von 150 Schilling. Darüber hinausgehende Beträge mussten in Konversionskonten angelegt werden, die zu 60 Prozent gesperrt, zu 28 Prozent beschränkt und nur zu 12 Prozent unbeschränkt verfügbar waren.

Die 1945 ergriffenen währungspolitischen Maßnahmen lassen sich nur bedingt als erfolgreich bezeichnen. Zwar wurde der Geldüberhang fürs erste abgeschöpft. Das Zentralbankgeld wurde von etwa 7,7 Milliarden Reichsmark auf 2 Milliarden Schilling reduziert. Etwa 8,5 Milliarden Schilling wurden auf diversen Sperrkonten blockiert. Da die Bundesregierung aber dazu übergegangen war, die Besatzungskosten zum größten Teil über die Notenbank zu bezahlen, und zusätzlich etwa 2,6 Milliarden Militärschilling im Umlauf waren, begann die Geldmenge bald wieder zu steigen und die Preis-Lohn-Spirale erneut in Gang zu setzen. Ende Oktober 1947 betrug der Notenumlauf bereits wieder 12,5 Milliarden, zusätzlich zu den vielen Milliarden auf diversen Konten, von denen etwa sieben Milliarden verfügbar waren.

Mit dem „Währungsschutzgesetz" (Bundesgesetz über die Verringerung des Geldumlaufs und der Geldeinlagen bei Kreditunternehmungen) vom 19. November 1947 wurde durch einen Zwangsumtausch im Verhältnis 3:1 von Alt- auf Neuschilling, ausgenommen 150 Schilling pro Lebensmittelkartenbesitzer, ein neuerlicher Geldmengenschnitt vollzogen. Sämtliche Sperrkonten wurden ersatzlos gestrichen. Sparbücher, Kriegsanleihen und sonstige Ersparnisse waren wieder einmal endgültig verloren.

Die beiden Währungsreformen 1945 und 1947 beseitigten zwar wiederum alle Ersparnisse und Geldvermögen, legten aber die Grundlage für den Aufschwung.

Die Liberalisierung

Während in der sich konstituierenden Bundesrepublik Deutschland der Weg seit der Währungsreform des Jahres 1948 konsequent auf die Durchsetzung einer marktwirtschaftlichen Ordnung ausgerichtet war, konnte für Österreich Anfang der Fünfziger Jahre eher das Gegenteil

Reinhard Kamitz.
Quelle: Foto Votava/Wien.

Wahlplakat der ÖVP, 1953.
Quelle: WStLB/Wien.

gelten. Der Staat hatte einen gewichtigen Anteil am Wirtschaftsgeschehen und war ständig dabei, diesen weiter auszubauen. Parallel zum hohen Anteil verstaatlichter Unternehmen, die Karl Waldbrunner als Ausgangspunkt einer weitgehend staatlich gelenkten Wirtschaft ansah, wuchs die Staatsquote beträchtlich: Von 1946 bis 1952 versiebenfachte sich der österreichische Staatshaushalt von 2,7 Milliarden auf 19 Milliarden Schilling. Rund 40 Prozent des Volkseinkommens wurden damit durch den Staat verausgabt. Das Volkseinkommen war 1950 zu 33 Prozent, 1952 bereits zu 38 Prozent durch Steuern und Abgaben belastet. Das Wirtschaftsdirektorium, dem neben nahezu allen Ministern auch Vertreter des Gewerkschaftsbundes, der Kammern und der Nationalbank angehören sollten und dem vom Nationalrat im April 1951 weitgehende Lenkungsbefugnisse eingeräumt wurden, scheiterte dann doch an verfassungsrechtlichen und ordnungspolitischen Bedenken.

Der Weg zur Marktwirtschaft, der mit einer Preissenkungsaktion der Wirtschaft begonnen wurde, ist untrennbar mit der Übernahme der Kanzlerschaft durch Julius Raab am 2. April 1953 und mit der schon vorher erfolgten Berufung von Reinhard Kamitz zum Finanzminister verbunden. Als „Raab-Kamitz-Kurs" – die Formel wurde 1953 geprägt – sind die von ihnen eingeleiteten Reformmaßnahmen in die österreichische Wirtschaftsgeschichte eingegangen: mit den Eckpunkten marktwirtschaftliche Ausrichtung, westliche Orientierung, stabile Währung, ausgeglichenes Budget, Ausbau des sozialen Systems.

Österreich erlebte eine dramatische Wende zum Industriestaat, die von jenen Sektoren getragen war, die in der Zwischenkriegszeit zu den wachs-

Eröffnung des Wasserkraftwerks Kaprun: 1. Reihe v. li: der Salzburger Landeshauptmann Josef Klaus, Theodor Körner, Karl Waldbrunner, Hans Böhmer (einer der drei Erbauer von Kaprun); 2. Reihe: u.a. Ferdinand Wedenig (hinter Körner mit Spektiv), Franz Jonas.
Quelle: ÖNB/Bildarchiv/Wien.

tumsschwächsten gezählt hatten. 1937 waren 37,5 Prozent der Wertschöpfung auf den industriell-gewerblichen Sektor und 40,7 Prozent auf Dienstleistungen entfallen. 1952 erbrachte der sekundäre Sektor 47,1 Prozent, der tertiäre Sektor hingegen nur 36,6 Prozent.
Österreichs Schwerindustrie profitierte von innovativen Entwicklungen: Das in den Vierzigerjahren entwickelte LD (Linz-Donawitz) oder Sauerstoff-Blasstahl-Verfahren, das 1949 erstmals vorgeführt und 1952 in Linz in Betrieb genommen wurde, sicherte der österreichischen Stahlindustrie auf Jahre hinaus einen hohen Konkurrenzvorteil, da damit die Kosten der Stahlherstellung und auch die Investitionskosten gegenüber den Siemens-Martin-Öfen um 30–50 Prozent gesenkt werden konnten. Der Anteil des LD-Stahls an der österreichischen Gesamterzeugung stieg von 0,5 Prozent im Jahre 1952 auf knapp 50 Prozent 1960 und 84 Prozent im Jahr 1980. Weltweit lag der LD-Anteil 1960 bei 4 Prozent und beträgt heute 60 bis 70 Prozent.
Die Vorstellungen von einer Wohlstandssteigerung durch Erhöhung der Produktivität, Rationalisierung und Investitionsförderung stießen im Nachkriegsösterreich auf offene Türen, sowohl beim Gewerkschaftsbund und der Sozialistischen Partei als auch bei der Österreichischen Volkspartei. Das Motto, zuerst zu investieren und zu produzieren, bevor verteilt werden kann, begünstigte die rasche Produktivitätszunahme.
Nach 1945 präsentierte sich Österreich als ein an Energiequellen reicher Staat: Von 1938 bis 1945 war nicht nur mit der Erschließung der für die damalige Zeit relativ bedeutungsvollen Erdölfelder in Ostösterreich begonnen worden, die zwischen 1945 und 1955 zwar von der Sowjetunion beschlagnahmt und verwaltet wurden, aber ein erhebliches energiewirtschaftliches Potential darstellten, sondern es wurden eine große Zahl von Kraftwerksbauten begonnen, wobei man durchwegs auf österreichische Projektierungen aus den Zwanziger- und Dreißigerjahren, zurückgreifen konnte. Am 16. Mai 1938 hatte Hermann Göring den Spatenstich im bereits von der ÖKA projektierten Tauernkraftwerk Kaprun vorgenommen. In Kaprun waren anfangs 2.000, später 1.000 bis 1.500 Arbeiter eingesetzt, 1942 und 1943 dann um die 2.500 Mann, davon zahlreiche Kriegsgefangene und Zwangsarbeiter. Ende 1944 wurde das Werk behelfsmäßig als Laufkraftwerk in Betrieb genommen. In den Jahren 1948 bis 1954 wurden der E-Wirtschaft aus dem ERP-Programm knapp drei Milliarden Schilling zur Verfügung gestellt, ca. 37 Prozent der gesamten ausgeschütteten Summe. Allein in Kaprun wurden 1,4 Milliarden Schilling investiert. Kraftwerksbau bedeutete nationale Unabhängigkeit. Kaprun wurde zum Mythos und Symbol des österreichischen Wiederaufbaus: „Vielleicht vom österreichischen Staatsvertrag abgesehen, war es Kaprun, das den Österreichern des Jahres 1955 den stärksten Glauben in Österreichs Zukunft vermittelt hat", meinte der österreichische Bundespräsident Rudolf Kirchschläger im Jahr 1980.
Nach dem Zweiten Weltkrieg hat Österreich eine beachtliche innovatorische und unternehmerische Dynamik entwickelt. Ein beträchtlicher Teil der heutigen österreichischen Großunternehmen ist in den ersten Jahren nach 1945 aufgebaut oder entscheidend modernisiert worden, in der Eisenindustrie und im Maschinenbau, in der Chemie- und Pharmaindustrie, in der Schi- und Sportartikelerzeugung ebenso wie in der Elektrotechnik und der Fahrzeugindustrie.

Auch die Technisierung der Landwirtschaft setzte ein. Die etwa 25 Prozent der ländlichen Haushalte, die noch ohne Strom waren, wurden an das Stromnetz angeschlossen. 1946 konnte von Steyr-Daimler-Puch der erste österreichische Traktor präsentiert werden: die Zahl der Traktoren stieg von 1946 bis 1957 von etwa 7.000 auf fast 80.000.

Mit Bügeleisen, Elektrokochplatten, Staubsaugern, Kühlschränken, Heizstrahlern begann die Mechanisierung der Haushaltsführung. Die Massenmotorisierung rückte erstmals in greifbare Nähe, mit Motorrädern, Motorrollern und Automobilen. 1955 wurde der Startschuss für das Fernsehen gegeben. Das Wirtschaftswunder wurde Realität.

Anmerkung

[1] Zu den folgenden Ausführungen vgl. z. B.: Roman Sandgruber, Das 20. Jahrhundert. Geschichte Österreichs, Bd. VI. Wien 2003, S. 100–119 u. 124–136.

Otto Klambauer

Staat im Staate: Sowjetisches Vermögen in Österreich 1945–1955

Auf der Konferenz von Potsdam zur Festlegung einer Nachkriegsordnung nach dem Sieg über Hitler-Deutschland trafen die Alliierten USA, Großbritannien und Sowjetunion am 2. August 1945 folgenschwere Entscheidungen, eine Weichenstellung betraf Österreich besonders: Die Siegermächte beschlossen, dass Deutschland für die Schäden des Zweiten Weltkrieges Kriegsentschädigung zu leisten habe – dazu werde auch das deutsche Vermögen im Ausland herangezogen.[1] Einerseits verzichtete die UdSSR auf „Deutsches Eigentum" in den westlichen Besatzungszonen Deutschlands. Die USA und Großbritannien verzichteten im Gegenzug auf die deutschen Vermögenswerte in der östlichen Besatzungszone Deutschlands sowie auf die deutschen Auslandsguthaben in Bulgarien, Finnland, Ungarn, Rumänien und Ostösterreich.[2]

Österreich war von diesem Beschluss durch die engen wirtschaftlichen Verflechtungen mit Deutschland seit dem Ersten Weltkrieg und durch den Anschluss an Hitler-Deutschland 1938 bis 1945 in besonders hohem Ausmaß betroffen.

Schon Kriegsende und Beginn der alliierten Besetzung hatten erste direkte Auswirkungen auf die österreichische Wirtschaft: Unter dem Sammelbegriff „Beuteverwaltung" („Trofejnoe Upravlenie") führte die Rote Armee in Ostösterreich eine umfangreiche Beschlagnahme- und Demontagetätigkeit durch. Von dieser Demontagepolitik war das deutsche Vermögen in Österreich besonders betroffen.[3]

Den Gesamtwert der sowjetischen Demontagen schätzte man auf eine Summe von mehr als 1,2 Milliarden Schilling.[4] Der Nutzen für die Sowjet-Wirtschaft war gering: Durch unsachgemäße Handhabung entstand an den demontierten Anlagen schwerer Schaden – was große Verbitterung in der österreichischen Bevölkerung hervorrief.[5] Die Demontagen wurden reduziert, als die

Beschlagnahme eines österreichischen Betriebes in Wien-Simmering durch die Rote Armee im April 1945.
Quelle: Archiv der Bundespolizeidirektion/Wien.

Sowjetmacht dazu überging, systematisch das „Deutsche Eigentum" zu beschlagnahmen.

Parallel zu Kriegsbeute-Aktionen verfolgte die sowjetische Besatzungsmacht ein Konzept, das sie schon zuvor in den eroberten Ländern Osteuropas praktiziert hatte: die Bildung gemischtstaatlicher Unternehmen. Damit wollte sich die UdSSR die Kontrolle über Schlüsselindustriezweige sichern. In Österreich konzentrierten sich die sowjetischen Bemühungen auf zwei Schlüsselindustrien: Erdölindustrie und Donauschifffahrt.

Die Erdölförderung auf österreichischem Boden war bei Kriegsende nach Rumänien die zweitgrößte in Europa. Und die „Erste DDSG" war das führende Schifffahrtsunternehmen auf der Donau – mit zahlreichen Besitzobjekten entlang der Donau von Passau bis zur Mündung. Beide Bereiche waren für die von Stalin betriebene Sowjetisierung Ostmitteleuropas von großer Bedeutung.

Im Spätsommer 1945 trat die UdSSR an die Provisorische Regierung Renner heran, eine gemischte sowjetisch-österreichische Erdölgesellschaft, „Sanaphta", zu gründen.[6] Im September 1945 brach die österreichische Regierung die Verhandlungen ab – wohl auch nach Interventionen der USA. Ab Herbst 1945 begann die Sowjet-Macht die Erdölvorkommen in Ostösterreich

Beschlagnahmte Donauschiffe mit kyrillischen Lettern für „DDSG" – die Donau-Flotte der Sowjet-DDSG.
Quelle: Historisches Archiv des ORF/Wien.

allein auszubeuten – unter Hinweis auf das „Deutsche Eigentum". Dazu gründete sie die Sowjetische Mineralölverwaltung (SMV). Den Vertrieb der Erdölprodukte übernahm die OROP.
Auch bei der DDSG strebten die Sowjets eine gemischt-staatliche AG an. Diese Option scheiterte ebenfalls am Widerstand Österreichs. Am 2. Februar 1946 beschlagnahmten sowjetische Besatzungsorgane das in ihrer Zone gelegene Vermögen der DDSG als ehemaliges „Deutsches Eigentum". Auch hier wurde eine Sowjet-Verwaltungsfirma gegründet: Die Sowjet-DDSG.
Offenbar plante die Sowjetunion bis ins Frühjahr 1946, dieses Konzept gemischt-staatlicher Firmen auf das gesamte „Deutsche Eigentum" in Ostösterreich anzuwenden.[7] Währenddessen begannen Sowjetorgane ab Februar 1946 mit der Beschlagnahme von Betrieben als „Deutsches Eigentum im Ausland". Ab diesem Zeitpunkt wurden die österreichischen Behörden zur Übergabe der Unterlagen über ausländische Besitzrechte aufgefordert. Bis Anfang Juli 1946 wurden die Konfiskationen immer umfangreicher.[8]

Der Entschluß der sowjetischen Führung, das gesamte „Deutsche Eigentum" in Ostösterreich zu requirieren, war tatsächlich bereits im Februar/März 1946 gefallen.[9] Dazu hatte insbesondere der Sowjetbefehl an die örtlichen österreichischen Behörden im März 1946 gedient, alle deutschen Vermögenswerte an die Besatzungsmacht zu melden.
Da bis Juni 1946 die österreichische Regierung auf Angebote Moskaus zu gemeinsamer Verwaltung nicht einging, handelte die Sowjetbesatzungsmacht ähnlich wie bei SMV und Sowjet-DDSG: Im Alleingang gründete sie für das „Deutsche Eigentum" insgesamt einen eigenen Verwaltungskörper, die „Verwaltung der sowjetischen Vermögenswerte in Österreich" („Upravlenie Sovetskim Imuščestvom v Avstrii"), kurz „USIA" genannt.
Die formelle Grundlage für die Beschlagnahme des „Deutschen Eigentums" und die USIA bildete der „Befehl Nr. 17" des sowjetischen Oberbefehlshabers in Österreich, Generaloberst Vladimir Kurasov. Der Befehl war mit 27. Juni 1946

Der sowjetische Oberbefehlshaber in Österreich, General Vladimir Kurasov, bei einer Ansprache 1946.
Quelle: Foto Votava/Wien.

gezeichnet, wurde aber erst in den Abendstunden des 5. Juli 1946 veröffentlicht. Er berief sich auf die Potsdamer Beschlüsse und verfügte den Besitzübergang des gesamten „Deutschen Eigentums" in der sowjetischen Besatzungszone Österreichs an die UdSSR. Die USIA unterstand der USIZ, der sowjetischen zentralen „Verwaltung des sowjetischen Vermögens im Ausland". Der USIZ unterstanden alle in sowjetisch besetzten Ländern errichteten Verwaltungskonzerne, etwa die USIG in der sowjetischen Besatzungszone Deutschlands.[10]

Die Übernahme des gesamten „Deutschen Eigentums" der sowjetischen Zone hatte auf westalliierter und österreichischer Seite zwei für Nachkriegs-Österreich wesentliche Folgen:

Die USA, Großbritannien und Frankreich übergaben das „Deutsche Eigentum" in ihren Zonen der Republik Österreich in Treuhand-Verwaltung, „bis die Eigentumsfrage bezüglich der übertragenen Vermögenschaften gelöst ist".[11] In einer Absichtserklärung kündigten die drei Westalliierten am 8. April 1949 in London an, „nach Abschluss eines Staatsvertrages auf das in ihren Zonen liegende Deutsche Eigentum verzichten zu wollen".[12] Dass die Westalliierten schon damals auf das „Deutsche Eigentum" gänzlich verzichtet oder es Österreich geschenkt hätten, wie es oft hieß, ist unrichtig.

Die österreichische Bundesregierung ihrerseits beschloss am 26. Juli 1946 das Erste Verstaatlichungsgesetz. Sie zwang damit die Sowjetunion und die KPÖ, entgegen ihrer Ideologie gegen die Verstaatlichung aufzutreten. Die Sowjets weigerten sich, betroffene Betriebe zur Verstaatlichung freizugeben, diese erfolgte erst nach Abschluss des Staatsvertrages.

Am 13. August 1955 übergab die Sowjetunion die USIA an die österreichische Republik. Die „Zentralverwaltung der USIA" bestätigte damals die Übergabe von insgesamt 198 Einzelfirmen.[13] Die Liste umfasste Industriebetriebe ebenso wie Guts- und Häuserverwaltungen und schloss mit OROP, SMV und Sowjet-DDSG auch von der USIA unabhängige Firmen ein.

Diese Zahl spiegelt aber bei weitem nicht den Gesamtumfang der Vermögenswerte wider, die die Sowjetunion in Ostösterreich als deutsches Auslandsvermögen beansprucht hatte. Das wahre Ausmaß der sowjetischen Beschlagnahmungen listete der österreichische Finanzminister Margaretha am 10. Juli 1951 in einer parlamentarischen Anfrage auf: Der USIA-Konzern umfasse 471 Einzelbetriebe, davon 351 industrielle und gewerbliche, 100 land- und forstwirtschaftliche sowie 20 sonstige Unternehmen von gemischtem oder unbestimmbarem Charakter.[14] Vizekanzler Schärf nannte am 4. Mai 1955 die Zahl von 419 USIA-Betrieben.[15] Davon befanden sich in Wien 251, in Niederösterreich und im Mühlviertel 139 Industrie- sowie 22 land- und forstwirtschaftliche Betriebe und im Burgenland 7 Industrie- und landwirtschaftliche Betriebe.[16] Dazu kamen bis zu 167.000 Hektar land- und forstwirtschaftlicher

Besitz samt dazugehörenden Gutshöfen, Baulichkeiten, Maschinen und Viehbestand, ferner Häuser, Schlösser usw.[17]

Beschäftigt waren in den USIA-Betrieben im Jahr 1946 zwischen 22.000 und 23.000 Arbeiter und Angestellte. 1955 errechnete das Finanzministerium einen Stand von rund 53.200 USIA-Beschäftigten.[18]

Die sowjetischen Beschlagnahmungen basierten zwar de jure auf Grundbuch- und Firmenregistern und waren mit Stand der Rechtstitel 1945/1946 formell „Deutsches Eigentum". Doch die Sowjetbehörden interpretierten den Begriff „Deutsches Eigentum" auf die strikteste Weise. Sie anerkannten keinerlei unrechtmäßige Veränderungen der Besitzverhältnisse 1938–1945, Besitzwechsel unter Zwang und auch keine „Arisierungen". So erwiesen sich von 320 untersuchten USIA-Betriebe mindestens 64 als in der NS-Zeit „arisierte" Unternehmen – es dürften also rund 20 Prozent der sowjetisierten USIA-Betriebe „arisierte" Vermögenswerte gewesen sein.[19]

Was den Betrieb der USIA-Unternehmen in der Besatzungszeit betraf, so wurden bestenfalls Instandhaltungen vorgenommen, Neuinvestitionen erfolgten kaum. Dies führte dazu, dass die USIA-Betriebe wirtschaftlich rasch ins Hintertreffen gerieten. Unrentable Betriebe wurden oft kurzerhand stillgelegt. Steuern und Abgaben an Österreich wurden von der USIA verweigert.

Als Österreichs Hartwährungspolitik mit dem Schilling ab Ende 1947 Erfolge zeitigte, versuchte die Sowjetbesatzung davon zu profitieren: Sie gründete im Rahmen der USIA eine eigene Handelskette, die „USIA-Läden" – ab August 1948 mit mehr als 400 Filialen in Wien, Niederösterreich, Burgenland und im Mühlviertel. Gegen harte Schillinge und zu Dumpingpreisen wurden Waren aus USIA-Betrieben, aus der Sowjetunion und Osteuropa verkauft. Steuern und Abgaben wurden keine entrichtet.

Auf politischem Gebiet wurde in den langwierigen Staatsvertragsverhandlungen bis 1955 die Frage des „Deutschen Eigentums" zum Faustpfand der Sowjets. Dass die Republik Österreich USIA, SMV und Sowjet-DDSG ablösen müsse, war bald klar. Als Ablöse – für viele Österreicher

Eingangsportal der Wiener Lokomotivfabrik AG als USIA-Betrieb mit der Parole „Arbeitereinheit für den Frieden"
Quelle: Hellmut Andics, Die Insel der Seligen. Wien 1976.

de facto Kriegsreparationen – forderte Moskau 1947 auf der Außenministerkonferenz in London noch 200 Millionen Dollar in bar. Dies wurde später reduziert und in Warenlieferungen umgewandelt. Österreich bestand stets darauf, dass der gesamte sowjetische Besitz an Österreich zurückgegeben werden müsse – um zu verhindern, dass die UdSSR auch nach Ende der Besatzung einen „Fuß in der Tür" zu Österreich behielt. Als aktiver innenpolitischer Faktor traten die USIA-Betriebe im Herbst 1950 in Erscheinung: Die KPÖ mobilisierte besonders in USIA-Betrieben für den Generalstreik im Oktober 1950. An den Protesten gegen das 4. Lohn- und Preis-Abkommen beteiligten sich tausende Arbeiter und Angestellte aus rund 200 Betrieben von USIA und SMV.

Nach Stalins Tod am 5. März 1953 sendete Moskau ausgerechnet bei der Frage des „Deutschen Eigentums" in der Sowjet-Zone eines der ersten Entspannungs-Signale: Ende Mai 1953 übergaben die Sowjets die Rohbauten des Donaukraftwerkes Ybbs-Persenbeug, das sie als Deutsches Eigentum beschlagnahmt hatten, an die österreichische Bundesregierung. Am 17. Juli 1953 wurde der Vertrag formell unterzeichnet: Die erste Rückgabe eines deutschen Vermögenstitels an Österreich.

Zum Durchbruch kam es während des Aufenthalts der österreichischen Staatsvertrags-Dele-

Arbeiter montieren 1955 den Sowjet-Stern von einem SMV-Betrieb ab.
Quelle: KURIER-Bildarchiv/Wien.

gation in Moskau im April 1955: Die Sowjet-Führung stimmte im „Moskauer Memorandum" endgültig zu, sich USIA, SMV und Sowjet-DDSG abkaufen zu lassen. Die Summe wurde mit 150 Millionen Dollar fixiert, zahlbar auf sechs Jahre, Moskau akzeptierte österreichische Warenlieferungen. Für die Erdöl- und Erdgasfelder musste Österreich 10 Millionen Tonnen Erdöl im Wert von 200 Millionen Dollar liefern.

Die westlichen Alliierten beendeten die Treuhand-Verwaltung des „Deutschen Eigentums" ebenfalls durch bilaterale Vereinbarungen mit der österreichischen Regierung – mit Auflagen von amerikanischer und britischer Seite, besonders was den Erdölsektor betraf.

Am 21. Mai 1955 übergaben die Sowjets den land- und forstwirtschaftlichen Besitz der USIA an Österreich: rund 150.000 Hektar. Am 13. August 1955 erfolgte die feierliche Übergabe der USIA-Betriebe, der Sowjet-DDSG und der SMV samt OROP. Am selben Tag musste Österreich in Moskau für die Warenlieferungen Wechsel über 150 Millionen Dollar hinterlegen.[20] Der sowjetische Staatsbesitz in Österreich, mit dem die Sowjetunion größter Konzernherr innerhalb der österreichischen Wirtschaft und neben dem Bund zweitgrößter Grundbesitzer in Österreich war, hatte damit ein Ende.

Die direkten Folgen blieben jedoch noch lange in Österreich spürbar: Der Aufbau von Ersatzindustrien in Westösterreich für sowjetisch beschlagnahmte Schlüsselbetriebe, der Ausschluss der USIA-Betriebe von Marshallplan-Geldern, die rigorose westliche Embargopolitik im „Kalten Krieg" gegenüber der Sowjet-Zone samt Kampf gegen das „Loch in der österreichischen Ost-Grenze" schufen in Österreich ein beträchtliches wirtschaftliches West-Ost-Gefälle[21], das lange fortbestand.

Auch die indirekten Folgen prägten die Wirtschaftsentwicklung der Zweiten Republik noch viele Jahre über das Ende der Besatzungszeit hinaus. In manchen Bereichen, etwa im Falle des aus der Wechselwirkung zwischen sowjetischen Beschlagnahmungen und österreichischer Verstaatlichungspolitik 1946 entstandenen Großkonzerns verstaatlichter Industrie in Österreich, sind die Nachwirkungen bis heute spürbar.[22]

Anmerkungen

1 Potsdamer Abkommen, zit. bei Ernst Deuerlein, Deklamation oder Ersatzfrieden? Die Konferenz von Potsdam 1945. Stuttgart – Berlin 1970, S. 186.

2 Ebd., S. 188f.

3 Karl Hendrich, Die wirtschaftliche Durchdringung Österreichs durch Deutschland und deren betriebswirtschaftliche Folgen. Wirtschaftswiss. Diss. Wien 1948, S. 74.

4 Die Wirtschaft, Jg. 5, H. 20, Wien 1949, S. 7.

5 Wilfried Aichinger, Sowjetische Österreichpolitik 1943–1945. Phil. Diss. Wien 1977, S. 253.

6 Foreign Relations of the United States (= FRUS). Diplomatic Papers 1945, Vol. III. Washington DC 1968, S. 592.

7 United Press, 8.6.1946, zit. bei Keesing's Archiv der Gegenwart, Jg. 16, Essen – Wien – Zürich 1946, S. 775.

8 Otto Klambauer, Die USIA-Betriebe. Phil. Diss. Wien 1978 (= Klambauer, USIA-Betriebe), S. 147–178.

9 Siehe dazu: Stefan Karner, Zu den Anfängen der sowjetischen Besatzung in Österreich 1945/46, in: Manfried Rauchensteiner (Hg.), 50 Jahre Staatsvertrag. Wien 2005; Stefan Karner – Barbara Stelzl-Marx – Alexander Tschubarjan (Hg.), Die Rote Armee in Österreich. Sowjetische Besatzung 1945–1955. Dokumente. Krasnaja Armija v Avstrii. Sovetskaja okkupacija 1945–1955. Dokumenty.

Graz – Wien – Klagenfurt 2005; Peter Ruggenthaler, Warum Österreich nicht sowjetisiert wurde: Sowjetische Österreich-Politik 1945 bis 1953/55, in: Stefan Karner – Barbara Stelzl-Marx (Hg.), Die Rote Armee in Österreich. Sowjetische Besatzung 1945–1955. Beiträge. Graz – Wien – Klagenfurt 2005.

[10] Siehe dazu: Klambauer, USIA-Betriebe, S. 238–247.

[11] BMF, FA, Bestand Besatzungszeit – Rechtsgutachten Hämmerle-Waldkirch, Graz – Bern 1955, S. 40.

[12] VWD Wirtschaftsspiegel, 14.11.1950; siehe auch: Wiener Zeitung, 9.4.1949.

[13] BMF, FA, Zl. 213.526–33/55.

[14] Wiener Zeitung, 11.7.1951.

[15] Die Presse, 5.5.1955; siehe auch: Neue Zürcher Zeitung, 19.5.1955; Stenographische Protokolle des Nationalrats, Jg. 69, 7.6.1955, S. 3106–3145.

[16] Ernst Bezemek – Otto Klambauer, USIA und USIA-Betriebe in Niederösterreich: Geschichte, Organisation, Dokumentation. Studien und Forschungen aus dem NÖ Institut für Landeskunde 5. Wien 1983, S. 41; zu Schätzungen über den Gesamtumfang der USIA siehe ausführlich: Klambauer, USIA-Betriebe, S. 250–258.

[17] Zentrales Kulturreferat der sowjetischen Betriebe in Österreich (Hg.), Österreich ist reicher geworden. Wien 1955, S. 6.

[18] Die Wirtschaft, Jg. 11, H. 22, Wien 1955, S. 3.

[19] Klambauer, USIA-Betriebe, S. 266–269.

[20] Bericht Herbert Grubmayr bei Hugo Portisch, Österreich II, Bd. 4. Der lange Weg zur Freiheit. Wien 1993, S. 499f.

[21] Dazu ausführlich: Klambauer, USIA-Betriebe, S. 356–397.

[22] Dazu ausführlich: Ebd., S. 211f.

Ernst Bezemek

Die Sowjetische Mineralölverwaltung (SMV)

Bereits im Juni 1945 begannen die Wirtschaftsexperten der sowjetischen Besatzungsmacht Maßnahmen zu treffen, die auf eine Organisierung der wirtschaftlichen Ausbeutung der niederösterreichischen Erdölfelder abzielten. In den Bezirken Mistelbach (Mühlberg, Gemeinde Altlichtenwarth) und Gänserndorf (Aderklaa, Auersthal, Matzen und Neusiedl an der Zaya) war durch die deutschen Ölkonzerne ITAG, Elwerath, Preussag, DEA, Wintershall und Rumpel – um die größten zu nennen – die österreichische Erdölindustrie zur – nach Rumänien – zweitgrößten Europas ausgebaut worden. Das Potsdamer Abkommen vom 2. August 1945 gab den Sowjets nunmehr die Möglichkeit, diese Ressourcen als „Deutsches Eigentum" quasi legal zu nutzen und auszubeuten. Zum Zwecke der planmäßigen Erschließung der österreichischen Erdölfelder erfolgte im Oktober 1945 die Gründung der Sowjetischen Mineralölverwaltung (Sovetskoe Neftjanoe Upravlenie), nachdem der sowjetische Plan der Gründung einer bilateralen sowjetisch-österreichischen Ölgesellschaft namens Sanaphta am Einspruch der Westmächte gescheitert war. Die Periode der willkürlichen Beschlagnahmungen von Einrichtungen und Materialien durch die sowjetische „Beuteverwaltung", die so genannte „Militärphase", war zwar zu Ende gegangen, der von den Deutschen begonnene Raubbau wurde nunmehr aber von den Sowjets planmäßig weitergeführt.[1] Mit der Begründung, die Raffinerien Schwechat, Korneuburg, Vösendorf, Moosbierbaum, Kledering und Lobau seien mit „bedeutenden, vom Deutschen Reich beigestellten Mitteln aufgebaut worden", wurden diese der SMV wenige Tage nach deren Gründung einverleibt. Mit der Errichtung von „Treibstoffvertriebsgesellschaften", die 1947 unter OROP zusammengefasst wurden, war der Ausbau der SMV abgeschlossen. Die SMV stand in engsten wirtschaftlichen und politischen Beziehungen zum Wirtschaftsimperium USIA, welches in Österreich dem von Generaloberst Kurasov am 27. Juni 1946 unterzeichneten „Befehl 17" entsprechend errichtet worden war. Die SMV war der wirtschaftlich stärkere der beiden Partner, kam doch die Produktion rasch in Gang und ließ sich problemlos in Bargeld umsetzen. Die Erdölproduktion wurde von 610.004,7 Tonnen (1946) auf 1,457.485,4 Tonnen (1950) gesteigert und betrug im Jahre 1955 (1. Jänner bis 13. August) 2,163.832 Tonnen. Insgesamt waren in den Jahren der sowjetischen Besatzungszeit 17,761.556,7 Tonnen Erdöl als Reparationen gefördert worden.[2] Die SMV, die sich vorerst darauf beschränkt hatte, die durch das Deutsche Reich aufgeschlossenen Ölfelder weiter auszubauen, wandte sich ab 1948 neuen Lagerstätten zu. In rascher Folge wurden die Zisterdorfer Ölfelder ausgebaut, in den Jahren 1949 bis 1950 begann man mit den Bohrungen im Gebiet Matzen-Bockfließ. Dabei konnte eine ganze Reihe von Ölhorizonten nachgewiesen werden, von denen der so genannte Matzner Sand die größte Öllagerstätte enthielt, die bis 1955 in Europa bekannt geworden war. Der rasche Ausbau erforderte großen Kapitalbedarf, der in den frühen Fünfzigerjahren zu einem Liquiditätsengpass in der SMV führte.[3] Mit den Bohrungen im Zwerndorfer Feld wurden im Jahre 1952 von den Sowjets die größten Gaslagerstätten Mitteleuropas erschlossen. Unsachgemäße Durchführung der Aufschlussbohrungen in Schönkirchen-Reyersdorf und Zwerndorf führten in Jahren 1950 und 1952 zu Gasausbrüchen, die außer Kontrolle gerieten. Richard Tlustos, später leitender Ingenieur bei der ÖMV, berichtete als Zeitzeuge, dass Erdgas, Erdöl, Salzwasser und Schlamm 100 Meter hoch aus dem Bohrloch geschleudert wurden. In Zwerndorf soll eine Milliarde Normalkubikmeter Erdgas in die Luft geströmt sein.[4] Die Versorgung des Inlandes mit Mineralölprodukten erfolgte durch die SMV nach Freigabe eines monatlich festgesetzten Kontingents, das – in den ersten Jahren sehr knapp bemessen – allmählich dem tatsächlichen Bedarf angenähert wurde. Nach Abzug dieser Inlandsquote verfügte die SMV vollständig frei über die Produktion an Rohöl und Verarbeitungsproduk-

Sowjetische Zugfahrzeuge versetzen einen Ölbohrturm im niederösterreichischen Erdölgebiet von Zistersdorf.
Quelle: Richard Tlustos/Wien.

ten. Sie gab davon noch geringfügige Kontingente an die USIA-Firmen weiter und versorgte die Besatzungstruppen mit Rohöl. Wie die USIA war die SMV der österreichischen Finanzhoheit entzogen. Eine eminent politische Rolle spielten die SMV-Betriebe beim „Oktoberstreik 1950". Im Zuge des von der KPÖ initiierten „Generalstreiks" gegen das 4. Lohn- und Preis-Abkommen war es in Neusiedl an der Zaya, Aderklaa und Deutsch-Wagram zu Aktionen des kommunistisch dominierten Werkschutzes mit zeitweiliger Unterbrechung des Zugsverkehrs gekommen, die innerhalb der Bevölkerung dazu beitrugen, die „Putsch-These" für erwiesen zu halten.[5]

Am 13. August 1955 wurde die SMV der Republik Österreich übergeben. Nach Ende der Reparationslieferungen im Februar 1964 blieben für die Nutzung durch die ÖMV nur mehr Erdölvorräte übrig, die mit erheblichen technischen Schwierigkeiten und mit größerem Kostenaufwand gefördert werden konnten. Deutscher und sowjetischer Raubbau hatten die reichen Lagerstätten dezimiert.

Anmerkungen

1 Vgl. NÖLA, Nachlass Figl, Karton 84 – Studie zur sowjetischen Besatzungswirtschaft in Niederösterreich (= Studie zur sowjetischen Besatzungswirtschaft), S. 58.
2 Ernst Bezemek – Otto Klambauer, USIA und USIA-Betriebe in Niederösterreich: Geschichte, Organisation, Dokumentation. Studien und Forschungen aus dem NÖ Institut für Landeskunde 5. Wien 1983, S. 328.
3 Studie zur sowjetischen Besatzungswirtschaft, S. 50.
4 Ernst Bezemek – Willibald Rosner (Hg.), Schönkirchen-Reyersdorf. Eine Ortskunde. Horn 1994, S. 289.
5 Vgl. ebd., S. 202.

Franz Mathis

Big Business im Neuen Österreich

In keiner Phase der österreichischen Wirtschaftsgeschichte gab es so viele industrielle Großunternehmen wie in den ersten Jahren nach dem Zweiten Weltkrieg. Überaus günstige Rahmenbedingungen ermöglichten auch in Österreich einen rasanten wirtschaftlichen Aufschwung: eine durch die beiden Weltkriege und die Depression der Zwischenkriegszeit aufgestaute Nachfrage, die inzwischen über 100-jährige Industrietradition, der erleichterte Zugang zu den internationalen Märkten des Westens und nicht zuletzt die Marshallplan-Hilfe. Trotz anfänglicher und zum Teil starker Einschränkungen durch Zerstörung und Demontagen konnten die größten österreichischen Industrieunternehmen an diesem Aufschwung voll teilhaben. Allein zwischen 1946 und 1960 zählte man in Österreich mit über 100 fast gleich viele Großunternehmen (über 1.000 Beschäftigte) wie in den Jahrzehnten zuvor zusammen. Gut die Hälfte von ihnen war bereits früher den Großunternehmen zuzurechnen gewesen, der Rest überschritt die Marke von 1.000 Mitarbeitern zum ersten Mal. Es kamen aber nicht nur neue Großunternehmen hinzu, sondern sie beschäftigten jetzt auch mehr Menschen als je zuvor. In den 94 Großunternehmen des Jahres 1960 arbeiteten rund 280.000 Menschen, fast dreimal so viel wie 1937.[1]

Zu den Firmen, die am stärksten von der Hochkonjunktur der Nachkriegsjahre profitierten, zählten – neben einigen privaten – vor allem diejenigen Unternehmen, die 1946 als „Deutsches Eigentum" direkt oder indirekt verstaatlicht wurden. Zum Teil hatten sie allerdings schon vor dem Krieg zu den größten Firmen gehört. An der Spitze rangierten mit jeweils über 20.000 Mitarbeitern die obersteirische Alpine Montangesellschaft – seit Jahrzehnten das größte österreichische Industrieunternehmen – und die im Krieg neu errichtete und nach 1945 fortgeführte Vereinigte Österreichische Stahlwerke AG (VÖEST) in Linz. Beiden kam die überaus starke, für Zeiten des Wiederaufbaues typische, Nachfrage nach Eisen und Stahl zugute.

Die Alpine war noch im 19. Jahrhundert zu einem voll integrierten Eisen- und Stahlunternehmen geworden. Nach dem Krieg baute sie in Fohnsdorf und Seegraben Braunkohle, bei Leoben etwas Magnesit sowie am Erzberg und in Hüttenberg Eisenerz ab, das in diversen Eisen- und Stahlwerken in Donawitz, Kindberg, Krieglach, St. Andrä-Wördern, Traisen und Zeltweg zu Roheisen, Halbfertigwaren, Maschinen und Stahlteilen weiterverarbeitet wurde. Seit Jahrzehnten und abermals seit 1960 im Besitz der Alpine befand sich die Graz-Köflacher Bergbau- und Eisenbahngesellschaft, die – zusammen mit der ebenfalls verstaatlichten Wolfsegg-Traunthaler Kohlenwerks AG in Oberösterreich – für den größten Teil der österreichischen Braunkohlenförderung aufkam. Bei der VÖEST wiederum kon-

Die größten österreichischen Industrieunternehmen der Nachkriegszeit nach Beschäftigten

Unternehmen	1937	1960
Österreichisch-Alpine Montanges.	12.500	21.500
Vereinigte Österr. Eisen- und Stahlwerke		20.600
Steyr-Daimler-Puch	7.500	14.900
Böhler	4.000	13.300
Elin-Union	2.000	9.500
Österreichische Mineralölverwaltung		9.500
Semperit	2.100	8.500
Schoeller-Bleckmann-Stahlwerke	3.550	6.750
Simmering-Graz-Pauker	1.400	6.650
Österreichische Stickstoffwerke		5.700
Wiener Starkstromwerke (Siemens-Schuckert)	3.250	5.100
Wiener Schwachstromwerke (Siemens&Halske)	1.700	5.000
Berndorfer Metallwarenfabrik	2.400	4.400
Graz-Köflacher Eisenbahn- und Bergbauges.	1.650	4.400
Österreichisch-Amerikanische Magnesitges.	1.200	4.400

Werk der Österreichisch-Amerikanischen Magnesit AG im Tiroler Ort Hochfilzen aus den Fünfzigerjahren.
Quelle: Österreichisch-Amerikanische Magnesit AG/Hochfilzen.

zentrierte sich die vertikale Integration von der Roheisenerzeugung bis zur Finalproduktion zunächst allein auf den Standort Linz, bevor noch in den Fünfzigerjahren weitere Produktionsstätten in Liezen, Krems und Wien erworben wurden.
Von neuem expandieren konnten auch die ebenfalls verstaatlichten Edelstahlunternehmen Böhler und Schoeller-Bleckmann. Böhler vermochte im Stammwerk in Kapfenberg sowie in den niederösterreichischen, bis 1955 unter sowjetischer Verwaltung stehenden Werken bei Waidhofen/Ybbs, St. Aegyd und Enzesfeld, Schoeller-Bleckmann hingegen in Ternitz, Mürzzuschlag und Hönigsberg ihre traditionellen weltweiten Verbindungen zu nutzen und ihren Mitarbeiterstand bis 1960 auf über 13.000 bzw. knapp 7.000 Beschäftigte anzuheben.
Im Zuge der weltweit expandierenden Eisen- und Stahlindustrie stieg auch die Nachfrage nach feuerfesten Materialien, etwa zur Auskleidung der Hochöfen, wovon die beiden großen Magnesitunternehmen in den österreichischen Alpen profitierten. Die damals größere der beiden, die Österreichisch-Amerikanische Magnesitgesellschaft, befand sich in US-amerikanischem Besitz und betrieb um 1960 fünf Magnesitbergbaue in Radenthein, Lassing, Leogang, Hochfilzen und Tux-Lanersbach sowie zwei Heraklithplattenwerke im kärntnerischen Ferndorf und im bayerischen Simbach. Durchwegs in der Steiermark, und zwar in Veitsch, Breitenau und Trieben, lagen die Produktionsstätten der etwas älteren Veitscher Magnesitwerke, deren Aktienmehrheit von mehreren französischen Stahlproduzenten gehalten wurde.
Traditionell unter den größten österreichischen Unternehmen war auch die mehrheitlich im Besitz der verstaatlichten Creditanstalt-Bank-

Montage des Puch 500 im Grazer Werk der Steyr-Daimler-Puch AG, 1958.
Quelle: Steyr-Daimler-Puch AG/Graz.

verein stehende Steyr-Daimler-Puch AG zu finden. Auch ihre Produkte – vor allem LKW, Omnibusse, Traktoren und Zweiradfahrzeuge – waren beim Wiederaufbau sowie im Zuge der allgemeinen Motorisierung sehr gefragt und ermöglichten in ihren Hauptwerken in Steyr, Graz und St. Valentin einen Mitarbeiterstand von fast 15.000 im Jahre 1960. Die Motorisierung des Transports förderte auch die Expansion des ebenfalls der Creditanstalt gehörenden Reifenherstellers Semperit AG in Traiskirchen, Wimpassing und Linz, wo damals etwa 8.500 Menschen arbeiteten. Fast 10.000 Beschäftigte verdankten ihren Arbeitsplatz der zunächst unter sowjetischer Verwaltung stehenden und nach 1955 in der staatlichen Österreichischen Mineralölverwaltung AG (ÖMV) zusammengefassten Erdölwirtschaft. Sie konzentrierte ihre zuvor verstreuten Raffineriekapazitäten in einer neu errichteten Großraffinerie in Schwechat, wo neben dem eigenen, im Marchfeld geförderten Rohöl auch das importierte Rohöl zu diversen Ölprodukten, insbesondere zu Benzin und Heizöl verarbeitet wurde. Einer weiteren Boom-Branche, der Elektroindustrie, gehörte die damals etwa gleich große und 1946 ebenfalls verstaatlichte Elin-Union AG an. Ihre Werke in Wien und im steirischen Weiz wurden 1959 in einer der größten Fusionen der österreichischen Elektroindustrie um die Fabriken der traditionsreichen AEG-Union erweitert. Auch die größten Auslandstöchter des zweiten großen deutschen Elektrounternehmens zählten seit langem zu den österreichischen Großunternehmen. Beide, Siemens & Halske im Schwachstrom- und Sie-

Werksanlage der späteren Siemens AG Österreich in Wien XXI, 1960.
Quelle: Siemens AG Österreich/Wien.

mens-Schuckert im Starkstrombereich, waren trotz ihrer Verstaatlichung als „Deutsches Eigentum" nach wie vor stark mit ihrem Stammunternehmen verbunden. Sie kooperierten unter anderem mit Österreichs größtem und inzwischen einzigem Waggonbauunternehmen, der Simmering-Graz-Pauker AG, in deren drei Werken in Wien und Graz fast 7.000 Menschen Beschäftigung fanden.

Zu den dynamischsten Branchen der Nachkriegszeit zählte – nicht nur in Österreich – auch die chemische Industrie. Sie war unter den österreichischen Großunternehmen außer mit dem bereits genannten Gummiwarenproduzenten Semperit schon seit längerem durch den internationalen Unilever-Konzern mit den beiden Wiener Werken in Atzgersdorf und Simmering sowie seit dem Zweiten Weltkrieg auch mit den Stickstoffwerken in Linz und der Chemiefaser Lenzing AG vertreten. Beide waren nach dem „Anschluss" von mehreren deutschen und zum Teil auch von österreichischen Firmen gegründet und nach dem Krieg verstaatlicht bzw. im Falle von Lenzing mehrheitlich in den Besitz der ebenfalls verstaatlichten Großbanken unter Führung der Länderbank übergeführt worden. Erstere entwickelte sich seit den Fünfzigerjahren von einem Düngemittelproduzenten zu einem diversifizierten Chemieunternehmen, letztere avancierte zum größten Hersteller von Viskosespinnfasern auf dem europäischen Kontinent.

Zwei bis drei Eigenheiten sind es, die bei dieser Erfolgsgeschichte der österreichischen Großindustrie, die nach Belieben um weitere, wenn auch etwas weniger spektakuläre Einzelbeispiele erweitert werden könnte, auffallen. Zunächst einmal erfolgte das Wachstum der Großunternehmen dank der großen Nachfrage vor allem über den Ausbau bereits bestehender oder die Errichtung neuer Anlagen. Dagegen spielte die Übernahme anderer größerer Unternehmen – im Unterschied zu späteren Jahrzehnten – zunächst eine deutlich geringere bis gar keine Rolle. Sie stellte eher eine ergänzende als eine zentrale Wachstumsstrategie dar – eine Entwicklung, die auch in anderen Industrieländern zu beobachten war.

Auffällig unterschiedlich zu anderen Ländern gestalteten sich dagegen die Eigentumsverhältnisse, obwohl auch diese bis zu einem gewissen Grad internationalen Trends entsprachen. Gemeint ist die speziell in den größten Unternehmen feststellbare Tendenz weg vom Eigentümer- und hin zum Manager-Unternehmen. Während bei Ersteren Eigentum und strategische Unternehmensleitung in einer Hand vereinigt waren und in den allermeisten Firmen auch heute noch sind, lag und liegt die Unternehmensleitung bei Letzteren in den Händen beauftragter Manager, die am Eigentum der Unternehmen nicht oder nur geringfügig beteiligt sind. Ob die strategischen Entscheidungen der Manager generell anders ausfallen als die der Eigentümer, kann bis heute nicht endgültig beantwortet werden. Die einen wie die anderen müssen sich, wenn sie erfolgreich sein wollen, den Herausforderungen des Marktes stellen und auf sie so optimal wie möglich reagieren.

Gerade dies wird jedoch bei der speziell österreichischen Spielart der Manager-Unternehmen, wie sie nach 1945 durch die Verstaatlichung zustande kam, gerne übersehen. Im Grunde genommen handelte es sich bei den verstaatlichten Unternehmen um Aktiengesellschaften, deren Aktionäre sich aus der Summe der Steuerzahler zusammensetzten und deren Leitung in der Hand von Managern lag, die von der Regierung als Vertreterin der Steuerzahler damit beauftragt wurden. Dass sich diese – unabhängig einer etwaigen Nähe zu einer politischen Partei – auf dem Markt überaus erfolgreich behaupten konnten, beweist das weit über die unmittelbaren Nachkriegsjahre hinaus reichende und – wie gezeigt werden konnte – sogar überdurchschnittlich starke Wachstum der von ihnen geleiteten Unternehmen.

Dennoch wäre es verfehlt, die lange Zeit vorherrschende negative öffentliche Meinung von den verstaatlichten Unternehmen umzukehren und sie als generell erfolgreicher als die privaten Unternehmen anzusehen. Denn wenn sie auch unter den größten Unternehmen der Nachkriegszeit überdurchschnittlich stark vertreten waren, verdankten sie ihre Größe weniger ihrer Eigentumsstruktur als vielmehr der Tatsache, dass sie schon vor der Verstaatlichung zu den größten österreichischen Industrieunternehmen gehört hatten. Allerdings beweist ihre Entwicklung, dass von der Regierung bestellte Manager die ihnen anvertrauten Unternehmen auch im internationalen Vergleich ebenso erfolgreich führen konnten wie Manager, die von privaten Aktionären damit beauftragt wurden.

Weit weniger bis überhaupt nicht in Erscheinung traten Manager – private wie öffentliche –, wenn es darum ging, weniger große Unternehmen fortzuführen oder neue Unternehmen ins Leben zu rufen. Gerade die Gründung neuer Unternehmen blieb wie schon früher fast ausschließlich Eigentümer-Unternehmern vorbehalten, es sei denn, es handelte sich um Tochterfirmen meist ausländischer Manager-Unternehmen. Während allerdings nur ganz wenige Unternehmen, die nach 1945 gegründet wurden, bereits 1960 über 1.000 Mitarbeiter beschäftigten, wurde diese Grenze bis zu diesem Zeitpunkt von immerhin 40 bereits 1945 bestehenden privaten Eigentümer-Unternehmen überschritten. Umgekehrt befanden sich unter den nur 9 Firmen, die zwischen 1937 und 1960 aus der Gruppe der Großunternehmen ausschieden, in etwa gleich viele private wie verstaatlichte Unternehmen. All dies macht deutlich, dass von den insgesamt günstigen Rahmenbedingungen der Nachkriegszeit sowohl die privaten als auch die verstaatlichten Unternehmen profitieren konnten und beide gemeinsam zum österreichischen „Wirtschaftswunder" beitrugen.

Anmerkung

[1] Franz Mathis, Big Business in Österreich II. Wachstum und Eigentumsstruktur der österreichischen Großunternehmen im 19. und 20. Jahrhundert. Analyse und Interpretation. Wien 1990, S. 140. Auch die folgenden Ausführungen sind zum Teil diesem Band entnommen. Die Aussagen zu den einzelnen Firmen basieren auf: Franz Mathis, Big Business in Österreich. Österreichische Großunternehmen in Kurzdarstellungen. Wien 1987.

Michaela Hohenwarter

Der österreichische Unternehmer in der Nachkriegszeit

Ein Klima der Zerstörung, Betroffenheit, aber auch des Mutes herrschte in Österreich in der Zeit nach dem Zweiten Weltkrieg. Das ganze Volk war von Leopold Figl dazu aufgerufen worden, an dieses Österreich zu glauben und es mit vereinten Kräften wieder aufzubauen. Die wirtschaftliche Situation war angespannt; durch die Verstaatlichungsgesetzte brachte Österreich drei Großbanken und über 70 Unternehmen der Maschinen- und Metallindustrie, des Fahrzeugbaus und der Elektroindustrie, die gesamte Erdöl- und Hüttenindustrie, den Kohle-, Eisenerz-, Bleierz-, Kupfererz- und Antimonbergbau in den Besitz des Staates, wo sie nach dem System der öffentlichen Verwaltung weiter geführt wurden, um sie diese Weise vor dem Zugriff der Besatzungsmächte oder anderer ausländischer Interessenten zu bewahren und somit den Wiederaufbau zu sichern. Durch die Finanzhilfe des ERP konnte bereits 1949 – fünf Jahre nach Kriegsende – eine erfolgreiche wirtschaftliche und gesellschaftliche Umstrukturierung den österreichischen Unternehmen verzeichnet werden: Die Produktion von 1937 wurde in allen Wirtschaftszweigen überschritten. Diese Zeit wird auch als Nachkriegsgründerzeit bezeichnet, weil sich die Hälfte aller Gründungen des 20. Jahrhunderts auf die 20 Jahre zwischen 1945 und 1965 erstreckt. Bezeichnungen wie „österreichisches Wirtschaftswunder" werden in diesem Zusammenhang wohl zu Recht verwendet[1], denn nicht nur Traditionsunternehmen wurden wieder aufgebaut, sondern auch eine Vielzahl von neuen Betrieben gegründet. Daraus lässt sich ableiten, dass die Erfolgsfaktoren für diese wirtschaftliche Entwicklung in Österreich aus finanzieller Unterstützung, kombiniert mit einer exzellenten strategischen Führung der Unternehmen bestanden.

Wer ist nun der Unternehmer[2] des Wiederaufbaus, der die technische, kommerzielle, organisatorische, repräsentierende und disziplinierende Leitung der Firmen übernimmt und Träger des wirtschaftlichen Fortschritts ist?[3] Betrachtet man die Kenndaten des österreichischen Unternehmers in der Nachkriegszeit (geboren zwischen 1880 und 1905) kann festgestellt werden, dass sein durchschnittliches Führungsalter (37,8 Jahre) sowie seine Tätigkeitsdauer (vier Jahre) nun höher ist als vor und nach dem Dezennium des Wiederaufbaus. Diese Merkmale bedingen sich aus der Zeit des Zweiten Weltkrieges. Der Unternehmer des Wiederaufbaus hatte Kontinuität und Erfahrung (Wiederbestellungen schon vor dem Krieg leitender Unternehmer und Manager). Daher repräsentiert der Unternehmer dieser Periode vier unterschiedliche Generationen:[4]

1. Jene, die zwischen 1934 und Kriegsende ausgeschieden wurden und 1945 wieder zurückkamen.
2. Jene, die wegen ihrer NS-Mitgliedschaft oder NS-Verflechtungen zuerst aus der Wirtschaft ausschieden und nach 1948 oft schillernde Comebacks feiern konnten.
3. Jene, die in den Dreißiger- und Vierzigerjahren überhaupt keine Karrierebrüche hatten und in ihren Betrieben weiter tätig blieben.
4. Jene, die als Kriegsheimkehrer oder Vertriebene oft eine völlig neue Karriere starten mussten.

Was die Frage der geographischen Herkunft betrifft, ist festzustellen, dass bis zu Beginn des 20. Jahrhunderts fast die Hälfte der österreichischen Unternehmer aus den Gebieten der österreichisch-ungarischen Monarchie, aus Deutschland oder aus anderen europäischen Staaten rekrutiert wurde. In der Folge nahm der Anteil der innerhalb der Grenzen der Republik Österreich geborenen Unternehmer naturgemäß stark zu. Die Dominanz der sozialen Herkunft aus der Oberschicht ging ab 1946 zurück. 1951 stammten bereits mehr Manager aus der Mittelschicht als aus der Oberschicht. Diese Entwicklung konnte allerdings beim Eigentumsunternehmer nicht festgestellt werden.

Ein weiteres Charakteristikum der führenden Unternehmerschicht ist der erlernte Beruf, wobei sich diesbezüglich im Beobachtungszeitraum vier Gruppen feststellen lassen:[5]

1. Juristen (15 Prozent)
2. Kaufleute (27 Prozent)

3. Techniker und Handwerker (47 Prozent)
4. Sonstige Berufsgruppen mit akademischen Studienabschlüssen (11 Prozent)

Zu den mittelbaren Problemen der Nachkriegszeit für Manager und Unternehmer gehörten vielfach die durch den Krieg nicht abgeschlossenen Ausbildungen (Matura, Studienabschluss, erste Arbeitserfahrungen), die nun nachgeholt werden mussten. In den Karriereverläufen schlug sich dies durch Verlängerung der Ausbildungszeit und durch Brüche nieder, ebenso war der spätere Generationenwechsel sowie der Anstieg der Tätigkeitsdauer und des durchschnittlichen Alters der Führungspersonen in der Nachkriegszeit dadurch bedingt.

Der Führungsstil dieser Unternehmer-Generation war vielfach patriarchalisch, allerdings mit einer sehr starken persönlichen Verbindung zu den Arbeitnehmern. Erst allmählich änderte sich auch der Führungsstil der Unternehmer, vor allem durch das sich neu bildende demokratische Umfeld.

Zu den bekanntesten Unternehmern der österreichischen Aufbaugeneration zählten Ludwig Bauer (Martha Ges.m.b.H, ÖMV AG), Hermann Beuerle (Brau AG), Harriet Hartmann (Frantschacher AG), Fritz Hatschek (Eternit Werke L. Hatschek AG), Johann Hornig (Lebensmittel-Großhandel J. Hornig, Handelskette A&O), Viktor Hueber (Österreichische Stickstoffwerke AG), Karl Kapsch (Kapsch AG), Hans Malzacher (Tiroler Röhren- und Metallwerke AG, Maschinenfabrik Andritz AG, Steyr-Daimler-Puch AG, VÖEST), Manfred Mautner-Markhof (Mautner-Markhof AG), Hans Mayer-Rieckh (Austria Leder und Schuh Ges.m.b.H.), Karl Reininghaus (Reininghaus Brauerei AG), Heinrich Treichl (Industrie und Bergbauverwaltung, Creditanstalt-Bankenverein AG), Karl Vockenhuber (Eumig).

Anmerkungen

1 Vgl. Thomas Krautzer, Österreichische Spitzenunternehmer im 20. Jahrhundert. Eine statistische Untersuchung des sozialen Erscheinungsbildes, der Karrieremuster und der historischen Verflechtungen der Elite der österreichischen Unternehmerschaft zwischen 1936 und 1976. Phil. Diss. Graz 1995 (= Krautzer, Spitzenunternehmer), S. 168.

2 Allgemein gelten als Unternehmer Personen, die mit oder ohne Eigentum am Unternehmen marktorientierte Produktions- oder Dienstleistungsunternehmen leiten. Unternehmer in diesem Sinne treten daher erst mit der Entwicklung überlokaler Marktverhältnisse auf. Joseph Alois Schumpeter u.a. Nationalökonomen sahen im Unternehmer den Träger der wirtschaftlichen Innovation. Vgl. Österreichlexikon des Kulturinformationssystems des bm:bwk, www.aeiou.at/aeiou.encyclop.u/u672955.htm, 27.1.2005.

3 Vgl. Josef A. Schumpeter, Ökonomie und Psychologie des Unternehmers. München 1929, S. 5–6.

4 Vgl. Krautzer, Spitzenunternehmer, S. 198.

5 Ebd., S. 132.

Peter Teibenbacher

Von den „Führerkindern" zum Babyboom der Fünfziger- und Sechzigerjahre

Die Jahre von 1938 bis 1963 bringen in Österreich fast nur Abweichungen vom Trend des Fertilitätsrückganges, der seit dem Ende des 19. Jahrhunderts eingesetzt hatte (1. Demografischer Übergang). Drei dieser Abweichungen waren auch international beobachtbar:

- Der Geburtenrückgang während des Zweiten Weltkrieges in den kriegführenden Ländern als Folge des Krieges
- Der Geburtenanstieg nach dem Krieg als Folge einer „Hurra, wir leben wieder" – Stimmung – wie etwa auch nach dem Ersten Weltkrieg geschehen
- Der Baby-Boom, Anstieg der Geburtenrate von 1954 bis 1963

Ungewöhnlich und einmalig für Österreich (bzw. für das ganze damalige Deutsche Reich) war der Geburtenanstieg von 1938 bis 1940. Hatte die Weltwirtschaftskrise in Österreich offensichtlich den 1. demografischen Übergang beschleunigt (Krisenzeiten ohne wenigstens einen Hoffnungsschimmer am Horizont sind keine Heirats- und Kinderzeiten!), so trat nach dem Anschluss die NS-Regierung mit ihrer Heiratsförderung und Geburtenförderung auf den Plan. Hinter dieser Politik standen die Blut-und-Boden-Ideologie, die Rassenideologie und die Kriegsplanung. Das Deutsche Reich brauchte eine Bevölkerungsvermehrung, um seinen Anspruch auf Land und Vorherrschaft begründen und mittels bewaffneter Macht auch durchsetzen zu können. Aufgrund der Rassenideologie war die Bevölkerungsvermehrung wohl kaum durch Einwanderung zu erzielen. Die Sterblichkeit war bereits gering, also blieb nur die Möglichkeit der Eigengeburten übrig.

Hat die erfolgreiche Heiratspolitik auch den erhofften Kindersegen erbracht? Die Antwort muss eindeutig lauten: ja! Geht man nämlich nur von einem Abstand zwischen der Heirat und der Geburt eines Kindes von 0,75 bis 1,5 Jahren und der Annahme aus, dass die vor 1938 geschlossenen Ehen nun nicht auch plötzlich alle fertil wurden – die Geburten- und Heiratszahlen waren schon jahrelang sinkend! –, so hat der größte Teil der im Jahre 1938 geschlossenen Ehen schon bis 1939 eine Geburt erbracht! Im Jahre 1938 wurden um 43.705 mehr Ehen als 1937 geschlossen und um 7.461 mehr Geburten als 1937 gezählt. Im Jahre 1939 wurden noch einmal um 27.084 mehr Heiraten und um 44.013 mehr Geburten als 1938 gezählt. Dies spielte sich von 1939 auf 1940 aber nicht mehr annähernd so ab. Zwar wurden 1940 noch einmal um 8.101 mehr Geburten als 1939 vermerkt – was den Höhepunkt der Geburtenzahl bedeutete –, doch von dem Mehr an Heiraten im Jahre 1939 gegenüber 1938 waren offensichtlich bis inklusive 1940 die Wenigeren auch fertil. Die entsprechenden Kurven der Geburtenzahlen und der Eheschließungszahlen zeigen, dass die Heiratszahlen relativ deutlich stärker zunahmen, aber auch wieder abnahmen als die Geburtenzahlen. Insgesamt sind, als Folge des „Anschlusses", drei Jahre lang, nämlich von 1938 bis 1940 Steigerungen der Geburtenzahlen zu verzeichnen.

Der Babyboom begann 1954 – erstmals seit 1947 stieg die Geburtenrate wieder (Wert: 15), hatte seinen Höhepunkt 1963 (Geburtenrate 18,80) und endete 1970, wo die Rate von 1954 (Wert: 15) wieder erreicht war. Die Welle dauerte also – von Beginn bis zum Ende, von Talsohle bis Talsohle – 17 Jahre, wobei der Anstieg mit 10 Jahren nur ein wenig länger dauerte als mit 7 Jahren der Abstieg. Die Heiratsrate nahm im Vergleich schwächer zu. Der Babyboom gründete sich also vornehmlich auf vermehrte Geburten, die Gesamtfruchtbarkeitsrate nahm von 2,06 im Jahre 1951 auf 2,81 im Jahre 1963 zu. Ehen wurden „jung" geschlossen: Das mittlere Erst-Heiratsalter sank von 27,1 Altersjahren für Männer und 24,1 für Frauen im Jahre 1947 auf 24,4 für Männer und 22,2 für Frauen im Jahre 1963. Die Mütter wurden „jünger": während im Jahre 1952 noch 34,6 Prozent aller Lebendgeborenen von Müttern unter 25 Jahren alt geboren wurden, stieg dieser Anteil bis 1964 auf 45 Prozent.[1] Diese jungen

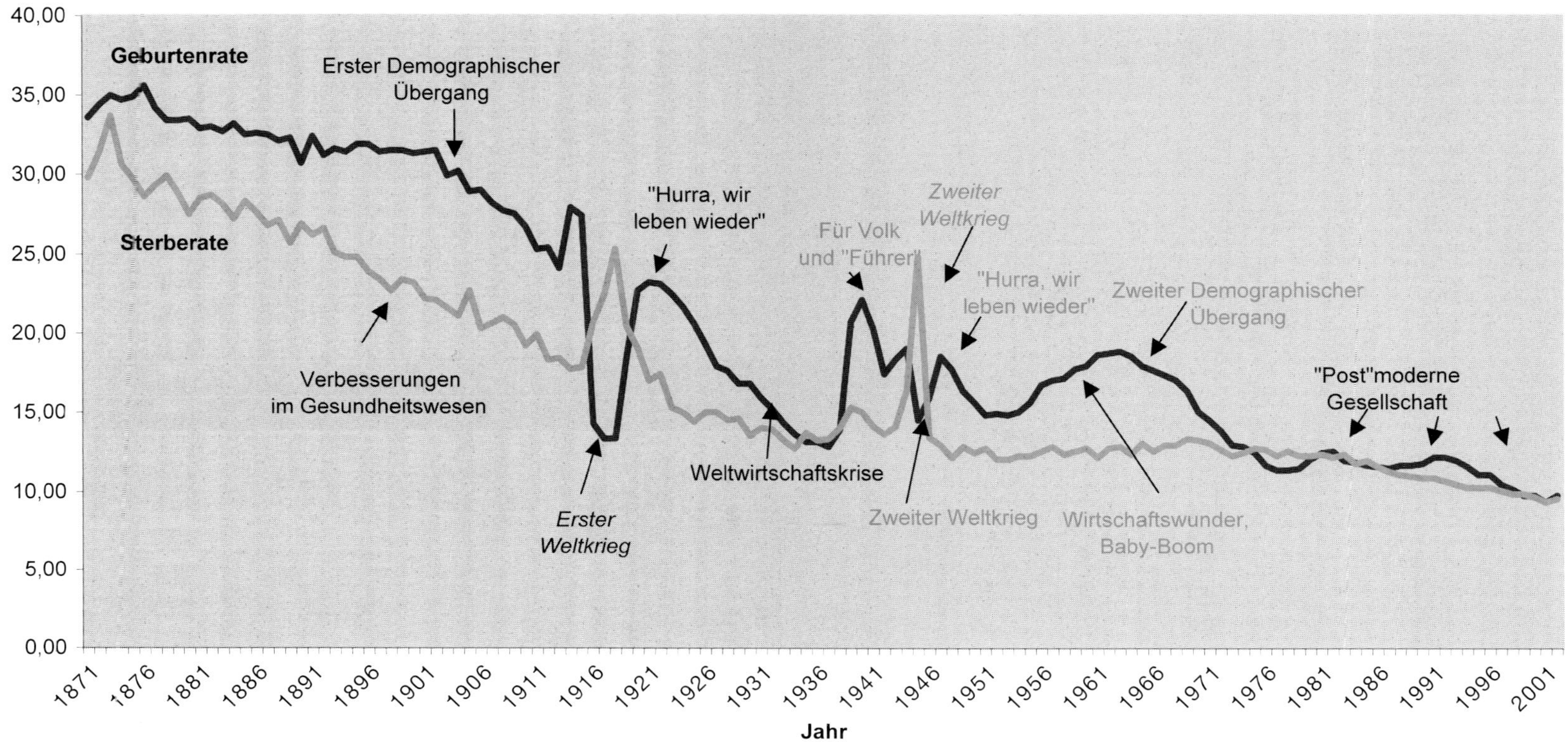

Rohe Geburten- und Sterberate in Österreich 1871–2002.
Grafik: Peter Teibenbacher/Graz.

Menschen dachten offensichtlich daran, die neue, die bessere Zeit, die Zeit des „Wirtschaftswunders" zum Kinderkriegen zu nutzen und durch Kinder den Fortgang dieses Fortschritts weiter abzusichern. Und obwohl die vermittelten Stimmungsbilder konservativ waren (Ehe, Kinder, Hausfrau und Mutter etc.), kann man nicht einfach nur von einer „Wiedergeburt" des Konservatismus sprechen. Diese Menschen wollten durchaus auch modern sein und moderne Haushaltsgeräte erleichterten der Frau auch die Hausarbeit. Die jungen Eltern waren etwa ab 1930 geboren worden und hatten selbst eine schwere Kindheit – Weltwirtschaftskrise, Krieg und Trümmerzeit! Sie wollten ihren Kindern etwas Besseres bieten.

Der Babyboom hätte in Österreich natürlich auch ohne den Staatsvertrag stattgefunden. Die positive Erfahrung des Abschlusses des Staatsvertrages hat aber möglicherweise doch eine Beschleunigung des Booms bewirkt: Die Steigerung der Geburtenrate von 1955 auf 1956 war schon deutlich stärker als die von 1954 auf 1955 und brachte mit einem Anstieg der Geburtenrate von 15,6 auf 16,7 die stärkste jährliche Steigerung im Laufe des Babybooms überhaupt. 1955 gab es auch um 2.400 Heiraten mehr als 1954 (damals nur um 87 mehr als 1953). Der Babyboom war in Salzburg, Tirol und Vorarlberg am stärksten, am schwächsten in Wien.

Anmerkung

1 Im Jahre 2002 betrug das mittlere Erst-Heiratsalter der Männer 30,7 Jahre und das der Frauen 27,5 Jahre. Im Jahre 2002 wurden nur mehr 22,8 Prozent der Lebendgeborenen von Müttern, die jünger als 25 Jahre alt waren geboren.

Gerald Schöpfer – Irmgard Hagenhofer

Staatliche Sozialpolitik und Sozialpartnerschaft 1945–1955

Die Anfangsphase der Zweiten Republik war von einer deutlichen Konsenspolitik der großen politischen Lager getragen, die sich in der Ausbildung der Sozialpartnerschaft und einer progressiven Sozialpolitik manifestierte. Dies lässt sich aus mehreren Motiven erklären:

Der politische und wirtschaftliche Zusammenbruch des Deutschen Reiches hatte 1945 in der Gründungsphase der Zweiten Republik eine katastrophale Situation hinterlassen, welche nur durch eine intensive Zusammenarbeit der großen politischen und gesellschaftlichen Kräfte bewältigbar erschien. Es gab auch eine sehr enge personelle Verflechtung zwischen den politischen Parteien, den Kammern und den Interessensverbänden. Österreich ist relativ klein, so kannten sich die wichtigsten politischen Akteure, die sich regelmäßig in Wien zu Besprechungen trafen, und diese entwickelten trotz politischer Differenzen ein Vertrauensverhältnis zueinander. Dazu kam das Bewusstsein, dass die Erste Republik letztlich an den schroffen Gegensätzen der verfeindeten politischen Lager zugrunde gegangen war, weil man durch die mangelnde Einigkeit zu schwach war, um sich gegen den vordringenden Nationalsozialismus entschiedener wehren zu können. Aufgrund der unseligen Erfahrungen aus der Zwischenkriegszeit neigten die führenden Politiker der Zweiten Republik trotz unterschiedlicher politischer Auffassungen dazu, vor allem den gemeinsamen Nenner zu suchen. Neben dieser gegenüber der Ersten Republik geänderten psychologischen Einstellung war auch die Besetzung Österreichs durch die alliierten Truppen ein weiteres Motiv für ein sehr enges Zusammenrücken der großen politischen Lager. Denn bis 1955 gab es immer wieder die Notwendigkeit, gegenüber den Vorstellungen des Alliierten Rates im gesamtstaatlichen Interesse Einigkeit zu demonstrieren, und die Befreier wurden mitunter auch als gemeinsame Gegner empfunden, welche die großen politischen Lager zusammenschweißten. In vielen entscheidenden Fragen, wie z.B. jener der Verstaatlichung oder der ERP-Hilfe und des Beitrittes zur OEEC, stand man im Gegensatz zu den Sowjets. Es gab aber auch viele Fragen, in denen es darum ging, sich gemeinsam gegen die westlichen Alliierten durchzusetzen.[1]

Zeitstrahl

1945:	Wiederentstehen der Interessensvertretungen
	Opferfürsorgegesetz
	Feiertagsruhegesetz
1946:	Arbeiterurlaubsgesetz
	Bauarbeiterurlaubsgesetz
	Invalideneinstellungsgesetz
	Arbeitslosenfürsorgegesetz
	Jugendeinstellungsgesetz
1947:	Kollektivvertragsgesetz
	Arbeitsinspektionsgesetz
	Betriebsrätegesetz
	Sozialversicherungsüberleitungsgesetz
1948:	Landarbeitsgesetz
	Jugendbeschäftigungsgesetz
1949:	Arbeitslosenversicherungsgesetz
	Kinderbeihilfengesetz
1951:	Allgemeine Dienstnehmerschutzverordnung
1952:	Sozialversicherungs-Neuregelungsgesetz
1954:	Heimarbeitsgesetz
	Familienlastenausgleichsgesetz
	Rentenbemessungsgesetz
1955:	Allgemeines Sozialversicherungsgesetz

Grafik: Irmgard Hagenhofer/Graz.

Was war nun unter dem Begriff Sozialpartnerschaft – in der gewerkschaftlichen Diktion wurde meist synonym das Wort Wirtschaftspartnerschaft verwendet – zu verstehen?

Man meint damit die Kooperation der Repräsentanten der monopolartig zusammengefassten Interessensvertretungen von Arbeitern und Angestellten und von Unternehmen und Bauern unter der Mitwirkung der Regierung. Sozialpartnerschaft im weiteren Sinn umfasst die Zusammenarbeit zwischen den Interessensorganisationen und den Trägern staatlicher Wirtschafts- und Sozialpolitik (Regierung, Ministerien, Parteien) auf der Grundlage einer weitgehenden Akzeptanz der vorhandenen gesellschaftlichen und politischen Grundstruktur (kapitalistisches Produktionssystem, parlamentarisch-repräsentatives System). Inhaltlich bedeutet Sozialpartnerschaft die am gesamtwirtschaftlichen Ziel, wie Wachstum, Vollbeschäftigung und Stabilität der Währung, ausgerichtete Konzertierung staatlicher und gesellschaftlicher Interessen bei der Behandlung ökonomischer und sozialer Probleme. Dazu zählt der interne Interessensausgleich, wie zum Beispiel die Lohn- und Preispolitik, auf die sich Arbeitgeber und Arbeitnehmer einigen.

Es gibt das gemeinsame Interesse, das verteilbare Produkt nicht durch eine kampfartige Austragung der Gegensätze – etwa in Form von Streiks und Aussperrungen – schrumpfen zu lassen. Politiker wie Karl Renner und auch Julius Raab sprachen in diesem Zusammenhang von einer Verlagerung des Klassenkampfes von der Straße an den „grünen Tisch".

Bereits vor dem Jahre 1945 waren im Prinzip in Österreich jene Institutionen geschaffen worden, welche die Grundstruktur der Sozialpartnerschaft verkörpern. So gibt es die Handelskammern bereits seit 1848 als gesetzliche Interessensvertretungen. In der Frühphase der Ersten Republik entstanden die Arbeiterkammern (1920) als eine österreichische Besonderheit und ab 1922 wurden in den einzelnen Bundesländern die Landeskammern für Land- und Forstwirtschaft geschaffen. Auch die gewerkschaftlichen Organisationen haben eine lange Vorgeschichte, die weit vor 1945 anzusetzen ist. Allerdings sind diese Institutionen nach 1945 keineswegs in unveränderter Form wieder entstanden. So wurde nach dem Zweiten Weltkrieg das Gewerkschaftswesen in einer weitaus kompakteren und einheitlicheren Form geschaffen, als dies in der Ersten Republik mit den Richtungsgewerkschaften der Fall war. 1945 wurde der überparteiliche Gewerkschaftsbund als integrative Kraft errichtet, die bereits innerhalb der verschiedenen politischen Fraktionen jeweils die entsprechenden Kompromisse finden muss. Aber auch in den übrigen Organisationen nahm – und dies ist für das Funktionieren der Sozialpartnerschaft eine wesentliche Voraussetzung – der Zentralisierungsgrad zu, so wurde 1946 die Bundeswirtschaftskammer errichtet.

Unmittelbar nach 1945 begannen sich die ersten Konturen einer Sozialpartnerschaft abzuzeichnen. Im Jahre 1947 begründeten der Österreichische Gewerkschaftsbund, der Österreichische Arbeiterkammertag, die Bundeswirtschaftskammer und die Präsidentenkonferenz der Landwirtschaftskammern eine ständige gemeinsame „Wirtschaftskommission", in deren Rahmen von 1947 bis 1957 fünf Lohn- und Preisabkommen abgeschlossen wurden. Damit konnte immerhin eine gewisse Beruhigung in der Nachkriegsinflation erreicht werden, wo die Sozialpartner der Bundesregierung immer wieder Flankenschutz bei den unpopulären Sanierungsmaßnahmen (Schaltergesetz, Schillinggesetz, Währungsschutzgesetz etc.) gaben.

Die inflationären Auftriebe durch den Geldüberhang, welcher durch das Laufenlassen der Notenpresse in der NS-Zeit und die Verwendung von „Militärschillingen" und die hohen Besatzungskosten etc. verursacht war, aber auch staatliche Eingriffe, wie Preiskontrollen, Bewirtschaftungsmaßnahmen, Subventionen und unreale Wechselkurse, hatten zu einer Verzerrung des Lohn- und Preisgefüges geführt. Der Beginn der sozialpartnerschaftlichen Kooperation ist mit dem 1. Lohn- und Preisabkommen vom 1. August 1947 anzusetzen, welches gemeinsam mit dem Währungsschutz vom Dezember 1947 dieses wichtige Nachkriegsproblem lösen sollte. Bis 1950 war die Grundversorgung mit Nahrungsmitteln und sonstigen Gütern des täglichen Bedarfes

Grafik: Irmgard Hagenhofer/Graz.

so armselig, dass neben dem regulierten Markt viele Schwarzmärkte florierten, auf denen die meisten Waren ein Hundertfaches des offiziellen Preises kosteten.

Besondere Unruhe gab es, als im Oktober 1950 aufgrund der Kürzung der ERP-Hilfe das 4. Lohn- und Preisabkommen geschlossen werden musste, welches einen Rückgang der Importsubventionen und damit eine Verteuerung zahlreicher Lebensmittel brachte.

Insgesamt sind von 1948 bis 1951 die Preise und Löhne durchschnittlich pro Jahr etwa um 30 bis 35 Prozent gestiegen. Die kurzfristigen Eingriffe durch punktuelle Abkommen, sollten durch eine längerfristige Beeinflussung der ökonomischen Rahmendaten ersetzt werden.

Im Jahre 1951 gab es Bestrebungen, diese Wirtschaftskommission in ein so genanntes „Wirtschaftsdirektorium“ umzuwandeln, welches unter dem Vorsitz des Bundeskanzleramtes unter der Mitwirkung der erwähnten Institutionen sehr weit reichende Kompetenzen gehabt hätte. Diese mussten aus verfassungsrechtlichen Gründen fallen gelassen werden. Doch die Suche nach einem einmaligen Instrument zur Beeinflussung von Löhnen und Preisen ging weiter. Schließlich kam es am 12. März 1957 zu einem Ministerratsbeschluss, welcher zur Einrichtung einer Paritätischen Kommission einlud. Am 23. März 1957 wurde dann die Öffentlichkeit darüber informiert, dass sich die Paritätische Kommission aufgrund einer Einigung zwischen Bundeskanzler und Bundeswirtschaftskammerpräsident Ing. Raab und Gewerkschaftspräsident Böhm konstituiert habe. Damit war die Sozialpartnerschaft in einen Rahmen getreten, welcher mit zahlreichen Modifikationen bis heute Bestand hat.[2]

Die Wirtschaftspolitik und deren Maßnahmen, die durch die sozialpartnerschaftlichen Aktivitäten ermöglicht wurden, dienten als Fundament für das sozialpolitische Handeln. Wirtschaftspolitische Ziele, wie etwa ein stabiler Geldwert oder Wirtschaftswachstum, waren die Voraussetzungen für die Sicherung und Hebung des Lebensstandards der Bevölkerung. Außerdem ermöglichte erst eine solide Wirtschaftspolitik die Finanzierung und den Ausbau der staatlichen Sozialpolitik.

Die neu entstandene Zweite Republik knüpfte in Fragen der Sozialpolitik an die Traditionen der Ersten Republik an und verwirklichte einen großen sozialen Fortschritt. 1955 wurden bereits knapp 20 Prozent des Sozialproduktes für diesen Bereich ausgegeben.[3]

Mehrere spezifische Prinzipien sind dabei für die österreichisches Sozialpolitik charakteristisch. Diese sind u.a. die Subsidiarität der staatlichen Hilfe, die Anbindung der sozialen Sicherung an die Erwerbsarbeit und die Äquivalenz zwischen der Beitragsleistung und dem Niveau der Transferleistungen.[4]

Das Jahrzehnt zwischen 1945 und 1955 war durch einen wesentlichen Ausbau vieler Teilbereiche der Sozialpolitik gekennzeichnet. Noch im Jahr 1945 wurde damit begonnen, die soziale Lage im Land schrittweise wieder zu verbessern.

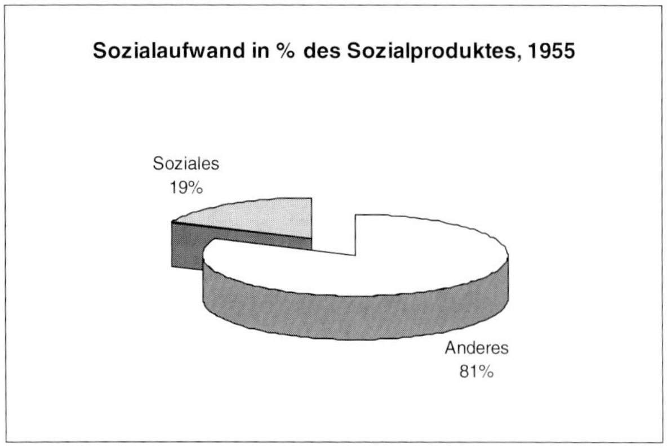

Grafik: Irmgard Hagenhofer/Graz.

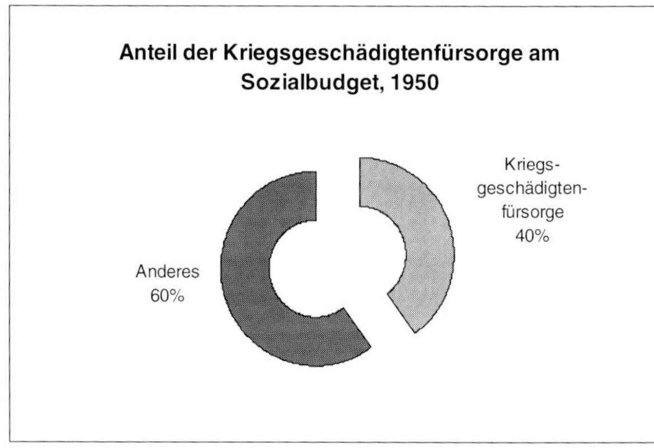

Grafik: Irmgard Hagenhofer/Graz.

Der Schwerpunkt der staatlichen Aktivitäten lag einerseits in der Wiederherstellung der Grundversorgung der Bevölkerung und andererseits in der sozialen Versorgung der Kriegsopfer. Die Bedeutung dieses Bereiches unterstreicht die Tatsache, dass 1950 immer noch rund 40 Prozent des gesamten Sozialbudgets in die Kriegsgeschädigtenfürsorge flossen.[5]

Bereits 1945 kam es zur Wiedereinrichtung der Interessensvertretungen und damit zu einem Neuaufbau des Arbeits- und Sozialrechtes. Zahlreiche Gesetze trugen zur Verbesserung der Arbeitsverhältnisse und der Arbeitsbedingungen bei (zu nennen sind etwa das Feiertagsruhegesetz, Arbeiterurlaubsgesetz, Kollektivvertragsgesetz, Arbeitsinspektionsgesetz, u.a.).[6]

Im Bereich der Sozialversicherung wurden 1947 mit dem Sozialversicherungsüberleitungsgesetz Probleme mit komplizierten Rechtsverhältnissen gelöst. Es kam zu einer Umorganisation der Sozialversicherungsträger und einer Ausweitung des Versichertenkreises. Waren 1946 nur rund 66 Prozent der Österreicher versichert, konnte bis zum heutigen Tag ein etwa 99-prozentiger Versicherungsschutz verwirklicht werden.[7] Eine grundlegende juridische Neuregelung erfolgte 1995 mit dem Allgemeinen Sozialversicherungsgesetz, welches als Basis für die weitere Entwicklung der Sozialversicherung gesehen werden kann.[8]

Nach großem Engagement im Bereich der Versorgung der Kinder wurde bereits 1949 die Kinderbeihilfe gesetzlich geregelt. Mit dem Familienlastenausgleichsgesetz (1954) konnte der bisher eingeschlagene Weg einer modernen Familienpolitik auf eine breitere Basis gestellt werden.[9]

Zusammenfassend gesehen, führte die staatliche Sozialpolitik zwischen 1945 und 1955 wichtige Schwerpunkte, die bereits im 19. Jahrhundert definiert worden waren, fort und konnte damit erheblich zur Verbesserung des Lebensstandards der Bevölkerung beitragen. Der eingeschlagene Weg führte zu einem massiven Ausbau des Sozialstaates, der auch heute noch für Österreich charakteristisch ist.

Anmerkungen

1 Gerald Schöpfer, Die Rolle der Verbände und Kammern in entscheidenden Phasen der ersten großen Koalition (1945–1966), in: Albert G. Absender (Hg.), Zeitgeschichte – Politische Bildung XV. Die erste große Koalition der 2. Republik (1945/47–1966). Pädagogisches Institut des Bundes in Wien, Schriften zur Lehrerfortbildung, H. 133. Wien 1992, S. 41–63.

2 Gerald Schöpfer, Zur Genesis der österreichischen Sozialpartnerschaft, in: Gerald Schöpfer (Hg.), Phänomen Sozialpartnerschaft. Festschrift für Hermann Ibler. Wien 1980, S. 23–42.

3 Alfred Klose, Österreich als Sozialstaat. Die Wirtschaft geht jeden an, H. 48. Wien 1963 (= Klose, Sozialstaat), S. 4–7 u. 21.

4 Herbert Dachs, u.a. (Hg.), Handbuch des politischen Systems Österreichs. Wien 1991 (= Dachs, Handbuch), S. 528f.

5 Emmerich Tálos – Karl Wörister, Soziale Sicherung im Sozialstaat Österreich. Entwicklung – Herausforderung – Strukturen. 1. Aufl. Baden-Baden 1994 (= Tálos, Sozialstaat), S. 36.

[6] Klose, Sozialstaat, S. 5; Hans Reithofer, Sozialpolitik in Österreich. Probleme, Lösungen, Argumente. Eine praxisorientierte Darstellung. Wien 1995, S. 14f.

[7] Gerhard Weißenberg, Sozialpolitik, in: Erika Weinzierl – Kurt Skalnik (Hg.), Österreich. Die Zweite Republik, Bd. 2. Graz – Wien – Köln 1972, S. 246; Dachs, Handbuch, S. 530f.

[8] Talos, Sozialstaat, S. 37.

[9] Klose, Sozialstaat, S. 6f.

Emmerich Tálos

Zwischen betrieblichem Arbeitskampf und überbetrieblicher Kooperation. Interessenpolitik im ersten Nachkriegsjahrzehnt

Vorbemerkung

Die Veränderungen der politischen Szenerie nach 1945 zeigen sich nicht nur auf Ebene der parteipolitischen, sondern auch der interessenpolitischen Konstellation. Im Vergleich zur Zwischenkriegszeit mit ihren heftigen politischen und gesellschaftlichen Konflikten ist das Nachkriegsjahrzehnt nicht nur, aber vor allem auch durch Kooperation und Interessensausgleich zwischen den großen Dachverbänden der Interessensvertretungen und der Regierung geprägt. Während auf betrieblicher Ebene Konflikte in Form von Arbeitskämpfen ihren Niederschlag fanden, kommt bei Interessendivergenzen auf der überbetrieblichen Ebene vielfach das Muster der Verhandlungen und Kompromisse zum Tragen.

Auch wenn nach Abschluss des wirtschaftlichen Wiederaufbaus zu Beginn der Fünfzigerjahre die differenten Positionen auf Parteien- und Verbändeebene wieder deutlicher zum Vorschein kamen: im ersten Nachkriegsjahrzehnt wurden bereits weitgehend die Eckpunkte für die Interessenpolitik der folgenden Jahrzehnte gesetzt. Die im Vergleich mit der Ersten Republik merkbar veränderte Ausrichtung und Gestaltung war weder voraussetzungslos noch selbstverständlich.

Arbeitskämpfe in den Betrieben

Die Arbeitskämpfe nach 1945 sind vielfach Spiegel der zunehmenden Kluft zwischen Preisen und Löhnen, aber auch der beträchtlichen Versorgungsprobleme bei alltäglichen Bedarfsgütern – von den Nahrungsmitteln bis zum Heizmaterial. Exemplarisch stellte das Wirtschaftsforschungsinstitut im Jahre 1948 fest, „dass der Lebensstandard des überwiegenden Teiles der Arbeiter und Angestellten absolut gesehen noch immer äußerst bescheiden ist und im allgemeinen noch bedeutend unter dem Vorkriegsniveau liegt".[1] Im Unterschied zu den nachfolgenden Jahrzehnten gab es in den ersten Jahren nach Kriegsende viele spontane Streiks. Solche sind in großem Ausmaß während des Jahres 1946 konstatierbar. Es gab „Lohn-" und „Ernährungs-" bzw. „Kalorienstreiks".[2] Oft distanzierte sich die Gewerkschaftsführung davon. Als längster Streik in der Nachkriegszeit gilt der Schuharbeiterstreik von 1948, an dem österreichweit 4.760 Arbeiterinnen und Arbeiter 62 Tage lang beteiligt waren. Bei diesem Arbeitskampf ging es um die Aufnahme der durch die Arbeitgeberseite verzögerten Kollektivvertragsverhandlungen – unter anderem mit dem Ziel einer Arbeitszeitverkürzung.

Die Durchführung von betrieblichen Kampfmaßnahmen unterlag den in der Nachkriegszeit manifesten institutionellen und politischen Beschränkungen. So hatte die 1946 eingeführte Zentrallohnkommission, die an Stelle der nationalsozialistischen Tarifinstanz der „Treuhänder der Arbeit" trat, die Aufgabe, die Tarifordnungen neu festzusetzen oder die Löhne an die gestiegenen Preise anzupassen. Sie übte diese Funktion selbst dann noch aus, als bereits das Kollektivvertragsgesetz verabschiedet war. An der Begründung der Zentrallohnkommission für ihre Unentbehrlichkeit wird ihre Bremsfunktion für betriebliche Auseinandersetzungen deutlich: „Der Umstand, daß die gegenwärtigen wirtschaftlichen Verhältnisse, insbesondere die Rücksichtnahme auf einen ungestörten Wiederaufbau unserer Wirtschaft und die Sicherung der Währung eine staatliche Lenkung der Preis- und Lohnpolitik vorläufig noch unentbehrlich erscheinen lassen, kann den Kollektivvertrags-Parteien nicht schon jetzt die an sich erstrebenswerte Freiheit in der Lohngestaltung überlassen werden."[3]

Im Zusammenhang mit den Lohn- und Preisabkommen, die im Zeitraum von 1947 bis 1951 zwischen den großen wirtschaftlichen Interessenverbänden, den Dachverbänden der Handels-, Landwirtschafts- und Arbeiterkammern sowie dem ÖGB abgeschlossen worden waren, kam es wiederholt zu Streiks. In deren Mittelpunkt standen Lohnforderungen. Beispiele dafür sind die Kampfmaßnahmen in steirischen Großbetrieben

(Kapfenberg, Donawitz) und in Steyr im Sommer und im Herbst 1948. Aus der Geschichte der Arbeitskämpfe im ersten Nachkriegsjahrzehnt ragt der so genannte Oktoberstreik 1950 heraus.[4]

Am Oktoberstreik wird eindrücklich eine weitere „Bremse" für Arbeitskämpfe nach 1945 ersichtlich: das Selbstverständnis des ÖGB mit seiner Orientierung an überbetrieblichen, gesamtwirtschaftlichen und staatspolitischen Zielen und dem damit verbundenen Verzicht der Mobilisierung der Arbeiter. Mit dieser Ausrichtung korrespondierte eng die Strategie des Verhandlungs- bzw. Kompromissweges. Der Streik wurde damit zum allerletzten Mittel der Interessendurchsetzung. Daher überrascht es nicht, dass Streikaktionen von der Gewerkschaftsführung oft abgelehnt worden waren – was sich exemplarisch beim großen Schuharbeiterstreik wie auch beim Oktoberstreik zeigt.

Die Härte der Arbeitskämpfe in dieser Nachkriegsperiode zeigt sich nach Gerhard Botz[5] vor allem an der nach 1953 niemals mehr erreichten durchschnittlichen Streikdauer von 5,4 Tagen pro Jahr und Beschäftigtem und am relativ hohen Anteil von gänzlich erfolglosen Streiks (9,3 Prozent). Zudem ist eine in der Zweiten Republik nie mehr erreichte Zahl an „wilden" Streiks konstatierbar.

Nach Ende der Lohn- und Preisabkommen (1951) und der Periode des wirtschaftlichen Wiederaufbaus gingen die Streikaktivitäten zurück. Bei Streiks spielten neben Löhnen auch andere Themen, wie arbeitsrechtliche Fragen eine Rolle.[6] Ab 1953 gab es weniger anerkannte Streiktage und eine verringerte Streikdauer.[7]

Der Punkt ist nicht, dass es im Nachkriegsjahrzehnt an Arbeitskämpfen als Mittel der Interessendurchsetzung fehlte. Bemerkenswert ist, dass die Interessenpolitik bereits in diesem ersten Nachkriegsjahrzehnt ganz wesentlich von der Orientierung der Gewerkschaften an gesamtwirtschaftlichen Zielen geprägt ist. Die gesamtstaatliche Orientierung des ÖGB lässt sich an zwei Bereichen verdeutlichen: an den überbetrieblich gestalteten Lohn- und Preisabkommen sowie an der Sozialpolitik.

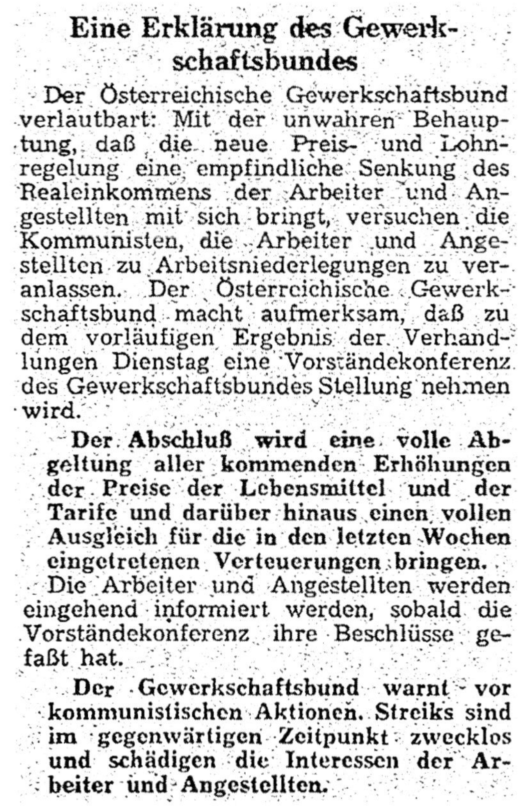
Eine Erklärung des Gewerkschaftsbundes

Der Österreichische Gewerkschaftsbund verlautbart: Mit der unwahren Behauptung, daß die neue Preis- und Lohnregelung eine empfindliche Senkung des Realeinkommens der Arbeiter und Angestellten mit sich bringt, versuchen die Kommunisten, die Arbeiter und Angestellten zu Arbeitsniederlegungen zu veranlassen. Der Österreichische Gewerkschaftsbund macht aufmerksam, daß zu dem vorläufigen Ergebnis der Verhandlungen Dienstag eine Vorständekonferenz des Gewerkschaftsbundes Stellung nehmen wird.

Der Abschluß wird eine volle Abgeltung aller kommenden Erhöhungen der Preise der Lebensmittel und der Tarife und darüber hinaus einen vollen Ausgleich für die in den letzten Wochen eingetretenen Verteuerungen bringen. Die Arbeiter und Angestellten werden eingehend informiert werden, sobald die Vorständekonferenz ihre Beschlüsse gefaßt hat.

Der Gewerkschaftsbund warnt vor kommunistischen Aktionen. Streiks sind im gegenwärtigen Zeitpunkt zwecklos und schädigen die Interessen der Arbeiter und Angestellten.

Erklärung des Gewerkschaftsbundes zum 4. Lohn- und Preisabkommen.
Quelle: Arbeiterzeitung, 26.9.1950, S. 1/www.arbeiter-zeitung.at.

Überbetriebliche Gestaltung der Löhne und Sozialpolitik

Da es trotz amtlicher Preis- und Lohnkontrolle nicht gelang, die Nachkriegsinflation zu bremsen, stimmten sowohl der österreichische Gewerkschaftsbund als auch die Bundeskammer der gewerblichen Wirtschaft für eine Zusammenarbeit der Interessenvertretungen zur Regelung von Löhnen und Preisen im Rahmen einer eigenen Kommission. In der im Juli 1947 gegründeten gemeinsamen ständigen Wirtschaftskommission waren die drei großen Wirtschaftskammern und der ÖGB vertreten. Die im Rahmen dieser Kommission beschlossenen Übereinkommen gingen als Lohn- und Preisabkommen in die Nachkriegsgeschichte ein. Deren Ziel bestand darin, „Löhne und Preise wieder in ein gesundes Verhältnis zu bringen und dadurch eine weitere ungezügelte

Johann Böhm.
Quelle: Foto Votava/Wien.

Steigerungsbewegung zu verhindern"[8]. Die dabei von den Gewerkschaften verfolgte Zielsetzung wird in einer Entschließung des Bundesvorstandes aus dem Jahre 1948 deutlich: „Der Bundesvorstand stellt erneut fest, daß seine auf die Hebung des Lebensstandards der Arbeiter und Angestellten gerichtete Politik zunächst darauf bedacht sein mußte, durch die Stabilisierung von Löhnen und Preisen sowie durch Abschöpfung der übermäßig aufgeblähten Banknotenmenge die Voraussetzungen für eine ungestörte wirtschaftliche Entwicklung zu schaffen, mit dem Ziel eines weitgehenden Wiederaufbaus unseres Produktionsapparates und einer entsprechenden Steigerung der Produktion [...] Der Bundesvorstand lehnt Lohnerhöhungen als ein Mittel zur Steigerung des Lebensstandards niemals grundsätzlich, sondern nur unter den gegebenen Bedingungen ab."[9]

Die Lohn- und Preisabkommen stehen nicht nur für eine ausgeprägte Kooperation zwischen den großen Interessenvertretungen, sondern auch für Zusammenarbeit zwischen diesen und der Regierung. Die von den Interessenvertretungen beschlossenen Übereinkommen zur Regelung der Preise und Löhne wurden vom wirtschaftlichen Ministerrat genehmigt und per Erlass des Bundesministeriums für Inneres als der für die Preisregelung zuständigen staatlichen Behörde amtlich verlautbart. Versuche, diese überbetriebliche Strategie durch Arbeitskämpfe in den Betrieben zu konterkarieren, wurden sowohl vom ÖGB als auch von der Regierung massiv abgelehnt. Die Lohn- und Preisabkommen stehen zugleich für das Postulat einer konsensualen Strategie zur Lösung der wirtschaftlichen Probleme. Gewerkschaftspräsident Böhm hat diese im so genannten „Astbild" zum Ausdruck gebracht: „Der wirtschaftliche Zusammenbruch, den der Krieg mit sich gebracht hat, die so weit gehende Entgüterung unseres Landes hat uns wohl beiden [gemeint sind die Interessenorganisationen der Unternehmer sowie der Arbeiter und Angestellten] gezeigt, dass wir, mögen wir noch so viele Differenzen miteinander haben, zum Teil vielleicht auch eingebildete, doch auf einem Ast sitzen, von dem wir beide – wenn einer von uns ihn durchsägt – herunterfallen müssen. [...] Hier können wir ganz gut ein Stück Weges miteinander gehen."[10]

Die Kehrseite dieses nach 1945 beschrittenen Weges der Elitenkooperation besteht in der Marginalisierung der Betroffenen.

Für die Gestaltung der Sozialpolitik im ersten Nachkriegsjahrzehnt gilt Ähnliches wie für die Lohn- und Preisabkommen. Es gab zwar divergierende sozialpolitische Vorstellungen und zum Teil langwierige Auseinandersetzungen auf Regierungsebene sowie zwischen den Parteien und Interessensvertretungen (hier sei auf das Sozialversicherungs-Überleitungsgesetz oder das Betriebrätegesetz von 1947 verwiesen). Dessen ungeachtet war es für das erste Nachkriegsjahrzehnt charakteristisch, dass die anstehenden Probleme auf dem Wege des Kompromisses gelöst wurden.[11] Die von den Gewerkschaften verfolgte Konsensstrategie wurde vom damaligen Sozialminister Maisel in seinem sozialpolitischen Rückblick am ersten Gewerkschaftskongress 1948 in sehr klaren Worten umschrieben: Der Gewerkschaftsbund habe bei der Verhandlung aller bisher beschlossenen Sozialgesetze mit Geschick und größter Zähigkeit gekämpft, „um das Bestmögliche für die Gewerkschaftsmitglieder und darüber hinaus für alle Arbeiter und Angestellten in Österreich zu erreichen [...] Alle bisher erflossenen Gesetze wurden ausschließlich mit den

Mitteln der Verhandlungsmethode erreicht, kein einziger Streiktag musste dafür aufgewendet werden. Allerdings gibt es Kollegen unter uns, die gerne sehen würden, wenn man auf den Verhandlungsweg verzichten und bei jedem Anlaß zum letzten Mittel, zum Streik, greifen würde. Dieser Forderung jedoch ist der Gewerkschaftsbund nicht nachgekommen".[12]

Schlussbemerkung

Ungeachtet der zunehmenden Differenzen nach dem Ende des wirtschaftlichen Wiederaufbaues ist für das erste Nachkriegsjahrzehnt konstatierbar: Das die Zweite Republik lange Zeit prägende Muster der Kooperation und Konzertierung in der Interessenpolitik wurde in dieser Phase grundgelegt und praktiziert. Wenn auch die über eine partikularistische Interessenpolitik hinausgehende kooperativ-konzertierte Politik ihre Ausformung im Wesentlichen erst in der ersten Hälfte der Sechzigerjahre erfahren hat[13], gibt es merkbare Ansätze dazu nach 1945. Neben den Lohn- und Preisabkommen ist hier vor allem auf die Sozialpolitik zu verweisen. Am Ende des ersten Nachkriegsjahrzehnts steht die Offensive der österreichischen Gewerkschaften, die überbetriebliche Zusammenarbeit mit den Unternehmerverbänden institutionell zu verankern – was in den folgenden Jahren auch gelang. Aus dem „gemeinsamen Ast", von dem Gewerkschaftspräsident Böhm im Jahr 1947 sprach, ist der mächtige und weitläufige „Baum" der Sozialpartnerschaft geworden.[14] Wie prägend dieses Muster der Zusammenarbeit und Kompromissfindung war, ist nicht zuletzt auch daran ablesbar, dass der massive Widerstand gegen eine akkordierte und konzertierte Politik im Zusammenhang mit dem 4. Lohn-Preisabkommen für lange Zeit die seltene Ausnahme in den Beziehungen zwischen Arbeitgeber- und Arbeitnehmer-Interessenorganisationen in der Zweiten Republik bleiben sollte.

Anmerkungen

1 WIFO-Monatsberichte, Jg. 21, H. 8, Wien 1948, S. 283.

2 Hans Prader, Die Angst der Gewerkschaften ‚Vorm Klassenkampf'. Der ÖGB und die Weichenstellung 1945 bis 1950. Wien 1975, S. 91.

3 Erläuternde Bemerkungen 315 der Beilagen zu den Stenographischen Protokollen des Nationalrats 1947, S. 15.

4 Zu den Streikereignissen siehe den Beitrag von Christoph H. Benedikter in diesem Band.

5 Gerhard Botz, Streiks in Österreich 1918–1975, in: Gerhard Botz u.a. (Hg.), Bewegung und Klasse. Wien 1978 (= Botz, Streiks), S. 821.

6 Siehe dazu: Fritz Klenner, Die österreichischen Gewerkschaften, Bd. 2. Wien 1953, S. 1585.

7 Botz, Streiks, S. 822, Tabelle 2.

8 Rundschreiben Nr. 40 des ÖGB (1947).

9 Protokoll des Bundesvorstandes des ÖGB, 2.11.1948, S. 9.

10 Johann Böhm, in: Arbeit und Wirtschaft, Jg. 48, H. 8, Wien 1948, S. 3.

11 Siehe dazu ausführlicher: Emmerich Tálos, Sozialpolitik und Arbeiterschaft 1945 bis 1950, in: Michael Ludwig u.a. (Hg.), Der Oktoberstreik 1950. Wien 1991, S. 35–38.

12 Stenographisches Protokoll des 1. Kongresses des ÖGB, S. 4/128.

13 Siehe dazu u.a.: Emmerich Tálos, Sozialpartnerschaft: Entwicklung und Entwicklungsdynamik, in: Peter Gerlich u.a. (Hg.), Sozialpartnerschaft in der Krise. Wien 1985; Emmerich Tálos – Marcel Fink, Sozialpartnerschaft in Österreich, in: Sven Jochem – Niko A. Siegel (Hg.), Konzertierung, Verhandlungsdemokratie und Reformpolitik im Wohlfahrtsstaat. Opladen 2003 (= Tálos – Fink, Sozialpartnerschaft), S. 195–196.

14 Siehe dazu ausführlicher: Tálos – Fink, Sozialpartnerschaft, S. 195–208.

Christoph H. Benedikter

Der Oktober 1950

Kaum ein Ereignis der Nachkriegszeit hat eine derart unterschiedliche Bewertung erfahren wie die Massenstreiks vom 26. September bis 5. Oktober 1950. Je nach Wissensstand und weltanschaulicher Position sprechen Zeitgenossen, Beobachter, Beteiligte und Historiker von so verschiedenartigen Sachverhalten wie (Massen)-Streik, Putsch[1], Streikputsch[2] oder auch Anschlag auf Österreich. Was hinter dem Diskurs um die Benennung des Geschehens steht, sind im Wesentlichen zwei grundsätzliche Fragen. Die eine richtet(e) sich an die KPÖ jener Zeit, sucht nach ihren damaligen Absichten und Zielen und lautet letzten Endes „wie haltet bzw. hieltet ihr es mit der Demokratie?" Die andere gilt der Sowjetunion und ihrer Rolle während dieser von Leidenschaft, Anspannung und Angst erfüllten Tage. Um hier zu einer Klärung zu gelangen, seien zuerst die Ereignisse in geraffter Form nachgezeichnet.

Die Streikereignisse

Auslöser der Unruhen war der Abschluss des 4. Lohn-Preis-Abkommens am 22. September 1950. Die Lohn-Preis-Abkommen stellen eine frühe Erscheinungsform der Sozialpartnerschaft dar. Ihr kurzfristiges Ergebnis bestand im schnelleren Ansteigen der Preise gegenüber den Löhnen, langfristig wirkten sie inflationsdämpfend. Als das Verhandlungsergebnis bekannt wurde, waren Empörung und Unmut in der Arbeiterschaft weit verbreitet. Auch hatte die KPÖ seit Sommer, während die zähen Verhandlungen zwischen Regierung und Wirtschafts-(=Sozial)partnern liefen, immer wieder gegen die Abkommen agitiert und innerhalb ihrer Reihen strategische Vorbereitungen getroffen. Auf solcherart präpariertem Terrain begannen die Kommunisten am 23. September eine Propagandaoffensive in ihren Medien und mittels Flugblättern. Die Fünf-Prozent-Partei sah die Chance, sich als wahre Interessensvertretung der Arbeiterschaft zu profilieren. Die SPÖ- und ÖGB-Spitzen wurden als Verräter an der Sache

Demonstranten in der Wiedner Hauptstraße im Oktober 1950.
Quelle: ÖNB/Bildarchiv/Wien.

der Arbeiter dargestellt. Gefordert wurde die Rücknahme des – Wortlaut der „Volksstimme" – „Preistreiberpaktes". Erzwungen sollte das mit einem Generalstreik werden, an dem sich in gewerkschaftlicher Einheitsfront auch nicht-kommunistische Arbeiter und Betriebsräte beteiligten.

Der Streik lief in zwei Wellen ab. Die erste brach am 26. September los und dauerte bis zum 30. des Monats. Die zweite folgte am 4. Oktober und brach bereits im Lauf des folgenden Tages zusammen. Während der ersten Phase traten zwischen 120.000 und 180.000 Arbeiter in den Ausstand. Die Schwerpunkte der Streikbewegung lagen in Niederösterreich, Wien und einzelnen Industriestandorten Oberösterreichs und der Steiermark. In der sowjetischen Besatzungszone gingen die Aktionen von den USIA-Betrieben aus, die Dichte der kommunistisch organisierten Arbeiter war dort am höchsten. Kommunistische Kommandos in der Stärke von einigen Dutzend bis einigen Hundert Mann fuhren in andere Betriebe und erzwangen, wenn nicht bereits gestreikt wurde, auch dort die Arbeitsniederlegung. Die Methoden, dies zu erreichen, waren teilweise nachdrücklich, „Bremser", meist sozialistische Betriebsräte und Vertrauensleute, wurden bespuckt, geschlagen und verletzt. Als Ergebnis waren im Burgenland und in Niederösterreich nahezu alle Groß- und Mittelbetriebe vom Streik erfasst. Darüber hinaus wurden Post-

und Telegraphenämter besetzt sowie Straßen und Bahnlinien blockiert. Wien sollte vom Umland abgeschnitten werden.

Die den weiteren Verlauf bestimmenden Dinge geschahen jedoch bereits am ersten Streiktag in Wien. Nach einem intensiven Vormittag mit Arbeitsniederlegungen, einem Marsch auf das Kanzleramt und dem Fast-Sturm desselben gab das Eingreifen der sowjetischen Besatzungsmacht den Ereignissen die entscheidende Wende. Die „sowjetischen Freunde“ machten der KPÖ-Führung deutlich, dass der Streik „ungelegen“ käme. Dies auf Grund der weltpolitischen Lage vor dem Hintergrund des Koreakrieges und nicht minder deswegen, weil der Streik in den USIA-Betrieben die sowjetische Planerfüllung behinderte.[3] Nach einer Schrecksekunde fügten sich die Kommunisten in das kaum Vermeidbare. Die KPÖ führte den Streik vorläufig nicht weiter, stellte der Regierung ein Ultimatum zur Rücknahme des „Preistreiberpaktes“ und drohte bei Nicht-Nachgeben mit einem Generalstreik ab dem 4. Oktober.

Die Regierung gab den Forderungen nicht nach und nutzte stattdessen im Verein mit der sozialistischen ÖGB-Führung die Streikunterbrechung in ihrem Sinn. Durch eine breit angelegte Kampagne wurde der Bevölkerung und den sozialistischen Kernschichten die Notwendigkeit des Lohn-Preis-Abkommens erklärt. Ein wesentliches Element war dabei die Warnung, dass jegliche Unterstützung des Streiks den Kommunisten und damit der sowjetischen Besatzungsmacht in die Hände spielen würde. Von Landesverrat, der Errichtung einer Volksdemokratie und Putsch war die Rede, das Schicksal Ungarns und der Tschechoslowakei stand den Österreichern ohnehin bedrohlich vor Augen. Weiters wurde am 3. Oktober die gesamte Exekutive in permanente Bereitschaft versetzt. Die Einzelgewerkschaften mobilisierten so genannte „technische Nothilfen“, die den Streikenden mit den Mitteln der Straße entgegentreten sollten. Die Einsätze von Trupps der Bau- und Holzarbeitergewerkschaft unter Franz Olah erwiesen sich in der Folge als taugliche Maßnahme.

Als der Streik am 4. Oktober (wieder) begann, fehlte ihm von Anfang an die Massenbasis. Die

Franz Olah.
Quelle: ÖNB/Bildarchiv/Wien.

nicht-kommunistische Arbeiterschaft trug die Bewegung nicht mehr mit, Handgreiflichkeiten, Blockaden und Zerstörungen durch streikende Kommunisten änderten daran nichts. Am 5. Oktober war der Spuk zu Ende.

Zur Rolle der Sowjets und der KPÖ

Die einzige Kraft, die den Ausgang der Ereignisse im Sinne der KPÖ hätte wenden können, war die sowjetische Besatzungsmacht. Das aber lag nicht in deren Interesse, weil sie davon ausgehen konnte, dass auch die Westmächte aktiv geworden wären, hätte sie selbst sich engagiert. Österreich war dieses Risiko nicht wert, zumal es für Stalin galt, die Teilung Österreichs entlang der Zonengrenzen zu vermeiden. Die westlichen Zonen, so die sowjetische Befürchtung, würden in diesem Falle Deutschland angegliedert werden; ein schwaches Deutschland aber war *die*

Prämisse sowjetischen Sicherheitsdenkens. Der Oktoberstreik stand im Politbüro nur ein Mal auf der Tagesordnung. Der sowjetische Hochkommissar wurde ermächtigt, in Zukunft Entlassungen von österreichischen Kommunisten zu verhindern. Stalin wurde berichtet, in Wiener Neustadt hätte die sowjetische Besatzungsmacht nur für die Aufrechterhaltung der Ordnung gesorgt.[4] Die amerikanisch-britische Seite beurteilte ihre Interessenslage, was die Vermeidung einer offenen Konfrontation mit den Sowjets anging, in ähnlicher Weise und so blieb der „Oktoberstreik" im Wesentlichen eine inner-österreichische Angelegenheit.

Die KPÖ verfolgte, obwohl sie die Putschvorwürfe immer zurückgewiesen hat, naturgemäß eine weiter gesteckte Absicht, als nur das Lohn-Preis-Abkommen zu verhindern. Für sie waren die Unruhen ein Ansatzpunkt, die ökonomischen und politischen Verhältnisse auf radikale Weise zu ändern.[5] Dies sollte über die Stärkung ihrer Positionen im ÖGB erfolgen, einem Wunschergebnis des „Oktoberstreiks", was als Basis dazu dienen würde, der Regierungsverantwortung näher zu rücken. Das Endziel bestand laut den Programmatischen Leitsätzen der KPÖ von 1946 in der „Errichtung einer echten Volksdemokratie". Wie die Erfahrungen jenseits des Eisernen Vorhangs lehrten, erfolgte die Etablierung dieser Regierungsform nicht mit demokratischen Mitteln. Dass die österreichischen Kommunisten ebenfalls bereit waren, außerhalb des demokratischen Kanons zu agieren, erwies sich spätestens an den Vorgängen vom Herbst 1950.

Anmerkungen

1 Zu den Ereignissen vgl. insbesondere: Michael Ludwig – Klaus-Dieter Mulley – Robert Streibel (Hg.), Der Oktoberstreik 1950. Ein Wendepunkt der Zweiten Republik. Wien 1995; Fritz Klenner, Putschversuch – oder nicht? Ein Tatsachenbericht über das 4. Preis- und Lohnabkommen und die beiden gescheiterten kommunistischen Generalstreikversuche im September und Oktober 1950. Wien o. J.

2 Reinhard Meier-Walser, Der Streikputsch der KP Österreichs und seine internationalen Hintergründe. tuduv-Studien, Reihe Politikwissenschaften, Bd. 11. München 1986.

3 Ernst Fischer, Das Ende einer Illusion. Erinnerungen 1945–1955. Wien 1973, S. 310.

4 Vgl. Peter Ruggenthaler, Warum Österreich nicht sowjetisiert werden sollte. Sowjetische Österreich-Politik 1941–1955, in: Stefan Karner – Barbara Stelzl-Marx (Hg.), Die Rote Armee in Österreich. Sowjetische Besatzung 1945–1955. Beiträge. Graz – Wien – Klagenfurt 2005; Peter Ruggenthaler, Warum Österreich nicht sowjetisiert wurde. Sowjetische Österreich-Politik 1945–1953/55, in: Stefan Karner – Barbara Stelzl-Marx (Hg.), Die Rote Armee in Österreich. Sowjetische Besatzung 1945–1955. Beiträge. Graz – Wien – Klagenfurt 2005.

5 Friedl Fürnberg hat dies gegenüber Manfried Rauchensteiner „unmissverständlich" (sic Rauchensteiner) zu Protokoll gegeben. Siehe dazu: Manfried Rauchensteiner, Der Sonderfall. Die Besatzungszeit in Österreich 1945 bis 1955. Graz – Wien – Köln 1979, S. 295.

Im so genannten ERP-Abkommen war die österreichische Bundesregierung auch verpflichtet worden, der Marshallhilfe die größtmögliche Publizität zukommen zu lassen.
Dazu passend wurde vom Wiener Kurier im Herbst 1948 ein Wettbewerb zur Findung der besten ERP-Plakate veranstaltet. Die dabei ermittelten Entwürfe waren vom 22.–31. Dezember 1948 in der Künstlerhalle Wien 1, Zedlitzgasse, der Öffentlichkeit zugänglich.
Text: Markus Feigl. Quelle: WStLB/Wien.

8. Im „Kalten Krieg“

Erwin A. Schmidl

B-Gendarmerie, Aufgebot und Waffenlager

Die in der Schlussphase des Zweiten Weltkrieges 1945 wieder erstandene Republik Österreich galt zum Unterschied von Deutschland als „befreit". Das heißt aber nicht, dass sämtliche Vorbehalte der Alliierten schon 1945 ausgeräumt worden wären. Als die österreichische Provisorische Regierung im Sommer 1945 mit der Einrichtung eines Heeresamtes begann und – eigentlich ganz selbstverständlich für einen selbständigen Staat – neben der Demobilisierung der Soldaten und Heimkehrer auch die Frage künftiger Streitkräfte andachte, da reagierten die Alliierten schnell mit einem Veto: So frei war das befreite Österreich nun auch wieder nicht, dass es bereits ein eigenes Heer bräuchte! Für die Sicherheit im Inneren sorgten ohnedies die Besatzungsmächte zusammen mit der von ihnen kontrollierten und erneuerten Polizei und Gendarmerie. Diese waren freilich anfangs noch unbewaffnet; erst Mitte 1946 erließ der Alliierte Rat einheitliche Richtlinien zur Ausrüstung der Gendarmerie mit Gewehren und der Polizei mit Revolvern.[1]

100-Jahrfeier der österreichischen Gendarmerie 1949: Blick vom Parlament auf die Parade der Gendarmerie am Ring.
Quelle: ÖNB/Bildarchiv/Wien.

Alarmformationen und B-Gendarmerie

Erst unter dem Eindruck der geänderten Machtverhältnisse in Europa sollte sich dies ändern. Angesichts des anlaufenden „Kalten Krieges" und der kommunistischen Machtübernahmen in Ungarn und in der Tschechoslowakei 1947/48 bekamen die westlichen Alliierten, vor allem die Amerikaner, plötzlich Zweifel, ob es denn opportun wäre, Österreich mit einem Staatsvertrag seine Souveränität zurückzugeben und die Besatzungstruppen abzuziehen, solange keine ausreichende bewaffnete Macht zur Verfügung stünde, Ruhe und Ordnung gegen einen allfälligen Umsturzversuch der Kommunisten zu verteidigen. Die Sowjets hatten zwar keine grundsätzlichen Einwände gegen künftige österreichische Streitkräfte, wohl aber gegen deren Vorbereitung vor Unterzeichnung des Vertrages.

Aus dieser Patt-Situation heraus wurden mit westlicher, vor allem amerikanischer Hilfe, ab 1948/49 in den westlichen Zonen Alarmformationen der Gendarmerie geschaffen, die – zunächst in der Stärke von einem Bataillon je Zone – als Kern künftiger Streitkräfte bzw. innenpolitischer Assistenztruppen dienen sollten. Von 1951 bis 1955 lief dies unter dem Titel „Sonderprogramm" oder „Sonder-Gendarmerie" – in Österreich sprach man ab dem 1. August 1952 (ab diesem Tag wurden die leitenden Gendarmeriebeamten durch kriegserfahrene Heeresoffiziere ersetzt) von der „B-Gendarmerie". Da dieses Programm geheim ablief, fehlt eine authentische Erklärung, wofür dieses „B" stehen sollte. Denkbar sind Auflösungen wie „Bereitschafts-", „bewaffnete" oder „besondere" Gendarmerie ebenso wie die Unter-

Das erste Auftreten des zukünftigen Bundesheeres in Wien: Vorbeimarsch der Provisorischen Grenzschutzabteilung 1 auf dem Heldenplatz am 26. September 1955.
Quelle: Karl Benesch/Wien.

scheidung der „B-“ von der „A(llgemeinen) Gendarmerie“. Die B-Gendarmerie bestand aus zunächst fünf „Gendarmerieschulen“ (= Bataillonen) und drei „Fahreinheiten“ (= Aufklärungskompanien), später kamen noch weitere Bataillone, technische und Nachrichteneinheiten dazu. Der Gesamtstand betrug zunächst 5.000, 1955 dann 6.500 Mann. Mit Unterzeichnung des Staatsvertrages wurde die B-Gendarmerie in „Provisorische Grenzschutzeinheiten“ umgegliedert und bildete den Grundstock für das Bundesheer, das 1955/56 auf Basis der allgemeinen Wehrpflicht entstand.

Die eigentliche Bedeutung der B-Gendarmerie liegt nicht bloß darin, dass sie administrativ und personell Vorläuferin des Bundesheeres war. Wesentlicher ist, dass sie für die Westalliierten die Garantie darstellte, dass Österreich nach dem Abzug der Besatzungsmächte kein „militärisches Vakuum“ bilden würde. Damit war die Existenz der B-Gendarmerie eine wesentliche Bedingung dafür, dass Österreich überhaupt den Staatsvertrag und damit wieder die Souveränität erhalten konnte.

„Aufgebot“ und Sperranlagen in Tirol

Während die B-Gendarmerie damals als streng geheimes Programm lief, ist sie heute allgemein bekannt. Das gilt nicht von anderen Planungen der Besatzungszeit, wie dem „Aufgebot“. Hintergrund für diese Planungen war nicht, wie für die B-Gendarmerie, die Gefahr eines inneren Umsturzes, sondern vielmehr die Gefahr eines Krieges in Europa. Ein sowjetischer Angriff auf Westeuropa galt zwar in den Planungen der westlichen Stäbe allgemein als wenig wahrscheinlich angesichts der schweren Schäden der UdSSR im Weltkrieg. Wenn es aber doch zu einem derartigen Angriff käme, dann wären die westlichen Streitkräfte bis in die frühen Fünfzigerjahre viel zu schwach gewesen, größere Teile des Kontinents verteidigen zu können. Auch Österreich wäre aufgegeben worden. Wohl aber wollte man möglichst viele im Krieg gedient habende Österreicher vor der sowjetischen Besatzung retten und in Italien oder in Nordafrika in Exilformationen formieren, die sich dann an der Befreiung Europas beteiligen sollten.

Dies deckte sich grundsätzlich mit den österreichischen Vorstellungen, im Falle eines neuerlichen Krieges an der Seite des Westens zu kämpfen. Anders als 1938–1945, sollte es gegebenenfalls zur Bildung einer Exilregierung und zur Aufstellung von Exilformationen kommen. Aus diesen Überlegungen heraus wurden zwischen 1951 und 1955 rund 90.000 Österreicher (die davon natürlich keine Ahnung hatten) in Listen erfasst, die in den westlichen Bundesländern bei den Landesregierungen geführt wurden. Dabei gingen die österreichischen Behörden allerdings davon aus, möglichst große Teile heimischen Territoriums zu verteidigen – was immer wieder

Soldaten des neuen Bundesheeres bei der Einkleidung, 1956.
Quelle: Otto Pammer/Wien.

zu Diskussionen mit den US-amerikanischen, französischen und britischen Partnern führte.

Besonderes Interesse an einer ernsthaften Verteidigung österreichischen Territoriums zeigten – wenig überraschend – die Franzosen, denen im Falle einer neuerlichen Aufgabe des Kontinents nicht einmal ein Jahrzehnt nach der deutschen Besatzung 1940-44 eine neuerliche, nunmehr sowjetische, Okkupation drohte. Daher wurden in der französischen Besatzungszone in Nordtirol und Vorarlberg an die 70 Sperranlagen vorbereitet, um einen etwaigen sowjetischen Vormarsch zu verzögern. Dabei hätten die schwachen französischen Truppen von Teilen des „Aufgebots" und von Tiroler Schützenkompanien unterstützt werden sollen. Während die meisten alliierten Planungen von einem Rückzug der alliierten Truppen aus Österreich nach Italien ausgingen, sah ein Teilplan des Planungskomplexes „Pilgrim" eben diesen hinhaltenden Widerstand in Tirol und Vorarlberg vor (Plan „Pilgrim Dog").

Der „österreichisch-italienische Brückenkopf" und die geheimen Waffenlager

Besonders wichtig für die strategische Einschätzung der Position Österreichs war der Bruch zwischen Stalin und Tito 1948/49. In der Folge galt Jugoslawien bis etwa 1954 als möglicher Verbündeter des Westens im Falle eines großen Krieges in Europa. Dies aber hatte besondere Auswirkungen auf Österreich. Denn mit jugoslawischer Hilfe schien es möglich, einen Brückenkopf in Südösterreich und Italien zu halten, vielleicht sogar eine Landverbindung von Oberitalien über Südösterreich und Jugoslawien bis nach Griechenland und zur Türkei. Damit gewann Österreich seit 1950/51 eine wichtigere geostrategische Position in den Kriegsplanungen als zuvor. Im Falle eines sowjetischen Angriffs hätten die Alliierten, wie erwähnt, große Teile Europas aufgeben müssen, darunter auch Österreich. Im Rücken der Sowjets aber sollten Partisanen- und Sabotageaktionen stattfinden und die Rote Armee beunruhigen. Zu diesem Zweck wurden in ganz Europa Vorbereitungen getroffen und Lager mit Waffen, Ausrüstung und Sprengstoff angelegt. In Österreich wurden 1996 die rund 80 amerikanischen Lager bekannt und sorgten für beträchtliche Aufregung in den Medien – während die knapp 20 britischen Lager in Kärnten über drei Jahrzehnte davor in aller Stille geräumt worden waren. Diese Lager hätten im Ernstfall eines sowjetischen Angriffs dazu gedient, österreichische Partisanen unter Führung von amerikanischen und britischen Verbindungsoffizieren auszurüsten und Unternehmungen des Kleinkrieges durchzuführen.

Zur Erleichterung aller kam es doch zu keinem Krieg in Europa. Für Österreich bot sich, in der Phase der Entspannung nach Stalins Tod 1953, die Möglichkeit einer „Neutralisierung" des Landes zwischen Ost und West – wie dies in ähnlichen Fällen 1815 für die Schweiz und 1913 für Albanien praktiziert worden war. Damit waren die Weichen gestellt hin zum Abschluss des Staatsvertrages von Wien am 15. Mai 1955.

Zu diesem Zeitpunkt präsentierte sich Österreich bereits unzweifelhaft als gefestigtes demokratisches Staatswesen. Die Unterstützung für die Kommunistische Partei ging – nicht zuletzt als Antwort auf die sowjetische Intervention in Ungarn 1956 – immer mehr zurück, und kaum jemand befürchtete noch einen Putschversuch, wie dies noch 1950 angesichts der kommunistischen Streiks als möglich erschienen war. Westliche Beobachter standen dem Experiment der Neutralität zunächst zwar skeptisch gegenüber, waren jedoch bald von der Zugehörigkeit Österreichs zum Westen überzeugt. Der „Eiserne Vorhang", der zunächst noch mitten durch Österreich gegangen war, verlief ab 1955 unzweifelhaft an der östlichen Grenze.

Die B-Gendarmerie wurde nach der Unterzeichnung des Staatsvertrages 1955 in Provisorische Grenzschutzabteilungen umgegliedert. Im September 1955 regelte das Wehrgesetz den Aufbau des künftigen Bundesheeres auf Basis der allgemeinen Wehrpflicht, 1956 entstand ein eigenes Ministerium für Landesverteidigung und im Oktober 1956 wurden die ersten Wehrpflichtigen einberufen. Die einstige B-Gendarmerie wurde zum Kern der neuen Armee – deren Existenz und die damit wiedergewonnene Wehrhoheit waren der deutlichste Beweis dafür, dass die Besatzungszeit beendet war.

Anmerkung

1 Zu diesem Beitrag vgl. Walter Blasi – Erwin A. Schmidl – Felix Schneider (Hg.), Die B-Gendarmerie. Der militärische Weg zum Staatsvertrag. Wien – Köln – Weimar 2005.

Siegfried Beer

Nachrichten- und Geheimdienste in Österreich, 1945–1955

Wer von Wien und Österreich unter vierfacher Besetzung im frühen Kalten Krieg spricht, denkt unwillkürlich an den im Jahre 1948 gedrehten anglo-amerikanischen Thriller „Der Dritte Mann" und dessen düsteres Milieu von gesellschaftlicher Krise und Dekadenz, von Besatzern und Besetzten, von Agenten und Betrügern, von Geschäftemachern und Opportunisten jeder nur denkbaren Variante.[1] Dem oberflächlichen Betrachter und Konsumenten dieses Films bleibt eine zutiefst geheimdienstliche Komponente in dem Film zwar verborgen, dessen Flair und Atmosphäre trifft jedoch einen nicht unwesentlichen Aspekt der österreichischen Besatzungserfahrung im Kern: Wien, Salzburg und Österreich als Ganzes waren innerhalb von wenigen Monaten und Jahren nach dem Krieg, völlig unproportional zu Größe und Bedeutung des Landes, zu einem internationalen Zentrum und Tummelplatz von Agenten, Informanten, Provokateuren und Spionen geworden, in erster Linie von Geheim- und Nachrichtendiensten der Großmächte, aber durchaus auch von Diensten der kleinen und mittleren Nachbarländer.[2] Dieser Status blieb Österreich im Wesentlichen bis heute erhalten, wenngleich Wien in diesen frühen Jahren des aufbrechenden Konfliktes zwischen Washington und Moskau in Rang und Nachhaltigkeit durch das ebenfalls mehrfach besetzte Berlin ein ernsthafter Konkurrent erwachsen sollte.[3] Es muss in diesen frühen Jahren des Kalten Krieges jedenfalls ein Leichtes gewesen sein, ÖsterreicherInnen für das Geschäft der Spionage zu gewinnen. Ein zeitgenössischer US-Diplomat hatte 1950 ernsthaft den Eindruck, daß jeder vierte Bewohner der Stadt Salzburg (darunter viele DPs) für einen der zahlreichen in- oder ausländischen Nachrichtendienste arbeite und so zu Spionage als wesentlichem Wirtschaftsfaktor in Österreich beitrage.[4]

Kinoplakat zu „Der Dritte Mann".
Quelle: WStLB/Wien.

Wir wissen heute schon ganz gut über Organisation, Personal, Auftragslage und Wirkungsweise von im Lande tätigen Geheim- und Nachrichtendiensten Bescheid, vor allem der amerikanischen und britischen, in Umrissen auch der sowjetischen. Aus Platzgründen kann hier dennoch nur eine kursorische Charakterisierung von Geschehen und Bedeutung dieser Tätigkeiten versucht werden. Sie müssen jedenfalls auch im Kontext der kriegsgeheimdienstlichen Anstrengungen Londons, Washingtons und natürlich auch Moskaus schon vor Mai 1945 gesehen werden.

Vermutlich war es der seit 1909 bis heute ununterbrochen tätige britische Secret Intelligence Service (SIS), auch M.I.6 genannt, der in Bezug auf Österreich die meiste Erfahrung einbringen konnte, wenngleich es der schon bald nach dem „Anschluss" Österreichs im März 1938 in ersten Ansätzen begründete britische Kriegsgeheimdienst Special Operations Executive (SOE) war, dem zumindest bis Kriegsende größere Bedeutung zukam. Letzterer stand zudem in enger Kooperation sowohl mit den relativ spät, nämlich erst 1941, in das geheime und subversive Geschäft einsteigenden Amerikanern als auch mit den Sowjets, die Österreich schon in der Zwischenkriegszeit über Komintern und INO, der auslandsbezogenen Spionage der CHEKA, viel Beachtung geschenkt hatten.

Britische Geheimdienste

Es war eine Initiative der für subversive Propaganda zuständigen Psychological Warfare Executive (PWE) der Briten, die Ende 1943 in der so genannten Moskauer Deklaration über Österreich zu einer ersten gemeinsamen alliierten Stellungnahme über eine mögliche Nachkriegslösung der Österreichfrage geführt hatte, durch die der Wille zum Widerstand der ÖsterreicherInnen gegen das NS-Regime entfacht und genährt werden sollte. Wie wenig dies gelang, sollte schon 1944 im Zuge von Bemühungen des SOE, über jugoslawisches und italienisches Partisanengebiet mit Geheimkommandos nach Südösterreich zu penetrieren, deutlich werden.[5] Schließlich sollte es in den letzten Wochen des Krieges immerhin etlichen britischen Fallschirmgruppen gelingen, österreichisches Territorium zu erreichen, zu Widerstandsgruppen in Kontakt zu treten und brauchbare Informationen an alliierte Kontrollstellen zu übermitteln. Mitglieder von SOE und SIS gehörten dann auch zu den ersten britischen Einheiten, die nach Kriegsende österreichischen Boden betraten. Mit den Formationen der 8. Britischen Armee, später in British Troops Austria (BTA) umbenannt, strömten sicherheitsdienstliche Gruppen in die britische Zone, zunächst in Kärnten, ab Juli 1945 auch in den Rest der Steiermark und in die britischen Sektoren Wiens, die unter der Sammelbezeichnung Intelligence Corps liefen und in Field Security Sections (FSS) gegliedert waren. Es waren dies im ersten Besatzungsjahr zwölf Feldsicherheitseinheiten: in Klagenfurt die 16. und 91. FSS, in Wolfsberg die 55., in Villach die 62. und in Millstatt die 88. FSS. In Graz waren drei Sektionen tätig: die 31., die 263. und die 412. FSS; in Leibnitz die 96., in Bruck a.d. Mur die 97., in Weiz die 409. und in Leoben die 418. FSS. Dazu kamen noch vier Grenzeinheiten (die 62., 91., 313. und 410. FSS) und drei Sektionen in Wien (die 20., die 291. und die 310. FSS.) Diese Einheiten der militärischen Feldpolizei waren zusammen mit der Public Safety Branch der Alliierten Kommission, Britisches Element (ACA/BE), vor allem für die Verfolgung von NS-Funktionären und für die Sicherheit britischer Einrichtungen verantwortlich, wurden jedoch ab 1946 bereits gegen die Sowjetunion und deren Satelliten gerichtet. Zu den wichtigsten Aufgaben von FSS gehörte die Befragung von Flüchtlingen und Deserteuren aus osteuropäischen Ländern wie auch von österreichischen Kriegsheimkehrern aus der Sowjetunion.[6]

Zu den erfolgreicheren Unternehmen des SIS in Österreich gehörte die mit FSS und der Intelligence Organization (Int.Org) von ACA(BE) koordinierte Operation „Classification", durch die in drei voneinander unabhängig funktionierenden Abhörschächten (tunnels) von 1948 bis 1955 sowjetische Ferngespräche zwischen Wien und Moskau bzw. vice versa abgehört und ausgewertet wurden.[7]

Amerikanische Geheimdienste

Der im Juni 1942 von Präsident Franklin D. Roosevelt geschaffene Kriegsgeheimdient Office of Strategic Services (OSS), der dem Vereinigten Generalstab unterstand, dessen Leiter, William J. Donovan, jedoch direkt an den Präsidenten berichtete, begann schon 1943 von Algier, ab Mai 1944 von Bari/ Caserta aus, Infiltrationsunternehmen in den zentraleuropäischen Raum zu planen und unter Einbeziehung von freiwilligen, anti-nazistisch eingestellten österreichischen Kriegsgefangenen vorzubereiten und ab Herbst 1944 auch durchzuführen.[8] Die meisten dieser Kommandounternehmen wurden von Italien oder von London aus durch Fallschirmabsprung unternommen; auch über Slowenien, Italien und die neutrale Schweiz wurden Penetrationsversuche angestellt. Nur wenige davon waren von Erfolg gekrönt. OSS-Kontakte zu österreichischen Widerstandszellen wurden zudem über Bern und Istanbul geknüpft.[9]

Sofort nach der Kapitulation errichtete OSS Stützpunkte in Salzburg, Innsbruck, Klagenfurt, Linz und Zell am See, Ende Juli dann auch in Wien. Mitte August erreichte OSS Austria, das unter Leitung des Diplomaten, Oberstleutnant Charles W. Thayer stand, eine Größenordnung von ca. 200 hauptamtlichen Mitarbeitern. Seine Informationsbeschaffung war zunächst ganz auf die Entwicklungen im befreiten Österreich gerichtet; doch schon mit Auflösung dieses Kriegsgeheimdienstes am 1. Oktober 1945 und seiner teilweisen Überleitung in die dem War Department unterstellte Strategic Services Unit (SSU), erst recht nach Zuordnung des SSU an die neu geschaffene Central Intelligence Group (CIG) schwenkte das Hauptinteresse seiner Mitarbeiter auf Jugoslawien, Ungarn und die Tschechoslowakei über. Die im Sommer 1947 begründete Central Intelligence Agency (CIA), deren erster Chief of Station (COS) in Wien Alfred C. Ulmer wurde, konnte daher auf in Österreich schon erfahrene Kräfte aufbauen. 1949/50 hatte sich diese CIA-Außenstelle in Österreich einigermaßen konsolidiert, wenngleich die Personalstärke des gesamten Geheimdienstapparates der Amerikaner (also CIA und militärische Dienste zusammen) im Vergleich zu den Sowjets nie mehr als ein Viertel ausgemacht hat.[10]

Die Bereitschaft der ÖsterreicherInnen, aber auch von DPs zur Zusammenarbeit mit den alliierten Geheimdiensten dürfte zu jeder Zeit und für jeden Anwerber ziemlich hoch gewesen sein, wie einschlägige Dokumente belegen. Zu den Informanten und Zuträgern gehörten vor allem mittlere und höhere Beamte in Ministerien oder Sicherheitseinrichtungen, aber auch verlässliche Partner in den Medien, also in Presse und Rundfunk, sowie in den Gewerkschaften.[11] Die CIA hatte wie eigentlich alle amerikanischen Dienste natürlich beste Kontakte zu den Spitzen der Regierung, vor allem zum Innen- und Außenressort, aber auch zu Regierungschef Figl.[12]

Neben den zivilen US-Diensten OSS, SSU, CIG und CIA wirkten natürlich militärische Abteilungen wie G-2, S-2 oder MIS (Military Intelligence Service). Unter diesen war das Counter Intelligence Corps (CIC), die Spionageabwehrtruppe der US-Armee (USFA) in Österreich, den ÖsterreicherInnen wohl am ehesten ein Begriff. Sie war als 430th CIC-Detachment mit Hauptquartier in Wien und Sub-Detachments in Salzburg und Linz, zeitweise auch in Klagenfurt, Innsbruck und Graz organisiert. Ihm war die Umsetzung der amerikanischen Entnazifizierung in der eigenen Zone aufgetragen, doch sehr schnell waren seine Interessen auf die Aktivitäten der sowjetischen Besatzungsmacht und auf die politische Arbeit der KPÖ gerichtet. Besondere Aufmerksamkeit schenkte CIC den in Österreich aktiven sowjetischen Diensten, und vor allem den Flüchtlingen und Überläufern aus den benachbarten Ostblockstaaten. Zur besseren Durchdringung des sowjetischen Herrschaftsbereiches griffen führende CIC-Offiziere auch zum Mittel der Rekrutierung von ehemaligen Mitarbeitern bei NS-Diensten, wie Abwehr, Sicherheitsdienst und Gestapo. Darunter befand sich auch eine Reihe von Österreichern bzw. NS-Funktionären, die sich in Österreich niedergelassen hatten. Einige von diesen haben notorische Bekanntheit erlangt (z.B. Robert P. J. Verbelen, Wilhelm Höttl, Erich Rajakowitsch, Otto von Bolschwing), andere wieder dürften etwas weniger bekannt geworden sein (z.B. Hermann Milleder, Erich Kernmayer, Stefan Schachermayer, Karl Kowarik)[13]. SS-Mitgliedschaft oder auch Mitwirkung an Kriegsverbrechen waren also selten ein Ausschließungsgrund, wenn es um bessere Informationen im Krieg der Geheimdienste ging, egal auf welcher Seite.

Die amerikanischen Geheimdienstleute waren zuversichtlich, von österreichischen Regierungsstellen jederzeit die gewünschte Information erlangen zu können. Wie ein späterer CIA-Chef in Wien versicherte: „If you knew the right people and asked the right questions, you would get the right answer. [...] We had confidence in the Austrian leadership and the Austrians had no secrets and could not have kept any secrets even if they had had any."[14]

Wirklich spektakuläre Erfolge gelangen der CIA-Austria erst gegen Ende der Besatzungszeit, als Überläufer von sowjetischen Geheimdiensten erstmals substantielle Einblicke in Struktur und Funktionsweise der wichtigsten geheimdienst-

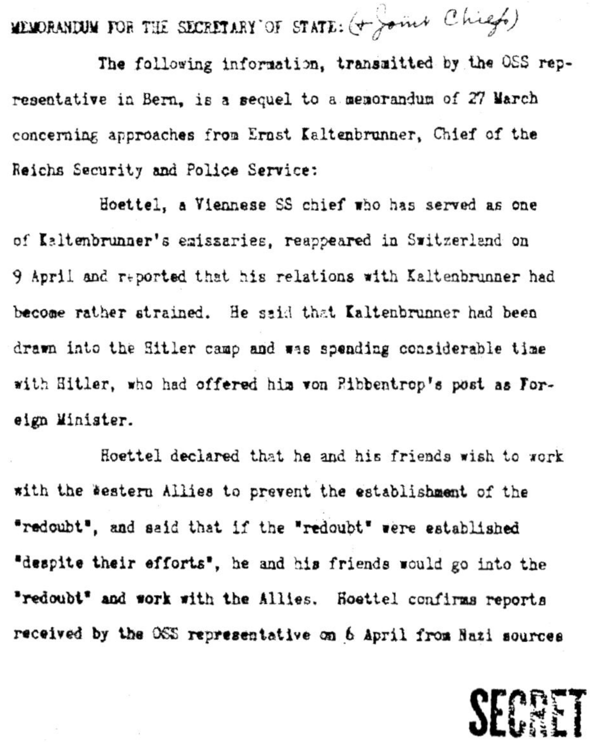
MEMORANDUM FOR THE SECRETARY OF STATE: (+ Joint Chiefs)

The following information, transmitted by the OSS representative in Bern, is a sequel to a memorandum of 27 March concerning approaches from Ernst Kaltenbrunner, Chief of the Reichs Security and Police Service:

Hoettel, a Viennese SS chief who has served as one of Kaltenbrunner's emissaries, reappeared in Switzerland on 9 April and reported that his relations with Kaltenbrunner had become rather strained. He said that Kaltenbrunner had been drawn into the Hitler camp and was spending considerable time with Hitler, who had offered him von Ribbentrop's post as Foreign Minister.

Hoettel declared that he and his friends wish to work with the Western Allies to prevent the establishment of the "redoubt", and said that if the "redoubt" were established "despite their efforts", he and his friends would go into the "redoubt" and work with the Allies. Hoettel confirms reports received by the OSS representative on 6 April from Nazi sources

SECRET

Geheimes US-amerikanisches Memorandum zu Wilhelm Höttl.
Quelle: NA/Washington.

lichen Apparate des Hauptfeindes zuließen. Der Zufall wollte es, dass sich diese mittelrangigen Überläufer, wie Peter Popov vom sowjetischen Militärgeheimdienst GRU (1953) und Peter Deriabin vom MGB/KGB (1954), den Amerikanern in Wien anboten.[15]

Sowjetische Geheimdienste

Wir wissen heute, dass ab April 1945 – zusammen mit den Einheiten der Roten Armee – insgesamt vier sowjetische Geheimdienste auf österreichischem Boden agierten: der eigentliche militärische Nachrichtendienst GRU, der als vierte Abteilung des Generalstabs organisiert war; die im Volkskommissariat für Verteidigung (NKO) verankerte Hauptverwaltung „SMERŠ" (wörtlich „Tod den Spionen"), die als Spionageabwehr fungierte, also eigene Verräter entlarven und gegnerische Spione aufspüren sollte; weiters die politische Geheimpolizei des Volkskommissariats für Staatssicherheit (NKGB) und schließlich die Einheiten des Volkskommissariats für Inneres (NKVD), in dessen Zuständigkeit sowohl die Internierungs- und die Straflager (also GUPVI und GULAG) als auch die Grenztruppen zur Sicherung des Hinterlandes fielen.[16]

Von diesen war der NKVD der für die österreichische Bevölkerung bei weitem wichtigste, denn ihm oblag die Kontrolle über das von den Truppen eroberte, feindliche Territorium und damit die Entlarvung und Verhaftung von „Spionen, Diversanten, Terroristen, Banditen, Deserteuren und Marodeuren und anderer Verbrecher", wie es in einschlägigen Quellen heißt.[17] Alleine auf dem Boden der von der Roten Armee in den letzten Kriegstagen fast gänzlich besetzten Steiermark waren z.B. vier Grenzregimenter eingesetzt, darunter das 91. Belgrader Rotbannerorden Grenzregiment der Truppen des NKVD, dessen Aktionsradius vom oberen Mur- und Mürztal bis ins Burgenland reichte und das im Monatsbericht für Mai 1945 folgende Resultate seines Wirkens meldete: „Als Ergebnis des operativen Dienstes und der Durchführung des gesamten Systems von Razzien und militärischen Maßnahmen wurden im Mai 1945 von den Einheiten des Regimentes festgenommen: 14.218 Personen, davon 1.773 Armeeangehörige, 4.176 Zivilisten, 8.237 Soldaten der feindlichen Armee." Als geleistete Hauptaufgaben werden explizit angeführt: „Säuberung der Ortschaften, die Durchkämmung der Waldmassive, Schluchten und Dickichte und anderer Örtlichkeiten, die umherziehenden und verbrecherischen Elementen als Versteck dienen könnten; […] Suche und Festnahme von Deserteuren der Roten Armee und von Soldaten, die sich von ihren Einheiten entfernt hatten, und anderen konterrevolutionären Elementen."[18]

Man kann davon ausgehen, dass neben diesen Grenzregimentern Operativgruppen des NKVD zunächst in allen Bezirken, Städten und größeren Orten tätig waren, in der Regel vermutlich getarnt. Es dürfte auch dem NKVD nicht schwer gefallen sein, in der sowjetischen Zone Mitarbeiter und Informanten zu rekrutieren, vor allem in der Polizei.[19] So wirkten die frühen Kader der Wiener Staatspolizei unter Leitung des Kommunisten Dr. Heinrich Dürmayer bisweilen wie der verlängerte Arm der sowjetischen Besatzungsmacht.

Ohne Zweifel war es der NKVD bzw. das MGB mit seinen Gewaltmethoden, das durch Erpressungen, Verschleppungen und Entführungen am ehesten in das Bewusstsein der Ostösterreicher trat. Obwohl ab 1947/48 die Angst vor diesen Formen praktisch unvorhersehbarer Bedrohung und Gewalt geradezu zum Besatzungsalltag der Menschen in der sowjetischen Zone, vor allem in Wien, gehörte, kennen wir die Motive und Umstände dieser NKVD-Aktivitäten am ehesten durch die mediale Berichterstattung zu den spektakuläreren Fällen von „Kidnapping", die auch im Alliierten Rat zur Sprache gebracht wurden. Es waren dies die Entführungen des Ministerialrats Paul Katscher, des Oberinspektors Anton Marek und des Gendarmen Franz Kiridus.[20] Der bei weitem am meisten Aufsehen erregende und mittlerweile auch bestdokumentierte Fall betraf die Sektionschefin im Ministerium für Vermögenssicherung und Wirtschaftsplanung, Dr. Margarethe Ottillinger.[21] Hier lautete der Vorwurf, wie in vielen anderen Fällen auch, Spionage gegen die Sowjetunion.[22]

Anmerkungen

1 Vgl. dazu: Siegfried Beer, „The Third Man" and Intelligence, in: History Today, Jg. 51, H. 5, London 2001, S. 45–51.

2 Dies traf, wenn auch in geringerem Maße, schon für die Situation des republikanischen Österreich in der Zwischenkriegszeit zu. Vgl. Siegfried Beer, Von Alfred Redl zum „Dritten Mann". Österreicher und Österreicherinnen im internationalen Geheimdienstgeschehen 1918–1947, in: Geschichte und Gegenwart 16, Graz 1997, S. 3–25.

3 Es ist daher nicht verwunderlich, daß der geheimdienstliche locus Berlin insgesamt auch schon wesentlich besser erforscht ist. Vgl. u.a.: David E. Murphy – Sergei A. Kondrashev – George Bailey, Battleground Berlin: CIA vs. KGB in the Cold War. New Haven, CT 1997; David Stafford, Spies Beneath Berlin. London 2002 (= Stafford, Spies).

4 Letter, Secret and Personal, Coburn Kidd to Francis Williams, 7 October 1950, zit. bei Günter Bischof, Introduction, in: Contemporary Austrian Studies 5, New Brunswick – New Jersey 1997, S. 12; vgl. auch: Siegfried Beer, Zielscheibe Wien. Spionage in Österreich 1945–1955, in: DAMALS. Das aktuelle Magazin für Geschichte und Kultur, Jg. 31, H. 2, Stuttgart 1999, S. 26–31.

5 Vgl. dazu: Thomas M. Barker, Social Revolutionaries and Secret Agents: The Carinthian Slovene Partisans and Britain's Special Operations Executive. New York 1990; Gerald Steinacher, The Special Operations (SOE) in Austria, 1940-1945, in: International Journal of Intelligence and Counterintelligence, Vol. 15, Nr. 2, New York 2002. S. 211–221 u. neuerdings: Patrick Martin-Smith, Widerstand vom Himmel. Österreicheinsätze des britischen Geheimdienstes SOE 1944. Wien 2004.

6 Vgl. dazu: Blake Baker, Zur Arbeit der Field Security Sections (FSS) im steirischen Grenzland, in: Siegfried Beer (Hg.), Die „britische" Steiermark 1945–1955. Graz 1995, S. 607–612; Donald Cameron Watt, Austria as a Special Case in Cold War Europe. A Personal Note, in: Alfred Ableitinger – Siegfried Beer – Eduard G. Staudinger (Hg.), Österreich unter alliierter Besatzung 1945–1955. Studien zu Politik und Verwaltung, Bd. 63. Wien – Köln – Graz 1998, S. 269–297; Ian Salmon, Field Security in Austria, in: Army Quarterly and Defence Journal 128, Tavistock 1998, S. 471–473.

7 Stafford, Spies, S. 14–41; zur Tätigkeit der SIS in Österreich vgl. Stephen Dorril, MI 6. Inside the Covert World of Her Majesty's Secret Intelligence Service. London 2000, S. 118–132.

8 Ausführlicher behandelt bei: Siegfried Beer, Rund um den „Dritten Mann": Amerikanische Geheimdienste in Österreich 1945–1955, in: Erwin A. Schmidl (Hg.), Österreich im frühen Kalten Krieg 1945–1958. Spione, Partisanen, Kriegspläne. Wien 2000, S. 73–99.

9 Z.B. zur sog. Maier-Messner-Gruppe in Wien oder über den Agenten K-28 (Fritz Molden) zu patriotischen Kreisen in Wien und anderen Landeshauptstädten. Vgl. Siegfried Beer, ARCEL/ CASSIA/ REDBIRD: Die Widerstandsgruppe Maier-Messner und der amerikanische Kriegsgeheimdienst OSS in Bern, Istanbul und Algier 1943/44, in: DÖW Jahrbuch 1993. Wien 1993, S. 75–100; Fritz Molden, Fepolinski und Waschlapski auf dem berstenden Stern: Bericht einer unruhigen Jugend. Wien 1976.

10 Vgl. dazu vor allem: James J. Carafano, Waltzing into the Cold War. The Struggle for Occupied Austria. College Station, Texas 2002, S. 154–172.

11 Vgl. Siegfried Beer, The CIA in Austria in the Marshall Plan Era, 1947–1953, in: Contemporary Austrian Studies 8, New Brunswick – New Jersey 2000, S. 185–211.

12 Wie der Autor über ausführliche Interviews mit damaligen Mitarbeitern erfahren konnte.

13 Zu Wilhelm Höttl vgl. dessen Schilderung über CIC-Kontakte in seinem zweiten Memoirenwerk: Einsatz für das Reich: Im Auslandsgeheimdienst des Dritten Reiches. Koblenz 1997, S. 388–396 u. Norman J. Goda, The Nazi Peddler: Wilhelm Höttl and Allied Intelligence, in: Richard Breitman u.a. (Hg.), U.S. Intelligence and the Nazis. Washington DC 2004, S. 265–292.

14 Dem Autor mitgeteilte Erinnerung eines CIA-Mitarbeiters aus dem Jahre 2001.

15 Zu Popov und Deriabin vgl. William Hood, Mole. New York 1993 u. Gordon Brook-Shepherd, The Storm Birds: Soviet Postwar Defectors. New York 1989, S. 85–109.

16 Vgl. dazu: Nikita Petrov, Die inneren Truppen des NKVD/ MVD in Österreich 1945 bis 1946, in: Stefan Karner – Barbara Stelzl-Marx (Hg.), Die Rote Armee in Österreich. Sowjetische Besatzung 1945–1955. Beiträge. Graz – Wien – Klagenfurt 2005.

17 So z.B. in der „Provisorischen Verordnung über die Militärkommandanturen auf dem von sowjetischen Truppen

besetzten Territorium Österreichs" v. 20.4.1945, zit. bei Wolfgang Wagner, Die Besatzungszeit aus sowjetischer Sicht. Die Errichtung der sowjetischen Besatzungsmacht in Österreich von 1945 bis 1946 im Spiegel der Lageberichte. DA Wien 1998, S. 139–146.

[18] RGVA, F. 32903, op.1, d.52, S. 170f. – Erklärender Bericht des Kommandanten des 91. Grenzregimentes der Truppen des NKVD, Oberstleutnant Umanec, an General-Major Pavlov, 1.6.1945; vgl. auch: Stefan Karner, „Ich bekam zehn Jahre Zwangsarbeit." Zu den Verschleppungen aus der Steiermark durch sowjetische Organe im Jahre 1945, in: Siegfried Beer (Hg.), Die „britische" Steiermark 1945–1955. Graz 1995, S. 249–259.

[19] Der KGB-Archivar Mitrokhin spricht in diesem Zusammenhang von einer Serie größerer Polizeiagenten in Wien und führt ihre Codenamen an: EDUARD (1945), VENTSEYEV (1946) und PETER (1952), in: Christopher Andrew Vasili Mitrokhin, The Sword and the Shield. The Mitrokhin Archive and the Secret History of the KGB. New York 1999, S. 278.

[20] Vgl. dazu: Wilhelm Svoboda, Die Partei, die Republik und der Mann mit den vielen Gesichtern. Oskar Helmer und Österreich II. Eine Korrektur. Wien 1993, S. 71–78; Harald Knoll – Barbara Stelzl-Marx, Sowjetische Strafjustiz in Österreich. Verhaftungen und Verurteilungen 1945 bis 1955, in: Stefan Karner – Barbara Stelzl-Marx (Hg.), Die Rote Armee in Österreich. Sowjetische Besatzung 1945–1955. Beiträge. Graz – Wien – Klagenfurt 2005.

[21] Vgl. Stefan Karner (Hg.), Geheime Akten des KGB. „Margarita Ottillinger". Graz 1992; Stefan Karner, Zur Politik der sowjetischen Besatzungs- und Gewahrsamsmacht. Das Fallbeispiel Margarethe Ottillinger, in: Alfred Ableitinger – Siegfried Beer – Eduard G. Staudinger (Hg.), Österreich unter alliierter Besatzung 1945–1955. Studien zu Politik und Verwaltung, Bd. 63. Wien – Köln – Graz 1998, S. 401–430.

[22] Siehe dazu vor allem: Edda Engelke, Zum Thema Spionage gegen die Sowjetunion, in: Erwin A. Schmidl (Hg.), Österreich im frühen Kalten Krieg 1945–1958. Spione, Partisanen, Kriegspläne. Wien 2000, S. 119–135.

Stefan Karner

Margarethe Ottillinger – ein Opfer des „Kalten Krieges"

Zu den bekanntesten österreichischen Verhaftungsopfern durch sowjetische Organe zählte die 29-jährige Sektionsleiterin im Bundesministerium für Vermögenssicherung und Wirtschaftsplanung, Margarethe Ottillinger.[1] Sie war am 5. November 1948 von den Sowjets auf der Ennsbrücke beim Überqueren der Zonengrenze von der US- in die sowjetische Zone, bei Ennsdorf/St.Valentin im Beisein ihres Ministers Herbert Krauland aus ihrem Auto heraus verhaftet, nach Verhören in Baden per Fernurteil aus Moskau (OSO) zu 25 Jahren GULAG verurteilt und in die Sowjetunion deportiert worden.

Urteilsbegründung: Spionage für die USA und Fluchthilfe für einen sowjetischen Techniker. Möglicherweise war ihre Verhaftung jedoch als sowjetische Warnung an Minister Krauland zu verstehen. Eine andere Version besagt, dass sie von Mitarbeitern des eigenen Ministeriums denunziert worden sei. Sie selbst äußerte auch die Vermutung, ihre Verhaftung wäre unter Mithilfe des US-Geheimdienstes erfolgt.

Der Fall Ottillinger zeigte schlagartig, wie neben Berlin auch Österreich zu einem wichtigen Operationsfeld der Geheimdienste der beiden Supermächte im „Kalten Krieg" geworden war. Wien wurde als Vorposten gegenüber dem jeweils anderen Einflussbereich angesehen.[2] Die Geheimdienste der USA (OSS), der Sowjets (Smerš), GRU, NKGB/MGB/KGB, der Briten und Franzosen arbeiteten hier nahezu unter idealen Bedingungen, teilweise auch mit Netzwerken in den österreichischen, noch im Aufbau befindlichen Diensten.

Die Einbindung von Österreichern in geheimdienstliche Tätigkeiten an dieser Nahtstelle des „Kalten Krieges" war vielfältig. Im prowestlichen Grundkonsens, besonders nach dem Oktober 1950, galt eine Hilfeleistung für die westlichen, vor allem die US-Dienste weniger als Vergehen denn als eine patriotische Tat. Ehemalige Emigranten und Kriegsgefangene arbeiteten in

Margarethe Ottillinger, Mädchenfoto.
Quelle: Stefan Karner/Graz.

westalliierten Stäben; Techniker, Verwaltungsbeamte, Manager gaben Informationen, vor allem über die sowjetische Seite weiter. Anders war die Situation für die Sowjets. Die ehemaligen KP-Emigranten hatte man eher in niederen NKVD-Diensten eingesetzt. Durch die sowjetische „Antifa" „umgeschulte" österreichische Kriegsgefangene versuchte man als Vertrauenspersonen für die sowjetische Besatzungsmacht zu verwenden, mit mäßigem Erfolg. Fallweise versuchte die KPÖ, Vertrauensleute in hohe staatliche Stellen zu bringen. So bekannte sich Ottillingers Stellvertreter in der Sektion, Peter Feltl, als Kommunist, arbeitete aber vermutlich sowohl für die Sowjets als auch für den amerikanischen Geheimdienst. Feltls Schwester wiederum war die Gattin eines US-Agenten.

Auszukundschaften gab es viel: die Verstaatlichungen, Beratungen über den US-Marshallplan, Fragen zu USIA und SMV. Für das alles war an leitender Stelle neben Minister Krauland vor allem Ottillinger zuständig. Bei ihr liefen alle Fäden zusammen. Sie galt als einflussreichste Frau Österreichs. Als im Juni 1947 der US-Marshallplan für Europa verkündet wurde, besaß Öster-

Gezeichnet von der Haft: Häftlingsfoto von Margarethe Ottillinger.
Quelle: Stefan Karner/Graz.

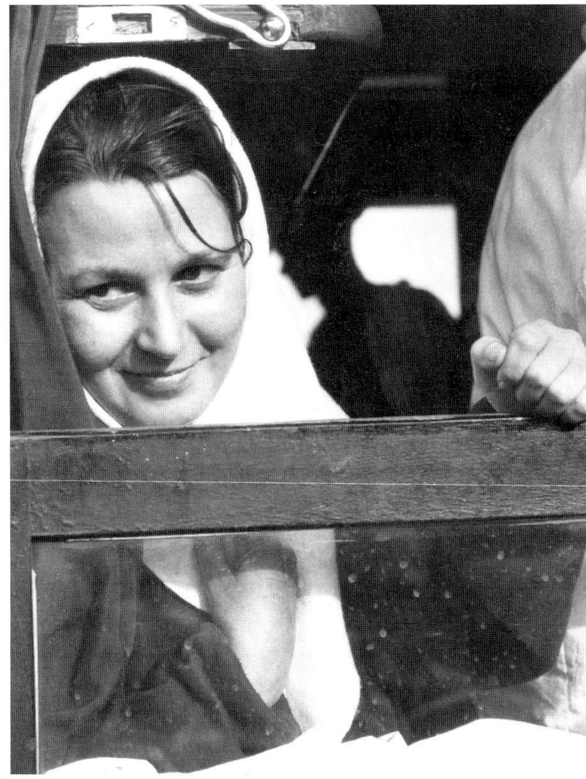

Ottillinger unmittelbar nach ihrer Rückkehr aus der Sowjetunion im Juni 1955.
Quelle: Stefan Karner/Graz.

reich die fertigen und im Vorfeld schon mit den Amerikanern abgestimmten Pläne und konnte sich so die zweithöchste Pro-Kopf-Zuweisung (nach Norwegen) aus den ERP-Mitteln sichern.

Führende Experten und Geheimdienstleute der Supermächte zählten zu ihren dienstlichen Gesprächspartnern: die US-Amerikaner Edwin M. J. Kretzmann, Charles (Karl) B. B. Friediger, ein ehemaliger österreichischer Journalist, Heimwehrmann und Funktionär der Vaterländischen Front, der Brite Arthur Cox, der Stahlexperte Andrej I. Didenko, dem sie zur Flucht in die britische Zone verhalf, Ingenieur Kulagin, die Hauptleute Koretko und Polinskij, der Leiter des Chemiereferates, Ljusov, und USIA-Chef, General Efisov.

Nach einer ersten Auswertung der Verhörprotokolle scheint Ottillinger doch eher ein Opfer von Denunziation im eigenen Bereich geworden zu sein. Zudem hatte sie für die Amerikaner 1948 dem Anschein nach keinen „Informations- und Beschaffungswert" mehr dargestellt, und man wollte sich ihrer vermutlich entledigen, weil sie einen US-Geheimdienstmitarbeiter in ihrer eigenen Sektion enttarnt und ihn zur Rede gestellt hatte.[3]

Dass auch die Sowjets 1951/52 von ihrer ursprünglichen Position abgingen und die Schuldlosigkeit der Verurteilten indirekt zugaben, geht aus den von Ottillinger erzwungenen Verhören in der Lubjanka um die Jahreswende 1951/52 hervor. Die Argumente Ottillingers überzeugten, und der stellvertretende Minister für Staatssicherheit der UdSSR, Gen.Obst. S. Goglidze ordnete am 23. August 1952 eine neuerliche Überprüfung ihres Falles bei der Sonderkommission mit dem Ziel einer Verlegung des Haftortes vom GULAG-Lager in Pot'ma in das

Sondergefängnis des MGB an. Etwa gleichzeitig wurde Ottillinger aufgefordert, entsprechende Beschwerden an das Innenministerium und an den Generalstaatsanwalt der Sowjetunion zu richten, was sie 1953 auch in umfassender Form tat. In den Beschwerden benannte sie gegenüber den sowjetischen Organen ihren angeblichen Denunzianten und MGB-Mitarbeiter (Tarnname „Arthur Vogler") aus dem eigenen Ministerium und widerlegte seine Aussagen, auf denen ihre Verurteilung wegen Spionage und der Ermunterung sowjetischer Offiziere zum Überlaufen und damit zum „Vaterlandsverrat", basierten. Am 10. März 1955 schlug der erste Vorsitzende des KGB beim Ministerrat der UdSSR, Gen.Lt. P. Ivašutin in einem Schlussbericht vor, die Haftdauer Ottillingers von 25 auf 10 Jahre zu verkürzen. Dazu kam es nicht mehr, Ottillinger wurde im Zuge der erfolgreichen Staatsvertragsverhandlungen am 21. April 1955 vorzeitig entlassen und im Jahr darauf bereits von der UdSSR rehabilitiert. 1994 wurde sie auf Basis des russischen „Gesetzes über die Rehabilitierung von Opfern politischer Repressionen" vom 18. Oktober 1991 in allen ihr zur Last gelegten Punkten rehabilitiert.[4]

Nur ihre Zähigkeit, ihr Überlebenswille, ihr in der Haft gewonnener christlicher Glaube und ihre Hartnäckigkeit retteten Ottillinger das Leben.

Anmerkungen

1 Vgl. zum Beitrag generell: Stefan Karner (Hg.), Geheime Akten des KGB. Margarita Ottillinger. Graz – Wien 1992; Stefan Karner, Zur Politik der sowjetischen Gewahrsamsmacht: Das Fallbeispiel Margarethe Ottillinger, in: Alfred Ableitinger – Siegfried Beer – Eduard Staudinger (Hg.), Österreich unter alliierter Besatzung 1945–1955. Studien zu Politik und Verwaltung, Bd. 63. Wien – Köln – Graz 1998, S. 401–430; jüngst erschienen: Ingeborg Schödl, Im Fadenkreuz der Macht: das außergewöhnliche Leben der Margarethe Ottillinger. Wien 2004.

2 Vgl. zu Berlin und Deutschland: George Bailey – Sergej A. Kondraschow – David E. Murphy, Die unsichtbare Front. Der Krieg der Geheimdienste im geteilten Berlin. Berlin 1997.

3 Vgl. auch: Stapo-Protokoll eines ausführlichen Gespräches mit Frau Dr. Margarethe Ottillinger, aufgenommen am 15. u. 18.7.1955 in Mauerbach. Das Protokoll wurde mir von Frau Dr. Margarethe Ottillinger 1992 ausgehändigt.

4 Hauptmilitärstaatsanwaltschaft der Russischen Föderation, Moskau, Rehabilitierungsbescheid Ottillinger, gez. v. N. S. Vlašenko – Die Rehabilitierung erfolgte aufgrund der persönlichen Eingaben des Verfassers an das Außenministerium der RF und an die Staatssicherheit der RF aus den Jahren 1992 und 1993.

Richard Hufschmied

Westalliierte Planungen und Maßnahmen gegen eine sowjetische Blockade Wiens 1948–1955

Im vorliegenden Beitrag[1] wird ein eher unbekanntes Kapitel der Wiener Nachkriegsgeschichte aufgezeigt, das seine Bedeutung erst durch den Stellenwert im Rahmen des „Kalten Krieges" gewinnt: die Planungen der Westalliierten für die Anlage eines innerhalb ihrer Besatzungszonen gelegenen Notflughafens. Über diesen sollte – nach dem Vorbild der erfolgreichen „Berliner Luftbrücke" von 1948 und 1949 – Wien im Falle einer sowjetischen Blockade versorgt werden, auch sollte er während einer eventuellen Krise als Basis für eine Flugverbindung der Westalliierten nach Wien dienen. In diesem Zusammenhang wurden auch geheime Lebensmitteldepots (Geheimoperation „Squirrel Cage") zur Versorgung der Wiener Bevölkerung und der westalliierten Truppen in den Westsektoren angelegt.[2]

Die Frage um die Zugänge und die Benützung von Flugplätzen für die westalliierten Truppen in Wien war bereits im Zonenabkommen vom Juli 1945 geregelt worden: Demnach wurde der Flugplatz in Tulln-Langenlebarn den Amerikanern und jener in Schwechat den Briten und Franzosen zur Nutzung übergeben. Diese Vereinbarung zeigt klar, in welchem Dilemma sich die Westalliierten befanden: Da die beiden Anlagen in sowjetisch besetztem Gebiet (Niederösterreich) lagen, hätte eine Sperre der Zufahrt nach Wien jederzeit erfolgen können. Ein Umstand war eingetreten, vor dem vor allem führende amerikanische und britische Militärs ausdrücklich gewarnt hatten. Die drei Westmächte verfügten im Wiener Stadtgebiet über keine Flugplätze! Um eine Luftverbindung mit zumindest einmotorigen Verbindungsflugzeugen aufrecht erhalten zu können, wurden noch 1945 im Wiener Stadtgebiet so genannte „Air Strips", also Landepisten, angelegt: eine britische zwischen dem Wienfluss und Schloss Schönbrunn und eine amerikanische am Donaukanal in Heiligenstadt.

Der Landestreifen der Amerikaner am Donaukanal (Nußdorfer Lände) im April 1946 während eines Landeanfluges, fotografiert vom Co-Piloten Leon E. Braxton.
Quelle: Leon E. Braxton/Tampa.

Schon bald zeigte sich, dass die Befürchtungen für Wien begründet waren. Auf die Blockade Berlins durch die Sowjets in der Nacht vom 23. auf den 24. Juni 1948 antworteten die Westalliierten mit der Einrichtung einer Luftbrücke. Dieses Bravourstück war nur möglich, weil die Westalliierten in Berlin auf drei leistungsfähige Flugplätze zurückgreifen konnten: Tempelhof, Gatow und Tegel.

Auf ein ähnliches Szenario in Wien wollte man vorbereitet sein. Doch die Lage war hier denkbar schwieriger als in Berlin, weil den Westalliierten in der Bundeshauptstadt nicht einmal ein einziger Flugplatz zur Verfügung stand. Die Amerikaner begannen im Juni 1948 damit, die Möglichkeit

Plan von Wien (Maßstab 1:50.000), auf dem die Lage des amerikanischen Flugplatzes („B") auf der Simmeringer Haide und des britischen („A") südöstlich des Zentralfriedhofes eingezeichnet ist.
Quelle: PRO/London.

der Durchführung einer erweiterten Luftversorgung Wiens zu untersuchen. Ihre Planungen konzentrierten sich auf zwei Örtlichkeiten: den Bau einer Landepiste in der Alszeile im amerikanisch besetzten 17. Bezirk und den Bau eines Flugplatzes auf der Simmeringer Haide im 11. Bezirk, der zum britischen Besatzungssektor gehörte. Wegen der geringen Leistungsfähigkeit der Variante „Alszeile", die eine Versorgung der Wiener Bevölkerung nicht erlaubt hätte, richteten sich die amerikanischen Planungen schon bald ausschließlich auf das Gebiet der Simmeringer Haide, die damals zum größten Teil dem Gemüseanbau diente. Auch die Briten stellten Überlegungen zum Bau eines Flugfeldes in Wien an (Operation „Swallow").[3] Diese Anlage war südöstlich des Zentralfriedhofes, ebenfalls im 11. Bezirk, geplant. Auf einer Karte von hohem Quellenwert aus dem Public Record Office in Kew bei London ist die Lage des amerikanischen Flugfeldes unter „B" und die des britischen unter „A" eingezeichnet.

Da die Amerikaner für die Anlage des Flugplatzes mit einer Bauzeit von rund drei Monaten rechneten, legten sie Mitte 1948 rund 26 geheime Lebensmitteldepots in Wien im Rahmen der Geheimoperation „Squirrel Cage", (sinngemäß: Vorratslager von Eichhörnchen), an.[4]

Eine sowjetische Blockade Wiens nach Berliner Muster fand bekanntlich nicht statt. Einige Umstände der erwähnten Planungen sind dennoch unbedingt hervorzuheben: Beide Vorhaben, das amerikanische und das britische[5], wurden als „Top Secret" eingestuft und sollten erst im Falle einer tatsächlichen Eskalation – wie z. B. einer Blockade – verwirklicht werden. Eine Benachrichtigung der österreichischen Bundesregierung durch die Westalliierten oder gar eine Zusammenarbeit mit ihr unterblieb zunächst. Das sollte sich jedoch bald ändern. Ausschlaggebend waren die Streikbewegungen anlässlich des 4. Lohn- und Preis-Abkommens Ende September/Anfang Oktober 1950, die die österreichischen Kommunisten für sich zu instrumentalisieren suchten. Bald nach diesen Unruhen, am 15. November 1950, gingen amerikanische Experten in einem Lokalaugenschein erneut auf die Suche nach einem geeigneten Gelände zur Errichtung eines Flugplatzes in Wien.[6] Wie bereits 1948 wurde im Herbst 1950 von amerikanischen Experten die Simmeringer Haide als die am besten geeignete Örtlichkeit eingestuft.[7] Anders als noch 1948 drängten die Amerikaner ab den letzten Wochen des Jahres 1950 Mitglieder der österreichischen Bundesregierung förmlich auf die Verwirklichung des Projektes. Diese standen dem Vorhaben positiv, ja geradezu begeistert gegenüber und betonten die positive psychologische Wirkung auf die Wiener Bevölkerung. In der Ministerratsitzung vom 20. Juli 1951 wurde schließlich dem Bau eines amerikanischen Flugplatzes im britisch besetzten Simmering zugestimmt. Zwischen den Alliierten und der österreichischen Bundesregierung kam es auch hinsichtlich des Baugrundes zu einer Einigung: Die Österreicher sagten zu, diesen kostenlos zur Verfügung zu stellen. Bald nach dem Ministerratsbeschluss wurden die ersten Bauvorbereitungen getroffen. Das Gelände wurde vermessen und die Rollbahn mit Markierungspfählen abgesteckt. Die dort lebenden Gemüsegärtner wurden informiert, dass sie ihre Gründe wegen „militärischer Erfordernisse" aufzugeben haben.[8] Ende Oktober setzte ein massiver, von den Kommunisten unterstützter „Propagandafeldzug" gegen das Flugplatzprojekt ein. Es wurde ein „Komitee gegen die Errichtung eines Militärflugplatzes in Simmering" ins Leben gerufen, das zahlreiche Aktionen durchführte. Ein spektakulärer Sabotageakt von Angehörigen des Komitees erfolgte am 1. November 1951: Viele der auf dem Gelände des künftigen Flugplatzes gesetzten Markierungspfähle wurden entfernt, wodurch die Vermessungsarbeiten zunichte gemacht wurden. Auch wurde eine große Zahl von Plakaten und Flugblättern – mit „griffigen" Parolen – gedruckt und verteilt oder affichiert. An dem am 15. Dezember 1951 durchgeführten Protestmarsch nahmen laut „Österreichischer Volksstimme" „tausende Friedensfreunde" teil; die Bundespolizeidirektion Wien hingegen schätzte bloß 1.400 Teilnehmer.[9]

In den sowjetischen und kommunistischen Zeitungen („Österreichische Zeitung", „Abend" und „Österreichische Volksstimme") wurde vom

Propagandaplakat gegen den geplanten Flugplatzbau auf der Simmeringer Haide aus dem Jahr 1951.
Quelle: WStLB/Wien.

Oktober 1951 bis in den Jänner des Jahres 1952 fast täglich in tendenziöser Art und Weise gegen das Simmeringer Flughafenprojekt polemisiert. Es war darin immer wieder von „Bombenflugplatz“, „Kriegsflugplatz“ und „Kriegsvorbereitungen“ die Rede. Hier liegt auch die Ironie der Geschichte, da das Projekt Ende November 1951 endgültig aufgegeben wurde. Die Gründe für das plötzliche Desinteresse der Amerikaner und Briten können heute noch nicht dargelegt werden und liegen somit bis auf weiteres im Dunklen. Zumindest konnten vom Verfasser in Österreich noch keine schriftlichen Quellen für diese Entscheidung gefunden werden. Das einzige flugtechnische Projekt, das die Westalliierten nach der Anlage der bereits erwähnten „Air Strips“ in Wien realisierten, war ein britischer Landestreifen im unmittelbaren Bereich der ehemaligen „Flieger-Abwehr-Kaserne“[10] am Küniglberg in Hietzing.[11]

Schlussbemerkung

Ein Umstand darf bei allen Überlegungen hinsichtlich der geplanten Luftversorgung Wiens nicht vergessen werden: Im Gegensatz zu Berlin wäre eine Teilung und/oder Blockade Wiens sicherlich wesentlich schwieriger durchzuführen gewesen, vor allem weil hier ein internationaler Sektor vorhanden war und Teile des britischen und des sowjetischen Sektors in der Donaumetropole räumlich getrennt waren. Eine Blockade Wiens und/oder gar eine Teilung Österreichs war von den Sowjets amtlich nie geplant. Nichtsdestoweniger war die bloße Möglichkeit einer Bedrohung Wiens den Westalliierten umfangreiche Planungen wert. Bei diesen handelt es sich um „kleine Episoden“ in der Frühphase des „Kalten Krieges“. Sie bringen jedoch die damalige passive und aktive Rolle unserer Heimat und ihrer Vertreter eindrucksvoll ins Bewusstsein und zeigen auf, wie sehr eben auch Österreich Streitobjekt und Schauplatz der Ost-West-Auseinandersetzung war.

Anmerkungen

1 Die Ausführungen basieren auf: Richard Hufschmied, Wien im Kalkül der Alliierten (1948–1955). Maßnahmen gegen eine sowjetische Blockade. Wien – Graz 2002.

2 In diesem Zusammenhang sind mehrere grundlegende Artikel von Erwin A. Schmidl zu nennen, dem es zu verdanken ist, dass die Pläne für eine etwaige Versorgung Wiens und die Operation „Squirrel Cage“ erstmals umfassend – auf der Grundlage amerikanischer und britischer Quellen – erforscht und publiziert wurden. Im Folgenden ist aus Platzgründen nur einer dieser Beiträge zitiert: Erwin A. Schmidl, „Rosinenbomber über Wien?“ Alliierte Pläne zur Versorgung Wiens im Falle einer sowjetischen Blockade 1948–1953, in: Erwin A. Schmidl (Hg.), Österreich im frühen Kalten Krieg 1945–1958. Spione, Partisanen, Kriegspläne. Wien – Köln – Weimar 2000, S. 171–192.

3 Die Briten beabsichtigten anfänglich, über dieses Flugfeld im Notfall – im Gegensatz zu den amerikanischen Planungen – nur die britische Garnison zu versorgen.

4 1951 beinhalteten die Lager 68.000 Tonnen an Lebensmitteln. Die Depots existierten in reduzierter Form bis 1955. Über das Projekt „Squirrel Cage“ und die Lebensmittellager wurde die österreichische Bundesregierung ebenso wie über die Flugplatzpläne etwa Ende 1950 informiert und zur Mitarbeit gedrängt. So hatte sie die Aufgabe, die

Tonnen an Lebensmitteln regelmäßig zu „rotieren", d.h. verderbliche Waren durch frischere zu ersetzen, damit die Qualität für den Verzehr erhalten blieb.

5 Die Franzosen verzichteten auf ein eigenes Projekt und hätten wohl auf die amerikanische und britische Infrastruktur zurückgegriffen.

6 Bei den damals untersuchten Örtlichkeiten handelte es sich um das Plateau des Nußberges, die Krottenbachstraße, den Schönbrunner Schlosspark (genau um die ebene Fläche hinter dem Schloss und der Anhöhe zur Gloriette), und erneut – wie bereits 1948 – die Alszeile und die Simmeringer Haide.

7 Die Dimension des Flugfeldes ist in österreichischen Akten mit rund 1.800m × 700m angegeben. Das Gebäude für die Bodenüberwachung sollte auf einem separaten kleineren Rechteck (ca. 137m × 92m) untergebracht werden.

8 Österreichische Stellen rechneten mit der Absiedlung von 50 bis 60 Gemüsegärtnerbetrieben.

9 Laut freundlicher Auskunft (persönliches Gespräch am 18.8. sowie Telefongespräche am 20.9. u. 6.10. 2004) von Dr. Hugo Portisch wird in seiner neuen ORF-Fernsehdokumentation „50 Jahre Staatsvertrag" eine etwa einminütige Filmsequenz dieses Protestmarsches gezeigt werden. Dem Verfasser wurde gestattet, dieses Filmmaterial aus dem Zentralarchiv der Russischen Föderation in Moskau am 7.10.2004 im ORF-Zentrum am Küniglberg einzusehen, wofür er Herrn Dr. Portisch zu Dank verpflichtet ist.

10 Der von 1938 bis 1940 errichtete Kasernenkomplex wurde 1969 abgetragen und – bis 1975 – an dessen Stelle das ORF-Zentrum errichtet.

11 Dieser „Air Strip" war rund 300 Meter lang und daher nur für einmotorige Verbindungsflugzeuge nutzbar.

9. Kultur, Medien, Bildung und Sport

Milenia Snowdon-Prötsch

Presse und Rundfunk in der Nachkriegszeit

In der österreichischen Medienlandschaft hatten der Ständestaat, der Nationalsozialismus und der Zweite Weltkrieg tiefe Spuren hinterlassen: Von den zahlreichen Tageszeitungen, die in der Ersten Republik herausgegeben worden waren, erschienen bei Kriegsende nur noch wenige, Rundfunk und Film waren Agitations- und Propagandainstrumente der Nationalsozialisten geworden, und zahlreiche Medienproduktionsstätten waren zerstört.

Der rasche Wiederaufbau des Presse- und Rundfunkwesens sowie der Filmindustrie[1] lag zwar im Interesse aller, gestaltete sich jedoch zu Beginn äußerst schwierig. Unzureichende und teilweise zerstörte Produktionsstätten, das Fehlen nötiger Produktionsmittel (Papiermangel, mangelhafte Ausrüstung etc.), von Infrastruktur und qualifiziertem Personal waren ökonomische Hürden, die es – vor allem mittels Improvisation – zu überwinden galt. Trotz schwieriger Produktionsbedingungen wurde bereits im April 1945 die erste Zeitung herausgegeben und der Staatsakt zur Bildung der Provisorischen Staatsregierung mittels Notsender im Radio ausgestrahlt. Ende 1946 liefen vier neue österreichische Filme in den zahlreichen wieder eröffneten Kinos.

Die Probleme, mit denen man zu kämpfen hatte, waren aber auch politischer Natur: unmittelbar nach Kriegsende stellten die Alliierten die Reform und Reorganisation des österreichischen Presse- und Rundfunkwesens sowie der Filmindustrie[2] ins Zentrum ihrer Kulturpolitik. Als Besatzungsmächte kontrollierten sie direkt oder indirekt alle Medien. Jede Veröffentlichung benötigte eine Genehmigung: Die sowjetische und die britische Besatzungsmacht erteilten diese Lizenzen ausschließlich an zugelassene Parteien, die US-amerikanische und die französische hingegen lediglich an vertrauenswürdige Einzelpersonen.

Der Rundfunkbetrieb war von der zuständigen Besatzungsmacht abhängig. Bei den britisch und den US-amerikanisch kontrollierten Sendern

Empfang für amerikanische Rundfunk- und Presseredakteure durch Leopold Figl im Kongress-Saal des Bundeskanzleramtes, 1952.
Quelle: ÖNB/Bildarchiv/Wien.

arbeiteten Briten oder US-Amerikaner als Programmverantwortliche im Haus. Die sowjetisch kontrollierte Rundfunkstation wurde zwar offiziell von österreichischen Mitarbeitern verwaltet, Kontrolle und Zensur der Programme wurden allerdings außerhalb des Hauses von der sowjetischen Kommandantur durchgeführt.

In der Medienpolitik erwiesen sich innerhalb der Alliierten die US-Amerikaner am erfolgreichsten. Der Modernisierungswille vieler Österreicherinnen und Österreicher und der alte europäische Traum von den Vereinigten Staaten als demokratischem Land, in dem die Menschen im Massenwohlstand leben, kamen ihren Intentionen sehr entgegen. Überdies waren die Vereinigten Staaten in der Lage, die finanziellen Mittel für Programme aufzubringen, die viele Bereiche – auch die Medien – umfassten. In diesem Jahrzehnt wurden nachhaltig die Weichen für die ideologische und kulturelle Entwicklung Österreichs gestellt, und auch heute noch wird unser Alltag vor allem durch Medien, Werbung und Sprache von den Vereinigten Staaten beeinflusst.

Presse

Unmittelbar nach Kriegsende wurden die ersten Zeitungen herausgegeben. Die „Österreichische Zeitung", die von der Sowjetbesatzung herausgegeben wurde, erschien bereits im April 1945. Neben den Parteizeitungen, „Das Kleine Volks-

Preis 10 Pfennig Preis 10 Pfennig

Neues Oesterreich

Organ der demokratischen Einigung

Folge 1 Montag, 23. April 1945 1. Jahrgang

Österreicher!

Zum erstenmal seit sieben Jahren dürft Ihr nun wieder in aller Öffentlichkeit mit diesem uns allen so teuren Namen angesprochen werden. Die von Millionen Menschen unseres Vaterlandes so lange und so heiß ersehnte Stunde der Befreiung von der nazistischen Zwingherrschaft ist gekommen.

Durch den siegreichen Vormarsch der Roten Armee ist ein großer Teil unserer geliebten Heimat den nazistischen Unterdrückern bereits entrissen; die Befreiung des restlichen Gebietes nimmt ihren Fortgang. Wir dürfen wieder Österreicher sein! Und d a ß wir es sind, darauf kommt nun alles an.

Denn jetzt geht es darum, aus dem unermeßlichen Leid und dem namenlosen Unglück, das der Nazismus über unser österreichisches Volk und Land gebracht hat, den Weg in eine bessere Zukunft zu beschreiten. Das aber ist nur möglich, wenn alle heimattreuen und freiheitliebenden Österreicher einträchtig zusammenstehen und mit vereinten Kräften an den Wiederaufbau herangehen.

Auf einem Trümmerfeld von gigantischen Ausmaßen soll diese Neugestaltung sich vollziehen. Jeder Österreicher und vor allem jeder Wiener weiß, was es bedeutet, unter den gegebenen Verhältnissen unsere Ernährung zu sichern, die Verkehrsmittel wieder in Gang zu setzen, die Wohnungsfrage zu lösen, Licht, Gas- und Wasserleitung in Ordnung zu bringen, Gewerbe, Industrie und Handel aktionsfähig zu machen, Gesundheits- und Wohlfahrtswesen wieder aufzubauen, das gesamte Schul- und Unterrichtswesen auf neue Grundlagen zu stellen. Und damit sind ja nur einige der allerdringlichsten Probleme aufgezählt.

Es sind ungeheure Aufgaben, die wir zu meistern haben. Wir w e r d e n sie lösen, wenn die Einheit des Volkes, deren Grundlagen schon im gemeinsamen Widerstand gegen den Naziterror geschaffen wurden, jetzt auf jede Weise gefördert und gefestigt wird. Das österreichische Volk will leben! Die Kräfte, die genügt haben, die Befreiung Wiens so rasch zu ermöglichen, rechtfertigen die Zuversicht, daß wir stark genug sind, aus eigener Kraft unser weiteres Schicksal als selbständiger Staat zu gestalten. Mag das riesige Aufbauwerk, vor dem wir nun stehen, noch so schwierig sein, es w i r d gelingen, wenn alle antifaschistischen, demokratischen und patriotischen Österreicher ohne Unterschied der Partei und Weltanschauung einträchtig zusammenstehen. Jetzt gilt es, nicht das Trennende, sondern das Einigende voranzustellen!

In der Wiener Stadtverwaltung haben sich Vertreter aller demokratischen Parteien zu einer verheißungsvollen Arbeitsgemeinschaft zusammengefunden. In der Herausgeberschaft und Redaktion dieser ersten im befreiten Österreich erscheinenden Tageszeitung hat sich der gleiche Zusammenschluß vollzogen. Endlich kann in Österreich wieder eine Zeitung erscheinen, die nicht das Werkzeug gleichgeschalteter Lüge, sondern das Sprachrohr demokratischer Wahrheit ist. Diese Zeitung ist zugleich ein Ausdruck des Zusammenwirkens aller demokratischen Kräfte unseres gemeinsamen Vaterlandes.

So sollen und müssen alle Schichten und Richtungen unseres österreichischen Volkes zusammenstehen, um auf gemeinsamem Wege und in gemeinsamen Bemühungen zu dem zu gelangen, was der Name dieser Zeitung besagt: z u e i n e m n e u e n Ö s t e r r e i c h.

Die Herausgeberschaft:

Universitätsprofessor Dr. Leopold A r z t, Generaldirektor Ing. Ernst C z e i j a, Ing. F i g l, Ernst F i s c h e r, Monsgr. Jakob F r i e d, Paul H ö r b i g e r, Minister a. D. Ing. Franz S c h u m y, Stadtrat Paul S p e i s e r

Die Redaktion:

Chefredakteur: Ernst F i s c h e r

Stellvertretende Chefredakteure: Paul D e u t s c h, Dr. Leopold H u s i n s k y

Redakteure: Oskar Maurus F o n t a n a, Dr. Hugo G l a s e r, Karl H e i n z, Franz K a r m e l, Wilhelm O b r a n s k y

Mit vereinten Kräften

Titelblatt der ersten Nummer von „Neues Österreich", 1945.
Quelle: ÖNB/Bildarchiv/Wien.

Das neue Radio im Wohnzimmer der Fünfzigerjahre.
Quelle: ÖNB/Bildarchiv/Wien.

blatt" der ÖVP, die „Arbeiterzeitung" der SPÖ, die „Österreichische Volksstimme" der KPÖ und „Neues Österreich", das von allen drei Parteien gemeinsam herausgegeben wurde, sowie den „unabhängigen" Zeitungen wie die „Salzburger Nachrichten" und die „Presse" waren nach und nach eine Vielzahl von Zeitungen, Zeitschriften, Illustrierten und lokalen Blättern am österreichischen Zeitungsmarkt zu finden.

Der von den US-Amerikanern herausgegebene „Wiener Kurier" wurde zur meistgelesenen Tageszeitung Österreichs. Die „Weltpresse" der Briten, die „Welt am Abend" der Franzosen und die „Österreichische Zeitung" der Sowjets führten daneben ein bescheidenes Schattendasein: Modernes Layout, wirkungsvolle Schlagzeilen, ausgezeichnete Qualität der Bilder und Wochenendbeilagen prägten das Erscheinungsbild des „Wiener Kurier". Den JournalistInnen der Zeitung wurden gute Arbeitsbedingungen geboten: Sie hatten fixe Anstellungsverhältnisse, konnten berufliche Auslandsreisen unternehmen und Stipendien für die USA erhalten. Der amerikanische Informationsdienst versorgte außerdem bis zu zweihundert österreichische Blätter – auch in der sowjetischen Besatzungszone – kostenlos mit Bildern und Berichten aus den USA, besonders Zeitungen im ländlichen Raum schätzten dieses kostenlose Service. In den Folgemonaten nach der Unterzeichnung des Staatsvertrages wurde die Herausgabe der alliierten Zeitungen nach und nach eingestellt.

Rundfunk

Das Radio wurde, wenngleich es in der unmittelbaren Nachkriegszeit noch erhebliche Empfangsprobleme gab, zum zentralen Informations- und Unterhaltungsmedium der Österreicherinnen und Österreicher. Da die wenigen in den Geschäften vorhandenen Radiogeräte sehr teuer waren, baute man sich vielfach seine Radios selbst. Erst in den frühen Fünfzigerjahren zog der im Fachhandel gekaufte Radioapparat als wichtiges Möbelstück in die Wohnzimmer ein.

Die Radiosender waren den vier Besatzungszonen entsprechend aufgeteilt: „Radio Wien" sendete seine Programme in der sowjetischen, „Rot-Weiß-Rot“ in der US-amerikanischen, die Sendergruppe „Alpenland“ in der britischen und die „Sendergruppe West“ in der französischen Zone. „Rot-Weiß-Rot“ und „Alpenland“ richteten zusätzlich einen Sender in Wien ein. US-amerikanische, französische und britische Soldatensender strahlten ihre Programme aus, wobei der US-amerikanische Sender „Blue Danube Network“ besonders bei der Jugend eine begeisterte Zuhörerschaft fand.

„Radio Wien“ brachte klassisches, traditionelles Radio und wurde daher von der Bevölkerung oft als der anspruchsvollere Sender beurteilt, bei den jüngeren Hörerinnen und Hörern jedoch nicht selten als altmodisch bewertet. 1946 wurde die Sendung „Was gibt es Neues?“ mit dem Schauspieler Heinz Conrads aus der Taufe gehoben. Diese Sendung lief bis in die Achtzigerjahre jeden Sonntagmorgen. Besonders beliebt waren Aufbaureportagen, so erlangten zum Beispiel Sendungen über die Fertigstellung des Kraftwerks Kaprun, die Wiedereröffnung der Staatsoper und des Burgtheaters hohe Zuhörerquoten.

Der US-amerikanisch kontrollierte Sender „Rot-Weiß-Rot“ wurde zur beliebtesten und einflussreichsten Radiostation. Der Sender wurde in seinem Erscheinungsbild zum Modell für die weitere Rundfunkentwicklung in Österreich. Er brachte viele Unterhaltungssendungen: Quizveranstaltungen und Sendungen mit Hörerbeteiligung wurden produziert und österreichische Künstlerinnen und Künstler, Journalistinnen und Journalisten zur Mitarbeit eingeladen. Die „Farkas Lachparade“, die „Radiofamilie“, „Der Watschenmann“ und „Versuch dein Glück“ mit Maxi Böhm waren gern gehörte Sendungen. Mit „Wir bringen Suchmeldungen“ gewann der Sender enorme Popularität und half mit, dass viele Menschen, die sich in den Kriegswirren verloren hatten, wieder zueinander fanden. Der Sender spielte viel Musik und versuchte, dem Geschmack sowohl der jüngeren und als auch der älteren Zuhörerschaft zu entsprechen. Nach amerikanischem Muster wurden Wunschkonzerte ausgestrahlt, die heute noch zu den beliebtesten Sendungen vieler gehören.

Die von „Rot-Weiß-Rot“ zu jeder Stunde ausgestrahlten Nachrichten boten jetzt den Radiohörerinnen und -hörern endlich Zugang zu vielseitigen, weltweiten Informationen, was zu Zeiten des „Volksempfängers“ ja strengstens untersagt gewesen war.

Rundfunkinterview mit Vizekanzler Adolf Schärf im Studio von „Rot-Weiß-Rot“, 1953, v. li.: Alfred Hartner, Vizekanzler Adolf Schärf und Vinzenz Ludwig Ostry.
Quelle: ÖNB/Bildarchiv/Wien.

„Rot-Weiß-Rot“ brachte ebenso wie die anderen Radiostationen Propagandasendungen, was nicht nur für Österreich allein eine Rolle spielte: Das tägliche „Amerika ruft Österreich“, Englischunterricht und Reportagen über die Vereinigten Staaten fügten sich auch in das US-amerikanischen Propagandakonzept gegenüber den kommunistischen Nachbarstaaten. Im Jahre 1953 wurden durch die Inbetriebnahme von UKW-Sendern viele restriktive Maßnahmen von den Besatzungsmächten aufgehoben, bis zum Abschluss des Staatvertrages waren alle Sender allmählich in österreichischen Besitz übergegangen.

Charakteristisch für die Nachkriegszeit ist das Fehlen einer Auseinandersetzung mit der Zeit des österreichischen Ständestaates und der Herrschaft der Nationalsozialisten in den Medien. Nur wenige Fälle von NS-Parteimitgliedern, die für die Medien gearbeitet hatten, wurden unmittelbar nach Kriegsende im Rahmen der Entnazifizierungsprogramme an die Öffentlichkeit gebracht. In den Printmedien und im Rundfunk wurden die Gräuel des NS-Regimes und des Zweiten Weltkrieges kaum erwähnt. Man vermied es, sich einer Auseinandersetzung mit der Vergangenheit zu stellen, und Fragen nach der eigenen Verantwortung blieben ausgeklammert. Dieses Schweigen förderte sicherlich den bewussten oder unbewussten Prozess der Verdrängung der Vergangenheit bei vielen Österreicherinnen und Österreichern.[2]

Anmerkungen

1 Zum österreichischen Film in der Nachkriegszeit vgl. den Beitrag von Andrea Lang – Franz Marksteiner – Andreas Ungerböck in diesem Band.

2 Zu den vorangegangenen Ausführungen vgl. z.B.: Viktor Ergert, 50 Jahre Rundfunk in Österreich. Salzburg 1974; Hans Fabris – Kurt Luger, Medienkultur in Österreich. Wien 1988; Hans Fabris – Friedrich Hausjell, Die vierte Macht. Zur Geschichte und Kultur des Journalismus in Österreich seit 1945. Wien 1991; Haimo Godler – Manfred Jochum – Reinhard Schlögl – Alfred Treiber, Vom Dampfradio zur Klangtapete. Beiträge zu 80 Jahre Hörfunk in Österreich. Wien 2004; Fritz Hausjell, Entnazifizierung der Presse in Österreich, in: Sebastian Meissl – Klaus-Dieter Mulley – Oliver Rathkolb, Verdrängte Schuld, verfehlte Sühne. Entnazifizierung in Österreich 1945–1955. Wien 1986; Gerhard Jagschitz – Stefan Karner (Hg.), Menschen nach dem Krieg – Schicksale 1945–1955. Innsbruck 1995; Daniela Jentzsch – Gaby Schilcher, Ein Leben ohne Lobby? Journalistinnen in Österreich, in: Hans Fabris – Friedrich Hausjell (Hg.), Die vierte Macht. Zur Geschichte und Kultur des Journalismus in Österreich seit 1945. Wien 1991; Kurt Paupie, Handbuch der österreichischen Pressegeschichte 1848–1959. Wien 1966; Ulf Preuss-Lausitz, Kriegskinder, Krisenkinder, Konsumkinder. Weinheim 1981; Oliver Rathkolb, Politische Propaganda der amerikanischen Besatzungsmacht in Österreich. Ein Beitrag zur Geschichte des Kalten Krieges in Presse-, Kultur- und Rundfunkpolitik. Phil. Diss. Wien 1981; Oliver Rathkolb, US-Medienpolitik in Österreich 1945–50, in: Medien Journal, Jg. 8, H. 3, Innsbruck – Wien – Bozen 1984; Reinhold Wagnleitner, Coca Colonisation und Kalter Krieg. Die Kulturmission der USA in Österreich nach dem Zweiten Weltkrieg. Wien 1991.

Wolfgang Mueller

Kulturpolitik und Propaganda der sowjetischen Besatzungsmacht in Österreich

In der Besatzungszeit führten alle vier Alliierten in Österreich Kultur- und Propagandaaktivitäten durch.[1] Die sowjetische Propagandaabteilung koordinierte u.a. die „Österreichische Zeitung", die von Radio Wien ausgestrahlte „Russische Stunde", die Filmverleihfirmen „Sowexportfilm" und „Universalfilm", die „Wien-Film"-Studios am Rosenhügel, die sowjetischen „Informationszentren", Vorträge und Ausstellungen.[2] Die inhaltlichen Schwerpunkte lauteten: „antifaschistisch-demokratische Umerziehung" der österreichischen Bevölkerung, Werbung für die Sowjetunion und den Sozialismus, Gegenpropaganda.

Eine der ersten kulturpolitischen Maßnahmen war die Wiederherstellung des Kulturlebens. Der Befehl Nr. 2 der sowjetischen Militärkommandanten auf österreichischem Gebiet gestattete ab April 1945 die Öffnung von „Theatern, Lichtspielen und anderen Unterhaltungsstätten"[3], und in Wien erging bald nach Ende der Kämpfe die Weisung, den Betrieb wieder aufzunehmen.[4] Am 27. April fand das erste Philharmonische Konzert nach Kriegsende statt, ab 30. April trat das Burgtheaterensemble auf, und am 1. Mai folgte die allgemeine Eröffnung der Wiener Theater, darunter die Staatsoper in ihrem Ausweichquartier. Ferner ermöglichte die Besatzung ab 23. April 1945 das Erscheinen des „Neuen Österreichs", eines Presseorgans der drei von der Sowjetbesatzung zugelassenen Parteien unter kommunistischer Führung und sowjetischer Zensur.[5] Radio Wien wurde ebenfalls in österreichische Hände übergeben und sowjetischer Kontrolle unterstellt. Die rasche Wiederbelebung des Kulturbetriebs durch die Rote Armee unterschied sich klar vom Verbot eigenständiger Kulturaktivitäten durch die Westmächte.[6] Die Unterstutzung des Wiederaufbaus von Kulturstätten, die sich in der Zur-Verfügung-Stellung von Materialien zum Wiederaufbau der Staatsoper[7] manifestierte, sollte ein Symbol des

Oktober-Programm des sowjetischen Informationszentrums in der Treitlstrasse, Wien IV., 1950.
Quelle: WStLB/Wien.

guten Willens der UdSSR darstellen und zeigte die Bedeutung, die der Kultur als Mittel zur „antifaschistisch-demokratischen Umerziehung" der österreichischen Bevölkerung beigemessen wurde. Diese Umerziehung war u.a. durch Kulturveranstaltungen und die Unterdrückung undemokratischen, faschistischen und pangermanischen Gedankenguts mithilfe von Zensur zu bewerkstelligen.[8]

Neben dem Wiederaufbau und der Zensur führte die Sowjetbesatzung auch eigene Propagandaaktivitäten durch und warb auf Flugzetteln, Plakaten, in Filmen und Vorträgen für die Sowjetunion. Ab 15. April 1945 wurde von der Sowjetbesatzung die „Österreichische Zeitung" herausgebracht. Außerdem veranstaltete sie Auftritte des „Lied- und Tanzensembles der 3. Ukrainischen Front". Eine erste Wien-Tournee sowjetischer Spitzenmusiker mit dem Geiger David Ojstrach und der Tänzerin Galina Ulanova fand im Sommer 1945 statt. Die sowjetische Kulturpropaganda, die darauf abzielte, die von der NS-Propaganda geschürten Vorurteile gegen die „kulturlose" Sowjetunion zu beseitigen, wurde mithilfe weiterer Gastspiele, Ausstellungen, Filmfestivals und der Platzierung russischer Theater- und Musikstücke im Rundfunk und in österreichischen Theatern bis 1955 fortgesetzt.

Die Berichterstattung der sowjetischen Medien in Österreich war anfangs innen- und außenpoli-

Nachkriegs-Wahlplakat der KPÖ.
Quelle: WStLB/Wien.

tisch korrekt. Die ab Ende 1945 festzustellende Veränderung ging einerseits auf eine aggressivere Propagandalinie zurück, die von Moskau vorgegeben wurde. Andererseits war sie auch eine Reaktion auf westliche und österreichische Kritik am sowjetischen Verhalten und auf politische Konflikte. Der „Kalte Krieg" führte dazu, dass die Gegenpropaganda gegen die Westmächte, die nichtkommunistischen Parteien in Österreich, den Kapitalismus und die westliche Demokratie zunahmen.[9] In der Innenpolitik gab die sowjetische Besatzungspropaganda ihre Neutralität auf, nachdem durch die KPÖ-Wahlniederlage vom 25. November 1945 offenbar geworden war, dass der von der UdSSR erwünschte Übergang Österreichs zur Volksdemokratie[10] nicht ohne Anstrengungen zu erreichen sein würde. Ab 1946/47 attackierte die „Österreichische Zeitung" nichtkommunistische österreichische Politiker,[11] seit dem österreichischen Beschluss zur Teilnahme am Marshall-Plan 1947 polemisierte sie gegen die Regierung und warf ihr vor, den Wiederaufbau, demokratische Reformen und die Entnazifizierung zu verzögern und Österreich in einen Stützpunkt für aggressive Kriegspläne der USA zu verwandeln.[12] Im Wahlkampf 1949 und im Oktober-Streik 1950 traten die „Österreichische Zeitung" und die „Russische Stunde" offen gegen die Regierungsparteien und für die KPÖ ein.[13]

Hinzu kam die zunehmend antiamerikanische Ausrichtung. Aus dem „full and fair picture"[14], das die Alliierten anfangs von einander zu geben bemüht waren, wurde ein „Krieg der Worte". Die „Österreichische Zeitung" prangerte ab 1946 die innere Lage der USA und ihre „imperialistische" Außenpolitik scharf an und stellte die US-Besatzung als rücksichtslose Gewalttäter dar.[15] Die „Russische Stunde", die auf über 16 Stunden pro Woche (1951) ausgeweitet wurde, schloss sich der antiamerikanischen Offensive an.[16]

Die Aufführung des antiamerikanischen Theaterstückes „Die Russische Frage" von Konstantin Simonov 1947 in Urfahr und 1948 in Wien bot den Startschuss zur Vereinnahmung des Theaters für die Propaganda und den Anlass zur Gründung des sowjetisch finanzierten, kommunistischen „Neuen Theaters in der Scala", das neben Agitpropstücken auch hochkarätige Klassikerinszenierungen präsentierte.[17] 1950 wurde mit dem Sowjetischen Informationszentrum in Wien ein zweites Theaterprojekt gestartet. Zur Aufführung gelangten vor allem antiamerikanische Politstücke und politisches Kabarett, das gegen die „österreichischen Kulturverweser und ihre transatlantischen Drahtzieher" polemisierte und sich mit einer „Texanisch Vienna-Monsteroperette im American Style" [!] antiamerikanischer Klischees bediente.[18]

Auch Wochenschauen und Filme wurden als „Waffe" der sowjetischen Propaganda eingesetzt. Die Verleihfirmen „Sowexportfilm" und „Universalfilm" brachten einerseits Kultur- und Kommerzfilme aus der UdSSR und der DDR zur Aufführung, andererseits Filmepen wie z.B. „Lenin

im Oktober" und Propagandastreifen wie „Begegnung an der Elbe". Ergänzt wurde das Verleihprogramm durch – zum Teil künstlerische, zum Teil kommerzielle, stets aber politisch linientreue – Produktionen der Rosenhügel-Studios.[19]
Ebenso wie Theater und Film changierten auch die Ausstellungen zwischen harter und weicher Propaganda. Die größte von der Sowjetbesatzung in Österreich arrangierte Schau fand im Februar 1947 im Museum für angewandte Kunst statt und war dem Sozialistischen Realismus gewidmet. Die Ausstellungen in den sowjetischen Informationszentren galten u.a. rumänischen Briefmarken, sowjetischen Kinderbüchern, den Errungenschaften des Sozialismus in der UdSSR und der „Anwendung der bakteriologischen Waffe in Korea durch die amerikanischen Kriegsbrandstifter".[20]
Der Charakter der sowjetischen Propaganda war zweifellos Medium und Produkt des „Kalten Krieges", der von sowjetischer Seite als Kampf zwischen dem „fortschrittlichen" Lager mit der UdSSR an der Spitze und dem „reaktionären" Lager in den USA und Westeuropa interpretiert wurde. Die Sowjetunion wurde dabei von ihrer eigenen Propaganda mit Lobeshymnen und Personenkult bedacht, wer sich aber nicht bedingungslos zur UdSSR bekannte, wurde als „reaktionär", „imperialistisch", „kriegshetzerisch", „antidemokratisch" und „faschistisch" diffamiert.
Der Erfolg der harten Propaganda dürfte angesichts der in Österreich verwurzelten Vorurteile gegenüber der Sowjetunion, der negativen Erfahrungen der Bevölkerung mit der Roten Armee 1945, der unpopulären sowjetischen Besatzungspolitik und der überwiegend westlichen und antikommunistischen Ausrichtung des Landes als gering einzuschätzen sein. Insbesondere war der offenkundig propagandistische Charakter der sowjetischen Medien hinderlich. Während z.B. Propagandafilme boykottiert wurden, waren eher „unpolitische" sowjetische Veranstaltungen, wie die Gastspiele von Musikern und Volkstanzgruppen, die Vorführungen von Kunst- und Zeichentrickfilmen, die Ausstellungen hochqualitativer Kinderbücher, durchaus in der Lage, Begeisterung beim Publikum zu wecken.

Plakat zur Ausstellung „Kinder-und Jugendbücher aus der Sowjetunion".
Quelle: WStLB/Wien.

Anmerkungen

1 Oliver Rathkolb, Politische Propaganda der amerikanischen Besatzungsmacht in Österreich 1945–1950. Ein Beitrag zur Geschichte des Kalten Krieges in Presse-, Kultur- und Rundfunkpolitik. Phil. Diss. Wien 1981 (= Rathkolb, Propaganda); Reinhold Wagnleitner, Coca-Colonisation und Kalter Krieg. Die Kulturmission der USA in Österreich nach dem Zweiten Weltkrieg. Wien 1991 (= Wagnleitner, Coca-Colonisation); Elisabeth Starlinger, Aspekte französischer Kulturpolitik in Österreich nach dem Zweiten Weltkrieg 1945–1948. DA Wien 1993; Gerda Treiber, Großbritanniens Informationspolitik gegenüber Österreich 1945 bis 1955. Publicity und Propaganda sowie deren Instrumente in Printmedien und Rundfunk, dargestellt anhand britischer Dokumente. Phil. Diss. Wien 1997.

2 Wolfgang Mueller, „Die Kanonen schießen nicht... Aber der Kampf geht weiter." Die Propaganda der sowjetischen Besatzung in Österreich im Kalten Krieg, in: Stefan Karner – Barbara Stelzl-Marx (Hg.), Die Rote Armee in Österreich. Sowjetische Besatzung 1945–1955. Beiträge. Graz – Wien – Klagenfurt 2005.

[3] Wilfried Aichinger, Sowjetische Österreichpolitik 1943–45. Phil. Diss. Wien 1977 (= Aichinger, Österreichpolitik), S. 241f. Text ebd., S. 421.

[4] Helmut Kretschmer, Der Wiederbeginn des kulturellen Lebens im Jahre 1945, in: Wiener Geschichtsblätter, Jg. 30, Wien 1975, S. 63–66; Felix Czeike, April und Mai 1945 in Wien, in: Ebd., S. 33–48.

[5] Aichinger, Österreichpolitik, S. 259–263.

[6] Rathkolb, Propaganda S. 283–303.

[7] Österreichische Zeitung (= ÖZ), 13.10.1945.

[8] Elfriede Sieder, Die alliierten Zensurmaßnahmen zwischen 1945–1955. Phil. Diss. Wien 1983 (= Sieder, Zensur).

[9] Gennadij Bordjugov – Wolfgang Mueller – Norman Naimark – Arnold Suppan (Hg.), Sowjetische Politik in Österreich 1945–1955. Wien 2005. In Druck.

[10] Wolfgang Mueller, Sowjetbesatzung, Nationale Front und der „friedliche Übergang zum Sozialismus". Fragmente sowjetischer Österreich-Planung 1945–1955, in: Mitteilungen des Österreichischen Staatsarchivs, Bd. 50. Wien 2003, hier bes. S. 139–143.

[11] ÖZ, 28.4.1946, S. 2; ebd., 17.7.1947, S. 1.

[12] ÖZ, 25.7.1947, S. 2.

[13] ÖZ, 8.10.1949, S. 1; ebd., 14.9.–8.10.1950.

[14] Wagnleitner, Coca-Colonisation, S. 89.

[15] ÖZ, 23.7.1946, S. 2; vgl. Wolfgang Mueller, „Wildwest in Wien dauert an". Das Bild von Amerika in der sowjetischen Besatzungs- und kommunistischen Parteipresse in Österreich 1945–1953, in: Jan Behrends – Arpad v. Klimo – Patrice Poutrous (Hg.), Antiamerikanismus in der Epoche des Kalten Krieges. Bonn 2005. In Druck.

[16] Rathkolb, Propaganda, S. 543.

[17] Wilhelm Pellert, Roter Vorhang, rotes Tuch. Das Neue Theater in der Scala 1948–1956. Wien 1979; Carmen Renate Köper, Ein unheiliges Experiment. Das Neue Theater in der Scala 1948–1956. Wien 1995.

[18] Oliver Rathkolb, Planspiele im Kalten Krieg. Sondierungen zur Kultur- und Theaterpolitik der Alliierten, in: Hilde Haider-Pregler – Peter Roessler (Hg.), Zeit der Befreiung. Wiener Theater nach 1945. Wien 1997, S. 48; Wolfgang Mueller, „Leuchtturm des Sozialismus" oder „Zentrum der Freundschaft": Das Sowjetische Informationszentrum im Wiener „Porr-Haus" 1950–1955, in: Wiener Geschichtsblätter, Jg. 55, H. 4, Wien 2000 (= Mueller, Leuchtturm), S. 272–277 u. 284 f.

[19] Oliver Rathkolb, Die „Wien-Film"-Produktion am Rosenhügel. Österreichische Filmproduktion und Kalter Krieg, in: Hans-Heinz Fabris – Kurt Luger (Hg.), Medienkultur in Österreich. Film, Fotografie, Fernsehen und Video in der 2. Republik. Wien 1988, S. 117–132; Martin Prucha, Agfacolor und Kalter Krieg. Die Geschichte der Wien-Film am Rosenhügel 1946–1955, in: Ruth Beckermann – Christa Blümlinger (Hg.), Ohne Untertitel. Fragmente einer Geschichte des österreichischen Kinos. Wien 1996, S. 53–79.

[20] Zit. bei Mueller, Leuchtturm, S. 279f.

Reinhard Linke

Streiflichter auf das Theater im Nachkriegs-Wien

Das Theater am Ende des Krieges

Am 12. März 1945 war die Wiener Staatsoper durch einen Bombenangriff zu einer Brandruine geworden, am 12. April 1945 war im Wiener Burgtheater aus ungeklärter Ursache ein Feuer ausgebrochen, das Zuschauer- und Bühnenraum zerstörte, am selben Tag brannte auch der Stephansdom aus. „Auf den Straßen lagen tote Pferde, hungrige Menschen schnitten sich Fleisch aus den Kadavern. Im Theater gab es weder Dekorationen noch Kostüme“[1], beschrieb Rudolf Steinboeck, der erste Nachkriegs-Direktor des Theaters in der Josefstadt, die damalige Situation. Trotz der vielen Zerstörungen und Verwüstungen, obwohl Lebensmittelknappheit herrschte, Probleme mit der Strom- und Gasversorgung an der Tagesordnung waren und es Transportschwierigkeiten gab, wurde im Frühjahr 1945 mit großem Engagement begonnen, wieder Theater zu spielen.

Am 27. April 1945 erließ die Provisorische Regierung mit Staatskanzler Karl Renner an der Spitze eine Proklamation über die Wiederherstellung der Republik Österreich, am selben Tag gab es im Wiener Konzerthaus ein Festkonzert der Wiener Philharmoniker unter Clemens Krauss. Drei Tage später spielte das Burgtheater in seinem Ausweichquartier, dem ehemaligen Varieté Ronacher, Grillparzers „Sappho“ – in einer Inszenierung aus dem Jahr 1943. Auch das Akademietheater wurde mit „Hedda Gabler“ am 19. Mai mit einer noch aus der NS-Zeit stammenden Inszenierung eröffnet. Am 1. Mai 1945 fand unter Josef Krips die erste Aufführung der Wiener Staatsoper statt, gezeigt wurde auf der Bühne der Volksoper Mozarts „Die Hochzeit des Figaro“, am selben Tag präsentierte sich auch erstmals wieder das Theater in der Josefstadt, auf dem Spielplan stand „Der Hofrat Geiger“ – das Programm nannte nun mit Martin Costa auch den richtigen Namen des Verfassers dieses Singspiels, denn bei der Uraufführung am 9. Juli 1943 musste sich der Autor „damals freilich unter dem Decknamen Franz Füssel, einem im ‚Protektorat‘ lebenden Pfarrer, verbergen“.[2]

Theater und „Normalisierung“ des Alltagslebens

Durch das große Interesse der Sowjets an einer „Normalisierung“ des Alltagslebens nach der Zeit des NS-Regimes, d.h. einer Wiedererrichtung österreichischer Traditionen und Nationalmythen, waren die neuen Theaterleiter gezwungen, rasch wieder einen regelmäßigen Spielbetrieb zu organisieren. Vorgezogen sollten vor allem die vor 1938 entstandenen und nach dem Einmarsch Hitlers verbotenen Stücke werden. Doch die gebotene Eile hatte viel Improvisation zur Folge – es schien, dass es damals am Wichtigsten war, wieder zu spielen, weniger wichtig war aber, was, wie und wer gespielt hat. Das hieß also, traditionelle Stücke mit den in Wien verbliebenen Schauspielern und Regisseuren zu besetzen. Nicht wenige, die schon während der NS-Zeit in Wien zu den beliebtesten Bühnenstars gehörten, standen daher im Mai und Juni 1945 wieder auf der Bühne. „Viele waren nach dem ‚Westen‘ geflüchtet, obwohl die Sowjets vorerst keinerlei Anstalten machten, das politische Verhalten ehemaliger nationalsozialistischer Künstler zu untersuchen. Im Laufe des Krieges hatten sich die Einstellungen vieler geändert – Gesinnungsänderungen, über die aber kaum öffentlich gesprochen wurde. Und genau in diesem Bereich liegt die Krux der gesamten Entnazifizierungspolitik“[3], analysiert der Historiker Oliver Rathkolb.

Ein Beispiel dafür soll angeführt werden. Lothar Müthel, NSDAP-Mitglied seit 1933, wurde im Mai 1939 Direktor des Burgtheaters. Fast sechs Jahre später legte er „die Leitung in die Hände seines ersten Schauspielers Raoul Aslan“[4]. Müthel blieb Regisseur des Hauses, seine Zusammenarbeit mit Aslan hatte sich während der Kriegsjahre anscheinend bewährt. Der neue Burgtheater-Direktor übertrug Müthel die Regie zur ersten Nachkriegs-Produktion des Burgtheaters, Hofmannsthals „Jedermann“, und spielte auch die Hauptrolle. Nach der Inszenierung von Lessings

Josef Meinrad.
Quelle: ÖNB/Bildarchiv/Wien.

„Nathan der Weise" mit Aslan in der Titelrolle wurde Müthel nicht zuletzt auf Grund alliierter Interventionen vom Burgtheater entlassen.

Leon Epps „Insel", die „Scala", Stella Kadmon und der Kellertheater-Boom

Bei aller Euphorie über Frieden und Freiheit schien aber das Theater bereits im Frühjahr 1945 wieder ein Ort des Vergessens und auf Grund seiner scheinbaren Unzerstörbarkeit auch ein Ort des „österreichischen Wesens" zu werden.

Manche Schauspieler, Regisseure, Dramaturgen und Theaterleiter versuchten, ihre neue Sicht vom Theater in der Zeit nach dem Nazi-Terror auch in ihrer Arbeit für das Theater umzusetzen. Exemplarisch hierfür sei Leon Epps im Oktober 1945 in der Wiener Johannesgasse eröffnete „Die Insel"[5] genannt. Ihr gehörten u.a. Schauspieler wie Josef Meinrad, Judith Holzmeister und Eva Zilcher an. Die „Insel" sollte zu einer Insel des Literaturtheaters und der Dichtung werden, hier wurden u.a. Stücke von Rilke, Zweig, Lessing oder Pirandello aufgeführt. Obwohl zunächst erfolgreich, musste Leon Epp im Frühjahr 1951 mit der „Insel" Ausgleich anmelden und das Theater schließen, ein Jahr später übernahm er die Direktion des Volkstheaters.

Als zweites Beispiel sei das „Neue Theater in der Scala"[6] genannt, welches 1948 den Betrieb aufnahm. Gegründet wurde das als „Sozietät" geführte Theater (hervorgegangen aus den ursprünglichen Ideen für ein Theater der Werktätigen) von Günther Haenel (Volkstheater-Direktor von 1945–1948) und den Schauspielern Karl Paryla, Emil Stöhr, Wolfgang Heinz und anderen Kollegen. Mit Stücken von Raimund, Nestroy, Anzengruber, Goldoni, Molière, Gorkij und Brecht repräsentierte man das „klassische Volkstheater" und hatte vor allem Arbeiter und Angestellte als Zielpublikum. Als erstes Ensemble ging die „Scala" in die Wiener Bezirke und kooperierte mit Betrieben der Umgebung. Therese Giehse spielte in der „Scala", auch Hortense Raky, Maria Becker und Otto Tausig. Bekannt wurde die „Scala" mit ihren politisch-kritischen Stücken auch durch die Uraufführung von „Der Bockerer" von Ulrich Becher und Peter Preses in der Regie von Haenel (2. Oktober 1948). Das Theater diente aber auch als Gastspielstätte, so z.B. für das Berliner Ensemble.

Doch auch die Ära der „Scala" dauerte nicht lange: „Die Presse, inbegriffen die sozialistische ‚Arbeiter-Zeitung', verteufelte die Scala bald als kommunistisches Propagandatheater und boykottierte die Produktionen, wo es nur ging. Dank einer ausgedehnten Publikumsorganisation (‚Die Theaterfreunde') hatte man diesem Boykott immerhin einiges entgegenzusetzen."[7] 1956 kam dann aber das Ende des „Neuen Theaters in der Scala", 1960 wurde das Haus, in dem das Theater untergebracht war, geschleift.

Ein Boom im ersten Nachkriegsjahrzehnt betraf das Theater im Keller.[8] Kontinuierlich durchgehalten haben in den Nachkriegsjahren aber nur wenige. Dauer und Bestand dieser Klein- und

Kleinstbühnen, dieser Kellerbühnen und Zimmertheater[9] hingen am stärksten vom Begründer und Leiter ab.

Am 3. Oktober 1947 eröffnete Stella Kadmon im Café Prückel in der Biberstraße das Kabarett „Der liebe Augustin“, schon bald aber wechselte sie vom kämpferischen Kabarett zum politischen Theater – sie brachte 1948 Brechts „Furcht und Elend des Dritten Reiches“ und Borcherts „Draußen vor der Tür“ als österreichische Erstaufführungen und arbeitete mit ihrem Ensemble als „Theater der Courage“ weiter. Ausschlaggebend dürfte eine Kritik in der „Arbeiter-Zeitung“ gewesen sein („Wie eine Insel der Courage inmitten der Abwässer des Wiener Amüsierbetriebs.“[10]) Stella Kadmon leitete ihr Theater – 1960 übersiedelte es an den Franz Josefs-Kai – bis 1981, bereits zu Lebzeiten war sie eine Wiener Theaterlegende geworden: Es hätte in Wien in den Fünfzigerjahren „damals Wesentliches gefehlt, wenn dieses Kleintheater nicht gewesen wäre. Das ‚Theater der Courage‘ war das schlechte Gewissen der Großtheater“[11].

Staatsoper und Burgtheater als Symbole des Wiederaufbaus

Österreichs zehn Jahre nach Kriegsende wiedergewonnene Souveränität fand ihre Zurschaustellung in den Symbolen des kulturellen Wiederaufbaus, in der Eröffnung der beiden aus Trümmern wieder aufgebauten Pracht-Theaterbauten an der Wiener Ringstraße. Grillparzers „König Ottokars Glück und Ende“ am 15. Oktober 1955 im Burgtheater und Beethovens „Fidelio“ am 5. November in der Staatsoper umrahmten feierlich den 26. Oktober, jenen Tag, an dem der Nationalrat das Gesetz über die Neutralität Österreichs verabschiedete. Die erste Gedenkmünze, die in der Zweiten Republik geprägt wurde, war der Wiedereröffnung der Bundestheater gewidmet.

Zehn Jahre hatten das Staatsopern- und das Burgtheater-Ensemble in Ausweichquartieren gespielt: wie die Burgschauspieler ins ehemalige Varieté Ronacher, so war die Oper in das notdürftig adaptierte Theater an der Wien übersiedelt. Schon bald nach Kriegsende hatte die Bundesregierung

Wiedereröffnung des Burgtheaters, 15. Oktober 1955.
Quelle: Foto Votava/Wien.

beschlossen, die beiden Ringstraßenbauten in ihrem ursprünglichen Stil wieder errichten zu lassen. Es gab zwar zahlreiche Meinungen, die im Wiederaufbau eine Chance sahen, die traditionelle Logen-Rang-Theaterarchitektur mit Guckkastenbühne zu überwinden, doch beide Bauwerke waren nicht so stark zerstört, und es waren genügend erhaltenswerte Bauteile vorhanden. Die Übernahme der alten Form beider Theaterbauten bedeutete auch eine Rückbesinnung auf ein spezifisch österreichisches künstlerisches Schaffen und eine Suche nach kulturellen Werten, die noch im Vielvölkerstaat begründet lagen.

Die Eröffnungen beider Häuser im Jahre 1955 waren quasi „Staatsakte“. Bei der offiziellen Feierstunde übernahm Burgtheater-Direktor Adolf Rott auf der Bühne des Hauses aus den Händen von Unterrichtsminister Heinrich Drimmel den Schlüssel. Karl Böhm, 1943 bis 1945 letzter Staatsopern-Direktor während der NS-Zeit und künstlerischer Leiter wieder ab September 1954, brachte die feierliche Stimmung im Haus am Ring knapp in einem Satz auf den Punkt: „Gott, welch ein Augenblick!“[12]

Anmerkungen

[1] Zit. bei Maria Steiner, „... they want to do Liliom, of course". Vom ungebrochenen Spieltrieb am Wiener Theater nach 1945, in: Hilde Haider-Pregler – Peter Roessler (Hg.), Zeit der Befreiung. Wiener Theater nach 1945. Wien 1998, S. 66.

[2] Anton Bauer – Gustav Kropatschek, 200 Jahre Theater in der Josefstadt 1788–1988. Wien – München 1988, S. 117.

[3] Oliver Rathkolb, Theater von gestern und kalter Krieg. Die Wiener Theaterszene in den ersten Jahren nach 1945, in: Evelyn Schreiner (Hg.), 100 Jahre Volkstheater. Theater, Zeit, Geschichte. Wien – München 1989, S. 145.

[4] Ernst Haeusserman, Das Wiener Burgtheater. Wien – München – Zürich 1975, S. 270.

[5] Im Gebäude der ehemaligen „Komödie", einer Filialbühne des Volkstheaters in den Jahren 1941–1944, heute befindet sich in dem Haus Johannesgasse 4 das Metro-Kino.

[6] Im Gebäude des ehemaligen Johann Strauß-Theaters (1903 errichtet) am Beginn der Favoritenstraße, ab 1931 wurde dort das „Lichtspieltheater Scala" betrieben.

[7] Ulf Birbaumer, „Die Insel". Wiener Theater nach 1945, in: Kristian Sotriffer (Hg.), Das größere Österreich. Geistiges und soziales Leben von 1880 bis zur Gegenwart. Wien 1982, S. 392; Tatsächlich wurde die Scala von den Sowjets gefördert und zum Teil von der KP finanziert, es gab aber keine parteipolitischen Kriterien bei der Auswahl der Schauspieler. Siehe dazu: Ulf Birbaumer, Wiederaufbau oder Neuaufbau? Der Wiener Theaterbetrieb beginnt mit einem Rückgriff, in: Liesbeth Waechter-Böhm (Hg.), Wien 1945. davor/danach. Wien 1985, S. 173.

[8] Rudolf Weys, Courage im Keller. Zeittheater der Wiener Kleinbühnen 1945–1960, in: Maske und Kothurn, Jg. 7, H. 2, Wien 1961, S. 155.

[9] Wenn ein Theater weniger als 50 Sitzplätze hatte, benötigte es in Wien keine behördliche Konzession.

[10] Arbeiter-Zeitung, 18.4.1948, zit. bei Birgit Peter, Stella Kadmons Courage. Stationen einer Theaterdirektorin, in: Hilde Haider-Pregler – Peter Roessler (Hg.), Zeit der Befreiung. Wiener Theater nach 1945. Wien 1998, S. 234.

[11] Hans Daiber, Deutsches Theater seit 1945. Stuttgart 1976, S. 83.

[12] Zit. bei Hilde Haider-Pregler, Der Staatsakt: die Wiedereröffnung von Burg und Oper, in: Kristian Sotriffer (Hg.), Das größere Österreich. Geistiges und soziales Leben von 1880 bis zur Gegenwart. Wien 1982, S. 424.

Carl Aigner

Zwischen Tradition, Reaktion und Innovation.

Eine essayistische Skizze zur Bildenden Kunst im Niederösterreich der Fünfzigerjahre

Überschaut man die Namen der niederösterreichischen Künstler,
finden sich darunter viele, die die österreichische Kunstszenerie
entscheidend mitprägten und mitprägen, ... es finden sich manche,
die erst vom geschäftigen Kunstbetrieb und von einer sorgfältigeren
kunstgeschichtlicheren Registrierung entdeckt werden müssen.

Franz Kaindl

„Neubeginn in Vielfalt“, „Aufbruch zum Pluralismus“ betiteln resümierend Otto Breicha und Peter Baum ihre Beiträge über die Kunst nach 1945 und in den Fünfzigerjahren in Österreich. Diese Konklusion der beiden ehemaligen Museumsdirektoren ist in vieler Hinsicht auch für die Situation in Niederösterreich gültig, wobei hier explizit auf die spezielle Lage des Bundeslandes und die Tatsache, dass die Landeshauptstadt damals Wien war, hingewiesen werden muss; in besonderem Maße gilt das für das Spannungsverhältnis von Urbanem und Ruralem und dem daraus resultierenden „Sog“ nach Wien mit ihren Kunstakademien, Galerien und Museen, die auch in den Fünfzigerjahren eine nicht zu unterschätzende Anziehungskraft darstellten.

Mehrere signifikante Gegebenheiten für die Zeit nach 1945 bis Ende der Fünfzigerjahre lassen sich für Niederösterreich ablesen: Zunächst arbeitet jene Künstlergeneration weiter, die in der Zwischenkriegszeit entscheidend geprägt wurde und einerseits einem sehr traditionellem Kunstverständnis verhaftet war, wie etwa Hans Fronius, Leopold Hauer, Franz Luby, vor allem einige Mitglieder des Hagenbundes und stark von impressionistischen, sachlichen und expressionistischen

Christa Hauer, Ohne Titel, 1955. Öl auf Hartfaserplatte, 71 × 56 cm.
Quelle: NÖLM/St. Pölten.

Entwicklungen und Rezeptionen geprägt waren, andererseits aber nach 1945 zum Teil Schritte in die zeitgenössische, also abstrakte Kunst setzten, wie etwa Herbert Boeckl, Franz Grabmayr, Ernst Höffinger und das Hagenbundmitglied Ferdinand Stransky. Dabei ist bemerkenswert, dass vor allem mit den spätexpressionistischen Tendenzen hervorragende Meisterwerke entstanden, die weit über Niederösterreich hinaus von österreichischem und internationalem Rang sind. Vor allem ist auf jene Entwicklung hinzuweisen, die sich auf verschiedene Formen der (internationalen) Abstraktion nach 1945 eingelassen hat und damit einen radikalen künstlerischen Neuanfang schufen (der Badener Arnulf Rainer, die Lengenfeldnerin Christa Hauer, um nur zwei zu nennen). Neben dem Thema des Portraits, Formen des Stilllebens, motivisch orientierter Malerei und Zeichnung (aber auch Druckgraphik) spielt die (niederösterreichische) Landschaft eine hervorra-

Herbert Boeckl, Das große Weltheater, 1955. Tempera auf Leinen, 125,5 × 111 cm.
Quelle: NÖLM/St. Pölten.

gende Rolle. Das Phänomen Landschaft (nicht zuletzt auch durch die Erfahrungen mit der Großstadt Wien geprägt) ist der rote Faden, der immer wieder verschiedenste Kunstströmungen und künstlerische Selbstverständnisse kennzeichnet und verbindet.

Das Thema Landschaft zählt neben dem Stillleben und dem Portrait zum klassischen Topos der Kunstgeschichte. Es stellt nicht nur ästhetisch eine große Herausforderung dar, sondern reflektiert in enger Weise das Verhältnis von Natur und Mensch, von Natur, Kultur, Gesellschaft und Kunst, wenn wir die Entwicklung etwa seit dem Impressionismus betrachten. Die Landschaftsdarstellung wird zu einem Synonym von Menschbild und Weltbild, von Identitätssuche und Identitätsfindung, aber auch von Harmonie und Disharmonie, von radikalen Landschaftsveränderungen und arkadischen Sehnsüchten.

Die Rezeption der Landschaftsdarstellung nach 1945 bedeutet, einerseits die spezifischen künstlerischen Programmatiken und Haltungen mit wahr zu nehmen, andererseits sich bewusst zu werden, dass die gesellschaftliche Gebrauchsweise von Landschaft in Form von Industrialisierung, Technisierung und Ökologisierung eine kritische und auch ironisierende Auseinandersetzung erfährt. Das künstlerische Selbstverständnis des Landschaftsdiskurses wird dabei nachhaltig von einer Generation geprägt, die um die Jahrhundertwende und zu Beginn des 20. Jahrhunderts geboren wurde. Leopold Birstinger, Herbert Boeckl, Josef Dobrowsky, Franz Elsner, Hans Fronius, Karl Gunsam, Leopold Hauer, Gustav Hessing, Ernst Huber, Oskar Matulla, Sergius Pauser, Heribert Potuznik, Ferdinand Stransky oder Carl Unger zählen zu jener Generation, welche die Erfahrung mit der Moderne, vor allem mit dem Impressionismus, dem Expressionismus und teilweise mit der Neuen Sachlichkeit noch vor dem Zweiten Weltkrieg machen konnte. Die Landschaft besitzt dabei unterschiedlichen Stellenwert in den künstlerischen Arbeiten, bei Herbert Boeckl ist sie zum Beispiel sowohl quantitativ als auch qualitativ essentieller Teil seines Gesamtwerkes; er zählt auch zu jener Professorengeneration auf der Akademie der Bildenden Kunst in Wien nach 1945, die sich mehrmals darüber beklagte, dass die Jüngeren die Landschaft beziehungsweise die Natur viel zu wenig ästhetisch „ausbeuten" würden. Für sie ist oft ein spätimpressionistisches und -expressionistisches Bildverständnis charakteristisch, das auch von einer jüngeren Generation aufgegriffen wird (Franz Grabmayr).

In den Werken der späten Vierziger- und Fünfzigerahre ist eine zunehmende Tendenz zur Abstraktion feststellbar, die Farben gewinnen an Autonomie, koloristische, pastose und schematisierende Malweisen, welche die Bildfläche betonen, rücken immer wieder in den Vordergrund (Herbert Boeckl, Maximilian Florian, Gustav Hessing, Carl Unger). Arnulf Rainer, Anton Lehmden nehmen in den Fünfzigerjahren besondere Positionen ein (Landschaft als Übermalung, als unendliches, unberührbares Phänomen oder als „naive" Malerei und nicht zu vergessen die spezifisch österreichische Rezeption des Surrealismus, gepaart mit einer außerordentlichen technischen Qualität der Malerei wie bei Anton

Lehmden). In geringem Ausmaß ist die Stadtlandschaft Thema, vor allem Wien (Franz Elsner), ebenso Technik und Industrialisierung (Carl Unger).

Mit dem Begriffspaar „Welttheater – Heimat" kann ein inhaltliches Spannungsfeld von künstlerischen Werken skizziert werden, das für die bildende Kunst nach 1945 für das Bundesland Niederösterreich bis heute in besonderer Weise Gültigkeit besitzt. Dies wird einerseits durch die politische Geschichte vom Habsburgischen Weltreich zum kleinen mitteleuropäischen Staat signifikant – von der globalen zur regionalen, lokalen Dimension gewissermaßen – zum anderen durch die katholisch-barocke Kultur- und Kunstgeschichte Österreichs, die sich nach dem Zweiten Weltkrieg in ihren avancierten Bereichen durch eine zunehmende Internationalisierung auszeichnet. Restaurative Tendenzen und die engagierte Rezeption der Moderne signalisieren aber auch bis heute fast dialektisch das Spannungsfeld von Ländlichem und Städtischem, das durch die geographische Lage um das einzige urbane Zentrum in Österreich herum, nämlich Wien, wie bereits oben angemerkt, für Niederösterreich eine besondere kultur- und gesellschaftsgeschichtliche Relevanz besitzt.

Heimat als Welttheater und Welttheater als Heimat kann für die bildende Kunst, aber auch für Literatur, Theater und Musik und insbesondere für die Malerei und Zeichnung in Niederösterreich als spezifischer Akzent beschrieben werden, der für viele Werke ein bestimmendes Moment darstellt. Heimat und Welt als Theater der Bilder umfasst zahlreiche thematische Facetten und bildnerische Perspektiven. Es sind die vielfältigen Aspekte des Lebens, der Geburt, der Kindheit und Jugend, des Erwachsenseins, des Alters, des Todes in ihren sozialen, gesellschaftlichen, kulturellen, historischen, aber auch politischen Verflechtungen, Zuständen, Ereignissen und Prozessen. Die Geste der Ironie klingt dabei ebenso an wie das Lachen über sich selbst oder den Tod. Ein Schlüsselwerk bildet dabei das Öl- und Temperabild „Das große Welttheater" von Herbert Boeckl, das er 1955 im Zusammenhang mit dem Staatsvertrag und der Neutralität Österreichs gemalt hat und welches zu Unrecht im

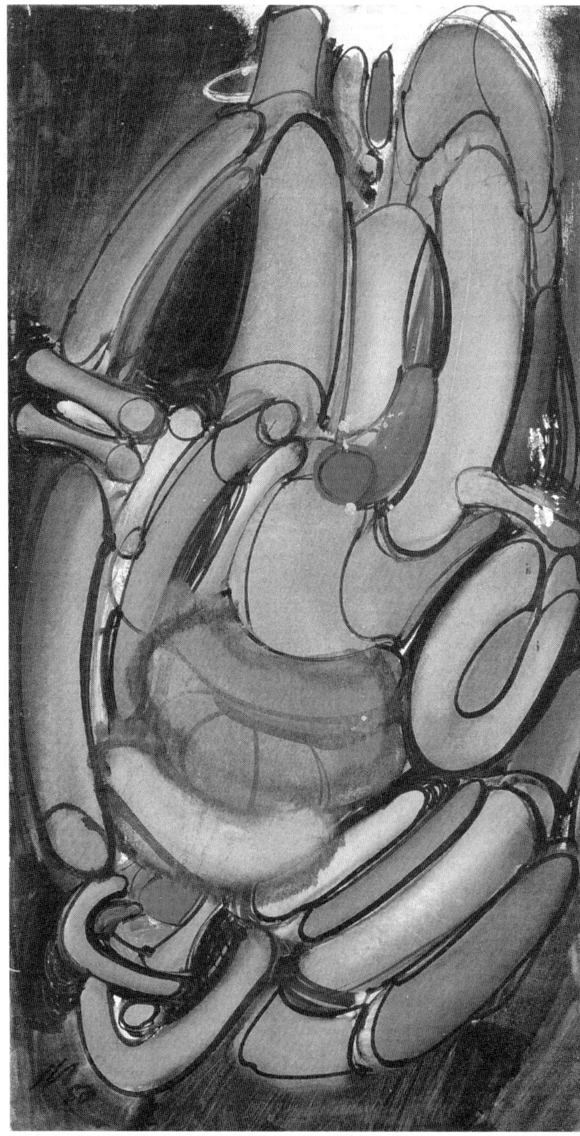

Josef Mikl, Figur 1950.
Quelle: NÖLM/St. Pölten.

Schatten von Sergius Pausers Staatsvertragsbildern steht.

Neben den (oft restauratorischen) und die Ereignisse des Nationalsozialismus negierenden oder fortsetzenden Rückgriffen auf die Zwischenkriegszeit und den Ständestaat, wie sie in der gegenständlichen Landschaftsmalerei feststellbar sind, beginnt eine intensive Rezeption und Auseinandersetzung mit der in Österreich oft verdrängten und nur marginal wahrgenommenen

internationalen Moderne und zeitgenössischen Kunst.
Dies bedeutet vor allem eine radikale Abkehr vom Figurativen beziehungsweise Gegenständlichen und eine Hinwendung zur damaligen internationalen Abstraktion. Mit der Absicht, den Surrealismus authentisch kennen zu lernen reiste Arnulf Rainer (gemeinsam mit Maria Lassnig) 1951 nach Paris und kam mit der Erfahrung des von Michel Tapié geprägten Begriffs Informels, einer französischen Form der Abstraktion, nach Österreich zurück. Aber es gibt in den Fünfzigerjahren auch bereits den Weg in die USA, wie bei Christa Hauer (von 1953 bis 1959), die die ihre Erfahrungen mit nichtgegenständlicher, gestisch-expressiver Kunst machen konnte. Bereits zur Geburtsstunde dieser Kunstströmung, die in Verbindung mit dem Action Painting eines Jackson Pollock und der Art Brut (Gugging – die Anfänge gehen in die Fünfzigerjahre zurück!) gesehen werden muss, gab es also in Österreich eine unmittelbare und eingehende Aufnahme und Reflexion.
In der Folge entstand eine vielfältige abstrakte Kunst, die – immer wieder in Verbindung mit einer expressiven Tradition – zu einer komplexen gestisch-expressiven Malerei führte (Peter Bischof, Johann Fruhmann, Arnulf Rainer). Eine weitere Facette abstrakter Kunst bildete die konstruktivistisch-geometrisierende Malerei (Theo Braun, Kurt Ingerl, Hildegard Joos), die bis heute viel zu wenig Beachtung findet und im Wiener Kinetismus im Umfeld von Franz Cizek eine bemerkenswerte Tradition aus den Zwanzigerjahren heraus aufweist. Dies gilt auch für die plastische und skulpturale künstlerische Arbeit nach 1945, wo vor allem im Umfeld von Fritz Wotruba (Josef Schnagerl, Hans Knesl u.a.) entscheidende Anstöße für abstrakte Tendenzen und Haltungen zum Vorschein kamen.
In aller Kürze sei abschließend noch auf infrastrukturelle Aspekte hingewiesen. Für die niederösterreichische Kunstlandschaft der Fünfzigerjahre ist nicht nur Wien mit seinen institutionellen Kunsteinrichtungen sehr prägend, sondern auch die zahlreichen, manchmal mit ihren Gründungsdaten bis zum Beginn des 20. Jahrhunderts zurückreichenden Kunstvereine in NÖ. 1955 wurde der Landesverband der Niederösterreichischen Kunstvereine gegründet, der derzeit 13 Vereine umfasst. Besonders zu nennen ist die Künstlergruppe „Der Kreis", der 1946 gegründet wurde (und bis 1976 existierte). In dieser losen Künstlervereinigung gibt es einen Pluralismus an künstlerischen Strömungen, vor allem auch viele Künstlerinnen wie etwa Greta Freist.

Die geographische, kulturelle und landschaftliche Vielfalt von Niederösterreich setzt sich in aufschlussreicher und lehrreicher Weise auch im künstlerischen Diskurs fort, hat hier viele Entsprechungen, Gegensätzlichkeiten und ästhetisch aufschlussreiche Phänomene. Vor allem aber gilt: Kunst ist immer integraler Teil einer Gesellschaft, eines Landes, ohne den diese um vieles ärmer wären. Denn die KünstlerInnen und die Kunst sind immer auch Rückblick und Vorausschau, Gegenwart und Zukunft, Identität und kritisches zeitgenössisches Statement (sieht man, wie bruchlos etwa der dem Nationalsozialismus verpflichtet gewesene Ernst Huber nach 1945 weitergemalt hat).[1]

Anmerkungen

[1] Es können hier nur sehr sporadische künstlerische Entwicklungs- und Veränderungslinien skizziert werden; folgende Publikationen sind Basis für den vorliegenden Text und zur weiteren Vertiefung angeführt: Wieland Schmied (Hg.), 20. Jahrhundert, in: Hermann Fillitz (Hg.), Geschichte der bildenden Kunst in Österreich, Bd. VI. München – London – New York, 2002; zum Überblick vgl. u.a. weiters: Niederösterreichisches Dokumentationszentrum für Moderne Kunst (Hg.), Österreichische Malerei nach 1945. Ausstellungskatalog. St. Pölten 1979; Otto Breicha, Anfänge des Informel in Österreich 1949–1954. Graz 1997; Kunst- und Ausstellungshalle der Bundesrepublik Deutschland (Hg.), Kunst aus Österreich 1896–1996. Ausstellungskatalog. München 1996; Tobias Natter (Hg.), Aufbrüche. Österreichische Malerei und Plastik der fünfziger Jahre. Wien 1994; NÖ Dokumentationszentrum für Moderne Kunst (Hg.), Österreichische Malerei nach 1945. Ausstellungskatalog. St. Pölten 1979; Erika Patka – Gabriela Nagler, Farbenlust und Formgedanken, abstrakte Wege in Österreich 1900–2000. Wien 2000; Patrick Werkner (Hg.), Kunst in Österreich 1945–1995. Wien 1996; Österreichische Galerie Belvedere (Hg.), Objekte. Skulptur in Österreich nach '45. Ausstellungskatalog. Wien 2001.

Wendelin Schmidt-Dengler

Von den Anfängen einer Erfolgsgeschichte. Österreichische Literatur 1945–1955

Dass man das Jahr 1945 nicht einfach als das „Jahr Null" der österreichischen Literatur bezeichnen kann, ist mittlerweile auch die Überzeugung der meisten Literaturhistoriker, denn alsbald wurde klar, dass trotz des Zusammenbruchs des „Dritten Reiches" vieles überdauerte, was eindeutig mit diesem verbunden war. Zum anderen jedoch trat eine neue Generation von Autorinnen und Autoren auf, die unter völlig anderen Bedingungen schreiben konnte als die vorige und die in der Folge auch das literarische Geschehen in der zweiten Jahrhunderthälfte bestimmen sollte. Überdies war eine Neuorientierung erforderlich; diese erfolgte allerdings zaghaft und war obendrein einigen Rückschlägen ausgesetzt, die auf mehrere Ursachen zurückzuführen sind.

Die Erscheinungsform dieser jungen Literatur in den ersten fünf Nachkriegsjahren ist denn auch durch die sehr restriktiven Publikationsmöglichkeiten gekennzeichnet: Der Nachwuchs erhielt seine Konturen in Anthologien und Zeitschriften, in denen er seine Produkte zum ersten Mal publizieren konnte. Die Herausgeberpersönlichkeiten verdienen in diesem Zusammenhang eine besondere Würdigung. Zu nennen ist die von Otto Basil herausgegebene Zeitschrift „Der Plan" (1945–1948) und die von Hans Weigel besorgten Jahrbücher „Stimmen der Gegenwart" (1951–1956). Für „Silberboot" zeichnete Ernst Schönwiese verantwortlich. Es ging Basil um „die Wiederaufrichtung eines geistigen Österreichertums von europäischem Zuschnitt und weltbürgerlicher Fülle". So wurden darin Texte von Kafka, Sartre, Camus und Brecht veröffentlicht, vor allem also Texte, zu denen der Zugang in der Nazizeit verwehrt war. In einem Heft waren auch Namen vertreten, die später repräsentativ für die österreichische Literatur werden sollten, so Ilse Aichinger, Friederike Mayröcker, Herbert Eisenreich, Milo Dor, Erich Fried, und im letzten Heft veröffentlichte Basil Gedichte von Paul Celan. Die Hoffnung, so etwas wie eine spezifisch österreichische Kontinuität herstellen zu können, unterdrückt in einigen Fällen die Klage und Anklage wider diejenigen, die sich als Totengräber betätigt hatten, da dadurch die Suche nach einer breiten Basis für einen patriotischen Konsens gefährdet worden wäre.

Das Stichwort für das Weltverständnis der neuen Generation lieferte die damals sechsundzwanzigjährige Ilse Aichinger mit ihrem nur eine Seite langen Text „Aufruf zum Misstrauen", ein Schlüsseltext für die mentale Disposition der Autorinnen und Autoren in diesen ersten Nachkriegsjahren. Ihre Anklage richtet sich aber nicht gegen ein Allgemeines, gegen die politischen Mächte, sondern gegen das Individuum: „Trauen wir dem Gott in allen, die uns begegnen, und misstrauen wir der Schlange in unserem Herzen! Werden wir misstrauisch gegen uns selbst, um vertrauenswürdiger zu sein!" Die Mahnung an ihre Zeitgenossen, sich nicht allzu schnell mit der Vergangenheit abzufinden und nicht nur in die Zukunft zu blicken, ist triftig bis auf unsere Tage.

Für die Literatur bedeutet das auch eine allmähliche Restauration der literarischen Formensprache, auch wenn in zahlreichen Texten sich entscheidende Reserven oder markante Brüche finden, die deutlich anzeigen, dass dieser Prozess nicht so glatt vor sich gehen konnte. Wiederum liefert Ilse Aichinger das markanteste Beispiel; das Erzählen erscheint ihr höchst fragwürdig geworden, es sei, wie sie in einem programmatischen Text befindet, eine „Rede unter dem Galgen". In ihrem Roman „Die größere Hoffnung" geht es um das Schicksal des Mädchens Ellen, Tochter einer jüdischen Mutter und eines „arischen" Vaters. Aichinger verzichtet auf eine realistische Erzählweise und vertraut der suggestiven Kraft der Symbole.

Für die Illusion der Wiederherstellung des Kunstbetriebes eignete sich der Illusionsraum des Theaters am besten, und nichts schien so sehr Kontinuität und Integrität des Österreichischen zu garantieren wie das Burgtheater. Das Stück des in die Schweiz emigrierten Fritz Hochwälder

Heimito von Doderer, 1951.
Quelle: ÖNB/Bildarchiv/Wien.

„Das heilige Experiment" (1943) wurde zum Bühnenerfolg der Nachkriegszeit schlechthin. Es erlebte seine Burgtheaterpremiere 1947 und handelt von der scheiternden Sozialutopie des Jesuitenstaates im 18. Jahrhundert. Das Burgtheater konnte mit einem ideologisch unverfänglichen Werk seinen Existenzbeweis antreten und auch die Existenz einer jungen österreichischen Literatur bestätigen.

Bis zu Beginn der Fünfzigerjahre dominieren die kleinen Formen. Der große Roman war ein Genre, das Heimito von Doderer 1951 mit dem Roman „Die Strudlhofstiege oder Melzer und die Tiefe der Jahre" erfolgreich erneuerte. Auch der 1956 erschienene Roman „Die Dämonen" stellte auf Grund seines Umfangs kein nennenswertes Hindernis für die Aufnahme dar: Viel eher schien gerade die Monumentalität dieser Werke nicht nur die Wiedererstehung der österreichischen Literatur, sondern auch die des österreichischen Staates anschaulich zu beweisen. Für die Dauer des Romans entsteht Ordnung, doch nach dessen Ende werden die Figuren in das Chaos des Lebens entlassen. Die Fülle der Bilder erzeugt eine Spannung zwischen dem chaotischen Leben und dem geordneten Kosmos der Erzählung.

„Die Strudlhofstiege" diente Doderer als Rampe für seinen zweiten großen Roman „Die Dämonen", an dem er schon in den Dreißigerjahren gearbeitet hatte und der in den Ereignissen des 15. Juli 1927 seinen Abschluss und Höhepunkt finden sollte. Doderer versuchte damit, die Dämonen der Vergangenheit zu verbannen und Schuld und Lasten gleichmäßig zu verteilen. In das auf Ausgleich der Gegensätze bedachte Klima der Großen Koalition in der Zeit um die Unterzeichnung des Staatsvertrags passte Doderers Roman ausgezeichnet. Eine ähnliche Wirkung blieb leider den Romanen George Saikos „Auf dem Floß" (1948) und „Der Mann im Schilf" (1954) versagt; sie sind als exakte Diagnosen der Befindlichkeit komplexer Charaktere zu lesen, die über signifikante oder krisenhafte Situationen der österreichischen Geschichte Auskunft geben. „Der Mann im Schilf" ist der erste bedeutende Versuch, die so undurchsichtige Situation im Ständestaat im Zusammenhang mit dem Juliputsch des Jahres 1934 zu erfassen.

Am heikelsten erweist sich die Wiederherstellung des Gedichts. Das berühmte Wort Adornos, dass Gedichte nach Auschwitz zu schreiben „barbarisch" sei, darf nicht als Verbot verstanden werden, sondern als nachdrücklicher Hinweis darauf, dass auch die Sprache der Lyrik die Betroffenheit durch den Holocaust nicht unterschlagen dürfe. Gerade die Texte der jungen Lyriker sind geprägt von dieser Last der Geschichte. Die meisten Gedichte können Eindrücke der Lektüre Trakls und Rilkes kaum verbergen, aber es wäre nicht angebracht, diese Produkte als epigonal abzutun. Mit Hertha Kräftner, die 1951 im Alter von 23 Jahren aus dem Leben schied, Gerhard Fritsch, der 1969 im Alter von 45 Jahren auch durch eigene Hand starb, und Ingeborg Bachmann, die in Rom an den Folgen von Verbrennungen 1973 mit

47 Jahren starb, sind die Namen genannt, die für diese jüngere Generation als repräsentativ gelten können, sich allerdings nicht avantgardistischen Methoden anschlossen. In der unverwechselbar drastischen Bildersprache der Gedichte Hertha Kräftners spiegelt sich die bedrückende Situation, der sich die junge Literatur ausgesetzt sah; Gerhard Fritschs Lyrik ist bestimmt von einer intensiven Bindung an Österreich, zugleich aber spürt man in jeder Zeile das Entsetzen und die Betroffenheit über die Zustände in diesem Lande.
Die Gedichte Ingeborg Bachmanns erfreuten sich in kürzester Zeit der Aufmerksamkeit der deutschen Literaturkritik. Mit den beiden Gedichtbänden „Die gestundete Zeit" (1953) und „Die Anrufung des Großen Bären" (1956) wurde eine neue Stimme vernehmbar, die in unverwechselbar einprägsamen Bildern die Möglichkeiten des Dichtens in den Jahren unmittelbar nach dem Krieg beschwor: Die frühen Gedichte zeugen trotz aller Skepsis von dem intensiven Willen, doch der Poesie und im besonderen dem Gedicht zu ihren Rechten zu verhelfen.
Die Startschwierigkeiten der etwa von 1920 bis 1930 geborenen Autorinnen und Autoren sind allen literarischen Genres eingeschrieben; Skepsis und Hoffnungslosigkeit sind nicht nur Ausdruck individueller psychischer Konstitution, sondern vielmehr kollektiver Betroffenheit. Die Honorare für literarische Arbeiten waren schäbig; die meisten mussten einem Brotberuf nachgehen. Auch an den Universitäten wurde ihnen wenig Erbauliches geboten. Herbert Eisenreich hat in seinem als Fragment erschienenen Roman „Die abgelegte Zeit" (1985) die Situation der jungen Intellektuellen, vor allem der Künstler, in der Nachkriegszeit eingehend beschrieben und auch die seltsame Symbiose zwischen den verschiedenen Disziplinen anschaulich gemacht – ein Roman als wichtiges Quellenwerk für die kulturgeschichtliche Analyse. Einige Autoren wie Ilse Aichinger, Ingeborg Bachmann, Herbert Eisenreich und Milo Dor erhielten bei den Tagungen der renommierten „Gruppe 47" ein Forum und konnten von da aus auch Kontakte zu bundesdeutschen Verlagen und Rundfunkstationen knüpfen.

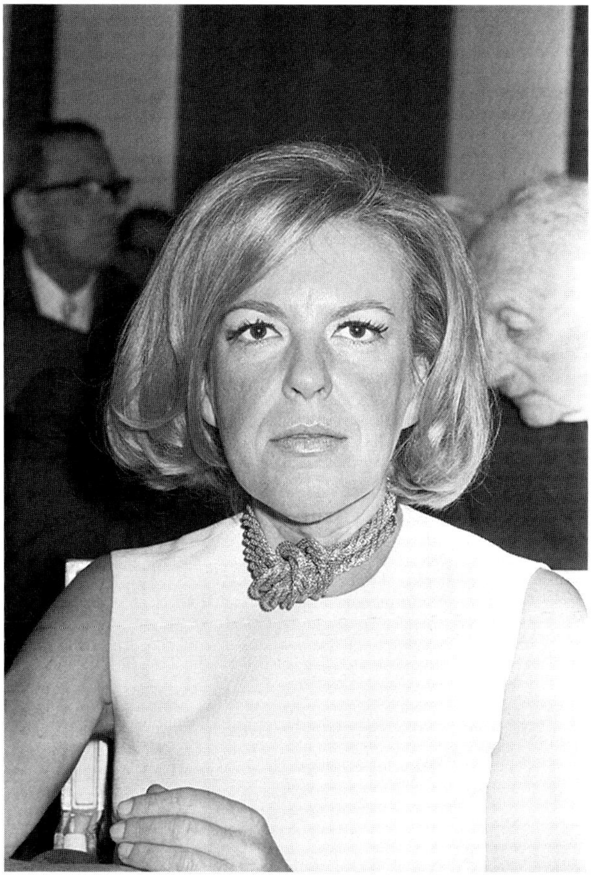

Ingeborg Bachmann, 1957.
Quelle: Foto Votava/Wien.

Indes wurden gerade in den frühen Fünfzigerjahren – so gut wie unbemerkt von der Öffentlichkeit – die Fundamente für eine Umorientierung der literarischen Produktion gelegt. Mit der Gründung des „Forum" durch Friedrich Torberg, der aus dem Exil in den USA zurückgekehrt war, im Jahre 1954 kam nicht nur ein frischer Schwung in das kulturkritische Feuilleton, sondern es gab auch ein neues Zentrum für Kontroversen, die bis zum Ende der Zeitschrift in den Neunzigerjahren für eine Belebung der Szene sorgten.
Österreich erhielt 1955 mit „Wort in der Zeit" auch die erste offizielle Literaturzeitschrift, deren Herausgeber Rudolf Henz bereits in der Zeit des Ständestaates eine wichtige Persönlichkeit im kulturellen Leben gewesen war.
Eine wichtige Publikationsmöglichkeit bildete ab 1948 die Zeitschrift des Theaters der Jugend

„Neue Wege", die vor allem für Lehrer und Schüler gedacht war und somit mehr Leser erreichte als die in kleinen Auflagen erscheinenden Zeitschriften streng avantgardistischer Observanz. Der Ehrenplatz für eine grundsätzliche Umorientierung nicht nur der literarischen Praxis, sondern ästhetischer Konzeptionen überhaupt gebührt der – so genannten – „Wiener Gruppe", deren einzelne Mitglieder sich vor allem durch ihre Texte profilierten. Es handelte sich bei der „Wiener Gruppe" nicht um eine straff organisierte Formation, doch gab es so etwas wie einen ästhetischen Kodex, der zwar nicht schriftlich Punkt für Punkt formuliert war, jedoch jede Verfehlung – auch unter den Gruppenmitgliedern – ahndete und auf einen Bruch mit allem setzte, was sich traditionellen mimetischen, im engeren Sinne realistischen Voraussetzungen verpflichtet sah. Mit den bereits charakterisierten Tendenzen der Literatur nach 1945 hatte sie so gut wie nichts gemein und ging zu der Lyrik von Celan und Bachmann nachdrücklich auf Distanz.

H.C. Artmann gab die ersten Impulse; bereits 1951 hatte er in den „Neuen Wegen" Gedichte veröffentlicht und sich für den Surrealismus eingesetzt; er war dafür von Herbert Eisenreich, der sich als Verfasser von Kurzgeschichten einen Namen machte, heftig kritisiert worden, und dies im Bekenntnis zu einer Sprache und ihren Moral wie künstlerische Qualitäten garantierenden Normen. Im Kern ist in dieser Auseinandersetzung zwischen Artmann und Eisenreich bereits die Opposition erkennbar, die in den nächsten 20 Jahren auch die Frontenbildung in der österreichischen Literatur charakterisieren sollte. Artmann traf 1952 Gerhard Rühm, und dies sollte der Beginn der höchst produktiven Zusammenarbeit von später fünf Autoren werden. Friedrich Achleitner, Konrad Bayer und später Oswald Wiener kamen zu den beiden hinzu. Auch Andras Okopenko und Ernst Jandl veröffentlichten ihre lyrischen Versuche in den „Neuen Wegen". In der „Acht-Punkte-Proklamation des poetischen Actes" (1953) von H.C. Artmann wird – höchst radikal und nicht ganz von ungefähr an romantische Prämissen erinnernd – die Poetisierung des Alltags gefordert: „Es gibt einen Satz, der unangreifbar ist, nämlich der, dass man Dichter sein kann, ohne auch irgendjemals ein Wort geschrieben und gesprochen zu haben."

Die „Wiener Gruppe" agierte in der ersten Hälfte der Fünfzigerjahre noch im Verborgenen, allerdings hatte diese Avantgarde auch ihre Zentren in verschiedenen Lokalen (z.B. im „Strohkoffer"). Eine größere Öffentlichkeit wurde sich der literarischen Bedeutung der „Wiener Gruppe" erst durch den von Gerhard Rühm im Jahre 1966 edierten Sammelband bewusst.

Bezeichnet man die Zeit von 1945 bis 1955 nur als eine Epoche der restaurativen Bemühungen auf dem Felde der Literatur, so verkennt man zweifellos wesentliche Ansätze, die allerdings erst später zum Tragen kamen und dafür sorgten, dass Texte aus Österreich zu einem Markenartikel auf dem internationalen Büchermarkt werden konnten. Doch bis dahin war es ein weiter Weg, die Grundlagen dafür wurden allerdings im ersten Jahrzehnt nach dem Zweiten Weltkrieg gelegt.[1]

Anmerkungen

1 Zu den vorangegangenen Ausführungen vgl. z. B.: Wendelin Schmidt-Dengler u.a. (Hg.), Literaturgeschichte: Österreich. Prolegomena und Fallstudien. Philologische Studien und Quellen 132. Berlin 1995.

Andrea Lang – Franz Marksteiner –
Andreas Ungerböck

Film und Kino in Österreich zwischen 1945 und 1955

Wer an den österreichischen Nachkriegsfilm der Vierziger- und Fünfzigerjahre denkt, dem werden zuallererst Bilder von feschen Jägern, Sennerinnen und Wilderern, von Prinzessinnen und Kaisern, von Wiener Sehenswürdigkeiten und alpenländischen Naturschönheiten in den Sinn kommen. Und man erinnert sich wahrscheinlich an Schauspieler und Schauspielerinnen wie Hans Moser und Paul Hörbiger, an Romy und Magda Schneider, an Rudolf Prack und Johanna Matz, Waltraut Haas und viele andere. Gehört man der Generation der nach 1960 Geborenen an, werden diese Erinnerungen wahrscheinlich vom Bild des elterlichen Wohnzimmers, in dem der Fernseher stand, umrahmt, wo man diese Filme konsumierte, als sie längst aus den Kinos verschwunden waren, im Fernsehen aber umso zuverlässiger Samstag für Samstag im Nachmittagsprogramm gezeigt wurden.

Wie immer man zu diesen Filmen steht, wo immer man sie in seiner eigenen Werteskala zwischen den Polen Kitsch und Kult oder Schwachsinn und Filmkunst einordnet, lohnt es sich doch, sie als populärkulturelle Artefakte einer Ära zu betrachten und danach zu fragen, ob und wie sie über ihre Entstehungszeit Auskunft geben. Dabei wird man wahrscheinlich ziemlich schnell verzweifeln, wenn man sie als Spiegel der damaligen Realität begreifen möchte. Lesen lässt sich darin nicht die Wirklichkeit, sondern die Wünsche, die man zu einer bestimmen Zeit an die Wirklichkeit hatte. So kann man auch in einem noch so schlichten Heimatfilmchen Linien erkennen, die es mit den anderen Produktionen und darüber hinaus mit der allgemeinen Befindlichkeit seiner Entstehungszeit verbindet.

Insgesamt sind es 209 Spielfilme, die die Österreichische Filmografie des Filmarchivs Austria für die Jahre 1946 bis 1955 auflistet. 1946 sind es vier Filme, die mit österreichischem Ursprungszeugnis entstehen, 1947 sind es bereits 16, danach kontinuierlich zwischen 18 und 28, wie im Jahr 1951. Darüber hinaus wurden in Österreich natürlich auch Filme von Produktionsfirmen aus anderen Ländern gedreht, die zum Teil auf österreichisches Personal sowohl vor als auch hinter der Kamera zurückgriffen. Am bekanntesten ist wohl Carol Reeds britische Produktion „The Third Man" (1948), am häufigsten aber produzierten deutsche Firmen in Österreich. Sie drehten zum Teil Filme, die man, was Inhalt und Schaupieler betrifft, durchaus als österreichisch bezeichnen könnte, auch wenn sie ein deutsches Ursprungszeugnis tragen. Während die Orientierung des heimischen Filmschaffens am deutschen Markt zunächst noch gar nicht auszumachen war, verfestigte sie sich zunehmend ab etwa 1948.

Beginnen wir mit dem Jahr 1945, als alles in Trümmern lag. „Der weite Weg" hieß der erste österreichische Film, der nach der Befreiung durch die Alliierten Truppen in die österreichischen Kinos kam. Produziert wurde er von Eduard Hoesch und dessen Firma Donau-Film. Gedreht wurde auf Filmmaterial, das von der sowjetischen Besatzungsmacht zur Verfügung gestellt wurde. Hoesch führte auch Regie. Die Hauptrollen spielten Rudolf Prack, Hans Holt und Maria Andergast, in den Nebenrollen sah man eine Reihe von Klein- und Kleinstdarstellern, die – ebenso wie die Stars – aus zahlreichen Produktionen vor und während der Kriegsjahre bekannt waren. Zwar wurde vor und bei der Premiere am 23. August 1946 von offizieller Seite viel von den Hoffnungen gesprochen, die man in die neue österreichische Filmproduktion setzte, von Neuanfang konnte man, zumindest in personeller Hinsicht, kaum sprechen.

Man sah „ganz alte" Bekannte wie Hans Moser und Paul Hörbiger neben jüngeren, wie O. W. Fischer, die ihre Karriere während der Kriegsjahre begonnen hatten und erst nach 1945 richtig groß wurden. Dazu kam eine neue Generation von Schauspielerinnen und Schauspielern, die erst nach 1945 zum Film kam, wie etwa Romy Schneider. Von einer Zäsur durch das Kriegsende und den Zusammenbruch des „Dritten Reiches" bemerkte man auf der Leinwand nur wenig. Hinter der Kamera war die Kontinuität noch augen-

Orson Welles in „Der Dritte Mann“ (1948, Regie: Carol Reed).
Quelle: Filmarchiv Austria/Wien.

scheinlicher: Es ist kein Geheimnis, dass Personen, die nach Kriegsende als „Belastete“ kurzfristig mit Berufsverbot belegt worden waren, oftmals unter Pseudonym arbeiteten bzw. später in den Filmcredits nicht angeführt wurden.

Was in Filmen wie „Der weite Weg“ auf jeden Fall neu war, war der brachiale Patriotismus, der die Handlung dominiert. Die erste Hälfte des Films spielt in einer Baracke eines russischen Kriegsgefangenenlagers, in der ausschließlich Wehrmachtssoldaten aus Österreich untergebracht sind, die lautstark ihrem Heimweh Ausdruck verleihen und schließlich auf der Heimfahrt beim Anblick eines „österreichischen Kalberls“ in patriotische Verzückung ausbrechen. Die zweite Hälfte ist der Wiedereingliederung des Heimkehrers Franz Manhart (Rudolf Prack) in die Nachkriegsgesellschaft gewidmet und der Aussöhnung mit seiner Frau (Maria Andergast), die er der Untreue verdächtigt. Manhart hat im Lager jenen Mann getötet, von dem er glaubte, er habe seine Frau während eines Fronturlaubs verführt. Am Ende des Films jedenfalls wird alles verziehen, und jegliche Schuld ist getilgt. Vieles von dem, was in „Der weite Weg“ angedeutet wird, zieht sich wie ein roter Faden durch die Spielfilme der Nachkriegszeit. Am auffälligsten ist die Aufforderung, wieder Österreicher zu sein. Und wenn es in anderen Produktionen auch nicht ganz so plump und überdeutlich zutage tritt, so ist das Gros der österreichischen Filme bis 1955 doch augenscheinlich dem Aufrag verpflichtet, zur Konstruktion einer neuen österreichischen Identität beizutragen.

Dass das Bekenntnis zu einer österreichischen Nation und die Bildung eines Nationalbewusst-

Paul Hörbiger und Hans Moser im legendären „Hallo Dienstmann" (1952, Regie: Franz Antel).
Quelle: Filmarchiv Austria/Wien.

seins für den neuen Staat von großer Bedeutung war, stand für die im Parlament vertretenen Parteien außer Frage. In seltener Einigkeit deklarierten sich Kommunisten und ÖVP offen für die österreichische Nation, während sich die Sozialdemokraten aufgrund ihrer internationalistischen Tradition zunächst eher zögerlich verhielten, ehe sie später doch noch in diese Richtung einschwenkten. Auf der Leinwand jedenfalls arbeitete man bereits unmittelbar nach dem Krieg daran. Zu den wichtigsten Aspekten dieser Nationsbildung gehörte die Besinnung auf die „österreichischen Werte": Natur, Kultur, eine glorreiche Vergangenheit und gleichzeitig die Abgrenzung gegenüber allem Deutschen. Dies alles wird in „Der weite Weg" ganz offensiv angesprochen.

1948 entstand, ebenfalls als Produktion von Hoeschs Donau-Film, unter der Regie Eduard von Borsodys der Film „Arlbergexpress". Auch hier ist ein Heimkehrer die Hauptfigur, auch hier geht es um die Wiedereingliederung in die Nachkriegsgesellschaft. Während Franz Manhart jedoch recht rasch beim Brückenbau unterkommt, tut sich der Musiker Hans Leitner (Paul Hubschmid, ein Schweizer Schauspieler im Übrigen) damit wesentlich schwerer. Um wieder in seinem Beruf Fuß fassen zu können, braucht er zunächst erstens eine Geige und zweitens einen Frack. Um es kurz zu machen: Er findet natürlich beides, und eine Frau noch dazu. Dazu jedoch muss er hinaus aus dem zerbombten Wien. Das Schicksal verschlägt ihn in ein idyllisches Bergdorf, wo er

„Der weite Weg" (1946, Regie: Eduard Hoesch).
Quelle: Filmarchiv Austria/Wien.

unter der Obhut eines alten Geigenbauers an Leib und Seele gesundet, um danach seinen Job als Mitglied des Staatsopernorchesters antreten zu können.

Dieses Gesunden an der Natur, die plakativ in ausgesucht schöne Landschaftsbilder gegossen wurde, war ein wesentliches Motiv des österreichischen Heimatfilms. Gleichzeitig wurde die Natur darin als touristisches Angebot aufbereitet, ein Angebot, das sich vor allem an die bundesdeutschen Nachbarn richtete (die dann aber nicht selten als reichlich vertrottelte Sommerfrischler auftreten). Filme wie „Der Förster vom Silberwald" (1954, Regie: Alfons Stummer) oder „Die Sennerin von Sankt Kathrein" (1955, Regie: Herbert B. Fredersdorf), beide mit dem damaligen Traumpaar Anita Gutwell und Rudolf Lenz, belegen dies. Sie zeigen aber auch, dass die These, der Heimatfilm sei der österreichische Western, zu kurz greift. Denn gerade wo es im Western um die Eroberung der Natur durch den Menschen geht, geht es im Heimatfilm um die Konfrontation des nicht selten durch das Stadtleben entwurzelten Menschen mit der Natur, die selbstverständlich immer gewinnt. Selbst in Filmen wie „Das Lied der Hohen Tauern" (1955, Regie: Anton Kutter), die technische und zivilisatorische Großtaten wie den Bau des Kraftwerks Kaprun feiern, muss die Aussöhnung zwischen Natur und Mensch erst vollzogen werden, damit das Projekt gelingt.

Sowohl „Der weite Weg" als auch „Arlbergexpress" widerlegen das Vorurteil, dass in österreichischen Nachkriegsfilmen keine Trümmer gezeigt wurden. In „Arlbergexpress" wird sogar ganz deutlich auf die Lebenssituation im zerbombten Wien Bezug genommen. Ein anderes weit verbreitetes Vorurteil ist, dass im österreichischen Film die unmittelbare Nazi-Vergangenheit des Landes ausgespart worden sei. Auch das

„Der Förster vom Silberwald" (1954, Regie: Alfons Stummer).
Quelle: Filmarchiv Austria/Wien.

stimmt nicht. Zwar sind es nur wenige, dafür aber nicht die schlechtesten Produktionen, die sich dieser Problematik annehmen. Als Beispiel seien „Das andere Leben" (1948, Regie: Rudolf Steinboeck) oder „Duell mit dem Tode" (1949, Regie: Paul May) genannt. In beiden Filmen geht es um Widerstand innerhalb der Wehrmacht.

Neben der Natur baute man – wie weiter oben erwähnt – auf die großartige Kultur und Österreichs glorreiche Vergangenheit. Dass diese Vergangenheit weit vor den Jahren zwischen 1938 und 1945 liegt und meist in knalliges Zuckerlrosa getaucht ist, ist bekannt. Filme wie „Die Deutschmeister" (1955, Regie: Ernst Marischka) oder Franz Antels Remake von „Der Kongress tanzt" (1955) sind die Agfacolor-Belege einer filmischen Habsburg-Renaissance, ebenso wie die „Sissi"-Trilogie (1955–1957, Regie: Ernst Marischka), die neben der Restauration des kaiserlichen Mythos auch viele schöne Bilder vom Urlaubs- und Heimatland Österreich anzubieten wusste. Das damals in den Filmen verbreitete Geschichtsbild sollte aber auch dazu dienen, die Rolle Österreichs als Opfer zu untermauern. In „Entlastungsproduktionen" wie „Der Engel mit der Posaune" (1948) wird österreichische Geschichte als Zyklus von Werden und Vergehen dargestellt, in dem der Mensch nur bedingt sein Schicksal beeinflussen kann. Unter Karl Hartls Regie spielen darin alle großen und „seriösen" österreichischen Schauspieler und zum einzigen Mal gemeinsam das Dreigestirn des Hörbiger-Clans: Paula Wessely, Attila und Paul Hörbiger.

Eine ähnliche Dichte an Stars weist nur „1. April 2000" (1952) auf, jene inzwischen mit Kultstatus behaftete Großproduktion, bei der keine Kosten, Mühen und Peinlichkeiten gescheut wurden, um Österreich so zu zeigen, wie man es gerne sehen wollte: groß in der Tradition, aber klein und „unschuldig" in der Gegenwart. Und schließlich gelingt es auch. Josef Meinrad bekommt Hilde Krahl und Österreich den Staatsvertrag. Regie führte übrigens der Deutsche Wolfgang Liebeneiner, der „seinerzeit" eine prominente Stellung im NS-Filmwesen eingenommen hatte.

Kino war in den Nachkriegsjahren das unumstritten beliebteste Freizeitvergnügen in Österreich – zumindest so lange, bis sich das Fernsehen auch hierzulande seinen Weg bahnte. Das dauerte: Am 1. August 1955 startete der Österreichische Rundfunk sein Versuchsprogramm, und erst ab 1. Jänner 1957 gab es ein regelmäßiges Programm. Das Fernsehen trat seinen Siegeszug spät an, aber dafür sehr gründlich – das belegen die Kinobesuchszahlen deutlich. 1949 verzeichneten die österreichischen Lichtspieltheater 99,5 Millionen Besucher[1], 1951 waren es 105 Millionen, 1955 schon 110,7 Millionen, und im Jahr 1958 erreichte der Kinoboom mit 122 Millionen. Besuchern seinen Höhepunkt: Das heißt, dass jeder Österreicher/jede Österreicherin im Schnitt mehr als 15 Mal pro Jahr ins Kino ging – heute geht man durchschnittlich etwas mehr als zwei Mal. Doch das war auch schon der Anfang vom Ende: 1961 verzeichnete man gerade noch 100,4 Millionen Besucher, danach fiel die Besucherzahl jährlich konsequent um etwa acht bis zehn Millionen, ehe man 1992 bei einem traurigen Tiefststand von 9,34 Millionen angelangt war. Heute verzeichnet man rund 17 bis 19 Millionen Besucher jährlich[2].

Ebenso spektakulär war die Zahl der Kinos selbst[3]: 1955 gab es in Österreich 1.170 Kinos (alle natürlich mit nur einem Saal), davon 333 (also rund 30 Prozent) allein in Niederösterreich. Auch hier markiert 1958 das Rekordjahr: 1.244 Lichtspielhäuser lockten die Besucher an, davon 201 in Wien, 214 in der Steiermark und 197 in Oberösterreich. Dieser Bestand konnte trotz der katastrophal schwindenden Besuchermassen recht lange gehalten werden – erst 1970 fiel die Anzahl der Kinos auf unter 1.000, das Kinosterben, vor allem in ländlichen Gebieten, setzte vehement ein. 1994 war mit 379 Kinos der Tiefststand erreicht. Heute gibt es zwar nur noch 176 Kinos in Österreich, aber – dank der zahlreichen Kinocenter – wieder 553 Säle.[4]

Anmerkungen

1 Andreas Ungerböck (Hg.), Österreichisches Kinohandbuch 1998/1999. Wien 1998 (= Ungerböck, Österreichisches Kinohandbuch), Statistikteil, Tabelle 7.

2 Homepage des Fachverbandes der Lichtspieltheater: www.diekinos.at

3 Ungerböck, Österreichisches Kinohandbuch, Statistikteil, Tabelle 4.

4 Homepage des Fachverbandes der Lichtspieltheater: www.diekinos.at

Martin Moll

Bildung und „Re-Orientation“

In der Endphase der NS-Herrschaft hatten sich die Rahmenbedingungen für das Bildungswesen dramatisch verschlechtert; mit dem Kriegsende kam es überall zu einem Zusammenbruch. Als die alliierten Truppen in Österreich einrückten, requirierten sie intakte Schulgebäude zur Unterbringung ihrer Soldaten. Ein Teil der Schulen war zerstört oder beschädigt. Es überrascht daher, dass ausgerechnet in dem besonders in Mitleidenschaft gezogenen Ostösterreich der Unterricht auf Betreiben der sowjetischen Besatzungsmacht am raschesten wieder in Gang kam. Bis zum Frühherbst 1945 war es im Osten möglich, das Schuljahr 1944/45 zu einem Abschluss zu bringen. In den westlichen Zonen hatten die Besatzer hingegen den Unterricht, soweit er noch erteilt wurde, einstellen lassen; erst ab dem Herbst kam er langsam wieder in Gang. Ob das letzte Kriegsschuljahr wiederholt werden musste oder nicht, differierte von Bundesland zu Bundesland.[1] Meistens mussten die Lehrer und Schüler selbst die demolierten Gebäude wieder in Stand setzen und ohne Mobiliar und Lehrbehelfe auskommen.[2] Die desolate Lage wurde noch durch den einsetzenden Ansturm auf die Bildungseinrichtungen, eine Folge des kriegsbedingten Rückstaus, verschärft.

Die Wiedererrichtung einer Schulverwaltung verlief chaotisch, sodass die Länder mit einem Notunterricht experimentierten. Man bildete Landesschulräte aus den Resten der reichsdeutschen Verwaltung; erst die Anerkennung der Regierung Renner nach der ersten Länderkonferenz vom Herbst 1945 beendete diese Zersplitterung, wenngleich die Vereinheitlichung des Schulwesens noch viel Zeit erforderte. Der nächste Schritt war die Säuberung des Lehrerstandes, der zu einem hohen Prozentsatz der NSDAP angehört hatte. Bei starken regionalen Schwankungen und abhängig vom Schultyp wurde im Schnitt jeder fünfte Lehrer wegen seiner braunen Vergangenheit entlassen. Im März 1947 standen rund 18.800 weiter verwendeten Pflichtschullehrern mehr als 5.900 vom Dienst enthobene gegenüber. Bei den Mittelschullehrern lautete das Verhältnis 3.400 zu 1.250. Für die verbliebenen Pädagogen wurden Kurse eingerichtet, die ihr Österreichbewusstsein stärken sollten. Der personelle Aderlass ließ anfangs kaum reguläre Verhältnisse zu.[3] Ab 1947 kehrten nach den Amnestiegesetzen die meisten der entlassenen, minderbelasteten Lehrer auf ihre Posten zurück. Um 1950 besserte sich die Personallage endgültig, denn nun traten jene Personen in den Schuldienst ein, die nach Kriegsende ihr Studium aufgenommen hatten.

Als Karl Renner am 27. April 1945 seine Provisorische Regierung konstituierte, übertrug er dem Kommunisten Ernst Fischer das Staatsamt für Volksaufklärung, Unterricht, Erziehung und Kultusangelegenheiten. Propaganda und Schulaufbau gedachte Fischer als Hebel für gesellschaftspolitische Veränderungen einzusetzen.[4] Fischer verstand es, eine weitgehende Kontrolle über das Bildungswesen zu errichten; zu seinen ersten Maßnahmen gehörte die Neufassung von Schulbüchern und Lehrplänen bzw. deren Säuberung vom NS-Gedankengut. Der Druck neuer Bücher scheiterte des öfteren an alliierten Einwendungen. Von 1945 bis Ende 1948 erschienen dann aber 286 Schulbücher in einer Auflage von 7,3 Millionen Stück. Seit Februar 1946 wurde auch der Rundfunk für Schulsendungen eingespannt.[5] In Summe erreichte die KPÖ, bis 1947 für Bildung zuständig, dass die Beseitigung der reichsdeutschen Schulstruktur und die Säuberung des Lehrerstandes weit fortgeschritten waren, bevor sich die vier Alliierten auf gemeinsame Ziele ihrer Erziehungspolitik einigen konnten.

Die USA hatten bereits 1944 vorbereitende Direktiven ausgegeben, die auf die Beseitigung des NS-Einflusses auf das Schulwesen sowie auf eine Wiederherstellung des Zustandes vor 1934 abzielten.[6] Diesen Richtlinien scheinen die übrigen Alliierten stillschweigend zugestimmt zu haben. Im Juni 1945 erhielt der Befehlshaber der US-Truppen in Österreich den Auftrag, im Sinne der „Re-Orientation“ der Entwicklung demokratischer Strukturen an den Schulen besonderes Augenmerk zu schenken.[7] Alle vier Besatzungsmächte verfügten über eigene Abteilungen für

Ernst Fischer (li.), hier auf der ersten Parteikonferenz der KPÖ nach dem Zweiten Weltkrieg.
Quelle: DÖW/Wien.

Schul- und Erziehungsfragen, die nach dem Ersten Kontrollabkommen (4. Juli 1945) zum „Quadripartite Committee on Educational Affairs" (1947 umbenannt in „Educational Directorate") zusammengeschlossen wurden. In den ersten Jahren begrenzte das Committee den Handlungsspielraum der österreichischen Unterrichtsverwaltung beträchtlich; danach beschränkten sich die Alliierten auf eine lockere Aufsicht. 1945 hatte das Committee noch die Rückkehr zu den Lehrplänen aus den späten Zwanzigerjahren angeordnet und bei der Gestaltung des Fremdsprachenunterrichts, je nach Besatzungszone, eingegriffen. Die Amerikaner vermieden zwar direkte Eingriffe, drangen jedoch auf die Berücksichtigung moderner pädagogischer Ansätze made in USA. Da sich die Alliierten je länger desto mehr über Grundsätzliches ihrer Österreichpolitik uneins waren, fehlte es bald an der erforderlichen Einstimmigkeit bei Angelegenheiten, welche die Westmächte als interne österreichische betrachteten. Am Ende blieb wenig mehr übrig als die von der amerikanischen „Educational Division" herausgegebene, den Lehrenden kostenlos zugesandte Zeitschrift „Erziehung", die das Programm der „Re-Orientation" vermittelte. Summa summarum hielten sich die alliierten Einflussnahmen in Grenzen.[8] Die Sowjets hatten der Regierung Renner einen weiten Handlungsrahmen gezogen; ihre Hoffnung, über den Kommunisten Fischer das Bildungswesen mitgestalten zu können, erfüllten sich freilich nicht, da Fischer Ende 1945 durch den ÖVP-Minister Dr. Felix Hurdes abgelöst wurde.[9] Die Alliierten und die in der Konzentrationsregierung vertretenen Parteien ÖVP, SPÖ und KPÖ waren gleichermaßen gewillt, zu den Schulverhältnissen aus der Zeit vor 1934 zurückzukehren, da diese am wenigsten Streitpunkte boten. Die Koalitionspartner mussten interessiert sein, ungeachtet ihrer weltanschaulichen Differenzen zu einem Konsens zu gelangen, was sich am leichtesten bewerkstelligen ließ, indem man am bestehenden Zustand nichts änderte. Besonders krass zeigte sich dies bei der – allerdings eingeschränkten – Wiedererrichtung des katholischen Privatschulwesens.[10] So blieb es bei Teillösungen und kleinen Reformschritten. Richtungweisende Schulgesetze blieben in diesem Jahrzehnt der Konsolidierung aus, stattdessen gab es Provisorien. Gleiches galt für die komplizierte Verteilung der Kompetenzen in Schulangelegenheiten zwischen Bund, Ländern und Gemeinden, die sich an der Regelung durch die Bundesverfassung von 1929 orientierte. Insgesamt wurden Schulgesetze aus der Zeit des Ständestaates und des „Dritten Reiches" in Geltung belassen, wenn sie sich bewährt hatten.[11] Ferner zwang das knappe Unterrichtsbudget dazu, von weitreichenden Umgestaltungen abzusehen. Von den Nachwirkungen des Eingreifens der Besatzer sind die dominierende Position des Englischen im Fremdsprachenunterricht sowie die im Zeichen der „Re-Orientation" eingeführte „Staatsbürgerliche Erziehung" zu erwähnen.

Gravierender als Interventionen der Besatzer wirkte sich von Anfang an der Mangel an Budgetmitteln aus. Gleichwohl erhöhte sich zwischen 1947 und 1962 die Zahl der Lehrer um rund die Hälfte (von ca. 29.500 auf 44.200). Etwa drei Viertel von ihnen versahen Dienst an Pflichtschulen. Der Anteil der Mittelschullehrer bewegte sich um die zwölf Prozent, bei leicht steigender Tendenz, was bereits auf das Bedürfnis nach besserer Ausbildung hindeutet.[12] In materieller Hinsicht setzte der Marshall-Plan eine stärkere Bautätigkeit in Gang. Bis 1951 wurden 477 zerstörte Schulgebäude wiedererrichtet, 336 neu gebaut und 181 erweitert.[13] Dies ließ sich der Staat mehr als 600 Millionen Schilling kosten. Ein Bauboom setzte nach dem Staatsvertrag ein, nachdem das Schulerhaltungs-Kompetenzgesetz die Zuständigkeiten geregelt hatte. Dabei ist – vor und nach 1955 – ein deutliches Gefälle vom finanzstarken Westösterreich nach Osten zu feststellbar.[14]

Felix Hurdes.
Quelle: Foto Votava/Wien.

Das Schulwesen wurde am stärksten von demographischen Veränderungen beeinflusst. Bedingt durch die schwachen Geburtsjahrgänge während der Kriegsjahre sank die Zahl der Volksschüler von (1949) fast 700.000 auf eine halbe Million Ende der Fünfzigerjahre. Das Hauptproblem bestand darin, dass 1946 noch etwa zwei Drittel aller Volksschulen über bloß eine, zwei oder drei Klassen verfügten. Fast 40 Prozent der Pflichtschüler wurden in solchen Schulen, vor allem im ländlichen Raum, unterrichtet. Die Reform der Landschule stand daher ganz oben auf der Tagesordnung.[15] Erste Erfolge stellten sich ein; die Zahl der ein- und zweiklassigen Volksschulen nahm stark ab. Aber noch immer kamen in Wien auf einen Lehrer 28 Volksschüler, in den Bundesländern bis zu 67![16] Die Hauptschule sollte schon im ersten Nachkriegsjahrzehnt den Übertritt ins Gymnasium ermöglichen, weshalb der Lehrplan jenem der Mittelschulen weitgehend angeglichen wurde. Das ausschließlich in den Mittelschulen gelehrte Latein bildete aber nach wie vor eine Barriere. Gleichwohl verdankte die Hauptschule ihren Aufstieg dem steigenden Bildungsbedürfnis im ländlichen Raum, das sie allein befriedigen konnte. Dieser Trend spiegelt sich in der beträchtlichen Vermehrung der Zahl der Hauptschulen von 535 im Jahr 1945 auf 780 im Jahr 1954. Die Schülerzahl hatte sich innerhalb des ersten Nachkriegsjahrzehnts mehr als verdoppelt.[17]

Schon in dieser Zeit zeigten sich Verschiebungen der Schülerströme: Von einem Geburtsjahrgang besuchten um 1950 mehr als 38 Prozent die Volks- und Sonderschulen, 50 Prozent Hauptschulen und bloß etwas mehr als elf Prozent Mittelschulen. Drei Viertel der Schulpflichtigen erreichten tatsächlich die achte Schulstufe. Die Mittelschulen wurden zwar nach dem Modell der Vorkriegszeit wiedererrichtet, hatten jedoch dessen Einheitlichkeit verloren. Stattdessen herrschte in den Lehrplänen eine relative Buntheit. Im Schuljahr 1946/47 gab es bloß rund 49.000 Mittelschüler, weniger als vor dem „Anschluss", jedoch stieg die Zahl kontinuierlich auf über 83.000 um 1960 an. Neben den stärkeren Geburtsjahrgängen spiegelt sich in diesem Trend der Wunsch von immer mehr Eltern, ihrem Kind eine höhere Ausbildung zuteil werden zu lassen: Hatten 1938 bloß sieben Prozent der Volksschüler eine Mittelschule besucht, waren es 1951 bereits mehr als elf Prozent, bei steigendem Anteil der Mädchen. In den Ballungsgebieten betrug die Mittelschülerquote vielfach mehr als 20 Prozent. Die Zahl der Mittelschulen erhöhte sich von 155 (1935/36) auf 191 um 1960, wobei vor allem die bildungsfernen Landgebiete profitierten.[18]

In Summe gelang es binnen weniger Jahre, das österreichische Schulwesen wieder auf Vorkriegsniveau anzuheben. Mit Blick auf jene Schüler, die eine über die Pflichtschule hinausgehende Bildung erhielten, wurde es sogar übertroffen. Der Unterricht sowie die Schulformen orientierten sich an den alten Modellen. Moderne pädagogische Ansätze sowie ein stärker aufgefächertes Angebot kamen selten über das Experimentierstadium hinaus.

Anmerkungen

1 Helmut Engelbrecht, Geschichte des österreichischen Bildungswesens. Erziehung und Unterricht auf dem Boden Österreichs, Bd. 5. Von 1918 bis zur Gegenwart. Wien 1988 (= Engelbrecht, Geschichte), S. 394–396; grundlegend auch: Lorenz Lassnigg, Bildungsreform gescheitert ... Gegenreform? 50 Jahre Schul- und Hochschulpolitik in Österreich, in: Reinhard Sieder – Heinz Steinert – Emmerich Tálos (Hg.), Österreich 1945–1995. Gesellschaft, Politik, Kultur. Österreichische Texte zur Gesellschaftskritik 60. Wien 1995, S. 458–484; Max Neugebauer, Schulwesen, in: Erika Weinzierl – Kurt Skalnik (Hg.), Österreich. Die Zweite Republik, Bd. 2. Graz – Wien – Köln 1972, S. 323–345.

2 Exemplarisch: Doris Fiedler, Zur Situation der Schulen in Graz in der ersten Nachkriegszeit, in: Historisches Jahrbuch der Stadt Graz, Jg. 25. Graz 1994, S. 349–360; Gudrun Fessler, Schulalltag, Entnazifizierung, Umerziehung und Wiederaufbau des steirischen Pflichtschulwesens im ersten Schuljahr nach Kriegsende. DA Graz 1995.

3 Engelbrecht, Geschichte, S. 396–401.

4 Helmut A. Niederle (Hg.), Ernst Fischer. Ein marxistischer Aristoteles? St. Pölten 1980.

5 Engelbrecht, Geschichte, S. 405.

6 Gerhard Jagschitz, Österreichplanungen und die Wiedererrichtung der Demokratie, in: Leopold Rettinger u.a. (Hg.), Zeitgeschichte. Bericht über die gesamtösterreichischen Seminare. Wien 1982, S. 287–310.

7 Alfred Hiller, Amerikanische Medien- und Schulpolitik in Österreich (1945 bis 1950). Phil. Diss. Wien 1974; Alfred Hiller, US-amerikanische Schulpolitik in Österreich 1945–50, in: Österreich in Geschichte und Literatur, Jg. 24, H. 2., Wien 1980, S. 65–80. Engelbrecht, Geschichte, S. 398–402.

8 Helmut Engelbrecht, Die Eingriffe der Alliierten in das österreichische Schul- und Erziehungswesen nach 1945, in: Manfred Heinemann (Hg.), Umerziehung und Wiederaufbau. Die Bildungspolitik der Besatzungsmächte in Deutschland und Österreich. Veröffentlichungen der Historischen Kommission der Deutschen Gesellschaft für Erziehungswissenschaft 5. Stuttgart 1981, S. 278–308; Siegfried Beer, Besatzungspolitik zwischen Bevormundung und Kooperation. Das Schul- und Bildungswesen unter der britischen Militärregierung in der Steiermark 1945–1947, in: Günter Bischof – Josef Leidenfrost (Hg.), Die bevormundete Nation. Österreich und die Alliierten 1945–1949. Innsbrucker Forschungen zur Zeitgeschichte, Bd. 4. Innsbruck 1988, S. 155–185.

9 Horst Pfeiffle, Bildungs- und Kulturpolitik unter Felix Hurdes, in: Christliche Demokratie, Jg. 6, H. 1, Wien 1988, S. 19–27; Maria Horvath, Die Bildungspolitik des Unterrichtsministers Dr. Felix Hurdes unter besonderer Berücksichtigung der Schulpolitik und Berücksichtigung der Kulturpolitik. Phil. Diss. Wien 1985.

[10] Johann Schmidt, Entwicklung der katholischen Schule in Österreich. Wien 1958.
[11] Franz-Josef Robert, Die Geschichte der österreichischen Schulgesetzgebung von 1945–1962 unter besonderer Berücksichtigung der Pflicht- und Mittelschulen. Phil. Diss. Salzburg 1979.
[12] Engelbrecht, Geschichte, S. 411.
[13] Ebd.
[14] Österreichisches Institut für Schul- und Sportstättenbau (Hg.), Schulbau in Österreich von 1945 bis heute. Horn – Wien 1982.
[15] Ludwig Lang (Hg.), Landschule und ländliche Erziehung in Österreich. Wien 1948.
[16] Engelbrecht, Geschichte, S. 419.
[17] Ebd., S. 422.
[18] Ebd., S. 422–428.

Harald Knoll

Österreichs Sport in der Besatzungszeit

Der Zweite Weltkrieg geht seinem fürchterlichen Ende entgegen. Berlin ist eingeschlossen, die Rote Armee steht vor den Türen Wiens. Trotzdem findet in Wien das letzte Fußballspiel der Gaumeisterschaft XVII des „Großdeutschen Reiches" statt. Kurz darauf, nur eine Woche vor der endgültigen Kapitulation des „Dritten Reiches", stehen österreichische Fußballer wieder am „Grünen Rasen". Nun jedoch gegen eine Fußballmannschaft der Roten Armee.[1]

Die Befreiung Österreichs, der wirtschaftliche Wiederaufbau, das LD-Verfahren, die erfolgreichen Staatsvertragsverhandlungen und viele weitere Entwicklungen und Ereignisse verbindet man mit der Besatzungszeit. Meist jedoch vergisst man die große Wirkung der internationalen Erfolge österreichischer Athleten auf das Selbstverständnis der Zweiten Republik.

In diesem Bereich zeigt sich bis heute eine starke Verbindung zwischen Sport und Politik. Wie auf keinem anderen Gebiet des Alltages konnte man hier über die Zonengrenzen hinweg österreichische Einheit demonstrieren. Das Antreten gesamtösterreichischer sportlicher Mannschaften wurde nie in Frage gestellt.

Gemeinsame österreichische Mannschaften, die Präsentation von nationalen Symbolen, Staatsempfänge für erfolgreiche Sportler und insbesondere das Abspielen und Mitsingen der – in den ersten Jahren der Besatzung noch nicht festgelegten – österreichischen Hymne bei internationalen Wettkämpfen stärkten das „Österreichgefühl". Das offizielle Österreich nutzte die ersten Erfolge auch geschickt für die Stärkung des Nationalgefühls. Schon 1948 wurden die Olympiateams trotz der schlechten wirtschaftlichen Lage einheitlich eingekleidet und auch mediengerecht vom Bundespräsidenten vereidigt. Insbesondere Bundeskanzler Figl beglückwünschte regelmäßig erfolgreiche Sportler zu ihren Erfolgen und nahm persönlich an Sportveranstaltungen teil. Im Folgenden seien die größten Erfolge der österreichischen Athleten in den Nachkriegsjahren exemplarisch in Erinnerung gebracht.

Olympische Erfolge

Schon am 11. Dezember 1946 gelang es dem Österreichischen Komitee, wieder in die „Olympische Familie" aufgenommen zu werden.[2] Deutschland und Japan wurden nicht eingeladen.[3]

1948 fanden die V. Olympischen Winterspiele in Sankt Moritz in der Schweiz statt. Dabei errang Trude Beiser aus Lech am Arlberg den ersten Rang in der Alpinen Kombination. Es war dies die erste olympische Goldmedaille der Geschichte des österreichischen alpinen Schilaufs. Eines der wenigen männlichen Sportidole der Vorkriegszeit, Sepp „Buwi" Bradl, hatte sich ebenfalls für die Spiele qualifiziert. Doch Bradl war SA-Obersturmführer gewesen. Da man im Vorfeld der Spiele vereinbart hatte, dass Personen, die im Sinne des Nationalsozialistengesetzes als belastet galten, ausgeschlossen werden sollten, durfte Bradl nicht an den Bewerben teilnehmen. Das ÖOC nominierte Bradl trotzdem.[4] Auf Grund einer Intervention des IOC bei den Schweizer Behörden erhielt er jedoch keine Einreisegenehmigung. Als Grund wurde Bradls SA-Mitgliedschaft angeführt.

Die XIV. Olympischen Sommerspiele wurden 1948 in London ausgetragen. Dabei errang die Weltrekordhalterin Herma Bauma die Goldmedaille im Speerwerfen.[5] Beinahe unbekannt ist, dass Adolf Hoch in einem der letztmalig durchgeführten olympischen Kunstbewerbe[6] ebenfalls eine Goldmedaille errang.

1952 fanden die VI. Olympischen Winterspiele in Oslo statt. Trude Jochum-Beiser gewann dabei ihr zweites Olympiagold, diesmal in der Abfahrt. Eine zweite Goldmedaille errang Othmar Schneider, ebenfalls aus Lech am Arlberg, im Slalom.

Die Sommerspiele fanden im selben Jahr in Helsinki statt. Groß waren diesmal die Erwartungen, aber am Ende retteten nur die Paddler mit einer Silber- und einer Bronzemedaille die „Ehre".

Olympische Winterspiele 1952 in Oslo: Einmarsch des österreichischen Teams.
Quelle: ÖNB/Bildarchiv/Wien.

Fußball

Die wohl populärste Sportart der Nachkriegsjahre war aber Fußball. Schon am 19. August 1945 fand das erste Fußballländerspiel – gegen die Ungarn in Budapest – statt, wobei die Fahrzeuge für den Transport des österreichischen Teams von der Roten Armee zur Verfügung gestellt wurden.[7] Am 5. Dezember 1945 fand dann das erste Länderspiel im teilweise schwer zerstörten Wiener Praterstadion statt. Am Tag davor veroffentlichte das „Neue Österreich" noch Ratschläge, wie man zu Fuß ins Stadion kommt und wie man sich in der bombengeschädigten Anlage zu verhalten hat.[8]

Lange sträubte sich der Wiener Fußballverband gegen eine gesamtösterreichische Liga. Erst in der Saison 1949/50 war es so weit. Zum großen Teil konnte diese Staatsliga durch das neu eingeführte Fußball-Toto finanziert werden, von dem nach und nach alle Sportarten gefördert wurden und werden.[9]

Die vielen Auslandsreisen der österreichischen Fußballmannschaften wurden immer auch zu politischen Kontakten genutzt. Hier sei nur die Reise des Wiener Traditionsklubs SK Rapid im Oktober 1953 in die Sowjetunion genannt.[10]

Bei der Fußballweltmeisterschaft 1954 in der Schweiz erreicht die österreichische Nationalmannschaft hinter Deutschland („Das Wunder von Bern") und dem Favoriten Ungarn den dritten Platz. Es war eines der ersten großen Medienereignisse in der österreichischen Sportgeschichte.

Die österreichische Fußballnationalmannschaft bei der Weltmeisterschaft 1954 in der Schweiz.
Quelle: Foto Votava/Wien.

Tausende saßen zu Hause vor den Radios oder standen vor den Radiogeschäften und verfolgten den Torkrimi gegen die Gastgebermannschaft – übrigens noch heute mit 7:5 das Spiel mit den meisten Toren bei einer Weltmeisterschaft –, die darauf folgende Niederlage gegen Deutschland und den dann doch überraschenden Sieg über den regierenden Weltmeister Uruguay.

Weitere Erfolge im Überblick

Einen ersten internationalen großen Erfolg errang Österreich aber im Eishockey. Vom 15. bis 23. Februar 1947 fand die erste Eishockey-Weltmeisterschaft nach dem Zweiten Weltkrieg in Prag statt. Acht Mannschaften nahmen teil, es fehlte allerdings Rekordweltmeister Kanada. Im letzten Spiel kam es zu einem überraschenden 2:1 Sieg der Österreicher gegen den hohen Favoriten Schweden. Damit war das Gastgeberland erstmals Weltmeister, die Schweden nur Zweiter und Österreich errang die Bronzemedaille. Die Prager Bevölkerung feierte neben dem Weltmeistertitel auch die österreichischen Spieler frenetisch.

Im selben Jahr wurde Ellen Müller Preis Weltmeisterin im Florettfechten.[11]

Nach dem Krieg war Boxen ein Publikumsmagnet. Die Berufsboxkämpfe am Wiener Heumarkt lockten tausende Zuschauer an. Der große Star war der Wiener Josef Weidinger.[12] Am 3. Juni 1950 schlug „Joschi" Weidinger den Franzosen Stephan Olek vor 35.000 Zusehern im Wiener Praterstadion nach Punkten. Er war damit Europameister im Schwergewicht.[13]

Vom 23. bis 30. Juli 1948 fand die erste große internationale österreichische Radrundfahrt statt. Sie führte durch alle vier Besatzungszonen, und diesmal blieben die Grenzbalken ohne Kontrolle

Die erfolgreiche Eishockeynationalmannschaft bei den Weltmeisterschaften 1947 in Prag.
Quelle: Walter Zilka/Wien.

offen, auch in dieser Hinsicht ein Symbol, und tausende Schaulustige säumten die Straßen. Der in Südtirol geborene Salzburger Richard Menapace gewann die „Königsetappe" über den Großglockner und auch die Gesamtwertung. Mit seinem Sieg wurde er eines der großen Sportidole Österreichs in der Nachkriegszeit.[14] 1954 gewann dann einer der erfolgreichsten österreichischen Radrennfahrer, Adolf Christian, die Tour.[15]

Eine große Anziehungskraft für die Bevölkerung übten auch die zahlreichen Motorsportveranstaltungen aus. Seien es Rundstreckenrennen, z.B. auf Trabrennbahnen oder Straßenkursen, mit dem Motorrad oder mit dem Pkw. Aus diesem Nachwuchspotential kam auch der Niederösterreicher Rupert Hollaus. Er sicherte sich am 25. Juli 1954 den Weltmeistermeistertitel in der 125er Klasse der Motorräder. Am 11. September desselben Jahres verunglückte Rupert Hollaus beim Training in Monza tödlich.

Neben immer populärer und auch bald für den Wintertourismus bedeutender werdenden Schirennen, allen voran das Hahnenkammrennen in Kitzbühel, fand eine der berühmtesten Wintersportveranstaltungen der Welt ihren Anfang im vierfach besetzten Österreich. Mit dem Neujahrsspringen in Garmisch-Partenkirchen 1953 begann die Erfolgsgeschichte dieser Veranstaltung. Die erste Gesamtwertung holte sich auch gleich der Mitbegründer der Tournee Sepp „Buwi" Bradl.

Es wären noch viele Sportarten aufzuzählen, bei denen Österreicher internationale Titel errangen. So gelang es an die große Eislauftradition anzuschließen. Meist vergessen, und auch damals von der Sportberichterstattung kaum beachtet, war Österreich in der Nachkriegszeit eine der führenden Tischtennis- und Feldhandballnationen. Auch im Kajaksport waren österreichische Sportler Weltspitze. Es gelang unter schwierigsten Verhältnissen, den Spitzensportlern Bedingungen zur Verfügung zu stellen, die es ihnen ermöglichten, mit der Weltspitze mitzuhalten. So konnte auch über den Sport ein „Österreich-Bewusstsein" aufgebaut werden. Die Sportler entwickelten sich zu Vorbildern für die Jugend und wurden als solche auch touristisch vermarktet. Auch im Sport sind diese Jahre eine Erfolgsgeschichte.

Anmerkungen

[1] Der Artikel basiert in erster Linie auf der Basis zeitgenössischer Zeitungsartikel. Als Literaturhinweis sei nur auf die Arbeiten von Matthias Marschik in den letzen Jahren verwiesen.

[2] Der erste Präsident des OÖC war bis zu seinem frühen Tod im Jahre 1954 Justizminister Dr. Josef Gerö.

[3] Ihre Nationalen Olympischen Komitees hatten die Alliierten aufgelöst. Diese Tatsache lieferte den Vorwand, diese beiden Länder nicht zu den Olympischen Spielen 1948 einzuladen. Ebenso waren die Sowjetunion sowie die meisten der kommunistisch regierten europäischen Staaten nicht zu den Spielen 1948 „eingeladen" worden. Bis 1946 waren vom Internationalen Olympischen Komitee (IOC) 47 Nationen anerkannt worden. Die Sowjetunion wurde erst 1951 in Wien in das Internationale Olympische Komitee aufgenommen.

[4] Pikanterweise war der damalige Präsident des Olympischen Komitees, Josef Gerö, österreichischer Justizminister. Bradl wurde von Bundespräsident Renner vereidigt und reiste mit dem österreichischen Team in Richtung Schweiz ab.

[5] Bauma ist eines der wenigen Beispiele dafür, dass Sportler an ihre Vorkriegserfolge anschließen konnten. Im September 1947 hatte sie einen inoffiziellen Weltrekord mit 48,21 m aufgestellt. Nach den Spielen gelang ihr ein offiziell anerkannter Weltrekordwurf von 48,63 m.

[6] In der Sparte Baukunst-Architektur Entwürfe für die Schisprungschanze auf dem Kobenzl.

[7] Österreich verlor mit 3:6.

[8] Zur allgemeinen Überraschung besiegte Österreich Frankreich mit 4:1.

[9] Erster gesamtösterreichischer Meister wurde die Austria Wien. Die Klubs aus den Bundesländern, Vorwärts Steyr aus der amerikanischen Besatzungszone, Sturm Graz aus der britischen Zone und Gloggnitz aus dem sowjetisch besetzten Niederösterreich belegten die Plätze neun bis elf.

[10] Gespielt wurde in dem auch von österreichischen Kriegsgefangenen mitaufgebauten neuen Dynamo-Stadion in Moskau vor 80.000 Zusehern bei „Kunstlicht", was die Österreicher beeindruckte. Gegen Spartak verlor man 0:4, gegen Dynamo hingegen gelang ein 2:1-Sieg. Dass dieser Besuch jedoch mit der Repatriierung von Hunderten österreichischen Kriegsgefangenen und Zivilinternierten in Zusammenhang stand, ist nicht richtig. Dieser Transport war schon lange geplant gewesen und traf am 14. Oktober während des Aufenthaltes von Rapid in Moskau in Wiener Neustadt ein.

[11] Auch sie konnte auf große Erfolge vor 1938 vorweisen. Bei den Olympischen Spielen 1948 erreichte sie die Bronzemedaille und holte 1949 und 1950 neuerlich den Weltmeistertitel.

[12] Im Ausland nannte er sich „Jo Weidin", was ihm sein Wiener Publikum immer übel nahm.

[13] Schon am 27.3.1951 verlor er diesen Titel in London-Kensington gegen den Engländer Jack Gardner klar nach Punkten. Der zweite Versuch eines Österreichers den Europameistertitel im Schwergewicht zu erringen, endete 1954 mit einem k.o. des Schwergewichtsboxers Kurt Schiegl in der dritten Runde.

[14] An sich war dies nicht das erste große Radetappenrennen in Österreich. Schon 1947 fuhr man „Quer durch Österreich" mit Start in Bregenz und Ziel in Wien. Der Startort, Bregenz in der französichen Besatzungzone und das Vorbild, die „Tour de France", sind nicht von ungefähr. Mitveranstalter war die „Welt am Abend", eine Zeitung der Franzosen. Im folgenden Jahr wurde sie als Rundfahrt wiederholt und auch inoffiziell als „Österreichrundfahrt" bezeichnet.

[15] Heute meist vergessen, wurde er Sechster bei der Weltmeisterschaft 1955 und errang als Profi 1957 den dritten Gesamtplatz bei der „Tour de France".

10. Der (außenpolitische) Weg zum Staatsvertrag

Arnold Suppan – Ulfried Burz

„Fremdes wollen wir nicht, Eigenes geben wir nicht!“

Jugoslawiens Ansprüche auf Kärnten und Triest 1945–1955

Nach der Kapitulation der Deutschen Wehrmacht gegenüber den Alliierten konnte sich auch Marschall Josip Broz Tito als Mitgewinner des Krieges gegen Hitler-Deutschland sehen. Immerhin waren seine Partisanenarmeen am 1. Mai in Triest und am 8. Mai in Klagenfurt einmarschiert, und immerhin hatte Generaloberst Alexander Löhr mit seiner Heeresgruppe Südost am 10. Mai in der slowenischen Untersteiermark kapituliert. Der jugoslawische Einmarsch in Triest erfolgte nur knapp vor den Truppen der 8. Armee des britischen Feldmarschalls Harold Alexander und in Klagenfurt sogar zeitgleich. Somit stellte sich bei Kriegsende sofort die Frage, wem Kärnten und Triest in Zukunft gehören sollten.[1]

Bereits während des Zweiten Weltkrieges hatten slowenische bürgerliche Politiker Memoranden an die Alliierten gesandt, die eine Einbeziehung von Istrien (Istria, Istra), Triest (Trieste, Trst), Görz (Gorizia, Gorica), Villach und Klagenfurt in das künftig „vereinte Slowenien“ forderten. Im Herbst 1943 zogen auch die kommunistisch dominierte slowenische „Befreiungsfront“ („Osvobodilna fronta“) und der „Antifaschistische Rat der Volksbefreiung Jugoslawiens“ (AVNOJ) nach. Das wissenschaftliche Institut der „Befreiungsfront“ arbeitete 1944 das Richtlinienpapier „Die Grenzen des slowenischen Territoriums“ („Meje slovenskega ozemlja“) aus. Die territorialen Forderungen Jugoslawiens gegenüber Österreich standen allerdings klar im Widerspruch zur „Moskauer Erklärung“ der drei Alliierten vom 1. November 1943, die eine Wiederherstellung eines „freien unabhängigen Österreichs“ vorsah. Auch hinsichtlich der Inbesitznahme von Triest und Görz zeichneten sich noch vor Kriegsende grundsätzliche Differenzen zwischen Jugoslawien einerseits, Großbritannien und den USA andererseits ab.

Als sich ein bewaffneter Konflikt zwischen den Partisanen und der am 2. Mai in Triest eingetroffenen neuseeländischen 2. Division anbahnte, flog General William D. Morgan, der Chef des Generalstabes der anglo-amerikanischen Streitkräfte im Mittelmeer, nach Belgrad, um mit Tito zu verhandeln. Aber erst nach starkem politischem Druck aus London und Washington wurde in einer „Belgrader Vereinbarung“ vom 9. Juni ein politisch-militärischer Kompromiss erzielt, der das Küstenland entlang der so genannten „Morgan-Linie“ teilte: Triest und Görz sollten unter westlicher Besatzung bleiben, Istrien sowie das mittlere und obere Isonzotal unter jugoslawischer. Dass in den Maitagen 1945 etwa 7.000 Italiener und Slowenen von den Partisanen verschleppt und in irgendwelchen Karsthöhlen (*fojbe*) ermordet wurden, fügte der gespannten außenpolitischen Situation eine innenpolitische Verschärfung hinzu.[2]

Josip Broz Tito unterstrich die jugoslawischen Ansprüche auf Kärnten und das Küstenland in eindrucksvollen Reden in Ljubljana (Laibach) und Celje (Cilli). In Ljubljana forderte der Marschall am 26. Mai 1945, dass Istrien und das slowenische Küstenland Teile Jugoslawiens werden sollten, und am 31. Mai betonte er in Celje: „Kärnten gehört uns, und wir werden um Kärnten kämpfen.“ Auf vielen Demonstrationen in slowenischen und kroatischen Städten wurde immer wieder skandiert: „Fremdes wollen wir nicht, Eigenes geben wir nicht!“[3]

Der Versuch der Jugoslawischen Volksarmee, sich als Besatzungsmacht in Südösterreich zu etablieren, scheiterte wie in Triest am entschiedenen Einspruch der westlichen Alliierten. Tito sah sich gezwungen, seiner Armee den Befehl zu geben, alle jugoslawischen Einheiten aus Österreich zurückzuziehen.[4]

Die Jugoslawische Volksarmee hinterließ auch in Kärnten blutige Spuren. Von den nach Kärnten geflüchteten slowenischen Domobranci, kroatischen Ustaše und serbischen Četnici wurden von der britischen Besatzungsmacht etwa 30.000 Mann den jugoslawischen Kommunisten ausgeliefert und großteils in Slowenien liquidiert. Von den 263 verhafteten Kärntner Zivilisten wurden 96 an unbekannten Orten hingerichtet.[5]

Bekanntmachung

Die Jugoslawische Armee ist in Kärnten eingerückt, um das Land ein für alle mal von den Nazi-Verbrechern zu säubern und um der gesamten slowenischen und österreichischen Bevölkerung die wahre Volksdemokratie, Freiheit und Wohlstand im neuen siegreichen und starken Groß-Jugoslawien zu gewährleisten.

Der volle Sieg und die Befreiung sind das Resultat eines jahrelangen Kampfes in Kärnten, den jugoslawische Partisanen-Einheiten, einzig und allein auf die eigenen Kräfte gestützt, für die gemeinsame Sache der Alliierten, für den Sieg über Hitlerdeutschland führten und das Ergebnis der alliierten Hilfe, die das Tito-Jugoslawien vor allem von seiten der Sowjet-Union, Englands und Amerikas erhalten hat.

Wir geben bekannt, daß im ganzen Gebiet des befreiten Kärntens die Militärgewalt der Jugoslawischen Armee, die durch das Kommando der Kärntner Militärzone vertreten ist, errichtet wurde. Diesem Kommando sind die Kommandostellen der Städte sowie die Befehlsstellen der Partisanenwachen untergeordnet.

Die Bevölkerung sowie alle Organe unserer Behörden haben unserer Wehrmacht jegliche Hilfe zu leisten und alle ergangenen Erlässe bedingungslos zu befolgen.

Tod dem Faschismus - Freiheit dem Volke!

Kommando der Kärntner Militärzone:
Kommandant Major REMEC EGON - BORUT e. h.

Celovec, am 12. Mai 1945.

Razglas

Jugoslovanska Armada je prišla na Koroško, da jo enkrat za vselej očisti nacističnih zločincev in osigura vsemu slovenskemu in avstrijskemu prebivalstvu resnično ljudsko demokracijo, svobodo in blagostanje v zmagoviti, močni, veliki Jugoslaviji.

Popolna zmaga in osvoboditev je rezultat večletne krvave borbe na Koroškem, ki so jo vodile jugoslovanske partizanske edinice, oprte zgolj na svoje lastne sile za skupno zavezniško stvar, stvar zmage nad hitlerjevsko Nemčijo ter rezultat zavezniške pomoči, ki jo je Titova Jugoslavija prejemala predvsem od Sovjetske Zveze, Anglije in Amerike.

Objavljamo, da je na vsem teritoriju osvobojene Koroške postavljena vojna oblast Jugoslovanske Armade, ki jo predstavlja Komanda koroškega vojnega področja, kateri so podrejene komande mest in komande partizanskih straž.

Prebivalstvo in vsi organi naših oblasti so dolžni naši armadi nuditi vso potrebno pomoč in brezpogojno izvrševati vse izdane naredbe.

Smrt fašizmu - Svobodo narodu!

KOMANDA KOROŠKEGA VOJNEGA PODROČJA
KOMANDANT, MAJOR REMEC EGON - BORUT l. r.

CELOVEC, dne 12. maja 1945.

Bekanntmachung der Jugoslawischen Volksarmee vom 12.5.1945 in Klagenfurt.
Quelle: KLA/Klagenfurt.

Auf außenpolitischer Ebene wurde Belgrad Anfang 1947 neuerlich aktiv. Die jugoslawische Bundesregierung legte am 22. Jänner 1947 ihre offizielle Forderung nach Abtretung von 2.470 km^2 Kärntner Gebietes mit insgesamt 180.000 Einwohnern (davon angeblich 120.000 Kärntner Slowenen) – unter Einschluss von Klagenfurt und Villach südlich der Drau – den Sonderbeauftragten der Alliierten in London vor. Sie begründete ihre Ansprüche nicht nur mit der angeblichen Beteiligung Österreichs an Hitlers Aggression gegenüber Jugoslawien, die eine Vielzahl von Kriegsverbrechen[6], die Aussiedlung der slowenischen Bevölkerung und die gewaltsame Germanisierung in Nordslowenien nach sich gezogen habe, sondern auch mit der angeblichen politischen und wirtschaftlichen Unterdrückung der Kärntner Slowenen in der Ersten Republik, mit der tatsächlichen Teilnahme von Kärntner Slowenen am Volksbefreiungskampf und mit dem ethnischen Charakter Slowenisch-Kärntens sowie der angeblichen geographisch-ökonomischen Verbundenheit Slowenisch-Kärntens mit Jugoslawien. Zusätzlich verlangte der jugoslawische Delegationsführer, der stellvertretende Außenminister Jože Vilfan, ein Gebiet von 130 km^2 mit 10.000 Einwohnern in der südlichen Steiermark um Soboth, Leutschach und Radkersburg, einen Bevölkerungsaustausch für die angeblich 70.000 Burgenländer Kroaten (den diese vehement

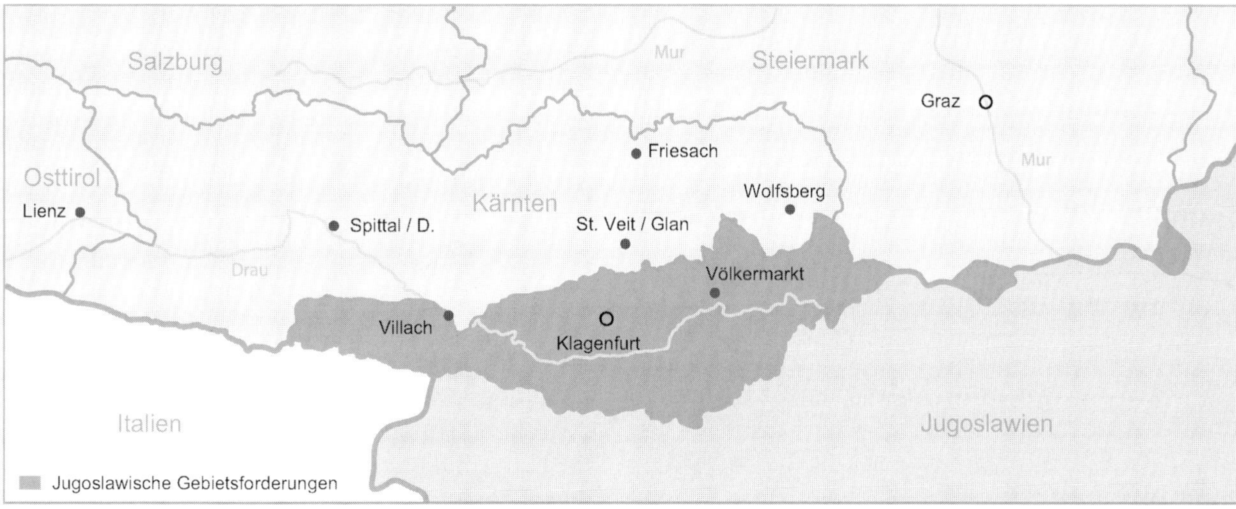

Jugoslawische Gebietsforderungen an Österreich.
Entwurf: BIK/Graz.

ablehnten!) und eine Kriegsentschädigung von 150 Millionen US-Dollar, da der Anteil der Österreicher an der Besatzung Jugoslawiens deutlich höher gewesen sei als ihr Anteil an der Gesamtbevölkerung des „Dritten Reiches".[7]

Die österreichische Bundesregierung erklärte dazu in einer umfangreichen Denkschrift, dass man die gegenwärtige österreichische Regierung und das österreichische Volk ebensowenig für Kriegsverbrechen Einzelner verantwortlich machen könne, wie die heutige jugoslawische Regierung für eine pro-nazistische Politik gewisser jugoslawischer Kreise – gemeint waren das Ustaša-Regime in Kroatien und die Regierung von Milan Nedić in Serbien. Der Ballhausplatz bestritt auch, dass es „österreichische Verbände" in der Deutschen Wehrmacht gegeben habe, was nur zum Teil zutraf. Der „langsame, aber ständige Rückgang des slowenischen Volksteiles" in Kärnten wurde mit „dem natürlichen Prozess der Abwanderung der ländlichen slowenischen Bevölkerung in die in ihrer Mehrheit deutschsprechenden Städte" und mit „den Mischheiraten zwischen deutsch- und slowenischsprechenden Personen" argumentiert, während das Land Kärnten mit Recht als „geographische Einheit", als „Verwaltungseinheit", als „wirtschaftliche Einheit" und als „Verkehrseinheit" dargestellt wurde. Besonders wirksam gegenüber den westlichen Politikern und Diplomaten dürfte aber die demokratiepolitische Begründung gewesen sein: Die Kärntner Frage ist am 10. Oktober 1920 durch eine unter internationaler Kontrolle vorgenommene Volksabstimmung „im Sinne der Demokratie und des Selbstbestimmungsrechtes" geregelt worden, und bei den am 25. November 1945 in Österreich abgehaltenen freien und demokratischen Wahlen sind „im Lande Kärnten über 90 Prozent der Stimmen für jene Parteien abgegeben [worden, Anm. d. Verf.], die für die Integrität des Landes" eingetreten sind.[8]

Ende März 1947 tagten die alliierten Außenminister in Moskau. Der jugoslawische Außenminister Edvard Kardelj bezeichnete Kärnten als die Wiege des ersten slowenischen Staates im frühen Mittelalter und hob gleichzeitig die Bedeutung des Wasserpotentials Kärntens für das jugoslawische Energiesystem hervor. Dennoch machten ihm sowohl der britische Außenminister, Ernest Bevin, als auch der Secretary of State, George C. Marshall, unmissverständlich deutlich, dass sie alle jugoslawischen Gebietsansprüche gegenüber Österreich ablehnten. Nachdem Kardelj auch vom sowjetischen Außenminister, Vjačeslav M. Molotov, und dessen Stellvertreter, Andrej J. Vyšinskij, auf diese entschiedene Ablehnung sei-

Kärnten-Debatte in London

London, 14. Februar. (Reuter.) Heute vormittag erschienen der österreichische und der jugoslawische Delegierte gemeinsam vor den vier Sonderbevollmächtigten für Österreich, um ihre Standpunkte über das umstrittene Gebiet Kärntens vorzutragen. Der jugoslawische Vertreter Dr. Vilfan führte für die territorialen Forderungen seines Landes neben ethnischen auch Sicherheitsgründe an: die „Sicherung seiner Nordgrenzen gegen einen erneuten österreichisch-deutschen Angriff".

Wie die Jugoslawen ihre Forderung begründen

Vilfan unterbreitete den Sonderbevollmächtigten fünf neue Memoranden, in denen zu den früheren Erklärungen der österreichischen Regierung in der Grenzfrage Stellung genommen wird. Der jugoslawische Delegierte wies in der Erläuterung seiner Memoranden auf folgende Hauptpunkte hin: 1. Daß die Volksabstimmung in Kärnten im Jahre 1920 die Frage nicht geregelt habe, 2. daß die Slowenen in der Zeit zwischen den zwei Kriegen, und zwar auch vor dem Naziregime, unterdrückt worden seien, und 3. daß den Slowenen ihre Rechte seit der Befreiung Österreichs im Jahre 1945 versagt worden seien. Er führte unter anderem aus:

Wichtige Ereignisse haben die Abstimmung vor mehr als 26 Jahren aller Bedeutung entkleidet. Was die gegenwärtige Lage in Kärnten betreffe, habe Landeshauptmann Piesch mit einer neuen Aussiedlung von Slowenen aus Kärnten gedroht. Auch sei der politischen Organisation der Slowenen Kärntens, der „Befreiungsfront", untersagt worden, sich an den Wahlen im Jahre 1945 zu beteiligen, weil sie nicht auf den Hauptpunkt ihres Programms verzichten wollte, nämlich den Kampf für die Vereinigung mit Jugoslawien. Aus diesem Grund habe die Befreiungsfront ihren Anhängern empfohlen, für diejenigen Kandidaten zu stimmen, die am geeignetsten erschienen, die Demokratie zu verteidigen; diese Wahl könne also nicht als Beweis für die Einstellung in der Grenzfrage herangezogen werden. Das österreichische Schlagwort der geographischen und wirtschaftlichen Unteilbarkeit Kärntens entbehre jeder Begründung und sei nur als politisches Aushilfsmittel erfunden worden, um die nationale Unterdrückung der Kärntner Slowenen zu rechtfertigen.

Österreichs Antwort

Mit großer Spannung erwartet, begann dann Außenminister Gruber, die in dem österreichischen Memorandum niedergelegten Gründe für die Unteilbarkeit Kärntens noch einmal mündlich zu erörtern. In den Mittelpunkt seiner Ausführungen stellte er die Tatsache, daß die frei und unbehindert im Jahre 1920 durchgeführte Volksabstimmung eindeutig den Willen der Südkärntner bewiesen habe, bei Österreich zu verbleiben.

Jugoslawien hat die Volksabstimmung anerkannt

In einer zum Teil lebhaft geführten Wechselrede verteidigte Dr. Gruber diese Argumente gegenüber dem sowjetrussischen Delegierten Gusew und dem Sprecher Jugoslawiens.

Sämtliche Anzweiflungen der Volksabstimmung vom Jahre 1920 erledigte er mit der Bemerkung, daß sie durch die damalige jugoslawische Regierung anerkannt wurde.

Dem Einwand Vilfans, daß den Slowenen bei den Wahlen im November 1945 keine Gelegenheit gegeben wurde, sich zu Jugoslawien zu bekennen, hielt Gruber entgegen, daß diese Wahlen unter der Aufsicht des Alliierten Kontrollrates für Österreich stattgefunden haben, den Slowenen also, wenn sie es verlangt hätten, zweifellos Gelegenheit gegeben worden wäre, eine projugoslawische Liste aufzustellen.

Das gab Vilfan zu und er betonte auch, daß er nicht die Absicht gehabt habe, die österreichische Regierung irgendwie zu beschuldigen. Er verwies jedoch darauf, daß die Slowenen keine Gelegenheit hatten, eine Grenzrevision zu beantragen.

Gusew greift ein

Der sowjetische Vertreter Gusew unterbrach mit der Frage, wieso das österreichische Memorandum von nur 26.000 Slowenen in Kärnten sprechen könne, da aus einem aufgefundenen Verschleppungsbefehl Hitlers ersichtlich sei, daß 50.000 Slowenen in der Ukraine angesiedelt werden sollten.

Gruber erwiderte hierauf, daß in dieser Zahl die slowenische Bevölkerung von Krain mitinbegriffen sei, das nach dem deutschen Überfall auf Jugoslawien im April 1941 an das damalige Deutschland abgetreten werden mußte und nach der Niederlage Hitlers inzwischen wieder an Jugoslawien zurückgegeben wurde.

Keine Aussiedlung

Gusew fragte ferner, ob die Anzahl der Slowenen in dem Grenzgebiet nicht durch Aussiedlung während der Nazizeit reduziert worden sei und ob irgendeine weitere Aussiedlung beabsichtigt sei.

Die österreichische Delegation antwortete hierauf, daß die Aussiedlung während der Nazizeit nur in dem neu angeschlossenen slowenischen Gebiet erfolgt sei, das an Jugoslawien zurückgegeben wurde, nicht aber aus Kärnten. Dies wurde von den Jugoslawen bestätigt. Die österreichische Delegation versicherte auch, daß keine Umsiedlung irgendwelcher Art beabsichtigt sei.

Die Grundsätze der Demokratie

Dann zog sich die jugoslawische Delegation zurück. Die Österreicher wurden ersucht, zu bleiben, um über die Klausel, durch die verhindert werden soll, daß Österreich die Gesetze über die Menschenrechte, die Beibehaltung demokratischer Einrichtungen und die Liquidierung der nationalsozialistischen Organisationen etwa wieder aufhebe, befragt zu werden.

Gruber erklärte, die österreichische Regierung habe bereits festgestellt, sie wünsche, daß die Grundsätze der Einrichtung eines demokratischen Systems ausdrücklich in dem Vertrag festgehalten werden. Er sei jedoch der Ansicht, daß eine Klausel, wie sie hier beabsichtigt wird, Schwierigkeiten verursachen würde.

Seiner Meinung nach sollten in dem Artikel diese Grundsätze festgehalten werden, aber ohne Anführung der Gesetze, die die österreichische Regierung nicht widerrufen darf.

Gusew erklärte hierauf, er wünsche, die österreichische Antwort noch zu studieren, und beabsichtige, die österreichischen Delegierten späterhin über die Nazisäuberung und Demokratisierung zu befragen.

Die Sonderbeauftragten werden morgen vormittag zusammentreten, um die österreichische Grenzfrage zu besprechen.

Zeitungsartikel über die jugoslawischen Forderungen an Österreich.

Quelle: Arbeiterzeitung, 15.2.1947, S. 1/www.arbeiter-zeitung.at

tens der Westmächte aufmerksam gemacht worden war, entwickelten Kardelj und dessen Vizeaußenminister Aleš Bebler – in Rücksprache mit Tito – drei Varianten, die in zunehmender Einschränkung von der Abtretung des Gerichtsbezirkes Bleiburg, über die Abtretung des Gebietes um die beiden während des Zweiten Weltkrieges errichteten Draukraftwerke Schwabegg und Lavamünd bis zur ausschließlichen Eigentumsübernahme der beiden Kraftwerke reichten. Außenminister Gruber vermutete richtig, dass die territorialen Forderungen Jugoslawiens „offenbar kein erstrangiges Interesse" für die Sowjetunion darstellten, befürchtete aber – ebenfalls zu Recht –, dass als Gegenleistung auf österreichisches Vermögen in Jugoslawien verzichtet werden müsste.[9]

Trotz des Misserfolges in Moskau reduzierte Belgrad seine Gebietsforderungen Ende April 1948 nur um das untere Gailtal, die Umgebung von Villach, einige Gemeinden im Lavanttal und die Gemeinde Soboth. Erst in einer neuen Verhandlungsrunde der alliierten Sonderbeauftragten zwischen Februar und Mai 1949 in London – Stalin hatte mittlerweile mit Tito gebrochen – wartete Jugoslawien mit einer neuen Verhandlungsstrategie auf. Nun verlangte der stellvertretende Außenminister Bebler lediglich Gebietsabtretungen um die Draukraftwerke Schwabegg und Lavamünd, die politische, wirtschaftliche und kulturelle Autonomie für „Slowenisch-Kärnten" und „substantielle" Reparationen Österreichs an Jugoslawien. Jetzt waren die USA zu Konzessionen an Jugoslawien bereit, allerdings zu keinen Gebietskonzessionen. Erst die Außenministerkonferenz im Mai und Juni 1949 in Paris brachte ein wichtiges Ergebnis, das in einem Kommuniqué am 20. Juni bekannt gegeben wurde:

1) Die Grenzen Österreichs sollten jene vom 1. Jänner 1938 sein.
2) Der Vertrag für Österreich sollte vorsehen, dass Österreich den Schutz der Rechte der slowenischen und der kroatischen Minderheit in Österreich gewährleistet.
3) Von Österreich werden keine Reparationen verlangt; Jugoslawien erhält aber das Recht, „von österreichischem Eigentum, Rechten und Interessen auf jugoslawischem Gebiet Besitz zu ergreifen, sie zurückzuhalten oder sie zu liquidieren".[10]

Das Belgrader Außenministerium protestierte bei den Außenministerien der Alliierten. Die jugoslawische Presseagentur „Tanjug" bezeichnete das Pariser Abkommen als „schwere Beleidigung und Unrecht". Auch der scharfe Protest der „Befreiungsfront für Slowenisch-Kärnten" blieb ohne Wirkung. Als Jugoslawien der Sowjetunion mangelnde

Unterstützung der jugoslawischen Gebietsansprüche vorwarf, veröffentlichte Moskau die Vorschläge von Kardelj aus dem Frühjahr 1947.[11]
Bereits am 26. April 1948 hatte die jugoslawische Delegation auch den Entwurf eines Minderheitenschutzartikels präsentiert. Erst im Februar 1949 entwickelten die US-amerikanischen Unterhändler einen Katalog von Minderheitenrechten; und am 16. Juni legte Vyšinskij einen sowjetischen Vorschlag vor. Nach dem 20. Juni 1949 konzentrierten sich die Verhandlungen auf die Formulierung eines Minderheitenschutzartikels, der am 24. August 1949 als späterer Artikel 7 des Staatsvertrages als politisch abgeschlossen galt.[12]
Binnen eines Jahres vollzog sich nun eine deutliche Änderung in der bisherigen jugoslawischen Haltung gegenüber Österreich. Am 1. August 1951 veröffentlichte das Amtsblatt der Föderativen Volksrepublik Jugoslawien, dass der „Kriegszustand" (sic!) mit Österreich – den es völkerrechtlich nie gegeben hatte – beendet sei. Ende Oktober 1951 erklärte Moša Pijade, der Präsident der jugoslawischen Nationalversammlung, gegenüber dem „Neuen Österreich", dass Jugoslawien in Hinkunft keine Gebietsansprüche mehr gegenüber Österreich erheben werde.[13]
Die Änderung der außenpolitischen Orientierung Jugoslawiens gegenüber Österreich hatte mit dem Bruch zwischen Moskau und Belgrad im Juni 1948 zu tun, der Jugoslawien aus sicherheits- und wirtschaftspolitischen Gründen zwang, freundliche Beziehungen zu den Westmächten aufzunehmen. Als Marschall Tito den österreichischen Außenminister Gruber am 23. Juni 1952 auf der Adriainsel Brioni empfing, räumte der jugoslawische Präsident unumwunden ein, dass die Zusammenarbeit mit Österreich für das sowjetischem Druck ausgesetzte Jugoslawien von großer wirtschaftlicher, nicht zuletzt aber auch politischer Bedeutung sei. Eine solche Zusammenarbeit könne, nach Tito, auch zur Verstärkung jener Front beitragen, die dem „imperialistischen Druck" aus dem Osten Widerstand leisten könnte. Erstaunlicherweise wurde im Gespräch Tito – Gruber die Kärntner Frage nicht einmal erwähnt. Außenminister Gruber war über den freundlichen Empfang sichtlich erfreut und

Josip Broz Tito, 1970.
Quelle: Foto Votava/Wien.

hoffte auf die Lösung der während des Krieges entstandenen Probleme, wie etwa das Schicksal der letzten österreichischen Kriegsgefangenen.[14]
Die Triest-Frage war zu diesem Zeitpunkt noch immer nicht gelöst. Bereits auf der ersten Sitzung des Rates der alliierten Außenminister in London am 26. August 1945 hatte die jugoslawische Regierung ein Memorandum vorgelegt, das den Anschluss von Julisch Venetien (Venezia Giulia, Julijska krajina), Triest und Istrien an Jugoslawien forderte. Triest sollte innerhalb Jugoslawiens eine Autonomie erhalten und als Freihafen für die mitteleuropäischen Staaten dienen. Der jugoslawische Delegationschef Edvard Kardelj begründete dies vor allem damit, dass das ehemalige österreichische Küstenland überwiegend von Slowenen und Kroaten bewohnt sei, die schon gegen die alte Monarchie gekämpft hätten. Ähnlich wie 1919/20 unterbreiteten nun die neuen Friedens-

macher ihre Vorschläge. Schon im Juli 1946 setzte sich der französische Vorschlag durch, der zwar nördlich von Triest den Interessen Italiens entgegenkam, in Istrien jedoch Jugoslawien begünstigte: der slowenische Teil Venetiens (Beneška Slovenija), die Resia-Region (Rezija), das ehemals kärntnerische Kanaltal (Val Canale/Kanalska dolina) und die Stadt Görz sollten bei Italien bleiben, während Istrien, Fiume (Rijeka), Zara (Zadar) und alle Adriainseln an Jugoslawien fielen.[15]

Aus der Stadt Triest und den beiden Regionen um Koper (Capodistria) und Buje (Buie) schuf man das „Freie Territorium Triest", das wiederum in die Zone A (Triest und Umgebung) unter anglo-amerikanischer und die Zone B (Koper und Buje) unter jugoslawischer Verwaltung unterteilt wurde. Das „Freie Territorium Triest" sollte ein autonomer Kleinstaat unter der Oberhoheit der Vereinten Nationen werden und von einem Gouverneur und einem frei gewählten Parlament verwaltet werden. Aus Protest gegen diese Entscheidung verließ die jugoslawische Delegation die Friedenskonferenz, musste aber unter dem Druck der Großmächte den Friedensvertrag mit Italien am 10. Februar 1947 dennoch unterschreiben. Als Großbritannien und die USA am 8. Oktober 1953 die Verwaltung der Zone A an Italien übergaben, protestierte Jugoslawien neuerlich. Im Londoner Abkommen vom 5. Oktober 1954 wurde die Zone A Italien, die Zone B Jugoslawien zugeteilt. Erst im Vertrag von Osimo am 10. November 1975 einigten sich Italien und Jugoslawien endgültig auf die Grenzziehung von 1954, nicht ohne die Minderheitenschutzbestimmungen des Sonderstatuts von 1954 zu übernehmen. Festzuhalten ist auch, dass zwischen 1945 und 1954 mehr als 200.000 Personen Istrien und Dalmatien verlassen mussten, davon zwei Drittel Italiener, ein Drittel Kroaten und Slowenen.[16]

Ein halbes Jahr nach dem Londoner Abkommen erhielt Österreich seinen Staatsvertrag. Dieser Staatsvertrag und die damit festgelegte Neutralität Österreichs kam auch der jugoslawischen Sicherheitsdoktrin zugute. Denn der Abzug der sowjetischen Truppen aus Österreich minderte den Druck Moskaus auf Belgrad.[17] Schließlich konnte Jugoslawien – das dem Staatsvertrag als „assoziierte Macht" am 28. November 1955 beitrat – auch mit den Artikeln 7 (Rechte der slowenischen und kroatischen Minderheiten), 11 (Anerkennung der Friedensverträge), 19 (Kriegsgräber und Denkmäler), 24 (Verzicht Österreichs auf Ansprüche gegen die Alliierten) und 27 (Österreichisches Vermögen im Gebiete der Alliierten und Assoziierten Mächte) zufrieden sein.[18]

Anmerkungen

1 Vgl. Arnold Suppan, Die Kärntner Frage in den österreichisch-jugoslawischen Beziehungen 1945–1955, in: Das gemeinsame Kärnten. Skupna Koroška. Dokumentation des deutsch-slowenischen Koordinationsausschusses der Diözese Gurk, Bd. 10. Klagenfurt 1985, S. 187–235; Janko Jeri – Dušan Nećak, Boj za meje [Der Kampf um die Grenzen], in: Enciklopedija Slovenije, Bd. 1. Ljubljana 1987, S. 305–314.

2 Tamara Griesser-Pečar, Das zerrissene Volk. Slowenien 1941–1946. Okkupation, Kollaboration, Bürgerkrieg, Revolution. Wien – Köln – Graz 2003 (= Griesser-Pečar, Slowenien 1941–1946), S. 526–536.

3 Josip Broz Tito, Sabrana djela [Gesammelte Werke], Bd. 28. Beograd 1988, S. 83 u. 115; Janko Prunk, Slowenien. Ein Abriß seiner Geschichte. Ljubljana 1996 (= Prunk, Slowenien), S. 136–138; Slovenska kronika XX. stoletja [Slowenische Chronik des 20. Jahrhunderts], 1941–1995. Ljubljana 1997, S. 102.

4 Arhiv Josipa Broza Tita, Beograd, I-3-b/733 u. I-3-b/905.

5 Griesser-Pečar, Slowenien 1941–1946, S. 480–516; Zusammenfassender Bericht der Sicherheitsdirektion Kärnten über das Ergebnis der amtlichen Nachforschung nach den von Tito-Truppen 1945 verschleppten und seither vermissten Zivilpersonen, 15.3.1952, in: Arnold Suppan, Die österreichischen Volksgruppen. Tendenzen ihrer gesellschaftlichen Entwicklung im 20. Jahrhundert. Wien 1983, S. 179.

6 Yugoslav War Crimes Commission (Hg.), Report on the crimes of Austria and the Austrians against Yugoslavia and her peoples. Belgrade 1947.

7 Memorandum vlade Federativne Narodne Republike Jugoslavije o Slovenačkoj Koruškoj, pograničnim slovenačkim delovima Štajerske i Gradišćanskim Hrvatima [Memorandum der Regierung der Föderativen Volksrepublik Jugoslawien über Slowenisch-Kärnten, die angrenzenden slowenischen Teile der Steiermark und die Burgenländer Kroaten]. Beograd 1947. Nach den Volkszählungen von 1934 und 1939 kann man für 1945 folgende Schätzungen als realistischer betrachten: 50.000 Kärntner Slowenen, 5.000 steirische Slowenen, 40.000 Burgenländer Kroaten.

8 PRO, FO 371, 64046 – HN 031128 – Denkschrift der österreichischen Regierung, 27.1.1947, Beilagen B/I, B/II und C; vgl. Gerald Stourzh, Um Einheit und Freiheit. Staatsvertrag, Neutralität und das Ende der Ost-West-Besetzung Österreichs 1945–1955. Studien zu Politik und Verwaltung, Bd. 62. 4. Aufl. Wien – Köln – Graz 1998 (= Stourzh, Einheit), S. 63–71.

[9] Edvard Kardelj, Srečanja. Borba za priznanje i nezavisnost nove Jugoslavije [Begegnungen. Der Kampf um die Anerkennung und die Unabhängigkeit des neuen Jugoslawien]. Ljubljana – Beograd 1980, S. 92–95; Stourzh, Einheit, S. 80–85.

[10] Stourzh, Einheit, S. 135 u. 147–155

[11] Arhiv Josipa Broza Tita, I-3-v/666 – Note der sowjetischen an die jugoslawische Regierung, 29.8.1949; Politika, 22.6.1949.

[12] Stourzh, Einheit, S. 135–136 u. 155–161.

[13] Neues Österreich, 27.10.1951.

[14] Arhiv Josipa Broza Tita, I-2-a/9 – Gespräch Marschall Titos mit Außenminister Gruber, Brioni, 23.6.1952.

[15] Branko Petranović – Momčilo Zečević (Hg.), Jugoslavija 1918–1988. Tematska zbirka dokumenata [Jugoslawien 1918–1988. Thematische Dokumentensammlung]. Beograd 1988, S. 800–803; vgl. Trieste 1945–1954. Un sogno tricolore. Immagini dalle Collezioni Alinari. Firenze 2004.

[16] Prunk, Slowenien, S. 138–143; vgl. Jean-Baptiste Duroselle, Le conflit de Trieste 1943–1954. Bruxelles 1966; Bogdan Novak, Trieste, 1941–1954. The ethnic, political und ideological struggle. Chicago 1970.

[17] Arhiv Josipa Broza Tita, I-2-a/8 – Analyse der aktuellen Position Österreichs und der österreichisch-jugoslawischen Beziehungen, o.D. [Juni 1952].

[18] Stourzh, Einheit, S. 683–766.

Rolf Steininger

Die Südtirolfrage 1945 bis 1955

Nach dem Ersten Weltkrieg wurde Tirol geteilt und Südtirol als Kriegsbeute Italien zugeschlagen. In den folgenden Jahren versuchten die Faschisten die Südtiroler zunächst – erfolglos – zu italienisieren, dann durch einen massiven Bevölkerungszuwachs von Italienern zu majorisieren. In der Faschistenzeit wurde das Land in den folgenden Jahren mehr und mehr „unwirtlich", wie es hieß. Die Hoffnungen auf eine Rückkehr zu Österreich nach dem „Anschluss" 1938 wurden bitter enttäuscht. Für die „Achse" Berlin-Rom wurden die Südtiroler geopfert. Hitler und Mussolini beschlossen 1939 die „endgültige Lösung" des Südtirolproblems: Die Südtiroler wurden vor die Wahl gestellt, entweder für das Deutsche Reich zu optieren oder die Heimat verlassen zu müssen. Damals wurden die Südtiroler zu „Optanten" und „Dableibern". 213.000 entschieden sich für Deutschland, 75.000 verließen tatsächlich ihre Heimat. 1945 war der „Faschistenspuk" vorbei. Österreich erstand neu, Italien hatte eine demokratische Regierung. Die Frage war, was nun mit Südtirol geschehen würde.[1]

Am 1. November 1943 hatten die Alliierten die „Moskauer Deklaration" veröffentlicht, in der als Ziel die Wiedererrichtung eines freien, unabhängigen Österreich nach Kriegsende formuliert worden war. Damit verbunden war auch die Frage nach den künftigen Grenzen dieses neuen Österreich und die Frage, ob Südtirol an Österreich zurückgegeben werden sollte. Anfangs wurde das nicht ausgeschlossen, Mitte 1945 war dies aber keine Option mehr. Am 5. Juni 1945 hieß es in einem Memorandum für das britische Kabinett, es gehe bei der Entscheidung über die „Rückgabe Südtirols" in der Tat „um eine hochpolitische Angelegenheit: nämlich haben wir langfristig mehr zu gewinnen, wenn wir Italien weitere Demütigungen ersparen oder wenn wir die österreichischen Ansprüche befriedigen?" Der britische Außenminister Anthony Eden gab die Antwort: „Ich neige der ersten Alternative zu. Man kann nicht sagen, dass der Gewinn Bozens absolut notwendig ist für ein ‚freies und unabhängiges Österreich' – auf das wir uns festgelegt haben –, es könnte andererseits aber zu einem Gefahrenherd werden, falls Österreich völlig unter russischen Einfluss gerät."

Deshalb wurde in dem Friedensvertragsentwurf mit Italien die Frage Südtirol nicht erwähnt. Die übrigen Mächte hatten mit Blick auf die Brennergrenze wohl ähnliche Vorstellungen. Auf der Außenministerkonferenz im September 1945 in London wurde von keiner Seite eine Änderung dieser Grenze vorgeschlagen. Lediglich der amerikanische Außenminister James Byrnes legte eine Zusatzformel vor, die ohne Diskussion angenommen wurde. Demnach sollte die Grenze unverändert bleiben, „mit der Ausnahme, jeden Fall zu hören, den Österreich für kleinere Grenzberichtungen zu seinen Gunsten vorbringt".

Damit war eine Grundsatzentscheidung getroffen worden, an der in der Folgezeit nicht mehr gerüttelt werden sollte. Daran änderten auch die zahlreichen Demonstrationen und Manifestationen in Südtirol und in Österreich für eine Rückkehr Südtirols zu Österreich nichts. Nach den Nationalratswahlen am 25. November 1945 und dem vernichtenden Ergebnis für die Kommunisten wurde zwar in London und Washington noch einmal über dieses Thema nachgedacht, im Foreign Office von einer Arbeitsgruppe sogar die Rückgabe Südtirols an Österreich empfohlen, aber diese Überlegungen fanden am 4. März 1946 ein Ende. An diesem Tag beendete Außenminister Ernest Bevin persönlich die interne Diskussion über Südtirol. Er entschied für Italien und gegen Österreich. Der Grund war die „russische Gefahr"; unterm Strich, so betonte er in einer Sitzung im Foreign Office, hätten die Österreicher zwar die besseren Argumente, wenn man ihnen aber die Kraftwerke in Südtirol überantwortete, dann „könnte man damit tatsächlich den Russen einen bedeutenden Hebel in die Hände spielen, mit dem sie Italien unliebsam unter Druck setzen können"; man werde auf diese Weise die Ambitionen der Sowjets in Mitteleuropa unterstützen und gegen die eigenen Interessen in Italien handeln. Am 24. Juni 1946 bekräftigten die vier Außenminister in Paris dann ihren Beschluss vom September.

Ein Abkommen über Südtirol

Zwischen Oesterreich und Italien

Paris, 6. September. (UP.) Die österreichische Gesandtschaft in Paris gab Freitag bekannt, daß der österreichische Außenminister Dr. Gruber und der italienische Premierminister de Gasperi ein Abkommen abgeschlossen haben, wonach die Autonomie Südtirols garantiert werden soll. Das Abkommen sieht die Gleichberechtigung der deutschen und der italienischen Sprache in Südtirol vor. Ferner verpflichtet sich die italienische Regierung, alle Südtiroler, die das Land auf Grund der Hitler-Mussolini-Vereinbarung verlassen haben, wieder aufzunehmen.

Dr. Gruber kommt zur Berichterstattung nach Wien

Paris, 6. September. (Reuter) Außenminister Dr. Gruber reist heute abend aus Paris nach Wien, wo er Sonntag früh zu einem kurzen Aufenthalt eintreffen wird, um Bundeskanzler Ingenieur Figl über den Stand der Pariser Besprechungen Bericht zu erstatten.

Gleichstellung der deutschsprachigen Bevölkerung

Paris, 6. September. (Reuter.) Wie man erfährt, haben die Verhandlungen zwischen den Vertretern Österreichs und Italiens zu einem vollständigen Übereinkommen über die künftige rechtliche Stellung der deutschsprachigen Gebiete Südtirols geführt.

Nach verläßlichen Berichten haben Doktor Gruber und der italienische Botschafter in London, Carandini, je ein Protokoll des Abkommens paraphiert und heute Kopien davon an den Generalsekretär der Friedenskonferenz und an alle vier Großmächte übermittelt. Falls die Konferenz das Abkommen gutheißt, wird sein Text vermutlich in den Friedensvertrag mit Italien aufgenommen werden.

Das Abkommen enthält Bestimmungen über die staatsrechtliche Gleichstellung der deutschsprachigen Bevölkerung Südtirols, wie Schulunterricht in deutscher Sprache, Verwendung von Deutsch als Amtssprache und die Gleichstellung in bezug auf Staatsanstellungen.

Freier Reise- und Warenverkehr mit Österreich

Es verbürgt den freien Verkehr für Reisende und Waren zwischen Nord- und Südtirol. Es verpflichtet auch die italienische Regierung, den Grenzverkehr zwischen Italien und Österreich in der Weise zu erleichtern, daß die österreichische Wirtschaft leistungsfähiger wird und durch den Verbleib Südtirols bei Italien weniger beeinflußt wird.

Zeitungsartikel zum Gruber-De Gasperi-Abkommen.
Quelle: Arbeiterzeitung, 7.9.1946, S. 1/www.arbeiter-zeitung.at.

In Wien stand man damit zwar vor einem Scherbenhaufen, die Entscheidung von Paris bedeutete aber noch keinesfalls das Ende der Südtirolproblematik. Das Gegenteil war der Fall – und wieder liefen damals alle Fäden im Foreign Office in London zusammen. Einen Ausweg sah man dort in direkten Gesprächen zwischen Rom und Wien. Der oberste Beamte dort, Sir Orme Sargent, war davon überzeugt, dass solange man Italiener und Österreicher sich selbst überlasse, „nichts geschehen wird. Die Österreicher sind zu schwach, um die Dinge voranzutreiben, und für die Italiener als ‚beati possidentes' besteht eigentlich keinerlei Veranlassung, sich in einem Abkommen eindeutig festzulegen, so sehr sie auch ihren guten Willen bekunden und vage Versprechungen hinsichtlich guter Absichten machen".
London übte damals massiven Druck auf die Italiener aus. Das Ergebnis war eine italienisch-österreichische Übereinkunft, die Osterreichs Außenminister Karl Gruber und sein italienischer Kollege und Ministerpräsident Alcide De Gasperi am 5. September 1946 in Paris unterzeichneten und die als Gruber-De Gasperi-Abkommen in die Geschichte eingegangen ist. Darin wurde den Bewohnern der Provinz Bozen Autonomie

Außenminister Karl Gruber.
Quelle: ÖNB/Bildarchiv/Wien.

zugesagt. Einer der umstrittensten Punkte bei der Auslegung des Abkommens war von Anfang an die territoriale Abgrenzung des Autonomiegebietes. Sollte die Autonomie nur für die Provinz Bozen d. h. Südtirol gelten oder für die Provinz Bozen plus die Provinz Trentino? Hier sorgte Italien dann für ein fait accompli, indem es im Juli 1947 eine Verfassung beschloss, die die Bildung einer autonomen Region Trentino-Alto Adige (Trentino – Tiroler Etschland) vorsah und im Januar 1948 das entsprechende Autonomiegesetz verabschiedete. Dies war keine Landesautonomie für Südtirol! Die Frage blieb offen, ob das in Paris vereinbart worden war.

Auch in der Folgezeit interpretierten die Italiener das Abkommen ganz nach ihren Vorstellungen und kümmerten sich wenig bis gar nicht um die „allogeni", die „Fremdstämmigen", wie die Südtiroler in Rom genannt wurden. Im Schulbereich bis hin zum so genannten Volkswohnbau wurde das Misstrauen der Südtiroler bestätigt. Durch die anhaltende Zuwanderung wurde im Grunde die Entnationalisierungspolitik der Faschisten unter anderem Namen fortgesetzt, sie stellte in den Augen der deutschsprachigen Südtiroler die größte Gefahr dar. In der Südtiroler Tageszeitung „Dolomiten" schrieb der damals bekannteste Politiker und „Dableiber", Kanonikus Michael Gamper, 1953: „Es ist ein Todesmarsch, auf dem wir Südtiroler uns seit 1945 befinden, wenn nicht noch in letzter Stunde eine Rettung kommt." Der „Todesmarsch" beherrschte von nun an die Diskussion und dies zu Recht: wie neue italienische Dokumente belegen, betrieb Rom für Südtirol damals eine „51 Prozent-Politik", d. h. Unterwanderung. Hilfe erhofften sich die Südtiroler von Wien.

Für Österreich war Südtirol nach 1945 eine „Herzenssache", ein „Gebet" jedes Österreichers, wie Bundeskanzler Leopold Figl dies am 21. Dezember 1945 in seiner Regierungserklärung unter lang anhaltendem Beifall im Hause und auf den Galerien erklärt hatte. Die Forderung nach Selbstbestimmung für Südtirol, nach Rückkehr zu Österreich war 1945/46 offizielle Politik der Wiener Regierung gewesen. Wohl niemals wieder hat ein Thema die Österreicher so bewegt – vielleicht mit Ausnahme des Staatsvertrages. Es war eine Forderung, mit der sich jeder Österreicher identifizieren konnte und die gleichzeitig dazu diente, Österreich ein Stück Identität zurückzugeben.

Am Ende der ersten schwierigen Phase der diplomatischen Verhandlungen 1946 hatte nicht die Selbstbestimmung gestanden, nicht die Rückkehr Südtirols, sondern jenes Abkommen, das Südtirol die Autonomie bringen sollte, das Gruber-De Gasperi-Abkommen. Das Engagement Österreichs ließ dann sehr schnell nach; es war schon bald die Rede von der „leidigen Südtirolfrage". In Südtirol selbst war die Enttäuschung groß, als deutlich wurde, dass sich die italienische Regierung nicht um die Worte und noch weniger um den Geist des Abkommens kümmerte und Hilfe aus Wien ausblieb.

In Bozen und Innsbruck wurde das mangelnde Engagement Wiens mit Desinteresse gleichgesetzt. Aus Wiener Sicht sah es anders aus: Man hatte das Notwendigste getan; Südtirol hatte ein Autonomiestatut, mit dem dort die „Substanz" gesichert werden konnte. Jetzt hatte man andere Sorgen. Im Mittelpunkt des Interesses stand der Staatsvertrag. Es ging darum, die Sowjets um fast jeden Preis aus dem Land zu bekommen. Und die Sowjets standen in Wien und Ostösterreich; dort war die Belastung zu spüren, nicht aber in Tirol. Man brauchte die westlichen Alliierten, zu denen in gewisser Weise auch Italien gehörte, mit dem man wegen Südtirol keinen Konflikt herbeiführen wollte. Es gab damals zwar mehrere diplomatische Demarchen in Rom, aber der österreichischen Gesandtschaft wurde gleichzeitig vom Außenamt mitgeteilt, dass alles nicht gar so ernst gemeint sei.

Die Stimmung in Südtirol verschlechterte sich jedenfalls von Jahr zu Jahr. Erst langsam wurde in Bozen und auch in Wien erkannt, dass es sich beim Gruber-De Gasperi-Abkommen trotz aller Schwächen um eine Art Magna Charta für Südtirol handelte und Österreich damit zur „Schutzmacht" Südtirols erhoben worden war.

Am 15. Mai 1955 erhielt Österreich seinen Staatsvertrag. Es gab damals in Bozen und Innsbruck Befürchtungen, dass die damit verbundene Neutralität Österreich in Zukunft daran hindern werde, im Rahmen des Gruber-De Gasperi-Abkommens für Südtirol aktiv zu werden. Das Gegenteil war der Fall, nachdem vor allen Dingen Innsbruck massiv Druck auf die Bundesregierung in Wien ausübte. Auf der Basis des Abkommens würde und konnte Österreich aktiv werden. Gleichzeitig kam es in Südtirol im November 1957 zur bis dahin größten Kundgebung in Sigmundskron mit der Hauptforderung „Los von Trient!". 1959 wurde Bruno Kreisky Außenminister; er erklärte die Südtirolfrage zur Nummer eins der österreichischen Außenpolitik. Ein Jahr später brachte die Bundesregierung das Thema vor die UNO. Dies war nur auf der Basis des 1946 abgeschlossenen Gruber-De Gasperi-Abkommens möglich. Einige forderten damals die Selbstbestimmung und halfen mit Bombenanschlägen nach – ohne Erfolg. Es ging letztlich nur um eine verbesserte Autonomie. Es sollte noch Jahre dauern, bis man eine zufriedenstellende Lösung fand und 1992 den Streit offiziell beilegte.

Anmerkungen

1 Zu den folgenden Ausführungen vgl. u.a. folgende Publikationen des Autors: Rolf Steininger, Los von Rom? Die Südtirolfrage 1945/46 und das Gruber-De Gasperi-Abkommen. Innsbruck 1987; Rolf Steininger, Südtirol zwischen Diplomatie und Terror 1947–1969, Bd. 1. 1947–1959. Bozen 1999.

Walter Raming

Zeuge der Zeit: Die Frage Südtirol nach dem Zweiten Weltkrieg

Wie haben Sie unmittelbar nach dem Zweiten Weltkrieg die Frage Südtirol miterlebt?

Als Jugendlicher erlebte ich in Innsbruck schon im August 1945 eine Großkundgebung, in der das Selbstbestimmungsrecht für Südtirol gefordert wurde. Das war aber nur der Anfang eines langen Ringens. „Auf zum Brenner, Gebt uns Waffen, Niemals Verzicht auf Südtirol!" waren die Parolen. Eine Demonstration, an der ich jugendbewegt teilnahm, endete in einem versuchten Marsch zum Brenner. Unter den Tiroler Demonstranten sah man viele Männer mit den rot-weiß-roten Armbinden der Widerstandsbewegung. Noch vor dem Einmarsch der US-Armee mit den Abzeichen des Regenbogens auf ihren Uniformen hatten sie das Tiroler Landhaus besetzt, den NS-Gauleiter Hofer vertrieben und mit Dr. Karl Gruber eine Regierung gebildet. Jetzt ging es um Südtirol, die Einheit und Heimkehr des seit 1918 geteilten Landes. Ein alliierter Panzer sperrte die Brennerstraße in Höhe der damaligen Zufahrt zum Bergisel ab. Die Demonstranten wurden zum Andreas Hofer-Denkmal umgeleitet, wo das Selbstbestimmungsrecht für Südtirol gefordert wurde. Mit dem Absingen des Andreas Hofer-Liedes endete dann friedlich der verhinderte Marsch zum Brenner.

Durch Zufall lernte ich dabei den Südtirolpolitiker Univ.-Prof. Dr. Reut-Nicolussi kennen, der mich zum Essen in ein kleines Restaurant neben der Tiroler Landesregierung einlud – wahrscheinlich sah ich damals ziemlich verhungert aus. In Erinnerung blieb mir sein aufrüttelndes und überzeugendes Eintreten für eine gerechte Sache. Man war in diesen Tagen in Nord- und in Südtirol noch optimistisch, nachdem ja Winston Churchill und auch der Chef der französischen Exilregierung General de Gaulle noch vor dem Kriegsende für die Vereinigung Südtirols mit Österreich eingetreten waren. Tiroler Widerstandskämpfer agierten in Bozen und Innsbruck für die Einheit Tirols. Kanonikus Gamper, Herold der Südtiroler „Dolomiten" und Tiroler Volkstumsapostel, kämpfte international für sein Heimatland.

155.000 Südtiroler unterschrieben den Ruf nach Selbstbestimmung. Die Unterschriften wurden bei einer Großkundgebung in Innsbruck an Bundeskanzler Figl übergeben. Zuvor waren schon Staatskanzler Renner und das Wiener Parlament – wie schon 1919 – für das Selbstbestimmungsrecht eingetreten. Heute weiß man, dass der bereits einsetzende „Kalte Krieg" zwischen Ost und West alle Hoffnungen zerstörte. Italien wurde zu einem wichtigen militärischen Verbündeten des Westens, damit wurde aber zugleich die Brennergrenze schon 1945/46 erneut zementiert. Was blieb, war die Hoffnung auf ein vielleicht doch eines Tages vereintes Europa, in dem Staatsgrenzen nur noch Kreidestriche sind.

Das waren meine ersten direkten und persönlichen Begegnungen mit der Südtirolfrage und den damit verbundenen menschlichen, ethnischen und politischen Problemen. Diese Zeit, noch im Schatten des großen Krieges, prägte auch mein späteres journalistisches Wirken und politisches Eintreten für die Rechte der Südtiroler.

Wie stand die SVP zum Gruber-De Gasperi-Abkommen von 1946?

Kritisch, aber grundsätzlich positiv! Es war ein Kompromiss, begründet in Italiens Bemühen um den Friedensvertrag, dem Ziel der Westmächte, Italien in seine antikommunistische Front einzubeziehen und Österreich dabei ruhig zu stellen. Die Wiener Regierung und Außenpolitik hatte zwar in Paris moralisch das Recht auf seiner Seite, war jedoch mehr Bittsteller als fordernde Macht.

Südtirol wurde 1919 abgetrennt und 1946 – nach den Jahrzehnten schlimmster Erfahrungen in der faschistischen Zeit – bei Italien belassen. Das Gruber-De Gasperi Abkommen – das so genannte Pariser Abkommen – sollte den Südtirolern und Ladinern eine Autonomie gewähren. Vieles davon blieb Jahrzehnte hindurch nur Papier. Die SVP drängte unentwegt auf die Umsetzung der vorgesehenen autonomen Rechte für das Land. Gegen den Protest der Südtiroler beschloss aber das italienische Parlament 1948 Südtirol-Alto Adige mit der Provinz Trient zu einer Region Trentino-Südtirol mit einem regionalen Parlament und einer Regionalregierung zusammenzuschließen. Dieser Zusammenschluss erfolgte ohne die im Pariser Vertrag vorgesehene Befragung der deutschsprachigen Vertreter. Die Selbstverwaltung lag also bei der italienischen Mehrheit des Trentino. Für Bozen blieb eine bescheidene Unterautonomie. Ebenso blieben weitere wesentliche Punkte des Vertrages unerfüllt. Zufriedenstellend war hingegen die Regelung über die Heimkehr der Südtiroler Optanten. Die von Hitler und Mussolini Umgesiedelten konnten zum größten Teil wieder die italienische Staatsbürgerschaft erwerben. Hergestellt wurde der freie Warenverkehr zwischen Nord- und Südtirol, ebenso der freie Durchgangsverkehr zwischen Innsbruck und Osttirol. Die SVP drängte unentwegt auf die Verwirklichung des Pariser Vertrages, der trotz aller Mängel einen politischen Erfolg darstellte. Das Gruber-De Gasperi-Abkommen ist Bestandteil des italienischen Friedensvertrages, sicherte die Internationalisierung der Südtirolfrage und gewährleistet die Schutzmachtstellung Österreichs.

Wie empfanden die Südtiroler die österreichischen Bemühungen um eine Lösung des Konflikts zwischen 1945 und 1955?

Stets waren die Hoffnungen und Erwartungen der Südtiroler auf das von vier Mächten besetzte und vom Alliierten Kontrollrat beherrschte Österreich gerichtet. In Bozen anerkannte man den guten Willen der österreichischen Außenpolitik, deren Spielraum sehr eng war. Vom Pariser Vertrag erhofften sich die Südtiroler und Österreicher, dass er im europäischen Geist einer guten Nachbarschaft praktiziert werde. Nationalstaatliche Machtpolitik und fehlender Wille auf italienischer Seite verschärften aber die ethnischen Konflikte. Schon 1947 urgierten die Südtiroler die Umsetzung des Pariser Vertrages, der auch durch Schikanen ausgehöhlt wurde. Das Verbot des Hissens der Tiroler Fahne und des Zeigens der Landesfarben auf den Fensterläden, die Benachteiligung der Südtiroler und Ladiner im Volkswohnbau, bei den Arbeitsplätzen im öffentlichen Bereich, eine weitere Zuwanderung und andere Missachtungen der im Pariser Vertrag vorgesehenen autonomen Rechte verschlimmerten die ethnischen und politischen Auseinandersetzungen. Der Wiener Regierung blieben bis zum Abschluss des Staatsvertrages 1955 die Hände weitgehend gebunden. Erst mit dem Staatsvertrag erhielt der Ballhausplatz mehr außenpolitischen Spielraum, wobei Rom wiederholt auch Österreichs Bemühen um eine Mitgliedschaft in europäischen Institutionen vom Wohlverhalten in der Südtirolfrage abhängig machte.

Österreich war eben nicht ein freies, sondern ein besetztes Land. Es konnte nicht wie andere Länder völkerrechtliche und staatsrechtliche Akte setzen. Erst 1955 gewann es seine volle Souveränität und damit auch den außenpolitischen Freiraum im Ringen um die Menschen- und Volkstumsrechte für Südtiroler und Ladiner.

Aus welcher Haltung heraus entwickelte sich die Südtiroler Widerstandsbewegung?

Über das Entstehen und die Geschichte des Befreiungsausschusses Südtirol (BAS) ist schon viel geschrieben worden. Berufene und Unberufene griffen zur Feder. Verdächtigungen, Wahrheit, Dichtung und oft noch immer undurchsichtige Zusammenhänge ergeben ein dramatisches und tragisches Mosaik eines ethnischen Konfliktes, der seine Wurzeln in der Zerschlagung der österreichisch-ungarischen Monarchie und im Friedensvertrag von St. Germain hat, ist doch Südtirol das Stammland Tirols und seit 1363 mit dem Haus Österreich-Habsburg verbunden. Jahrhunderte hindurch entstand eine gott- und heimattreue Gesinnung und Wehrhaftigkeit, die im freien Tiroler Schützenwesen zum Ausdruck kam. Das religiös motivierte Volk verschwor sich dem „Herzen Jesu" und fand im Freiheitshelden von 1809, Andreas Hofer, sein vaterländisches Symbol. Bezeichnend dafür sind der historisch-politische Aufbruch in den neuen „Freiheitskampf" nach der eindrucksvollen gesamttirolischen 150-Jahrfeier (1959) des Volksaufstandes gegen Napoleon und die erste Südtiroler Attentatswelle in der „Herz-Jesu Nacht" 1961. Die im Festzug mitgetragene

Dornenkrone als Symbol von Trennung und Leid wurde zum Fanal des Widerstandes.
Verstärkt wurde die Bereitschaft zum Kampf durch die bitteren Erfahrungen in der Zeit des Faschismus. Beispielhaft dafür war der „Stahlpakt" zwischen Hitler und Mussolini, in dem Südtirol als Preis für die politisch-militärische „Achse Rom-Berlin" dem „Duce" ausgeliefert wurde und das Land im Sinne des Nationalsozialismus und des Faschismus „umgevolkt" werden sollte. Nach 1945 zerschlugen sich die Hoffnungen auf die Heimkehr nach Österreich oder zumindest auf eine Autonomie – sie blieb ein papierenes Versprechen. Das Vertrauen in Italien litt schwer durch Drangsal und Schikanen die an die Zeit des Faschismus erinnerten, dessen Siegesdenkmal übrigens bis heute in Bozen steht.
Es waren Bauern, Bürger, Handwerker, Naturrechts-Theologen, Priester, Studenten, Intellektuelle, Politiker aus verschiedenen Lagern, in denen die Bereitschaft zum Handeln heranreifte. Das waren keine „rechten" oder „linken" Extremisten, die zur Gewalt motiviert waren. Es waren meist zutiefst im Katholizismus und im liberalen Menschenrecht verwurzelte einfache Menschen, die noch daran glaubten, was ihnen einst von Predigern, Militärseelsorgern, in CV- und Burschenschaftsversprechen abverlangt oder von Volksbildnern als Widerstandsrecht des „Volkes Gottes" und „Gott mit uns"-Vaterlandsliebe gelehrt wurde. In diesen Haltungen reifte ein leidvolles Geschick im Herzen Europas heran.
Den harten Kern bildeten zunächst Südtiroler Schützen um Georg Klotz, Lois Amplatz und Josef Kerschbaumer. In Nordtirol und in Österreich fanden sich um den Tiroler ÖVP-Landesrat und Parteiobmann Aloys Oberhammer Weggefährten, so eine Reihe ehemaliger Widerstandskämpfer gegen den Nationalsozialismus: der Publizist Wolfgang Pfaundler, der Universtitätsassistent Helmut Heuberger und der Verleger Fritz Molden. Weiters: der Wiener Journalist Gerhard Bacher, der damalige Universitätsassistent Norbert Burger, die Alpinisten Heinrich Klier und Kurt Welser, um nur an einige zu erinnern. Es war keine Domäne der politischen Rechten: Der Tiroler Politiker Rupert Zechtl (SPÖ) stellte Verbindungen zu Außenminister Bruno Kreisky her, Oberhammer zu Staatssekretär Prof. Franz Gschnitzer, der u.a. mit dem Völkerrechtler Univ.-Prof. Dr. Felix Ermacora juridische Fundamente und Expertisen lieferte und in die nationale und internationale Südtirolpolitik einbrachte. Gewichtig auch Viktoria Stadlmayer, Hubert Senn, Eduard Widmoser, der damalige Landesrat und Bauernbündler Eduard Wallnöfer.
Eine sehr konkrete politische Bedeutung erhielten für die Entwicklung der Südtirolpolitik die österreichischen Südtirolorganisationen, die sich in der ersten bedeutenden Bürgerbewegung, der „Union für Südtirol", zusammengeschlossen hatten. Initiatoren waren der ÖVP-Abgeordnete Franz Kranebitter und eine Reihe von Funktionären des Bergiselbundes und anderer Pro-Südtirol-Vereine aus allen Bundesländern, so Wolfgang Scheiber, Hardt-Strehmayer, Harald Ofner, Richard Hely, Roland Timmel u.a.m. Die Union pflegte vor allem mit Landeshauptmann Eduard Wallnöfer enge Zusammenarbeit und konnte auch in Kontakten mit den Bundeskanzlern und Außenministern der Republik Österreich zu jedem Zeitpunkt der bilateralen Verhandlungen zwischen Rom und Wien die Standpunkte und Forderungen der Südtirol-Bürgerbewegung einbringen.

Peter Ruggenthaler

So nah und doch so fern. Zur sowjetischen Haltung bei den Staatsvertragsverhandlungen 1949/50.

Ende 1949 wäre der Österreichische Staatsvertrag beinahe unter Dach und Fach gebracht worden. Am 20. Juni 1949, dem letzten Konferenztag des in Paris zusammengetretenen Rates der Außenminister, verlautbarten die vier Großmächte, den Österreichischen Staatsvertrag bis zum 1. September unterschriftsreif zu machen. Die Sonderbeauftragten sollten eine Reihe von Artikeln redigieren. Der neue sowjetische Außenminister Andrej Vyšinskij erklärte gegenüber seinem amerikanischen Amtskollegen Dean Acheson, man könne „den Österreich-Vertrag nicht ad infinitum hinausschieben". Vyšinskijs Aussage war tatsächlich nicht nur diplomatische Taktik gewesen sein, sondern entsprach in dieser Phase den Intentionen des Kreml. Der amerikanische Präsident Truman hatte, wie bekannt ist, ebenso – zunächst gegen den Widerstand des Militärs – grünes Licht für den Abschluss der Verhandlungen gegeben. Zwischen Juni und Oktober 1949 veränderte sich die weltpolitische Lage jedoch nachhaltig: Die UdSSR zündete die erste Atombombe, die Auseinandersetzung zwischen Stalin und Tito eskalierte, die sowjetische Besatzungszone Deutschlands wurde zur DDR, und die chinesischen Kommunisten errangen den Sieg im Bürgerkrieg und errichteten die Volksrepublik China. In dieser Zeit traten die Briten am entschiedensten für einen raschen Verhandlungsabschluss ein. Sie wollten dadurch einerseits den Sowjets die Möglichkeit nehmen, den „Start" der Bundesrepublik zu verhindern, andererseits wünschten die Briten den Abzug sowjetischer Truppen aus der Nähe Jugoslawiens. Zudem hätte ein sowjetischer Abzug aus Österreich auch die Truppenpräsenz der Sowjetunion in Ungarn und Rumänien nicht mehr gerechtfertigt. Für die amerikanische Seite war dieses Argument einleuchtend, doch musste sie erkennen, dass wohl auch die Sowjets dies realisierten. Sie hatte Recht, genau das war schlussendlich das ausschlaggebende Argument, warum der Kreml zu einem Vertragsabschluss 1949 „Njet" sagte. Anhand vor kurzem geöffneter Dokumente des früheren sowjetischen Parteiarchivs kann dies nun erstmals bewiesen werden.[1]

Ende September 1949 kamen die Sonderbeauftragten der Staatsvertragsverhandlungen zu neuen Beratungen in New York (23. September bis 16. Dezember 1949) zusammen. Vyšinskij erklärte am Rande der UN-Generalversammlung gegenüber dem britischen Außenminister Bevin, Stalin selbst habe ihn angewiesen, den Österreich-Vertrag abschließen zu müssen. Zu diesem Zeitpunkt allerdings konnte Vyšinskij ohne weiteres eine derartige Ankündigung aussprechen, hatte er sich doch nach Abschluss der Konferenz der Sonderbeauftragten für den Österreichischen Staatsvertrag in London (1. Juli bis 1. September 1949) nicht gedacht, dass eine weitere Verhandlungsrunde den Sowjets genehme Ergebnisse über den so strittigen Artikel 35 (Deutsches Eigentum) bringen würde. Vyšinskij hatte zumindest keine Direktiven erhalten, den Staatsvertrag nicht abzuschließen. Da sich die Frage des Abschlusses noch nicht realiter stellte, ist es schwierig, einen genauen Zeitpunkt zu eruieren, ab dem der Kreml nicht mehr zum Abschluss bereit war. Es war auf jeden Fall ein sich entwickelnder Prozess, spätestens am 24. Oktober 1949 wurde die sowjetische Delegation vom Politbüro angewiesen, die Verhandlungen abzubrechen.[2]

Die Verhandlungen auf der Konferenz der Sonderbeauftragten in New York begannen. Die Westmächte überrumpelten die Sowjets jedoch ihrerseits bereits am ersten Verhandlungstag mit großen Zugeständnissen in der Frage des „Deutschen Eigentums". Am 24. September 1949 berichtete der stellvertretende sowjetische Außenminister Andrej Gromyko Stalin, dass die Vorschläge „vorteilhaft für die UdSSR sind, weil sie unsere Interessen im Zusammenhang mit der Besitznahme und Nutzung dieses Eigentums garantieren" und empfahl, in dieser Frage zuzustimmen und die von Vyšinskij aus New York

Der „ewig-neue" Osterhase. Karikatur zur jahrelangen Unerreichbarkeit des Staatsvertrages.
Quelle: Percy Pachta-Rayhofen/Wien.

übermittelten Vorschläge anzunehmen. Diese wurden umgehend vom Politbüro des ZK abgesegnet und Vyšinskij mitgeteilt. Wenige Tage später berichtete dieser nach Moskau, dass es angebracht sei, einige kleine Konzessionen zu machen, sollten die Westmächte die sowjetischen Vorschläge zu Artikel 35 annehmen. Stalin zeigte sich mit den Vorschlägen einverstanden, und das Politbüro durfte diese in seiner Sitzung am 6. Oktober absegnen. Die Direktive, einen Passus in der Frage der Entschädigungsverpflichtung Österreichs (Artikel 42) keinesfalls zuzulassen, wurde hinfällig, nachdem die Westmächte nach der Erzielung einer bilateralen Abmachung mit Österreich darauf verzichten konnten. Die Sowjets machten in der Folge einige kleinere Konzessionen, viel mehr noch die Westmächte.

Wie seit langem bekannt ist, waren bis Ende Oktober 1949 auf der Seite der Westmächte die Amerikaner nicht bereit, die Besatzung Österreichs aufzugeben. Die ursprünglichen Ziele, die sich aus dem Zweiten Weltkrieg ergaben, waren hinfällig geworden, der vorrangige Zweck der amerikanischen Präsenz galt dem „Kampf gegen den Kommunismus". Die westlichen Zonen Österreichs wurden in das Verteidigungskonzept Westeuropas eingebaut. Der Staatsvertrag wurde, obwohl fast fertig ausverhandelt, 1949 bekanntermaßen nicht abgeschlossen. Nachdem die Amerikaner am 26. Oktober 1949 schließlich zur Überzeugung gelangt waren, dass die politischen Vorteile bei einem Abschluss des Staatsvertrages überwogen, war es bereits zu spät. Die Sowjetdelegierten trugen das Ihre bei und stellten nun immer wieder neue Forderungen, die die Westmächte auch akzeptierten. War eine Frage gelöst, erhob sich sogleich die nächste. Was war der Grund für die Verschleppungstaktik der Sowjets? Waren sie zu diesem Zeitpunkt überhaupt an einem Abschluss des Österreichischen Staatsvertrages interessiert? Am 18. November 1949 erzielten die Verhandler schließlich Einigung über Artikel 35, nachdem Truman die amerikanischen Unterhändler angewiesen hatte, einen Vertrag „unter den bestmöglichen Bedingungen anzustreben".[3] Doch aus dem Abschluss des Staatsvertrages wurde wieder nichts. Wer aber trug letztendlich die Verantwortung für das Scheitern kurz vor dem vermeintlichen Ziel? Hatte Stalin denn Ende 1949 zu irgendeinem Zeitpunkt eine Weisung gegeben, den Vertrag unter Dach und Fach zu bringen, wie Vyšinskij in New York beteuerte?

Am 21. Oktober 1949, also noch lange vor Einigung über Artikel 35, hielt Gromyko in einem Berichtsentwurf an Stalin fest, „dass die Position der Vertreter der USA, Englands und Frankreichs in den in letzter Zeit stattgefundenen Sitzungen der Sonderbeauftragten für den Österreichischen Staatsvertrag davon zeugt, dass die Westmächte Interesse an einer Beschleunigung des Abschlusses des Vertrages mit Österreich an den Tag legen". Gromyko sah sich veranlasst, Stalin gleichsam zu warnen, dass bei weiteren Zugeständnissen der Westmächte „alle grundlegenden Uneinigkeiten, die den Abschluss des österreichischen Vertrages verzögern könnten, beseitigt seien". Wie bereits oben angesprochen, konnten die Sowjets nach London nicht davon ausgehen, dass weitere Verhandlungen zu einem Ergebnis führen würden und sahen sich deshalb auch nicht veranlasst, Einwand gegen eine weitere Verhandlungsrunde der Sonderbeauftragten in New York zu erheben. Bekräftigt wird dies durch den genannten Bericht Gromykos. Trotz des Verhandlungsfortschritts hielt er es nun für notwendig, die eigene Position festzulegen: „In diesen Bedingungen erhebt sich die Notwendigkeit, unsere Position in den weiteren Verhandlungen zum Entwurf des österreichischen Vertrages festzulegen." Gromyko warnte, dass „das Bestreben der Westmächte, den Abschluss des österreichischen Vertrages zu beschleunigen, allem Anschein nach mit ihren Plänen verbunden ist, die Grundlagen einer weiteren Präsenz sowjetischer Truppen in Österreich wie auch in Ungarn und Rumänien zu beseitigen, auf deren Staatsgebieten gemäß den Bedingungen der Friedensverträge die Sowjetunion ein Recht hat, ihre Streitkräfte zu halten, die für die Aufrechterhaltungen der Verbindungswege mit der sowjetischen Besatzungszone Österreichs unabdingbar sind". Gromyko empfahl daher, eine Verzögerungstaktik einzuschlagen: „Nach unserer Meinung sollten wir uns nicht einmal mit kleinen Zugeständnissen im Staatsvertragsentwurf beeilen [...] und die Entscheidung dieser Frage bis zur endgültigen Klärung der Bereitschaft der Westmächte, all unsere Hauptforderungen in den noch verbliebenen ungeklärten Fragen zufrieden zu stellen, aufschieben."

Einige Tage später, am 24. Oktober 1949, hatte das Politbüro die von Stalin redigierte Direktive an Vyšinskij für die weitere Verhandlungstaktik in New York abzusegnen. Darin hieß es: „Auf Grund einer Reihe von Hinweisen ist ersichtlich, dass die Angloamerikaner begonnen haben, sich mit dem Abschluss des österreichischen Vertrages zu beeilen, womit sie, wie ersichtlich ist, bestrebt sind, auch Jugoslawien politische Unterstützung zu erweisen. Unsere Vertreter haben davon auszugehen, dass wir nicht an einem schnellen Abschluss des österreichischen Vertrages interessiert sind. Deshalb ist es für Sie [gemeint ist Vyšinskij] unabdingbar, bestehende Uneinigkeiten zu nutzen und auf der New Yorker Konferenz der Sonderbeauftragten die Vorbereitung des Vertrages nicht zu Ende zu führen." Vyšinskij wurde angewiesen, die Positionen der Westmächte zu allen sowjetischen Vorschlägen auszuloten, „ohne auch in nur einer einzigen wesentlichen Frage" von der sowjetischen Position abzuweichen. Und Uneinigkeiten gab es freilich noch, allen voran die Frage der „Erbsenschulden", die von den Sowjets dazu benützt werden konnten, den Vertrag in New York nicht unterschriftsreif zu machen. Die sowjetische Seite hatte spätestens am 24. Oktober die klare Direktive erhalten, den Österreichischen Staatsvertrag nicht abzuschließen, also zwei Tage, bevor der amerikanische Präsident nach vier Monaten interner Auseinandersetzungen „endlich eine klare politische Linie" gefunden und seinerseits den Weg zu einem Staatsvertragsabschluss frei machte![4]

Unmittelbarer Auslöser für diese Direktive, den Staatsvertrag aus sowjetischer Sicht auf keinen Fall abzuschließen, war der genannte Bericht Gromykos. Die Westmächte hatten die Sowjets sichtlich mit ihrem Entgegenkommen und der Einigung über Artikel 35 überrascht. Die UdSSR hatte im Herbst 1949 mit der Erwartung, ohnedies keine nennenswerten Fortschritte zum Österreichischen Staatsvertrag zu erzielen, weiteren Verhandlungen zugestimmt. Die einsetzende Verzögerungstaktik der Sowjets, die jedoch erst nach Einigung über den Artikel 35 offen zu Tage kam, war somit nicht auf ein konkretes unmittelbares Ereignis infolge der völligen Änderung der Lage, „die durch die westlichen Rüstungen entstanden" sei,[5] zurückzuführen. Die weltpolitische Frage war zweifelsohne der Grund, warum der Kreml nicht bereit war, den Österreichischen Staatsvertrag abzuschließen, doch führte diese nicht unmittelbar zu neuen Weisungen. Vielmehr erwarteten sich die Sowjets ohnedies keine Fortschritte in den Staatsvertragsverhandlungen. Man konnte also verhandeln, denn man wähnte sich sicher, dass die Sitzungen Nr. 213 bis 246 ohnehin zu keinem Ergebnis führen würden. Gegenüber Österreich zeigte man dadurch seinen guten Willen, doch als es ans „Eingemachte" ging, musste Stalin auf die Bremse treten. Man hatte das Gegenteil erreicht: Die Sowjets wurden nun, als der Westen endlich seinen Abschlusswillen bekundete, offen als Verzögerer an die Wand gespielt.

Die Sowjets „retteten" sich mehr oder weniger über die Verhandlungen in New York hinweg. Die „Erbsenschuld" trat deutlich „als Instrument der immer klarer zu Tage tretenden Verzögerungstaktik der Sowjets" hervor, auch wenn diese Frage in der sowjetischen Strategie nicht als Verzögerungstaktik konzipiert war und nicht der vermeintlich letzte nicht ausverhandelte Artikel blieb. Bereits am 10. Oktober 1949 hatte Gromyko Stalin mitgeteilt, dass „wir wenig Gründe haben, von Österreich zu verlangen, dass es die Kosten der von den sowjetischen Truppen durchgeführten Instandsetzungsarbeiten der Eisenbahnverbindungen trägt und für die Benutzung der Beutelokomotiven und Waggons bezahlt, wo doch die Instandsetzungsarbeiten und die Benutzung der Lokomotiven und Waggons in bedeutsamen Maße in Zusammenhang mit der Versorgung der sowjetischen Truppen in Österreich standen". Gromyko empfahl daher, diese Frage mittels „Briefaustausch" zu regeln. Aus wirtschaftlichen und aus politischen Gründen, argumentierte Gromyko gegenüber Stalin, sei dies „vorteilhaft", weil einerseits die Forderungen der UdSSR an Österreich höher wären als umgekehrt und andererseits die gelöste Frage der gegenseitigen Schuldforderungen von der österreichischen Regierung nicht weiterhin als feindliche Propaganda gegen die Sowjetunion, „die zur Zeit in Zusammenhang mit der Einnahme einer Besatzungssteuer unter der Bevölkerung stattfindet", verwendet werden könne.

Die sowjetischen Absichten zur Lösung der „Erbsenschulden" waren durchaus ernst gemeint. Sie wurden von Gromyko ja auch zu einem Zeitpunkt geäußert, als die Westmächte noch auf prinzipiellen Fragestellungen des Artikels 35 beharrten (Gromyko begann seinen Bericht an Stalin mit der Darlegung des Standpunktes der Westmächte). Die Sowjets hatten nicht erwartet, dass in New York ein Abschluss der Staatsvertragsverhandlungen in den Bereich des Möglichen rücken würde. Die Signalisierung der sowjetischen Bereitschaft, mit den Österreichern die Schuldenfrage zu regeln, erfolgte zu einem Zeitpunkt (über einen Monat zuvor), als eine Einigung über Artikel 35 nicht realistisch war, und beruhte auf nichts anderem, als in den Verhandlungen vor allem wirtschaftliche Vorteile herauszuschlagen. Zum Zeitpunkt, als mit der Gründung der DDR ein zweiter deutscher Staat entstand und die spätstalinistische Epoche des „Kalten Krieges" anbrach, setzte man sich in der Frage Österreichs zwar an einen Tisch, jedoch war weder die eine noch die andere Seite bereit, ihre Truppen aus Österreich abzuziehen. Die Motive für die weitgehenden Konzessionen der Westmächte ortete Stalin als offensichtliche Unterstützung für Tito. Dies war spätestens der Auslöser, warum er aus seiner Sicht die Verhandlungen in New York stoppen musste.

Die nicht gelöste Schuldenfrage, aber auch andere nicht ausverhandelte Artikel, boten den Sowjets schließlich den willkommenen Anlass, die Verhandlungen der Sonderbeauftragten zu vertagen, um sich eine diplomatische Atempause zu verschaffen und verhandlungsstrategisch neu positionieren zu können. Denn noch sprachen sich die Sowjets für weitere Verhandlungen aus. Vyšinskij erstattete über die Verhandlungen der Sonderbeauftragten in New York zusammenfassend Stalin Bericht. Vyšinskij schrieb: „Die Vertreter der Westmächte nahmen alle unsere Hauptforderungen an, darunter zu Artikel 35 (Deutsches Eigentum in Österreich), der für uns die allerwichtigste Bedeutung hat. Ausgehend von der Direktive, die Vorbereitung des Entwurfs des österreichischen Vertrages nicht zu forcieren, setzten wir uns für unsere Forderungen zu allen Artikeln, über die keine Einigung erzielt wurde, ein und rückten davon nicht ab." Vyšinskij empfahl, die ab 9. Jänner 1950 anberaumten Sitzungen der Sonderbeauftragten in London nicht zu verschieben. Stalin willigte ein und erteilte die Direktive, von den bisherigen Positionen zu den Artikeln 16 (DPs), 27 (Verhinderung der deutschen Wiederaufrüstung), 42 (Eigentum der Vereinten Nationen in Österreich) und 48 (Schuldenfrage) nicht abzurücken.

Somit gab es wohl keinen Verhandlungsspielraum mehr und die sowjetische Seite konnte ziemlich sicher davon ausgehen, dass die Westmächte nicht noch mehr Zugeständnisse machen würden, auch wenn das Politbüro die sowjetischen Unterhandler anwies, im Falle einer Übereinkunft zu den obgenannten Artikeln, der Übergabe des Vertragsentwurfs in die Endredaktion zuzustimmen. Die wenigen Sitzungen der Sonderbeauftragten, die 1950 stattfanden, führten zu keinem Ergebnis. Es entstand der Anschein, als wären die „Erbsenschulden" Österreichs das größte Hindernis, was freilich nicht ganz der Wahrheit entsprach, aber von den Westmächten geschickt ausgenutzt wurde, um der UdSSR die Alleinschuld am Verhandlungsabbruch zuzuschieben. In der Zwischenzeit hatte Vyšinskij den sowjetischen Teil der Alliierten Kommission für Österreich in Wien beauftragt, Fakten über die „Gefahren der Rückkehr des Nazismus in Österreich" und der Nichteinhaltung der Verpflichtungen der österreichischen Regierung in den Fragen der Entmilitarisierung und Entnazifizierung zusammenzutragen. Am 2. April schrieb Vyšinskij an Stalin, dass zu fünf Artikeln des Österreichischen Staatsvertrages noch keine Einigung erzielt wurde. Da jedoch davon auszugehen sei, dass sich die Westmächte bis zur nächsten Sitzung am 26. April 1950 mit der österreichischen Regierung bezüglich der Artikel 42 und 48 einigen würden und dass die österreichische Regierung auch die sowjetischen Vorschläge zur Begleichung der „Erbsenschulden" annehmen würde, wies Vyšinskij Stalin darauf hin, dass „auf diese Weise alle Uneinigkeiten für den Entwurf des Österreichischen Staatsvertrages und alle Hindernisse zur Unterzeichnung des Vertrages" ausgeräumt würden. In diesem Zusammenhang sei noch darauf hingewiesen, dass just zu diesem Zeitpunkt, als die KPÖ in Folge der sich verschleppenden Staatsvertragsverhandlungen erstmals Neutralitätsparolen vertrat, die sowjetischen Politvertreter in Wien, Michail Koptelov und Georgij Cinev, den Vorschlag im sowjetischen Außenministerium einbrachten, Österreich im Staatsvertrag zu verpflichten, „keinerlei militärisch-politischen Blocks beizutreten". Diese wurden jedoch vom Leiter der 3. Europäischen Abteilung, Michail Gribanov, zurückgewiesen, weil sie „in gewissem Maße eine diskriminierende Haltung gegenüber Österreich" bedeuten würden. Eines der Hauptziele des Österreichischen Staatsvertrages, so Gribanov, war die „Verhinderung einer Vereinigung Österreichs mit Deutschland", die ohnedies durch einen eigenen Artikel gewährleistet wurde. Seine weiteren Schlussfolgerungen erfolgten bereits unter der Prämisse, dass die UdSSR nicht an einem Abschluss des Staatsvertrages interessiert war und kamen einer Suche nach

Gründen, die Verschleppungstaktik zu rechtfertigen, gleich.
Im Wissen, dass Stalin nicht abschließen wollte, hatte Vyšinskij für die sowjetische Seite plausible Gründe gefunden, den Staatsvertrag nicht unter Dach und Fach zu bringen: die Entnazifizierung und Entmilitarisierung Österreichs. Molotov nahm in seiner Funktion als „Überwacher" des Außenministeriums am Entwurf des Vorschlags Vyšinskijs einige Ausbesserungen vor und gab die Empfehlung ab, einen eigenen Absatz „über die Verstärkung von Maßnahmen gegen die Rückkehr des Faschismus in Österreich" in den Entwurf einzuarbeiten. Stalin nahm Molotovs Vorschlag auf, und der vom Außenministerium einige Male überarbeitete Entwurf ging (freilich nach jeweiliger erneuter Überprüfung durch Molotov und Stalin) an das Politbüro, das am 14. April 1950 die sowjetische Verhandlungsdelegation unter Zarubin in London anwies, Ergänzungen im Artikel 9 (Verpflichtung Österreichs, faschistische Organisationen aufzulösen) einzubringen. Zarubin wurde zudem beauftragt – für den Fall, dass der Westen die UdSSR der Verzögerungstaktik beschuldige –, dies kategorisch zurückzuweisen und die Schuld an der Verzögerung des Verhandlungsfortganges den Westmächten zuzuschieben und darauf hinzuweisen, dass „die Regierungen diese früher von ihnen unterzeichnete Verträge verletzen, wie zum Beispiel, den Vertrag mit Italien bezüglich Triests".
Mit der Junktimierung des Österreichischen Staatsvertrages mit der Triester Frage hatte die sowjetische Seite ein sogar völkerrechtlich überzeugendes „Argument" gefunden, die Lösung der österreichischen Frage auf lange Zeit zu vertagen. Was konnte der UdSSR 1950 die Sicherheit geben, dass sich der Westen an die Bestimmungen eines Staatsvertrages mit Österreich halten und nicht absichtlich Vereinbarungen, ähnlich wie bezüglich Triests brechen würde? Am 15. Dezember 1950 fand die für lange Zeit letzte Sitzung der Sonderbeauftragten für den Österreichischen Staatsvertrag statt. Für die anstehende 258. Sitzung wandte sich Gromyko an Molotov und „bat ihn um Anweisungen". Am 10. Dezember segnete das Politbüro die Direktive an die sowjetischen Verhandler ab. Diese ließ keinen Spielraum für irgendwelche Verhandlungen: Zarubin wurde angewiesen, „sich an bisherige Positionen im Einklang mit den gegebenen Anweisungen zu halten".
Stalin konnte aus zumindest zwei Gründen 1949/50 mit dem Westen zu keinem Abschluss des Österreichischen Staatsvertrages gelangen. Erstens sah er im Abschluss eine Unterstützung Jugoslawiens durch den Westen, zweitens wollte er zwar 1949/50 den Anschein erwecken, er verhandle mit dem Westen, zum Abschluss des Vertrages war er aber nicht bereit. Ein Abschluss des Staatsvertrages mit Österreich unmittelbar nach Gründung der DDR hätte freilich viele Kräfte ermuntern können, nach einer ähnlichen Lösung für Deutschland zu streben. Vielleicht war es gerade das, was Stalin wünschte. Kein Abschluss mit Österreich, um sein eigentliches Ziel, die Konsolidierung der DDR, zu erreichen, andererseits jedoch den Anschein erwecken, in der nebensächlichen österreichischen Frage verhandlungsbereit zu sein. Stalin war nicht ernsthaft an einer Umsetzung des Friedensvertrages mit Italien in Bezug auf die Triest-Frage (Einsetzung eines UN-Hochkommissars) interessiert. Triest war eine Trumpfkarte, die die UdSSR zu jeder Zeit zücken konnte, um den Vertrag mit Österreich nicht abschließen zu müssen und in weiterer Folge den Verbleib Ungarns und Rumäniens im sowjetischen Orbit nicht zu gefährden.
Die US-Regierung konnte sich erst Ende Oktober 1949 endgültig dazu durchringen, den Österreichischen Staatsvertrag abzuschließen. Einige Tage zuvor hatte Stalin jedoch die sowjetischen Unterhändler angewiesen, die Verhandlungen abzubrechen. Spätestens zu diesem Zeitpunkt gab es keine reelle Chance mehr, den Österreichischen Staatsvertrag unter Dach und Fach zu bringen. Bis zum Herbst 1949 fehlte in der US-Regierung der politische Wille zum Abschluss, danach wollte Stalin nicht mehr.[6] Wurde 1949 eine Chance verpasst, hätten die USA zu einem früheren Zeitpunkt die Grundsatzentscheidung zum Abschluss gefällt? Der Staatsvertrag war 1949 für die österreichische Öffentlichkeit (nur scheinbar) in greifbare Nähe gerückt, ein

Abschluss war sowohl nah als auch fern wie nie zuvor, nachdem die USA und die UdSSR die Grundeinstellungen zum Österreichischen Staatsvertrag festgelegt hatten. Im Nachhinein betrachtet, zahlte es sich für Österreich aufgrund der enormen Belastungen, die die österreichische Regierung 1949 als Preis für die Freiheit auf sich genommen hätte, im wahrsten Sinne der Worte aus, noch weitere sechs Jahre warten zu müssen.[7]

Anmerkungen

1 Dem vorliegenden Beitrag liegen die im Rahmen des bilateralen Forschungsprojektes, „Die Rote Armee in Österreich 1945–1955", gefördert vom BMBWK, neu gewonnenen Erkenntnisse der sowjetischen Positionierung zum Österreichischen Staatsvertrag 1949 zugrunde. Siehe dazu ausführlicher: Peter Ruggenthaler, Warum Österreich nicht sowjetisiert wurde. Sowjetische Österreich-Politik 1945–1953/55, in: Stefan Karner – Barbara Stelzl-Marx (Hg.), Die Rote Armee in Österreich. Sowjetische Besatzung 1945–1955. Beiträge. Graz – Wien – Klagenfurt 2005 (= Ruggenthaler, Sowjetische Österreich-Politik); vgl. dazu auch: Audrey Kurth Cronin, Eine verpasste Chance? Die Großmächte und die Verhandlungen über den Staatsvertrag im Jahre 1949, in: Günter Bischof – Josef Leidenfrost (Hg.), Die bevormundete Nation. Österreich und die Alliierten 1945–1949. Innsbrucker Forschungen zur Zeitgeschichte, Bd. 4. Innsbruck 1988 (= Cronin, Chance), S. 347–370; Gerald Stourzh, Um Einheit und Freiheit. Staatsvertrag, Neutralität und das Ende der Ost-West-Besetzung Österreichs 1945 bis 1955. Studien zu Politik und Verwaltung, Bd. 62. 4. Aufl. Wien – Köln – Graz 1998, S. 149–184; Manfried Rauchensteiner, Der Sonderfall. Die Besatzungszeit in Österreich 1945 bis 1955. Graz – Wien – Köln 1979, S. 275f.

2 Ruggenthaler, Sowjetische Österreich-Politik.

3 Cronin, Chance, S. 362.

4 „Am 26. Oktober 1949 [...] hatte Truman tatsächlich die endgültige Entscheidung getroffen." Cronin, Chance, S. 361.

5 Vojtech Mastny, The Cold War Insecurity. The Stalin Years. New York – Oxford 1996, S. 78.

6 Ruggenthaler, Sowjetische Österreich-Politik.

7 Cronin, Chance, S. 366.

Rolf Steininger

Österreich, die deutsche Frage und der „Kalte Krieg" 1938–1955

Der 15. Mai 2005 ist ein Tag des Gedenkens und Erinnerns in Österreich: 50 Jahre zuvor, am 15. Mai 1955, wurde in Wien der Staatsvertrag unterzeichnet, das Land war endlich frei. Aus diesem Anlass gibt es zahlreiche Veranstaltungen, Ausstellungen, Fernsehdokumentationen, „Lehrbehelfe", Publikationen etc. Kurz, Österreich ist staatsvertragsbewegt.

Da mag sich der eine oder andere zu Recht fragen, warum noch etwas über dieses Thema, wo es doch schon reichlich Publikationen darüber gibt, allen voran die monumentale, mehrfach erweiterte und neu aufgelegte Darstellung von Gerald Stourzh[1], um nur eine zu nennen. Gibt es etwas „neu zu entdecken"? Die Antwort lautet ja. Den erwähnten Publikationen ist nämlich eines gemeinsam: Sie greifen vielfach zu kurz, betrachten die Entwicklung hin zum Staatsvertrag primär aus der Sicht Österreichs, d. h. eher eindimensional. Es ging beim Staatsvertrag aber nicht nur um Österreich; es war auch nicht etwa so, dass die Mitglieder der österreichischen Delegation in Moskau im April 1955 ihre sowjetischen Gegenüber unter den Tisch getrunken haben und diese dann nicht mehr wussten, was sie taten. Es war ganz anders.

Es geht um einen neuen, erweiterten Blickwinkel – und dies auch mit neuen Dokumenten. Schaut man nämlich über Österreich hinaus, sieht man Zusammenhänge, die auf den ersten Blick nicht erkennbar sind – und so bislang auch nicht gesehen wurden. (Mit rühmlichen Ausnahmen: So betont Günter Bischof in seinen Arbeiten durchgehend den Kontext „Kalter Krieg" – ähnlich auch Erwin A. Schmidl; Michael Gehler jenen der deutschen Frage; der Zusammenhang beider Problemfelder wird allerdings nicht immer hergestellt.) Es gibt damals kaum isolierte, nur auf Österreich bezogene Entscheidungen: Die deutsche Frage und der „Kalte Krieg" spielen immer mit hinein. Und wie! Der Schatten der deutschen Frage ist überall sichtbar; der Blick auf die Entwicklung in Deutschland und im Zusammenhang damit der „Kalte Krieg" eröffnet ganz neue Perspektiven – etwa die Tatsache, dass Österreich zur Geisel der sowjetischen Politik oder zur Trumpfkarte für die Sowjets beim „Spiel" um Deutschland wurde, was in mancher Hinsicht allerdings auch auf die Westmächte zutraf. Es gilt, diese Verzahnung der österreichischen Frage mit der deutschen Frage im großen Rahmen des „Kalten Krieges" herzustellen. So wird manche Entscheidung mit Blick auf Österreich erst verständlich.

Worum geht es dabei? Österreich hatte seit 1918 immer ein Problem mit Deutschland, nie umgekehrt. Da war die Anschlussbewegung seit 1918, dann kamen die „deutschen Jahre" 1938–1945; von daher kann man den 15. Mai 1955 nicht verstehen ohne die ähnlich wichtigen Tage davor, etwa den 13. März 1938, den „Anschluss" Österreichs an das Deutsche Reich. Österreich wurde „Opfer", dann Täter, dann wieder „Opfer". Wie ein Damoklesschwert hängt dieses Ereignis mit all seinen Konsequenzen über Österreich und den Nachkriegsplanungen der Sieger. Das bleibt auch nach 1945 so – nur sehen die Rahmenbedingungen dann anders aus: Der „Kalte Krieg" und mit ihm die deutsche Frage bestimmen fast alle Entscheidungen.

Außenminister Leopold Figl sprach im Mai 1955 davon, dass ein 17 Jahre langer, grauenvoller Weg der Unfreiheit beendet sei. Begonnen hatte dieser Weg offenbar mit dem „Anschluss". Von daher ist es sinnvoll und wohl notwendig, diesen Weg genauer zu betrachten: die Stationen bis zum „Anschluss", dann die erste Phase 1938 bis 1945, dann die zweite Phase 1945 bis 1955. Dabei werden einige Entscheidungen der zweiten Phase sehr viel klarer und deutlicher, wenn man die deutsche Nachkriegsgeschichte als Teil des „Kalten Krieges" mit berücksichtigt. Das betrifft sowohl die sowjetische Politik wie auch die Politik der Westmächte. Vergleiche und Zusammenhänge drängen sich geradezu auf:

- In Wien installieren die Sowjets die Renner-Regierung, wenig später in ihrer Zone in Deutschland zentrale Verwaltungsstellen.

- Die Vereinbarung der Sieger über die Besatzungszonen in Österreich wird erst an dem Tag unterschrieben, an dem der Rückzug der anglo-amerikanischen Truppen aus der für die Sowjetunion vorgesehenen Besatzungszone in Deutschland bzw. der sowjetischen Truppen aus der Steiermark abgeschlossen ist.
- Nach den Wahlen in Österreich im November 1945 mit dem katastrophalen Ergebnis für die Kommunisten gibt es für Stalin das „Österreich-Syndrom“ – mit Konsequenzen für die sowjetische Besatzungszone in Deutschland: forcierte Zwangsfusion von KPD und SPD zur SED. Für die Briten haben die Sowjets damit endgültig die Glacéhandschuhe ausgezogen.
- Die britische Politik wird von der „russischen Gefahr“ beherrscht; in London bricht Anfang 1946 der „Kalte Krieg“ aus; ein erstes Opfer wird Südtirol.
- Auf der Außenministerkonferenz in Paris 1946 lehnt der sowjetische Außenminister Molotov jede Regelung mit Verweis auf nicht stattgefundene Entnazifizierung und Entmilitarisierung in den Westzonen Deutschlands und Österreichs ab.
- Fast gleichzeitig beschlagnahmt die Sowjetunion Industrieanlagen in ihrer Zone in Österreich und Deutschland. Der „Kalte Krieg“ bricht jetzt auch in Washington offen aus, „containment“ – Eindämmung des Kommunismus – heißt die neue Doktrin des Westens.
- Als Ende 1947 erkennbar wird, dass die Westmächte mit der Weststaatgründung in Deutschland Ernst machen, reagiert die Sowjetunion erstmals mit überraschenden Konzessionen beim Thema „deutsches Eigentum“ in Österreich. „Wir sind von einer fliegenden Untertasse getroffen worden“, wie der amerikanische Vertreter in der Verhandlungskommission nach Washington berichtet.
- Nach dem kommunistischen Putsch in Prag im Februar 1948 befürchtet der Westen kommunistische Umstürze auch in anderen Ländern und beendet zunächst einmal die Staatsvertragsverhandlungen. Das fällt leicht, weil die Sowjets weiter die jugoslawischen Gebietsansprüche unterstützen.
- Das ändert sich 1949, als die Gründung der Bundesrepublik unmittelbar bevorsteht. Stalin versucht erneut mit einem überraschenden Angebot für Österreich Einfluss auf die Deutschlandpolitik der Westmächte zu nehmen. Damals wäre beinahe ein Vertrag unterschrieben worden. Das scheiterte letztlich an den USA.
- Die Wiederbewaffnung Österreichs geht der deutschen voran. Auch da gibt es Zusammenhänge.
- 1952 versucht Stalin mit seiner berühmten Note die Entwicklung in Westdeutschland zu stoppen – diesmal reagieren die Westmächte. Am 10. März lässt Stalin seine Note überreichen, am 13. März legen die Westmächte den so genannten Kurzvertrag vor und versuchen damit, die Sowjetunion in die Defensive zu drängen.
- Nach Stalins Tod im März 1953 gibt es den „New Look“ des Kreml. Die neue Deutschlandpolitik wird durch den Volksaufstand in der DDR zunächst beendet, während in Österreich die „Periode der Auflockerung“ anhält. Für die amerikanische Politik heißt es von nun an „roll back“ – Zurückdrängen des Kommunismus.
- Und dann schließlich im Frühjahr 1955 ein weiterer Versuch Moskaus, Einfluss auf die Entwicklung in der Bundesrepublik zu nehmen; Stichwort hier „Modellfall Österreich“ für Deutschland, d. h. auch Deutschland – ein wiedervereintes Deutschland – neutral.

Nach dem Scheitern der Außenministerkonferenz in Moskau im April 1947 meinte Außenminister Karl Gruber, „der Schatten der deutschen Frage“ sei auf das österreichische Problem gefallen. Dieser Schatten fiel zehn Jahre auf Österreich, wurde aber, wenn man so will, überlagert vom noch größeren Schatten des „Kalten Krieges“. Deutschland hatte diesen „Kalten Krieg“ nicht ausgelöst, war aber eines der Hauptschlachtfelder geworden. H. A. T. Hohler, der Leiter des Northern Department im Foreign Office in London, sprach in diesem Zusammenhang einmal von einem Schachspiel. Bei diesem Spiel war für alle klar, wer König und Dame war, aber dann kamen die anderen Figuren. Deutschland, so Hohler, „ist ein Pferd oder ein Läufer, Figuren, die von sich aus immer wichtig sind, egal wo sie im Spiel stehen“. Österreich dagegen sei auf den ersten Blick nur ein „Bauer“, ohne große Bedeutung. Aber nur auf den ersten Blick! Wer Schach spielt, weiß allerdings, dass es auch anders sein kann: Ein „Bauer“ kann zu einer wichtigen Figur werden. Genauso war es letztlich im Verhältnis Deutschland-Österreich-„Kalter Krieg“.

Österreich selbst betrachtete sich bei seiner Gründung nach dem Ersten Weltkrieg als lebensunfähigen „Bauern“, der zum „großen Bruder“ im Norden wollte. Geoffrey W. Harrison aus dem Foreign Office in London verglich in seinem berühmten Memorandum über „Die Zukunft Österreichs“ im April 1943 die Österreicher nach dem Ersten Weltkrieg mit Schiffbrüchigen, deren Schiff – die Monarchie – auf hoher See, wohin es unfreiwillig geraten sei, untergegangen war und die sich auf ein Floß gerettet hatten und nach einem Schiff Ausschau hielten, auf das sie nur allzu bereitwillig umsteigen wollten. Dieses Schiff hieß Deutschland. Die Sieger verboten das Umsteigen. Was blieb, war ein Staat, den „keiner wollte“. Hitler wollte ihn und nahm ihn 1938. Aus dem „Bauern“ war plötzlich eine wichtige Figur geworden, wie so manch einer in den Jahren der NS-Herrschaft meinte – und entsprechend agierte. Bei Kriegsende wollte man so schnell wie möglich los von den Deutschen, die man sowieso schon immer gehasst und verachtet hatte, wie man jedem erzählte, der es hören wollte. Man war „Opfer“ der Deutschen und offiziell „frei“. Aber dann fiel der schon erwähnte Schatten des „großen Bruders“ im Norden wieder auf das kleine Land. Für die Amerikaner war Österreich lange Zeit nur ein „Bauer“, mit dem man am liebsten nichts zu tun haben wollte; Sowjets und Briten mussten sie 1944 geradezu zur Übernahme einer Besatzungszone zwingen – bis Österreich im „Kalten Krieg“ von den Amerikanern strategische Bedeutung zugesprochen erhielt. Die Sowjets benutzten in ihrem „Spiel“ um Deutschland den „Bauern“ Österreich von Anfang an für ihre Zwecke; für sie wurde Österreich zur Trumpfkarte, die sie im entscheidenden Moment ausspielen würden, um Einfluss auf die Politik in ganz Deutschland zu nehmen. Dies führte dazu, dass Österreich zur Geisel der sowjetischen Politik wurde. Was alle wussten, sprach Molotov auf der Außenministerkonferenz in Berlin im Februar 1954 offen aus: Sowjetische Truppen sollten bis zum Abschluss eines Friedensvertrages mit Deutschland in Österreich bleiben.

In vielen Bereichen ähnelte die Deutschlandpolitik der Sowjets ihrer Politik in Österreich – oder umgekehrt. Dabei fällt auf, dass die Sowjets dabei wenig flexibel waren. Ihre Angebote bezüglich Deutschlands bzw. Österreichs, die zu einer Kursänderung der westalliierten Deutschlandpolitik hätten führen sollen, kamen immer zu spät und waren immer zu wenig. Das war 1948 so, 1952 und auch 1955. Und was auch immer im Jahre 1953 nach dem Tod Stalins mit Blick auf Deutschland und Österreich möglich gewesen wäre, wurde mit dem Volksaufstand in der DDR abrupt beendet. Nicht auszudenken aus westlicher Sicht wäre es gewesen, wenn die Sowjetunion z. B. 1952 den Kurzvertrag akzeptiert hätte. Den Westmächten und Adenauer wäre es damit wohl erheblich erschwert worden, die Stalin-Note dann nicht auszuloten.

Ähnlich 1954: Nach dem Scheitern der Europäischen Verteidigungsgemeinschaft hätte ein direkter Vorstoß der sowjetischen Politik in der Deutschlandfrage – über den Umweg Österreich – im Westen wahrscheinlich zu erheblichen Verwerfungen geführt. Der Vorstoß kam nicht, weil man in Moskau wiederum zögerte. Und dann wahrscheinlich sehr verblüfft war über die Geschwindigkeit, mit der die Bündnisfrage, d. h. Beitritt der Bundesrepublik zur NATO, gelöst wurde. Selbst US-Außenminister John Foster Dulles sprach von einem „Wunder“.

Gab es 1955 ein „Modell Österreich“ für Deutschland? Öffentlich hielt man sich im Westen bei der Einschätzung der sowjetischen Politik zurück, intern hielt man einen entsprechenden Vorstoß in Richtung Bundesrepublik für möglich. Bundeskanzler Raab war davon überzeugt, genauso wie er davon überzeugt war, dass die eigentliche Stoßrichtung der sowjetischen Österreichinitiative auf Bonn abzielte. Er fuhr dennoch nach Moskau, wohl wissend, dass es ohne die konsequente Westpolitik Adenauers den Staatsvertrag wohl kaum gegeben hätte. Adenauer war kein Raab, ein militärisch neutrales Deutschland keine Option, die Sowjetführer für ihn lediglich „ungebildete und primitive Menschen"; Deutschland blieb geteilt. Österreich aber war nach zehn Jahren Besatzung endlich frei – frei von den Besatzungsmächten, d. h. in erster Linie von den Sowjets, und frei von Deutschland.[2]

Anmerkungen

1 Gerald Stourzh, Um Einheit und Freiheit. Staatsvertrag, Neutralität und das Ende der Ost-West-Besetzung Österreichs 1945–1955. Studien zu Politik und Verwaltung, Bd. 62. 4. Aufl. Wien – Köln – Graz 1998.

2 Vgl. hierzu ausführlich: Rolf Steininger, Der Staatsvertrag. Österreich im Schatten von deutscher Frage und Kaltem Krieg 1938–1955. Innsbruck – Wien – Bozen 2005.

11. Der Staatsvertrag – „Österreich ist frei!“

Peter Fritz

„Was lange währt, wird endlich gut!" Der Abschluss des Österreichischen Staatsvertrages 1955

Bundespräsident Karl Renner hatte in Anlehnung an seine Erfahrungen aus den Verhandlungen nach dem Ersten Weltkrieg in seiner Silvesteransprache 1945 die Hoffnung geäußert, dass ein Friedensvertrag für Österreich binnen Jahresfrist ausverhandelt sein werde. Anders als nach dem Ersten Weltkrieg sollte es diesmal jedoch zehn Jahren dauern, bis ein Staatsvertrag unterzeichnet wurde und die Besatzungstruppen das Land wieder verließen.[1]

Wie an anderen Stelle in diesem Beitragsband ausgeführt, war man schon 1949 sehr weit gekommen und knapp vor einer Unterzeichnung des Staatsvertrages. Über die Textierung der einzelnen Artikel hatte man weitgehend Einigung erzielt, seitens der sowjetischen und der US-amerikanischen Verhandler bestand zumindest nach außen hin der Wille, die Unterzeichnung durchzuführen. Warum es letztlich nicht dazu gekommen war, kann an anderer Stelle in diesem Buch nachgelesen werden.

Warum war jedoch 1955 plötzlich etwas möglich geworden, was über Jahre hinweg für heftige Auseinandersetzungen gesorgt hatte? Warum gelang im April 1955 der Durchbruch – der wenige Monate vorher noch undenkbar gewesen war? Was waren die Knackpunkte der abschließenden Verhandlungen? Welche Positionen wurden bezogen? Welche Auswirkungen hatte das auf die Besatzung in Österreich? Wie waren die Positionen der beteiligten Verhandler?

Der Schwenk in Moskau – die Vorgeschichte

Waren 1954 in Berlin die Verhandlungen mit Österreich neuerlich gescheitert, so zeigte sich in den ersten Monaten des Jahres 1955 nun der sprichwörtliche Silberstreif am Horizont. Im Kreml war es im Zuge von internen Machtkämpfen um Stalins Nachfolge zu einer Schwächung der Position Molotovs gekommen – der sich bis dahin vehement gegen jede Veränderung der Position der Sowjetunion und der Stationierung der sowjetischen Truppen in Mittel-Osteuropa gestellt hatte: „Was die Rote Armee einmal erobert hatte, sollte nicht wieder freigegeben werden."

Als Wendepunkt gilt der 8. Februar 1955, als Ministerpräsident Georgij Malenkov von Marschall Nikolaj Bulganin abgelöst und Nikita Chruščev zum Generalsekretär der KPdSU ernannt wurde. Vor dem Obersten Sowjet hielt Molotov an diesem Tag eine Rede, in der er im Zusammenhang mit der Gefahr eines Beitritts der BRD zur NATO auch von einer damit verbundenen Gefahr eines Anschlusses von Österreich an die BRD warnte: Dem sei durch einen Staatsvertrag mit Österreich zuvorzukommen, in dem folgende Punkte enthalten sein sollten:

- Österreich dürfe keinem militärischen Bündnis beitreten,
- auf Österreichs Territorium dürfen keine ausländischen Stützpunkte errichtet werden,
- ein Anschluss an die Bundesrepublik Deutschland sei verboten,
- und er fügte hinzu: „Es könnte auch an einen vollkommenen Abzug der Besatzungstruppen gedacht werden".

Aufmerksam geworden, fragte der österreichische Botschafter Norbert Bischoff bei Molotov in Moskau nach, der ihm neuerlich diese Position bestätigte: Ein Abzug der Truppen sei vorstellbar, dafür müsse Österreich aber Garantieerklärungen liefern.

Der Schwenk der sowjetischen politischen Führung löste große Zweifel bei den österreichischen Politkern über die wahren Hintergründe dieser plötzlichen Wende aus, hatte man sich ja schon mehrmals knapp vor dem Durchbruch gewähnt – und trotzdem in den vergangenen zehn Jahren erfolglos verhandelt. Der Fall Österreich hätte, so mancherseits die Befürchtung, für die Sowjetunion nur ein Vorwand sein können, eine für den Staatsvertragsabschluss einberufene Außenministerkonferenz dafür zu nutzen, um die Deutsche Frage zu besprechen und mögliche

Gegenmaßnahmen zum bevorstehenden NATO-Beitritt der BRD zu unternehmen.

Seitens der Sowjetunion ging man schließlich sogar einen Schritt weiter: eine österreichische Delegation wurde zu bilateralen Verhandlungen nach Moskau eingeladen. Für viele österreichische Politiker vollkommen undenkbar oder zumindest ein großes Risiko: Wie wird der Westen reagieren, wenn man sich plötzlich mit den Sowjets alleine an den Tisch setzt? Bis dahin hatte man dies von österreichischer Seite immer vermieden – aus Angst, die UdSSR könnte sich Vorteile herausholen, das Misstrauen der Westmächte könnte geweckt, oder man könnte gar von den Sowjets „über den Tisch gezogen werden".

Erst als Molotov wiederholte, dass ein Abzug der Truppen durchaus in absehbarer Zeit vorstellbar wäre, rang sich die Regierung zur Annahme der Einladungen durch – gegen den heftigen Protest vieler österreichischer Spitzenpolitiker: Innerhalb der Großparteien war man sich vollkommen uneinig, was nun zu tun sei und was man von einem Besuch in Moskau erwarten könnte. Staatssekretär Kreisky zitierte gar die Situation von Kurt Schuschnigg bei den Verhandlungen mit Adolf Hitler in Berchtesgaden 1938. Wer sollte hinfahren? Was würde die Delegation in Moskau erwarten? Würde es wieder einer jener Besuche sein, von denen eine österreichische Delegation unverrichteter Dinge zurückkehren würde? Leopold Figl und vor allem Oskar Helmer, einer der schärfsten Sowjet-Kritiker innerhalb der SPÖ, warnten vor zu großen Erwartungen – in Moskau werde nichts herauskommen. Figl trat deshalb dafür ein, dass Raab als Bundeskanzler und Kreisky als Staatssekretär für Auswärtiges nach Moskau fahren sollten. Raab und Kreisky sprachen sich hingegen für eine möglichst große Delegation aus, die dann in Moskau an Ort und Stelle auch Entscheidungen treffen könnte.

Verhandlungen in Moskau

Am Ostermontag, dem 11. April 1955, machte sich schließlich die Delegation von Bad Vöslau aus auf den Weg, mit an Bord Bundeskanzler Julius Raab (ÖVP), Vizekanzler Adolf Schärf (SPÖ), Außenminister Leopold Figl (ÖVP) und Staatssekretär Bruno Kreisky (SPÖ). Daneben noch Dolmetscher (Walter Kindermann, Anton Bundschuh), Völkerrechtsexperten (Gesandter Josef Schöner, Leiter der politischen Abteilung des Außenamtes, Gesandter Stephan Verosta, Leiter des Völkerrechtsbüros) und andere Mitarbeiter (u.a. Raabs Sekretär und späterer Staatssekretär und Botschafter Ludwig Steiner, Delegationssekretärin Elisabeth Rittershausen). Der pompösen Verabschiedung am Bad Vöslauer Flughafen folgte ein Flug mit „üppiger Verpflegung" und großem Empfang in Moskau: Die Spitze der Sowjetunion war zum Empfang der Österreicher angetreten – mit Ausnahme von Nikita Chruščev, der nicht in der Stadt war: der stv. Ministerpräsident und Außenhandelsminister Anastas Mikojan, Außenminister Vjačeslav Molotov und dessen Stellvertreter Andrej Gromyko, das gesamte Diplomatische Corps, Musikregiment und Ehrenkompanie. Bruno Kreisky erinnerte sich später an diesen Moment und an den Umstand, dass er zu Adolf Schärf gesagt habe: „Wenn die uns mit soviel Sang und Klang empfangen, können die uns nicht mehr sang- und klanglos abziehen lassen, das geht nicht, da steckt was drin."[2] Ungewöhnlich war der Empfang deshalb, weil es sich bei Österreich um ein von der Sowjetunion (noch) besetztes Land handelte.

Hier soll nur ein ganz kurzer Überblick über die Verhandlungen gegeben werden: Chefverhandler auf sowjetischer Seite waren Mikojan und Molotov: Die Sowjetunion sei bereit für einen Abschluss des Staatsvertrages, wenn es entsprechende Garantien von Seiten Österreichs gäbe. Raab bot als Garantien an: kein Beitritt zu einem Militärbündnis, keine Stützpunkte und eine Garantie der Signatarstaaten für die Unverletzlichkeit des Territoriums. Molotov war dies zu wenig, er pochte auf die Erklärung einer „Neutralität", während die österreichische Delegation – aus Rücksicht auf die Ablehnung der SPÖ gegenüber dem Begriff der „Neutralität" – auf die Aufnahme der Punkte der „Freiheit von Bündnissen", keine Militärstützpunkte und der Großmächtegarantie beharrte. In der Frage der Neutralität konnte vorerst keine Einigung erzielt wurde. In anderen Sachfragen war man sich rasch einig: Abzug der Truppen nach Unterzeichnung eines Staatsvertrages, Höhe der Ablöse für das „Deutsche Eigentum", keine Rückgabe an frühere deutsche Besitzer, Ablöse für Erdölfelder und DDSG etc.

Die Frage der Neutralität wurde schließlich zur Kernfrage. Seitens der SPÖ-Delegation, besonders seitens Schärf, wurde befürchtet, mit der vagen Definition der „Neutralität" laufe man Gefahr, auch vom Westen neutralisiert – also isoliert – zu werden. Hinzu käme, so Kreisky, dass der Begriff unpräzise und interpretierbar sei; besser wäre es, tatsächlich auch in einen Vertrag hineinzuschreiben, was man damit meine: Bündnisfreiheit und keine Stützpunkte. Nach heftigen und dramatischen Diskussionen innerhalb der österreichischen Delegation einigte man sich schließlich auf „eine Neutralitätspraxis dergestalt, wie sie von der Schweiz gehandhabt wird". Raab bot der Sowjetunion die „Neutralität" vorbehaltlich der Zustimmung der Westmächte an und gab eine „Verwendungszusage" ab. Es war den österreichischen Verhandlern besonders wichtig, hervorzustreichen, dass man sich für eine „Neutralität" nach Erhalt der Souveränität „verwenden" würde, und dass nicht ein solcher Status a priori in einen Vertrag aufgenommen werden sollte. Hinter der Argumentation steckte die Sorge der Österreicher, dass die Westmächte skeptisch werden könnten: Es sollte keinesfalls der Eindruck entstehen, dass man im Zuge der bilateralen Verhandlungen den Sowjets ein Zugeständnis gemacht hätte. Oder wie es Kreisky in seinen Aufzeichnungen nach den Verhandlungen formulierte: „Ich denke hier vor allem an die Westmächte, die wir doch davon überzeugen müssen, dass wir uns jedenfalls bemüht haben, eine derartige weitgehende Festlegung nicht von vornherein anzunehmen."

Nach Absprache mit den Botschaftern der Westmächte über die ausverhandelten Punkte wurden die noch offenen Punkte geklärt (Ablösesumme für die DDSG konnte gesenkt werden) und dann schließlich am 15. April 1955 das „Memorandum über die Ergebnisse der Besprechung zwischen der Regierungsdelegation der Republik Österreich und der Regierungsdelegation der Sowjetunion. („Moskauer Memorandum", 15. April 1955) unterzeichnet.

Aus dem Dokument: „Im Sinne der von Österreich bereits auf der Konferenz von Berlin im Jahre 1954 abgegebenen Erklärung, keinen militärischen Bündnissen beizutreten und militärische Stützpunkte auf seinem Gebiet nicht zuzulassen, wird die österreichische Bundesregierung eine Deklaration in einer Form abgeben, die Österreich international dazu verpflichtet, immerwährend eine Neutralität der Art zu üben, wie sie von der Schweiz gehandhabt wird."

Weiters wurde vereinbart:

- kein Anschluss an ein Militärbündnis;
- keine Militärstützpunkte auf österreichischem Territorium;
- ehester Abschluss des Staatsvertrages, die Sowjetunion ist bereit, einen solchen „unverzüglich" zu unterzeichnen;
- sowjetischen Betriebe (das ehemalige „Deutsche Eigentum") gehen an Österreich über gegen eine pauschale Ablöse von 150 Millionen Dollar, zu bezahlen durch Lieferungen österreichischer Waren (25 Mio. jährlich);
- für die Übergabe der Erdölbetriebe (OROP) auf zehn Jahre eine jährliche Lieferung von 1 Mio. Tonnen jährlich an die Sowjetunion;
- zwei Millionen Dollar in bar für die DDSG an die Sowjetunion;
- Abschluss eines Handelsvertrages, Warenumsatz- und Zahlungsabkommens auf fünf Jahre etc;
- ehemaliges „Deutsches Eigentum" darf nicht an ausländische Bürger übergehen;
- keine Diskriminierung der Arbeiter in USIA-Betrieben;
- Abzug der Besatzungstruppen nach Abschluss des Staatsvertrages bis spätestens Ende des Jahres 1955 (90 Tage nach Abschluss des Staatsvertrages).

Bezüglich der österreichischen Kriegsgefangenen und verschleppten Zivilisten erreichte die Delegation eine Verwendungszusage von Staatspräsident Kliment Vorošilov, sich um deren Freilassung zu bemühen.

Luftballons mit der Aufschrift „Wir sind frei" anlässlich der erfolgreichen Staatsvertragsverhandlungen.
Quelle: Otto Pammer/Wien.

Die Delegation kehrte am 15. April 1955 nach Österreich zurück und wurde mit großem Jubel empfangen – in Wien war bereits am Abend zuvor durchgesickert, dass die Verhandlungen erfolgreich gewesen waren und die noch offenen Schwierigkeiten für den Abschluss eines Staatsvertrages beseitigt werden konnten.

Berühmt sind jene Worte von Julius Raab vor Journalisten am Bad Vöslauer Flughafen: „Liebe Österreicherinnen und Österreicher, vor allem möchte ich meinen Dank sagen dem Herrgott, daß wir diese Stunde für Österreich erleben konnten. Wir werden, was wir in diesen zehn Jahren erhofft und ersehnt haben – frei sein! Die Verhandlungen, die in der Hauptstadt der Union der Sowjetrepubliken geführt wurden, sind nicht nur für diese beiden Staaten allein, für Österreich und die Sowjetunion, von größter Bedeutung, sie sind auch sicherlich ein wertvoller Beitrag für den Frieden der Welt!"

Warum ging im April 1955 etwas, das vorher nicht möglich war? Als Hintergründe für den Schwenk der UdSSR können folgende Umstände angesehen werden:

- Das Bestreben, einen möglichen Anschluss der westlichen Teile Österreichs an die Bundesrepublik Deutschland zu verhindern.
- Sicherheitspolitisch: Der Beitritt der BRD zu NATO stand unmittelbar bevor, deshalb drängte man darauf, die „österreichische Frage" unabhängig von der „deutschen Frage" zu lösen. Mit einem neutralen Österreich und einer neutralen Schweiz wollte man immerhin einen (geografischen) Keil zwischen die NATO-Länder treiben.
- Bei einem Abzug der eigenen Truppen müssten auch die westlichen Truppen aus Österreich abziehen.
- Unter Umständen wollte man nach außen ein Zeichen der Entspannung geben, dass der Österreichische Staatsvertrag als Übergang zu einer „friedlichen Koexistenz" diene, ohne dass damit strategische Nachteile in Kauf zu nehmen waren.
- Schließlich spielten auch wirtschaftliche Gründe eine Rolle: Die USIA-Betriebe waren nach zehn Jahren Bewirtschaftung und Ausbeutung bereits stark marode; hohe Investitionen standen an, welche aber die Sowjetunion nicht zu leisten bereit war.[3]
- Schließlich konnten die Truppenteile der Roten Armee in den Warschauer Pakt-Staaten durch die in Österreich stationierten sowjetischen Truppen ergänzt werden. Damit wären diese für militärische Operationen im eigenen Machtbereich rascher einsetzbar gewesen.

Botschafterkonferenz und Unterzeichnung des Staatsvertrages

Mit den Zusagen der Sowjetunion in der Tasche ging es nach der Rückkehr darum, auch die Zustimmung der Westmächte einzuholen. Schwierig erschien den Österreichern vor allem, den Westmächten plausibel zu erklären, dass man durch eine Neutralitätserklärung für den

Die Unterzeichnung des Staatsvertrages im großen Festsaal des Oberen Belvedere.
Quelle: Foto Votava/Wien.

„Westen" als Bündnispartner ausscheide. Seitens des „Westens" wurden im Zusammenhang mit einer Neutralität klare Forderungen aufgestellt: Wenn neutral, dann müsse das Staatsgebiet und die Souveränität durch österreichische Truppen gewährleistet sein. Hinzu kam die Schwierigkeit, dass das Moskauer Memorandum eine Verwendungszusage war, zu der erst die Zustimmung der Westmächte eingeholt werden musste.

Die Sowjetunion drängte auf rasche Verhandlungen, bereits am 2. Mai 1955 trafen sich die Botschafter der vier Alliierten mit Vertretern der österreichischen Regierung im „Haus der Industrie" am Schwarzenberg-Platz. Seitens der Alliierten waren die Botschafter und Hochkommissare Llewellyn E. Thompson (USA), Ivan I. Il'ičev (SU), Sir Geoffrey Wallinger (GB) und M. Roger Lalouette (FR) vertreten.

Über den Großteil der Fragen war man sich rasch einig, drei der Artikel des Staatsvertrages schafften hingegen Probleme: Art. 16: Displaced Persons und Zwangsrepatriierung, Art. 17: die Größe der Streitkräfte (die Sowjetunion wollte ein österreichisches Heer von 53.000 Mann, der Westen hingegen über 58.000 Mann) und der Art. 35: Deutsches Eigentum – hier vor allem der Wunsch der Sowjetunion, den Großteil der Erdölfelder, die Schürfrechte und die DDSG zu behalten.

Bei den Verhandlungen zeigte sich einmal mehr das Misstrauen unter den Alliierten: Die Sowjetunion befürchtete, dass der Einfluss von Deutsch-

„Es ist geschafft!" Bundeskanzler Raab bei der Abfahrt vom Belvedere nach der Unterzeichnung des Staatsvertrages.
Quelle: Karl Benesch/Wien.

land auf Österreich nach der Unterzeichung eines Staatsvertrages wieder ansteigen könnte, etwa dadurch, dass alte Besitzer aus der BRD wieder Zugriff auf ihr ehemaliges Eigentum in Österreich erlangen könnten und somit Österreich wieder unter deutschen Einfluss käme – diesmal über den Umweg der Wirtschaft. Dieser Sorge wurde durch ein Anschlussverbot (Art. 4) und die dauernde Neutralität, wie sie im Moskauer Memorandum niedergeschrieben wurde, Rechnung getragen.

Trotz verhärteter Verhandlungspositionen kam man dahingehend überein, die Art. 16 und 17 ersatzlos zu streichen. Der Art. 35 wurde beibehalten, wie von der Sowjetunion bereits 1949 gefordert, d.h., dass jener Anteil am „Deutschen Eigentum", der Österreichern gehört, von Österreich abgelöst wird. Das Moskauer Memorandum wurde als Annex zum Staatsvertrag aufgenommen. Die Entschädigung der Ansprüche der westlichen Ölgesellschaften aus der Zwischenkriegszeit wurde in einem separaten Vertrag geregelt (Wiener Memorandum). Seitens Großbritanniens wurde noch ein Raketenverbot in den Staatsvertrag reklamiert, dem die anderen Verhandlungspartner vorbehaltlos zustimmten. Die Konferenz endete am 12. Mai. Nach erfolgter Einigung kamen die Außenminister nach Wien: John Foster Dulles (USA), Vjačeslav Molotov (SU), Harold Macmillan (GB) und Antoine Pinay (FR). Im Zuge der Außenministerkonferenz am 14. Mai 1955 stimmten diese dem Verhandlungsergebnis der Botschafterkonferenz zu. Zu guter Letzt konnte Leopold Figl die Außenminister noch davon überzeugen, die Mitverantwortungsklausel (Moskauer Deklaration) aus der Präambel herauszustreichen.

Am 15. Mai 1955 wurde schließlich im Oberen Belvedere der Österreichische Staatsvertrag unterschrieben. Und Leopold Figl sprach bei der Unterzeichnungszeremonie jene berühmten Worte: „Ein 17 Jahre dauernder dornenvoller Weg der Unfreiheit ist beendet. Die Opfer, die Österreichs Volk in dem Glauben an seine Zukunft gebracht hat, haben nun ihre Früchte getragen. Wir haben zehn Jahre auf diesen Tag gewartet [...] Heute ist der Tag gekommen [...] Österreichs Volk jubelt, Österreichs Volk dankt heute für die Freiheit [...] Österreichs Volk geht heute aber auch mit dem festen Vorsatz der Pflichterfüllung für die ganze Welt an die Arbeit. Wenn nun die Glocken vom Bodensee bis zum Neusiedler See, von der Thaya bis zu den Karawanken läuten, dann läuten sie eine neue Zeit für Österreich ein [...] Mit dem Dank an den Allmächtigen wollen wir die Unterschrift setzen, und mit Freude rufen wir aus: Österreich ist frei!"

Der Staatsvertrag trat am 27. Juli 1955 in Kraft. Nachdem bis zur gesetzten Frist vom 25. Oktober 1955 offiziell die letzten Besatzungssoldaten abgezogen waren, verabschiedete der Nationalrat am 26. Oktober 1955 das Neutralitätsgesetz und erklärte gemäß der im Moskauer Memorandum eingegangenen Verpflichtung „aus freien Stücken seine immerwährende Neutralität".

Anmerkungen

[1] Vgl. zum Beitrag: Gerald Stourzh, Um Einheit und Freiheit. Staatsvertrag, Neutralität und das Ende der Ost-West-Besetzung Österreichs 1945–1955. Studien zu Politik und Verwaltung, Bd. 62. 4. Aufl. Wien – Köln – Graz 1998; Hugo Portisch, Österreich II, Bd. 4. Der lange Weg zur Freiheit. München 1993; Rolf Steininger, Der Staatsvertrag. Österreich im Schatten von deutscher Frage und Kaltem Krieg 1938–1955. Innsbruck – Wien – Bozen 2005.

[2] Hugo Portisch, Österreich II, Bd. 4. Der lange Weg zur Freiheit. München 1993, S. 331.

[3] Vgl. Michail Prozumenščikov, Die Entwicklung der sowjetischen Österreichpolitik nach dem Tod Iosif Stalins (1953 bis 1955), in: Stefan Karner – Barbara Stelzl-Marx (Hg.), Die Rote Armee in Österreich. Sowjetische Besatzung 1945–1955. Beiträge. Graz – Wien – Klagenfurt 2005.

Helmut Wohnout

Die Neutralität im Spannungsfeld der politischen Parteien 1945–1955

Am 26. Oktober 1955 beschloss der Nationalrat das Bundesverfassungsgesetz über die Neutralität Österreichs. Eine überwiegende Mehrheit der Abgeordneten, und zwar jene der Österreichischen Volkspartei, der Sozialdemokratischen Partei und der Kommunisten, stimmten für die Regierungsvorlage. Lediglich die Mandatare des VdU, des Verbandes der Unabhängigen, der wenig später in der FPÖ aufging, votierten dagegen.

Damit kam für alle vier damals im Parlament vertretenen Parteien ein Prozess zum Abschluss, der nach 1945 zögerlich begonnen hatte und in keinem Fall linear verlief: die Annäherung an das Modell einer völkerrechtlich fixierten, dauernden Neutralität nach Schweizer Muster.

In der politischen Kultur Österreichs besaß der Neutralitätsgedanke vor 1945 so gut wie keine Wurzeln. Bis 1918 sah sich Österreich als eine imperiale Großmacht im europäischen Konzert der Staaten und noch in der Ersten Republik spielte das aus der Reichserinnerung genährte Großraumdenken in der österreichischen Politik eine wesentliche Rolle. So schrieb etwa Ignaz Seipel noch 1928, die Österreicher seien ihrer ganzen Natur nach „Großstaatmenschen“, für die es keine Aufgabe sei, ihr „eigenes Gärtchen zu bebauen und gegen Entrée den Fremden zu zeigen“.[1]

Nach 1945 fand sich Österreich in einer grundlegend veränderten Position wieder: An der Schnittstelle von zwei sich herausbildenden weltweiten Machtblöcken und im Inneren als Staat mit vierfacher Besatzung und einer eingeschränkten Souveränität.

Dem entsprechend begannen sich die beiden großen Regierungsparteien ÖVP und SPÖ im Laufe des Jahres 1945 vorsichtig an eine neue außenpolitische Doktrin heranzutasten. Schon im Oktober erklärte Karl Gruber, der für die ÖVP kurz zuvor die Agenden des Äußeren in der Provisorischen Staatsregierung übernommen hatte, dass Österreich keinem der beiden Machtblöcke als Glacis zur Verfügung stehen werde.[2] Ähnlich lauteten entsprechende Formulierungen in der Regierungserklärung Bundeskanzler Leopold Figls vom 21. Dezember 1945: Herbeiführung einer Zusammenarbeit mit allen friedliebenden Staaten, besonders mit den Großmächten und den Nachbarländern und die Aufnahme in die Vereinten Nationen.

Sehr bald wurde von Seiten beider Großparteien explizit der Begriff Neutralität in den Mund genommen. Der Übervater der Sozialdemokratie, Bundespräsident Karl Renner, sprach 1946/47 wiederholt vom Beispiel der Schweiz und veröffentlichte unter einem Pseudonym im Mai 1947 in der „Arbeiter-Zeitung“, dem offiziellen Parteiorgan der SPÖ, einen Beitrag, in dem er schrieb, dass die Sozialistische Partei „ohne Ausnahme und ohne Vorbehalt“ die Neutralität befürworte.[3] Seitens der ÖVP hatte in den „Österreichischen Monatsheften“, dem intellektuellen Diskussionsorgan der Volkspartei, deren Chefredakteur Alfred Missong schon im Juli 1946 geschrieben: „Gäbe es im Zeichen der UNO noch den Status der ewigen Neutralität, so müsste die Zweite Republik Österreich sich gleich der Schweiz zu ihm bekennen.“[4] Im Parlament sprach der ÖVP-Abgeordnete Eduard Ludwig im Herbst 1946 davon, dass sich die Zukunft Österreichs dadurch am besten lösen ließe, „dass Österreich ein neutraler Staat ist, der mit keinem Land besondere Bande unterhält, sondern mit allen Ländern in freundschaftlichen Beziehungen steht“.

Freilich ist gerade bei der Beurteilung dieser frühen Stellungnahmen insofern Vorsicht geboten, als es wohl eher um eine politische Praxis als um einen völkerrechtlich definitiv verankerten Status ging. Von sozialistischer Seite fielen eine Reihe von positiven Äußerungen bezüglich einer De-facto-Neutralität Österreichs. Am Parteitag der SPÖ im Oktober 1947 sprach sich der linke Flügel unter der Führung von Julius Deutsch massiv für die Neutralität Österreichs aus, nicht ohne bereits auf skeptische Stimmen in der eigenen Partei zu stoßen. Diese sollten sich in der Folge massiv verstärken.[5]

Für beide großen Parteien galt, dass es in den späten Vierzigerjahren noch zu keiner Differenzierung des Neutralitätsbegriffs kam: Das Bekenntnis zu einer allgemeinen Neutralität war mit keiner konkreten Vorstellung von der Verankerung der dauernden Neutralität verbunden. Dies wird auch bei einer Analyse der programmatischen Schriften der Volkspartei in den Vierzigerjahren deutlich: So hieß es in dem im Zuge des Nationalratswahlkampfes 1949 erschienenen „Programm Österreich", dass die einzige Chance zur Aufrechterhaltung der Unabhängigkeit „in der Bewahrung einer absoluten Neutralität" liege.[6] Für Außenminister Gruber bedeutete dies allerdings nicht mehr als ein striktes Bekenntnis zu einer Politik der Nichteinmischung als grundlegendes Prinzip der österreichischen Außenpolitik. Schon im Zuge der Budgetdebatte 1948 wies er eine Neutralisierung im Sinne einer Gesinnungsneutralität entschieden zurück. Damit spielte er auf das kommunistische Verständnis des Neutralitätsbegriffs an. Denn die KPÖ bediente sich in ihrer Propaganda mehr und mehr der Neutralität. Sie verstand darunter aber etwas anderes als die beiden Großparteien: nämlich eine weltanschauliche Neutralität, die zumindest eine Äquidistanz Österreichs zwischen Ost und West in geistiger und ideologischer Hinsicht zur Folge haben sollte.

Die Machtergreifung der Kommunisten in der Tschechoslowakei Ende Februar 1948 blieb nicht ohne Rückwirkungen auf die Haltung von SPÖ und ÖVP zur Neutralität. Je mehr die Kommunisten den Begriff der Neutralität für ihre propagandistischen Zwecke vereinnahmten und damit eine ideologische Neutralisierung meinten, desto mehr geriet die Neutralität in Misskredit. Demoskopischen Untersuchungen des amerikanischen Hochkommissariats zufolge befürworteten 1947 noch 78 Prozent der Bevölkerung eine strikte Neutralität Österreichs nach dem Vorbild der Schweiz.[7] Zu Beginn der Fünfzigerjahre änderte sich dies. Unter dem Eindruck des in seine kälteste Phase eintretenden „Kalten Krieges" und des kommunistischen Generalstreikversuchs in Österreich erschien vielen Menschen die Neutralität gleichbedeutend mit Gesinnungslosigkeit. Daher kam es bei beiden Großparteien zu einem Abrücken vom Neutralitätsbegriff. Stärker als bei der Volkspartei war dies bei der Sozialdemokratie der Fall, wo insbesondere der rechte Parteiflügel, angeführt von Vizekanzler Adolf Schärf und Innenminister Oskar Helmer, aus Angst, in die Nähe der Kommunisten gerückt zu werden, bestrebt war, jeder Neutralitätsdiskussion strikt aus dem Weg zu gehen. An dieser Haltung der extrem pro-westlich und ideologisch stringent antikommunistisch ausgerichteten SPÖ sollte sich bis zu den Moskauer Verhandlungen im Frühjahr 1955 nichts ändern. Folgendes kann in diesem Kontext als symptomatisch gelten. Noch vor der Fahrt nach Moskau schloss Adolf Schärf die Arbeiten zur ersten Auflage seines umfangreichen und programmatischen Erinnerungsbuches „Österreichs Erneuerung" ab.[8] Es sollte Rechenschaft über ein Jahrzehnt österreichischer Politik aus Sicht der SPÖ ablegen. Die Neutralitätsdiskussion wurde darin mit keinem Wort erwähnt. Dieses Beispiel macht deutlich, dass das Wort Neutralität in der SPÖ bis zum April 1955, von wenigen Ausnahmen abgesehen, keine Rolle mehr spielte.

Auch in der ÖVP war es um den Begriff der Neutralität zu Beginn der Fünfzigerjahre ruhig geworden. Der schmale Grat zwischen militärischer Neutralität und weltanschaulichem Neutralismus ließ eine breitere parteiinterne Diskussion als zu riskant erscheinen. Doch gerieten die Dinge mit der Übernahme der Regierung durch Julius Raab im Frühjahr 1953 hinter den Kulissen in Bewegung. Raab war von Anfang seiner Kanzlerschaft an entschlossen, als Kaufpreis für den vollständigen Abzug der Alliierten und das Ende der Besatzung den Sowjets die Neutralität anzubieten.[9] Durch seinen jüngeren Bruder Heinrich, der nach dem Anschluss 1938 in die Schweiz emigriert war, wurde er schon bald nach 1945 mit dem Gedanken der Neutralität vertraut gemacht. Bei wiederholten privaten Besuchen in Bern hatte er Gelegenheit, mit Schweizer Verfassungsexperten über die Vor- und Nachteile der Schweizer Neutralität zu diskutieren.[10] Nach Übernahme der Regierung begann Julius Raab gegenüber den Sowjets Signale der Verständigungsbereitschaft auszusenden und vertrauensbildende Maßnahmen zu setzen, um den toten Punkt bei den

Staatsvertragsverhandlungen zu überwinden. Doch noch war es nicht so weit. Die Haltung der Sowjetunion begann sich nicht sofort nach dem Tod Stalins zu ändern. Daher führten weder die Sondierungsversuche Außerminister Grubers über seinen indischen Amtskollegen zum Erfolg noch die Berliner Außenministerkonferenz im Februar 1954, an der seitens der ÖVP Grubers Nachfolger als Außenminister, Leopold Figl, und sein von der SPÖ gestellter Staatssekretär, der junge Bruno Kreisky, teilnahmen.

Wie sah nun die Haltung der beiden Koalitionsparteien aus, als im März 1955 mit der Einladung nach Moskau plötzlich Bewegung in die Staatsvertragsfrage kam? Schon bei der Berliner Konferenz 1954 hatte Figl mit Zustimmung der SPÖ österreichischerseits Bündnisfreiheit und eine Erklärung, keine ausländischen Militärstützpunkte zuzulassen, angeboten, jedoch keine explizite Erklärung über die Neutralität abgegeben. Weiter wollten auch im April 1955 die führenden Exponenten der SPÖ, insbesondere Oskar Helmer, der dem Projekt der Moskau-Reise überhaupt skeptisch gegenüberstand, auf keinen Fall gehen.[11] Beim Parteivorstand der SPÖ am 25. März 1955 kam die Neutralitätsfrage am Rande zur Sprache. Ein Beschluss in eine bestimmte Richtung wurde Schärf nicht nach Moskau mitgegeben. Doch sprach sich die „Arbeiter-Zeitung" als offizielles Parteiorgan noch am 6. April 1955 deutlich gegen den Neutralitätsstatus aus und befürwortete lediglich eine Paktfreiheit Österreichs.[12] Dabei wurden nochmals die jahrelang geäußerten Argumente der führenden Sozialisten Schärf, Helmer und Pittermann gegen die Kommunisten und ihre Neutralitätsparolen wiederholt. Allerdings war die Neutralitätspropaganda der Kommunisten – wohl auf Geheiß Moskaus – schon seit einiger Zeit abrupt verstummt.

Flexibler war, im Vergleich zu vielen seiner Parteifreunde, die Einstellung Bruno Kreiskys. Nach außen hin trug er die Haltung Schärfs und des Parteivorstandes loyal mit, doch hatte er sich, um für alle Eventualitäten gerüstet zu sein, bereits in Bern und Genf bei Politikern und Diplomaten über die Schweizer Neutralität kundig gemacht. Gegenüber Vertretern der Besatzungsmächte, insbesondere gegenüber den Sowjets, lotete er sehr genau den Spielraum Österreichs aus und sprach in Anwesenheit Schärfs bereits Mitte März die Neutralität als österreichische Option aktiv an.[13]

Auch innerhalb der ÖVP gab es ablehnende Stimmen im Hinblick auf die Neutralität. Vor allem Politiker aus den westlichen Bundesländern, wie der Salzburger Landeshauptmann Josef Klaus, traten für eine stärkere Westorientierung ein.[14] Außenminister Leopold Figl vertrat vor Beginn der Reise nach Moskau eine ähnliche Haltung wie die Sozialisten: Bündnisfreiheit und Nichtduldung ausländischer Militärbasen im Land, jedoch keine ausdrückliche Neutralität. Die Initiative lag in dieser Frage ÖVP-intern jedoch eindeutig bei Raab, der keinerlei formellen Beschluss eines Parteigremiums herbeiführte, um bei den Verhandlungen möglichst freie Hand zu haben.

Vor diesem Hintergrund kam es am späten Abend des 12. April 1955, dem zweiten Tag des Aufenthalts der österreichischen Regierungsdelegation in Moskau, über die Neutralität zu schweren internen Auseinandersetzungen zwischen Raab auf der einen und den SPÖ-Vertretern Schärf und Kreisky auf der anderen Seite. Erst als klar wurde, dass ohne eine Zusage über die Neutralität nach Schweizer Muster keine Einigung mit den Sowjets zu erzielen war, stimmte Schärf zu.

In seinem Standardwerk zum Staatsvertrag schrieb Gerald Stourzh zur Haltung der führenden Akteure von ÖVP und SPÖ hinsichtlich der Neutralität treffend: „Mit großer Behutsamkeit wird man wohl sagen dürfen, dass Julius Raab eine kürzere Strecke Weges zurückzulegen hatte als Adolf Schärf; der Weg Leopold Figls mag ein längerer gewesen sein, als es jener Raabs war, jener Bruno Kreiskys ein kürzerer als der Schärfs."[15]

Angesichts des triumphalen Empfangs der erfolgreichen Regierungsdelegation nach ihrer Rückkehr aus Moskau waren kritische Stimmen in den maßgeblichen Gremien von ÖVP und SPÖ rasch verstummt.[16] Vielmehr galt es in der Folge, die in Moskau eingegangene Verpflichtung, die österreichische Neutralitätserklärung dem Parlament unmittelbar nach Ratifikation des Staatsvertrages vorzulegen, zu realisieren. Doch setzte sich bei allen Parteien der Wunsch durch, eine gesetzlich verbindliche Festlegung der Neutralität erst nach Abzug der Besatzungstruppen zu fixieren. Dem entsprechend brachten Vertreter aller vier Fraktionen am 25. Mai 1955 einen Entschließungsantrag betreffend die Neutralität Österreichs ein, der in seinem Kern bereits dem Wortlaut des späteren Bundesverfassungsgesetzes entsprach. Er wurde vom Plenum einstimmig, auch mit den Stimmen der Kommunisten und des Verbandes der Unabhängigen, angenommen. Dieser hatte sich nach seinem Einzug ins Parlament im Jahre 1949 wiederholt positiv der Neutralität gegenüber geäußert, war jedoch aus ähnlichen Gründen wie SPÖ und ÖVP in den frühen Fünfzigerjahren auf Distanz zum Neutralitätsbegriff gegangen.[17] In der allgemeinen Euphorie nach der Unterzeichnung des Staatsvertrags stimmte auch der VdU dem Entschließungsantrag, der von einer großen Mehrheit seiner Abgeordneten mitgetragen wurde, zu. Über den Sommer begann jedoch der nationale Vier-Parteien-Konsens zu bröckeln. Der VdU verlangte neben anderen Änderungswünschen bei der Beratung des Neutralitätsgesetzes im Oktober 1955, dass die Formulierung, wonach die Neutralität „aus freien Stücken" gewählt worden sei, wegfallen müsse, und vereitelte, da dem nicht Rechnung getragen wurde, die einstimmige Beschlussfassung des Bundesverfassungsgesetzes über die Neutralität Österreichs am 26. Oktober 1955.[18]

„Nach seiner imperialen Variante und nach der Kleinstaat-Variante der ersten Republik wird Österreich nun seine Neutralitäts-Variante denken müssen."[19] Schon im Mai 1955 machte Bruno Kreisky seiner Partei klar, dass die Neutralität für die politischen Kräfte in Österreich eine völlig neue Phase seiner Außenpolitik und seines staatlichen Selbstverständnisses einleiten sollte. Bereits einige Wochen zuvor hatte Nationalratspräsident Felix Hurdes im Parteivorstand der ÖVP zufrieden gemeint, „dass Österreichs Volk nun wirklich ein Nationalbewusstsein gefunden hat".[20] Tatsächlich sollte das Neutralitätsgesetz für mehrere Jahrzehnte „zur Magna Charta der Zweiten Republik Österreich" werden.[21] Erst mit den geostrategischen Veränderungen rund um den Zerfall des Sowjetimperiums und den EU-Beitrittsambitionen Österreichs zu Ende der Achtziger- und Beginn der Neunzigerjahre wurde auch seitens der politischen Parteien Rolle und Funktion der österreichischen Neutralität kritisch hinterfragt.

Anmerkungen

1 Klemens von Klemperer, Ignaz Seipel. Staatsmann einer Krisenzeit. Graz – Wien – Köln 1976, S. 247.

2 Neues Österreich, 16.10.1945, S. 1; für das Folgende: Eva-Marie Csáky, Der Weg zur Freiheit und Neutralität. Dokumentation zur österreichischen Außenpolitik 1945–1955. Schriftenreihe der Österreichischen Gesellschaft für Außenpolitik und internationale Beziehungen, Bd. 10. Wien 1980, S. 60–61.

3 Gerald Stourzh, Um Einheit und Freiheit. Staatsvertrag. Neutralität und das Ende der Ost-West-Besetzung Österreichs 1945–1955. Studien zu Politik und Verwaltung, Bd. 62. 4. Aufl. Wien – Köln – Graz 1998 (= Stourzh, Einheit), S. 259–260.

4 Alfred Missong, Österreich und der Weltfriede, in: Österreichische Monatshefte, Juli 1946, S. 415–418; für das Folgende: Parlamentskorrespondenz, 22.11.1946.

5 Julius Deutsch, Ein weiter Weg. Lebenserinnerungen. Zürich – Leipzig – Wien 1960, S. 390–392; zur innerparteilichen Rolle von Julius Deutsch vgl. Oliver Rathkolb, Sozialistische Außenpolitik in Österreich 1945 bis 1959, in: Erich Fröschl – Maria Mesner – Helge Zoitl (Hg.), Die Bewegung. Hundert Jahre Sozialdemokratie in Österreich. Wien 1990 (= Rathkolb, Außenpolitik), S. 505–506.

6 Alfred Kasamas, Programm Österreich. Die Grundsätze und Ziele der Österreichischen Volkspartei. Wien 1949, S. 106; für das Folgende: Jürg Späni-Schleidt, Die Interpretation der dauernden Neutralität durch das schweizerische und das österreichische Parlament. Bern – Stuttgart 1983, S. 141.

7 Manfried Rauchensteiner, Die Zwei. Die Große Koalition in Österreich 1945–1966. Wien 1987, S. 109.

8 Adolf Schärf, Österreichs Erneuerung 1945–1955. Das erste Jahrzehnt der Zweiten Republik. Wien 1955.

9 Ludwig Steiner, „zur richtigen Zeit das Richtige getan". Zeitzeugengespräch mit Michael Gehler und Helmut Wohnout, in: Demokratie und Geschichte. Jahrbuch des Karl von Vogelsang-Instituts zur Erforschung der christlichen Demokratie in Österreich, Jg. 1. Wien – Köln – Weimar 1997, S. 31.

10 Helmut Wohnout, Frühe Neutralitätskonzeptionen der ÖVP 1945–1953, in: Christliche Demokratie, Jg. 8, H. 2, Wien 1990, S. 122.

11 Oskar Helmer, 50 Jahre erlebte Geschichte. Wien o. J. [1957], S. 316; Rathkolb, Außenpolitik, S. 508–509.

12 Stourzh, Einheit, S. 376–381.

13 Bruno Kreisky, Zwischen den Zeiten. Der Memoiren erster Teil. Neuaufl. Wien – München – Zürich 2000, S. 466–471.

14 Michael Gehler, Österreich, die Bundesrepublik und die Deutsche Frage 1945/1949–1955. Zur Geschichte der gegenseitigen Wahrnehmungen zwischen Abhängigkeit

und gemeinsamen Interessen, in: Michael Gehler – Rainer F. Schmidt – Harm-Hinrich Brandt – Rolf Steininger (Hg.), Ungleiche Partner? Österreich und Deutschland in ihrer gegenseitigen Wahrnehmung. Historische Analysen und Vergleiche aus dem 19. und 20. Jahrhundert. Stuttgart 1996, S. 562.

[15] Stourzh, Einheit, S. 451; zu den Moskauer Verhandlungen: Ebd. S. 415–449.

[16] Karl R. Stadler, Adolf Schärf. Mensch, Politiker, Staatsmann. Wien – München – Zürich 1982, S. 424–425.

[17] Lothar Höbelt, Von der vierten Partei zur dritten Kraft. Die Geschichte des VdU. Graz – Stuttgart 1999, S. 210–213.

[18] Herbert Kraus, „Untragbare Objektivität". Politische Erinnerungen 1917–1987. Wien – München 1988, S. 259–261.

[19] Bruno Kreisky, Die österreichische Alternative, in: Forum, Jg. 2, H. 17, Wien 1955, S. 167.

[20] Stourzh, Einheit, S. 492.

[21] Oliver Rathkolb, Österreich zwischen Neutralität und Allianzfreiheit 1953–2000. Ein Überblick, in: Journal of European Integration History, Vol. 7, Nr. 2, Baden-Baden 2001, S. 103.

Erwin A. Schmidl

Der Abzug der „Besatzungstruppen"

Noch in der Schlussphase des Zweiten Weltkrieges, am 27. April 1945, verkündete die Provisorische Staatsregierung unter Dr. Karl Renner das Wiedererstehen der Republik Österreich. Es sollte jedoch noch ein Jahrzehnt dauern, bis die Alpenrepublik – wenn auch mit Einschränkungen, die im Staatsvertrag festgeschrieben waren und bis um 1990 galten – ihre echte Souveränität wiedererlangte. Symbol dafür wurde der Abzug der Besatzungstruppen.[1]

Staatsvertrag und Truppenabzug

Der Staatsvertrag von Wien wurde am 15. Mai 1955 unterzeichnet und trat mit Abschluss des Ratifizierungsverfahrens schließlich am 27. Juli 1955 in Kraft. Damit verbunden war der Abzug der Truppen der Besatzungsmächte aus Österreich „innerhalb von neunzig Tagen, angefangen vom Inkrafttreten des vorliegenden Vertrages, soweit irgend möglich, spätestens bis zum 31. Dezember 1955". Die so oft kolportierte Behauptung, die Alliierten hätten ihre Soldaten innerhalb von 90 Tagen nach Unterzeichnung des Staatsvertrages aus Österreich abziehen müssen, ist falsch. Aus der Frist von 90 Tagen nach Inkrafttreten am 27. Juli ergab sich dann der

Die letzte Wachablöse zwischen sowjetischen und US-Truppen am Heldenplatz in Wien am 30. April 1955. Das Bild zeigt den Vorbeimarsch des US-Kontingents, im Hintergrund ist der große Sowjetstern mit den Porträts von Stalin und Lenin an der Hofburg zu sehen.
Quelle: ÖNB/Bildarchiv/Wien.

Schmerzlicher Abschied

„*Schmerzlicher* Abschied“ von den sowjetischen Besatzungstruppen; zeitgenössische Karikatur von Gustav Peichl (= Ironismus). Quelle: Ironimus.

26. Oktober, der in den ersten Jahren nach 1955 als „Tag der Fahne“ zum Gedenken an den Abzug der Besatzungstruppen gefeiert wurde. Tatsächlich räumte das Gros der Besatzungstruppen ihre Garnisonen schon in den Wochen vor dem 26. Oktober und übergab sie an die „Provisorischen Grenzschutzabteilungen“, die frühere B-Gendarmerie, aus denen dann das Bundesheer entstand. Während die Kontingente schon im September und Oktober abzogen, dürfte der „letzte Besatzungssoldat“ ein britischer Offizier gewesen sein, dessen Abschied von Klagenfurt bis zum 28. oder 29. Oktober dauerte.

Für die Bevölkerung war der Abzug der Besatzungstruppen das sichtbare Zeichen dafür, dass Österreich nun wirklich „frei“ war. Allerdings muss man hier zwischen den einzelnen Bundesländern differenzieren. In der britischen und französischen Zone waren seit 1953 nur noch symbolische Kontingente stationiert – von einer echten „Besatzung“ kann daher in Süd- und Westösterreich nicht mehr die Rede sein. Die US-Truppen waren ebenfalls früh reduziert worden; dafür wurden 1954 rund 4.000 Mann aus Triest nach Salzburg verlegt, um zum Schutz des strategisch wichtigen Raumes Südösterreich – Laibacher Pforte – Oberitalien bereit zu stehen. Diese amerikanischen Truppen wurden im Sommer 1955 nach Italien verlegt.

In der sowjetischen Zone waren noch erhebliche Truppen stationiert – die Präsenz starker Sowjettruppen in Österreich hatte nach 1945 ja vor allem den Zweck, die kommunistische Machtübernahme in Ungarn und in der Tschechoslowakei abzusichern. Die Berechtigung zur Stationierung sowjetischer Truppen in Ungarn war an die sowjetische Präsenz in Österreich geknüpft. Daher ist es kein Zufall, dass der Warschauer Vertrag am 14. Mai 1955, also unmittelbar vor dem Staatsvertrag von Wien, unterzeichnet wurde, um eine Fortsetzung der sowjetischen Truppenstationierung in Ungarn rechtlich abzusichern. Das Gros der Besatzungstruppen aus Österreich wurde als „Sonderkorps“ nach Ungarn verlegt.

Truppenabzug und Neutralitätsgesetz

Da der 26. Oktober 1955 der voraussichtlich erste Tag war, an dem Österreich „frei", das heißt ohne die Präsenz ausländischer Truppen sein würde, wurde die Beschlussfassung des Neutralitätsgesetzes für diesen Tag festgelegt. Die Forderung nach der „Neutralität" ist zwar im Staatsvertrag nicht enthalten, bildete aber eine Voraussetzung für die Zustimmung, insbesondere der Sowjets, zum Staatsvertrag: Durch diese „Neutralisierung" des Landes wollte man sicher sein, dass die Gegenseite aus dem eigenen Abzug keinen Vorteil lukrieren könnte. Tatsächlich war der „österreichische Kompromiss" von 1955 für Ost wie West ein Vorteil: Beide Seiten mussten ihre Truppen aus dem strategisch wichtigen Raum zurückziehen. Aus östlicher Sicht blockierte der „neutrale Riegel" Österreich-Schweiz die direkte Kommunikation zwischen der NATO in Italien und in Deutschland. Aus westlicher Sicht verkürzte sich hingegen die Front, die man im Falle eines Krieges in Süddeutschland verteidigen müsste.

Mit der Verzögerung von zehn Jahren wurde der „Tag der Fahne", an dem zunächst primär des Abzugs der Besatzungstruppen gedacht wurde, mit dem Hinweis auf den Beschluss des Gesetzes über die „immerwährende Neutralität" als österreichischer Nationalfeiertag bestimmt. Obwohl wesentliche Bestimmungen des Neutralitätsgesetzes inzwischen überholt sind, wird der 26. Oktober weiter als österreichischer Nationalfeiertag gefeiert.

Anmerkungen

1 Zu diesem Beitrag vgl. Walter Blasi – Erwin A. Schmidl – Felix Schneider (Hg.), Die B-Gendarmerie. Der militärische Weg zum Staatsvertrag. Wien – Köln – Weimar 2005.

Andreas Gémes

Die Kosten des Staatsvertrages

Der am 15. Mai 1955 unterzeichnete Staatsvertrag stellt nicht nur in politischer, sondern auch in wirtschaftlicher Hinsicht einen Meilenstein in Österreichs Geschichte dar, hatte doch der im Marmorsaal des Schlosses Belvedere unterschriebene Vertrag, der Österreich zu einem souveränen und unabhängigen Staat machte, vielseitige Auswirkungen auf die österreichische Volkswirtschaft. Auf der einen Seite befreite er Österreichs Wirtschaft endgültig von ausländischer Kontrolle und machte das Land wirtschaftlich unabhängig, auf der anderen Seite jedoch musste das nun freie und neutrale Österreich durch den Staatsvertrag bedeutende wirtschaftliche Bürden auf sich nehmen. Dabei besteht kein Zweifel, dass die wirtschaftlichen Lasten für Österreich größer waren als die wirtschaftlichen Vorteile, die Österreich aus dem Vertrag erwuchsen.

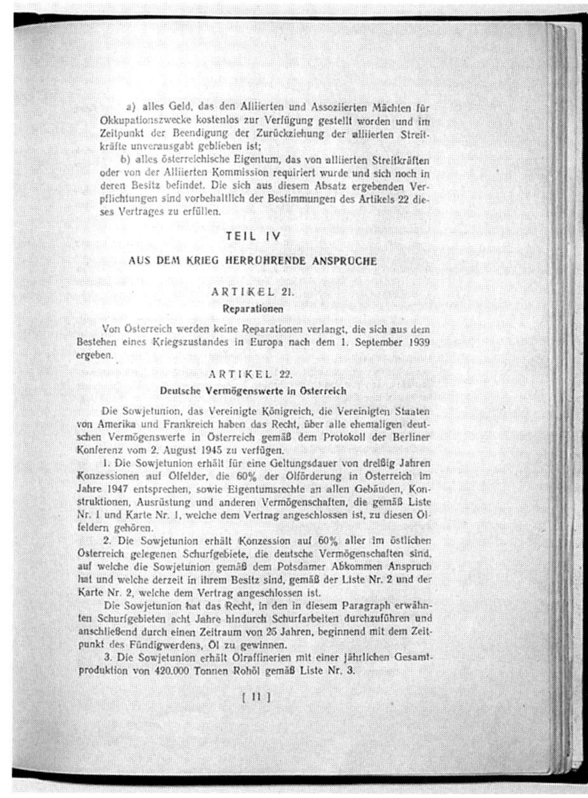

a) alles Geld, das den Alliierten und Assoziierten Mächten für Okkupationszwecke kostenlos zur Verfügung gestellt worden und im Zeitpunkt der Beendigung der Zurückziehung der alliierten Streitkräfte unverausgabt geblieben ist;

b) alles österreichische Eigentum, das von alliierten Streitkräften oder von der Alliierten Kommission requiriert wurde und sich noch in deren Besitz befindet. Die sich aus diesem Absatz ergebenden Verpflichtungen sind vorbehaltlich der Bestimmungen des Artikels 22 dieses Vertrages zu erfüllen.

TEIL IV

AUS DEM KRIEG HERRÜHRENDE ANSPRÜCHE

ARTIKEL 21.

Reparationen

Von Österreich werden keine Reparationen verlangt, die sich aus dem Bestehen eines Kriegszustandes in Europa nach dem 1. September 1939 ergeben.

ARTIKEL 22.

Deutsche Vermögenswerte in Österreich

Die Sowjetunion, das Vereinigte Königreich, die Vereinigten Staaten von Amerika und Frankreich haben das Recht, über alle ehemaligen deutschen Vermögenswerte in Österreich gemäß dem Protokoll der Berliner Konferenz vom 2. August 1945 zu verfügen.

1. Die Sowjetunion erhält für eine Geltungsdauer von dreißig Jahren Konzessionen auf Ölfelder, die 60% der Ölförderung in Österreich im Jahre 1947 entsprechen, sowie Eigentumsrechte an allen Gebäuden, Konstruktionen, Ausrüstung und anderen Vermögenschaften, die gemäß Liste Nr. 1 und Karte Nr. 1, welche dem Vertrag angeschlossen ist, zu diesen Ölfeldern gehören.

2. Die Sowjetunion erhält Konzession auf 60% aller im östlichen Österreich gelegenen Schurfgebiete, die deutsche Vermögenschaften sind, auf welche die Sowjetunion gemäß dem Potsdamer Abkommen Anspruch hat und welche derzeit in ihrem Besitz sind, gemäß der Liste Nr. 2 und der Karte Nr. 2, welche dem Vertrag angeschlossen ist.

Die Sowjetunion hat das Recht, in den in diesem Paragraph erwähnten Schurfgebieten acht Jahre hindurch Schurfarbeiten durchzuführen und anschließend durch einen Zeitraum von 25 Jahren, beginnend mit dem Zeitpunkt des Fündigwerdens, Öl zu gewinnen.

3. Die Sowjetunion erhält Ölraffinerien mit einer jährlichen Gesamtproduktion von 420.000 Tonnen Rohöl gemäß Liste Nr. 3.

[11]

Aus dem Artikel 22 des Staatsvertrages (Deutsche Vermögenswerte in Österreich).
Quelle: AdBIK/Justinus Wagner/Graz.

Die wirtschaftlichen Lasten

Die gewichtigsten wirtschaftlichen Lasten waren die Abfindungen an die Sowjetunion[1], die mit etwa 6,6 Milliarden Schilling oder 0,5 Prozent des von 1955 bis 1963 kumulierten BIP den Großteil der direkten wirtschaftlichen Belastungen aus dem Staatsvertrag ausmachten.[2] Die Zahlungen waren als Ablöse für die USIA- und SMV-Betriebe deklariert, denn diese in der sowjetischen Zone liegenden Einrichtungen wurden durch Bestimmungen des Staatsvertrages an Österreich übertragen.[3] Die Ablösezahlungen an die Sowjetunion waren teilweise schlicht und einfach Reparationsleistungen, weil sich unter den zurückgekauften Vermögenswerten auch österreichische befanden, die zu Unrecht unter dem Titel „Deutsches Eigentum" beschlagnahmt worden waren.[4]

Im Detail wurde Österreich durch den Staatsvertrag vom 15. Mai 1955, das Moskauer Abkommen vom 12. Juni 1955 und den Handelsvertrag vom 17. Oktober 1955 zu folgenden Lieferungen an die UdSSR verpflichtet: Als Ablöse für die USIA-Betriebe mussten sechs Jahre hindurch Waren im Wert von 650 Millionen Schilling pro Jahr, als Ablöse für die Betriebe der Erdölwirtschaft 10 Jahre hindurch eine Million Tonnen Erdöl pro Jahr und als Ablöse für die Donaudampfschifffahrtsgesellschaft zwei Millionen Dollar bezahlt werden.[5]

Die Erfüllung dieser Verpflichtungen erfolgte plangemäß.[6] Österreich kam entgegen, dass die Ablöseverpflichtungen durch Warenlieferungen (vor allem Halbfertigwaren und Fertigwaren) und nicht durch Devisen erfüllt werden konnten. Die Tatsache, dass alle Belastungen gut bewältigt wurden, zeigt, dass die österreichische Wirtschaft, gestützt durch die amerikanischen ERP-Mittel, schon genügend gefestigt und der unmittelbare Wiederaufbau des Landes bereits zum großen Teil abgeschlossen war. Aus wirtschaftspolitischer Sicht ist dies äußerst bemerkenswert, da Österreich wegen umfangreichen Zerstörun-

Jubelnde Menschenmenge vor dem Belvedere, 15. Mai 1955.
Quelle: Foto Votava/Wien.

gen, beachtlichen Verlusten an Humankapital, Demontagen, der vierfachen Besetzung, wirtschaftshemmenden Demarkationslinien und der unprofitablen USIA-Wirtschaft in den ersten zehn Jahren der Zweiten Republik mit äußerst schwierigen Rahmenbedingungen zu kämpfen hatte.

Die wirtschaftlichen Vorteile

Am meisten profitierte Österreich wohl von der Übertragung des „Deutschen Eigentums“ an Österreich, also der Betriebe, die in den USIA- und SMV-Konzernen zusammengefasst waren. Der Brutto-Produktionswert der zurückgegebenen Betriebe betrug 1955 etwa 5,7 Milliarden Schilling, das machte 10,8 Prozent des Produktionswertes der gesamtösterreichischen Industrie aus.[7] Es sollte sich aber herausstellen, dass viele von der Sowjetunion übernommenen Betriebe in so schlechtem Zustand waren, dass sie nicht mehr erfolgreich in die moderne Wirtschaft eingegliedert werden konnten.[8] Einige Unternehmen mussten aufgelassen, andere durch beachtliche Investitionen umgestellt werden.

Eine für Österreichs Wirtschaft segensreiche Auswirkung des Staatsvertrages lag darin, dass die unkontrollierten Exporte in die UdSSR gestoppt werden konnten. Die USIA- und SMV-Konzerne betrieben in der Zeit vor 1955 einen sehr intensiven Osthandel, der von den österreichischen Behörden nicht kontrolliert wurde und der in keiner Statistik aufschien.[9]

Durch den Abzug der Besatzungstruppen konnten ebenso Kosten eingespart werden, denn bis 1955 war der Bundeshaushalt mit mehr als 4 Milliarden Schilling Besatzungskosten belastet worden.[10]

Die punktgenaue Erfüllung der Staatsvertragsverpflichtungen und die verschiedenen Handelsverträge mit den Oststaaten und der UdSSR im Zuge der Unterzeichnung des Staatsvertrags hatten außerdem wesentlich zur Etablierung Österreichs als künftiger Handelspartner beigetragen.[11]
Nach dem Staatsvertrag setzte Österreichs Außenwirtschaft im Jahre 1956 zu einem wahren Höhenflug mit beeindruckenden realen und nominellen Zuwachsraten an. Im Außenhandel waren wesentliche Beschränkungen weggefallen, wodurch eine rasche Liberalisierung und die Ausweitung internationaler Handelsbeziehungen möglich wurden. Das Defizit der Handelsbilanz konnte deutlich verringert werden.[12]
Zusammenfassend ist festzuhalten, dass die mit dem Staatsvertrag verknüpften wirtschaftlichen Lasten für Österreich, allen voran die Abfindungen an die UdSSR, größer waren als die gewonnen Vorteile, wie z.B. die Übertragung des ehemaligen sowjetischen Wirtschaftskomplexes oder die Unterbindung des illegalen Osthandels. Dennoch wogen die Wiedergewinnung der Souveränität und der ökonomischen Unabhängigkeit diese wirtschaftlichen Belastungen auf lange Sicht bei weitem auf.

Anmerkungen

1 Obwohl die Sowjetunion der Hauptnutznießer der finanziellen Verpflichtungen Österreichs war, wurden im „Wiener Memorandum" und im „Österreichisch-französischen Memorandum" auch die Ansprüche von Staatsangehörigen westlicher Mächte festgehalten. Diese betrafen aber im Gegensatz zu den Forderungen der Sowjetunion wohlerworbene Rechte aus der Zeit vor 1938, so dass diese nur bedingt zu den Lasten aus dem Staatsvertrag gezählt werden können.

2 Renald Knogler, Wirtschaftliche Folgen des österreichischen Staatsvertrages. DA Wien 1978 (= Knogler, Folgen), S. 111.

3 Nach dem Zweiten Weltkrieg hatten die sowjetischen Besatzer in ihrer Zone alle offiziell als „Deutsches Eigentum" geführten Betriebe als „Kriegsbeute" übernommen und in die sowjetisch verwalteten Betriebe des USIA-Konzerns („Verwaltung des sowjetischen Besitzes in Österreich") und der SMV („Sowjetische Mineralölverwaltung") übertragen. 1955 beschäftigten die beiden Konzerne (USIA und SMV) insgesamt rund 45.000 Arbeitskräfte, dies entsprach 8 Prozent aller Industriebeschäftigten in Österreich.

4 Vgl. Knogler, Folgen, S. 112.

5 Vgl. Fritz Breuss, Österreichs Außenwirtschaft 1945–82. Wien 1983 (= Breuss, Außenwirtschaft), S. 135f.

6 Die Warenlieferungen wurden vollkommen erfüllt, doch die Erdöllieferungen konnten herabgesetzt werden. Von den im Staatsvertrag festgelegten 10 Millionen Tonnen Rohöl mussten letztlich nur 7,25 Millionen Tonnen geliefert werden.

7 Von den Westmächten war das „Deutsche Eigentum" bereits 1946 an Österreich zurückgegeben worden. Diese bis 1955 als Treuhandschaft verwalteten Betriebe wurden nun in das Eigentum der Republik übertragen.

8 Die nun verstaatlichten ehemaligen USIA-Großbetriebe wurden 1956 aus dem Ministerium für Verkehr und Verstaatlichte Betriebe herausgelöst und in der „Industrie- und Bergbauverwaltungsgesellschaft m.b.H." zusammengefasst, die allerdings nach drei Jahren wieder aufgelöst wurde.

9 Der legale und in der Außenhandelsstatistik erfasste Handel mit der UdSSR erreichte 1954 nur 0,2 Prozent des gesamten Außenhandels. Vom WIFO wurde geschätzt, dass der unkontrollierte Export in die UdSSR allein im Jahre 1954 etwa 2,7 Milliarden Schilling ausgemacht hatte, dies entsprach 17 Prozent der österreichischen Gesamtausfuhren. Vgl. Breuss, Außenwirtschaft, S. 135.

10 Vgl. Johann Meyer, Österreichs Staatshaushalt und der Staatsvertrag. Wien 1958, S. 31. Während die USA bereits 1947 auf die Bezahlung ihrer Besatzungskosten verzichteten, musste Österreich bis 1953/54 für die Unterbringung und Verpflegung der Besatzungstruppen der Sowjetunion, Frankreichs und Großbritanniens aufkommen.

11 So wurden erstmals 5-Jahres-Verträge über den Warenaustausch, Zahlungsabkommen und ein allgemeiner langfristiger Handels- und Schifffahrtsvertrag unterzeichnet. Das führte dazu, dass Österreich spezielle Beziehungen mit dem Osten aufbauen konnte und dass sich Österreichs Osthandel (Exporte wie Importe) stark ausweitete.

12 Vgl. Breuss, Außenwirtschaft, S. 352.

Franz Cede

Der Staatsvertrag als internationales Dokument

Vorbemerkung

Der Staatsvertrag von Wien, dessen Unterzeichnung am 15. Mai 1955 nunmehr ein halbes Jahrhundert zurück liegt, stellt den Schlussstein auf dem dornenreichen Wege Österreichs zur Wiedererlangung seiner Freiheit und vollen Unabhängigkeit nach dem Zweiten Weltkrieg dar. Der Abschluss des Staatsvertrags brachte das sehnlich erhoffte Ende der Besatzungszeit und ermöglichte es Österreich, wieder seinen Platz als gleichberechtigtes Mitglied der internationalen Staatengemeinschaft einzunehmen. Mit dem Staatsvertrag und der Festlegung des Neutralitätsstatus war Österreichs internationale Position nach 1955 im Wesentlichen abgesteckt. Österreich entwickelte sich in der Folge rasch zu einem prosperierenden Land, das sich international großer Wertschätzung erfreute. In der damaligen von den Gegensätzen zwischen den Supermächten USA und UdSSR gekennzeichneten Weltlage erwies sich Österreichs Neutralität als erfolgreiches Konzept, das naturgemäß von einem breiten innenpolitischen Konsens getragen wurde. Österreich konnte sich mit einer aktiven Neutralitätspolitik vielfach als Mittler zwischen Ost und West profilieren und im Rahmen der Vereinten Nationen einen signifikanten Beitrag zur friedlichen Beilegung von Streitfällen leisten.

Staatsvertrag und Neutralität stehen bekanntermaßen in einem engen politischen Zusammenhang. Es trifft zu, dass die Erklärung der Neutralität in Form eines Beschlusses des Parlaments der politische Preis war, den Österreich für die Zustimmung der Sowjetunion zum Vertragsabschluss zu entrichten hatte. Einmal mehr muss jedoch unterstrichen werden, dass der Staatsvertrag und das Neutralitätsgesetz in rechtlicher Hinsicht strikt auseinander zu halten sind. Die Signatarstaaten legten nämlich größten Wert darauf, dass Österreich seine Neutralität auf staatsrechtlicher und nicht auf völkerrechtlicher Grundlage begründete. Im Bundesverfassungsgesetz vom 26. Oktober 1955 heißt es entsprechend: „Zum Zwecke der dauernden Behauptung seiner Unabhängigkeit nach außen und zum Zwecke der Unverletzlichkeit seines Gebietes erklärt Österreich **aus freien Stücken** seine immerwährende Neutralität." Durch diese Wortwahl sollte in eindeutiger Weise klargestellt werden, dass Österreich nicht von außen zur Neutralität gezwungen wurde. Im Staatsvertrag selbst ist von der Neutralität im Übrigen mit keinem Wort die Rede.

Feuerwerk des Pyrotechnikers Ing. Alfred Pokorny anlässlich der Befreiungsfeier der Stadt Wien am Heldenplatz, 22.10.1955.
Quelle: Alfred Pokorny/Wien.

Die wesentlichen Bestimmungen des Staatsvertrags

Der Staatsvertrag gliedert sich in 9 Teile und 38 Artikel. Ihm sind 10 Annexe angehängt.

Der Vertrag kann vom Wesen und Inhalt her mit den Friedensverträgen verglichen werden, welche die Alliierten Mächte nach dem Zweiten Weltkrieg 1947 mit einzelnen Verbündeten des Dritten Reiches 1947 abgeschlossen haben, wie z.B. mit Italien, Bulgarien, Finnland und Rumänien. Wie diese Friedensverträge enthält der Österreichische Staatsvertrag eine Reihe von Bestimmungen, die typischerweise in Abkommen zur Regelung der rechtlichen Fragen im Gefolge des Zweiten Weltkrieges aufgenommen wurden. Dazu zählen etwa Rüstungseinschränkungen, die Ordnung finanzieller Ansprüche, Grenzregelungen und dergleichen mehr. Andererseits beinhaltet der Österreichische Staatsvertrag spezifische politische Vorschriften, die sich in keinem anderen der genannten Friedensverträge finden.

Aus der österreichischen Interessenslage kommt dem **Artikel 1** die überragende Bedeutung zu. Dazu anerkennen die Alliierten und Assoziierten Mächte, dass Österreich als ein souveräner, unabhängiger und demokratischer Staat wiederhergestellt ist. Als wesentliches Element für die Wiedergewinnung der vollen Unabhängigkeit und Souveränität wurde der in **Artikel 20** zugesagte Rückzug der Alliierten Streitkräfte spätestens bis zum 31.Dezember 1955 und das Ende des alliierten Kontrollapparates erachtet.

Artikel 3 sieht vor, dass die Alliierten Mächte in den deutschen Friedensvertrag Bestimmungen aufnehmen, welche die Anerkennung der Souveränität und Unabhängigkeit Österreichs durch Deutschland und den Verzicht Deutschlands auf alle territorialen und politischen Ansprüche in Bezug auf Österreich und österreichisches Staatsgebiet sichern.[1]

Artikel 4 verbietet Österreich eine politische und wirtschaftliche Vereinigung mit Deutschland (Ausschlussverbot). Obwohl nach 1955 niemand in Österreich das Ausschlussverbot in Frage stellte und die Selbständigkeit unseres Landes wie noch nie gefestigt war, wurde von der früheren UdSSR der Artikel 4 als Hindernis für eine Mitgliedschaft in der EG ins Treffen geführt. Diese Haltung änderte sich in Moskau erst, als die Sowjetunion ihrem Ende entgegensteuerte.

Artikel 5 bestimmt, dass die Grenzen Österreichs jene sind, die am 1. Jänner 1938 bestanden haben. Mit dieser Festlegung gehörten auch frühere jugoslawische Forderungen in Bezug auf die gemischt-sprachigen Gebiete Südkärntens endgültig der Vergangenheit an. Neben Artikel 4 sorgten in der Geschichte des Staatsvertrages nach 1955 auch die Bestimmungen zum Schutze der Rechte der slowenischen und kroatischen Minderheiten in Kärnten, im Burgenland und in der Steiermark (**Artikel 7**) für Konfliktstoff zwischen Österreich und Jugoslawien, das dem Staatsvertrag nach dessen Abschluss als „Assoziierte Macht" beigetreten war.

Heute haben vor allem die Nachfolgestaaten Slowenien und Kroatien ein fortgesetztes Interesse an der Erfüllung der Verpflichtungen aus Artikel 7 durch Österreich. Beide Staaten sind jedoch nicht als Vertragsparteien des Staatsvertrages zu betrachten, weil dieser in seinen Schlussbestimmungen (**Artikel 37**) eindeutig ausschliesst, dass diese beiden neu entstandenen Staaten den Anspruch auf die Eigenschaft einer Vertragspartei erheben können.

Viel Kopfzerbrechen bereitete der österreichischen Seite die Anwendung einzelner Rüstungsbeschränkungen im Staatsvertrag, besonders **Artikel 13**, der dem österreichischen Bundesheer u.a. die Verwendung von Geschützen mit einer Reichweite von mehr als 30 km verbot und **Artikel 16**, der Österreich untersagte, zivile Luftfahrzeuge deutscher und japanischer Bauart zu erwerben bzw. zu erzeugen.[2]

Hinsichtlich der so genannten „aus dem Krieg herrührenden Ansprüche" verzichteten die Signatarstaaten in **Artikel 21** des Staatsvertrages gegenüber Österreich auf Reparationen aufgrund des Zweiten Weltkrieges. Äußerst schwierig gestaltete sich die rechtliche Lösung der Fragen im Zusammenhang mit dem so genannten „Deutschen Eigentum" in Österreich. Zum Verständnis dieses Fragenkomplexes sei in Erinnerung gerufen, dass die Alliierten Mächte gegenüber Deutschland für die vom „Dritten Reich" im Zweiten Weltkrieg angerichteten Schäden Reparationsforderungen erhoben. Auf der Potsdamer Konferenz beschlossen die Siegermächte am 2. August 1945, dass sie diese Forderungen durch die Konfiskation deutscher Vermögenswerte in Deutschland und

Bejubelte Kolonne der Diplomatenautos auf dem Weg zur Staatsvertragsunterzeichnung.
Quelle: Otto Pammer/Wien.

im Ausland eintreiben würden. Auf Grund dieser Beschlüsse wurden auch deutsche Vermögenswerte in Österreich konfisziert und unter die Kontrolle der Besatzungsmächte gestellt. Als „Deutsches Eigentum" galten jene Vermögenswerte, die während der Anschlussperiode vom „Dritten Reich" gewaltsam den österreichischen Eigentümern weggenommen wurden. Die westlichen Alliierten statteten in ihren Besatzungszonen die als „Deutsches Eigentum" qualifizierten Vermögenswerte ohne weitere Reparationsforderungen an Österreich zurück. Die Sowjetunion hingegen war hinsichtlich des von ihr in der sowjetischen Besatzungszone verwalteten „Deutschen Eigentums" zu einer Rückgabe an Österreich nur gegen die staatsvertragliche Verpflichtung Österreichs bereit, hiefür beträchtliche Kompensationsleistungen zu erbringen (**Artikel 22**). Österreich könnte seine diesbezüglichen Verpflichtungen nach 1955 innerhalb kurzer Zeit noch vor Ablauf der vorgeschriebenen Fristen erfüllen.

Artikel 23 sieht einerseits vor, dass das in Deutschland befindliche Vermögen der Republik Österreich oder österreichischen Staatsbürgern seinen Eigentümern zurückzuerstatten ist und dass andererseits diese österreichischen Eigentümer einen Forderungsverzicht gegenüber Deutschland abzugeben hatten.

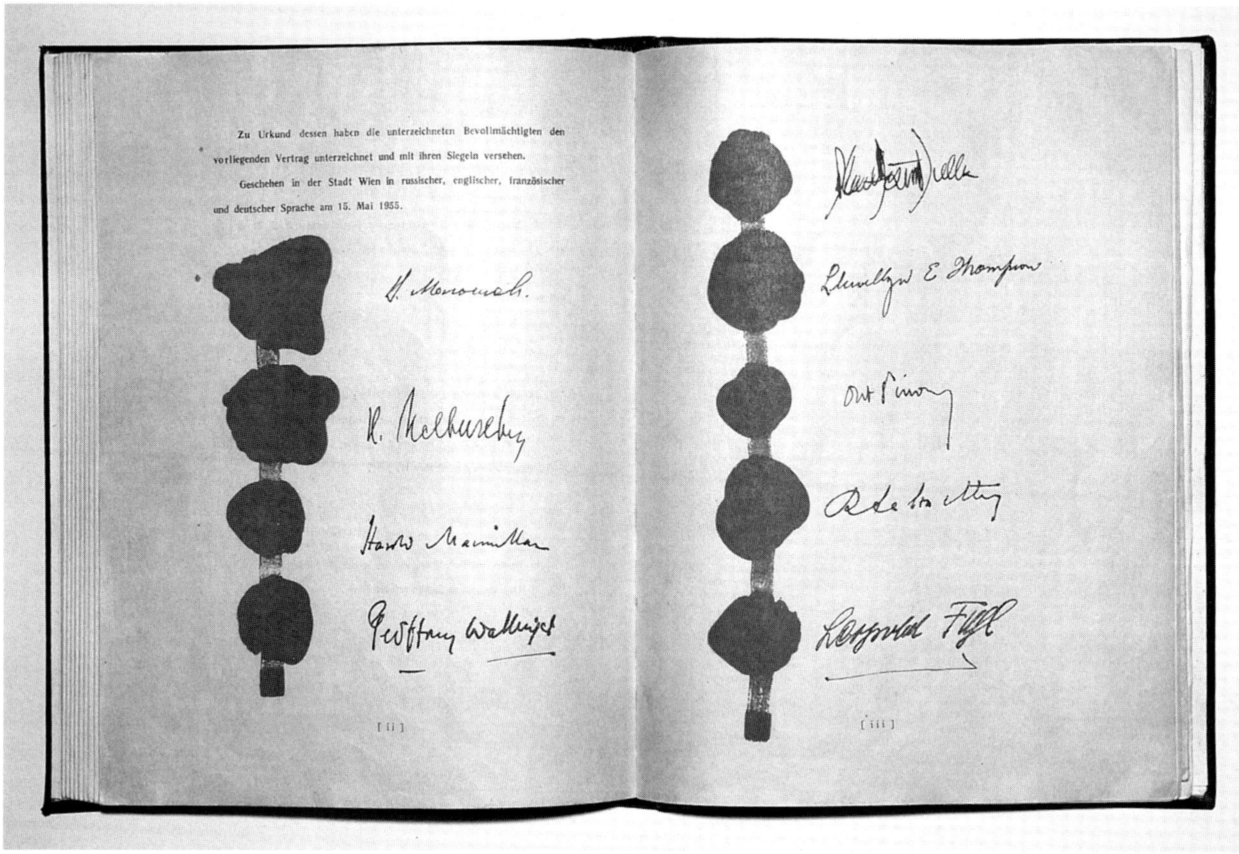

Siegelseite des Staatsvertrages mit den Unterschriften der alliierten Außenminister und Hochkommissare und des österreichischen Außenministers (v. li. oben n. re. unten): Vjačeslav Molotov, Ivan I. Il'ičev, Harold Macmillan, Geoffrey Wallinger, John Foster Dulles, Llewellyn E. Thompson, Antoine Pinay, Roger Lalouette, Leopold Figl.
Quelle: AdBIK/Justinus Wagner/Graz.

Glaubte man bis vor kurzem, dass die vermögensrechtlichen Bestimmungen des Staatsvertrages nur mehr als Gegenstand der Geschichtsforschung Bedeutung haben, so wurde man im Laufe der jüngsten Verhandlungen über die Restitution jüdischer Vermögenswerte (**Artikel 26**) eines Besseren belehrt. Desgleichen zeigte sich, dass auch **Artikel 27** (jugoslawische Vermögensforderungen) keineswegs als totes Recht zu betrachten ist.

Was bleibt vom Staatsvertrag?

Insgesamt hat der Staatsvertrag seit seinem Abschluss vor einem halben Jahrhundert viel von seiner rechtlichen Relevanz verloren. Ein Teil seiner Bestimmungen wurde 1990 für obsolet erklärt, andere können als „erledigt" abgehakt werden. Weitere Regelungen (z.B. die Vorschriften über die Menschenrechte) sind mittlerweile durch spätere Akte der österreichischen Gesetzgebung oder internationale Abkommen überholt.

Der Staatsvertrag enthält umgekehrt eine Reihe von Regelungen, deren fortdauernde Gültigkeit von niemandem in Frage gestellt werden sollte. Das ändert freilich nichts an der Feststellung, dass der Staatsvertrag als völkerrechtliches Instrument insgesamt unter politischen Grundvoraussetzungen abgeschlossen wurde, die heute schlicht und einfach nicht mehr existieren. Einzelne Autoren vertraten nach dem Fall des Eisernen Vorhanges sogar die Auffassung, dass die grundlegende Änderung der Umstände („clausula rebus sic stantibus") als Beendigungsgrund für die

vertragsrechtliche Geltung des Staatsvertrages ins Treffen geführt werden könnte.
Abgesehen davon, dass hier höchst sensible politische und rechtliche Aspekte zu berücksichtigen sind, sollte nicht vergessen werden, dass die Berufung auf die „clausula rebus sic stantibus" nach dem völkerrechtlichen Vertragsrecht ein Verfahren in Gang setzt, welches die Zustimmung aller Signatarstaaten und „Assoziierten Mächte" erfordert. Weil ein Konsens aller Vertragsstaaten in dieser Frage jedoch nicht vorliegen dürfte, erscheint es vernünftig, den Staatsvertrag in seiner völkerrechtlichen Geltung unberührt zu lassen. Andererseits kann niemand leugnen, dass dieses Dokument in rechtlicher Hinsicht ein halbes Jahrhundert nach seinem Abschluss infolge der jüngsten politischen Umbrüche heute nur mehr einen relativ geringen Stellenwert besitzt.

Dies ändert umgekehrt nichts an der überragenden historischen Bedeutung des Staatsvertrages, die am besten mit den unvergesslichen Worten des großen Sohnes Niederösterreichs, Leopold Figl, beschrieben wurde: „Österreich ist frei!"

Anmerkungen

1 Im „2+4 Vertrag über die abschließende Regelung in Bezug auf Deutschland" vom 12.9.1990, der die völkerrechtliche Grundlage für die deutsche Wiedervereinigung schuf und der als deutscher Friedensvertrag gewertet werden kann, wurden von den Alliierten allerdings keine Österreich betreffenden Bestimmungen aufgenommen. Einzelne Beobachter meinten damals, dass die aktuelle politische und rechtliche Bedeutung des Österreichischen Staatsvertrages dadurch sehr vermindert wurde.

2 Im Jahre 1990 gelang es nach entsprechenden Konsultationen mit den Signatarstaaten, diese Rüstungsbeschränkungen durch eine „Obsoleterklärung" in ihrer rechtlichen Geltung aus der Welt zu schaffen.

Stefan A. Müller

Artikel 37 des Staatsvertrages – Assoziierte Staaten

Zehn Jahre Staatsvertrag! Zu diesem Jubiläum lud die Republik Österreich 1965 die Außenminister der Signatarstaaten USA, UdSSR, Großbritannien und Frankreich nach Wien. Bis heute drehte sich die Forschung fast ausschließlich um diese vier Besatzungsmächte. Dass der Staatsvertrag mit heutigem Datum aber insgesamt 11 Parteien umfasst, ist kaum bekannt.[1] Zu wenig wurde Artikel 37 untersucht. Als völkerrechtsüblicher Artikel bietet er nach dem Vorbild der Friedensverträge von 1947 denjenigen Staaten, die sich am 8. Mai 1945 im Krieg mit Deutschland befunden und die „Deklaration der Vereinten Nationen" von 1942 unterzeichnet haben, die Möglichkeit, nachträglich „Assoziierte Macht" für die „Zwecke des Vertrages" zu werden und als neue Partei dessen Rechte und Pflichten zu übernehmen.[2] Dies bedeutete in diesem Punkt keine losere, untergeordnete Rolle gegenüber den Alliierten. Das Völkerrechtsbüro im Außenamt stellte noch 1955 fest: „Im Allgemeinen wird bei multilateralen Verträgen zwischen den Rechten der Signatarmächte und den Rechten der später beigetretenen Mächte nicht unterschieden." Da diese auf Seite der Alliierten beitreten würden, „wird den assoziierten Mächten daher das Recht nicht abgesprochen werden können, auf die Einhaltung sämtlicher [...] Vertragsbestimmungen zu dringen".[3] Demnach kamen den Assoziierten Mächten, abgesehen von Artikel 22 (Deutsche Vermögenswerte in Österreich), genau dieselben Rechte zu wie den Alliierten. Rein technisch hätte das unangenehm für Österreich werden können. Zum Beispiel beim Versuch einer EWG-Integration in den Sechzigerjahren, die am Ende auf Widerstand der UdSSR vertagt werden musste. Es ging dabei um deren Vereinbarkeit mit der Neutralität und Artikel 4 Stv., in dem sich Österreich verpflichtet, keine Maßnahmen zu treffen „die geeignet wären [...] seine territoriale Unversehrtheit oder politische oder wirtschaftliche Unabhängigkeit zu beeinträchtigen". In einem streng vertraulichen Bericht an den Ministerrat vom 5. März 1962 mahnte Außenminister Bruno Kreisky die Regierung mit Blick auf Artikel 4 Stv. zur Vorsicht beim Aushandeln eines Assoziations-Vertrages, „um allen Eventualitäten vorzubeugen". Ein „bestimmter Anwendungsfall" könne nämlich „nahezu katastrophale Folgen" für Österreich nach sich ziehen. Und zwar, „wenn ein Vertragsstaat [...] oder auch ein dem Staatsvertrag gemäß Artikel 37 beigetretener Staat [...] der Meinung ist, daß Österreich eine Bestimmung des Staatsvertrages nicht erfüllt oder aktiv verletzt hat".[4] Wäre Österreich in unmittelbaren diplomatischen Verhandlungen mit diesem Staat, wie in Artikel 35 vorgesehen, zu keinem Ergebnis gekommen, hätte die Angelegenheit den vier Missionschefs der ehemaligen Alliierten übertragen werden müssen, was peinlicherweise aller Welt Österreichs beschränkte Souveränität vor Augen geführt hätte. Von sich aus sind 1955 die Tschechoslowakei und Jugoslawien beigetreten. Nach dem Beitritt Polens[5] im August 1956 hatte sich die Zahl der Parteien von Fünf auf Acht erhöht. Bereits im Jänner 1956 war das Außenministerium zu dem Schluss gekommen, „daß es nunmehr doch wünschenswert wäre, an gewisse Staaten, an deren Beitritt zum Staatsvertrag wir [...] Interesse haben, diesbezüglich heranzutreten. An einem Beitritt aller zu einem Beitritt qualifizierten Staaten besteht kein besonderes Interesse, da dann zu viele Mächte den Status einer assoziierten Macht erhalten würden und [...] die Möglichkeit der Einmischung."[6] So sollte ein „westliches" Gleichgewicht zu den bereits beigetretenen „Oststaaten" geschaffen werden. Die Länder auf der Wunschliste waren die Niederlande, Belgien, Norwegen und Griechenland in Europa, dazu Brasilien, Mexiko, Indien und Kanada in Übersee. Die Reaktion der angesprochenen Staaten war unterschiedlich, jedoch meist skeptisch. Gerade vor Artikel 27 (Österreichisches Vermögen im Gebiete der Alliierten und Assoziierten Mächte) scheuten einige Staaten, wie die Niederlande oder Griechenland, zurück.[7] In Übersee äußerten sich Brasilien und Indien prinzipiell positiv.[8]

Besuch von Staatssekretär Kreisky beim mexikanischen Außenminister Luis Padilla Nervo, am 7. November 1957.
Quelle: Bruno Kreisky-Forum für internationalen Dialog/Wien.

Lediglich Mexiko zeigte sich als aktives und entschlossenes Land und hinterlegte bereits am 28. Dezember 1956 als erstes „westliches" Land seine Beitrittsurkunde in Moskau, wofür sich Bruno Kreisky, damals noch Staatssekretär, bei einem Mexikobesuch 1957 herzlich bedankte. Österreichs Geschäftsträger Rudolf Baumann war angewiesen worden, darauf hinzuweisen, dass Österreich schon im Hinblick auf den Protest Mexikos gegen den Anschluss 1938 „besonderen Wert" auf einen Beitritt legen würde.[9] 1958 trat Brasilien bei, 1959 Kanada und Neuseeland, erst 1961 Australien.[10] Bis zum Zerfall der Tschechoslowakei und Jugoslawiens Anfang der Neunzigerjahre zählte der Staatsvertrag somit 13 Parteien, danach nur mehr 11, da die neuen Staaten die Qualifikation von Artikel 37 nicht mehr erfüllten. Genau wie die Russische Föderation, die aber – entgegen dem Betreiben von Außenminister Alois Mock – von Österreich, der internationalen Linie folgend, als Rechtsnachfolger der UdSSR in den Staatsvertrag anerkannt werden musste.[11]

Anmerkungen

1 Vgl. zu dieser Thematik u.a. Gerhard Hafner, Austria und Slovenia: The Succession in Bilateral Treaties and the State Treaty of 1955, in: Development and International Cooperation, Jg. XII, H. 23, Ljubljana 1996, S. 65–83; Alfred Germ, Neutralität und Staatsvertrag. Österreichs Umgang mit zwei essentiellen außenpolitischen Grundpfeilern der Zweiten Republik in den Jahren 1988 bis 1991; hat in dieser Periode das „Endspiel" von Neutralität und Staatsvertrag begonnen? DA Wien 1995; Gerald Stourzh erwähnt die Assozierten Staaten nur am Rande: Um Einheit und Freiheit. Staatsvertrag, Neutralität und das Ende der Ost-

West-Besetzung Österreichs 1945–1955. Studien zu Politik und Verwaltung, Bd. 62. 4. Aufl. Wien – Köln – Graz 1998, S. 545; Stefan A. Müller, Die versäumte Freundschaft. Österreich – Mexiko 1901–1956: Von der Aufnahme der beziehungen bis Mexikos Beitritt zum Staatsvertrag. Phil. Diss. Wien 2005.

2 Siehe z.B.: Wilhelm Cornides – Eberhard Menzel, Die Friedensverträge von 1947 mit Italien, Ungarn, Bulgarien, Rumänien und Finnland. Quellen für Politik und Völkerrecht, Bd.1. Oberursel 1948.

3 ÖStA, AdR, AA, II-pol, Zl. 305.040-6VR/55, Einlageblatt zu GZ. 511.257-Pol/56 – Beitritt verschiedener Staaten zum österreichischen Staatsvertrag.

4 Stiftung Kreisky Archiv, Kart. 5, EFTA- E(W)G, VII.3/ Integration, Diskussion im Inland 1962–1967, 1971–1980. Zl. 25.041-VR/62 – Staatsvertrag und Teilnahme an einem umfassenderen europäischen Markt.

5 CSFR lt. BGBL 219/1955, Jugoslawien lt. BGBL. 258/1955, Polen lt. BGBL. 192/1956.

6 ÖStA, AdR, AA, II-pol, GZ. 511.257-Pol/56.

7 ÖStA, AdR, AA, II-pol, GZ. 511.257 Zl. 513.087-Pol/56, 30.3.1956.

8 ÖStA, AdR, AA, II-pol, GZ. 511.257 Zl. 517.020-Pol/56, 4.8.1956.

9 ÖStA, AdR, AA, II-pol, Einlageblatt zu GZ. 511.257-Pol/56.

10 Mexiko lt. BGBL. 38/1957, Brasilien lt. BGBL. 228/1958, Kanada lt. BGBL. 140/1960 (wo fälschlich Neuseeland steht), Neuseeland lt. BGBL. 82/1960 und Australien lt. BGBL. 243/1961.

11 Manfred Rotter, The Austrian State Treaty – or what is left of it, in: Wolfgang Benedek – Renate Kicker (Hg.), Development and Developing International and European Law. Essays in Honour of Konrad Günther. Frankfurt am Main 1999, S. 733.

Ludwig Steiner

Als Raabs Sekretär in Moskau und bei der Unterzeichnung des Staatsvertrages – Persönliche Erinnerungen

In Moskau

Die entscheidende Wende in der Staatsvertragspolitik brachte die Rede Molotovs am 8. Februar 1955. Noch am gleichen Tag begrüßte Raab diese Erklärung des sowjetischen Außenministers und die darin ausgesprochene sowjetische Bereitschaft, die Unabhängigkeit Österreichs zu sichern. Allerdings brachte der Bundeskanzler auch Vorbehalte gegen verschiedene Vorschläge Molotovs vor. Für uns im Sekretariat des Bundeskanzlers war dies der Beginn einer außerordentlich spannenden Zeit.

Es gab wiederholte Gespräche mit Botschafter Bischoff, der beauftragt wurde, sich die sowjetischen Vorschläge ausführlich erläutern zu lassen. Diese Gespräche mitzuerleben, war ein besonderes Privileg in einer geschichtlich bedeutenden Periode der Republik. Es ging immer wieder darum, den Gesprächsfaden mit den Sowjets nicht abreißen zu lassen und gleichzeitig im Westen keine Unklarheiten über die Haltung Österreichs aufkommen zu lassen.

Am 20. März 1955 deutete Raab in einer Rede die mögliche österreichische Bereitschaft an, eine feierliche Verpflichtung des österreichischen Parlaments in Fragen der Stationierung fremder Truppen abzugeben. Wieder gab es mehrere Gespräche mit Bischoff, der die Rede Raabs in Moskau mündlich und schriftlich erläuterte.

Eine schon fast logische Folge dieser Vorgänge, aber dennoch eine unglaubliche weltpolitische Überraschung war dann die Einladung der Sowjetregierung, die Molotov am 24. März 1955 an Raab richtete: Raab und andere Vertreter Österreichs, die die Bundesregierung für wünschenswert halte, würden zu Gesprächen nach Moskau eingeladen. Ehe diese Einladung am 29. März 1955 mittels Beschluss der Bundesregierung offiziell angenommen werden konnte, wurde innerhalb der Regierung mit Experten ein großer Teil der technisch-juridischen Vertragssubstanz ausverhandelt. Ebenso gab es auf allen Ebenen Gespräche mit den westlichen Alliierten.

Zur Art der Vorbereitung politischer Entscheidungen höchster Tragweite für die Republik in Moskau ist die Feststellung überaus interessant, dass es vor der Abreise nach Moskau keinen Beschluss bezüglich der „Neutralität" gab – weder in der Bundesregierung, noch im Plenum oder in den Ausschüssen des Nationalrates, des Bundesrates oder der Parlamentsklubs. Raab und Figl gaben im ÖVP-Parteivorstand eine Perspektive für die Verhandlungen in Moskau. Es gab Applaus, aber keine Abstimmung. Im SPÖ-Parteivorstand gab es, so wurde gesagt, nur die klare Feststellung, in Moskau würde nicht über „Neutralität" gesprochen.

Es waren Tage voller Erwartungen und zugleich voll Sorge, die Hoffnungen könnten zu hoch gesteckt sein. Zur Spannung trugen auch die Art und Weise der sowjetischen Vorbereitungen der Reise selbst bei. Nach Moskau zu reisen, war damals noch etwas ganz Außergewöhnliches. Die Sowjets planten alles bis ins kleinste Detail. Die verschiedenen sowjetischen Stellen in Wien wollten sich natürlich bei ihren Vorgesetzten in Moskau mit ihrem Eifer hervortun. Das stiftete viel Verwirrung. Auf österreichischer Seite gab es auch einiges Gedränge dabei, welche Stelle was organisieren sollte. Schließlich wollten möglichst viele bei einem solchen Großereignis sichtbar tätig werden.

Die Mitglieder der Delegation mussten sich klar werden, was an Dokumenten mitgenommen werden sollte, wie es mit Telefonverbindungen aussehen könnte, welches Chiffre-Material man brauchen würde. Da wir im Gästehaus der Sowjetregierung wohnen sollten, waren selbstverständlich Überlegungen zur Frage des Abhörens nötig. Wie sollte man innerhalb der Delegation diskutieren und Entscheidungen treffen können, wenn man befürchten musste, dass den Sowjets alles sofort bekannt würde. Für alle Fälle wurde ein Minerva-Radio mit Plattenspieler mitgenommen, „damit man bei lauter Musik ungestört reden konnte!" Der Radioapparat sollte uns auch

Vor dem Abflug nach Moskau.
Quelle: Ludwig Steiner/Wien.

ermöglichen, Nachrichten aus Österreich zu hören. Was wir ebenso mit nach Moskau nahmen, waren die Informationen, welche uns wohlwollende Freunde bezüglich russischer Gastfreundschaft und Wodka-Genuss gaben.
Bundeskanzler Raab holte mich um 5 Uhr früh von meiner Wohnung ab. Meine Frau, die gerade unser erstes Kind erwartete, war beim Abschied schon etwas besorgt. Im Auto sagte Raab, der sich sichtbar der Aufgabe bewusst war, die vor uns stand, nach einiger Zeit: „Was glaubst Du, was wir dort erleben werden?" Und nach einer Pause: „Du wirst sehen, wir kommen mit der Neutralität zurück."
Die Sowjets stellten zwei Regierungsflugzeuge zur Verfügung, zweimotorige Iljuschin 50 Turboprop Flugzeuge mit den Nummern 003/4340403 und 007/4340407. Die sowjetische Flugleitung gab bekannt, dass sehr früh am Morgen geflogen werden müsste, da am späteren Vormittag über der Tatra Turbulenzen zu erwarten waren. So etwas wollte man natürlich den Gästen ersparen. Die umfangreichen Vorbereitungen der Sowjets zeigten, dass man diesem Treffen in Moskau größte politische Bedeutung zuordnete. Die sowjetischen Flugzeuge waren bequem wie ein Salon eingerichtet, wie die gute Stube der oberen Chargen des Sowjetregimes: echte Plüschfauteuils, am Boden angeschraubt, das Geschirr in einer Glaskredenz mit Gummibändern befestigt. Dann war da noch ein großer Speisezimmertisch. Die Bewirtung war üppig. Vorerst war es ein ruhiger Flug. 300 Kilometer vor Moskau kamen wir in einen starken Schneesturm, und da wurde es trotz

aller Vorkehrungen ein überaus „holpriger" Flug. Wir alle, im ersten der beiden Flugzeuge, waren schon recht blass, hielten aber durch.

Die Landung war trotz des unvermindert heftigen Schneesturms perfekt. Bereits im Ausrollen sah man die österreichischen und die sowjetischen Fahnen im Sturmwind, das angetretene Ehrenbataillon und dann die Sowjetprominenz. Persönlichkeiten, deren Namen man aus der Zwischenkriegszeit her kannte und die man bisher nie in natura, sondern nur in Zeitungen oder Wochenschauen gesehen hatte. Alle hatten wahrscheinlich einen politischen Weg hinter sich, auf dem Blutvergießen nicht fremd war. Ihre Lebensläufe waren uns bekannt, dafür hatten schon die Amerikaner in Wien gesorgt.

Der Bundeskanzler begrüßte in kurzen Worten die angetretene Truppe. Trotz eisigem Schneesturm war es berührend, hier die Bundeshymne zu hören, die etwas flotter als üblich gespielt wurde. Die Front wurde von der gesamten Delegation abgeschritten.

In einer langen Autokolonne, jeder nach Rang eingeordnet, ging es vorbei an dem Denkmal, das an derjenigen Stelle stand, an der die Offensive der Wehrmacht vor Moskau endgültig zum Stehen gekommen war. Die breite „Rollbahn" (sowjetische Autobahn) in die Stadt war für jeden Verkehr gesperrt, daher waren wir rasch im Zentrum. Kolonnen von Frauen säuberten mit Besen die Straßen vom Schnee.

Im Gästehaus, direkt neben der österreichischen Botschaft, waren wir bald eingerichtet, und schon begannen die ersten internen österreichischen Besprechungen. Es gab hier echte altrussische Gastfreundschaft, die Tische bogen sich!

Am nächsten Tag wurden vorerst die protokollarischen Besuche beim Staatspräsidenten, dann beim Ministerpräsidenten und beim Außenminister absolviert. Staatspräsident Vorošilov bekam einen Brief von Bundespräsident Körner überreicht, in dem um die Heimkehr der Kriegsgefangenen ersucht wurde. Vorošilov sagte eine wohlwollende Prüfung zu.

Die beginnenden Verhandlungen über Sachfragen machten gute Fortschritte, allerdings in mühseligen Einzelverhandlungen. Bemerkenswert war die gründliche Kenntnis der jeweiligen Spitzenverhandler, wie etwa Molotov oder Mikojan, in Detailfragen. Ein junger sowjetischer Kollege sagte mir, die Sowjetführung habe vorher drei Wochen auf der Krim zugebracht, um das Dossier „Österreich" durchzuarbeiten. Die Sowjets machten allerdings klar, dass alle Übereinkünfte bei den erledigten Kapiteln nur unter der Voraussetzung gelten könnten, dass über die Gesamtheit der behandelten Punkte Übereinstimmung erzielt würde. Das machte deutlich, dass es letztlich auf die Festlegung des zukünftigen politischen Weges Österreichs ankommen würde.

Ein Punkt war für uns bei diesen Verhandlungen sehr wichtig: Wir wollten alles vermeiden, was Misstrauen bei den westlichen Alliierten über die österreichische Politik provozieren könnte.[1] Da zeigte es sich nun, dass die Sowjets dafür Verständnis hatten. Auch sie wollten keine neuen Spannungen mit den Westmächten provozieren. Für uns war dies damals überraschend.

Bereits am 13. April 1955 war mehr als die Hälfte der Materien behandelt und provisorisch abgeschlossen worden. Molotov gab am späten Nachmittag einen Empfang im Spiridonovska-Palais. Dabei kam es zu einem eigenartigen Vorfall. Molotov, ein sowjetischer Dolmetscher, Figl und ich standen beisammen und tauschten Belanglosigkeiten über Wetter, die Schönheit des Kremls usw. aus. Plötzlich sagte Figl: „Herr Ministerpräsident Molotov, sie können sich kaum vorstellen, wie beeindruckend für mich schon in der Zwischenkriegszeit der Name Molotov, ‚der Hammer', war – ein Symbol der großen Sowjetmacht." Das ging noch so einige Sätze in einer etwas blumigen Sprache weiter. Aber dann kam etwas Besonderes, Figl meinte: „Aber am meisten beeindruckt war ich, als wir einmal im KZ um 5 Uhr früh bei eisiger Kälte am Appellplatz antreten mussten, gefroren haben wir – einige Häftlinge sind vor Schwäche umgefallen –, und dann haben wir nach Stunden plötzlich Ihre Stimme aus dem Lautsprecher des Konzentrationslagers gehört. Das war damals, als Sie den Vertrag mit Hitler abgeschlossen hatten." Ich dachte, nun bricht die Welt zusammen, aber Molotov sagte nur „da, da" (ja, ja). Figl hatte damit signalisiert,

Julius Raab in Moskau (li. hinter ihm Norbert Bischoff, re. daneben Adolf Schärf und Ludwig Steiner).
Quelle: Ludwig Steiner/Wien.

wir wissen und erinnern uns, am Beginn dieses furchtbaren Krieges gab es den Hitler-Stalin-Pakt, und wir waren im KZ.

Am Abend des 14. April fand dann ein großes Bankett im Kreml statt. Die Anwesenheit der wichtigsten Persönlichkeiten der Sowjetführung war für uns ein Signal, dass wir nicht umsonst in Moskau gewesen sein würden. Nach diesem Bankett gab es in der österreichischen Botschaft eine außerordentlich bedeutsame Besprechung. Figl war schon ins nebenan liegende Gästehaus gegangen. Raab, Schärf, Kreisky, Bischoff, seine Frau und ich blieben in einem Salon der Botschaft. Als es nun darum ging, intern Klarheit über das heikle Thema Neutralität zu schaffen, kam es zu einer verbalen Auseinandersetzung. Schärf drohte dabei mit der Abreise der SPÖ-Vertreter aus Moskau, sollte die Neutralität bei den Verhandlungen zur Sprache gebracht werden. In dieser nicht sehr guten Stimmung ging man auseinander.[2]

Als am nächsten Tag die Verhandlungen just bei der Frage nach Österreichs zukünftiger Position in der internationalen Politik ins Stocken gerieten, beantragte der Bundeskanzler eine Unterbrechung. Beim nun folgenden internen Gespräch in einem Nebenraum fragte Raab nach einiger Diskussion, welche Vorschläge wir nun hätten. Der Entscheidung sei nun nicht mehr auszuweichen. Seiner Meinung nach sei der Verhandlungsspielraum ausgereizt. Was nun? Die bisherigen Verhandlungsergebnisse waren gut, sie nicht anzunehmen, war nicht zu verantworten. Als man schließlich zum Gespräch mit Molotov in den Konferenzraum zurückkehrte, geschah dies aber, ohne dass eine entsprechende delegationsinterne Übereinkunft erzielt worden war.

Nach der Wiederaufnahme der Verhandlungen sagte der Bundeskanzler, ohne die Zustimmung von Schärf und Kreisky zu haben, dass sich Österreich für seine zukünftige Politik eine Neutralität nach Schweizer Muster vorstelle.[3] Das war das Schlüsselwort. Molotov fragte dann, wie sich Österreich eine gesetzliche Verankerung vorstelle. Die österreichische Seite sprach von einem Verfassungsgesetz. In den weiteren Gesprächen wurde dann festgehalten, dass die österreichische Regierungsdelegation für einen Regierungsbeschluss zur Vorlage eines Verfassungsgesetzes über die „immerwährende Neutralität" an den Nationalrat sorgen würde. Sie würde weiter dafür sorgen, dass dieses Gesetz mit verfassungsmäßiger Mehrheit im Nationalrat beschlossen werde. Die österreichische Regierungsdelegation gab also in dem ausgehandelten „Moskauer Memorandum" eine so genannte „Verwendungszusage". Diese Zusage wurde dann mit dem Beschluss des Neutralitätsgesetzes und der Gegenzeichnung durch den Bundespräsidenten und der ordnungsgemäßen Veröffentlichung des Gesetzes erfüllt. Die Neutralität ist also nicht in Moskau „beschlossen" worden. „Beschließen" konnte nur der Nationalrat. Die Delegation hatte keine solche Vollmacht. Die Sowjets zeigten sich interessiert, dass die Erklärung der Neutralität in einem souveränen Akt Österreichs erfolgt. Österreich hat in der Folge von keiner Seite eine Garantie dieser Neutralität erbeten, man fürchtete eine „brüderliche Hilfe" im Krisenfall, wie sie die Sowjetunion gerne ihren „Bruderländern" zukommen ließ! Österreich hat die Staatengemeinschaft lediglich von dem Verfassungsgesetz über die immerwährende Neutralität in einer diplomatischen Note in Kenntnis gesetzt und erbat die Bestätigung des Empfangs dieser Note.

Der Beschluss der Neutralität Österreichs war ein Risiko für beide Seiten, für Österreich und für die Sowjetunion. Es war ein wagemutiger Schritt nach vorne. Raab war sich dieses Risikos bewusst. Niemand konnte aus damaliger Sicht ganz sicher sein, ob die Sowjetunion in jeder zukünftigen politischen Lage die Neutralität respektieren würde. Es war auch die Frage, ob die Österreicher in der Zukunft die Kraft und den Willen haben würden, auch in opferreichen Zeiten an der Neutralität festzuhalten. Die Sowjets konnten ebenso nicht sicher sein, ob Österreich sich nicht bei einer günstigen Gelegenheit grußlos von der Neutralität verabschieden und sich zum Westen hinwenden würde.

Der Abschluss der Tage in Moskau war noch sehr hektisch und erfüllt von der Freude auf die Heimkehr. Die Abschiedszeremonie am Flugplatz in Moskau – bei besserem Wetter als bei der Ankunft – war wiederum eindrucksvoll. Nach einem ruhigen Flug landeten wir in einem Österreich im Freudentaumel.

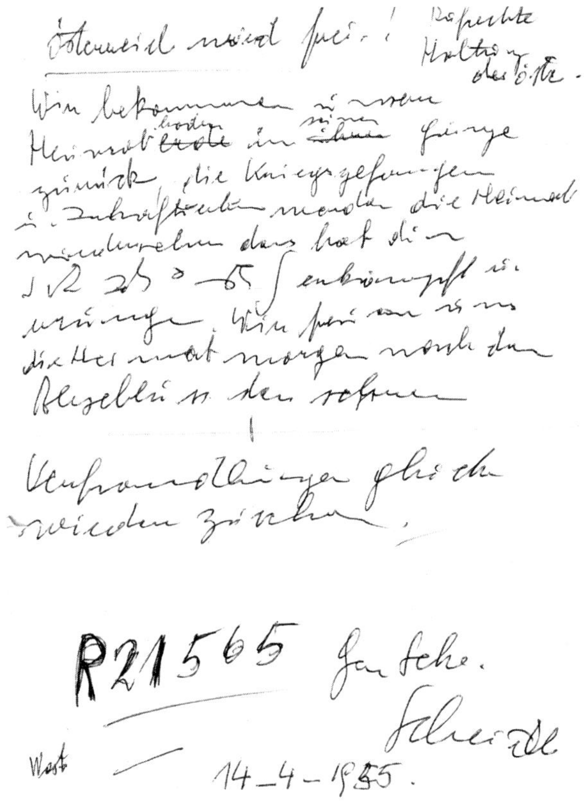

„Österreich wird frei!" Von Ludwig Steiner im Auftrag Raabs telefonisch nach Wien durchgegebene Botschaft vom 14. April 1955.
Quelle: Ludwig Steiner/Wien.

Die Unterzeichnung des Staatsvertrages

Die Wochen bis zur Unterzeichnung des Staatsvertrages am 15. Mai 1955 waren erfüllt mit der Klärung von Einzelfragen, von linguistischen Arbeiten an den Texten des Vertrages in den vier Sprachen. Wichtige Formulierungen mussten noch in der Botschafterkonferenz und dann am 14. Mai 1955 bei der Außenministerkonferenz endredigiert werden.

Unter anderem ist dann plötzlich das Problem aufgetaucht, wo der Staatsvertrag hinterlegt werden sollte, was eine heftige Reaktion der Sowjets zur Folge hatte. Ihnen stand, so argumentierten sie, als turnusmäßige Vorsitzführende im Alliierten Rat zu, dieses Dokument in Moskau zu verwahren. Außerdem sei schließlich die Wiederherstellung Österreichs ein sowjetisches Kriegsziel gewesen, festgelegt in der Moskauer Deklaration 1943. Auch dieser Streit konnte noch beigelegt werden.

Als am 14. Mai 1955 der Text des Staatsvertrages noch einer sozusagen letzten Lesung durch die Außenminister unterzogen wurde, stand Figl auf und sagte zum Entsetzen der eigenen Delegation, er könne diesen Vertrag nicht unterschreiben, das ließe sein Andenken an seine zu Tode gefolterten KZ-Kameraden nicht zu. In der Präambel des Vertrages sei von einer Teilschuld Österreichs am Ausbruch des Krieges die Rede. Österreich habe damals nicht mehr bestanden, und die österreichischen Patrioten mussten in jener Zeit die Leiden der KZ-Haft über sich ergehen lassen. Nach

Ankunft in Bad Vöslau.
Quelle: Ludwig Steiner/Wien.

einem kurzen betretenen Schweigen meldete sich Molotov und sagte, aus seiner Sicht könne man auf diesen Teil der Präambel verzichten. Die anderen Außenminister folgten, und der betreffende Teil der Präambel wurde tatsächlich gestrichen.
Für mich begann der 15. Mai nach einer kurzen Nacht sehr früh. Um 6 Uhr traf ich mich mit Bundeskanzler Raab zur Frühmesse in der Franziskanerkirche. Dann, auf dem Weg über den Stephansplatz und den Graben zum Ballhausplatz begegneten uns schon viele Menschen, die zum Oberen Belvedere strömten und den Kanzler begrüßten. Im Kanzleramt liefen die letzten protokollarischen und organisatorischen Vorbereitungen auf vollen Touren. Mein Kollege Franz Karasek und ich fuhren mit dem Kanzler über den Ring und den Schwarzenberg-Platz zum Oberen Belvedere. Die Autokolonne konnte sich durch ein dichtes Spalier von jubelnden Menschen nur mühsam einen Weg bahnen. Die Wagenauffahrt war genau organisiert. Der Bundeskanzler traf vor den alliierten Außenministern ein. Die Bundesregierung, die Präsidenten der Obersten Organe, die Landeshauptleute, Parlamentarier und verschiedene Vertreter der Institutionen der Republik waren anwesend.
Im Festsaal waren die Spannung und die Emotionen bei allen deutlich spürbar, nicht nur für uns Österreicher. Auch ich verfolgte mit tiefer innerer Bewegung die Zeremonie der Vertragsunterzeichnung. Nach allem, was man in den letzten zwei Jahrzehnten verkraften musste, war es einfach großartig, diese Stunde miterleben zu dürfen.
Die alliierten Außenminister gaben kurze Erklärungen ab und setzten dann ihre Unterschrift und die Siegel unter das Dokument. Als letzter unterschrieb Leopold Figl – wie immer mit grüner Tinte. Dann stand Figl auf und rief die berühmten Worte: „Österreich ist frei!" Vom allgemeinen Jubel wurden auch die alliierten Außenminister erfasst. Durch die geschlossenen Fenster waren die begeisterten Rufe von draußen und das Glockengeläute von ganz Wien zu hören.
Für Außenminister Figl war diese Stunde auch deshalb ein unglaubliches Erlebnis, weil er nach fast einem Jahrzehnt des ständigen sowjetischen „Njet" nun selbst sah, wie Molotov den Staatsvertrag unterschrieb – und das genau nach 15 Jahren, 8 Monaten und 22 Tagen, nachdem er aus dem Lautsprecher auf dem Appellplatz in Dachau die Stimme dieses Molotovs gehört hatte, der gerade mit Joachim von Ribbentrop den Hitler-Stalin-Pakt unterschrieben hatte.
Die feierliche Unterzeichnung des Staatsvertrages war nun abgeschlossen, und es wurde Wein kredenzt. Die Außenminister wurden auf den Balkon gebeten. Das war in dem Wirbel des sich gegenseitigen Beglückwünschens technisch gar nicht einfach. Mein Kollege Franz Karasek und ich sahen am Tisch den „Staatsvertrag" liegen. Einem plötzlichen Einfall folgend, gaben wir dieses kostbare Dokument Figl in die Hand, damit er es – aufgeschlagen mit Siegel und Unterschriften – vom Balkon aus den begeisterten Menschen im Garten des Belvedere zeigen konnte. Ein Protokollbeamter wollte das verhindern: „Seid Ihr verrückt, was ist, wenn er ihn in diesem Gedränge fallen lässt!" Wir wussten, „der Figl" hält diesen Vertrag eisern fest, den lässt er unter gar keinen

Am 15. Mai 1955 vor dem Belvedere.
Quelle: Ludwig Steiner/Wien.

Umständen fallen. Außenminister Figl mit dem Staatsvertrag in den Händen auf dem Balkon des Belvedere – dieses Bild ging um die Welt – und zurück in die österreichischen Schulbücher.

Die Fahrt im Wagen des Bundeskanzlers über die Prinz Eugen-Straße und den Schwarzenberg-Platz zurück ins Bundeskanzleramt war ein Triumphzug. Nach einem Besuch in der Hofburg bei Bundespräsident Körner fand im Dom zu Sankt Stephan ein sehr bewegendes und feierliches Tedeum statt, an dem auch die westlichen Außenminister teilnahmen. Als dann zum Schluss „Großer Gott wir loben Dich!" erklang, standen auch sonst eher rauen Zeitgenossen die Tränen in den Augen. Meine Gedanken gingen dabei zurück zum Tedeum, das am 2. Mai 1945 – anlässlich des Kriegsendes in Tirol – in einer halb zerbombten Kirche in Innsbruck abgehalten worden war.

Der Tag schloss mit einem festlichen Empfang in Schönbrunn. Schon am nächsten Tag begannen die Arbeiten an der Umsetzung dieser politischen und völkerrechtlichen Entscheidungen. Und das in einer großartigen Aufbruchsstimmung.

Anmerkungen

1 Die Information der westlichen Botschaften und befreundeter Länder in Moskau erfolgte durch uns auf verschiedenen Ebenen und ganz offen. Die Schwierigkeit war, dass unsere westlichen Gesprächspartner nur schwer glauben konnten, dass die Österreicher, mit den Sowjets alleingelassen, so gut vorankamen. Immer kam dabei die Frage: Was habt ihr den Sowjets alles, vielleicht geheim, zugesagt – gibt es zusätzliche Geheimabsprachen?

2 Wenn auch die SPÖ, vertreten durch Schärf und Kreisky, in Moskau nicht bereit war, gemeinsam mit Raab und Figl von der Neutralität zu sprechen, so muss man klar sagen, dass die Beschlüsse von Moskau letztlich sehr loyal mitvertreten wurden.

3 Von der Neutralität der Schweiz hatte Julius Raab eine sehr eingehende Kenntnis. Der Bruder des Bundeskanzlers, Heinrich Raab, musste 1938 aus politischen Gründen Österreich verlassen und fand in der Schweiz Asyl. Er informierte sich bei befreundeten Schweizer Universitätsprofessoren mit großer Gründlichkeit über die staatsrechtliche Stellung und über die politische Praxis der Schweizer Neutralität in Friedens- und Kriegszeiten. Der Bundeskanzler bekam von seinem Bruder immer wieder eingehende Abhandlungen zur Thematik.

Herbert Grubmayr

Persönliche Erinnerungen an die „Russen“

Das Moskauer Memorandum

Einen Monat nachdem ich als österreichischer Botschaftssekretär nach Moskau berufen worden war, empfingen wir in der sowjetischen Hauptstadt die österreichische Regierungsdelegation mit Raab, Schärf, Figl und Kreisky. Am gleichen Abend kam es zu einem internen Gespräch in der Botschaft, bei dem sich Raab und Schärf ziemlich scharf befehdeten: Schärf beharrte auf dem Standpunkt, dass alle Betriebe der so genannten „USIA“ ausnahmslos in österreichisches Eigentum übernommen werden müssen, koste es, was es wolle. Den Versicherungen der sowjetischen Seite, sich bei einer weiteren Führung der Betriebe den österreichischen Gesetzen zu unterwerfen, sei auf Grund der gemachten Erfahrungen kein Vertrauen zu schenken. Schärf schien vor allem eine Fortsetzung der Probleme mit dem kommunistisch dominierten Werkschutz und den im USIA-Bereich tätigen sowjetischen Geheimdienstfunktionären zu fürchten. Auch die Gefahr einer weiteren Beeinflussung der Arbeiterschaft im kommunistisch-sowjetischen Sinne dürfte ihn dazu bewogen haben, einen vollen Rückzug der sowjetischen Besatzungsmacht auf wirtschaftlichem Gebiet zu fordern.

Adolf Schärf (re.) und Bruno Kreisky am 12. oder 13. April 1955 in Moskau auf dem Weg zwischen Österreichischer Botschaft und dem Gästehaus, in dem die österreichische Delegation untergebracht war. Das Foto wurde auf der Rückseite mit den Worten „Überlegen Sozialisten Neutralität“ beschriftet.
Quelle: Herbert Grubmayr/Wien.

Raab hingegen meinte, man müsse der sowjetischen Seite klar signalisieren, dass sie den Preis für die Ablöse des „Deutschen Eigentums“ nicht unbeschränkt in die Höhe treiben könne. Viele Fabriken und die Ölfelder seien von der sowjetischen Verwaltung herabgewirtschaftet worden und man solle deshalb die „Russen“[1] einfach unter der österreichischen Gesetzgebung weiterarbeiten lassen, wenn ihre Forderungen zu hoch geschraubt würden. Ich hatte damals den Eindruck, dass der Bundeskanzler hier eine Nachricht über die in der Botschaft vermuteten Mikrofone an die sowjetische Führung weitergeben wollte: „Lizitiert uns nicht zu sehr hinauf, sonst machen wir nicht mit!“ Tatsächlich einigte man sich dann in dieser Frage, wenn auch, wie Raab mehrmals betonte, unter schweren finanziellen Opfern für Österreich.

Auch in der Frage der Verwendung des Wortes „Neutralität“ traten Differenzen zwischen den Koalitionspartnern auf: Schärf war in Moskau anfänglich strikt gegen diesen Terminus; er befürchtete damals offenbar negative Auswirkungen auf die Wählerschaft der SPÖ, wenn man sich zu einer Neutralität bekannt hätte, die dann möglicherweise von den österreichischen Kommunisten in Neutralismus uminterpretiert worden wäre, wobei er wohl die Wühlarbeit im Auge hatte, welche die KPÖ unter der Arbeiterschaft mittels Verwendung des letzteren Vokabels

Teilnehmer des Kremldinners vom 14. April 1955 (v. li. n. re.): Kreisky, Molotov, Kindermann, Schärf, Chruščev, Il'ičev, Raab, Bulganin, hinter Bulganin Schöner und Grubmayr, Mikojan, Malenkov, Kaganovič, Bischoff, Pervuchin, Figl, Marschall Konev.
Quelle: Herbert Grubmayr/Wien.

betreiben könnte. Dem Einfluss Bruno Kreiskys, der die Kriegszeit im neutralen Schweden verbracht hatte, war es schließlich zu verdanken, dass Schärf der von Molotov geforderten Verwendung des Wortes „Neutralität" zustimmte. Auf Grund der Absprache mit der österreichischen Delegation verwendete die sowjetische Presse in ihren ersten Meldungen über die Ergebnisse der bilateralen Gespräche in Moskau die Neutralität mit keinem Wort und verwendeten stattdessen den Terminus „Unabhängigkeit". Die österreichischen Politiker wollten ihre Parteigremien und die Öffentlichkeit nach ihrer Rückkehr nach Wien zuerst einmal selbst auf diese neue Situation vorbereiten.

Was waren meine Aufgaben in meiner Funktion als Erster Zugeteilter der Botschaft in Moskau in diesen für Österreich bedeutungsvollen Tagen? Verschiedenste, könnte man zusammenfassend sagen. Während bis dahin viele Kollegen an anderen Botschaften und auch die sich zuweilen als allmächtig dünkenden westlichen Pressekorrespondenten von mir kaum Notiz genommen hatten – vielleicht mochten sie sich gefragt haben: Warum schicken diese Österreicher auch an einen solch wichtigen Posten und noch dazu in einem kritischen Moment einen Lehrbuben (ich war 26, die meisten der anderen „Nummer 2's" in den ausländischen Missionen zählten eher 40 bis 50 Jahre)? Und nun plötzlich jagten auch ältere, würdevolle Botschafter hinter mir her, um Neuigkeiten über diesen eher unerwarteten Besuch aus einem viergeteilten Kleinstaat zu erhaschen; und die Crème der Journalistenrunde bekundete mir meine Wichtigkeit durch nachdringliche Fragen über den Erfolg unserer Verhandlungen, Fragen, die in den ersten Tagen nach der Ankunft unserer Delegation ohnehin nicht beantwortet werden konnten. Und ich musste an internen Sitzungen teilnehmen, bisweilen Kontakte nach Wien herstellen und bei den zahlreichen gesellschaftlichen Veranstaltungen im Kreml, im Gästehaus des Außenministeriums („Spiridonovka") oder in der Botschaftsresidenz anwesend sein, um mich gegebenenfalls auch um die persönlichen Befindlichkeiten unserer Delegationsmitglieder zu kümmern. Dazwischen wurde ich kurzzeitig wieder einmal zu den bilateralen Gesprächen gerufen, wenn etwas von der Botschaft benötigt wurde.

Zum Abschluss der Verhandlungen gab es am 14. April 1955 ein großes Bankett im Kreml, den ich bis dahin nur von außen gekannt hatte. Nach langen Märschen durch verschiedene Gänge standen wir plötzlich dem gesamten Politbüro unter Führung des Ersten Parteisekretärs, Nikita

Sergeevič Chruščev, gegenüber. Bilder, die ich bis dahin nur aus der Zeitung oder der Wochenschau (dies war noch die fernsehlose Zeit!) kannte, waren nun unverhofft Realität geworden. An diesem Abend hatte ich mein erstes persönliches Erlebnis mit Nikita Sergeevič. Nach Aufhebung der Tafel, an der ca. 30 Toasts, abwechselnd mit Wodka oder armenischem Kognak, auf die gegenseitige Freundschaft und Zusammenarbeit ausgebracht worden waren, nahm man stehend den Kaffee ein. Plötzlich näherte sich Chruščev der Gruppe der Gäste, bei der ich stand, packte mich an den Rockaufschlägen und fing zu schreien an: „Ich bin ein alter Mann, aber bevor ich sterbe, fahren noch einige mit mir in die Grube!" Obwohl der Ausspruch ja einen Widerspruch in sich enthielt, war ich verständlicherweise erschrocken, aber ein sowjetischer Protokollbeamter zwinkerte mir beruhigend zu: „Der Wodka..." Genau diesen hatte ich schon selbst während der fortschreitenden Toastoffensive verspürt und ich versuchte bisweilen, das volle Glas unter den Tisch zu schütten. Neben mir saß aber der Oberbefehlshaber der sowjetischen Luftwaffe, Marschall Pavel Federovič Žigarev (1900–1963). Er sah mich strafend an und meinte: „Tak nel'zja – das darf man nicht! Junger Mann muss trinken!" 30 Jahre später hatte ich ein Treffen der besonderen Art mit dem Marschall: Ich stand plötzlich vor seiner in Stein gehauenen, hoch aufgerichteten Gestalt am Friedhof des Novodevičij-Klosters. Das geflügelte russische Wort: "Vypit nužno – man muss trinken!" kam mir unwillkürlich wieder in den Sinn und auch jener denkwürdige Abend im Katharinensaal des Kremls, wo wir Österreicher die vielen Trinksprüche mit „Ex-Trinken" im Interesse der Freiheit unseres Vaterlandes über uns ergehen ließen.

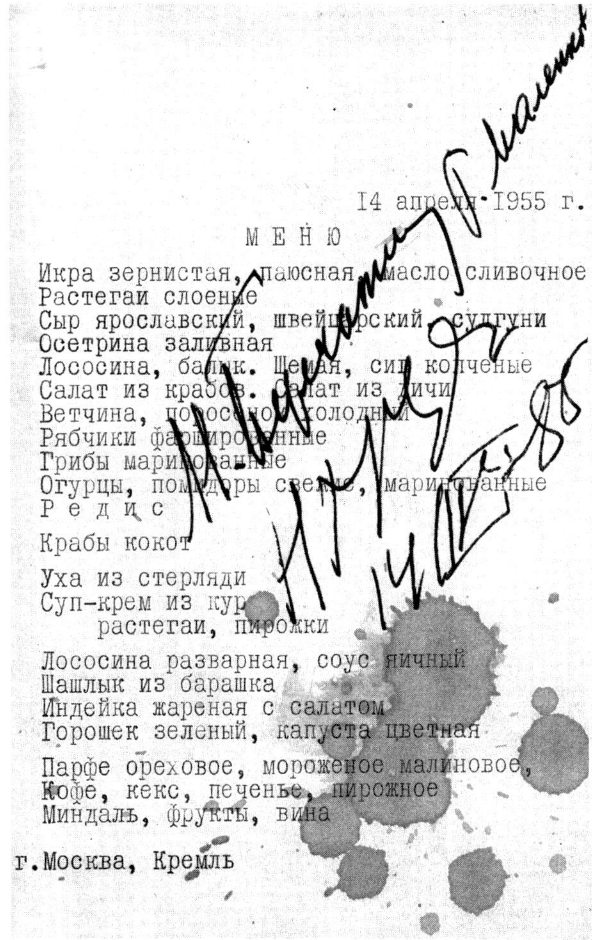

14 апреля 1955 г.

М Е Н Ю

Икра зернистая, паюсная, масло сливочное
Растегаи слоеные
Сыр ярославский, швейцарский, сулгуни
Осетрина заливная
Лососина, балык. Шемая, сиг копченые
Салат из крабов. Салат из дичи
Ветчина, поросенок холодный
Рябчики фаршированные
Грибы маринованные
Огурцы, помидоры свежие, маринованные
Р е д и с

Крабы кокот

Уха из стерляди
Суп-крем из кур
растегаи, пирожки

Лососина разварная, соус яичный
Шашлык из барашка
Индейка жареная с салатом
Горошек зеленый, капуста цветная

Парфе ореховое, мороженое малиновое,
Кофе, кекс, печенье, пирожное
Миндаль, фрукты, вина

г.Москва, Кремль

Herbert Grubmayrs Menükarte vom Kremldinner am 14. April 1955 mit den Unterschriften der Politbüromitglieder Bulganin, Malenkov, Chruščev. Die roten Flecken stammen vom Rotweinglas von Malenkov: Chruščev war beim Unterschreiben an den Arm des danebenstehenden Malenkov gestoßen, worauf einige Rotweintropfen aus dessen Glas auf das Papier fielen.
Quelle: Herbert Grubmayr/Wien.

Im Original des Moskauer Memorandums vom 15. April 1955, welches von den sowjetischen und den österreichischen Vertretern in Moskau unterzeichnet wurde, scheint meine Handschrift auf, wenn auch nur in Form einiger stilistischer Korrekturen. Ich musste diese im letzten Augenblick vor der Unterzeichnung anbringen, da aus Zeitgründen eine Neufassung auf der Schreibmaschine in dieser weit zurückliegenden computer- und druckerlosen Ära nicht mehr produziert werden konnte.

Die „Russen" und das Öl

Das Kapitel der Öllieferungen als Ablöse für die „SMV" (Sowjetische Mineralölverwaltung) wurde bis 1960 auf höchster Ebene weiter verhandelt. 1958 fuhr Raab nach Moskau und verlangte eine Reduktion der insgesamt 10 Millionen Tonnen Rohöl, zu deren Lieferung wir uns verpflichtet hatten und er setzte sich tatsächlich mit seinem

Fahrt im Salonwagen nach Leningrad während des Staatsbesuches von Bundeskanzler Julius Raab im Juli 1958, v. li. n. re.: Julius Raab, Herbert Grubmayr, Gottfried Heindl (damals Pressechef der ÖVP) beim Pressebriefing mit russischer Zeitung.
Quelle: Herbert Grubmayr/Wien.

Verlangen durch. – Ich erlebte diese Gespräche aus nächster Nähe mit, weil ich inzwischen von Moskau zurückgekehrt und Raabs Sekretär geworden war. Schwerpunkt meiner Tätigkeit war die Aufrechterhaltung von direkten Kontakten mit der sowjetischen Seite unter Umgehung der sonstigen offiziellen Stellen. Ich erinnere mich noch lebhaft an den Herrn „Professor" J. E. Egoškin, der mir als sowjetischer Kontaktmann in Wien des Öfteren in einem Wiener Restaurant gegenübersaß, um mit mir Gedanken oder kritische Bemerkungen über die Entwicklung unserer bilateralen Beziehungen auszutauschen – all das von meiner Seite aus natürlich im engsten Kontakt mit meinem Chef, dem Bundeskanzler.

Als zwei Jahre später Chruščev auf Staatsbesuch nach Österreich kam – nun schon selbst Ministerpräsident an Stelle des 1957 ausgeschiedenen Nikolaj Aleksandrovič Bulganin – fand das Feilschen um das Erdöl seine Fortsetzung. Die anfänglichen Verhandlungen in Wien, welche sowjetischerseits von Ministerpräsident Aleksej Nikolaevič Kosygin geleitet wurden, stockten. Raab hatte seinen Gast samt Frau und Tochter sowie Kosygin, den Außenminister, Andrej Andreevič Gromyko, und Kulturministerin Ekaterina Alekseevna Furceva auf eine Busfahrt durch Österreich eingeladen, und im Zuge dieser Reise kam es dann in Kärnten zum Handel unter vier Augen. Nach einer anstrengenden Fahrt über die österreichischen Alpen, wo auch das Wasserkraftwerk Kaprun besichtigt wurde, bei dessen Bau während des Zweiten Weltkrieges viele Sowjetbürger als Zwangsarbeiter eingesetzt gewesen waren, langten wir gegen Abend in Villach ein. Raab befahl mir, ein privates Gespräch mit dem Ministerpräsidenten Chruščev zu arrangieren. Es war schon 23 Uhr, als sich die beiden Regierungschefs im Schlafzimmer von Raab trafen; ein eigener Konferenzraum stand nicht zur Verfügung. Die nachfolgende Konversation von ca. eineinhalb Stunden stellt sich heute noch als einer der Höhepunkte meiner langen Karriere im Außendienst dar. Ich musste für Raab Protokoll führen, der anwesende sowjetische Kollege sollte dolmetschen. Beide Politiker waren müde und die Stimmung wurde bald etwas gereizt, vor allem als Raab seinen sowjetischen Gesprächspartner rügte: „Der Adenauer ist mein Freund. Über den können Sie in Österreich nicht schimpfen." Chruščev fing daraufhin an, verbale Attacken gegen Revanchismus und Faschismus zu reiten, worauf Raab ihn unterbrach: „Die Faschisten waren in Italien. Bei uns waren die Nazi." Sein Gegenüber schaute ihn auf diesen Einwurf hin vollkommen fassungslos an, und Raab lenkte das Gespräch auf sein Lieblingsthema, das Öl.

Ich merkte bereits, dass mein Chef aus Müdigkeit von Minute zu Minute mehr in seinen niederösterreichischen Dialekt abglitt, der für mich kein Problem darstellte, aber den sowjetischen Dolmetscher immer mehr ins Stottern versetzte, weil er den Sinn der Worte nicht mehr begriff. Bei einer neuerlichen Klage Raabs, dass er bei weiterer Verweigerung von Konzessionen seitens der sowjetischen Seite hinsichtlich der Höhe der Öllieferungen ernstliche Schwierigkeiten in seiner Partei haben werde, verwendete er plötzlich Ausdrücke und einen Tonfall, die den Dolmetscher endgültig zum Schweigen verurteilten. Er starrte Raab mit weit geöffneten Augen an, als ob dieser unversehens auf Chinesisch umgeschwenkt hätte. Chruščev schrie ihn an: „Übersetze!" Ich verstand als einziger die peinliche Situation und übernahm kurzerhand, ohne zu fragen, die Übersetzung so lange, bis Raab wieder etwas verständlichere Sätze formulierte.

Ich erinnerte mich an diesen Teil der Verhandlungen später immer dann, wenn ich irgendwo im Orient, sei es in Bagdad, in Aleppo oder in Damaskus, einen Teppich erwarb; es war ein Basarhandel klassischer Qualität, Chruščev sprach davon, dass ihn die Partei absetzen würde, wenn er zu große finanzielle Zugeständnisse mache und Raab jammerte immer wieder, dass seine Position am Spiele stehe. Jedenfalls erreichte Raab sein Ziel: Er erhielt auf Grund dieses Gesprächs wieder eine bedeutendes Reduktion des festgelegten Kontingents an Öllieferungen, sodass schlussendlich Österreich statt zehn Millionen Tonnen netto nur sechs Millionen Tonnen als Kaufpreis für die ÖMV aufbringen musste.

Anmerkungen

1 Eine Bemerkung zu dem Wort „Russen": Man verwendete regierungsintern bei uns diese Bezeichnung fast immer, wenn man auf die Sowjetunion oder Moskau verweisen wollte; es wurde kaum jemals von „Sowjets" gesprochen.

Otto Pammer

Für „Fox tönende Wochenschau" bei der Unterzeichnung des Staatsvertrages

Die Berichterstattung über den Staatsvertrag 1955 stellte einen der Höhepunkte in meinem Berufsleben dar.

Es gab damals noch kein Fernsehen, und die Menschen wurden über die politischen und sonstigen Ereignisse nur durch Zeitungen oder über das Radio informiert. Dafür, dass man das auch in Bild und Ton miterleben konnte, gab es die Wochenschau, welche als Vorspann in den Kinos vor dem Hauptfilm gezeigt wurde.

Ich war damals ein so genannter Filmberichterstatter und Redakteur der „Fox tönenden Wochenschau" mit der bezeichnenden „Signation": „Wir bringen Ihnen das Interessanteste und Aktuellste aus allen Teilen der Welt in Bild und Ton – Fox tönende Wochenschau."

Meine Aufgabe war es, Aktualitäten in Österreich zu filmen und in einen mir aus München oder Paris wöchentlich gelieferten „Auslandsteil" als so genannten „Österreichteil" einzufügen. Da ich dafür allein verantwortlich war, musste ich selbst entscheiden, welche Berichte für das In- und Ausland interessant waren. Bei den jeweiligen Drehs der Ereignisse war ich somit der Kameramann, der Chauffeur und bei der Fertigstellung der Berichte der Filmschneider, der Texter und der Gestalter. Lediglich ausgeliefert wurde die Wochenschau in Wien mit Boten und in die Bundesländer per Bahnexpress.

Die Länge einer „Wochenschau" betrug zehn Minuten, und die Fox belieferte jeden Freitag ca. 500 Kinos in ganz Österreich. Das Hauptthema meiner Berichterstattung in der Zeit von 1950 bis 1955 waren natürlich die Verhandlungen über den Österreichischen Staatsvertrag.

So war es meine Aufgabe, die Regierungsdelegation unter Führung von Bundeskanzler Raab und Außenminister Figl bei den Staatsvertragsverhandlungen zuerst 1954 nach Berlin und anschließend nach Moskau zu begleiten. Das

Julius Raab nach der Rückkehr aus Moskau.
Quelle: Otto Pammer/Wien.

„Njet" aus Moskau ließ uns manchmal verzagen, und ich erlebte die unermüdlichen Bemühungen und die geschickte Verhandlungsweise unserer Regierungsdelegation.

Und endlich, am 15. April 1955, filmte ich exklusiv für die ganze Welt am sowjetisch besetzten Flugplatz Bad Vöslau die Ankunft der österreichischen Regierungsdelegation. Mit großer Spannung umringten wir Bundeskanzler Raab, als er die bedeutungsvollen Worte sprach:

„Liebe Österreicher und Österreicherinnen: Vor allem möchte ich meinen Dank sagen dem Herrgott, dass wir diese Stunde für Österreich erleben konnten. Wir werden, was wir in diesen zehn Jahren erhofft und erstrebt haben, frei sein. Frei werden aber auch alle diejenigen, die noch nicht in unsere Heimat zurückkehren konnten. Die Verhandlungen, die in der Hauptstadt der Union der Sowjetrepubliken geführt wurden, sind nicht nur für diese beiden Staaten allein, für Österreich und die Sowjetunion, von größter Bedeutung. Sie sind auch sicherlich ein wertvoller Beitrag für den Frieden der Welt. Und Österreichs Volk will den Frieden. Wir wollen in Frieden als unabhängiges Volk arbeiten, für die Zukunft unseres Volkes und unseres Landes." Nach der Aufnahme hatte ich ein unglaubliches Glücksgefühl! Ich hatte diese historischen Worte in Bild und Ton aufgenommen. Mit einer Kamera, die damals für Österreich einmalig war. Sie nahm auf einen

35 mm Zelluloidstreifen gleichzeitig Bild und Ton auf und war geeignet, das historische Ereignis in bester Qualität wiederzugeben.
Als der Bericht in den Kinos gezeigt wurde, standen die Leute in Schlangen vor den Non-Stop-Kinos und konnten nicht genug davon bekommen. Viele Zuschauer im Publikum blieben sitzen und schauten sich den Bericht ein zweites oder gar ein drittes Mal an.
Nach der erfolgreichen Rückkehr der Delegation überstürzten sich die Ereignisse. Es ging um die einzelnen Punkte des Staatsvertrages. Rückgabe des Erdöls, Rückgabe der DDSG, Rückgabe der USIA-Betriebe und Abzug der alliierten Besatzungsmächte. Ich produzierte laufend Sonderberichte für die Kinos und für den Versand ins Ausland. Das Ende der allerletzten Verhandlungsrunde auf der Botschafterkonferenz im April 1955 in Wien drehte ich ebenfalls. Diese fand am Stalinplatz, im Haus der Alliierten-Kommandantur, welches jetzt der Sitz der Industriellenkammer ist, statt. In der Zeit zwischen März und Mai 1955 blieb wenig Zeit zum Schlafen. Wenn ich nicht gerade filmte, war mein zu Hause die Kopieranstalt „Listofilm".
Am 15. Mai 1955 war es dann soweit. Mit meiner schweren Bild- und Tonkamera – der Akku wog alleine 50 kg – hatte ich alle Hände voll zu tun, um alle wichtigen Ereignisse aufzunehmen. Am Flugplatz von Langenlebarn landete der sowjetische Außenminister Molotov, in Schwechat der amerikanische Außenminister Dulles, der britische Außenminister Eden und der französische Außenminister Pinay.
Das alles in kurzen Intervallen, mit der schweren Kamera immer zeitgerecht an Ort und Stelle zu sein, stellte mich vor schwierige Aufgaben. Zum Glück hatte ich einen Schwergewichtler als Assistenten, ohne den ich das nicht geschafft hätte.
Als wir dann am 15. Mai 1955 im Festsaal des Belvedere Aufstellung genommen hatten, wurde mir erst die historische Bedeutung dieses Augenblicks bewusst. Und ich durfte dabei sein und dieses Ereignis für die ganze Welt festhalten! Sorgfältig hatte ich die Nacht vorher die Kamera geprüft, hatte immer wieder Probeläufe gemacht.

Die Pressetribüne bei der Unterzeichnung des Staatsvertrages.
Quelle: Otto Pammer/Wien.

Es durften keine technischen Fehler passieren. Die Verantwortung nagte an den Nerven.

Als dann die vier Außenminister mit der österreichischen Bundesregierung den Festsaal im Schloss Belvedere betraten und ich das erste Mal die Kamera einschaltete, hatte ich nasse und zittrige Hände und ein Schauer lief mir über den Rücken. Doch reibungslos hörte ich das Surren der Kamera, Bildausschnitt war o.k., Schärfe stimmte, Belichtung war richtig eingestellt. Man hatte auf vieles zu achten, nicht so wie heute, mit den elektronischen Kameras, bei denen alles automatisch erfolgt. Wenn z.B. der Filmtransport nicht funktionierte und sich der Film in der Kamera verwickelte, hatte man einen so genannten „Filmsalat". Damit war die Aufnahme verloren und nicht wiederholbar! Da eine Filmkassette der 35-Millimeter-Kamera nur eine Aufnahmedauer von zehn Minuten hatte, war ein Kassettenwechsel nicht zeitgerecht möglich. So musste ich darauf achten, dass für die wichtigen Sequenzen immer genug Film in der Kamera war.

Vollkommene Ruhe herrschte, als dann die alliierten Außenminister das Vertragswerk unterzeichneten. Außenminister Figl unterschrieb als Letzter. Anschließend sprach er die bedeutungsvollen Worte, die ich wieder in Bild und Ton festhielt: „Heute ist der Tag gekommen, an dem wir den Vertrag unterzeichneten, womit Österreich

Otto Pammer und seine Kamera, mit der er die Unterzeichnung des Staatsvertrages filmte.
Quelle: Otto Pammer/Wien.

seine Freiheit und Unabhängigkeit bekommt. Ich danke ihnen allen, meine Herren Außenminister, für die Bereitschaft und für den guten Willen, den sie in den nunmehr unterzeichneten Vertrag bekundet haben. Ich bin der festen Überzeugung, dass dieses Vertragsinstrument den Ausgangspunkt einer neuen, hochrichtigen Epoche der österreichischen Geschichte darstellen wird, die sich künftig unter dem Zeichen einer Politik der Neutralität und Unabhängigkeit gegenüber allen Staaten entwickeln wird."

Nach dieser Ansprache habe ich sofort eine neue Kassette eingelegt, die Kamera geschultert und bin raus ins Freie, um die vier Außenminister und Leopold Figl, die sich am Balkon den begeisterten Österreichern zeigten, als einen der historischen Höhepunkte zu dokumentieren.

Dann war es geschafft! Zufrieden, dass alles geklappt hatte, fuhr ich in die Kopieranstalt. Der Film wurde in einer Dunkelkammer ausgelegt und ins Labor gebracht. Doch auch dort lauerte noch eine Gefahr, denn auch beim Entwickeln des Filmmaterials muss alles stimmen. Der Filmentwickler musste die richtige Temperatur haben, das Laufwerk im Entwicklerkasten musste reibungslos arbeiten. Dann erst war das aufgenommene Negativ gesichert.

Das Original-Negativ bildete die Basis für die weitere Bearbeitung. Während das Negativ entwickelt wurde, bereitete ich bereits den Text und das Konzept für den Schnitt vor. Beim Schnitt, in welchem ich die Aufnahmen in der chronologischen Reihenfolge in einer so genannten Langfassung zusammenstellte, hatte ich die Gelegenheit, die ganze Zeremonie nochmals mitzuerleben. Es musste alles schnell gehen. Die österreichischen Kinos mussten beliefert werden, damit das österreichische Kinopublikum die Einzelheiten des Österreichischen Staatsvertrages miterleben konnten.

Eine wichtige Aufgabe für mich war es, Kopien dieser historischen Berichte an die Hauptstellen der „Fox tönenden Wochenschau" auf dem schnellsten Weg zu senden. Dafür standen vier Kontaktstellen zur Verfügung: München für Deutschland und die Schweiz, Paris für französischsprachige Länder, London für die Länder des Commonwealth und New York für Nord- und Südamerika, Asien und Japan.

Über diese Kontaktstellen wurden 84 Staaten auf der ganzen Welt beliefert, in deren Kinos die „Fox Wochenschau" gezeigt wurde. Von der Zentrale in New York erhielt ich am Jahresende eine Zusammenfassung, was in der ganzen Welt von meinen Berichten aus Österreich gezeigt wurde.

Zu meinem Erstaunen ergab der Jahresbericht 1955, dass beispielsweise in Japan das Interesse an den Ski-Erfolgen eines Toni Sailer höher war, als die Berichterstattung über den Staatsvertrag.

Wenn ich jetzt, 50 Jahre später, diese historische Dokumentation wieder aus meinem reichhaltigen Archiv hervorhole, um die vielen Wünsche von Fernsehstationen und TV-Dokumentationen zu erfüllen, so ist mir die Bedeutung meiner Berichterstattung bewusst. Es erfüllt mich mit Stolz, einen Teil dazu beigetragen zu haben, dass auch die junge Generation in Bild und Ton diesen damals so ersehnten Staatsvertrag miterleben kann!

12. Persönlichkeiten rund um den Staatsvertrag

Hannes Schönner

Julius Raab – Baumeister des freien Österreich

„Freiheit" und „Staatsvertrag", das sind die beiden Leitbegriffe, für die Julius Raab noch immer in der österreichischen Zeitgeschichte steht. Doch abseits dieser außenpolitischen Marksteine gilt Raab primär als Wirtschaftspolitiker, dessen Leben bereits sehr früh eine Hinwendung zu Gewerbe und zu betriebswirtschaftlicher- und unternehmerischer Denkweise zeigte.

Der 1891 in St. Pölten geborene Julius Raab wies bereits in seiner Jugend mehrere Konstanten auf, die sein späteres Leben außerordentlich prägten: Das konservative Elternhaus, die katholische Familie, die Schulzeit im Benediktinerstift Seitenstetten, der Cartell-Verband der farbentragenden Studentenverbindungen, das k.u.k. Militär einschließlich des Untergangs dieser Armee zeitgleich mit der Monarchie und schließlich die Ausbildung zum Baumeister blieben sein ganzes Leben dominierend. Klischees bildeten gerade bei Julius Raab den Kern zahlreicher Biographien. Viele Weggefährten, aber auch politische Ziehkinder, die ausschließlich Ziehsöhne waren, bemühten sich, bestimmte Stereotypen zu pflegen. Die meisten Attribute beschreiben Raab als „Grantler", als „großen Schweiger" und besonders als „einsamen Entscheider". Seine dialektgefärbte Sprache füllte bereits zu seinen Lebzeiten Bücher und war Anlass für, je nach parteipolitischer Betrachtung, Spott oder Bewunderung.[1]

Julius Raab war der älteste Sohn eines St. Pöltener Baumeisters. Politik spielte in dieser Familie immer eine Rolle, war doch ein Onkel Raabs Reichsratsabgeordneter. Nach dem Besuch der Pflichtschule und des Gymnasiums in St. Pölten wurde Julius Raab für die letzten vier Mittelschuljahre in das Benediktinerstift Seitenstetten geschickt, in eine von adeligen und bürgerlichen Familien bevorzugte niederösterreichische Erziehungsstätte. Auf Seitenstetten folgte Wien, wo Raab entsprechend der beruflichen Tradition der Familie die Technische Hochschule besuchte.

Bundeskanzler Julius Raab 1955.
Quelle: Karl von Vogelsang-Institut/Wien.

Raab hatte keine Gelegenheit mehr, sein Studium zu vollenden. 1914 musste er zum Militär einrücken und stand bald, wie viele seiner späteren politischen Freunde und Gegner, wie etwa Otto Bauer oder Theodor Körner, als Offizier an der Front. Nach der Einstellung der Kriegshandlungen Ende 1918 führte Raab, der mehrere Isonzo-Schlachten mitgemacht hatte, seine Einheit von der Piave-Front nach St. Pölten, wo die Truppe auch abrüstete – ein Husarenstück, das mehr als vieles andere seine später vielgerühmte „natürliche Autorität" zeigte.

Julius Raab nahm nun sein Studium wieder auf und begann seine politische Laufbahn. Er fand seine eigentliche Aufgabe nach Ende des Ersten Weltkrieges im Bereich seines bisherigen beruflichen Wirkens, d.h. in der Organisation des gewerblichen Mittelstandes. Bald zog er die Aufmerksamkeit des damals unumstrittenen Führers der Christlichsozialen Partei, Ignaz Seipel, auf sich. Seipel dürfte dem jungen Mann, der seit 1927 Nationalratsabgeordneter war, ein großes

Die erste Parteivorstandssitzung der ÖVP, April 1945, v. li. n. re.: Edmund Weber, Hans Pernter, Felix Hurdes, Lois Weinberger, Leopold Figl, Raoul Bumballa, Julius Raab, Ferdinand Graf, Franz Latzka.
Quelle: Paula Witsch/Wien.

Maß an Vertrauen entgegengebracht haben. Er beauftragte ihn, sich als Vertrauensmann der Christlichsozialen Partei um den Posten des niederösterreichischen Landesführers der Heimwehr zu bewerben. 1934 wurde er Mitglied des Bundeswirtschaftsrates. Letztmalig für mehrere Jahre tauchte Raabs Name in der Kabinettsliste auf, die Kurt Schuschnigg nach der Vereinbarung von Berchtesgaden wenige Wochen vor dem Untergang Österreichs zusammenstellte. Nicht zuletzt seine Bekanntschaft mit dem „Gauleiter von Niederdonau", Hugo Jury, dem früheren Hausarzt der Familie Raab, sicherte ihm nach dem „Anschluss" 1938 einen persönlichen Spielraum, der es auch ermöglichte, die Baufirma in Wien weiterzuführen und hier mehreren früheren Freunden zu einer neuen Existenz zu verhelfen. Eine KZ-Vergangenheit brachte Raab in die Zweite Republik also nicht mit, was ihn von den meisten anderen Männern der „ersten Stunde" unterschied. Als im April 1945, während noch Kampfhandlungen auf österreichischem Boden stattfanden, eine Gruppe von Männern an die Gründung einer neuen Partei gingen, war Julius Raab einer von ihnen.[2] Die aus dieser Initiative hervorgegangene Österreichische Volkspartei trug von Anfang an die Handschrift von Julius Raab.

Baumeister der Zweiten Republik im wörtlichen Sinn war Raab bereits im Laufe des Jahres 1945. In der Provisorischen Regierung Österreichs übernahm er unter Karl Renner das Amt für Öffentliche Bauten, Übergangswirtschaft und Wiederaufbau, und gehörte gleichzeitig zu den Baumeistern der ÖVP, die als eine neue politische Sammelbewegung gegründet wurde. Wie auch die Sozialistische Partei, hatte die ÖVP eine ideelle und teilweise personelle Vorgängerpartei, wurde jedoch um neue Elemente und Notwendigkeiten erweitert. Für Julius Raab, der bereits in der Ersten Republik an der Schaffung einer einheitlichen Interessenvertretung der gewerblichen Wirtschaft interessiert gewesen war, rückte das Ziel, ein gemeinsames Organ aller Wirtschaftstreibenden zu schaffen, jetzt wieder in den Vordergrund. Schon am 24. Juli 1946 wurde im Parlament das Bundesgesetz zur Errichtung der Kammern der Gewerblichen Wirtschaft beschlossen, deren Dachorganisation die Bundeskammer bildete und an deren Spitze Julius Raab bald gewählt wurde. Mit der Bundeswirtschaftskammer war Raab ein Instrument gegeben, das er virtuos zu beherrschen wusste

Im ersten Kabinett von Leopold Figl, gebildet nach der für die ÖVP gewonnenen Nationalratswahl 1945, sollte Raab den Posten des Handelsministers einnehmen. Doch die Sowjets nahmen Anstoß an Raabs Vergangenheit während der Zeit des Ständestaats und lehnten ihn ab. Raab erholte sich von diesem Misserfolg relativ rasch, hatte er doch mit der Position des ÖVP-Klubobmannes im Parlament eine Schlüsselstelle erhalten. Die Funktion eines Klubobmannes – als zentrale Position der Gesetzgebung – gewann dadurch ihre frühere Bedeutung wieder zurück, zumal eine Vielzahl „reichsdeutscher" Gesetze entfernt werden mussten.

Seine Festigkeit und Beharrlichkeit, die in den eigenen Reihen mitunter als übergroße Strenge bewertet wurde, ließen ihn mit politischen Gegnern Verträge und Abkommen aushandeln, die andere Politiker nicht erreicht hätten. Namentlich bei der Sozialgesetzgebung und bei Wirtschaftsgesetzen schuf er mit dem sozialistischen Vertreter, dem Präsidenten des ÖGB, Johann Böhm, eine Gesprächskultur, die vorbildhaft wurde. Freilich waren es vor allem grundsätzliche politische Entscheidungen, über die eine Einigung, auch parteiintern, nicht so leicht zu erzielen war. Das galt besonders für die Verstaatlichtengesetze, die im Jahre 1946 beschlossen wurden. Ein weiterer Erfolg, an dem Julius Raab gemeinsam mit Johann Böhm maßgeblichen Anteil hatte, waren die fünf Lohn-Preis-Abkommen, mit denen das Währungssanierungswerk fortgesetzt wurde.

Im Jahre 1953 wurde Julius Raab Bundeskanzler. Die Begleitumstände waren nicht sehr günstig, denn die Nationalratswahl 1953 erbrachte einen stimmenmäßigen Sieg der Sozialisten; nur die Wahlarithmetik sicherte der ÖVP einen Vorsprung an Mandaten. Die Volkspartei entschied sich für einen Wechsel im Kanzleramt und bestimmte Raab, der schon seit 1951 Bundesparteiobmann gewesen war, zum Nachfolger von Leopold Figl. Doch Raab war, noch bevor er an die Spitze der Regierung trat, schon längst der „starke Mann" der ÖVP, bei dem alle Fäden zusammenliefen.[3] Dass der Staatsvertrag, dieses selbstverständliche Ziel beider Großparteien, bereits in erreichbarer Nähe war, wagte 1953 noch niemand zu denken. Für Raab standen anfangs wirtschaftliche Ziele im Vordergrund: die endgültige Stabilisierung der Währung. Die Politik des seit 1952 amtierenden Finanzministers Reinhard Kamitz war ein Zeichen, den Schilling, der durch die Lohn-Preis-Abkommen ständig einer Neuanpassung ausgesetzt war, endlich zu festigen. Das war der eigentliche Inhalt des vielzitierten und vielgescholtenen „Raab-Kamitz-Kurses".

Außenpolitisch fiel Raabs Kanzlerschaft mit großen Veränderungen zusammen. Aus Moskau wehte bald nach Stalins Tod 1953 ein anderer Wind, und die neue „kollektive Führung" unter Chruščev kam Österreich in zahlreichen Fragen entgegen: Unter anderem fielen die Zonengrenzen weg, Gefangene wurden amnestiert, und auf die Zahlung der Besatzungskosten wurde verzichtet. Von besonderer Bedeutung für Österreich aber war, dass Moskau nunmehr den Standpunkt einnahm, wonach die „deutsche Frage" nicht gemeinsam mit dem Abschluss des Österreichischen Staatsvertrages entschieden werden musste. Raab begann nun mit einer bis dahin beispiellosen Besuchsdiplomatie. Vor allem interessierte ihn die Reaktion der Alliierten auf den

Empfang im Schloss Schönbrunn nach der Unterzeichnung des Staatsvertrages 1955. Julius Raab begrüßt den sowjetischen Außenminister Vjačeslav Molotov.
Quelle: Foto Votava/Wien.

österreichischen Vorschlag der „Neutralität".[4] Klarerweise konnte Österreich keiner der vier Besatzungsmächte seinen Willen aufzwingen; dagegen kann die Idee der militärischen Neutralität auch als Raabs Anteil am Staatsvertrag gesehen werden. Raab betonte immer wieder, Neutralität bedeute nicht Neutralismus.[5]

Julius Raab war ein politischer Realist und wusste, dass die Freiheit auch einen materiellen Preis hatte. Ablösezahlungen und Lieferungen von Rohstoffen noch auf Jahre hinaus schmälerten jedoch nicht die Euphorie, mit der im Frühjahr 1955 endlich der Staatsvertrag unterzeichnet wurde und Österreich seine Freiheit und Unabhängigkeit zurückerhielt. Der Staatsvertrag und die folgende Nationalratswahl 1956, die einen großen ÖVP-Erfolg brachte, markierten den Zenit in Raabs politischer Laufbahn. In den folgenden Monaten wurde Österreich Mitglied der Vereinten Nationen und trat auch dem Europarat bei.

Für Julius Raab waren die kommenden Jahre nicht nur erfolgreich. 1957 verlor Wolfgang Denk, ÖVP-Kandidat für die Bundespräsidentenwahl, gegen Adolf Schärf. Eine andere Niederlage brachte das Jahr 1959, als die ÖVP bei den Nationalratswahlen neuerlich stimmenmäßig hinter der SPÖ nur den zweiten Platz erreichte. Allein die Mandatsstärke beließ die ÖVP vor der SPÖ.[6]

Ab 1961 zog sich Raab kontinuierlich von allen politischen Ämtern zurück; es ging spürbar eine

Ära zu Ende. Nur von einer Funktion trennte er sich vorerst nicht: von der des Präsidenten der Bundeswirtschaftskammer. Hier schloss sich der Kreis, denn als Organisator des gewerblichen Mittelstandes war Julius Raab in den Zwanzigerjahren in das politische Leben eingetreten, als Präsident der Bundeskammer der Gewerblichen Wirtschaft schied er nach 40 Jahren öffentlichen Wirkens endgültig aus dem politischen Leben. Einmal noch, 1963, „gehorchte" Raab dem Ruf seiner Partei. Bereits von schwerer Krankheit gezeichnet, erklärte er sich bereit, als ÖVP-Präsidentschaftskandidat anzutreten. Nach einem für ihn aufreibenden Wahlkampf verlor Raab schließlich gegen den amtierenden Bundespräsidenten Adolf Schärf. Kurze Zeit später, am 8. Jänner 1964, starb Julius Raab in Wien.

Anmerkungen

1 Die Literatur zur Person Julius Raab ist vielfältig und umfangreich: z.B. Alois Brusatti – Gottfried Heindl, Julius Raab. Eine Biographie in Einzeldarstellungen. Linz 1986; Peter Gerlich, Julius Raab, in: Herbert Dachs – Peter Gerlich (Hg.), Die Politiker. Karrieren und Wirken bedeutender Repräsentanten der Zweiten Republik. Wien 1995; Österreichischer Wirtschaftsverlag (Hg.), Julius Raab. Verantwortung für Österreich. Wien 1961; Robert Pranter – Johannes Kunz (Hg.), Julius Raab. Ansichten des Staatsvertragskanzlers. Wien 1991; Karlheinz Ritschel, Der Staatsvertragskanzler. Salzburg 1975.

2 Ludwig Reichold, Die Geschichte der ÖVP. Wien 1975, S. 38–40.

3 Manfried Rauchensteiner, Die Zwei. Die Große Koalition in Österreich 1945–1966. Wien 1987, S. 185–200.

4 Helmut Wohnout – Hannes Schönner, Das Politische Tagebuch von Julius Raab. Neue Erkenntnisse zu den ersten Jahren seiner Kanzlerschaft, in: Helmut Wohnout (Hg.), Demokratie und Geschichte 2003/2004, Jahrbuch des Karl von Vogelsang-Instituts zur Erforschung der Geschichte der christlichen Demokratie in Österreich, Jg. 7. Wien 2005.

5 Vgl. Gerald Stourzh, Um Freiheit und Einheit. Staatsvertrag, Neutralität und das Ende der Ost-West-Besetzung Österreichs 1945–1955. Studien zu Politik und Verwaltung, Bd. 62. 4. Aufl. Wien – Köln – Graz 1998, S. 252–282.

6 Robert Kriechbaumer – Franz Schausberger, Volkspartei. Anspruch und Realität. Zur Geschichte der ÖVP seit 1945. Wien – Köln – Weimar 1995. S. 41–44.

Gerald Stourzh

„Österreich ist frei!" Leopold Figl als Bundeskanzler und Außenminister im Jahrzehnt zwischen Befreiung und Freiheit*

Am 20. Juni 1947 übergab die sowjetische Besatzungsmacht das bisher ihrer Verfügungsgewalt unterstehende Areal des Konzentrationslagers Mauthausen an die österreichische Bundesregierung. Der Bundeskanzler, Leopold Figl, war anwesend, um das Areal des KZ Mauthausen in die Obhut der Bundesregierung zu übernehmen. Photos von jenem Tag zeigen einen noch sehr mageren, ernsten Figl, die Entbehrungen der knapp vergangenen Jahre noch deutlich ins Gesicht geschrieben[1], noch nicht den strahlenden Mann auf dem Balkon des Belvedere-Schlosses, als der er in der Erinnerung vieler Österreicher weiterlebt.

Immer wieder, häufiger, als wir uns es wohl heute bewusst sind, kreuzten Erinnerungen an die KZ-Jahre unter der Nazi-Herrschaft den Tagesablauf von Österreichs erstem Bundeskanzler nach dem Zweiten Weltkrieg – einem Bundeskanzler, der übrigens dieses Amt länger ausübte, als die ganze NS-Herrschaft gedauert hatte: Leopold Figl war sieben Jahre, drei Monate und zwölf Tage Bundeskanzler. Im Februar 1948 etwa teilte Figl im Ministerrat mit, er werde in Mauthausen an der Gedenkfeier für einen dort ermordeten russischen General teilnehmen. Es handelte sich um General Dmitrij Michajlovič Karbyšev, der im Februar 1945 mit anderen Häftlingen im Freien bei Temperaturen unter 0 Grad mit kaltem Wasser übergossen und derart zu Tode gebracht wurde.[2] Figl bemerkte im Ministerrat: „Der russische General befand sich 2 Zellen von mir seinerzeit in Mauthausen ..."[3] Bei diesem Besuch in Mauthausen sprach Figl Worte des Gedenkens und zeigte dann dem sowjetrussischen Hochkommissar in Österreich, Generaloberst Kurasov, jene Zelle im Bunker von Mauthausen, in der er selbst in den Wintermonaten von 1944 auf 1945 eingekerkert war.[4]

Figls jahrelanger Opfergang, ob in Dachau, Flossenbürg, Mauthausen oder in den Wiener Gefängnissen, brachte dem ersten Bundeskanzler der Zweiten Republik etwas ein, was von unschätzbarem Wert war: Respekt. Respekt und Sympathie auch dort, wo es aus unterschiedlichen Gründen kaum Illusionen über die Mitwirkung von Österreichern in der Kriegsmaschinerie des Großdeutschen Reiches gab. Als der Bundeskanzler zu Beginn der Fünfzigerjahre seinen ersten offiziellen Besuch in Norwegen machte, war die Stimmung Österreich gegenüber zunächst eher kühl. Als bekannt wurde, dass sich ein norwegischer KZ-Häftling, der Kaufmann Arne Magler, mit Figl getroffen hatte und sich die beiden herzlich mit „Servus" begrüßt hatten, schlug die Stimmung um.[5] Auch anlässlich anderer offizieller Besuche, etwa in Luxemburg 1952, gab es Begegnungen mit KZ-Kameraden.

Im britischen Staatsarchiv, dem Public Record Office in der Nähe Londons, findet sich ein Memorandum vom Februar 1952, vom damaligen Außenminister Anthony Eden an den Premierminister Winston Churchill gerichtet. Es ging um eine Einladung des Bundeskanzlers nach London, die von Eden sehr empfohlen wurde, obgleich noch Staatstrauer nach dem Tode von König Georg VI. herrschte. In dem Dokument heißt es unter anderem:

„Dr. Figl ... is a courageous man who has spent many years in a German concentration camp, where he was brutally treated. He is none the less a cheerful soul who likes his glass of wine." – „Dr. Figl is ein mutiger Mann, der viele Jahre in einem deutschen Konzentrationslager zugebracht hat, wo er brutal behandelt wurde. Trotzdem ist er („a cheerful soul" etwas frei übersetzt) ein fröhlicher Charakter, der sein Glas Wein gern hat." „Cheerful" hat auch die Bedeutung von „optimistisch" – „ein optimistischer Charakter" – und eigentlich ist Figl in diesen zwei Sätzen sehr treffend gesehen worden – Mut und Optimismus sind hervorragende Eigenschaften des Politikers und des Menschen Leopold Figl gewesen.[6] Figls Besuch in London wurde übrigens ein großer Erfolg, er wurde in dem Lande, das erst 1947 offiziell seinen Kriegszustand mit

Österreich beendet hatte, betont freundlich, ja herzlich begrüßt.

Der Respekt und die Sympathie, die Figl im Ausland entgegengebracht wurden, waren ein kostbares Gut, das in den Jahren seiner Kanzlerschaft und seiner Außenministerschaft ganz Österreich zugute kam. Ich werde darauf zurückkommen.

Noch einiges zu Figls Persönlichkeit: Mut und Optimismus Figls waren gepaart mit der absoluten Glaubwürdigkeit seines österreichischen Patriotismus. Figls Österreich-Patriotismus, symbolisiert in dem berühmten Aufruf von Weihnachten 1945 „Glaubt an dieses Österreich!", war authentisch. Diese Authentizität, beglaubigt im Leidensweg der Jahre 1938 bis 1945, war es auch, die es leicht machte und macht, über das oft übersteigerte und auch oft belächelte Pathos von Figls Österreich-Rhetorik hinwegzusehen. Figls Pathos war nicht hohl, es war das Pathos der Begeisterung. Zu Mut, Optimismus und leidenschaftlichem Patriotismus trat eine vierte Eigenschaft, Figls Charme, jene Eigenschaft, die nicht so sehr vom Rednerpult, wohl aber dort wirkte, wo sich Figl am wohlsten fühlte – im persönlichen Gespräch, in der persönlichen Begegnung –, ein Charme, der vollkommen standes- und klassenunabhängig war und wirkte, und der auch Sprachbarrieren mühelos übersprang. Ich darf hinzufügen, dass ich in den Jahren 1958 bis 1962 öfters Gelegenheit hatte, Figl, den ich erstmals 1952 kennengelernt hatte, dienstliche Besuche abzustatten – noch im Außenministerium, dann im Nationalratspräsidium und schließlich im niederösterreichischen Landhaus – und dass meine Einschätzung von Figls Persönlichkeit sowohl auf Quellenstudium als auch auf persönlichen Erinnerungen und Erfahrungen beruht.

Eine der frühesten ausführlichen Charakteristiken Figls von ausländischer Seite, von dem amerikanischen Besatzungsoffizier Martin Herz, ist in einer umfassenden Analyse der Volkspartei im Dezember 1945 enthalten, gerade als Figl zum zukünftigen Bundeskanzler designiert worden war. Man muss erwähnen, dass Herz, 1917 in New York von österreichischstämmigen Eltern geboren, Volks- und Mittelschule in der Zwischenkriegszeit in Wien besuchte. Seine Berichte

Leopold Figl in der Uniform der „Niederösterreichischen Sturmscharen".
Quelle: Maria Hauer/Wien.

zur österreichischen Politik von 1945 bis 1948 gehören zu den differenziertesten Analysen, die es bis heute über die Anfangsjahre der Zweiten Republik gibt. Sie liegen gedruckt vor, unter dem Titel „Understanding Austria", herausgegeben von Reinhold Wagnleitner.[7] Als Mitglied einer amerikanischen Vorausabteilung, die im Juni 1945 nach Wien kam, war er frühzeitig auf Figl und dessen Büro im Bauernbund in der Schenkenstraße gestoßen. Herz war über die feste Verwurzelung Figls in der niederösterreichischen Bauernschaft und im niederösterreichischen Bauernbund voll im Bilde – eine Verwurzelung, auf deren Bedeutung Therese Kraus in ihrer Kurzbiographie Figls besonders hingewiesen hat.[8] Herz war sich auch der Signifikanz mancher heute kaum mehr wahrgenommener Details in der politischen Laufbahn des jungen Figl in den Dreißigerjahren bewusst: etwa die Verbindung von Bauernbund und den „Ostmärkischen Sturmscharen", deren niederösterreichischer Landeskommandant Figl seit 1932 war. Die „Ostmärkischen Sturmscharen" wurden von Kurt Schuschnigg mit dem heute merkwürdig anmutenden Titel „Reichsführer" geleitet. Die „Sturmscharen" waren als Konkurrenzorganisation zur Heimwehr konzipiert, sie waren den Christlichsozialen, dem Katholizismus und dem Gedanken der Unabhängigkeit Österreichs viel enger und eindeutiger verbunden als die in vielen Farben schillernde Heimwehr. In der Zeitschrift der „Sturmscharen" ist übrigens frühzeitig, schon im Juli 1933, der Begriff „österreichische Nation" als Kampfbegriff gegen den Nationalsozialismus verwendet worden.[9] In Niederösterreich, wo der von Josef Reither geführte Bauernbund die Patronanz und Figl das Kommando über die „Sturmscharen" übernommen hatte, führten sie den Namen „Niederösterreichische Sturmscharen".[10]

Eine kleine Anmerkung zum Titel „Reichsführer" der „Sturmscharen" – und übrigens auch zu Figls Titel als Direktor des „Reichsbauernbundes" für ganz Österreich ab 1934: In der Ersten Republik hatten viele Organisationen aus dem alten Österreich die Vorsilbe „Reichs"-Organisation beibehalten oder übernommen, obgleich das kleine Österreich alles andere als ein Reich war. So stark war diese Tradition, dass selbst nach dem Zusammenbruch des Dritten Reiches 1945 die Parteileitung der ÖVP als „Reichsparteileitung der Österreichischen Volkspartei" firmierte. Erst eine erstaunte Intervention des französischen politischen Vertreters im September 1945 auf dem Ballhausplatz, wieso es denn bei der ÖVP eine „Reichsleitung" und andere „Reichs"-Organe (wohl den „Reichsbauernbund") geben könne, führten allerdings zu einer blitzschnellen Korrektur. „Landesobmann Figl teilt mit, dass die beanständete Titulatur abgeschafft wurde", heißt es in einem Amtsvermerk des Generalsekretärs im österreichischen Außenamt, Heinrich Wildner.[11]

Doch nun zur Beurteilung von Figls Persönlichkeit im Dezember 1945, als Figls Designierung zum Bundeskanzler feststand, in den Berichten von Martin Herz. Herz bezeichnete Figl als einen „undestructible peasant", einen „unverwüstlichen Bauern", dessen verträglichen und robusten Charakter („eupeptic and hardy") er hervorhob, und dem es Freude mache, zu verhandeln „und Kompromisse zu schließen" – „to bargain and to compromise".[12] Der Hinweis auf Figls Kompromissfähigkeit ist von Interesse, da in späteren Jahren gegen Ende der Ära Figl die Kritik aus den eigenen Reihen den Vorwurf der – zu großen – Kompromissbereitschaft gegenüber dem sozialistischen Koalitionspartner enthalten sollte. Herz hielt von Figls charakterlichen Eigenschaften mehr als von seinen intellektuellen, hielt gleichwohl Figl für eine sehr gute Wahl als Bundeskanzler, weil, wie er 1948 schrieb, Figl über ein außerordentliches Durchhaltevermögen („exceptional staying power"), einen mäßigenden Einfluss in Auseinandersetzungen, über Courage und einen unermüdlichen Optimismus und Standhaftigkeit angesichts äußeren Druckes verfüge.[13]

Figl trat das Amt des Bundeskanzlers im Dezember 1945 in einer Zeit an, die ich einmal als die Periode der „totalen Kontrolle" bezeichnet habe, nämlich der totalen Kontrolle Österreichs durch den Alliierten Rat.[14] Diese Periode dauerte allerdings nur relativ kurz, etwa von September/Oktober 1945 bis Ende Juni 1946. Sie beruhte auf den Bestimmungen des so genannten Ersten Kontrollabkommens vom Juli 1945, das mit dem Arbeitsbeginn des Allierten Rates in September 1945 effektiv wurde. In diesen neun bis zehn Monaten erreichte die Bevormundung Österreichs durch die alliierten Gremien ihren Höhepunkt, obgleich sich manche Auswüchse dieser Bevormundung, etwa die alliierte Postzensur, volle acht Jahre bis zum Sommer 1953 fortschleppten – also über die Amtsdauer der Figl-Regierungen hinaus.

Eine Episode zu Beginn von Figls Regierungsantritt zeigt diese Bevormundung – sie war übrigens stärker als zur Zeit der Provisorischen Regierung im russisch besetzten Teil Österreichs. Figl war gezwungen, den Entwurf seiner Regierungserklärung im Nationalrat den Alliierten zur Vorzensur vorzulegen! Die Alliierten intervenierten darauf hin wegen nicht weniger als sechs verschiedener Punkte. Sie verlangten etwa, Figl solle einen Satz streichen, dass Österreich immer die Brücke zwischen Ost und West bildete und dies auch gerne in Zunkunft im Interesse der Bewahrung des Friedens in ganz Europa sein möchte. Offenbar konnte dieser Passus nach Ansicht der vier Mächte (oder einiger der vier Mächte) als Anspielung auf einen Ost-West-Gegensatz interpretiert werden, was nicht erwünscht war. Weiters verlangten die Alliierten die Hinzufügung eines Satzes über die Anerkennung des Alliierten Rates und über die Absicht der Bundesregierung, loyal mit dem Allierten Rat zusammenzuarbeiten. Schließlich regten die Alliierten auch an, Figl möge die Wirtschaftshilfe erwähnen, die Österreich bereits von alliierter Seite erhalten hatte.[15]

Diesen Wünschen kam Figl in seiner Regierungserklärung vom 21. Dezember 1945 nach. Doch in Figls Erklärung, wie er sie dem Nationalrat vortrug, sagte und forderte er einige wesentliche Dinge, die in dem von den Alliierten zensurierten Entwurf gar nicht enthalten waren. Unter stürmischem Beifall forderte er die Öffnung der Demarkationslinien, die Abschaffung der Zoneneinteilung, die Wiederherstellung der Einheit Österreichs. Unter ebenso großem Beifall forderte Figl die Rückkehr Südtirols und beharrte auf der Unteilbarkeit Kärntens. Obgleich Figl den von den Alliierten beanstandeten Satz über Österreich als Brücke zwischen West und Ost wegließ, umkreiste Figl in anderen, einigermaßen pathetischen Worten sehr wohl dieses Thema. Der österreichische Geist sei ein Bollwerk gegen alle Versuche imperialistischer Einseitigkeit in Europa, der österreichische Geist sei ein ausgleichendes Element in Europa. Das kleine Österreich wolle dieser Tradition, die vor allem eine Kulturtradition sei, treu bleiben „als Hort des Friedens im Zentrum Europas".

Ein erstes Aufbäumen gegen die alliierte Bevormundung war eine von Figl am 12. April 1946 vorgetragene Regierungserklärung, die vom Nationalrat mit allen gegen die vier Stimmen der Kommunisten angenommen wurde. Der Alliierte Rat hatte die Ausarbeitung einer neuen Verfassung verlangt; Regierung und Parlament bekannten sich zur Verfassung von 1929 als geltende und definitive Verfassung Österreichs. Damit war erstmals ein Ansinnen des Alliierten Rates entschieden und öffentlich zurückgewiesen worden. Die Sowjets kamen zwar noch mehrfach auf die Forderung nach einer neuen Verfassung zurück – sie und die Kommunisten sahen darin die Möglichkeit einer Öffnung in Richtung Volksdemokratie – die Westmächte verloren aus guten Gründen das Interesse an einer neuen Verfassung. Mit der Regierungserklärung vom 12. April 1946 wurde der Anfang vom Ende der Periode der „totalen Kontrolle" eingeleitet. Das so genannte 2. Kontrollabkommen vom 28. Juni 1946, das dem österreichischen Gesetzgeber wesentlich mehr Rechte als bisher einräumte – das Vetorecht einzelner alliierter Mächte gegen österreichische Gesetze wurde mit Ausnahme des Vetos gegen Verfassungsgesetze abgeschafft – bedeutete das Ende der „totalen Kontrolle".

Sehr rasch brach jedoch nun der Ost-West-Konflikt in Österreich aus. Anfang Juli 1946 verkündete die sowjetische Besatzungsmacht die Beschlagnahme aller von ihr als so genanntes „Deutsches Eigentum" angesehenen Betriebe in der sowjetischen Zone, darunter insbesondere einen Großteil des Erdölbereichs – Förderung, Schürfrechte, Raffinerien, Vertrieb. Die amerikanische Besatzungsmacht reagierte sehr schnell. Ende Juli wurden von den Amerikanern alle bisher unter amerikanischer Kontrolle stehenden Betriebe des so genannten „Deutschen Eigentums" (darunter am wichtigsten die früheren Hermann Göring-Werke in Linz) der Bundesregierung zur treuhändigen Verwaltung übertragen. Figl kam nach heftigen Auseinandersetzungen mit der sowjetichen Besatzungsmacht in Wien – diese fanden üblicherweise im Hotel Imperial, dem Sitz des sowjetischen Hochkommissars, statt – eigens zu diesem Anlass nach Linz. Das Wechselbad der Gefühle, Eindrücke, der Atmosphäre, innerhalb weniger Stunden, von Wien nach Linz, über die Zonengrenze der Ennsbrücke, ist heute nicht mehr nachzuvollziehen. Hugo Portisch hat in seiner TV-Serie „Österreich II", die ja auf Videokassetten erhältlich ist, die atmos-

phärisch dichteste Dokumentation jener Jahre gegeben.
Die Bemühungen der Regierung um die Aufbringung von Nahrungsmitteln, und im Kältewinter 1946/47 besonders von Brennstoff, führten zu dramatischen Auseinandersetzungen, da offensichtlich manche Landeshauptleute nicht willens waren, bestimmte Lebensmittel- und Brennstoffmengen außerhalb ihrer Länder zur Verfügung zu stellen. Hier lernt man einen sehr ernsten und energischen Figl kennen. Im Ministerrat vom 14. Jänner 1947 teilte Figl mit, dass er für den 16. Jänner eine Landeshauptmännerkonferenz mit „verpflichtender Teilnahme" für alle Landeshauptleute und Landesernährungsreferenten angesetzt habe. Ich zitiere Figl wörtlich:
„Der Ausdruck ‚verpflichtend' mag vielleicht als autoritär angesehen werden. Aber in einer Notzeit, wie der heutigen, kann man nicht anders vorgehen. Die Konferenz wird unter dem Motto ‚Kampf gegen Hunger und Kälte' stehen. [...] Ich habe die Landeshauptleute mit aller Deutlichkeit auf ihre große Verantwortung und Verpflichtung gegenüber dem Staate als Gesamtheit hingewiesen. Wenn nicht im Inlande das letzte kg an Lebensmitteln und Brennstoff aufgebracht und die größte Opferbereitschaft an den Tag gelegt wird, kann man sich nicht an das Ausland mit der Bitte um Hilfe und Kredit wenden. Ich habe die Landeshauptleute des weiteren darauf hingewiesen, daß wir *ein* Staat sind, daß auch die Länder zugrunde gehen müssten, wenn der Staat zugrunde ginge und daß Wien nicht nur die Bundeshauptstadt Österreichs sondern auch sein Zentrum ist und in Wien sich die Politik des gesamten Staates entscheidet. Wenn sich Wien nicht hält, können auch die Bundesländer von sich aus den Staat nicht halten."[16]
Vom Sommer 1946 an nahm die Westorientierung der Regierung deutlich zu – obgleich noch bis zum Herbst 1947 ein kommunistischer Minister der Regierung angehörte. Ernährungshilfe, Wiederaufbauhilfe, Finanzhilfe zur Ankurbelung der Wirtschaft – all dies war im Westen, vor allem in den USA, eher zu finden als im Osten. Dazu kam die schrittweise „Volksdemokratisierung" von Österreichs Nachbarstaaten – in Ungarn im Mai 1947 besonders deutlich sichtbar. Die sowjetische Haltung gegenüber Österreich und gegenüber den Chancen eines Staatsvertragsabschlusses verhärtete sich in den ersten Monaten des Jahres 1947 spürbar – und dies war auch das auslösende Moment für die erste gravierende Krise in Figls Kanzlerschaft: die mit dem wenig schönen Wort „Figl-Fischerei" bezeichnete Begegnung zwischen Figl und dem kommunistischen Abgeordneten Ernst Fischer bei einem Abendessen in der Wohnung des ÖVP-Wirtschaftsbund-Abgeordneten Kristofics-Binder am 5. Juni 1947. Bei der Vorbereitung dieses Treffens hatte Julius Raab seine Fäden gezogen, der selbst gemeinsam mit Eduard Heinl zu einem ersten Treffen mit Fischer kam. Bei dem Treffen mit Figl, der von Landwirtschaftsminister Kraus und seinem Sekretär Dr. Dorrek begleitetet war, nannte Fischer die Namen von Regierungsmitgliedern, deren Auswechslung die Bereitschaft der Sowjetunion für einen Vertragsabschluss erleichtern könnte – insbesondere Außenminister Gruber und Innenminister Helmer; andere eventuell neu in die Regierung zu kooptierende Namen wurden ebenfalls genannt. Fischer hätte laut einer Version Raab, laut Gruber den Grazer Professor Dobretsberger als möglichen neuen Bundeskanzler genannt und das Innenministerium für die KPÖ reklamiert. Figl habe weitere Gespräche auf solchen Grundlagen abgelehnt. Nachdem Figl Gruber informiert hatte, informierte dieser sofort die Amerikaner, danach auch die Briten und den Korrespondenten der Presseagentur Associated Press. Alsbald brachte der Wiener Kurier eine entsprechende Sensationsmeldung. Fischer konterte mit der von keiner Seite bestätigten Behauptung, Figl hätte seine Bereitschaft zum Rücktritt erklärt. Gesprächsaufzeichnungen, wenn es sie je gab, sind bis heute nicht zu Tage gekommen. Die Aufregung in der Öffentlichkeit, aber auch innerhalb der ÖVP-Spitze war sehr groß, dort vor allem wegen Grubers Alarmierung der Presse; die nicht in die Gespräche eingebundenen Sozialisten konnten die Gekränkten spielen.[17] Der Image-Schaden für den Bundeskanzler, der gar nicht der Initiator dieser Kontakte gewesen war, war beträchtlich. Ernst Trost hat in seinem sehr guten

Buch „Figl von Österreich“ wohl zutreffend geschrieben: „Es war die erste tiefe Wunde, die [...] (Figl) als Bundeskanzler geschlagen worden war. In seinem Inneren saß auch eine Spur von Groll, weil man ihn so ins offene Messer hatte rennen lassen.“[18]

Nur wenige Wochen später, Ende Juni 1947, erfolgte eine ganz wichtige Weichenstellung. Die Bundesregierung signalisierte ihre Bereitschaft, am Marshall-Plan-Programm mitzuwirken, noch bevor die Sowjetunion endgültig die Gespräche mit England und Frankreich abgebrochen und die Tschechoslowakei und Polen gezwungen hatte, die Bereitschaft zur Teilnahme am Marshall-Plan zurückzuziehen.

Am 17. Februar 1948 fand der 100. Ministerrat der Regierung Figl statt. Am Abend feierte die Bundesregierung beim Heurigen Muth in Wien-Heiligenstadt, in Begleitung der Gattinnen der Minister und einiger hoher Beamter. Der Heurige fand allerdings in Form eines Ministerrats statt, mit einer Tagesordnung von nicht weniger als 23 Punkten einschließlich Berichten und Anträgen der Regierungsmitglieder.[19] Dieser „Pseudo-Ministerrat“ wurde von Figl „mit gravitätischer Würde geleitet“, wie ein Anwesender, der Generalsekretär des Außenamts Wildner, in seinem Tagebuch vermerkte, und in der Tat gibt es sogar in der Sammlung der Ministerratsprotokolle im Staatsarchiv eine Mitschrift mit dem Titel „Ministerrat Nr. 100 a (heiter) am 17. Februar 1948, 19 Uhr abends“. Nur eine kleine Auswahl, wobei klar ist, dass diverse humoristische Anspielungen auf Personen, die damals, also vor mehr als einem halben Jahrhundert, allgemein bekannt waren, heute keine Wirkung mehr erzielen können.

Der Heurigen-Ministerrat begann mit einem Antrag des Bundeskanzlers „auf Dank und Anerkennung der Bundesregierung an die anwesenden Gattinnen der Bundesminister und Staatssekretäre für die Sicherung der Erhaltung ihrer Gatten für den Wiederaufbau.“ Der Justizminister Josef Gerö beantragte wiederum die Ernennung der Frau Hilda Schärf – der Gattin des Vizekanzlers – zum Generalanwalt der entrechteten Bundesministersgattinnen.

Viel Selbstironie im Bewusstsein der Abhängigkeiten von den vier Mächten war spürbar.

„Der Alliierte Rat hat dem Ansuchen der Bundesregierung, das Lied von Zarah Leander „Gebundene Hände“ als Lied der Bundesregierung zu erklären, stattgegeben.“ Auch ein fingiertes Radioprogramm, dem das „4-teilige-Element“ seine Genehmigung erteilt habe, wurde verlesen. Im Programmpunkt „Wunschkonzert“ heißt es unter anderem:

Chor der Landeshauptleute: „Ich bin die Unschuld von Lande“ (aus der Fledermaus).

Auftrittslied des Außenministers Gruber in London: „Ich weiß, es wird einmal ein Wunder geschehen“ – (Gruber war übrigens damals nicht anwesend).

Verzweiflungsarie des Finanzministers Zimmermann: „Da habt's mei letztes Kranl ...“.

Solo Landwirtschaftsminister Kraus: „Mamatschi, schenk mir ein Pferdchen ...“.

Jodlerduo Justizminister Gerö und Sektionsrat Meznik (zwei große Sportler): „Zwei Brettl'n a gführiger Schnee, des is mei größte Gaude ...“.

Bei manchen Programmpunkten vergeht dem rückblickenden Historiker das Schmunzeln. So gab es einen „Pseudo-Ministerratsantrag“ auf Errichtung von 20 Sektionen im Ministerium für Vermögenssicherung und Wirtschaftsplanung, das damals von Dr. Peter Krauland geleitet wurde (eine Anspielung auf Kraulands bekannte Tendenz zum „empire building“) sowie auf Herabsetzung der Altersgrenze für weibliche Sektionsleiter. Letzteres bezog sich auf Frau Dr. Margarethe Ottillinger, eine – damals höchst selten – Spitzenbeamtin in Kraulands Ministerium. Bevor das laufende Jahr zu Ende ging, wurde Frau Dr. Ottillinger am 5. November 1948, als sie im Dienstwagen ihres Ministers gemeinsam mit Dr. Krauland von Linz nach Wien unterwegs war, aus dem Auto heraus an der Demarkationslinie von sowjetischen Organen verhaftet. Sie kehrte erst sieben Jahre später, 1955, aus sowjetischer Lagerhaft wieder nach Österreich zurück – sie war wegen angeblicher Spionage für die USA zu 25 Jahren Lagerhaft verurteilt worden, 1956 wurde sie in der Sowjetunion vollständig rehabilitiert. Ihre Verhaftung war nur eine unter zahlreichen Verhaftungen und Kidnappings seitens sowjetischer Organe, die besonders im Jahr 1948 Angst, Schrecken und Unruhe, besonders unter der Beamtenschaft, verbreiteten. Für die Sowjetunion war Österreich in den Zeiten des Kalten Krieges politisch zu einem feindlichen Land geworden, wie dies aus einem Gespräch Figls mit dem stellvertretenden sowjetischen Hochkommissar Želtov hervorgeht. Figl hat über dieses interessante Gespräch – es fand am 7. November 1948 anläßlich eines Empfanges des Hochkommissars Kurasov in der Neuen Hofburg zum 31. Jahrestag der Oktoberrevolution statt – im Ministerrat berichtet. Želtov, so berichtete Figl, habe ihm gesagt, ich mache ihm das Leben sauer. Und Figl weiter: „Ich sagte, das sei wohl umgekehrt der Fall, er macht mir das Leben sauer. Ich sei nur ein ‚kleiner Bundeskanzler' in einem kleinen Land, während er ein Generaloberst in einem großen Reiche sei. Hierauf bemerkte er, [...] daß ich ein großer Feind der Sowjetunion sei. Er sprach dies alles mit großem Ernst."[20] „Er sprach dies alles mit großem Ernst" – Figls Kommentar ist doch bemerkenswert; aus den Worten Šeltov zeigt sich, wie sehr in einer spannungsgeladenen Periode – die Blockade Westberlins durch die Sowjets war im Gange, wenige Monate zuvor war es zum Bruch zwischen Stalin und Tito gekommen – die Sowjets in Österreich, einem Lande, in dem die Kommunistische Partei nur minimal im Parlament vertreten war, sich gewissermaßen „auf vorgeschobenem Posten" in einer feindlichen Umwelt sahen.

Nach einer – vorübergehenden – Besserung im Jahre 1949, die auch die Chancen für den Staatsvertragsabschluss nahe zu rücken schienen, verschärfte sich der Kalte Krieg ab 1950 zusehends, an einem Ort wurde er zum heißen Krieg, nämlich durch den Angriff Nordkoreas auf Südkorea Ende Juni 1950. Ende September/Anfang Oktober 1950 kam es in Österreich zu zunehmend kommunistisch dominierten Streikbewegungen und Demonstrationen, die damals von manchen als versuchter Putsch, als Versuch einer Machtübernahme gesehen wurden. Eine Demonstration von etwa 6.000 Personen vor dem Bundeskanzleramt am 26. September mit der durchaus realen Gefahr, dass Demonstranten ins Kanzleramt eindringen könnten, wurde vom anwesenden Bundeskanzler mit großer Ruhe und dem Beispiel persönlichen Mutes beantwortet. Unter dem Druck der Straße verhandle er nicht. Durchaus glaubwürdige Berichte zeigen, dass Figl ganz eindeutig das Eindringen der Nationalsozialisten ins Bundeskanzleramt am 25. Juli 1934 vor Augen hatte. „Meine Herren, daneben is der Dollfuß g'storbn, auch ich weiche der Gewalt nicht. Ich verlasse das Haus nicht, eher sterb ich."[21] Figl und andere haben damals die Gefahr einer sowjetisch unterstützten Machtergreifung ernster eingeschätzt, als sie es de facto war. Die Ereignisse von 1950, international wie auch in Österreich, führten zu einer noch stärkeren Annäherung zwischen der österreichischen Regierung und den Westmächten, nunmehr auch auf sicherheits- bzw. verteidigungspolitischem Gebiet, die nicht nur zur Aufstellung der so genannten B-Gendarmerie, sondern ab Ende 1951/Anfang 1952 auch zur Registrierung aller kriegsgedienten und in der Folge wehrfähigen Männer in den westlichen Bundesländern Österreichs führte. Hierfür waren nominell nicht die Bundesregierung, sondern die Landeshauptleute zuständig, doch zeigt sich, dass sich in den frühen Fünzigerjahren eine informelle Führungsgruppe, bestehend aus dem Bundeskanzler, dem Vizekanzler, dem Außen- und dem Innenminister, dem Staatssekretär im Innenministerium, Graf, unter fallweiser Zuziehung anderer Minister, wie des Finanzministers, bildete, die für die höchst geheimen verteidigungspolitischen Abmachungen mit den Westalliierten zuständig war. Helmer und Graf waren das koalitionäre Zweigespann, das innerhalb dieser Gruppe mit den Details der Koordinierung mit den Westalliierten befasst war. Dieses System ist auch nach dem Wechsel der Bundeskanzlerschaft von Figl auf Raab beibehalten worden. In den Ministerratssitzungen wurde über derlei Dinge nicht berichtet. Die Jahre 1951 und 1952 sind die Zeit der engsten Westbindung des ja im östlichen Teil auch weiterhin von der Sowjetunion besetzten Österreichs gewesen. Im

Leopold Figl (re.) mit Julius Raab bei einer Veranstaltung der CV-Verbindung Norica.
Quelle: Karl von Vogelsang-Institut/Wien.

Frühjahr 1952 machte Figl sehr erfolgreiche offizielle Besuche in England, den USA und in Frankreich; seine Rückkehr von dieser Reise – er war in Zürich gelandet – per Bahn von Buchs nach Wien in einem vom Bundespräsidenten zur Verfügung gestellten Salonwaggon war ein Triumphzug.

Innenpolitisch hatte allerdings das Ende der Ära Figl bereits eingesetzt.[22] Die Amnestie für NS-Minderbelastete im April 1948 hatte den Wettbewerb für die Stimmen ehemaliger Nationalsozialisten, die ja 1945 nicht wahlberechtigt gewesen waren, in Bewegung gesetzt. Die Koalitionsparteien blickten nach rechts. Im Mai 1949 kam es zu Gesprächen von ÖVP-Politikern – Raab und Maleta – mit Exponenten des „nationalen", sprich deutschnationalen Lagers in Oberweis bei Gmunden. Figl war nicht eingebunden, er erfuhr von dem Treffen im Nachhinein. Die Sozialisten wiederum begünstigten die Schaffung einer neuen Partei rechts von der ÖVP. Die Wahlen vom Oktober 1949 brachten bekanntlich dem VdU (offiziell als „Wahlpartei der Unabhängigen" – WdU) auf Anhieb 16 Mandate, doch konnte die Volkspartei zehn Mandate mehr als die Sozialisten erreichen. Figl bildete eine neue Regierung, der übrigens Peter Krauland, dem korrupte Praktiken in seinem Ministerium vorgeworfen wurden, nicht mehr angehörte (1951 wurde Krauland aus der Volkspartei ausgeschlossen, 1954 wurde ihm und Beamten seines Ministeriums der Prozess gemacht, freigesprochen wurde er nur dank einer Amnestie). Kritischer wurde es für Figl im Mai 1951 anlässlich der ersten Volkswahl eines Bundespräsidenten nach dem Tode Karl Renners. Im ersten Wahlgang erreichte der Kandidat des dritten Lagers, Burkhard Breitner, 662.501 Stimmen, d.h. etwas mehr als 15%. Der ÖVP-Kandidat Gleissner erhielt die höchste, der SP-Kandidat Theodor Körner die zweithöchste Stimmenzahl, der kommunistische Kandidat Fiala nur 219.000 Stimmen. In der Volkspartei war man optimistisch. Doch obwohl Breitner für den Zweiten Wahlgang eine Wahlempfehlung für Gleissner abgab, errang entgegen den Erwartungen der ÖVP Theodor Körner am 27. Mai 1951 den Sieg.

Unmittelbar nach der Wahl begannen die Rufe nach Erneuerung der ÖVP. Franz Gschnitzer aus Tirol war der erste, der auch den Austausch von Ministern forderte. Es gärte gewaltig, besonders in jenen Ländern wie Steiermark, Vorarlberg und Tirol, in denen der Volkspartei vor Erfolgen des VdU bangte. Aus Salzburg begann Josef Klaus mehr sachbezogene, weniger personenbezogene Politik zu fordern. Schon am 14. Juni wurde mit dem Argument, dass Regierungs- und Parteifunktionen aus Gründen der Überlastung getrennt werden sollten, ein geschäftsführender Bundesparteiobmann in der Person Julius Raabs und ein geschäftsführender Generalsekretär – zur Entlastung des Unterrichtsministers Hurdes – in der Person von Alfred Maleta bestellt. Im Sommerheft der „Österreichischen Monatshefte" ließ der neue geschäftsführende Generalsekretär, Alfred Maleta, unheimliche, ja drohende Töne verlauten. „Es war sicher ein Fehler der Vergangenheit, dass die gegenseitigen Beziehungen belastet waren von NS- und KZ-Komplexen, das alles aber kann nur in einer korruptionsfreien Atmosphäre verwirklicht werden. Die neue Parteiführung will auf diesem Gebiet Ordnung schaffen".[23] Die „korruptionsfreie Atmosphäre" bezog sich auf den Fall Krauland, unterschwellig war jedoch der Vorwurf ausgesprochen, dass Figl die Zügel zu locker schleifen gelassen hatte. Im September des Jahres meinte der sozialistische Vizekanzler Schärf im Gespräch mit dem amerikanischen Hochkommissar Walter Donnelly, Figl überlebe als Kanzler nur mit sozialistischer Hilfe. Dies war vielleicht zu einseitig gedacht; auch der Blick ins Ausland ließ wohl bei Raab eine gewisse Vorsicht walten. Das neue Duo der Parteiführung, Raab und Maleta, ging stufenweise vor. Am 23. Jänner 1952 wurde fast die gesamte Regierungsmannschaft der ÖVP ausgetauscht. Ein Mann der ersten Stunde, Felix Hurdes, Ideologe des Solidarismus, verließ die Regierung und erhielt im Jahr darauf den Posten des Parlamentspräsidenten.[24] Hurdes wurde durch den bisherigen Handelsminister Kolb, einen scharfen Kritiker Figls, ersetzt. Dem Niederösterreicher und Bauernbundchef Josef Kraus, einem engen Freund Figls, folgte als Landwirtschaftsminister der Steirer Franz Thoma. Und Raabs Favorit Reinhard Kamitz wurde neuer Finanzminister. Lediglich Gruber als Außenminister und Figl als Kanzler blieben. Unmittelbar danach wurde auf einem außerordentlichen ÖVP-Parteitag Raab zum definitiven Parteiobmann, Maleta zum definitiven Generalsekretär gewählt. Doch bedurfte es einer weiteren Wahlniederlage, um Figls Schicksal als Bundeskanzler zu besiegeln. Die Wahlen vom 22. Februar 1953 brachten kleine Verluste für den VdU, jedoch beträchtliche Stimmengewinne für die Sozialisten, die erstmals die Volkspartei um 37.000 Stimmen überrundeten. Durch ein Wunder der Wahlarithmetik erhielt die Volkspartei trotzdem ein Mandat mehr als die Sozialisten. Es stand 74 (ÖVP) zu 73 (SPÖ) zu 14 (VdU) zu 4 (Kommunistische Volksopposition).

Was nun folgte, der Sturz Figls als Bundeskanzler und die Nachfolge Raabs als Regierungschef, ist bis heute eine der dramatischsten, ja tragischsten, menschlich aufregendsten Machtwechsel in der Geschichte der 2. Republik. Zwei Freunde, die einander seit 1916 kannten, als Figl noch Mittelschüler in St. Pölten war, beide tief im politischen Katholizismus der Zwischenkriegszeit verankert, wenngleich Raab der Heimwehr viel enger verbunden war als Figl, beide Mitglieder der Norica, zwei Freunde in der NS-Zeit, in der einer dem anderen existenzsichernde Hilfe geben konnte, als Raab Figl nach dessen Entlassung aus Dachau eine Anstellung in der Baufirma Wohlmeyer, die im Zistersdorfer Erdölgebiet baute, verschaffte und dort Figls Vorgesetzer war, zwei eng als Klubobmann und Bundeskanzler kooperierende ÖVP-

Politiker seit 1945 – und jetzt stürzte einer den anderen. Hinzuzufügen ist, dass der um 11 Jahre ältere Raab immer die führende Persönlichkeit gewesen war. Schon 1948 reihte der amerikanische Beobachter Martin Herz Raab als mächtigsten Politiker in Österreich, vor Schärf an zweiter und Figl an dritter Stelle.[25] Figls Sturz war allerdings ein mehrstufiger Vorgang, und es wird in Zukunft wohl möglich sein, anhand bisher noch nicht verwerteter Quellen, Protokolle der Bundesparteileitung der Volkspartei und eines politischen Tagebuch Julius Raabs, dessen Edition Helmut Wohnout und ich vorbereiten, einige unbekannte Details aufzuzeigen.

Zwei Faktoren wurden unmittelbar nach dem Wahlausgang sichtbar. Der Ruf nach Figls Abgang wurde in der Parteileitung der Volkspartei überdeutlich. Und der Versuch einer Kooperation mit dem VdU wurde vom Parteiobmann Raab betrieben, um, wie er sagte, „das Gewicht des nicht marxistischen Elements voll in die Waagschale zu werfen“;[26] eine „bürgerliche Mehrheit“ von 88 Stimmen wäre den 73 Stimmen der SPÖ gegenübergestanden (die 4 kommunistischen Mandate wurden nicht in Rechnung gestellt). In der Parteileitungssitzung vom 27. Februar, 5 Tage nach den Wahlen, berichtete Raab über zwei Gespräche mit VdU-Vertretern und sein Vorhaben, eine „Vorkoalition“ mit dem VdU zu bilden, „die dann als kompakter Faktor der SPÖ entgegentritt“. Raab war für eine Einbindung des VdU in die Regierung (mit einem Ministerium), weil nur so eine verbindliche Unterstützung der Regierungsarbeit zu gewährleisten wäre. Raab berichtete auch über eine gemeinsam mit Figl erfolgte Vorsprache bei Bundespräsident Körner, der sich wieder für eine Zweierkoalition und – bekanntlich – gegen die Teilnahme des VdU aussprach. „Der VdU sei keine österreichische Partei“, wird Körner zitiert. Raab berichtete, er habe sich darauf „vom VdU die Erklärung geben lassen, dass sie nicht etwa für einen Anschluß an Deutschland eintreten. Sie gaben mir diese Erklärung mit dem Beifügen, sie seien für ein geeinigtes Europa.“ Raab schlug nun Figl für die Wiederbetrauung mit der Kanzlerwürde vor; er wisse, dass er selbst und Gleissner in diesem Zusammenhang genannt worden seien, „halte aber gegenwärtig Dr. Figl für den richtigen Kandidaten“. In der nun ausbrechenden, durchaus kontroversen Diskussion forderte der Vorarlberger Handelsminister Kolb am entschiedensten Figls Ablöse, trotz Raabs Vorschlag zugunsten Figls. Kolb argumentierte, die Kardinalfrage sei, zu verhindern, dass die SPÖ weiter Regierungs- und Oppositionspartei zugleich bleibe. Figl habe ein zu festgefahrenes Verhältnis zu den Sozialisten, um das verhindern zu können. Ebenso deutlich war Josef Klaus: „Hinsichtlich der Person des Kanzlers wäre eine Auswechslung sehr zu empfehlen. Die Bevölkerung möchte einmal neue Leute in der Regierung sehen.“ Josef Krainer (senior) meinte, „Wenn wir den VdU in die Regierung bringen, können wir Figl als Kanzler noch ertragen [sic!], aber ein Wechsel auf diesem Posten wäre an und für sich sehr erwünscht, nicht weil er irgendetwas begangen hat, was die Partei nicht gutheißen könnte, sondern weil es die Öffentlichkeit so wünscht. Wenn es zu keiner Vereinbarung mit dem VdU kommt, muß es zu einer Auswechslung der Person des Kanzlers kommen.“ Langsam wurde also klar, warum Raab „gegenwärtig“ die weitere Betrauung Figls wünschte. Die Katze aus dem Sack ließ der Burgenländische Landeshauptmann Karall: „Wenn wir den VdU in die Regierung berufen, ist eine Änderung in der Besetzung des Kanzleramtes nicht möglich. Wir müssen den Schein der Kontinuität aufrecht erhalten. Im Ausland wird aber der Eindruck, daß der bisherige Regierungskurs beibehalten bleibt, am besten durch den Namen Figl bewiesen.“ Auch Gleissner, dem der „vorgeschlagene Weg“ (der Zusammenarbeit mit dem VdU) „sehr gegen mein innerstes Gefühl“ ging – (wie übrigens auch dem Bauernbündler Eduard Hartmann) –, der aber „das Konzept Raabs für richtig“ hielt, meinte, dass es keinen Zweifel geben könne, „dass es jetzt keine Möglichkeit gibt, auf Figl als Kanzler zu verzichten. Wir müssen alles vermeiden, was im Ausland den Start für die neue Regierungskoalition erschwert.“ Raab betonte, er habe die Dinge wohl erwogen und sei davon überzeugt, dass Figl der Vorzug zu geben sei: „Ich würde bei den Sozialisten auf

Widerstand stoßen, noch mehr aber bei den Russen, vielleicht sogar bei den Franzosen." Krainer stellte nochmals klar, „dass Figl dann als Kanzler in Frage komme, wenn die Regierung aus ÖVP, SPÖ und VdU besteht. Wenn sie nur aus SPÖ und ÖVP gebildet werden sollte, wäre eine neue Situation und müsste darüber hier neu verhandelt werden." Der Antrag Raabs, Figl als Kanzlerkandidat zu designieren, wurde mit allen gegen die Stimme Kolbs angenommen. Figl dankte hierauf für das Vertrauen. In charakteristischer Figl-Manier sagte er: „Ich habe mich nie vorgedrängt, aber ich weiß, daß es eine Verantwortung gibt. Gott gebe uns die Kraft, zu einem erfolgreichen Ende zu gelangen. Wir müssen fest zusammenhalten. Jetzt ist absolute Einigkeit notwendig."[27]

Die neue Situation trat bald ein. Sowohl die SPÖ als auch der Bundespräsident machten neuerlich deutlich, dass eine Koalition mit dem VdU nicht in Frage käme, die Sozialisten durch Schärf endgültig am 10. März. Am 16. März intervenierte der französische Hochkommissar Payart bei Raab und Maleta („er mischte sich ein", wie Raab notierte) und suchte den beiden „einzureden, unbedingt mit den Sozi zu gehen", wie Raab festhielt.[28] Nun trat das ein, was in der ÖVP-Parteileitung vom 27. Februar ja mehrfach gesagt worden war. Figl war für eine Dreierkoalition nominiert worden – die ihm selbst ja gar nicht sympathisch war, nicht für eine Zweierkoalition. Doch das Procedere war nicht schön. Raabs Tagebuch hält fest: „Freitag 20. März beschließt das Verhandlungskomitee eine Koalition mit den Sozi einzugehen ohne Figl man drängt mich die Kanzlerschaft zu übernehmen. Muss dies Figl mitteilen."[29] Das Verhandungskomitee bestand aus Figl, Raab, Maleta, Weinberger – der übrigens ein besonderer Figl-Kritiker war! –, Gruber und Gorbach; der Beschluss, Figl durch Raab zu ersetzen, fiel also bei einer Besprechung in Figls Abwesenheit. Das Verhandlungskomitee setzte hierauf noch am gleichen Tage Figl in Kenntnis. Doch noch musste eine offizielle Designierung Raabs in der Bundesparteileitung erfolgen. Dies geschah am Sonntag, dem 22. März. Figl sagte, er klebe nicht an seinem Posten, „soll es ein anderer versuchen". Er beklagte sich bitter, zu lange im Unklaren belassen worden zu sein, und beklagte sich auch über das von wem auch immer ausgestreute Gerücht, er, Figl wäre es gewesen, der die Einbeziehung des VdU verlangt hätte; auch den Hochkommissaren sei dies zu Ohren gekommen. „Ich habe nur eine Bitte, macht es rasch, damit ich sobald als möglich aus dem Haus am Ballhausplatz gehen kann. [. . .] Ich danke für das mir bisher entgegengebrachte Vertrauen, ich werde mein Nationlratsmandat beibehalten und auch weiter meinen Wählern zur Verfügung stehen." Raab erinnerte an seine Freundschaft mit Figl seit dessen Mittelschulzeit. „Ich habe dem Herrn Kanzler absolut die Treue gehalten, niemals war irgendeine Falschheit zwischen uns. Es war für mich nicht leicht, ihm die Veränderung mitzuteilen. Ich tat es, weil ich es im Interesse der Partei für unvermeidbar hielt."[30] Vor der Abstimmung über die Designierung Raabs verließen Raab und Figl den Raum. Die Designierung erfolgte einstimming bei einem leeren und daher ungültigen Stimmzettel;[31] dieser könnte von Bauernbundchef Josef Kraus gekommen sein, der Figl in diesen Wochen am treuesten die Stange gehalten hatte. Während Raab nach der Abstimmung wieder in den Saal zurückkehrte, verließ Figl, offenbar in großer Erregung,[32] das Haus. Raab suchte ihn noch am Nachmittag in seiner Wohnung auf.[33]

Für derartige Vorgänge gibt es einen englischen Ausspruch: „There is no room for friendship at the top." Doch bemerkenswert ist eine Eintragung in Raabs Tagebuch wenige Tage später, vom 26. März: „Aussprache mit Figl der mir schwere Vorwürfe macht mit Recht verbittert."[34] „Mit Recht verbittert": In dieser Überzeugung Raabs ist wohl der Ausgangspunkt für Raabs Bemühungen zu sehen, Figl Genugtuung zu geben. Zwei Gelegenheiten sollten sich seine hierfür bieten, und er hat beide ergriffen.

Im Herbst 1953 führte die Veröffentlichung von Karl Grubers Erinnerungsbuch „Zwischen Befreiung und Freiheit" zu großer Aufregung, weil Gruber darin die alte Geschichte der „Figl-Fischerei" von 1947 wieder aufwärmte. Der Ruf nach Grubers Ablöse ob dessen Illoyalität wurde laut, besonders eindrucksvoll von Friedrich Funder in der „Furche" vertreten. Für Raab war dies ein wohl höchst willkommener Anlass, mehrere Fliegen auf einen Schlag zu erwischen. Mit der Ablöse Grubers verließ der langjährige prononcierteste Vertreter einer pro-amerikanischen Außenpolitik die Bundesregierung, der er seit 1945 angehört hatte. Grubers Abgang passte in Raabs Konzept einer verbesserten Gesprächsatmosphäre mit den Sowjets, das Raab konsequent seit dem Frühsommer 1953 verfolgte – wobei hinzuzufügen ist, dass Gruber durchaus bereit war, sich dieser Linie Raabs anzupassen. Interessant ist jedenfalls eine russische Stellungnahme zu Grubers Abgang. Ich habe im Jahr 1994 im Archiv des russischen Außenministeriums ein Positionspapier vom Jänner 1955 entdeckt, in dem es wörtlich heißt: „Im Herbst 1953 wurde der ärgste Feind der UdSSR aus der Regierung entlassen – Minister Gruber." „Naibolee jaryj vrag" – ein sehr starker Ausdruck – eigentlich: „der wütendste Feind der UdSSSR".[35]

Indem Raab Figl zu Grubers Nachfolger bestellte, gelang ihm ein doppelter Erfolg: Erstens war es eine starke Geste der Wiedergutmachung gegenüber Figl, und zweitens war es ein Signal der Vertrauenswürdigkeit in Richtung der Westalliierten, die mit dem Bundeskanzler Figl jahrelang vertrauensvoll zusammengearbeitet hatten, aber auch für die Sowjets war Figl, der Mauthausen-Häftling, eine ihnen bekannte und doch auch zu respektierende Persönlichkeit.

Manche Stimmen meinten, der fremdsprachenunkundige Figl wäre nicht die beste Wahl als Außenminister. Mitnichten. Die Vertrautheit aus früheren Jahren und Figls von Fremdsprachenbarrieren unbehinderter Charme führten dazu, dass Figl ein bei Diplomaten beliebter Außenminister war. Im Außenamt verließ sich Figl in vielem auf seine Beamten, und die leitenden Beamten des Außenamtes waren sehr qualifizierte Persönlichkeiten. Besonders zu nennen ist der Politische Direktor im Außenamt, Josef Schöner, der von Figl 1955 nach dem Staatsvertrag zum Generalsekretär des Außenamtes bestellt wurde. Die Beamtenschaft des Außenamtes war sicherlich überwiegend pro-westlich eingestellt; eine Ausnahme machte der Botschafter in Moskau, Norbert Bischoff, der seit Mai 1953 einen direkten Draht zu Julius Raab hergestellt hatte.

Leopold Figl (li.) mit dem sowjetischen Außenminister Molotov.
Quelle: Karl von Vogelsang-Institut/Wien.

Figls Außenministerschaft,[36] die ich hier nicht bis zu ihrem Ende im Sommer 1959, sondern nur bis zum Abschluss des Staatsvertrags skizziere, hatte in diesen rund 18 Monaten drei Höhepunkte. Die Berliner Außenministerkonferenz im Februar 1954, die Verhandlungen in Moskau im April 1955 und die Botschafterkonferenz und abschließende Außenministerkonferenz in Wien im Mai 1955.

Die Berliner Außenministerkonferenz aller vier Mächte im Februar 1954, die erste nach fünf Jahren, brachte neben der Deutschlandfrage auch wieder den österreichischen Staatsvertrag auf die Tagesordnung. Erstmals war es jedoch so, dass die österreichische Delegation nicht wie bei früheren Tagungen der Minister oder ihrer Stellvertreter, wie etwa bei Figls Auftritt in London Ende Jänner 1947, lediglich zur „Anhörung" geladen waren. Diesmal war Österreich – für den Österreich betreffenden Tagesordnungspunkt – als gleichberechtigter Teilnehmer eingeladen. Figl führte die österreichische Delegation, ihr gehörten auch Bruno Kreisky sowie einige Beamte an. Dass sich in der Deutschlandfrage, d.h. der Frage der deutschen Einheit, nichts bewegen werde, war Figl klar. Er befürchtete auch mit Recht, dass sich dies negativ auf die Österreichfrage auswirken würde. „Wir werden es in Berlin sehr schwer haben, weil ja die Amerikaner keine Lösung der deutschen Frage wünschen; der Adenauer wünscht sie auch nicht", notierte Kreisky eine Bemerkung Figls vor Beginn der Konferenz.[37] Die Berliner Konferenz brachte zwar einiges Neue in der Österreichfrage, jedoch – leider erwartungsgemäß – keinen Durchbruch. Eine mögliche zukünftige Allianzfreiheit oder gar Neutralität Österreichs, von Raab – und übrigens auch Gruber – schon in der Vergangenheit einige Male aufs Tapet gebracht, war nun erstmals Gegenstand zwar noch nicht von konkreten Vereinbarungen, aber doch von verschiedenen Stellungnahmen. Der russische Außenminister Molotov verlangte die Aufnahme eines neuen Neutralisierungsartikels in den Staatsvertrag. Dies lehnten die Westmächte rundweg ab. Als die Österreicher in Berlin eher zaghaft Gesprächsbereitschaft in diese Richtung andeuteten, intervenierten die westalliierten Hochkommissare massiv in Wien bei Raab und Schärf, und vom Ballhausplatz wurde sofort Gegenorder nach Berlin durchgegeben. Hingegen machte der amerikanische Außenminister John Foster Dulles klar, dass die USA, wenn Österreich dies wünsche, eine freiwillig erklärte Neutralität, wie im Falle der Schweiz, akzeptieren würden. Bevor Dulles dies öffentlich aussprach, hatte er in einem Vier-Augen-Gespräch mit Molotov diesem mitgeteilt, wenn Österreich eine Neutralität haben wolle, würden die USA „nicht im Wege stehen".[38] Die Sowjets merkten sich dies gut, denn 14 Monate später sollten sie die Gespräche mit Raab, Figl, Schärf und Kreisky in Moskau genau auf dieser Grundlage gestalten und zu einem erfolgreichen Abschluss bringen. Außenminister Figl gab am 13. Februar 1954 in Berlin eine Erklärung ab, er könne in aller Form die Feststellung der Bundesregierung und der Volksvertretung wiederholen, dass Österreich nicht die Absicht habe, sich irgendwelchen Militärbnündnissen anzuschließen. Figl bezog sich hierbei auf eine Erkläung seines Vorgängers Gruber vor dem Hauptausschuss des Nationalrats im September 1953, die dieser auch ausdrücklich zur Kenntnis genommen hatte. Am 16. Februar erklärte Figl zusätzlich, dass Österreich fremden Mächten keine militärischen Basen zugestehen werde. Der eigentliche Stein des Anstoßes auf der Berliner Konferenz war Molotovs Forderung, in Österreich zwar den Alliierten Rat aufzulassen, jedoch so lange alliierte Truppenkontingente in Österreich zu belassen, bis es zu einem Friedensvertrag mit Deutschland käme. Dies bedeutete jedoch eine Hinauszögerung der Räumung Österreichs auf unabsehbare Zeit und rief große Enttäuschung und Empörung in Österreich hervor. Dass sich Figl auf der Berliner Konferenz recht wacker schlug, illustriert eine kleine Anekdote. Anlässlich eines Essens bei Molotov fragte Molotov Figl unvermittelt, ob er Ibsens Drama „Brand" kenne. Figl konterte geschickt mit der Gegenfrage: „Warum?" Ibsens „Brand", antwortete Molotov, sei, unfähig zum Kompromiss, an der Alternative „alles oder nichts" gescheitert.[39] Auch sonst ließ sich Figl nicht ein X für ein U vormachen. Bei der Besprechung alliierter Rückstellungs- und Entschädigungsansprüche mit dem englischen Außenminister Eden meinte dieser, er verstehe von den äußerst komplizierten Darlegungen der Experten gar nichts, aber er nehme an, das es furchtbar wichtig sei. Figl darauf sehr direkt: „Wir wollen das Kind beim richtigen Namen nennen. Es handelt sich um die Ölinteressen des UK, der USA und Canadas."[40]

Bei der Vorbereitung und Durchführung der Moskauer Gespräche vom April 1955, die im Moskauer Memorandum von 15. April dieses Jahres kulminierten, spielte bekanntlich Julius Raab die führende Rolle. Es gab aber durchaus Punkte, wo Figl aus eigenem in die Diskussion eingriff, etwa bei Wahrung der österreichischen Interessen im Erdölbereich, die keineswegs nur, wie aus den Schilderungen Schärfs anzunehmen wäre, von sozialistischer Seite wahrgenommen wurden. Im Wiener Außenamt war bei Vorbereitung der Moskau-Fahrt die Erdölfrage durchaus besprochen worden, und Figl konnte in Moskau auf diese Vorbereitungen zurückgreifen. Von Interesse ist, dass in der Neutralitätsfrage Unterschiede zwischen Raab und Figl deutlich wurden, auch wenn hier nicht direkte Aussagen Figls, sondern Bemerkungen von dritter Seite vorliegen. Die Unterschiede waren nicht prinzipieller, eher taktischer Natur, Figl schien jedoch den sowjetischen Wünschen gegenüber zurückhaltender als Raab, er galt in den Augen der westlichen Botschafter in Wien als „westlicher". Da in den Wochen vor der Moskau-Reise Kreisky sich deutlich der Linie Raabs zu nähern schien, blieben Schärf und Figl als skeptischere, der Einstellung der Westmächte näher stehende „Moskau-Fahrer" über. Am 29. März 1955 berichtete der amerikanische Hochkommissar Llewellyn Thompson von Wien nach Washington, die Anwesenheit Schärfs und Figls werde einen bremsenden Einfluss auf die Moskauer Gespräche haben („Presence of Schärf and Figl will be restraining influence")! Und Schärf selbst hat in seinen stenographischen Notizen über eine interne Besprechung der Österreicher über das taktische Vorgehen am zweiten, entscheidenden Verhandlungstag berichtet, während Raab dafür sei, den Sowjets sogleich den von diesen gewünschen Begriff „neutral" anzubieten, „lehnen ich und Figl" dies ab. In späteren Fassungen seiner Aufzeichnungen hat er dann Figl durch Kreisky ersetzt, jedoch in einem weiteren Manuskript erwähnt, dass sich Figl „unserer Meinung" angeschlossen habe. Wie dem auch gewesen sei, im Vierergespann Raab, Figl, Schärf, Kreisky waren taktische Präferenzen keineswegs gleichlaufend mit Parteipräferenzen.[41]

Vom 2. bis 13. Mai 1955 fand in Wien die Botschafterkonferenz zur Vorbereitung und Endredaktion des Staatsvertragstextes statt. Die österreichische Delegation wurde von Figl geleitet, ihr gehörten auch Kreisky sowie unter den höheren Beamten Schöner und die Völkerrechtler Stephan Verosta und Rudolf Kirchschläger an. Über diese Detailverhandlungen zu referieren, würde hier zu weit führen. Figl bemühte sich bereits hier um die Entfernung der so genannten Verantwortlichkeitsklausel aus der Präambel zum Staatsvertrag, die gegenüber der Verantwortlichkeitsklausel der Moskauer Erklärung sogar eher schärfer formuliert war. Doch die Sowjets hatten taube Ohren. Erst auf der abschließenden Außenministerkonferenz gewährte Außenminister Molotov (und die anderen Außenminister) Figls

Ein glücklicher Leopold Figl nach der Botschafterkonferenz im Mai 1955.
Quelle: Otto Pammer/Wien.

Ersuchen um Entfernung dieser Klausel. Die Entfernung der Verantwortlichkeitsklausel ist als Pyrrhussieg bezeichnet worden.[42] Ohne diese Eliminierung wäre es vielleicht nicht oder nur in beschränkterem Maß zu jener Amnesie der NS-Vergangenheit gekommen, die, von manchen Ausnahmen abgesehen (wie Qualtingers „Herr Karl" von 1961), die späten Fünfziger- und die Sechzigerjahre der Zweiten Republik doch stark geprägt hat. Für Leopold Figl war die Eliminierung der Verantwortlichkeitsklausel jedoch ein Augenblick der Erfüllung.[43] Wir sollten auch Folgendes bedenken: Am 14. Mai 1955 saßen Leopold Figl und Vjačeslav Molotov am gleichen Tisch. Der eine erbat, der andere gewährte, man ist versucht zu sagen, Nachlass der Sünden – technisch korrekt eben die Entfernung der genannten Klausel aus der Staatsvertragspräambel. Genau 15 Jahre, 8 Monate und 22 Tage vorher stand der eine, Figl, auf dem Appellplatz des Konzentrationslagers Dachau. Dort hörte er durchs Radio die Stimme eben dieses Molotov, der gerade mit Hitlers Außenminister Joachim von Ribbentrop den berüchtigen Hitler-Stalin-Pakt unterzeichnet hatte.[44]

Figl kam gelegentlich darauf zu sprechen, in Moskau im April 1955 sogar gegenüber Molotov persönlich,[45] aber auch der britische Hochkommissar in Wien, Sir Geoffrey Wallinger, berichtete

Das wohl berühmteste Figl-Bild: Außenminister Leopold Figl präsentiert vom Balkon des Belvedere aus der jubelnden Menge den unterzeichneten Staatsvertrag.
Quelle: Foto Votava/Wien.

über diese Erzählung Figls von der Radioübertragung in Dachau sichtlich beeindruckt nach London, und ein hoher britischer Diplomat, Sir Geoffrey Harrison, schrieb an den Rand des Berichts ebenfalls beeindruckt: „Dr. Figl is admirably robust".[46] Charakter, nicht Fremdsprachenkenntnis war es, was Diplomaten an Figl beeindruckte.

Ich habe bereits erwähnt, dass sich Raab zwei Gelegenheiten bieten sollten, Figl Genugtuung zu bieten für die Kränkung vom März 1953 und dass Raab beide Gelegenheiten ergriff. Die erste Gelegenheit war die Ernennung Figls zum Außenminister im November 1953. Die zweite Gelegenheit war die Unterzeichnung des Staatsvertrags am 15. Mai 1955. Nicht Raab, oder auch nicht Raab und Figl gemeinsam, sondern nur Leopold Figl unterschrieb den Staatsvertrag für Österreich – bei den anderen vier Signatarstaaten gab es jeweils zwei Unterschriften, jene des Außenministers und jene des Hochkommissars. Es war Figl, nicht Raab, der nach der Unterschrift die zumindest für jene Generation, die es erlebte, denkwürdigen Worte sprach: „Österreich ist frei". Ich möchte trotzdem nicht mit diesen Worten schließen, sondern jenen eines englischen Diplomaten – und englische Diplomaten sind ja nicht gerade für emotionsgeladene Begeisterungsausbrüche bekannt. Es war Sir Harold Caccia, später Lord Caccia, britischer Hochkommissar und Botschafter in Österreich von 1950 bis 1954, der im Mai 1970 aus Anlass der 15. Wiederkehr des Staatsvertragsabschlusses im Österreichischen Rundfunk die Faktoren analysierte, die zum Zustandekommen des Staatsvertrags beigetragen hatten. Unter anderen sagte Caccia: „Meiner Ansicht nach war der wichtigste Faktor die Entschlossenheit des österreichischen Volkes, kein kommunistischer Satellit zu werden. Darauf können alle Österreicher, und ganz besonders die Führer der beiden großen Parteien mit Recht stolz sein. Solche Männer waren damals Raab und Figl, Schärf und Helmer. Ihnen und anderen gebührt Ehre. Doch wenn Sie mich fragen, *einen* Mann zu nennen, der in diesen zehn Jahren von 1945 bis 1955 den nationalen Geist am besten verkörperte, würde ich ohne Zögern sagen: Leopold Figl."[47]

Anmerkungen

* Revidierter Abdruck aus: Österreich in Geschichte und Literatur, Bd. 46, Wien 2002, S. 335–350, mit freundlicher Genehmigung des Instituts für Österreichkunde.

1 Vgl. das Photo v. 20.6.1947 aus Mauthausen in dem instruktiven Buch von Susanne Seltenreich, Leopold Figl – ein Österreicher. Wien. o. J. [1965] (= Seltenreich, Figl), Fototeil.

2 Hans Maršálek, Die Geschichte des Konzentrationslagers Mauthausen. 2. Aufl. Wien 1980, S. 235 u. 238, Anm. 14.

3 Zit. bei Gerald Stourzh, Um Einheit und Freiheit. Staatsvertrag, Neutralität und das Ende der Ost-West-Besetzung Österreichs 1945–1955. Studien zu Politik und Verwaltung, Bd. 62. 4. Aufl. Graz – Wien – Klagenfurt 1998 (= Stourzh, Einheit), S. 26, Anm. 38.

4 Hierzu auch: Eintragung im so genannten Tagebuch Figls, das sich im Niederösterreichischen Landesarchiv (NÖLA) in St. Pölten, Nachlass Figl, befindet. Es handelt sich jedoch um Tagesberichte mit sehr präzisen Terminangaben, die – am Ende oder nach Ende des Tages – von Figl zugeteilten Beamten verfasst wurden. Die Angaben wurden im Laufe der Jahre eher knapper. Hier: NÖLA, Nachlass Figl, Kart. 86 – Tagebuch Figl, Bd. 2. Eintragung v. 28.2.1948.

5 Seltenreich, Figl, S. 108.

6 PRO, FO 800/751 – Eden Papers, Austria, Memorandum, 20.2.1952.

7 Reinhold Wagnleitner (Hg.), Understanding Austria. The Political Reports and Analyses of Martin F. Herz, Political Officer of the US Legation in Vienna 1945–1948. Quellen zur Geschichte des 19. und 20. Jahrhunderts, Bd. 4. Salzburg 1984 (= Wagnleitner, Understanding Austria).

8 Therese Kraus, Leopold Figl 1902 bis 1965, in: Friedrich Weissensteiner – Erika Weinzierl (Hg.), Die österreichischen Bundeskanzler. Leben und Werk. Wien 1983, S. 266–294.

9 Vgl. Gerald Stourzh, Vom Reich zur Republik. Studien zum Österreichbewußtsein im 20. Jahrhundert. Wien 1990 (= Stourzh, Reich), S. 36.

10 Vgl. Wagnleitner, Understanding Austria, bes. S. 75–76 u. 78.

11 Hierzu: Stourzh, Reich, S. 26.

12 Wagnleitner, Understanding Austria, S. 78 u. 81 (Bericht v. 14.12.1945).

13 Ebd., S. 569 (Umfassener Abschlussbericht „Compendium of Austrian Politics" vom 2.12.1948).

14 Gerald Stourzh, Die Regierung Renner, die Anfänge der Regierung Figl und die Alliierte Kommission für Österreich September 1945 bis April 1946, in: Archiv für österreichische Geschichte, Bd. 125, Wien 1966, S. 330.

15 Ebd., S. 336–337.

16 ÖStA, AdR, Protokoll des Ministerrates Nr. 52, 14.1.1947, Mitteilungen des Bundeskanzlers, Punkt e).

17 NÖLA (wie Anm. 4). Im Tagebuch Figl heißt es unter dem Datum 11.6.1947 unter Bezugnahme auf eine von Figl besuchte Cocktailparty beim belgischen Gesandten: „Bei diesem Anlass erklärt [der britische] General Balmer, es wäre ein großer Fehler von Kanzler Figl gewesen, über die Besprechung mit Fischer zuerst mit Gruber zu sprechen, ohne Schärf zu informieren."

18 Ernst Trost, Figl von Österreich. Wien – München – Zürich 1972 (= Trost, Figl), S. 230; siehe auch: Michael Gehler, „... this nine days wonder"? Die „Figl-Fischerei" von 1947. Eine politische Affäre mit Nachspiel, in: Michael Gehler – Hubert Sickinger (Hg.), Politische Affären und Skandale in Österreich. Thaur – Wien – München 1996, S. 346–381; Stourzh, Einheit, S. 104-106.

19 Der Ort dieses „Heurigen"-Ministerrats ist angegeben in NÖLA, Nachlass Figl, Kart. 86 – Tagebuch Figl, Bd. 2, Eintragung v. 17.2.1947; zum Folgenden: Stourzh, Einheit, S. 121–123.

20 Figls Bericht im Ministerrat v. 9.11.1948; Stourzh, Einheit, S. 142; auch: NÖLA, Nachlass Figl, Kart. 87 – Tagebuch Figl, Bd. 3. Eintragung v. 7.11.1948.

21 Trost, Figl, S. 246.

22 Ebd., S. 232–254.

23 Zitat ebd., S. 261.

24 Bemerkenswert die Erinnerungen von o. Univ.-Prof. Dr. Herbert Braunsteiner in einem Zeitzeugen-Gespräch im Karl von Vogelsang-Institut am 30.9.1996, publiziert unter dem Titel: „So blieb mir nichts anderes übrig, als die Enns zu durchschwimmen", in: Demokratie und Geschichte. Jahrbuch des Karl von Vogelsang-Instituts zur Erforschung der christlichen Demokratie in Österreich, Jg. 1. Wien 1997, S. 71–86, bes. S. 86: „Wie ich schon sagte, hätte Hurdes Freunde gebraucht. Er war ziemlich allein, seine Familie forderte sehr viel von ihm und zudem musste er die Kanzlei eröffnen. Er war verbraucht, das sah man auch bei Figl, der viel robuster war als Hurdes. Ich habe den Bruder von Figl sehr gut gekannt und war einige Male im Tullnerfeld bei der Jagd dabei. Da erkannte ich, dass Figl total ausgepumpt war. Sie haben ja alle wirklich ihr Letztes gegeben."

25 Wagnleitner, Understanding Austria, S. 597.

26 Raab in der Sitzung der Bundesparteileitung v. 27.2.1953, Protokoll dieser Sitzung im Archiv des Karl von Vogelsang-Instituts Wien.

27 Alle Zitate aus dem in der vorhergehenden Anmerkung genannten Protokoll der Sitzung v. 27.2.1953.

28 Stiftsarchiv Seitenstetten – Politisches Tagebuch Julius Raabs (handschriftl.), Eintragung 16.3.1953. Kopie im Besitz des Verfassers. Eine Edition des Tagebuchs ist in Vorbereitung.

29 Ebd., Eintragung 20.3.1953.

30 Alle Zitate in: Protokoll der Sitzung der Bundesparteileitung v. 22.3.1953, Protokoll dieser Sitzung im Archiv des Karl von Vogelsang-Instituts Wien.

31 Ebd.

32 Trost, Figl, S. 273.

33 Tagebuch Julius Raabs (siehe Anm. 28) Eintragung 22.3.1953: „Fahre Nachmittag zu Figl. Es ist eine Reihe von Landeshauptleuten da."

[34] Ebd., Eintragung 26. März 1953 (Die fehlenden Interpunktionszeichen entsprechen dem Original).

[35] Hierzu: Stourzh, Einheit, S. 337.

[36] Im folgenden Abschnitt folge ich überwiegend meiner Darstellung in dem Buch „Um Einheit und Freiheit".

[37] Ebd., S. 303.

[38] Ebd., S. 309–310.

[39] Ebd., S. 319.

[40] Ebd., S. 315.

[41] Ebd., S. 433.

[42] Albert Sternfeld, „Image und Wirklichkeit", Artikel im Wiener Journal, Dez. 1987/Jänner 1988, S. 9f. Abgedruckt in: Anton Pelinka – Sabine Mayr (Hg.), Die Entdeckung der Verantwortung: Die Zweite Republik und die vertriebenen Juden. Wien 1996, S. 6.

[43] Vgl. hierzu den posthum erschienenen Aufsatz Leopold Figls „Eine geschlossene Innenpolitik war auch die beste Außenpolitik.", in: Österreichische Zeitschrift für Außenpolitik, Jg. 5, Wien 1965, S. 66: „Die Beibehaltung dieses Absatzes in der Präambel zum Staatsvertrag hätte für Österreich ein Odium für lange Zeit bedeutet."

[44] Stourzh, Einheit, S. 521.

[45] Trost, Figl, S. 12, sowie Mitteilung des Gesprächszeugen Ludwig Steiner in einem Vortrag vor dem DÖW am 15.3.2005.

[46] Bericht des Hochkommissars Wallinger über ein Gespräch mit Figl am 21.12.1954, zit. bei Stourzh, Einheit, S. 521–522.

[47] In der ORF-Hörfunksendung „Im Brennpunkt" am 14.5.1970.

Peter Fritz – Walter M. Iber

Adolf Schärf, Bruno Kreisky und der Staatsvertrag

Die Rolle der beiden SPÖ-Politiker Schärf und Kreisky im Zusammenhang mit dem Abschluss des Staatsvertrages wurde lange Zeit unterbewertet, nicht zuletzt durch die starke politische Vereinnahmung des Themas durch Julius Raab im Nationalratswahlkampf 1956. Die Perspektive änderte sich spätestens im Zuge der Feierlichkeiten zum 25-Jahr-Jubiläum der Unterzeichnung des Staatsvertrages im Jahre 1980: Der Staatssekretär von damals, nunmehrige Bundeskanzler und einzige noch lebende Politiker der Moskau-Delegation, Bruno Kreisky, stand ganz im Zentrum der Feierlichkeiten und positionierte sich als „Vater des Staatsvertrages"– eine späte Überbewertung seiner eigenen Rolle, die den Fakten jedoch nicht standhält.

Adolf Schärf

Adolf Schärf wurde 1890 im mährischen Nikolsburg geboren und wuchs vor dem sozialen Hintergrund eines gehobeneren Arbeitermilieus auf. 1899 kehrte seine ursprünglich aus Wien stammende Familie wieder in die Heimat zurück. Er besuchte das Hernalser Gymnasium und studierte Rechtswissenschaften. Sehr früh erfolgte beim jungen Schärf eine Identifikation mit der Gedankenwelt des Sozialismus. Nach dem Ersten Weltkrieg – er hatte als Offizier in der k.u.k. Armee gedient – begann für Schärf in der Ersten Republik eine stetige, wenn auch unspektakulär verlaufende Karriere in der Sozialdemokratischen Partei: Sekretär des jeweiligen sozialdemokratischen Parlamentspräsidenten (zuerst Karl Seitz, dann Matthias Eldersch und schließlich Karl Renner), Sekretär der Parlamentsfraktion, Klubsekretär der Sozialdemokraten im Niederösterreichischen Landtag, Kandidatur in Kärnten im Zuge der Nationalratswahlen 1923, Berufung als Dozent an die sozialistische Kaderschmiede „Arbeiterhochschule", ab 1933 Mitglied des Bundesrates.

Die politische Karriere Schärfs wurde schließlich durch den Ständestaat und das darauf folgende NS-Regime unterbrochen. In der Zeit von 1934 bis 1938 befand sich Schärf ein Mal, in der NS-Zeit – wenn auch verhältnismäßig kurz – zwei Mal in Haft.

Als 1945 innerhalb der Sozialdemokratie die Pragmatiker an die Stelle der Exponenten einer radikal-linkssozialistischen Rhetorik traten, bedeutete dies, dass auch der Rechtssozialist Schärf, anders als noch in der Ersten Republik, einen Platz an der Spitze der Partei einnehmen konnte; zunächst bis zur Rückkehr von Karl Seitz aus dem Konzentrationslager als provisorischer Parteivorsitzender. Nachdem Seitz noch 1945 aus Krankheitsgründen zurücktreten musste, rückte Schärf aus der Position des stellvertretenden Parteivorsitzenden endgültig zum führenden Mann der SPÖ auf. Daneben fungierte er 1945 in der Provisorischen Regierung Renner als Staatssekretär und unter den Bundeskanzlern Leopold Figl und Julius Raab als Vizekanzler. Den Höhepunkt seiner politischen Ämterlaufbahn erreichte Schärf 1957 mit der Wahl zum Bundespräsidenten; ein Amt in dem er 1963 bei neuerlicher Kandidatur bestätigt wurde. Er verstarb noch vor dem Ende seiner zweiten Amtszeit am 28. Februar 1965.[1]

Bruno Kreisky

Bruno Kreisky wurde 1911 in Wien in großbürgerlichen Verhältnissen geboren. Bereits 1926 war er in der Sozialistischen Arbeiterjugend tätig und studierte später Jus. Während des Ständestaates wurde Kreisky aus politischen Gründen inhaftiert: 1935/36 und 1938 saß er im Gefängnis. Kreisky, jüdischer Abstammung, flüchtete 1938 vor dem NS-Regime und verbrachte die Kriegszeit in Schweden (Stockholm), wo er bei der Konsumgenossenschaft Unterschlupf und Arbeit fand. Bruno Kreisky war einer der führenden Köpfe des österreichischen linken Exils in Schweden. Seine Rückkehr nach Österreich im Jahre 1945 scheiterte – in seinen Memoiren schreibt Kreisky dies dem Widerstand der US-Besatzungsmacht zu –, er kam erst im Mai 1946 über Innsbruck zurück nach Wien. Kreisky fand rasch Anschluss in der neu gegründeten SPÖ – seiner Erinnerung nach sei er mit „mit gewaltigen Blumensträußen" am Wiener Westbahnhof empfangen worden.[2]

Im Juli 1946 kehrte Kreisky wieder nach Schweden zurück – im Auftrag der jungen Republik sollte er in Stockholm die Gründung einer Gesandtschaft vorbereiten, ab November 1946 betreute er auch Oslo und Kopenhagen mit. Die Hauptaufgabe bestand im Aufbau der diplomatischen Beziehungen, in der Koordination der schwedischen Hilfslieferungen nach Österreich und im Aufbau bilateraler Wirtschaftsbeziehungen. Erster österreichischer Gesandter in Schweden wurde ab Februar 1947 Paul Winterstein.

1949 kehrt Bruno Kreisky nach Österreich zurück; im Jänner 1951 trat er in den Dienst der wirtschaftspolitischen Abteilung des Außenamtes, wurde aber bereits im Juni politischer Berater des neu gewählten Bundespräsidenten Theodor Körner. Nach dem Wechsel an der Spitze der Regierung im Jahre 1953 – Julius Raab löste Leopold Figl als Bundeskanzler ab – stieg Kreisky aktiv in die Regierungspolitik ein und wurde Staatssekretär im Außenamt (bis 1959), 1959 bis 1966 war er Außenminister. Bruno Kreisky war von 1956 bis 1983 Abgeordneter zum Nationalrat und von 1970 bis 1983 österreichischer Bundeskanzler. Innerhalb der SPÖ übernahm der junge und dynamische Kreisky 1967 von Bruno Pittermann den Bundesparteivorsitz, den er bis 1983 innehatte. Kreisky war durch die innenpolitischen Erfolge seiner Partei – er machte die SPÖ zu einer der erfolgreichsten sozialdemokratischen Parteien Westeuropas – auch in der Sozialistischen Internationale führend tätig. Von 1976 bis 1989 war er deren Vizepräsident. Nach der Wahlniederlage im Jahr 1983 und dem Verlust der absoluten SPÖ-Mehrheit zog er sich vollkommen aus der Politik zurück. Bruno Kreisky starb 1990 in Wien.

Der „ewige Zweite" und der Staatsvertrag

Wie gestalteten sich nun Schärfs und Kreiskys Aktivitäten rund um den Abschluss des Staatsvertrages? Was die abschließenden Verhandlungen – vor allem jene in Moskau im April 1955 – betrifft, so steht eines fest: Zwischen den österreichischen Verhandlungsspitzen, namentlich Schärf und Raab, gab es tiefe Spannungen hinsichtlich der drei Kernprobleme: Was sollte mit den USIA-Betrieben und damit mit dem ehemaligen „Deutschen Eigentum" geschehen? Wer sollte in Hinkunft die Erdölfelder in Österreich bewirtschaften? Und wie stand es um die mögliche Annahme einer noch näher zu definierenden Form der „Neutralität"? Die Divergenzen vor allem über die letzte Frage waren so groß, dass Schärf sogar noch während der Moskauer Verhandlungen mit der Abreise der SPÖ-Delegation drohte.[3]

Solcherlei Querelen hatten ihre Wurzeln nur zum Teil in ideologisch gegensätzlichen Positionen: Vielmehr spielte die parteipolitische Konstellation der Nachkriegszeit, der seit 1947 existierenden „großen Koalition" eine maßgebliche Rolle. Die Koalition wurde durch die Bundeskanzler Leopold Figl und Julius Raab auf der einen Seite und Vizekanzler Adolf Schärf auf der anderen Seite geprägt. Schärfs Persönlichkeit hätte dabei nicht unterschiedlicher sein können als etwa die seines Koalitionspartners Raab: „Der etatistischen Tradition der Aufklärung verpflichtet, antiklerikal, [...] ein kluger Taktiker aus dem Hintergrund." Und Raab: „Der große Meister der alten Politik, brummelig und wenig wortlustig, tief im niederösterreichischen Barock wurzelnd, fromm und menschenverachtend, [...] autoritär durch und durch."[4]

Auch wenn die Koalition durch eine sehr starke Klammer, namentlich die fortwährende Besatzung des Landes und das gemeinsame Bestreben zur Erlangung eines Staatsvertrages, zusammengehalten wurde, so blieb innerhalb dieser Klammer noch genügend Spielraum für handfeste Auseinandersetzungen. Diese leiteten sich nicht zuletzt aus den persönlichen Gegensätzen im Verhältnis zwischen Raab und Schärf ab. Eine Rolle spielte aber auch der parteipolitische Hintergrund, sah sich doch Schärf mit dem typischen Problem des „Juniorpartners" in einer Koalition konfrontiert: Für die SPÖ war es, vor allem seit Raab 1953 Bundeskanzler geworden war, sehr schwer, sich Erfolge der Regierung öffentlichkeitswirksam an ihre Fahnen zu heften. In dieser Hinsicht stand man stets im Schatten der ÖVP, aus dem es irgendwann herauszutreten galt. Selbst Bruno Kreisky wies darauf hin, dass die persönliche Distanz zwischen Raab und seinem Vizekanzler sehr stark durch Schärfs Rolle des „ewigen Zweiten" bedingt war. Schärf – in der Ersten Republik als Berater von Seitz, Eldersch und Renner immer im Hintergrund – war zwar ab 1945 Parteivorsitzender, die große Wirkung in der Öffentlichkeit hatten aber andere Sozialisten: etwa Bruno Pittermann im Nationalrat oder Johann Böhm als Gewerkschaftsführer. Das Verhältnis zwischen Schärf und Raab besserte sich erst, als Schärf 1957 Bundespräsident wurde und, wie Kreisky es formulierte, damit die „große Erfüllung für Schärf" kam.[5]

Dass diese Rivalität von Seiten Schärfs durchaus auch bei den Staatsvertragsverhandlungen zum Tragen kam, beweisen die Aussagen des Vizekanzlers zum Scheitern der Verhandlungen der österreichischen Delegation bei der Berliner Außenministerkonferenz 1954: „Der Ausgang der Berliner Verhandlungen war für die Volkspartei und für Ing. Raab eine schwere Enttäuschung. War er doch jener Politiker, der seit 1945 in gewissen Zeitabständen immer wieder glaubte, dass er besonderes Entgegenkommen bei den Russen erzielen könnte. [...] Und er war der Mann, der im Sommer glaubte, gerade ihm werde es gelingen, ein besonders gutes Verhältnis zu den Russen herzustellen."[6]

April 1955 – der Durchbruch in Moskau

Die in Moskau im April 1955 unternommenen Bemühungen der SPÖ-Delegierten Schärf und Kreisky, eine vollständige Rückgabe der USIA-Betriebe durch die Sowjets an Österreich zu erreichen, lassen sich ebenfalls vor einem machtpolitischen Hintergrund sehen: Eine Verstaatlichung dieser Betriebe wäre einem bedeutenden Machtzuwachs für die SPÖ gleichgekommen, fielen sie doch in das Portfolio des Verstaatlichtenministers Karl Waldbrunner (SPÖ).[7] Vor allem Schärfs Abreise-Drohung während einer Neutralitäts-Debatte mit Raab war noch um eine wesentliche Facette reicher: um den bei führenden SPÖ-Politikern wie Schärf – oder auch Oskar Helmer – stark ausgeprägten Antikommunismus, welcher sich naturgemäß mit großem Misstrauen gegenüber den österreichischen Kommunisten und der Sowjetunion verband. Für die USIA-Betriebe und die Erdölfelder bedeutete dies, dass sie sich in einem freien Österreich auf keinen Fall in sowjetischer Hand befinden durften – dazu gegensätzlicher Meinung Bundeskanzler Raab, der seinerseits keine Vorbehalte gegen eine Bewirtschaftung der Erdölfelder durch die Sowjetunion auch nach Abschluss eines Staats- oder Friedensvertrages gehabt hätte. Gerade vor dem Hintergrund der Position der SPÖ gegenüber der Sowjetunion ist es als Verdienst vor allem von Bruno Kreisky zu sehen, auch gegen den Willen einflußreicher Kräfte innerhalb der eigenen Partei den direkten Verhandlungen mit der Sowjetunion für den April 1955 zugestimmt zu haben.

Adolf Schärf (li.) mit Leopold Figl bei der Ankunft in Bad Vöslau am 15. April 1955.
Quelle: Foto Votava/Wien.

Was die Verankerung der Neutralität im Staatsvertrag anging, so hegte man hier von sozialistischer Seite die Befürchtung, „neutralisiert", also von den Westmächten isoliert zu werden und somit Gefahr zu laufen, letztendlich zu einem Spielball der Sowjetunion zu werden. Der Begriff „Neutralität" ließ nach Meinung der SPÖ zu viele Interpretationsmöglichkeiten – vor allem zu Ungunsten Österreichs – offen, weshalb man als Alternative den Terminus „Paktfreiheit" vorschlug. Es sollte klar definiert werden, was Sache sei: kein Beitritt zu einem Militärbündnis und keine Stützpunkte fremder Armee auf eigenem Staatsgebiet.[8]

„Adabei"
IRONIMUS 1980

Bruno Kreisky und der Staatsvertrag: Karikatur aus dem Jahre 1980 anlässlich der 25-Jahr-Feier zur Unterzeichnung des Staatsvertrages von 1955.
Quelle: Ironimus.

Adolf Schärf hatte bereits vor den Moskauer Verhandlungen große Skepsis gegenüber Raabs Versuchen geäußert, die Möglichkeit einer österreichischen Neutralität als Vorbedingung zum Staatsvertrag auszuloten.[9] Um das skizzenhafte Bild über Adolf Schärf und seine Haltung zur Neutralität zu vervollständigen, sei an dieser Stelle noch Folgendes ergänzt: Schärf war Taktiker genug, um gemeinsam mit Kreisky bereits vor dem Moskau-Besuch im April 1955 daranzugehen, die Chancen einer Annahme der Neutralität durch die Sowjets abzuwägen,[10] was allerdings nichts an seiner diesbezüglich ablehnenden Haltung bis zu den Moskauer Verhandlungen geändert hatte.

Im Zuge der abschließenden Verhandlungen in Moskau im April 1955 setzten sich Schärf und Kreisky gegen Raab hinsichtlich der USIA-Betriebe und der Rückgabe der Erdölfelder durch – wobei hier von vornherein ein grundsätzlicher Konsens der Koalitionspartner bestanden hatte. Letztlich stimmten die SPÖ-Vertreter – zu der Einsicht gekommen, dass dies der Schlüssel zu einem positiven Abschluss der Verhandlungen war – einer „Neutralität, wie sie von der Schweiz gehandhabt wird" zu.[11] Gerade dieser Umstand muss als *das* große Verdienst des SPÖ-Parteivorsitzenden Adolf Schärf zur Erlangung des Staatsvertrages gewertet werden. Es war dies ein Verdienst, welches Symbolcharakter für *die* positive Eigenschaft der großen Koalition im ersten Nachkriegsjahrzehnt mit sich brachte: Weil es sich beim Staatsvertrag um ein Ziel handelte, welches von beiden Parteien in gleichem Maße angestrebt wurde und welches naturgemäß von gesamtstaatlichem Interesse war, stand man, trotz diverser Meinungsunterschiede in Detailfragen, in der letzten Entscheidung absolut loyal zueinander und bot nach außen hin ein Bild der Geschlossenheit. Wie tief greifend der Abschluss der Moskauer Verhandlungen etwa für Bruno Kreisky war, ist in seinen Erinnerungen über die Rückkehr nach Österreich am 15. April 1955 dokumentiert: „Zu Mittag flogen wir nach Hause. Dort wurden wir mit ungeheurem Jubel empfangen. Tausende säumten die Straßen vom Flughafen Bad Vöslau nach Wien. Dieser 15. April war der größte Tag meines politischen Lebens. Nie wieder, so schien es mir, würde ich ähnliches erleben. Und so ist es bis heute geblieben."[12]

Hinsichtlich des Abschlusses des Staatsvertrages standen Adolf Schärf und Bruno Kreisky freilich im Schatten des „Staatsvertragskanzlers" Julius Raab und seines Außenministers Leopold Figl. Stark unterschätzt blieb auch beim 25-Jahr-Jubiläum die Rolle von Adolf Schärf, der als Vizekanzler weit mehr politisches Gewicht hatte, als der Staatssekretär Kreisky. Das Verdienst Kreiskys aber war es, Schärf in Moskau in der Frage überzeugt zu haben, dass sich der Weg zur Freiheit Österreichs nur über die Neutralität ergeben würde. Ein Abbruch der Verhandlungen in Moskau im April 1955 und eine Abreise der SPÖ-Delegation wegen der Uneinigkeit in der Frage der Neutralität wäre so knapp vor dem Durchbruch wohl einem politischen Selbstmord gleichgekommen – und das muss sowohl Kreisky als auch Schärf bewusst gewesen sein.

Trotz Schärfs Zweifel an der Neutralität, die viele in der SPÖ teilten, kam hier letztendlich jenes Bindeglied zum Tragen, das die beiden Koalitionspartner trotz aller innenpolitischen Auseinandersetzungen einte: den Abzug der Besatzer und die „endgültige Freiheit" Österreichs zu erreichen. Auch für den „Preis" der Neutralität in der nun von Moskau vorgeschlagenen Form.

Anmerkungen

1 Vgl. dazu u.a. folgende Literatur: Karl R. Stadler, Adolf Schärf, 1890 bis 1965, in: Friedrich Weissensteiner (Hg.), Die österreichischen Bundespräsidenten. Leben und Werk. Wien 1982, S. 209–256; Manfried Welan, Das österreichische Staatsoberhaupt. Österreichisches Jahrbuch für Politik, Sonderband 2. 2. Aufl. Wien 1986, S. 57–61.

2 Vergleiche dazu und zu seiner Biografie im Allgemeinen: Bruno Kreisky, Zwischen den Zeiten. Erinnerungen aus fünf Jahrzehnten. Berlin 1986 (= Kreisky, Zwischen den Zeiten); Heinz Fischer, Die Kreisky-Jahre 1967–1983. Wien 1993; Peter Pelinka, Österreichs Kanzler. Von Leopold Figl bis Wolfgang Schüssel. Wien 2000, S. 113–150; Karl R. Stadler, Bruno Kreisky, in: Friedrich Weissensteiner – Erika Weinzierl (Hg.), Die österreichischen Bundeskanzler. Leben und Werk. Wien 1983, S. 380–416; hier: Kreisky, Zwischen den Zeiten, S. 405.

3 Vgl. dazu den Beitrag von Ludwig Steiner in diesem Band.

4 Ernst Hanisch, Der lange Schatten des Staates. Österreichische Gesellschaftsgeschichte im 20. Jahrhundert. Österreichische Geschichte 1890–1990. Wien 1994, S. 447f.

5 Kreisky, Zwischen den Zeiten, S. 438.

6 Adolf Schärf, Österreich Erneuerung 1945–1955. Das erste Jahrzehnt der Zweiten Republik. Wien 1955 (= Schärf, Erneuerung), S. 349f.

7 Karl R. Stadler, Adolf Schärf. Mensch, Politiker, Staatsmann. Wien – München – Zürich 1982 (= Stadler, Schärf), S. 434f.

8 Erinnerung an die Moskau-Fahrt. Stenographische Notizen vom 11. bis 15. April 1955. Abgedruckt in: Stadler, Schärf, S. 443f; zur Haltung der SPÖ zur Neutralität vgl. Stadler, Schärf, S. 413–423 u. den Beitrag von Helmut Wohnout in diesem Band.

9 Schärf, Erneuerung, S. 345.

10 Stadler, Schärf, S. 410f.

11 Vgl. dazu: Gerald Stourzh, Um Einheit und Freiheit. Staatsvertrag, Neutralität und das Ende der Ost-West-Besetzung Österreichs 1945–1955. Studien zu Politik und Verwaltung, Bd. 62. 4. Aufl. Wien – Köln – Graz 1998, S. 429–436.

12 Kreisky, Zwischen den Zeiten, S. 476.

Herbert Grubmayr

Norbert Bischoff, Beschaffer des Staatsvertrages und/oder „unguided missile" am österreichischen Polithimmel? Persönliche Erinnerungen

Eine Schilderung meiner Zeit in Moskau wäre unvollständig ohne ein Eingehen auf die Person meines Chefs, Norbert Bischoff[1]; er hatte seinen Posten am 31. Dezember 1946 angetreten, war also bei meiner Versetzung nach Moskau schon über acht Jahre an Ort und Stelle und verblieb dann noch bis zum 4. April 1960 in der sowjetischen Hauptstadt, also insgesamt mehr als 13 Jahre. Über sein Wirken in Moskau gab und gibt es viele verschiedene Einschätzungen und Urteile. Der „Kurier" bezeichnete ihn einmal als „unseren Kommissar in Moskau". Es erfolgten gegen ihn in den österreichischen Medien und auch im Parlament, vor allem von Seiten des damaligen VdU, immer wieder Angriffe, gegen die ihn das Außenamt in Wien seiner Ansicht nach nicht genügend in Schutz nahm. Andererseits muss man anerkennen, dass Bischoff vor allem in den ersten Jahren seiner Mission in Moskau trotz seiner evidenten Aufgeschlossenheit für das Gastland kein leichtes Leben hatte. Man blockierte die österreichische „Politische Vertretung" („Botschaft" wurde sie erst nach dem Tode Stalins im Sommer 1953) und ihren Chef, wo es nur ging, Vorsprachen im Außenministerium wurden nicht gewährt, und dies setzte sich fort bis zur absichtlichen Verschleppung solch alltäglicher Dinge wie der Zollfreischreibung für aus Wien geschickte Möbel für das gerade erst zurückerlangte Botschaftsgebäude. Ich zitiere hier aus dem Bericht 96/P, den er am 17. November 1947 an das Außenamt in Wien richtete: „Es kann kein Zweifel bestehen, dass wir durch eine Verfügung, die zumindest von der Spitze des Ministeriums, vielleicht von noch höherer Stelle ausging, derzeit vollkommen blockiert sind und man uns in unserem Saft schmoren lässt, wobei nur das Rein-Protokollarische und die allerbanalsten Administrativa ihren normalen Lauf nehmen."

Moskau, April 1955: Botschafter Norbert Bischoff (li.) mit Bruno Kreisky.
Quelle: Herbert Grubmayr/Wien.

In positiver Hinsicht muss festgehalten werden, dass er es verstanden hat, in Moskau – aller Unbill zum Trotz – ein persönliches vertrauensvolles Verhältnis zur sowjetischen Führung aufzubauen, und dass er sich ganz zweifellos ausschlaggebende Verdienste bei der Vorbereitung des Abschlusses des Staatsvertrages erworben hat. Als auch nach Stalins Tod immer wieder Hemmnisse zwischen den vier Mächten im Zusammenhang mit der Finalisierung dieses Vertrages auftraten, wusste er doch die Zeichen der Zeit in Form des beginnenden Tauwetters in Moskau zu deuten und es gelang ihm, Bundeskanzler Raab im direkten Gespräch und unter Umgehung des Wiener Außenministeriums davon zu überzeugen, dass von Österreich selbst gewisse grundlegende Voraussetzungen für einen erfolgreichen Abschluss mit Moskau geschaffen werden müssten. Hauptpunkt dabei war die Inkaufnahme des Risikos eines bilateralen Herangehens im Verhältnis zu Moskau, um der sowjetischen Führung die Vorstellung zu nehmen, dass Österreich einen bloßen „Satelliten" der Westmächte darstelle, der ohne Erlaubnis aus Washington keine Gesprächsbereitschaft in Richtung Sowjetunion zeigen könne. Das Ergebnis sprach dann ja eine deutliche Sprache hinsichtlich der Richtigkeit der von Bischoff angeregten Vorgangsweise.

Andererseits hat man ihm in Österreich und im Westen immer wieder ein zu großes Verständnis für sowjetische Belange vorgeworfen. Für ein genaueres Eingehen auf die Rolle und die Persönlichkeit von Norbert Bischoff ist hier kein Platz. Aber ich habe in den drei Jahren, die ich unter ihm in Moskau diente, Einsicht in viele Dinge bekommen, die das gespannte Verhältnis zwischen Bischoff und Ballhausplatz beleuchteten und auch von mir immer wieder die Einnahme einer eigenständigen Position erforderten. Ich kam in Moskau öfters in eine Lage, die ich in meiner ersten Dienstzeit in Wien nie gekannt hatte; dort hatte ich mich in eine Hierarchie eingebettet gefühlt, die ich vom ergonomischen Standpunkt durchaus positiv empfand. Aber schon bei meinen Abschiedsbesuchen vor der Abreise nach Moskau waren bei meinen Gesprächspartnern im Amt oft gewisse Vorbehalte oder Skepsis zu spüren: „Ah, zum Bischoff gehst Du? Na, da wünsche ich Dir viel Glück!" und Ähnliches mehr hörte ich damals. Als ich die Berichte meines neuen Chefs dann selbst zu lesen bekam, begann ich zu verstehen, worin die Konflikte bestanden. In Wiener Außenamtskreisen hatte man nach und nach den Eindruck gewonnen, „ihr Mann in Moskau" habe die Realität unter den Füßen verloren. Dass er so wesentlich am positiven Ausgang der Staatsvertragsverhandlungen 1955 beteiligt war, wollten viele dieser Kritiker auch post festum nicht wahrhaben.

Ich muss dabei auch an ein Vorkommnis im Frühjahr 1956 denken, als ich plötzlich Tuscheln und düstere Mienen bei Bischoff und seiner Sekretärin, die zugleich eine langjährige Freundin und Vertraute der Familie Bischoff war, wahrnahm. Wegen aufgetretener Komplikationen beim Dechiffrieren eines Wiener Telegramms (diese Tätigkeit erfolgte damals noch rein händisch bzw. im Kopf mit endlosen Rechenoperationen) musste ich ins Vertrauen gezogen werden, und so entfaltete sich vor mir bruchstückartig und über längere Perioden hin allmählich die Problematik des so genannten „Gasteiner Memorandums". Das war eine Art Zukunftsprojektion, die Bischoff über die österreichische Außenpolitik im Herbst 1955 im Hotel Straubinger in Gastein während eines ausgedehnten Kuraufenthalts verfasst hatte. Das Papier trug den offiziellen Titel „Übersicht

Ansprache Herbert Grubmayrs (li. außen) als österreichischer Geschäftsträger in Moskau in der VOKS (Allunionsgesellschaft für kulturelle Beziehungen mit dem Ausland) am 14. Mai 1955 über „Die Bedeutung des Staatsvertrages im Verhältnis zwischen Österreich und Sowjetunion". Rechts neben Grubmayr Botschaftssekretär Dr. Camillo Schwarz.
Quelle: Herbert Grubmayr/Wien.

über die wichtigsten Probleme der österreichischen Außenpolitik" und umfasste 23 Seiten.
Der Inhalt widersprach in vielen grundlegenden Fragen diametral den Ansichten des Ballhausplatzes. Dort vertrat man vom Anfang an die These der „militärischen Neutralität" als Gegensatz zur extensiven neutralistischen Interpretation des ideologischen „auf dem Zaun Sitzens" betonte man Wien die in absolute Freiwilligkeit, mit der Österreich diesen Status als außenpolitische Maxime angenommen hatte. Bischoff polemisierte gegen diese, wie er es sah, unzulässige Einschränkung und Negativierung des umfassenden Konzepts, welches die Neutralität seiner Meinung nach darstellen sollte. Ganz besonders erregte

damals Bischoffs Wort von „der vertragsmäßig uns auferlegten Neutralität“ in Wien Missfallen und seine Angriffe auf die militärische Neutralität stellten eigentlich auch einen Angriff auf das von Bundeskanzler Raab dem Parlament vorgelegte Neutralitätskonzept dar. Die in dem betreffenden Papier geäußerte Ansicht, dass „es nur einen einzigen effektiven Garanten der nationalen Entwicklungen in Mittel- und Osteuropa, nämlich die Sowjetunion“ gäbe, trug nicht zur Erbauung der außenpolitischen Spitzenrepräsentaten Österreichs bei. Es war die Zeit des „Kalten Krieges“, und trotz der mitunter in Moskau zu registrierenden leichten Tauwetterlage legte man bei uns Wert darauf, in der westlichen Front nicht als unsicherer Kantonist betrachtet zu werden. Andererseits enthält das „Gasteiner Memorandum“ Passagen, welche aus heutiger Sicht fast als eine prophetische Vorwegnahme der Wende von 1989/90 gedeutet werden könnten, eine Wende allerdings, deren Zustandekommen er unter dem Weiterbestehen der Weltmacht Sowjetunion für möglich ansah.

In Wiener Außenamt hatte man sich nach Erhalt des Elaborats darauf beschränkt, es unter Hintanhaltung einer weiteren Zirkulation, wie dies bei Grundsatzpapieren sonst üblich gewesen wäre, im Panzerschrank der Politischen Abteilung unter Verschluss zu nehmen. Ermahnungen an Bischoff, seine Haltung mehr in Richtung „Objektivität“ zu modifizieren, betrachtete man nach den Erfahrungen der vergangenen Jahre offensichtlich als zweckloses Unterfangen. Andererseits wusste man, dass Bischoff unter dem Schutz des Bundeskanzlers stand und jegliche Versuche, ihn aus Moskau abzuziehen, ohnehin aussichtslos gewesen wären.

Nun aber, im Frühjahr 1956, erfuhr das Ministerium, dass das Bischoff-Papier angeblich Zeitungen zum Verkauf angeboten worden sei und auch schon bei ausländischen Botschaften zirkuliere. Da ergab sich Handlungsbedarf. Niemand nahm an, dass Bischoff in diesen Aspekt der Sache verwickelt sein könnte, aber man wollte von ihm persönlich wissen, ob er das Papier an dritte Personen weiter gegeben habe, was er – soweit ich die Texte der einschlägigen Chiffretelegramme zu Gesicht bekam – verneinte. Aber das Außenamt sah nun Handlungsbedarf und entschloss sich, das bis dahin streng vertraulich behandelte „Gasteiner Memorandum“ bei einer Reihe von Missionschefs im Ausland zirkulieren zu lassen, mit dem Zusatz, „dass es sich hier um rein private Gedanken des Verfassers handelt, die weder die offizielle noch die offiziöse Auffassung der Wiener staatlichen Stellen wiedergeben“.

1958 versuchte Bischoff dann, eine Art Vermächtnis seiner Moskauer Tätigkeit an die Öffentlichkeit zu bringen. Er hatte ein Manuskript mit dem Titel „Die Haltung der Sowjetunion in der Frage des Abschlusses des österreichischen Staatsvertrages“ erarbeitet und ersuchte im Dezember 1958 das Ministerium um die Erlaubnis für die Publikation seines Werkes, welches im November 1959, also zum ungefähren Zeitpunkt seiner aus Altersgründen vorgesehen Pensionierung, erscheinen sollte. Für die verantwortlichen Beamten des Ballhausplatzes konnte dieses Projekt im Übrigen kaum eine besondere Überraschung darstellen, hatte sich Bischoff doch schon früher intensiv mit dieser Thematik befasst und zwei je 13 Seiten lange Berichte im Juni 1949 und im Mai 1955 nach Wien gesandt.

Ich hatte inzwischen Moskau schon verlassen und arbeitete als Sekretär bei Bundeskanzler Raab in Wien. Aber noch vor meiner Rückversetzung hatte ich manchmal der Sekretärin an der Botschaft über die Schulter geschaut, als sie das Manuskript in Maschinenschrift übertrug; dabei erkannte ich bald den Sinn dieses im Entstehen begriffenen Elaborats, und es stellte sich bei mir auf Grund der in Moskau gewonnen Einsichten über unsere außenpolitischen Intentionen alsbald eine starke Skepsis ein, ob man in Wien eine Veröffentlichung dieser Art goutieren würde. Nach längerer Prüfung, mit welcher vor allem die Botschafter Haymerle und Verosta betraut wurden, erfolgte tatsächlich eine negative Antwort, was Bischoff, der den Staatsvertrag auch ein bisschen als sein eigenes Lebenswerk betrachtete, persönlich schwer getroffen hat.

Die Gründe für die Ablehnung waren vielfach. Bischoff beabsichtigte im Zuge dieser Publikation eine größere Anzahl von bis dahin geheim gehaltenen Noten, Telegrammen und Memoranden der Öffentlichkeit zugänglich zu machen, was man als Widerspruch zur Vertraulichkeit des diplomatischen Verkehrs ansah. Besonderen Anstoß nahm man an der beabsichtigten Publikation eines Schreibens, welches Bischoff einen Tag nach dem Abgang von Außenminister Gruber im November 1953 ohne nachvollziehbare Autorisierung durch den Ballhausplatz an Außenminister Molotov gerichtet hatte, wo er das Ausscheiden des bisherigen Außenministers als Beseitigung eines Hindernisses für den Abschluss des Staatsvertrages bezeichnete und Bundeskanzler Raab sowie indirekt auch sich selbst als künftige Gesprächspartner der Sowjetunion vor allem in dieser Frage empfahl.

Was den Inhalt betraf, hegte man, gegenüber dem Verfasser Bedenken, allzu sehr auf die Sicherheitsbedürfnisse der Sowjetunion einzugehen, während er den diesbezüglichen Erwägungen des Westens zu wenig Bedeutung beimesse. Man befürchtete auch, dass bei einer Autorisierung des Werkes Bischoffs tatsächlich eine „historische Debatte", wie der Autor es nannte, über die Ursachen der Verzögerungen beim Abschlusses des Staatsvertrages, entstehen könnte. Dazu muss man bedenken, dass die ungarische Revolution erst zwei Jahre zurück lag und in Wien die Ansicht vorherrschte, man könne nur bei einem in den Augen des Westens möglichst eindeutigen und unverdächtigen Verhalten im Falle einer neuerlichen Krise im Sowjetbereich die gewünschte Rückendeckung aus Washington erwarten.

Im November 1959, kurz vor seiner endgültigen Abreise aus der sowjetischen Hauptstadt, erlitt Bischoff einen schweren Herzinfarkt, an dessen Folgen er am 30. Juni 1960 in Schruns verstarb – genau an dem Tag, an dem der sowjetische Ministerpräsidenten Chruščev zu seinem ersten Besuch in Österreich eintraf, eine Visite, an deren Zustandekommen Bischoff durch seine Mitwirkung an der Einigung zwischen Österreich und der Sowjetunion zwar indirekt, aber doch maßgeblich beteiligt war.

Anmerkungen

1 Bischoff, Norbert, geb. 26.11.1894 Wien, gest. 30.6.1960 in Schruns, Vorarlberg, Diplomat. 1919–38 und 1945–60 im Auswärtigen Dienst, u.a. in den Gesandtschaften in der Türkei (1930–33) und in Paris (1933–38); ab 1946 Politischer Vertreter und seit 1953 österreichischer Botschafter in Moskau zur Zeit der Staatsvertragsverhandlungen.

Peter Ruggenthaler

Hardliner auch nach Stalins Tod: „Mr. Njet“ Molotov

Im Gegensatz zu den in die Staatsvertragsverhandlungen involvierten amerikanischen, britischen und französischen Politikern, deren Stimmen zweifelsohne viel Gewicht hatten und die vielfach die Politik ihrer Länder zu Österreich mitbestimmen bzw. ihre Erfahrungswerte einbringen konnten, waren ihre sowjetischen Pendants, dem Wesen einer Diktatur entsprechend, hingegen nur Handlanger des „Roten Zaren“ im Kreml, Josef Stalin. Es kann und soll an dieser Stelle nicht auf die letzte „Instanz“, wie sich Stalin in Dokumenten selbst nannte, und ihre Haltung zu Österreich eingegangen werden. Wir Österreicher denken im Zusammenhang mit dem Staatsvertrag und der UdSSR wohl in erster Linie an den als „Mister Njet“ kolportierten sowjetischen Außenminister Vjačeslav Michajlovič Molotov, der am 15. Mai 1955 im Schloss Belvedere den Österreichischen Staatsvertrag unterzeichnete und weniger an denjenigen, dem wir schlussendlich den Staatsvertrag verdanken, Nikita Sergeevič Chruščev.

Molotov war Stalins engster Vertrauter, vielfach wird er als einziger Freund Stalins bezeichnet. Sie kannten sich seit ihrer Zeit als junge, illegale Bolschewiki. Molotov wurde 1890 in einer sehr reichen Kaufmannsfamilie geboren. Er ging in Kazan' (Tatarstan) in die Schule, ehe er nach Petrograd (St. Petersburg) kam und zwei Jahre am Institut für Wirtschaft der Polytechnischen Universität studierte. 1917 nahm Molotov aktiv an der Oktoberrevolution teil. Seit 1926 war Molotov Mitglied des Politbüros der bolschewistischen Partei. In den Dreißigerjahren war er als Vorsitzender des Rates der Volkskommissare einer der aktivsten Organisatoren der Massenrepressionen im Land und mitverantwortlich für den Tod von Millionen Menschen. Nach der außenpolitischen Annäherung Stalins an Hitler wurde Molotov, der den jüdischstämmigen M. Litvinov ablöste, 1939 Volkskommissar für Auswärtige Angelegenheiten der UdSSR. Im selben Jahr

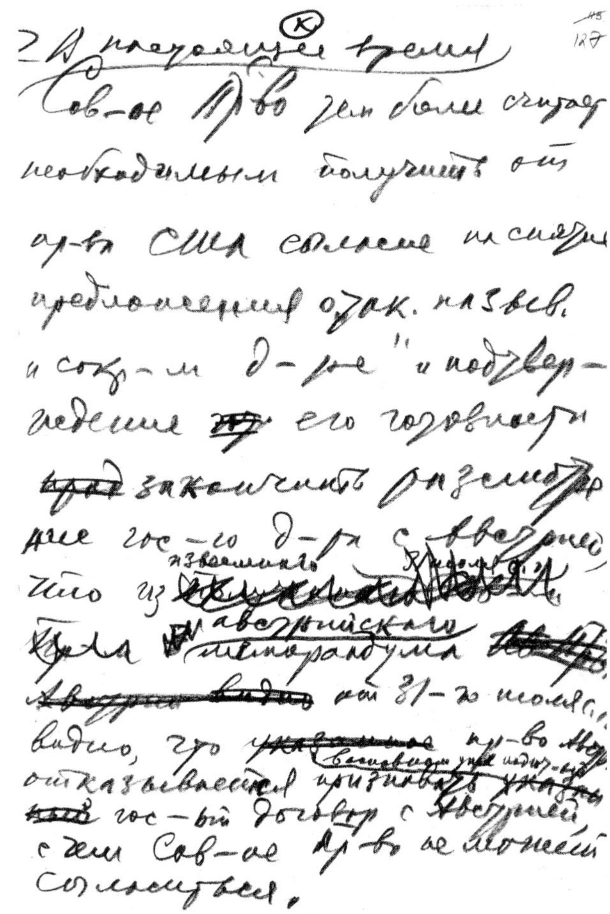

Entwurf eines Antwortschreibens Molotovs über die Ablehnung des „Kurzvertrages“ an die Westmächte, August 1952.
Quelle: RGASPI/Moskau.

unterzeichnete er den auch als Molotov-Ribbentropp-Pakt bezeichneten Hitler-Stalin-Pakt, dessen Zusatzabkommen, das die Teilung Osteuropas in eine deutsche und sowjetische Einflusssphäre besiegelte, und den er bis zu seinem späten Tod 1986 stets negierte.[1]

In seiner Funktion als Außenminister erklärte Molotov auf der Konferenz des Rates der Außenminister in Paris im April 1946, dass Österreich ein „Sonderfall“, weder Feind noch Freund, sei.[2] Molotovs Verhalten auf der folgenden Konferenz in Moskau 1947 brachte zutage, dass er die jugoslawischen Gebietsforderungen gegenüber Österreich zwar unterstützte, in dieser Frage jedoch Gesprächsbereitschaft signalisierte. Er hatte die Weisung Stalins, deswegen keine Eskalation

Der sowjetische Außenminister Molotov bei der Unterzeichnung des Moskauer Memorandums. Hinter ihm (v. li. n. re.: Kreisky, Bischoff, Raab, Mikojan, Schärf und Figl.
Quelle: Ludwig Steiner/Wien.

heraufzubeschwören.[3] Der Bruch Titos mit Stalin 1948 beseitigte das bis dahin schwierigste Problem für die bedrohten Grenzen Österreichs. Damalige Beobachter sahen den Bruch mit den Jugoslawen als Ursache eines schwindenden Vertrauens Stalins gegenüber Molotov. 1949 setzte Stalin Molotov schließlich als Außenminister ab. Doch Stalin wäre nicht Stalin, so der russische Historiker Adibekov, hätte er dessen Absetzung nicht abgefedert. Molotov wurde „Überprüfer" der Außenpolitischen Kommission des ZK der VKP(b), dessen Aufgabe die Überwachung des neuen sowjetischen Außenministers, Andrej Vyšinskij (Hauptankläger in den stalinistischen Schauprozessen in den späten Dreißigerjahren, seit 1943 Stellvertreter Molotovs), war. Stalin „bestrafte" damit in perfider Weise seinen besten Freund, aber nicht ohne ihm die Möglichkeit zu gewähren, seine Fehler wieder gut machen und seine Treue unter Beweis stellen zu können.[4] Molotov war Stalin durch und durch ergeben, was sogar soweit führte, dass er nicht gegen die in seiner Anwesenheit beschlossene Verbannung seiner Ehefrau durch das Politbüro stimmte! Wie neuere Forschungen zeigen, war Molotovs Rolle in den folgenden Jahren weitaus bedeutender als bisher angenommen.[5] Nicht nur pro forma, sondern auch de facto stand Molotov in der neu geschaffenen Funktion über dem sowjetischen Außenminister. Während der Verhandlungen über den Österreichischen Staatsvertrag im Jahre 1949 wurden alle aus New York übermittelten Unterlagen Molotov vorgelegt. All seine Korrekturen und Anmerkungen wurden berücksichtigt, ehe Stalin die Entwürfe an das Politbüro zur Absegnung weiterleitete. Mitte 1949 bekundete die UdSSR bekanntlich offiziell ihr Interesse an einem Abschluss des Österreichischen Staatsvertrages. Auch in Molotovs Österreich-Unterlagen finden sich entsprechende Indizien. Es dürfte die einzige Phase gewesen sein, in der Molotov tatsächlich an einem Abzug der sowjetischen Truppen aus Österreich interessiert war.[6]

Nach dem Tod Stalins wurde Molotov erneut zum sowjetischen Außenminister bestellt. Molotov weigerte sich zunächst, den Abzug sowjetischer Truppen aus Österreich und dem Abschluss des Österreichischen Staatsvertrages zuzustimmen. Nikita Chruščev behauptete später, der Österreichische Staatsvertrag wurde gegen den Willen Molotovs abgeschlossen. Während der Regierungsgespräche mit den Österreichern im April 1955 soll Außenhandelsminister Anastas Mikojan nicht nur die Verantwortung für die wirtschaftlichen Fragen des Staatsvertrags übertragen worden sein. Er „überwachte" zugleich auch Molotov. In den Sitzungen des ZK der KPdSU ging der neue starke Mann im Kreml, Chruščev, mit Molotov hart ins Gericht.[7] 1957 wurde Molotov all seiner Ämter enthoben (Mitglied des Politbüros seit 1926, stv. Ministerratsvorsitzender der UdSSR seit 1941) und auf den Botschafterposten in die Mongolei versetzt, anschließend nach Wien entsandt. 1962 wurde Molotov schließlich auch aus der KPdSU ausgeschlossen. 1984 sorgte Molotov für internationale Schlagzeilen, als ihn der sowjetische Staats- und Parteichef, Konstantin U. Černenko, wieder in die KPdSU aufnahm. Molotov blieb bis zu seinem Tod im „biblischen" Alter von 96 Jahren seinen stalinistischen Idealen treu. In Gesprächen mit dem sowjetischen Literaten Feliks Čuev bedauerte Molotov in den Siebzigerjahren einerseits, dass es nicht gelungen sei, Österreich „demokratisch“, sprich sozialistisch zu machen, andererseits stellte er fest, dass man vorzeitig entschieden hatte, „Österreich nicht anzurühren“.[8]

Anmerkungen

1 V. A. Torčinov – A. M. Leontjuk, Vokrug Stalina. Istoriko-biografičeskij spravočnik [Rund um Stalin. Historisch-biografisches Nachschlagewerk]. St. Petersburg 2000, S. 345–349; Feliks Čuev, Molotov. Poluderžavnyj Vlastelin [Molotov. Halb-majestätischer Machthaber]. Moskau 1999.

2 Gerald Stourzh, Um Einheit und Freiheit: Staatsvertrag, Neutralität und das Ende der Ost-West-Besetzung Österreichs 1945–1955. Studien zu Politik und Verwaltung, Bd. 62. 4. Aufl. Wien – Köln – Graz 1998 (= Stourzh, Einheit), S. 35.

3 Stefan Karner – Peter Ruggenthaler, „Eine weitere Unterstützung der jugoslawischen Gebietsforderungen bringt uns in eine unvorteilhafte Lage“. Der Artikel 7 des Österreichischen Staatsvertrags als diplomatischer Kompromiss mit Österreich und den Westmächten, in: Stefan Karner – Andreas Moritsch (Hg.), Aussiedlung – Verschleppung – nationaler Kampf. Kärnten und die nationale Frage, Bd. 1. Klagenfurt 2005, S. 99–118.

4 Grant M. Adibekov, Das Kominform und Stalins Neuordnung Europas. Frankfurt am Main u.a. 2002.

5 Stefan Creuzberger – Manfred Görtemaker, Das Problem der Gleichschaltung osteuropäischer Parteien im Vergleich. Eine Synthese, in: Stefan Creuzberger – Manfred Görtemaker (Hg.), Gleichschaltung unter Stalin? Die Entwicklung der Parteien im östlichen Europa 1944–1949. Paderborn u.a. 2002, S. 434.

6 Peter Ruggenthaler, Warum Österreich nicht sowjetisiert wurde. Sowjetische Österreich-Politik 1945–1953/55, in: Stefan Karner – Barbara Stelzl-Marx (Hg.), Die Rote Armee in Österreich. Sowjetische Besatzung 1945–1955. Beiträge. Graz – Wien – Klagenfurt 2005; Audrey Kurth Cronin, Eine verpasste Chance? Die Großmächte und die Verhandlungen über den Staatsvertrag im Jahre 1949, in: Günter Bischof – Josef Leidenfrost (Hg.), Die bevormundete Nation. Österreich und die Alliierten 1945–1949. Innsbrucker Forschungen zur Zeitgeschichte, Bd. 4. Innsbruck 1988, S. 347–351.

7 Nikita Khrushchev, Khrushchev Remembers. The Glasnost Tapes. Boston – Toronto – London 1971, S. 72; Stourzh, Einheit. Die Protokolle sind abgedruckt in: Stefan Karner – Barbara Stelzl-Marx – Alexander Tschubarjan (Hg.), Die Rote Armee in Österreich. Sowjetische Besatzung 1945–1955. Dokumente. Krasnaja Armija v Avstrii. Sovetskaja okkupacija 1945–1955. Dokumenty. Graz – Wien – Klagenfurt 2005.

8 Peter Ruggenthaler, Warum Österreich nicht sowjetisiert werden sollte, in: Stefan Karner – Barbara Stelzl-Marx (Hg.), Die Rote Armee in Österreich. Sowjetische Besatzung 1945–1955. Beiträge. Graz – Wien – Klagenfurt 2005.

Gregory Weeks

Die amerikanischen Architekten des Österreichischen Staatsvertrages

Die Geschichte der US-Amerikaner beim Abschluss des Österreichischen Staatsvertrages im Jahre 1955 ist im Grunde die Geschichte von einzelnen starken Persönlichkeiten, die ihre Vision eines freien und unabhängigen Österreichs trotz erheblicher Schwierigkeiten durchgesetzt haben.
Vor allem der US-Außenminister John Foster Dulles, der Sonderbotschafter und später US-Botschafter Walter J. Donnelly, der US-Botschafter und Hochkommissar in Österreich, Llewellyn E. Thompson jr. und die Generäle und Hochkommissare Mark W. Clark und Geoffrey Keyes haben eine bedeutende Rolle bei der Wiederherstellung Österreichs gespielt.
John Foster Dulles wurde am 25. Februar 1888 als Sohn eines presbyterianischen Pfarrers geboren. Sein „Onkel Bert", Robert Lansing, war Außenminister unter Präsident Woodrow Wilson und sein Großvater John Watson Foster war Außenminister unter Präsident Benjamin Harrison.
Als 19-Jähriger begleitete Dulles seinen Großvater zur zweiten Haager Friedenskonferenz im Jahre 1907, und diese Reise weckte sein Interesse an der Diplomatie. Dulles studierte aber zuerst Philosophie an der Princeton Universität, wollte Prediger werden und schloss sein Studium 1918 als Klassenbester ab.
Nach diesem ersten akademischen Abschluss studierte Dulles Rechtswissenschaften an der George Washington Universität in Washington D.C. und schloss sein Studium nach zwei statt der vorgesehenen drei Jahre ab. Weil er früher als im Studienplan vorgesehen fertig wurde, verweigerte ihm die Universität einen akademischen Grad. 25 Jahre später, als Dulles bereits sehr bekannt war, bekam er sein Diplom nachträglich verliehen. Weil er das notwendige juristische Wissen besaß, meldete sich Dulles für die Rechtsanwaltsprüfung an, die er auf Anhieb bestand.
Im Ersten Weltkrieg wurde Dulles für den Militärdienst abgelehnt. Stattdessen bekam er eine Stelle als Hauptmann beim *War Industries Board* (Kriegsindustrienvereinigung), wo er sehr erfolgreich agierte und daher als Mitglied der amerikanischen Delegation zur Versailler Friedenskonferenz entsandt wurde. Gerade erst 31-jährig argumentierte er gegen die hohen Reparationszahlungen, die Deutschland auferlegt werden sollten.
Seine Erfahrungen in Versailles haben Dulles sein Leben lang beeinflusst. Als er nach der Wahl 1952 als hoch qualifizierter Kenner der US-Außenpolitik als Außenminister ins Kabinett des Präsidenten Dwight D. Eisenhower berufen wurde, gab es keinen Zweifel, dass Dulles der beste Mann für diese Aufgabe war. Obwohl Dulles viel lieber ein ruhiges Büro im Weißen Haus als außenpolitischer Berater Eisenhowers gehabt hätte, überwand er seine Abneigung gegenüber der Bürokratie des Außenministeriums und bestimmte die US-Außenpolitik fast sieben Jahre lang.
Dulles verglich die Verhandlungen mit den Sowjets für den Staatsvertrag mit der Sisyphus-Geschichte aus der griechischen Mythologie: „Seit ungefähr 2.000 Jahren gibt es eine Figur der Mythologie, die tragische Sinnlosigkeit symbolisiert. Das war Sisyphus, der nach der griechischen Geschichte die Aufgabe hatte, einen riesigen Stein einen Hügel hinaufzurollen. Jedes Mal, als der Stein nach viel Mühe und Schweiß fast am Gipfel oben war, rollte eine böse Macht den Stein wieder den Hügel hinunter. So musste der arme Sisyphus seine Aufgabe wieder von vorne beginnen. Ich vermute, dass in den nächsten 2.000 Jahren die Geschichte von Sisyphus vergessen sein wird, wenn einer Generation nach der anderen die tragische Geschichte des Österreichischen Staatsvertrags erzählt wird. Wir sind wiederholt fast beim Abschluss eines österreichischen Vertrages gewesen und immer erschien eine böse Macht und warf den Vertrag zurück."
Als Dulles dies sagte, schaute er den sowjetischen Außenminister Molotov an und sagte weiters: „Ich glaube der sowjetische Außenminister wird verstehen, dass es zumindest entschuldbar ist, wenn wir glauben und ein großer Teil der Welt glaubt, dass das, was hier tatsächlich geschieht, eine weitere Illustration der Unwilligkeit der

John F. Dulles am Balkon des Belvedere zwischen Antoine Pinay (re.) und Llewellyn E. Thompson (li.), 15. Mai 1955.
Quelle: Foto Votava/Wien.

Sowjetunion ist, echte Freiheit und Unabhängigkeit in irgendeinem Gebiet wiederherzustellen, das sie einmal im Griff hat."[1]

Dulles Rolle bei den Verhandlungen über den Staatsvertrag übertrifft die der anderen Amerikaner. Obwohl General Mark W. Clark und Generalleutnant Geoffrey Keyes bedeutende Rollen bei der Wiederherstellung Österreichs spielten, war es Dulles diplomatisches Geschick, das letztlich den Staatsvertrag ermöglichte.

Wegen eines Krebsleidens trat Dulles am 15. April 1959 als Außenminister zurück. Er erhielt die US-Medaille für Freiheit (US-Medal of Freedom), den höchsten Zivilorden der Amerikaner kurz vor seinem Tod am 24. Mai 1959. Dulles wurde am US-Nationalfriedhof in Arlington bei Washington D.C. beigesetzt.

Nach John Foster Dulles war der US-Botschafter und US-Hochkommissar in Österreich, Llewellyn E. „Tommy" Thompson, die zweitwichtigste Persönlichkeit auf amerikanischer Seite bei den Staatsvertragsverhandlungen. Thompson, 1904 in Colorado als Sohn eines erfolglosen Ranchers geboren, schloss sein Studium an der University of Colorado 1928 ab. Im selben Jahr trat er dem diplomatischen Korps bei und kam 1940 nach Moskau.

Nach dem Zweiten Weltkrieg wurde Thompson zuerst Chef des Osteuropapolitikbüros des US-Außenministeriums und schließlich 1952 US-Botschafter und Hochkommissar in Österreich. Seine Kenntnisse der russischen Sprache waren in dieser Hinsicht eine große Hilfe. Nachdem er 1956 Österreich verließ, wurde er Botschafter in Moskau. Thompson ging 1971 in Pension und starb ein Jahr später an Krebs.[2]

Thompsons Vorgänger als US-Hochkommissar in Österreich waren Walter J. Donnelly (20. September 1950 – 16. Juli 1952), Generalleutnant Geoffrey Keyes (17. Mai 1947 – 19. September 1950) und General Mark W. Clark (5. Juli 1945 – 16. Mai 1947). Clark schaffte es durch seine Tätigkeit in Österreich 1946 auf das Titelblatt des US-Nachrichtenmagazins *Time*.[3] Es war bereits das zweite Mal, dass Clark das Titelblatt zierte: Das erste Mal war er am 3. Oktober 1943 am Cover, als er als US-Befehlshaber in Italien eingesetzt war.

Walter J. Donnelly wurde am 9. Jänner 1896 in Connecticut geboren. Nach der 1952 von Dwight D. Eisenhower gegen Harry S. Truman gewonnenen Präsidentschaftswahl wurde Donnelly gegen Llewellyn Thompson ausgewechselt. Er bewirkte in Österreich vor allem wegen seiner kurzen Zeit als Hochkommissar am wenigsten. Donnelly starb 1970.

Generalleutnant Geoffrey Keyes wurde am 30. Oktober 1888 in Fort Bayard, New Mexiko, als Sohn eines Berufsoffiziers geboren. Er schloss sein Studium 1913 an der US-Militärakademie West Point ab. Er diente unter General Mark W. Clark in Nordafrika und Italien und kommandierte das II. Korps der 5. US-Armee in Italien von 1943 bis 1945. Von 1945 bis1946 kommandierte er die 7. US-Armee und von 1946 bis 1947 die 3. US-Armee. In April 1945 wurde er zum Generalleutnant ernannt. Keyes trat 1954 in den Ruhestand und starb am 17. September 1967.

General Mark W. Clark wurde 1896 in Madison Barracks, New York, ebenfalls als Sohn eines Berufsoffiziers der US-Army geboren. Im Ersten Weltkrieg diente er als Hauptmann und wurde 1942 Chef der US-Army Landmächte. Von 1943 bis 1944 war er Oberbefehlshaber der 5. US-Armee in Italien und 1944 übernahm er die alliierte Kommandantur für Italien. Im Jahre 1945 wurde er zum General ernannt. Nach dem Koreakrieg wurde er Rektor der Citadel Militärakademie in Charleston, Südkarolina, wo er zwölf Jahre von 1954 bis 1966 blieb.

Clark hatte wie Dulles langjährige Erfahrung mit den Sowjets und vertraute ihnen nicht. Er nahm an den frühen Verhandlungen 1947 in Moskau und London teil. Sein freundschaftliches, aber dennoch bestimmtes Verhältnis zur österreichischen Bevölkerung und zu den österreichischen Politikern brachte ihm großen Respekt und Anerkennung von allen Seiten. Bilder von ihm und seiner Frau beim Verteilen von Care-Paketen in Wien sind noch stark im Gedächtnis jener Österreicher geblieben, die Kriegsende und Wiederaufbau in Wien miterlebt haben. Clark war auch bei seinen Soldaten in Österreich durchaus beliebt und Präsident Eisenhower beauftragte ihn mit der Kommandantur der UNO-Truppen im Koreakrieg.

General Mark Clarks Beliebtheit bem österreichischen Volk und bei bedeutenden österreichischen Politikern wie Karl Renner, Julius Raab und Leopold Figl ist unbestritten – eine Sammlung von Dankesbriefen in deutscher Sprache in Clarks Nachlass im Archiv der *Citadel* Militärakademie in Charleston, Südkarolina, unterstreicht diese Beliebtheit.[4]

Alle diese Männer, Dulles, Thompson, Donnelly, Keyes und Clark, haben zur Wiederherstellung Österreichs als freies Land beigetragen und ihr Bestes nicht nur im Dienste ihres Landes, sondern auch im Geiste der Österreicher getan. Durch ihr Schaffen ist der Staatsvertrag Wirklichkeit geworden und mittlerweile haben drei Generationen von Österreichern davon profitiert.

Die Tätigkeit der US-Okkupationsregierung wurde offiziell am 27. Juli 1955, dem Tag an dem der am 15. Mai 1955 unterzeichnete Staatsvertrag in Kraft trat, eingestellt und die Truppen abgezogen.[5] Nach diesem Tag war Österreich tatsächlich frei – ein unabhängiges Land im Herzen Europas.[6]

Anmerkungen

1 http://www.arlingtoncemetery.net/jfdulles.htm, 15.1.2005, S. 14. Übersetzung durch den Autor.

2 William N. Dale, „Cold War American Diplomats. A Personal Assessment, in: American Diplomacy, verfügbar unter http://www.unc.edu/depts/diplomat/AD_Issues/amdipl_1/dale1.htm, 14.2.2005, S. 5.

3 Time, 24.6.1946.

4 Citadel Archives and Museum, Mark W. Clark Papers, Karton 40, Mappe 6.

5 Siehe hierzu: Record Group 338, United States Holocaust Memorial Museum, Records of the U.S. Allied Commission for Austria (USACA) Section of Headquarters, U.S. Forces in Austria [Theaters of Operations Records] betreffend Restitutionsangelegenheiten.

Siegfried Beer

Maßgebliche britische Persönlichkeiten für Österreich, 1945–1955

15. Mai 1955. Der britische Außenminister Harold Macmillan (re.) mit Leopold Figl am Balkon des Belvedere.
Quelle: Foto Votava/Wien.

Im Laufe der zehnjährigen Besetzung Österreichs haben Dutzende Militärs, Politiker und Beamte der britischen Besatzungsmacht in diversen Funktionen in der Londoner Zentrale (War Office, Foreign Office oder Control Office for Germany and Austria) oder vor Ort in Wien (z.B. in der Alliierten Kommission, in der britischen Botschaft oder auch in den britischen Sektoren), in Klagenfurt (Zone und BTA Hauptquartier) oder in Graz (Zone) eine entweder für die Entwicklung Österreichs oder die Erringung des Staatsvertrages wichtige Rolle gespielt. 25 von ihnen sollen hier in Auswahl jeweils mit einer ganz knappen biographischen Skizzierung ihrer Tätigkeit in Österreich, alphabetisch gereiht, vorgestellt werden.

Ernest BEVIN (1881–1951), Labour-Außenminister 1945–1951, kämpfte um Abschluss des Staatsvertrags 1948/49.

(Sir) Harold CACCIA (1905–1990), britischer Hochkommissar und Gesandter in Österreich, 1949–1951, von 1952 bis 1954 britischer Botschafter.

(Sir) Nicholas J. A. CHEETHAM (1910–2002), Political Division, ACA(BE), 1946 bis 1949, stellvertretender Hochkommissar in Österreich von August bis Dezember 1950.

Michael F. CULLIS (1914–2004), Leiter der Österreichabteilung im German (Political) Department des Foreign Office und Politischer Berater für die Staatsvertragsverhandlungen, 1945–1950.

(Sir) Anthony EDEN (1897–1977), konservativer Außenminister 1951–1955, Nachfolger Churchills als Premierminister ab 1955.

Lt. Gen. (Sir) Alexander GALLOWAY (1895–1977), britischer Hochkommissar und Oberbefehlshaber der British Troops Austria, 1947–1950.

(Sir) Geoffrey W. HARRISON (1908–1990), Mitarbeiter im Central Department des FO, 1943–1944; Verfasser des Memorandums „The Future of Austria" vom Mai 1943, ab 1951 als Assistant Under-Secretary of State wieder mit Österreich befasst.

John B. HYND (1902–1971), Labour M. P. für Sheffield 1944–1970, Chancellor of the Duchy of Lancaster und Minister for Germany and Austria (COGA), 1945–1947.

(Sir) Bertrand JERRAM (1891–1971), britischer Gesandter in Österreich, 1948–1949.

George P. LABOUCHERE (1905–1999), seit Dezember 1950 stellvertretender Hochkommissar, britischer Gesandter in Wien, 1951–1953, ab 1953 in Budapest.

(Sir) William H. B. MACK (1894–1974), Deputy Commissioner for Austria im Rang eines Gesandten seit 1944, Political Adviser to Commander-in-Chief seit Mai 1945, Envoy Extra-Ordinary seit 16. September 1947, Botschafter in Österreich von Februar 1948 bis 1950.

Harold MACMILLAN (1894–1986), 1942–1945 Minister Resident beim Alliierten Hauptquartier in Nordafrika und Italien, konservativer Verteidigungsminister 1954–1955, Außenminister 1955, Unterzeichner des Staatsvertrages.

General Sir Richard L. McCREERY (1898–1967), Kommandant der 8. Armee 1944–1945, britischer Oberbefehlshaber und Hochkommissar in Österreich, 1945–1946.

James MARJORIBANKS (1911–2002), Head of Peace-Making Section 1945–1947, First Secretary German Political Department im Foreign Office 1947–1949, Special Deputy for the Austrian Treaty 1947–1949.

Herbert S. MORRISON (1888–1965), Labour Leader of the House of Commons 1945–1951, britischer Außenminister 1951.

John NICOLLS (1914–1991), Director Political Division, ACA (BE) 1945–1946, Head of German Department, Foreign Office, 1947–1949.

Frank PAKENHAM (1905–2001), Parliamentary Under-Secretary, War Office 1945–1947, Chancellor of the Duchy of Lancaster und Leiter des COGA, 1947–1948.

Sir George W. RENDEL (1889–1979), Head of British Delegation to Austrian Treaty Commission 1947.

Lord Claud SCHUSTER (1898–1956), Director of Legal Division, ACA(BE) 1944-1946.

General Sir James S. STEELE (1894–1975), Oberbefehlshaber BTA und Hochkommissar 1946–1947

Sir William STRANG (1893–1978), British Representative on European Advisory Commission.

John TROUTBECK (1894–1971), Head of German Department in Foreign Office 1945–1946.

Sir Geoffrey WALLINGER (1903–1979), britischer Botschafter in Österreich 1954–1958; Mitunterzeichner des Staatsvertrages.

(Sir) Peter A. WILKINSON (1914–1981), Political Division, ACA(BE) 1945–1947, First Secretary British Legation 1947–1948, später britischer Botschafter in Österreich.

Major General Sir Thomas J. W. WINTERTON (1898–1987), Stellvertretender Kommandierender ACA(BE) und Stellvertretender Hochkommissar 1945–1949, Hochkommissar und Oberbefehlshaber BTA 1950.

Thomas Angerer

Französische Staatsvertragsverhandler

Auf französischer Seite verhandelten über den Österreichischen Staatsvertrag im Laufe der Jahre ein knappes Dutzend von Diplomaten, zunächst vor allem Pierre de Leusse, später Marcel Berthelot und Pierre Maillard, zum Schluss Roger Lalouette, in der so genannten Österreichischen Vertragskommission im Jahre 1947 vorübergehend auch einmal ein Militär, General Paul Cherrière, der sogar mit einem nach ihm benannten Plan für die Behandlung des Deutschen Eigentums in die Staatsvertragsgeschichte eingegangen ist.

Auf Außenministerebene sind die beteiligten Personen viel leichter zu übersehen. Die längste Zeit handelte es sich um Georges Bidault und Robert Schuman, zwei der prominentesten Politiker der „Vierten Republik". Zwischen 1944 und 1954 wechselten sich die beiden Christdemokraten an der Spitze des Außenministeriums ab. Beide hatten sich schon in der Zwischenkriegszeit für Österreich engagiert. Der Abschluss des Staatsvertrags fiel in die Amtszeit Antoine Pinays, eines Politikers ganz anderen Zuschnitts und auch ganz anderen Österreichbezugs. Aus Platzgründen soll es im Folgenden nur um diese drei Politiker gehen.[1] Ihre persönlichen Hintergründe und Österreichbezüge sind aber auch durchaus von exemplarischem Wert.

Georges Bidault, 1899 geboren und bei Jesuiten in Italien erzogen, war Historiker und Geschichtsprofessor an einem der renommiertesten Pariser Gymnasien, bevor er sich Mitte der Dreißigerjahre als Leitartikler der christdemokratischen Tageszeitung „L'Aube" einen Namen machte.[2] Nach einjähriger Kriegsgefangenschaft in Deutschland stieg er im besetzten Frankreich rasch in die Führung des „Nationalen Widerstandsrates" auf und wurde schließlich dessen Vorsitzender. Im August 1944 empfing Bidault de Gaulle im befreiten Paris, schritt an seiner Seite entlang jubelnder Menschenmengen die Avenue des Champs-Élysées herab und half ihm, sich den Inneren Widerstand unterzuordnen. Dafür wurde er Außenminister der Provisorischen Nationalregierung.

Georges Bidault links neben Charles de Gaulle im befreiten Paris, August 1944.
Quelle: Foto Votava/Wien.

Maßgeblich an der Neugründung der christdemokratischen Partei in Form des MRP beteiligt, trat Bidault bald an dessen Spitze. Mit einer kurzen Ausnahme behielt er das Außenministerium in allen Regierungen bis Juli 1948, auch nach dem Rücktritt de Gaulles. Während der eineinhalb Jahre davor bezog Frankreich im „Kalten Krieg" offen Partei für den Westen und nahm in seiner Deutschlandpolitik einschneidende Kurskorrekturen vor. Zwischen Jänner 1953 und Juni 1954 lenkte Bidault erneut die Geschicke der französischen Außenpolitik und bremste bei der supranationalen Orientierung, die sein Vorgänger

Robert Schuman in die französische Europapolitik gebracht hatte. Schon davor war Bidault wiederholt Regierungschef, einmal auch Verteidigungsminister. Mitte der Fünfzigerjahre manövrierte sich Bidault mit seiner Unnachgiebigkeit in Kolonialfragen ins politische Abseits und landete schließlich an der Spitze der zunehmend terroristisch vorgehenden Widerstandsbewegung Französisch-Algeriens gegen de Gaulle. 1983 starb er amnestiert und hochbetagt in Paris.

Schon Anfang der Zwanzigerjahre, als Vizepräsident der Katholischen Jugendbewegung in Frankreich, bekam Georges Bidault Kontakt mit Österreich. Als überzeugter Demokrat schrieb er flammende Leitartikel gegen das Dollfuß-Regime, als Gegner jeder Nachgiebigkeit gegenüber Hitlerdeutschland unterstützte er ebenso entschieden Österreichs neuen Unabhängigkeitskurs. Während der Österreich-Krise im Februar-März 1938 verurteilte er die französische Regierung scharf dafür, nicht mehr für die Verteidigung Österreichs zu tun. Umso enttäuschter zeigte sich Bidault dann über die Hofierung Hitlers durch das österreichische Episkopat. Eine gewisse Skepsis gegenüber den verschiedenen, oft undurchsichtigen Gruppen des österreichischen Exils könnte auch mit seinen zwiespältigen Eindrücken aus den Dreißigerjahren zusammenhängen.

In den Staatsvertragsverhandlungen trat Bidault, insbesondere während der Berliner Konferenz 1954, als beredter Anwalt der österreichischen Sache auf. Allerdings war er aus Angst vor einem Präzedenzfall für Deutschland und einem Zeichen der Schwäche gegenüber der Sowjetunion (Bidault war einer der wenigen „München"-Gegner der ersten Stunde) ein offener Feind jeder Neutralitätslösung und schrieb, schon nicht mehr in Regierungsämtern sondern wieder als Leitartikler, Ende Mai 1955 einen Brandartikel gegen die allgemeine Zufriedenheit über den Abschluss des Staatsvertrags. Nichtsdestoweniger stimmte er bei der Ratifikation als Abgeordneter in der Nationalversammlung dafür.[3]

Während sich Georges Bidault durch seinen Ehrgeiz und seine spitze Zunge schon früh viele Feinde machte, war sein Parteifreund und wiederholter Gegenspieler Robert Schuman, obwohl

Robert Schuman, 1954.
Quelle: Foto Votava/Wien.

nicht ungerissen, die Bescheidenheit und Verbindlichkeit in Person. Von mönchischem Lebenswandel – seit Jahrzehnten gibt es Bemühungen um seine Seligsprechung – wurde Schuman noch zu Lebzeiten ein Säulenheiliger der Europäischen Einigung, auch wenn er dafür im Ausland stärker verehrt wird als in Frankreich selbst.

1886 in Luxemburg als Sohn eines Lothringers mit deutscher Staatsbürgerschaft geboren, hatte Schuman an mehreren Universitäten des Deutschen Reiches Jus studiert und sich erst nach der Rückgabe Lothringens an Frankreich dort niedergelassen.[4] Neben seinem Beruf als Anwalt engagierte sich Schuman als Sozialkatholik und Laienprediger und vertrat die ganze Zwischenkriegszeit hindurch das Département Mosel in der Pariser

Abgeordnetenkammer. Während der schlimmsten vier Monate des Jahres 1940 war Schuman Unterstaatssekretär für Flüchtlingsfragen, zunächst noch in der Regierung Reynaud, dann in der ersten Regierung Pétain. Schuman stimmte noch für das Ermächtigungsgesetz, dann zog er sich ganz aus der Politik zurück. Unterdessen wurde seine Wahlheimat Lothringen wieder Deutschland angeschlossen. Bald wurde er verhaftet, dann unter Hausarrest gestellt. Nach gelungener Flucht tauchte er für den Rest des Krieges in Südfrankreich unter, ohne sich allerdings dem Widerstand anzuschließen.

Auf Intervention de Gaulles durfte Schuman schon bald nach Kriegsende wieder zu Wahlen antreten, erlangte sein altes Abgeordnetenmandat wieder und wurde neben Bidault zu einer der führenden Figuren der neu formierten Christdemokratie und der „Vierten Republik". Zwischen 1946 und 1952 bekleidete er durchgehend hohe Ministerämter. Ende 1947 und in der ersten Hälfte des Jahres 1948 Premierminister, bezwang er die „revolutionären" Streiks, mit dem die Kommunisten das Land lahmgelegt hatten. Zwischen Juli 1948 und Dezember 1952 leitete Schuman das Außenministerium, Ende 1949/Anfang 1950 unter dem Regierungsvorsitz Bidaults. Am 9. Mai 1950 überraschte er nicht nur die Welt, sondern sogar seine eigene Regierung mit einer Erklärung, die als „Schuman-Plan" in die Geschichte eingehen sollte: Frankreich lud die Bundesrepublik Deutschland zu Verhandlungen über eine Europäische Gemeinschaft für Kohle und Stahl ein – die erste der drei Europäischen Gemeinschaften, aus der die heutige Europäische Union hervorgegangen ist. 1955 ein letztes Mal kurzfristig Regierungsmitglied, starb Schuman 1963.

Schon in den Dreißigerjahren hatte sich Schuman als Abgeordneter für die österreichische Unabhängigkeit eingesetzt und nach dem Juliputsch 1934 Wien besucht, was ihm von den deutschen Behörden (Chef der „Westmark" und der Zivilverwaltung Lothringens war niemand anderer als Josef Bürckel) besonders nachgetragen worden sein und zur Verlängerung seiner Inhaftierung beigetragen haben soll. Als Außenminister blieb er Deutschland und ehemaligen Nationalsozialisten gegenüber auch und gerade in österreichischen Angelegenheiten gegenüber stets auf der Hut. Dies blockierte zeitweise Bemühungen der SPÖ, bei den Alliierten die Genehmigung einer vierten Partei als Auffangbecken ehemaliger Nationalsozialisten und Konkurrenz zur ÖVP in den Nationalratswahlen 1949 zu erwirken. Innenminister Helmer reiste eigens nach Paris und beschwor Schuman: „Sie brauchen nur ja zu sagen, und eine vierte Partei existiert!" Schuman darauf: „Herr Helmer, wenn ich so leicht ja sagen würde, wäre ich nicht noch heute Junggeselle!"[5] Schuman gab schließlich doch noch nach, aber die Anekdote passt gut zu den Quellen.

In den Staatsvertragsverhandlungen spielte Schuman insbesonders 1949 eine Rolle. Schon allein, weil die Minister zunächst in Paris tagten, war Schuman an einem raschen Abschluss interessiert, zögerte aber bald mit weiteren Kompromissen. Dies galt insbesondere für Österreichs Möglichkeiten, Kriegsflüchtlinge aus der Sowjetunion zu unterstützen, die nicht zurück wollten (Art. 16). Hier fürchtete Schuman, dass die sowjetischen Forderungen nach weiteren Einschränkungen Österreich in eine ähnliche Lage bringen könnte wie Frankreich nach dem Waffenstillstandsabkommen vom Juni 1940. Als seinerzeitiger Staatssekretär für Flüchtlingfragen hatte er nur allzu genau in Erinnerung, was es bedeutete, wenn einem Staat in solchen Fragen die Hände gebunden waren. Schuman wollte die Verhandlungen daran nicht scheitern lassen, hatte allerdings zunehmend den Eindruck, dass die Sowjetunion nur weitere Zugeständnisse erpressen, tatsächlich aber noch gar nicht abschließen wolle.[6]

Nach dem Scheitern der Verhandlungen bestand Schuman gleichwohl darauf, der Sowjetunion die Türe stets offen zu lassen und westlicherseits abschlussbereit zu bleiben. Diesen Standpunkt verteidigte er nicht nur gegenüber den Vereinigten Staaten und Großbritannien, sondern auch gegen Georges Bidault, als dieser vorübergehend Verteidigungsminister wurde und den Staatsvertrag unter den damaligen Voraussetzungen zu einem überhöhten Sicherheitsrisko erklärte. In der Ratifikationsdebatte im Rat der Republik ver-

Empfang des französischen Außenministers Pinay (li.) durch Außenminister Figl und Staatssekretär Kreisky bei der Ankunft in Schwechat am 13. Mai 1955.
Quelle: ÖNB/Bildarchiv/Wien.

trat Schuman 1955 den verhinderten neuen Außenminister Antoine Pinay und wirkte so schließlich doch noch an der Finalisierung der Österreichlösung mit.[7]

Antoine Pinay war eine der populärsten Figuren der französischen Politik.[8] Noch Jahrzehnte nach seinem offiziellen Abgang erwiesen ihm neue Finanz-, Wirtschafts- und Premierminister, ja sogar neue Staatspräsidenten ihre Reverenz und suchten Rat, denn Pinay hütete das Geheimnis, wie man sich in der breiten Bevölkerung sogar mit Sparbudgets beliebt macht. 1891 geboren, hatte Pinay weder die brillante Bildung Bidaults (er schaffte nicht einmal die Matura) noch den dreisprachigen, multikulturellen Hintergrund Schumans (in Luxemburg aufgewachsen hatte dieser drei Muttersprachen: Deutsch, Französisch und Luxemburgisch, Pinay konnte nur Französisch) noch dessen sozialkatholisches Engagement. Pinay war der Sohn eines Strohhutfabrikanten, heiratete die Erbin einer Gerberei, deren Geschäfte er übernahm, und kultivierte von sich zeitlebens das Bild eines volksnahen Lokalhonoratioren, der eigentlich nicht Politik machen, sondern nur ordentlich verwalten wollte. Pinay trug einen einfachen Namen, sah einfach aus und sprach auch in einfachen Worten. Für die breitere Öffentlichkeit war er schlicht „der Mann mit dem Hut". Das Einzige, wofür er politisch stand – und dem verdankte er Ende der Zwanzigerjahre, als sich die politischen Verhältnisse in Frankreich oft gerade auf lokaler Ebene zuzuspitzen begannen, den Einstieg in die Politik – waren seine gemäßigt konservative Grundeinstellung und sein unerschütterlicher Antikommunismus.

Im Ersten Weltkrieg schwer verwundet, Mitte der Dreißigerjahre Abgeordneter, dann Senator geworden, gelang es Pinay, während der „Schwarzen Jahre“ als Provinzvertreter in unexponierten Funktionen des Vichy-Regimes relativ unbeschadet davonzukommen und sich zu Beginn der „Vierten Republik“ rasch wieder Wahlen stellen zu können. Ab Herbst 1948 saß Pinay in jeder Regierung. Mit einem Schlag bekannt wurde er aber erst, als ihn der Staatspräsident 1952 zur Überraschung aller Beteiligten zum Premierminister designierte und ihn das Parlament zur noch größeren Überraschung aller Beteiligten – zumindest zwei Gruppen von Abgeordneten hatten falsch kalkuliert – in diesem Amt bestätigte. Pinay hielt die kürzeste Regierungserklärung, die man bis dahin gehört hatte, und bezwang die galoppierende Inflation. Durch seinen populären, wenn auch völlig undemagogischen Stil weckte er bei den Parlamentariern jedoch bald Misstrauen und trat nach einem Abstimmungsverlust noch im selben Jahr zurück.

Vorbei konnte man an ihm von da an aber nicht mehr, auch nicht Edgar Faure, als dieser, zum Premierminister designiert, im Februar 1955 einen Außenminister suchte, der die politische Dosierung des Kabinetts vervollständigte. Bedenkt man, wie unvorbereitet Pinay dieses Amt übernahm und welch heikle Dossiers auf ihn warteten (Saarfrage, Marokko, usw.), so absolvierte der überzeugte Anhänger der französisch-deutschen Aussöhnung und „Europäer“, der konzeptionell etwa auf halbem Weg zwischen Bidault und Schuman angesiedelt war, das Zwischenspiel nicht ohne Geschick. Brillieren sollte er aber erst wieder als erster Finanzminister der „Fünften Republik“, als „Vater des neuen Francs“. Schon Anfang 1960 zog sich Pinay ein für allemal aus der Regierung zurück, weil ihm die Präsidialisierung der Republik unter de Gaulle zu weit ging. Wiederholt und von prominenter Seite wurde ihm in den Sechzigerjahren die Kandidatur zur Präsidentschaft angetragen, doch lehnte er aus Altergründen stets ab. Dabei lebte er noch über 30 Jahre und verstarb erst 1993, wenige Tage vor seinem 102. Geburtstag.

Zwei Jahre vor seinem Tod empfing Pinay den Autor dieser Zeilen in seiner Pariser Wohnung, gleich hinter den Invalides. Eigentlich sei er im Mai 1955 völlig unvorbereitet nach Wien geflogen und hätte nur gewusst, dass er unterschreiben solle. Vor Ort sei ihm allerdings klar geworden, worum es ging: Der Staatsvertrag war ein „Vertrag zur Befreiung Österreichs“. Die Szene am Balkon des Belevederes vor der unübersehbaren Menge jubelnder Menschen bezeichnete er im Rückblick als „den bewegendsten Augenblick meines Lebens“. Dann der anschließende Empfang im Schloss Schönbrunn: „Überall Leute in Kleidern, die zu eng oder zu weit geworden waren. Unter anderen Umständen hätte das lächerlich sein können, damals war es bewegend!“ Wien hatte Pinay schon einmal in seiner Jugend besucht, als ihn sein Großvater auf Reisen mitnahm. Das war noch vor dem Ersten Weltkrieg, und er erinnere sich noch genau daran, wie er bei einer Veranstaltung Kaiser Franz-Joseph erlebt hatte. Der Kaiser habe ihm einen großen Eindruck hinterlassen. Frankreich sei überhaupt sehr österreichfreundlich.[9]

Freundliche, gefühlsbetonte Worte eines steinalten Mannes, die man sicher nicht auf die Goldwaage legen sollte. Doch runden sie die enge Auswahl von Kurzporträts gut ab, da sie bestätigen, wie der Staatsvertrag in Frankreich nach Jahren sorgenvoller Abwägung durch ausgewiesene Kenner schließlich in die Hände eines Unbedarften kamen, der in diesem Fall seinen Experten vertraute und im Übrigen nur Sympathien mitbrachte. Vielleicht konnte sich Pinay am Balkon des Belvederes gerade deshalb unbeschwerter auf den Jubel einlassen, als es Bidault, möglicherweise auch Schuman hätten tun können.

Anmerkungen

1 Auf Premier- und Außenminister Pierre Mendès France und Premierminister Edgar Faure, die im November 1954 bzw. März 1955 zur Erleichterung der Ratifizierung der Pariser Verträge in der französischen Abgeordnetenkammer bzw. im Rat der Republik gegenüber der Sowjetunion Österreich-Initiativen setzten – der eine vor der Weltöffentlichkeit in der UN-Vollversammlung, der andere in

einem geheimen Gespräch mit dem sowjetischen Botschafter – kann hier aus Platzmangel nicht eingegangen werden. Ebensowenig auf Maurice Schumann, von 1951 bis 1954 Staatssekretär im Außenministerium und in der Alltagsarbeit lange näher mit den österreichischen Angelegenheiten befasst als Schuman bzw. Bidault; siehe dazu: Thomas Angerer, Besatzung, Entfernung ... Integration? Grundlagen der politischen Beziehungen zwischen Frankreich und Österreich seit 1938/45, in: Friedrich Koja – Otto Pfersmann (Hg.), Frankreich – Österreich. Wechselseitige Wahrnehmung und wechselseitiger Einfluß seit 1918. Studien zu Politik und Verwaltung, Bd. 58. Wien – Köln – Graz 1994, S. 96f.

2 Hierzu und zum Folgenden: Jacques Dalloz, Georges Bidault. Biographie politique. Paris 1992; Jean-Claude Demory, Georges Bidault, 1899–1983. Biographie. Paris 1995.

3 Thomas Angerer, Der ‚bevormundete Vormund'. Die französische Besatzungsmacht in Österreich, in: Alfred Ableitinger – Siegfried Beer – Eduard G. Staudinger (Hg.), Österreich unter alliierter Besatzung 1945–1955. Studien zu Politik und Verwaltung, Bd. 63. Wien – Köln – Graz 1998, S. 183 (mit Anm. 89).

4 Hierzu und zum Folgenden: Raymond Poidevin, Robert Schuman, homme d'État. 1886–1963. Paris 1986.
René Leujeune, Robert Schuman. Paris 2000.

5 Johannes Kunz, Hoffnungslos, aber nicht ernst. Der politische Witz in Österreich seit 1918. Wien 1976, S. 95f.

6 Thomas Angerer, Frankreich und die Österreichfrage 1945–1955. Grundlagen und Leitlinien. Phil. Diss. Wien 1996, S. 299–343.

7 Ebd., S. 344–351.

8 Hierzu und zum Folgenden: Silvie Guillaume, Antoine Pinay ou la confiance en politique. Paris 1984; Christiane Rimbaud, Pinay. Paris 1990.

9 Persönliches Gespräch des Autors mit Antoine Pinay, Paris 17.10.1990.

13. Die österreichische Identität

Ernst Bruckmüller

Die Österreicher und ihr Nationalbewusstsein

National sahen sich die Österreicher der Ersten Republik mit wenigen Ausnahmen als „Deutsche". Das hat – von allen anderen Faktoren abgesehen – zweifellos die Akzeptanz des so genannten „Anschlusses" 1938 und der Mitgliedschaft in einem Deutschen Reich enorm erleichtert. Doch brachten „Anschluss" und Krieg zahlreiche Enttäuschungen dieses „deutschen" Empfindens der österreichischen Bevölkerung, bis hinein in die nicht gerade kleinen Reihen der österreichischen Nationalsozialisten. 1945 schien es endgültig vorbei zu sein mit der deutschen Orientierung in Österreich. Leopold Figl in seiner Regierungserklärung am 21. Dezember 1945:
„Wenn wir immer wieder mit allem Fanatismus heimatverwurzelter Treue betonen, dass wir kein zweiter deutscher Staat sind, dass wir kein Ableger einer anderen Nationalität jemals waren noch werden wollen, sondern dass wir nichts sind als Österreicher, dies aber aus ganzem Herzen und mit jener Leidenschaft, die jedem Bekenntnis zur Nation innewohnen muss, dann ist dies keine Erfindung von uns, die wir heute die Verantwortung für diesen Staat tragen, sondern tiefste Erkenntnis aller Menschen, wo immer sie stehen mögen in diesem Österreich."
Dennoch lebten ab 1948/49 deutschnationale Tendenzen und Haltungen wieder auf. Das hängt mit verschiedenen Faktoren zusammen – mit der Zulassung der „minderbelasteten" Nationalsozialisten zu den Wahlen von 1949, mit dem Fortleben deutschnationalen Gedankengutes, insbesondere in bildungsbürgerlichen Schichten (aller Parteien!), mit der starken „deutschen" Prägung von Schuljugend und Soldaten im Deutschen Reich Hitlers. Aber wie der Kampf um den Staatsvertrag die politische und staatliche Einheit Österreichs bestätigte, so schuf die Erringung des Staatsvertrages die Basis für einen neuen nationalen Konsens: Seither wuchs die Einsicht der Österreicher darüber, dass sie eine in jeder Richtung eigenständige Nation sind. Das Staatsvertragsjahr 1955 hat endlich auch das positiv als gemeinsamen Erfolg zu interpretierende und somit nationsstiftende Ereignis geliefert.

	1964	1970	1977	1980	1987	1989	1990	1992	1993
Ö. sind Nation	47%	66%	62%	67%	75%	79%	74%	78%	80%
Ö. beginnen sich langsam als Nation zu fühlen	23%	16%	16%	19%	16%	15%	20%	15%	12%
Ö. sind keine Nation	15%	8%	11%	11%	5%	4%	5%	5%	6%
keine Angaben	14%	10%	12%	3%	3%	3%	1%	2%	2%

Tab. 1: Nationalbewusstsein der Österreicher.[1]

Ab den Sechzigerjahren verdichtet sich also das österreichische Selbstbewusstsein in einer Weise, dass man von einer eindeutigen österreichischen nationalen Identität sprechen kann. Diese österreichische Identität wurde 1987 durch (mögliche) Antworten auf die allenfalls einem Österreicher im Ausland gestellte Frage „Sind Sie Deutscher?" unterstrichen: 87 Prozent hätten sich als „Österreicher" bekannt, zwei Prozent als „regionale Österreicher" (Bundesländerbewusstsein), drei Prozent als „österreichische Deutsche", sechs Prozent als „Deutsche" und drei Prozent wollten oder konnten die Frage nicht beantworten. Analoge Fragen wären in der Zeit vor 1945, aber auch vor 1938 oder 1934 wahrscheinlich nicht in derselben Weise beantwortet worden.[2]
Übereinstimmung zeigen alle Untersuchungen der letzten 30 Jahre hinsichtlich des angenommenen Alters des österreichischen Nationalbewusstseins: Ganz überwiegend wird es als Produkt der Zweiten Republik interpretiert. Die Zeit nach 1945 ist auch die einzige, die von einer etwas größeren Gruppe der österreichischen Bevölkerung (zusammen 38 Prozent) als besonders wichtig und bedeutungsvoll erinnert wird:

	Basis	Vor 1918	Zwischen-kriegszeit	Nach dem Zweiten Weltkrieg	Gründung der Republik	Staatsvertrag	Neutralität	Keine Angabe	Summe
Total	1000	8%	3%	10%	1%	20%	8%	57%	107%
Leit. Ang. u. Beamte	51	21%	–	12%	–	21%	10%	46%	110%
Facharbeiter/ Meister	112	4%	6%	8%	–	14%	18%	59%	109%
Pensionist	268	8%	2%	14%	2%	23%	4%	55%	108%
Berufs-/ Fachschule	539	9%	3%	12%	1%	18%	10%	56%	109%
Hochschule	46	21%	3%	13%	5%	24%	8%	44%	118%
Kärntner (innen)	75	1%	26%	6%	–	13%	13%	50%	109%
Wiener (innen)	203	16%	0	10%	3%	28%	8%	35%	111%

Tab. 2: Stolz auf historische Epochen und Ereignisse.[3]

Was kann man über die nationale Identität der Österreicherinnen und Österreicher heute sagen? Die Frage, ob sich die Österreicher eher als solche oder als Deutsche sehen, stellt sich nicht mehr. Damit ist die Grundfrage der österreichischen Identität des 20. Jahrhunderts Geschichte geworden. „Identität" heißt ja zunächst einmal, sich selbst als Individuum (an)erkennen und von anderen ebenso (an)erkannt zu werden, mit einem eigenen Namen. Identität heißt einfach „Nämlichkeit". Der Name Österreich, 1918/19 noch heiß umstritten, ist seit 1945 selbstverständlich geworden, und genauso selbstverständlich sieht man sich als „Österreicher". In diese leere Kanne „Identität", mit nichts als einem Namensschild versehen, gießt die Sehnsucht nach einer genaueren – positiven oder negativen – Bestimmung bestimmte Inhalte. Die könnte „Neutralität" heißen, oder „Brücke zwischen Ost und West" oder „Insel der Seligen", „Land der Berge" oder wie auch immer. Sie drücken im Grunde nichts anderes aus als die Feststellung: Wir sind eine besondere Gruppe, mit spezifischen Eigenheiten und mit besonderen Aufgaben. Eine ganz gewöhnliche europäische Nation eben.

Anmerkungen

1 Ernst Bruckmüller, Nation Österreich. Kulturelles Bewusstsein und gesellschaftlich-politische Prozesse. Studien zu Politik und Verwaltung, Bd. 4. 2. Aufl. Wien – Köln – Graz 1996, S. 65.

2 Ebd., S. 66.

3 Emil Brix – Ernst Bruckmüller – Hannes Stekl, Das kulturelle Gedächtnis Österreichs. Eine Einleitung, in: Emil Brix – Ernst Bruckmüller – Hannes Stekl (Hg.), Memoria Austriae I. Menschen, Mythen, Zeiten. Wien 2004, S. 9–25, Tabelle auf S. 14. Die Tabelle fasst die Ergebnisse einer repräsentativen ungestützten Umfrage zusammen, die im Auftrag der Herausgeber im Sommer 1998 von Fessel & GfK durchgeführt wurde (n= 1000). Bemerkenswert ist die große Zahl derer, die auf diese Frage keine Antwort geben konnten oder wollten.

Erwin A. Schmidl

Österreich in der Staatengemeinschaft nach 1955

Mit der Unterzeichnung des Staatsvertrages (15. Mai 1955), dessen Inkrafttreten (27. Juli 1955) und schließlich dem Abzug der Besatzungstruppen (bis zum 26. Oktober 1955) hatte Österreich, wenn auch mit einigen einschränkenden Bestimmungen des Staatsvertrages, seine Souveränität wiedergewonnen. Es stellte sich nun die Frage, wie die Alpenrepublik mit dieser neu erwachsenen Freiheit umgehen sollte, vor allem angesichts der weiter prekären Lage am „Eisernen Vorhang".

Österreich international – der eigenständige Weg

Im Moskauer Protokoll vom April 1955 war zwar eine „Neutralität nach Schweizer Muster" vereinbart worden, doch entfernte sich Österreich rasch vom Schweizer Vorbild. Bereits am 14. Dezember 1955 trat das Land der UNO bei (die Schweiz folgte erst 2002). Auch sonst setzte man – d.h. vor allem Dr. Bruno Kreisky, der bis 1966 als Staatssekretär bzw. Außenminister und ab 1970 als Bundeskanzler wesentlich die österreichische Außenpolitik prägen sollte – auf eine möglichst aktive Rolle in der Staatengemeinschaft. Österreich trat schon am 16. April 1956 dem Europarat bei, war 1960 eines der Gründungsmitglieder der Europäischen Freihandelszone (EFTA) und bemühte sich ab den Sechzigerjahren um ein Naheverhältnis zu den Europäischen Gemeinschaften – auch wenn der Beitritt zu diesen, die sich inzwischen zur Europäischen Union weiterentwickelt hatten, noch bis 1995 dauern sollte.

Seit 1956/57 hatte die neu gegründete Internationale Atombehörde (IAEA) ihren Sitz in Wien, ein Jahrzehnt später (1966) folgte die Organisation für Industrielle Entwicklung (UNIDO). 1961 und 1963 fanden die UN-Konferenzen über diplomatische bzw. konsularische Beziehungen in Wien statt, 1968/69 die UN-Konferenzen über Fragen des Weltraums, des Straßenverkehrs und des Vertragsrechts. 1979 wurde das Vienna International Centre („UNO-City") mit exterritorialem Status der UNO übergeben, Wien wurde neben New York und Genf zur „dritten UN-Hauptstadt". Das Internationale Zentrum in Wien ist sichtbares Zeichen einer aktiven österreichischen Außenpolitik.[1]

Diese aktive Rolle im internationalen Geschehen ist nicht zuletzt eine Lehre aus der Zwischenkriegszeit – gerade für Kleinstaaten bieten sich im internationalen Rahmen besondere Chancen des Agierens, ergeben sich im geschickten Verhandeln mehr Möglichkeiten als im rein bilateralen Verkehr den „Großen" gegenüber. Österreich spielte seine Rolle gut – von 1972 bis 1981 war ein Österreicher, Dr. Kurt Waldheim, UN-Generalsekretär und 1973–1974 und 1991–1992 war Österreich nichtständiges Mitglied im UN-Sicherheitsrat.

Die Teilnahme an internationalen Friedens- und Hilfseinsätzen

Vor allem in einem Bereich gelang es Österreich seit 1960, sich international einen hervorragenden Ruf zu erwerben: im Rahmen internationaler Friedensoperationen („Peacekeeping", „Peace Support Operations"). Beginnend mit einem Feldspital im vormals belgischen Kongo (1960–1963), gefolgt von einem weiteren Spital und Polizisten auf Zypern (seit 1964) und Militärbeobachtern im Nahen Osten (seit 1967) spielte Österreich in diesem Bereich eine immer wichtigere Rolle.[2]

Es folgten ein Bataillon auf Zypern (1972–2001) und ein weiteres im Nahen Osten (seit 1974 auf den Golanhöhen in Syrien). Angesichts der Ausweitung internationaler Friedensoperationen erweiterte sich in den Neunzigerjahren auch das Spektrum der österreichischen Teilnahme – hier sind vor allem die Truppenkontingente in Bosnien-Herzegowina (1996–2001 und ab 2004) sowie das mechanisierte Bataillon im Kosovo (seit 1999) zu nennen, dazu die Teilnahme mit militärischen und zivilen Beobachtern an einer Unzahl weiterer Einsätze und die führende Rolle im Bereich der Polizeimissionen und der humanitären Hilfseinsätze. Insgesamt nahmen seit 1960 rund 56.000 österreichische Freiwillige an über 60 Friedens- und humanitären Hilfseinsätzen teil – für ein kleines Land wie Österreich eine beträchtliche Zahl.

Sowjetische Panzer in Budapest, 1956.
Quelle: Foto Votava/Wien.

Ungarnkrise 1956 – erste Bewährung

1955 freilich stand diese internationale Rolle noch in ferner Zukunft. Dafür ergab sich schon im Herbst 1956 eine Herausforderung in nächster Nähe. Viele Ungarn hatten – fälschlich – im Abzug der Besatzungstruppen aus Österreich ein Modell gesehen, auch in ihrem Land die wenig geliebte kommunistische Führung abschütteln zu können. Auf den Aufstand im Oktober 1956 aber folgte die massive Intervention sowjetischer Truppen. Fast 200.000 Ungarn flüchteten in den Westen, die meisten nach Österreich. Das Bundesheer – eben erst im Entstehen – und die Exekutive überwachten die Grenze, versorgten die Flüchtlinge und demonstrierten so klar, dass Österreich zwar zwischen den Blöcken „neutralisiert" war, geistig aber zweifellos zum Westen gehörte. Das österreichische Verhalten in dieser Krise brachte dem jungen Staat viel Lob und Anerkennung.[3]

In der Folge verfolgte Österreich den Kurs einer möglichst weitgehenden Integration in die internationale Staatengemeinschaft und einer möglichst großen Annäherung an die europäische Einigung – Letztere wurde 1987 mit der Übernahme des Außenministeriums durch Dr. Alois Mock zum Kernstück der österreichischen Außenpolitik. 1989 ersuchte Österreich um Aufnahme in die Europäische Gemeinschaft (EG); 1993 wurde die EG zur Europäischen Union (EU) und nach der Abstimmung im Juni 1994, in der sich die Österreicher mit einer überwältigenden Mehrheit von zwei Dritteln für einen Beitritt ausgesprochen hatten, wurde Österreich am 1. Jänner 1995 Mitglied der EU. Ebenfalls 1995 trat die Alpenrepublik der NATO-Partnerschaft für den Frieden bei. Außerdem spielte Österreich seit den Siebzigerjahren eine führende Rolle im Helsinki-Prozess der Konferenz für Sicherheit und Zusammenarbeit in Europa (KSZE). Seit 1994 formal eine Organisation (OSZE), sind wesentliche Institutionen der OSZE in Wien angesiedelt, ist Wien gewissermaßen Hauptstadt der OSZE.

Freilich wurden durch den Beitritt zur EU manche Bestimmungen etwa des Neutralitätsgesetzes von 1955 obsolet bzw. durch neue Bestimmungen überholt. War die „Neutralisierung" des Landes nach dem Muster der Schweiz 1815 oder Albaniens 1913 vor einem halben Jahrhundert ein probates Mittel, um den Staatsvertrag zu erhalten, so herrscht im geeinten und solidarischen Europa von heute für diese Neutralität weder Verständnis noch Bedarf. In ähnlicher Weise wurden auch manche die Souveränität einschränkende Bestimmungen des Staatsvertrages entweder stillschweigend ignoriert bzw. nach 1989 offen für obsolet erklärt. Ein Beispiel: die AUA kaufte ab 1988 Airbus-Flugzeuge – dies stellte formal einen Verstoß gegen den Staatsvertrag dar, weil Teile dieses Flugzeuges aus deutscher Produktion stammen.

Während 1955 viele Beobachter Zweifel hegten, welchen Kurs Österreich steuern würde, so steht dies ein halbes Jahrhundert später außer Zweifel. Die Alpenrepublik bestand außer der Ungarnkrise noch so manche Bewährungsprobe und präsentiert sich heute als anerkanntes und aktives Mitglied der internationalen Gemeinschaft.

Anmerkungen

1 Zur Rolle Österreichs in der UNO vgl. Günther Unser, Die UNO. Aufgaben – Strukturen – Politik. 7. Aufl. München 2004.

2 Dazu insbesondere: Erwin A. Schmidl, Going International – in the Service of Peace. Die österreichische Teilnahme an internationalen Friedensoperationen seit 1960. Graz 2005.

3 Vgl. dazu die Beiträge in: Erwin A. Schmidl (Hg.), Die Ungarnkrise 1956 und Österreich. Wien – Köln – Weimar 2003.

Wolfram Dornik

Erinnerungskulturen und Identitäten 2005 Was bleibt von der Besatzungszeit? Was bleibt vom Staatsvertrag?

Noch bevor das Jubiläumsjahr begonnen hatte, begannen bereits die Kontroversen über Sinn, Zweck und Berechtigung von Feierlichkeiten anlässlich der Jubiläen im Jahr 2005. Was sollte man feiern? Das Kriegsende? Die Gründung der Zweiten Republik? Das Ende der NS-Diktatur? Die Befreiung durch die Alliierten? Den Beginn der Verdrängung der NS-Geschichte? Den Staatsvertrag? Die Staatsvertrags-Väter? Wer waren diese überhaupt, Figl, Raab, Schärf oder Kreisky? Oder nicht eher Chruščev und Molotov? Wobei sich Letzterer jahrelang gegen den Abschluss des Staatsvertrages quergelegt hatte und dann unfreiwillig zu dessen Geburtshelfer wurde.

Von vielen wurde bereits öffentlich bemängelt, dass die Feierlichkeiten von der Politik zur Selbstdarstellung ausgenützt werden. Unweigerlich drängt sich hier eine Parallele zur Theorie der „invention of tradition“ („Erfindung der Tradition“) von Eric Hobsbawm auf. Der britische Forscher entwickelt in ihr anhand einer Analyse der Bräuche der britischen Monarchie folgende These, die er letzten Endes auf einen Großteil gebräuchlicher Traditionen anwenden möchte: „‚Traditionen‘, die alt erscheinen oder vorgeben, alt zu sein, haben sehr oft eine junge Vergangenheit und sind manchmal erfunden.“ Damit meint er, wie er weiter ausführt, dass Traditionen oft erfunden und konstruiert beziehungsweise verordnet werden.[1] Identitäten und Macht politischer Eliten sollen so abgesichert werden. Es ist sowohl üblich als auch notwendig, dass es Kritik an dieser Erfindung gibt. Kritik ganz im Sinne von Michel Foucaults Definition des Begriffs, als „die Kunst nicht dermaßen regiert zu werden“.[2]

Sinn und Zweck von Traditionen (ob von oben verordnet oder von unten gewachsen) ist die Absicherung von Erinnerungsgemeinschaften.[3] Traditionen, Lebensweisen und Routinen sollen gesellschaftliche Gruppen verbinden – dadurch werden kollektive Erinnerungskulturen konstituiert. Zur Absicherung dieser Erinnerungskulturen sind „Geschichten“ und Mythen von Bedeutung; diese haben nur selten etwas mit der wissenschaftlichen Forschung zu tun.

Ist die österreichische Tradition der Feierlichkeiten des Staatsvertrages eine Erfindung? Das lange Warten auf die endgültige Freiheit, sprich: den Staatsvertrag, wird von vielen Zeitzeugen hervorgehoben. Für viele war deshalb der 15. Mai 1955 wirklich etwas Besonderes. Mit frenetischer Freude wurde vor dem Belvedere gejubelt und am Ring getanzt. Für viele ist die Erinnerung daran bis heute ein konstitutives Element ihrer eigenen und der österreichischen Identität.

Das einjährige Jubiläum des Staatsvertrages war noch überschattet von den Nationalratswahlen, die am 13. Mai 1956 stattfanden. Auch in den folgenden Jahren gab es noch keine konkreten Feierlichkeiten um den 15. Mai. Aber bereits beim fünfjährigen Jubiläum des Staatsvertrages wurde der Unterzeichnung und dem 15. Geburtstag der Zweiten Republik gedacht. In den folgenden Jahrzehnten – meist zu den runden Jubiläen – fanden am Tag der Unterzeichnung Festakte und Symposien statt. Oft sehr prunkvoll, unter Anwesenheit der Botschafter oder Außenminister der Signatarstaaten. Bis heute ist aber nicht der 15. Mai oder der Tag der Gründung der Zweiten Republik in den Rang eines Feiertages erhoben, sondern der 26. Oktober: An diesem Tag wurde 1955 vom Nationalrat die Neutralität beschlossen, nachdem am 25. Oktober die Räumungsfrist für die Besatzungstruppen abgelaufen war. Fälschlicher Weise existiert bis heute der tradierte Mythos, dass an diesem Tag der letzte Besatzungssoldat Österreich verlassen habe. Die Wahl des Feiertages zeigt, dass nicht der Staatsvertrag, sondern der Tag des Abzugs der Besatzer entscheidend war. Nachdem zuvor vergeblich gerungen worden war, erreichte der 26. Oktober in den folgenden Jahren den politischen Konsens, der für die Erhebung zum Nationalfeiertag im Jahre 1965 notwendig war.[4] Bereits ab 1956 war er als „Tag der Fahne“ gefeiert worden.

Menschenmassen am Wiener Gürtel, 15. Mai 1955.
Quelle: Karl Benesch/Wien.

Zu einem zentralen Muster der österreichischen Identität in der frühen Zweiten Republik wurde die Verdrängung der eigenen Verantwortung und Schuld am Funktionieren und den Verbrechen des NS-Regimes. Die Phase des Antinazismus dauerte nur kurze Zeit, dann wurde daraus ein Antifaschismus beziehungsweise Antikommunismus. Dies, das Umwerben der „Ehemaligen" durch die politischen Parteien und die „Minderbelasteten"-Regelung erlaubten es, die „Ehemaligen" wieder in die Gesellschaft zu integrieren.[5]
Erst Jahre nach dem Ende des Zweiten Weltkrieges begann im Laufe der Siebziger- und Achtzigerjahre eine öffentliche kritische Debatte über den Umgang mit der eigenen NS-Geschichte. In dieser Diskussion wurde das Überlagern der negativen Facetten am Beginn der Zweiten Republik (fehlende Mitverantwortung am NS-Regime, Vertuschung von NS-Verbrechen, nachlässige Entnazifizierung usw.) durch positive Elemente (Wirtschaftswachstum in den Fünfzigerjahren, Abschluss des Staatsvertrages, Aufbau des Sozialstaates usw.) kritisiert. Diese Kritik ist zweifelsohne berechtigt, nur darf dadurch nicht der Blick auf wichtige Elemente der historischen Identität verstellt werden.
Bisher ist nämlich selten gefragt worden, welchen Platz der Wiederaufbau, die Besatzungszeit und der Staatsvertrag in der österreichischen Identität einnehmen.[6] Dass diese Periode nicht nur im kommunikativen, sondern bereits auch im kulturellen Gedächtnis[7] ein wichtiger Bestandteil ist, wurde bei der vom Ludwig Boltzmann-Institut für Kriegsfolgen-Forschung Graz – Wien – Klagenfurt zu Beginn der Vorbereitungen für die Ausstellung auf der Schallaburg durchgeführten „Zeitgeschichtlichen Sammelaktion" deutlich. Die österreichische Bevölkerung wurde über Medien-

aufrufe gebeten, Erinnerungsstücke, Dokumente, erzählte Geschichten und Gegenstände abzugeben, die mit dem Kriegsende, der Besatzungszeit und dem Staatsvertrag verbunden sind. Das Feedback war gewaltig: Fast 1.000 Menschen aus ganz Österreich meldeten sich. Sie übergaben 7.000 Exponate: persönliche Erinnerungen an die letzten Kriegstage und die ersten Kontakte mit Besatzungssoldaten, Lebensmittelkarten, Identitäts-Ausweise, Tagebuchaufzeichnungen, „Reliquien" der Staatsvertrags-Unterzeichnung, ja sogar ganze Wohnungen – die im Stil der frühen Fünfzigerjahre bis heute überdauerten. Dieser enorme Widerhall des Aufrufes veranschaulicht die enge Verbindung der Menschen mit der Geschichte der Zeit von 1945 bis 1955. Dies ist aber nicht nur als romantische Verklärung, sondern auch als wesentliches Element der erinnerten Geschichte der Menschen zu sehen. Ereignisse wie der Holocaust und der (Nicht-)Umgang mit ihm nach 1945, der Krieg und die Kriegsgefangenschaft, die Befreiung und Besatzung durch die Alliierten Armeen (aber auch die Übergriffe!), der Hunger und Mangel sowie das bald darauf einsetzende Wirtschaftswachstum haben die „erzählten" und erlebten Geschichten geformt.

Das große Interesse an Projekten, wie „oe2005.at"[8], oder an der Website der Schallaburg-Ausstellung „www.oesterreichistfrei.at" verdeutlicht auch das Interesse der jüngeren Generationen an dieser Phase der österreichischen Geschichte. Die Flut von Veranstaltungen, Ausstellungen und Aktionen im Rahmen des Jubiläumsjahres zeigen den Wunsch nach dem Erinnern von „Geschichten". Dieser „Hype" macht die zentrale Stellung dieser „Geschichten" für die Konstitution österreichischer Identitäten klar. Dass aber auch viele Menschen zu Beginn des Jahres 2005 (Imas-Studie: 55 Prozent!) gar nicht wissen, welche Jubiläen in diesem Jahr anstehen, stellt auch die Informationsvermittlung zur Geschichte Österreichs in den Vordergrund. Nicht nur trockene Informationen über die Zeit, sondern auch erlebte Geschichte, die Einordnung in individuelle Erzählungen sind zur Verortung im individuellen und kollektiven Gedächtnis notwendig.

Bundeskanzler Fred Sinowatz mit den Außenministern der vier Signatarstaaten beim 30-jährigen Jubiläum der Unterzeichnung des Staatsvertrages.
Quelle: ÖNB/Bildarchiv/Wien.

Anmerkungen

1. Eric Hobsbawm, Das Erfinden von Tradition, in: Christoph Conrad – Martina Kessel (Hg.), Kultur & Geschichte. Neue Einblicke in eine alte Beziehung. Stuttgart 1998, S. 97–118.
2. Vgl. Michel Foucault, Was ist Kritik? Berlin 1992.
3. Vgl. Ernst Langthaler, Österreich vor Ort. Ein Weg in die kollektive Identität der Zweiten Republik, in: Österreichische Zeitschrift für Geschichtswissenschaften, Jg. 13, Nr. 1, Wien 2002.
4. Vgl. Thomas Macho, Die letzten Fremden: Feiertage der Zweiten Republik, in: Lutz Muser – Gotthard Wunberg – Eva Cescutti (Hg.), Gestörte Identitäten? Eine Zwischenbilanz der Zweiten Republik. Innsbruck – Wien – München – Bozen 2001, S. 44–59.
5. Die Literatur und die Zugänge zu diesem Thema sind nahezu unerschöpflich. Zu verweisen ist auf die Arbeiten von Erwin Ringel, Wolfgang Neugebauer, Meinrad Ziegler und Waltraud Kannonier-Finster, Lutz Muser, Gotthart Wunberg, Eva Cescutti, Heidemarie Uhl.
6. Ausnahmen stellen hier folgende Arbeiten dar: Susanne Fröhlich-Steffen, Die österreichische Identität im Wandel. Wien 2003; Ruth Wodak u.a., Zur diskursiven Konstruktion nationaler Identität. Frankfurt am Main 1998; ganz besonders ist auf die Arbeiten von Katharina Wegan hinzuweisen.
7. An dieser Stelle sei auf die Arbeiten von Jan und Aleida Assmann verwiesen, u.a.: Jan Assmann, Das kulturelle Gedächtnis. Schrift, Erinnerung und politische Identität in frühen Hochkulturen. München 1992.
8. Siehe: http://www.oe2005.at/, 23.1.2005, 16.36.

Anhang

Zeittafel

1943

19.–30.10.1943

Außenministertreffen in Moskau: Die Sowjets, Briten und Amerikaner erklären die Wiederherstellung Österreichs zu einem ihrer Kriegsziele in der „Moskauer Deklaration" (1.11.1943). Österreich wird als erstes „Opfer" der Hitlerschen Aggressionspolitik bezeichnet, gleichzeitig aber an seinen eigenen Beitrag zu seiner Befreiung erinnert. Ferner beschließt man die Einrichtung der „Europäischen Beratenden Kommission" (European Advisory Commission, EAC), die aus Unterhändlern besteht und in der Folge über die Nachkriegsverwaltung (Einteilung in Besatzungszonen) Österreichs und Deutschlands verhandelt.

1944

21.4.1944

Gegen Wien wird der erste alliierte Luftangriff geflogen. Zuvor massive alliierte Luftangriffe im Rahmen der „Big week" im Februar 1944 gegen Ziele im österreichischen Raum.

20.7.1944

Offener militärischer Widerstand gegen Hitler: Ein Bombenanschlag durch Graf Stauffenberg in der „Wolfsschanze" misslingt. Die Widerständler werden standrechtlich exekutiert, Verhaftungswellen und Massenverurteilungen durch den Volksgerichtshof folgen.

1945

16.3.1945

Zwischen Donau und Plattensee beginnt die sowjetische Offensive in Richtung Wien.

29.3.1945, Gründonnerstag

Sowjetische Truppen überschreiten um 11.05 Uhr bei Klostermarienberg (nördlich von Köszeg/Güns) im Burgenland die österreichische Grenze. Der „Südostwall" kann sie nicht aufhalten.

Ende März 1945

Stalin erteilt angeblich dem Oberkommandierenden der 3. Ukrainischen Front, Marschall Fedor Tolbuchin, den Befehl, Karl Renner suchen zu lassen.

3.4.1945

Renner erscheint auf Bitte eines Widerstandskämpfers auf der sowjetischen Ortskommandantur in Gloggnitz, um für die Schonung der Bevölkerung einzutreten und legt seine Pläne für die Nachkriegsordnung Österreichs dar.

4.4.1945

Stalin wird umgehend vom Erscheinen Renners benachrichtigt. Dieser reagiert prompt und ist erstaunt, dass „der alte Renner" noch lebt. Marschall Tolbuchin wird angewiesen, Renner klar zu machen, dass die sowjetischen Truppen nicht nach Österreich gekommen sind, „um es zu annektieren, sondern um die faschistischen Okkupanten zu vertreiben".

5.4.1945

Generaloberst Aleksej Želtov lässt Renner zu sich holen und überbringt ihm die Nachricht Stalins.

6.–13.4.1945

„Kampf um Wien"

13.4.1945

Um 14.00 Uhr ist der „Kampf um Wien" offiziell beendet.

17.4.1945

Stalin weist in einem Telegramm Tolbuchin an, Renner mit der Bildung einer Provisorischen Regierung zu beauftragen.

19.4.1945

Renner beginnt nach einem Treffen mit Tolbuchin mit Parteiengesprächen zur Bildung einer mit Vertretern der SPÖ, ÖVP und KPÖ geführten Regierung.

20.4.1945

In einer einstweiligen Verfügung befiehlt der sowjetische Oberkommandierende der 3. Ukrainischen Front, Marschall Tolbuchin, auf dem Gebiet Österreichs keine sowjetische Ordnung einzuführen.

27.4.1945

Geburtsstunde der Zweiten Republik Österreich: Abschluss der (geheimen) Verhandlungen über eine provisorische Staatsregierung unter Renner. Proklamation der Unabhängigkeitserklärung Österreichs.

28.4.1945

US-Truppen erreichen in Tirol österreichischen Boden.

29.4.1945

Im Wiener Rathaus versammeln sich um 10 Uhr die Bundesregierung und Vertreter der sowjetischen Besatzungsmacht. General Blagodatov übergibt das Parlament an die Provisorische Regierung. Im Parlament verkündet Renner die Wiederherstellung der Republik Österreich. Gleichzeitig werden die NS-Gesetze außer Kraft gesetzt, der „Anschluss" für null und nichtig erklärt.

29.4.1945

Eine französische Panzerdivision überschreitet die Grenze zu Vorarlberg.

30.4.1945

Selbstmord Adolf Hitlers.

1.5.1945

Verfassungsgesetz: Die Provisorische Regierung beschließt ein Gesetz über das neuerliche Wirksamwerden der österreichischen Verfassung vom 1. Oktober 1920 in der Fassung von 1929.

7.5.1945

Britische Truppen erreichen Klagenfurt.

Bedingungslose Kapitulation des „Großdeutschen Reiches" in Reims. In der Nacht vom 8. auf den 9.5.1945 tritt die Kapitulation der Deutschen Wehrmacht in Kraft. Österreich hatte im Zweiten Weltkrieg schätzungsweise 67.000 ermordete Juden, 24.000 Ziviltote (bei Luftangriffen und Kriegshandlungen) und 350.000 gefallene Soldaten zu beklagen. Dazu kommen tausende Vertriebene (aufgrund Ihrer Religion, Herkunft oder Sprache), Verwundete und Kriegsgefangene. Im Mai 1945 befanden sich etwa 3 Millionen Flüchtlinge und Displaced Persons (Zwangsarbeiter, Kriegsgefangene, „Fremdarbeiter", deutsche Soldaten, Flüchtlinge, Heimatvertriebene usw.) auf österreichischem Gebiet.

8.5.1945
Erlass des Verbotsgesetzes.

24.5.1945
Der Staatssekretär für öffentliche Bauten, Ing. Julius Raab, verkündet den Wiederaufbau der Wiener Staatsoper.

26.6.1945
Unterzeichnung der Charta der Vereinten Nationen (UNO).

28.6.1945
Erlass des Kriegsverbrechergesetzes.

4.7.1945
Unterzeichnung des Ersten Kontrollabkommens durch die vier Alliierten.

9.7.1945
Das Zonenabkommen der vier Besatzungsmächte wird von der EAC in London beschlossen. Damit werden die Aufteilung Österreichs in vier Besatzungszonen und die Verwaltung Wiens geregelt.

17.7.–2.8.1945
Harry Truman (USA), Josef Stalin (UdSSR) und Winston Churchill bzw. Clement Attlee (GB) fassen die Potsdamer Beschlüsse. Darin verzichten die Alliierten auf österreichische Reparationen, machen aber ihren Anspruch auf das „Deutsche Eigentum" geltend. Dieser Begriff wird aber nicht genau definiert, weshalb es in weiterer Folge zu unterschiedlichen Interpretationen kommt.

9.8.1945
Deklaration der Besatzungsmächte über die weitere Vorgangsweise in Österreich: Aufteilung in vier Besatzungszonen. Wien selbst wird wie Berlin in vier Zonen unterteilt, der 1. Bezirk wird gemeinsam verwaltet.

19.8.1945
Es findet das erste Fußball-Länderspiel gegen Ungarn in Budapest statt. Die Fahrzeuge für den Transport der österreichischen Nationalmannschaft stellt die Rote Armee zur Verfügung. Österreich verliert mit 3:6.

22.8.1945
Die UNRRA (United Nations Relief and Rehabilitation Administration) beschließt, Österreich Hilfe zu leisten.

1.9.1945
Die westalliierten Besatzungstruppen ziehen in Wien ein, womit die Zoneneinteilung der Bundeshauptstadt in Kraft tritt. Damit wird die bis dahin andauernde rein sowjetische Besetzung Wiens beendet.

11.9.1945
Erste Sitzung des Alliierten Rates (Marschall Konev für die Sowjetunion, General Clark für die Vereinigten Staaten, Generalleutnant McCreery für Großbritannien, Korpsgeneral Béthouart für Frankreich). Anerkennung der politischen Parteien Österreichs (ÖVP, SPÖ, KPÖ).

24.–26.9.1945
In Niederösterreich findet die erste Länderkonferenz statt. Die Provisorische Regierung Renner wird durch Mitglieder aus den westlichen Bundesländern erweitert.

9.–10.10.1945
Zweite Länderkonferenz in Wien: Alle „Ehemaligen" (Angehörige der NSDAP, SA, SS) werden vom Wahlrecht ausgeschlossen.

20.10.1945
Offizielle Anerkennung der Provisorischen Regierung durch die Besatzungsmächte.

25.10.1945
Dritte Länderkonferenz in Wien: Zentrale Themen sind die Ernährungssicherung und die Frage der Flüchtlinge in Österreich. Das Verbotsgesetz vom 8.5.1945 soll novelliert werden.

25.11.1945
Erste freie Nationalratswahlen seit 1930. Gleichzeitig finden auch Landtags- und Gemeinderatswahlen statt. Ergebnis der Nationalratswahlen: absolute Mehrheit der ÖVP mit 85 Mandaten; die SPÖ erhält 76, die KPÖ nur 4 Mandate.

13.–20.12.1945
Erste Währungsreform nach 1945. Die Reichsmark (RM) und die Militärschillinge werden dabei vom Schilling abgelöst. Die RM und die alliierten Militärschillinge werden pro Kopf bis zu 150 RM im Verhältnis 1:1 in Schilling umgetauscht. Das übrige Bargeld wird vorerst gesperrt.

18.12.1945
Die auf Basis der Nationalratswahlen vom November gebildete Regierung (Kanzler Leopold Figl) wird vom Alliierten Rat anerkannt.

19.12.1945
In der ersten Sitzung des Nationalrates wird die Unabhängigkeitserklärung wiederholt und das Verfassungsüberleitungsgesetz beschlossen.

20.12.1945
Der Provisorische Staatskanzler Karl Renner wird einstimmig von der Nationalversammlung zum Bundespräsidenten gewählt. Noch wird der Bundespräsident nicht vom Volk gewählt. Die Regierung Figl I wird angelobt.

21.12.1945

Regierungserklärung durch Kanzler Leopold Figl unter Anwesenheit von Vertretern der Alliierten im Parlament.

1946

2.2.1946

Außenminister Karl Gruber übergibt dem britischen Vertreter in Wien ein Papier mit dem Titel „Entwurf für einen Vertrag zur Wiederherstellung der Rechtsstellung Österreichs".

8.3.1946

Beginn des UNRRA-Hilfsprogramms in Österreich.

27.6.1946

Der sowjetische Oberbefehlshaber in Österreich erlässt den Befehl „Nr. 17" (am 5. Juli verlautbart): Das „Deutsche Eigentum" in Ostösterreich geht in die Verwaltung der sowjetischen Besatzungsmacht über. Die Sowjetunion zieht das ehemalige „Deutsche Eigentum" als Reparationen für die Kriegsschäden im eigenen Land heran.

28.6.1946

Zweites Kontrollabkommen der Besatzungsmächte, das eine Lockerung der alliierten Kontrolle mit sich bringt.

10.7.1946

Als Reaktion auf die Beschlagnahmung des „Deutschen Eigentums" durch die sowjetische Besatzungsmacht kündigen die USA demonstrativ den Verzicht darauf in ihrer Zone an.

25.7.1946

Beschluss des ersten Verstaatlichungsgesetzes durch den Nationalrat – gegen die Stimmen der KPÖ.

5.9.1946

Alcide de Gasperi und Karl Gruber unterzeichnen in Paris ein Abkommen, das den deutschsprachigen Südtirolern Gleichberechtigung mit den Italienern und eingeschränkte Autonomie zuspricht (Gruber – De Gasperi-Abkommen). Das Abkommen wird 1947 Bestandteil des Pariser Friedensvertrages mit Italien.

1947

14.1.–25.2.1947

Erste Konferenzen der Sonderbeauftragten für den Österreichischen Staatsvertrag in London. Bis 1953 finden insgesamt 260 Sitzungen, meist in London, statt.

10.2.1947

Pariser Friedensverträge mit Italien, Ungarn, Bulgarien und Finnland. Die geplante Errichtung einer freien Stadt Triest unter einem UN-Hochkommissar kommt nicht zustande. Stattdessen wird die Stadt geteilt: Zone A (Stadt Triest und Hinterland) wird britisch und amerikanisch, ab 1953 italienisch; Zone B (Istrien) wird jugoslawisch besetzt. Diese Lösung bleibt bis 1954 bestehen.

15.–23.2.1947

Erste Eishockey-Weltmeisterschaft nach dem Zweiten Weltkrieg in Prag. Mit einem überraschenden Sieg über die favorisierten Schweden erringt Österreich die Bronzemedaille.

19.2.1947

Nach dem gefälschten Wahlsieg der Polnischen Arbeiterpartei unter ihrem Führer Wladyslaw Gomulka setzt mit der Annahme der so genannten „Kleinen Verfassung" in Polen der Umbau zur „Volksrepublik" ein.

25.2.1947

Der Ministerrat beschließt eine neue Bundeshymne: Die Musik stammt von Mozart, der Text von der Dichterin Paula von Preradović.

12.3.1947

Die Truman-Doktrin wird verkündet. Darin ist die so genannte „Containment-policy" festgeschrieben, deren Ziel die weltweite Eindämmung des Kommunismus ist.

26.3.1947

Das Zweite Verstaatlichungsgesetz wird verabschiedet.

11.4.1947

Der freie Warenverkehr zwischen den Besatzungszonen wird offiziell vom Alliierten Rat erlaubt.

5.6.1947

Der amerikanische Außenminister George Marshall präsentiert in einer Rede den „Marshall-Plan", der im Rahmen des ERP („European Recovery Programm") US-Lieferungen von Rohstoffen, Waren und Kapital verspricht.

9.6.1947

Geheimgespräche der ÖVP-Spitze mit dem Kommunistenführer Ernst Fischer werden öffentlich bekannt. Die SPÖ kann sich in der Folge bei den Westmächten etablieren. Diese sehen in ihr einen Garanten gegen den Kommunismus. Nicht bekannt wird allerdings, dass es auch Gespräche zwischen der SPÖ und der KPÖ gab.

21.6.1947

Österreich muss keine Besatzungskosten mehr an die USA bezahlen.

2.7.1947

Ansuchen Österreichs um Aufnahme in die Vereinten Nationen (UNO).

1.8.1947

Mit dem ersten Lohn- und Preisabkommen wird versucht, die Lohn-Preis-Schere zu reduzieren. Dies war notwendig, da die Preise für Grundnahrungsmittel stiegen, die Löhne aber auf gleichem Niveau blieben.

8.10.1947

Der „Cherrière-Plan" soll einen Ausweg in der Frage des „Deutschen Eigentums" aufzeigen. Der Leiter der französischen Delegation, General Paul Cherrière, schlägt bei den Wiener Verhandlungen einen Kompromiss vor: Beschlagnahmung von Eigentum nur in einzelnen Fällen (Erdöl und DDSG), in allen anderen Fällen aber Ablöselieferungen oder -zahlungen.

11.9.1947
Der erste große Heimkehrertransport der Repatriierungswelle 1947/48 aus der Sowjetunion trifft in Wiener Neustadt ein.

20.11.1947
Energieminister Karl Altmann (KPÖ) tritt aus der Regierung aus. Damit endet die Konzentrationsregierung und beginnt die Zeit der Großen Koalition, die bis 1966 dauern sollte.

25.11.–15.12.1947
In einer Außenministerkonferenz in London wird über den Staatsvertrag beraten.

1948

24.1.1948
Gegenvorschlag der Sowjetunion zum Cherrière-Plan.

30.1.-8.2.1948
Bei den V. Olympischen Winterspielen in St. Moritz gewinnt die österreichische Mannschaft acht Medaillen. Trude Beiser erreicht den ersten Rang in der Alpinen Kombination.

25.2.1948
Die Kommunisten übernehmen die Macht in der Tschechoslowakei.

6.4.1948
Finnland schließt mit der UdSSR einen Vertrag über Freundschaft, Zusammenarbeit und gegenseitige Hilfe ab. Finnland wird wie Österreich nicht in den „Ostblock" einbezogen und kann sich einer Sowjetisierung entziehen.

28.4.1948
Jugoslawien legt ein Memorandum über seine Gebietsansprüche an Österreich vor, das in Bezug auf die Forderungen von Jänner 1947 (Abtretung von „Slowenisch-Kärnten", 2.470 Quadratkilometer, mit Klagenfurt und Villach und von Teilen der südlichen Steiermark, 130 Quadratkilometer) geringfügig abgeschwächt war. Jugoslawien verzichtet nun auf das untere Gailtal, auf Villach südlich der Drau, auf einige Gemeinden im Lavanttal und die Gemeinde Soboth.

27.–29.6.1948
Bruch zwischen Stalin und Tito. Jugoslawien verliert in seinen Ansprüchen gegenüber Österreich die sowjetische Unterstützung und beschränkt sich auf Forderungen nach Festschreibung des Minderheitenschutzes im Staatsvertrag (Artikel 7).

21.4.1948
Amnestie für „minderbelastete" Nationalsozialisten.

24.6.1948–12.5.1949
1. Berlinkrise. Aus Protest gegen die Währungsreform in den westlichen Besatzungszonen in Deutschland sperrt die Militärregierung in der sowjetischen Besatzungszone alle Lieferungen nach West-Berlin. Die Westmächte versorgen West-Berlin mit einer Luftbrücke. Auch in Wien treffen die Westmächte Vorbereitungen (Bau von Landepisten, Anlegung von Lebensmittelvorratsspeichern etc.) für den Fall einer ähnlichen sowjetischen Aktion. Die Sorgen um ein ähnliches Schicksal für Wien sind jedoch unbegründet. Die sowjetische Führung verfolgt keine Pläne einer Abriegelung des sowjetischen Sektors in Wien.

2.7.1948
Das Abkommen zwischen Österreich und den USA über wirtschaftliche Zusammenarbeit wird in Wien unterzeichnet („Marshall-Plan").

23.–30.7.1948
Erste internationale österreichische Radrundfahrt: Der in Südtirol geborene Salzburger Richard Menapace gewinnt die „Königsetappe" über den Großglockner und die Gesamtwertung.

29.7.–14.8.1948
XIV. Olympische Sommerspiele in London: Dabei erringt die Weltrekordhalterin Herma Bauma die Goldmedaille im Speerwerfen.

14.8.1948
Eröffnung der ersten USIA-Läden in der sowjetischen Besatzungszone. Die USIA-Betriebe zahlen keine Steuern an den österreichischen Staat, die Waren können deswegen billiger als in anderen österreichischen Geschäften verkauft werden.

16.9.1948
Zweites Lohn- und Preisabkommen.

1949

25.1.1949
Gründung des Rates für Gegenseitige Wirtschaftshilfe (RGW bzw. Comecon). Dieser regelt die wirtschaftliche Zusammenarbeit der Sowjetunion mit seinen Satellitenstaaten.

5.2.1949
Gründung des Verbandes der Unabhängigen (VdU) – die Vorläuferorganisation der heutigen FPÖ. Bei den Wahlen tritt der VdU als WdU (Wahlpartei der Unabhängigen) an. Die Sowjetunion lässt die neue Partei zu, weil sie sich eine Schwächung der ÖVP und eine Stärkung der Kommunisten erhofft.

4.4.1949
Gründung der NATO durch Abschluss des Nordatlantikpaktes in Washington.

23.5.1949
Verkündung des Grundgesetzes der Bundesrepublik Deutschland (BRD). Die drei westalliierten Besatzungszonen bilden damit einen selbständigen Staat.

23.5.–20.6.1949
Konferenz des Rates der Außenminister in Paris. Man erreicht Kompromisse in wichtigen Fragen zum Staatsvertrag. Der Rat der Außenminister erklärt, den Staatsvertrag über den Sommer

unterschriftsreif zu machen. Die Unterzeichnung scheitert jedoch an der Frage des „Deutschen Eigentums".

1.6.1949
Drittes Lohn- und Preisabkommen.

1.7.–1.9.1949
Konferenz in London zum Österreichischen Staatsvertrag. Moskau unterstützt die jugoslawischen Gebietsforderungen nicht mehr. Ein diplomatischer Kompromiss wird mit Artikel 7 (Minderheitenschutz) erzielt. Die USA sind nicht bereit, den hohen wirtschaftlichen Forderungen der Sowjets an Österreich zuzustimmen.

7.7.1949
Durch Beschluss des Nationalrates werden alle Minderbelasteten ehemaligen Nationalsozialisten aus den Registrierungslisten gestrichen.

20.8.1949
Proklamation der Volksrepublik Ungarn. Ministerpräsident wird Mátyás Rákosi.

21.8.1949
Das Politbüro weist den sowjetischen Außenminister Vyšinskij an, bei den Staatsvertragsverhandlungen in Detailfragen des Artikels 35 („Deutsches Eigentum") den Westmächten entgegenzukommen.

9.9.1949
Der Alliierte Rat genehmigt den VdU und erlaubt die Zulassung von zwei weiteren Kleinparteien zu den Nationalratswahlen.

9.9.1949
Vyšinskij empfiehlt Stalin am Rande der 7. UNO-Generalversammlung in New York weiterzuverhandeln, obwohl nicht anzunehmen ist, dass die Uneinigkeiten bereinigt werden, wenn die Westmächte nicht ihre Position ändern.

23.9.–16.12.1949
Außenminister Vyšinskij erklärt, Stalin habe ihm befohlen, den Österreichischen Staatsvertrag abzuschließen. US-Präsident Truman hat noch keine Entscheidung gefällt. Die Briten drängen die USA auf den Vertragsabschluss.

24.9.1949
Die sowjetische Delegation berichtet Stalin, die vom Westen gemachten Vorschläge zu Artikel 35 seien vorteilhaft.

28.9.1949
Stalin erklärt sich einverstanden. Das Politbüro weist die sowjetische Delegation an, den Vorschlägen zuzustimmen.

4.10.1949
Außenminister Vyšinskij empfiehlt Stalin, einige kleinere Konzessionen zu machen.

6.10.1949
Das Politbüro weist die sowjetische Delegation an, kleinere Konzessionen zu machen. Die vier Außenminister erklären, bis zum 22. Oktober den Wortlaut des Staatsvertrages zu konkretisieren.

7.10.1949
Proklamation der Deutschen Demokratischen Republik (DDR). Die sowjetische Besatzungszone Deutschlands wird zu einem selbstständigen Staat erklärt.

9.10.1949
Zweite Nationalratswahlen nach 1945: Die ÖVP verliert die absolute Mehrheit und hält bei 77, die SPÖ bei 67, die KPÖ bei 4 Mandaten. Die WdU (VdU) erhält auf Anhieb 16 Mandate.

21.10.1949
Die sowjetischen Vertreter vermuten, dass die Westmächte den Staatsvertrag unter Dach und Fach bringen möchten und erstatten Bericht an Stalin: „Alle grundlegenden Uneinigkeiten sind bereinigt."

22.10.1949
Der stv. sowjetische Außenminister Andrej Gromyko „warnt" Stalin vor einem Abschluss des Staatsvertrages und empfiehlt eine Verzögerungstaktik.

24.10.1949
Das Politbüro weist die sowjetische Delegation an, den Abschluss des Staatsvertrages bei der nächsten sich bietenden Möglichkeit hinauszuzögern.

26.10.1949
US-Präsident Truman gibt grünes Licht für den Abschluss des Österreichischen Staatsvertrages.

18.11.1949
Einigung der Sonderbeauftragten über das „Deutsche Eigentum" (Artikel 35).

18.11. – 16.12.1949
Nur noch fünf weniger bedeutungsvolle Artikel bleiben auszuverhandeln. Während die USA zum Abschluss bereit sind, wird dieser nun von der UdSSR verweigert.

1950

9.1.–15.12.1950
Erneute Staatsvertragsverhandlungen.

14.4.1950
Stalin lässt keinen Verhandlungsspielraum. Die Österreichische Frage wird mit der Triester Frage und den Fragen der Entnazifizierung und Demilitarisierung Österreichs verknüpft.

25.6.1950 – 27.7.1953
Der „Kalte Krieg" eskaliert durch die Korea-Krise. Es kommt zum Krieg. UN-Truppen unter dem Kommando der USA greifen mit einem Mandat vom UN-Sicherheitsrat nach dem nordkoreanischen Überfall auf Südkorea ein. Der Frieden von Panmunjom legt einen Waffenstillstand entlang des 38. Breitengrades fest, der bis heute in Kraft ist.

21.6.1950
Die Todesstrafe wird abgeschafft. Der Nationalrat hat bereits im Mai einen Antrag auf Verlängerung abgelehnt.

21.9.1950

Die UdSSR akzeptiert die Ersetzung der militärischen Oberbefehlshaber durch zivile Hochkommissare in Österreich.

26.9.1950

4. Lohn- und Preisabkommen.

26.–28.9.1950

Erste kommunistische Streikwelle in den USIA-Betrieben auf Grund des 4. Lohn- und Preisabkommens, das nicht zur Zufriedenheit der KPÖ ausfällt.

4.–5.10.1950

Zweite große Streikwelle („Oktober-Streik"). Der vielfach als Putsch bezeichnete Aufruhr kann die Regierung jedoch nicht zu einem Einlenken bewegen. Der befürchtete Einsatz sowjetischer Panzer bleibt aus. Lediglich in Wiener Neustadt greifen sowjetische Besatzungstruppen ein. Das Politbüro weist den sowjetischen Hochkommissar in Wien an, in Zukunft Entlassungen von Kommunisten zu verhindern.

31.12.1950

Bundespräsident Karl Renner stirbt zwei Wochen nach seinem 80. Geburtstag.

1949/50

In der Fußballsaison 1949/50 wird Austria Wien erster gesamtösterreichischer Fußballmeister.

1951

27.5.1951

Theodor Körner wird zum ersten direkt vom Volk gewählten Bundespräsidenten der Zweiten Republik.

10.7.1951

5. Lohn- und Preisabkommen.

1952

14.–25.2.1952

Bei den VI. Olympischen Winterspielen in Oslo schneidet das österreichische Team sehr erfolgreich ab: Trude Jochum-Beiser gewinnt Gold in der Abfahrt, Othmar Schneider erringt im Slalom ebenfalls Gold.

10.3.1952

„Stalin-Note": Die sowjetische Regierung schlägt den Westmächten die Aufnahme von Friedensverhandlungen über ein wiedervereintes Deutschland vor. Die Westmächte lassen sich aber auf das Angebot nicht ein.

13.3.1952

Die Westalliierten „bieten" Moskau den so genannten „Kurzvertrag" an.

18.7.1952

Der Nationalrat billigt die Amnestie für belastete ehemalige Nationalsozialisten.

31.7.1952

Österreich wendet sich in einem Memorandum an alle Mitgliedsstaaten der Vereinten Nationen, um die Weltöffentlichkeit auf den Staatsvertrag aufmerksam zu machen.

30.10.1952

Der Nationalrat beschließt seine vorzeitige Auflösung, nachdem eine Woche zuvor auf Grund des nicht zustande gebrachten Budgets für 1953 die Regierung Figl zurückgetreten war.

17.–20.12.1952

Behandlung der Österreich-Frage vor der UNO-Generalversammlung in New York. Resolution Nr. 613 (VII) der Generalversammlung der Vereinten Nationen fordert den Abschluss des Österreichischen Staatsvertrages.

1953

6. u. 9.2.1953

Weitere Staatsvertragsverhandlungen.

22.2.1953

Dritte Nationalratswahlen in der Zweiten Republik: Die SPÖ wird mit 73 Mandaten stimmenstärkste Partei, die ÖVP erhält mit weniger Stimmen trotzdem mehr Mandate (74), die KPÖ hält bei 4 und die WdU fällt auf 14 Mandate.

5.3.1953

Stalin stirbt. Der wieder eingesetzte sowjetische Außenminister Molotov lehnt den Abschluss des Staatsvertrages ab. Die gemäßigte Gruppe um Nikita Chruščev setzt sich allmählich durch.

2.4.1953

Neue Bundesregierung unter Bundeskanzler Julius Raab. Karl Gruber wird Außenminister, Bruno Kreisky wird sein Staatssekretär.

1.5.1953

Offizielles Ende der Lebensmittelrationierung.

25.5.1953

Nachdem die Sowjetunion die Teilnahme an einer Konferenz der Sonderbeauftragten für den Österreichischen Staatsvertrag ablehnt, löst sich dieses Gremium praktisch auf.

16.6.1953

Der österreichische Ministerrat beschließt ein Memorandum, das am 30.6.1953 in Moskau überreicht wird und zur Entspannung der österreichisch-sowjetischen Beziehungen beitragen soll.

17.6.1953

Volksaufstand in Ost-Berlin gegen das SED-Regime (= Sozialistische Einheitspartei Deutschlands). Sowjetische Truppen schlagen die Demonstrationen nieder. Es folgen Massenverhaftungen, Standgerichte und Erschießungen.

1.7.1953

Der Marshall-Plan läuft aus. Österreich hatte Hilfsleistungen im Ausmaß von 960 Millionen US-Dollar erhalten (zusätzliche Hilfsleistungen nicht eingerechnet).

30.7.1953
Die Sowjetunion verzichtet mit 1.8.1953 auf weitere Beitragsleistungen Österreichs zu den Besatzungskosten. Großbritannien und Frankreich folgen einige Wochen später mit dem Beschluss, ab dem 1.1.1954 ebenfalls keine Beiträge mehr zu verlangen.

12.–14.8.1953
Ende der Postzensur in der sowjetischen Zone. Der Alliierte Rat beschließt das Ende der Kontrolle des Brief-, Telegrafen- und Telefonverkehrs.

23.9.1953
In einer Note an die Sowjetunion geht Österreich vom „Kurzvertrag" ab, um auf Basis des „alten" Vertragsentwurfs weiter zu verhandeln.

26.11.1953
Nach einer Affäre über ein von ihm verfasstes Buch tritt Außenminister Karl Gruber zurück.
Leopold Figl wird neuer Außenminister.

1954

25.1. – 18.2.1954
Berliner Außenministerkonferenz: Zum ersten Mal nimmt Österreich als gleichberechtigter Partner an den Staatsvertragsverhandlungen teil. Die Delegation besteht aus Leopold Figl, Bruno Kreisky, Norbert Bischoff und Josef Schöner. Die USA erklären sich bereit, eine Neutralität Österreichs zu akzeptieren. Die Sowjets bieten Österreich den Staatsvertrag unter der Bedingung eines Wiedereinmarschrechtes an. Außenminister Figl lehnt ab.

16.6.–4.7.1954
Österreich wird Dritter bei der Fußball-Weltmeisterschaft in der Schweiz. Deutschland wird Weltmeister („Das Wunder von Bern"), Ungarn belegt den zweiten Platz.

25.7.1954
Rupert Hollaus aus Traisen in Niederösterreich sichert sich den Weltmeistertitel in der 125er-Klasse der Motorräder. Am 11. September desselben Jahres verunglückt Hollaus beim Training in Monza tödlich.

5.10.1954
Im Londoner Memorandum über die Triest-Frage wird die Zone A (Triest) an Italien und die Zone B (Istrien) an Jugoslawien übergeben.

22.11.1954
Der französische Ministerpräsident Pierre Mendès-France präsentiert der UNO-Generalversammlung einen Plan zum stufenweisen Abzug der alliierten Truppen aus Österreich.

1955

8.2.1955
In einer Rede zu den Grundsätzen der sowjetischen Außenpolitik vor dem Obersten Sowjet äußert Molotov erstmals die Bereitschaft zur Lösung des Junktims zwischen der Österreichischen und der Deutschen Frage.

9.2.1955
Die österreichische Regierung begrüßt die Rede Molotovs und beauftragt den österreichischen Botschafter in Moskau, in Erfahrung zu bringen, unter welchen Umständen Moskau zu einem Abschluss des Staatsvertrages bereit ist.

24.3.1955
Die sowjetische Regierung lädt Bundeskanzler Raab mit einer Delegation zu Gesprächen nach Moskau ein.

28.3.1955
Österreichische Botschafterkonferenz in Wien zu den Staatsvertragsverhandlungen.

12.–15.4.1955
Moskauer Verhandlungen. Am Ende steht das Moskauer Memorandum: Militärische Bündnis- und Basenfreiheit; freiwillige Neutralität; territoriale Integrität; Truppenabzug; Korrektur des Staatsvertragsentwurfes von 1949; Ablöselieferungen; Fragen der Erdölindustrie und der Donauschifffahrt werden gelöst; österreichisch-sowjetischer Handel wird festgelegt.

2.–13.5.1955
Botschafterkonferenz der vier Besatzungsmächte in Wien unter der Teilnahme Österreichs.
Letzte Runde der Staatsvertragsverhandlungen.

10.5.1955
Wiener Memorandum: In Verhandlungen zwischen Österreich, den USA und Großbritannien werden Fragen zum Eigentum und den Erdölgesellschaften erörtert.

14.5.1955
Die Sowjetunion errichtet mit ihren Satellitenstaaten den Warschauer Pakt als Militärbündnis.

Außenministerkonferenz in Wien: Der Staatsvertrag wird unterschriftsreif gemacht. Außenminister Figl gelingt es dabei noch, die Streichung einer Mitverantwortungs-Klausel Österreichs am Zweiten Weltkrieg durchzusetzen.

15.5.1955
„Österreich ist frei!" Unterzeichnung des Staatsvertrages im Schloss Belvedere in Wien.

7.6.1955
Ratifizierung des Staatsvertrages durch den Nationalrat.

27.7.1955
Inkrafttreten des Staatsvertrages, nachdem die französische Ratifikationsurkunde als letzte in Moskau hinterlegt wurde: Beginn der 90-tägigen Frist für den Abzug der Besatzungstruppen. In Wien findet die letzte Sitzung des Alliierten Rates statt, die Auflösung der Alliierten Kommission für Österreich wird beschlossen.

9.–13.9.1955
Der Bundeskanzler der Bundesrepublik Deutschland, Konrad Adenauer, reist zu einem Staatsbesuch nach Moskau. Die mit dem Besuch verbundenen hohen Erwartungen in der deut-

schen Öffentlichkeit nach dem Abschluss des Staatsvertrags mit Österreich werden nicht erfüllt.

19.9.1955
Abschluss des Abzuges der sowjetischen Truppen.

15.10.1955
Wiedereröffnung des Burgtheaters mit Grillparzers „König Ottokars Glück und Ende".

26.10.1955
Am Tag nach dem Ablauf der Räumungsfrist beschließt der Nationalrat das Bundesverfassungsgesetz über die immerwährende Neutralität der Republik Österreich (tritt am 5.11.1955 in Kraft). Der 26. Oktober wird 1956 zum „Tag der Fahne" erklärt und ab 1965 zum Nationalfeiertag.

5.11.1955
Die Wiener Staatsoper wird mit Beethovens Fidelio unter Karl Böhm wiedereröffnet.

6.12.1955
Anerkennung der Neutralität durch die vier Signatarmächte.

14.12.1955
Aufnahme Österreichs in die UNO.

Abkürzungsverzeichnis

ACA(BE)	Allied Commission for Austria (British Element)
AdBIK	Archiv des Ludwig Boltzmann-Instituts für Kriegsfolgen-Forschung (Graz – Wien – Klagenfurt)
AdR	Archiv der Republik (Wien)
AFHQ	Allied Forces Headquarters
Anm.	Anmerkung
Art.	Artikel
AUA	Austrian Airlines
AVP RF	Archiv vnenej politiki Rossijskoj Federacii/Archiv für Außenpolitik der Russischen Föderation (Moskau)
AZ	Arbeiter-Zeitung
B.	Box
Bd.	Band
Bde.	Bände
BGAKFFD	Belaruski dzaržaŭny achiŭ kinafotafonadakumentaŭ/Weißrussisches staatliches Archiv für Kino-, Foto- und Tondokumente (Dzjaržinsk)
BGBL	Bundesgesetzblatt
BH	Bezirkshauptmannschaft
BIK	Ludwig Boltzmann-Institut für Kriegsfolgen-Forschung (Graz – Wien – Klagenfurt)
BMaA	Bundesministerium für auswärtige Angelegenheiten
BMBWK	Bundesministerium für Bildung, Wissenschaft und Kultur
BMF	Bundesministerium für Finanzen
BMI	Bundesministerium für Inneres
BMLV	Bundesministerium für Landesverteidigung
BRD	Bundesrepublik Deutschland
BTA	British Troops Austria
bzw.	beziehungsweise
CA FSB RF	Central'nyj archiv federal'noj služby bezopasnosti Rossijskoj Federacii/ Zentralarchiv des FSB der Russischen Förderation (Moskau)
CAMO	Central'nyj archiv ministerstva oborony Rossijskoj Federacii/ Zentralarchiv des Verteidigungsministeriums der Russischen Föderation (Moskau)
CARE	Cooperative for American Remittances to Europe
CGV	Central'naja gruppa vojsk/Zentrale Gruppe der Streitkräfte
CIA	Central Intelligence Agency
CIC	Counter Intelligence Corps
CIG	Central Intelligence Group
CMVS	Central'nyj muzej vooružennych sil/Zentrales Museum der Streitkräfte (Moskau)
COGA	Control Office for Germany and Austria
COS	Chief of Station
CV	Cartellverband
d.	delo/Faszikel, Akteneinheit
DA	Diplomarbeit
DDR	Deutsche Demokratische Republik
DDSG	Donaudampfschifffahrtsgesellschaft
d.h.	das heißt
Diss.	Dissertation
DÖW	Dokumentationsarchiv des österreichischen Widerstandes (Wien)
DPs	Displaced Persons
EAC	European Advisory Commission
ebd.	ebenda
EFTA	European Free Trade Association
EG	Europäische Gemeinschaft
ERP	European Recovery Program
EU	Europäische Union
f.	folgende
F.	Fond/Bestand

FA	Finanzarchiv (Wien)
FO	Foreign Office (London)
FPÖ	Freiheitliche Partei Österreichs
FRUS	Foreign Relations of the United States
FSB	Federal'naja služba bezopasnosti/Russischer Inlands-Geheimdienst
FSS	Field Security Sections
FWF	Fonds zur Förderung der wissenschaftlichen Forschung
GARF	Gosudarstvennyj archiv Rossijskoj Federacii/Staatsarchiv der Russischen Föderation (Moskau)
Gen d GebTr	General der Gebirgstruppen
GenObst	Generaloberst
Gestapo	Geheime Staatspolizei
GOKO	Gosudarstvennyi komitet oborony/Staatliches Verteidigungskomitee
Gr.	Gruppe
GULag	Glavnoe upravlenie lagerej NKVD/Hauptverwaltung der Lager des NKVD
GUPVI	Glavnoe upravlenie po delam voennoplennych i internirovannych NKVD/ Hauptverwaltung für Angelegenheiten von Kriegsgefangenen und Internierten des NKVD
H.	Heft
Hg.	Herausgeber
HVÖ	Heimkehrerverband Österreichs
IAEA	International Atomic Energy Agency
INO	Inostrannyj otdel/Auslandsabteilung
IOC	Internationales Olympisches Komitee
IRO	International Refugee Organisation
Jg.	Jahrgang
Jur.	juristische
K.	Karton
k. u. k.	kaiserlich und königlich
KGB	Komitet gosudarstvennoj bezopasnosti/Komitee für Staatssicherheit
KLA	Kärntner Landesarchiv (Klagenfurt)
KOFG	Kriegsopferfürsorgegesetz
Kominform	Informationsbüro der Kommunistischen Parteien
Komintern	Kommunistische Internationale
KPdSU	Kommunistische Partei der Sowjetunion
KPÖ	Kommunistische Partei Österreichs
KSZE	Konferenz für Sicherheit und Zusammenarbeit in Europa
LD-Verfahren	Linz-Donawitz-Verfahren
Lt. Gen.	Lieutenant general
MGB	Ministerstvo gosudarstvennoj bezopasnosti SSSR/Ministerium für Staatsicherheit der UdSSR
MID	Ministerstvo inostrannych del SSSR/Ministerium für Auswärtige Angelegenheiten der UdSSR
MIS	Military Intelligence Service
MK	Militärkommandantur
MRP	Mouvement républicains populaire/Republikanische Volksbewegung
MVD	Ministerstvo vnutrennich del SSSR/Innenministerium der UdSSR
NA	National Archives (Washington)
NARA	U.S. National Archives & Records Administration (Washington)
NATO	North Atlantic Treaty Organization
NKGB	Narodnyj komissariat gosudarstvennoj bezopasnosti/Volkskommissariat für Staatsicherheit
NKID	Narodnyj komissariat inostrannych del SSSR/Volkskommissariat für Auswärtige Angelegenheiten der UdSSR
NKVD	Narodnyj komissariat vnutrennich del SSSR/Volkskommissariat für Innere Angelegenheiten der UdSSR
NÖLA	Niederösterreichisches Landesarchiv (St. Pölten)
NÖLM	Niederösterreichisches Landesmuseum (St. Pölten)
Nr.	Nummer
NS	Nationalsozialismus
NSDAP	Nationalsozialistische Deutsche Arbeiterpartei
o.	ohne
o. A.	ohne Autor
o. D.	ohne Datum

o. J.	ohne Jahr
o. O.	ohne Ort
ÖBM	Österreichische Botschaft Moskau
OEEC	Organisation for European Economic Co-operation
ÖGB	Österreichischer Gewerkschaftsbund
ÖGL	Österreich in Geschichte und Literatur
OHI	Oral History-Interview
ÖJP	Österreichisches Jahrbuch für Politik
ÖMV	Österreichische Mineralölverwaltung
ÖNB	Österreichische Nationalbibliothek (Wien)
ÖOC	Österreichisches Olympisches Komitee
op.	opiś/Verzeichnis
OROP	Österreichisch-Russische Ölprodukte-AG
OSS	Office of Strategic Services
ÖStA	Österreichisches Staatsarchiv (Wien)
OSZE	Organisation für Sicherheit und Zusammenarbeit in Europa
ÖVP	Österreichische Volkspartei
ÖZ	Österreichische Zeitung
p.	papka/Mappe
pol.	politische
POWs	Prisoners of War
PRO	Public Record Office (London)
PWE	Psychological Warfare Executive
RAF	Royal Air Force
RAVAG	Radio-Verkehrs-Aktiengesellschaft
RF	Russische Föderation
RG	Record Group
RGAKFD	Rossijskij gosudarstvennyi archiv kino fotodokumentov/ Russisches Staatsarchiv für Film- und Fotodokumentation (Krasnogorsk)
RGANI	Rossijskij gosudarstvennyi archiv novejšej istorii/Russisches Staatliches Archiv für Zeitgeschichte (Moskau)
RGASPI	Rossijskij gosudarstvennyj archiv social'no-političeskoj Istorii/ Russisches Staatliches Archiv für sozial-politische Geschichte (Moskau)
RGVA	Rossijskij gosudarstvennyj voennyj archiv/Russisches Staatliches Militärarchiv (Moskau)
RGW	Rat für gegenseitige Wirtschaftshilfe
RSFSR	Rossijskaja Sovetskaja Federativnaja Socialističeskaja Respublika/ Russische Föderative Sozialistische Sowjetrepublik
RSHA	Reichssicherheitshauptamt
S.	Seite
SA	Sturmabteilung
SBZ	Sowjetische Besatzungszone (Deutschland)
SD	Sicherheitsdienst
SEP	Surrendered Enemy Personnel
SHAEF	Supreme Headquarters Allied Expeditionary Forces
SIS	Secret Intelligence Service
SMERŠ	Smert' špionam/Spionageabwehr (wörtlich: „Tod den Spionen")
SMT	Sowjetisches Militärtribunal
SMV	Sowjetische Mineralölverwaltung
SNK	Sovet narodnych komissarov SSSR/Rat der Volkskommissare der UdSSR
SOE	Special Operations Executive
Sovinformbüro	Sowjetisches Informationsbüro
SPÖ	Sozialdemokratische Partei Österreichs
SS	Schutzstaffel
SSSR	Sojuz Sovetskich Socialističeskich Respublik/Union der Sozialistischen Sowjetrepubliken
SSU	Strategic Service Unit
StGB	Strafgesetzbuch
StLA	Steiermärkisches Landesarchiv (Graz)

Tab.	Tabelle
TNA	The National Archives (London)
Tscheka (ČKA)	Črezvyčajnaja komissija po bor'be s kontrrevoluciej i sabotažem/ Außerordentliche Kommission für den Kampf gegen Konterrevolution und Sabotage
u.	und
u.a.	unter anderem
UdSSR	Union der Sozialistischen Sowjetrepubliken
UKW	Ultra-Kurzwelle
UNO	United Nations Organisation
UNRRA	United Nations Relief and Rehabilitation Administration
US	United States
USAAF	United States Army Air Forces
USACA	Allied Commission for Austria, U.S. Element
USFA	United States Forces in Austria
USIA	Upravlenie sovetskim imuščestvom v Avstrii/Verwaltung des sowjetischen Vermögens in Österreich
usw.	und so weiter
v.a.	vor allem
VdU	Verband der Unabhängigen
Verf.	Verfasser/in
vgl.	vergleiche
VKP (b)	Vesojuznaja kommunističeskaja partija (bolševikov)/ Allunionspartei der Kommunistischen Partei (der Bolschewiken)
VÖEST	Vereinigte Österreichische Eisen- und Stahlwerke AG
Vol.	Volume/Band
WdU	Wahlpartei der Unabhängigen
WIFO	Österreichisches Institut für Wirtschaftsforschung (Wien)
WO	War Office (London)
WStLA	Wiener Stadt- und Landesarchiv
WStLB	Wiener Stadt- und Landesbibliothek
z.B.	zum Beispiel
zit.	zitiert
ZK	Zentralkomitee

Literatur in Auswahl

Alfred Ableitinger, Die innenpolitische Entwicklung, in: Wolfgang Mantl (Hg.), Politik in Österreich. Die Zweite Republik: Bestand und Wandel. Studien zu Politik und Verwaltung, Bd. 10. Wien – Köln – Graz 1992.

Alfred Ableitinger – Siegfried Beer – Eduard G. Staudinger (Hg.), Österreich unter alliierter Besatzung 1945–1955. Studien zu Politik und Verwaltung, Bd. 63. Wien – Köln – Graz 1998.

Alfred Ableitinger – Dieter A. Binder (Hg.), Steiermark. Die Überwindung der Peripherie. Geschichte der österreichischen Bundesländer seit 1945, Bd. 6/7. Wien 2002.

Grant M. Adibekov, Das Kominform und Stalins Neuordnung Europas. Frankfurt am Main u.a. 2002.

Wilfried Aichinger, Sowjetische Österreichpolitik 1943–45. Materialien zur Zeitgeschichte, Bd. 1. Wien 1977.

Thomas Albrich, Holocaust und Schuldabwehr. Vom Judenmord zum Kollektiven Opferstatus, in: Rolf Steininger – Michael Gehler (Hg.), Österreich im 20. Jahrhundert, Bd. 2. Vom Zweiten Weltkrieg bis zur Gegenwart. Wien – Köln – Weimar 1997.

Christopher Andrew – Vasili Mitrokhin, The Sword and the Shield. The Mitrokhin Archive and the Secret History of the KGB. New York 1999.

Thomas Angerer, Integrität vor Integration. Österreich und „Europa“ aus französischer Sicht, 1949–1960, in: Michael Gehler – Rolf Steininger (Hg.), Österreich und die europäische Integration 1945–1992. Aspekte einer wechselvollen Entwicklung. Arbeitskreis Europäische Integration, Historische Forschungen, Bd. 1. Wien – Köln – Weimar 1993.

Thomas Angerer, Besatzung, Entfernung ... Integration? Grundlagen der politischen Beziehungen zwischen Frankreich und Österreich seit 1938/45, in: Friedrich Koja – Otto Pfersmann (Hg.), Frankreich – Österreich. Wechselseitige Wahrnehmung und wechselseitiger Einfluß seit 1918. Studien zu Politik und Verwaltung, Bd. 58. Wien – Köln – Graz 1994.

Thomas Angerer, Frankreich und die Österreichfrage 1945–1955. Grundlagen und Leitlinien. Phil. Diss. Wien 1996.

Thomas Angerer – Jacques Le Rider (Hg.), „Ein Frühling, dem kein Sommer folgte“? Französisch-österreichische Kulturtransfers seit 1945. Wien – Köln – Weimar 1999.

Thomas Angerer, Französische Freundschaftspolitik in Österreich nach 1945. Gründe, Grenzen und Gemeinsamkeiten mit Frankreichs Deutschlandpolitik, in: Manfried Rauchensteiner – Robert Kriechbaumer (Hg.), Die Gunst des Augenblicks. Neuere Forschungen zu Staatsvertrag und Neutralität. Wien – Köln – Weimar 2005. In Druck.

Franz Antel – Christian F. Winkler, Hollywood an der Donau. Geschichte der Wien Film in Sievering. Wien 1991.

Arbeitsgemeinschaft Alpen-Adria (Hg.), Die Minderheiten im Alpen-Adria-Raum. Klagenfurt 1990.

Matthias Arning, Späte Abrechnung. Über Zwangsarbeiter, Schlussstriche und Berliner Verständigungen. Frankfurt am Main 2001.

Karl Bachinger – Hildegard Hemtsberger-Koller – Herbert Matis, Grundriss der österreichischen Sozial- und Wirtschaftsgeschichte von 1848 bis zur Gegenwart. Wien 1987.

Brigitte Bailer-Galanda, Wiedergutmachung kein Thema. Österreich und die Opfer des Nationalsozialismus. Wien 1993.

George Bailey – Sergej A. Kondraschow – David E. Murphy, Die unsichtbare Front. Der Krieg der Geheimdienste im geteilten Berlin. Berlin 1997.

Ivo Banac (Hg.), The Diary of Georgi Dimitrov 1933–1949. New Haven – London 2003.

Thomas M. Barker, Social Revolutionaries and Secret Agents: The Carinthian Slovene Partisans and Britain's Special Operations Executive. New York 1990.

Anton Bauer – Gustav Kropatschek, 200 Jahre Theater in der Josefstadt 1788–1988. Wien – München 1988.

Ingrid Bauer, Welcome Ami go home. Die amerikanische Besatzung in Salzburg 1945–1955. Erinnerungslandschaften aus einem Oral-History-Projekt. Salzburg 1998.

Ingrid Bauer, „Besatzungsbräute“. Diskurse und Praxen einer Ausgrenzung in der österreichischen Nachkriegsgeschichte 1945–1955, in: Irene Bandhauer-Schöffmann – Claire Duchen (Hg.), Nach dem Krieg. Frauenleben und Geschlechterkonstruktionen in Europa nach dem Zweiten Weltkrieg. Herbholzheim 2000.

Siegfried Beer, Alliierte Planung, Propaganda und Penetration 1943–1945. Die künftigen Besatzungsmächte und das wiederzuerrichtende Österreich, von der Moskauer Deklaration bis zur Befreiung, in: Stefan Karner (Hg.), Burgenland 1945. Eisenstadt 1985.

Siegfried Beer, Judenburg 1945 – im Spiegel britischer Besatzungsakten. Judenburger Museumsschriften X. Judenburg 1990.

Siegfried Beer (Hg.), Die „britische“ Steiermark 1945–1955. Graz 1995.

Siegfried Beer, Wien in der frühen Besatzungszeit. Erkundungen des US-Geheimdienstes OSS/SSU im Jahre 1945. Eine exemplarische Dokumentation, in: Ferdinand Opll – Karl Fischer (Hg.), Studien zur Wiener Geschichte. Jahrbuch des Vereins für Geschichte der Stadt Wien, Bd. 51. Wien 1995.

Klaus Berchtold, Verfassungsgeschichte der Republik Österreich I: 1918–1933. Wien – New York 1998.

Franz Severin Berger – Christiane Holler, Trümmerfrauen. Alltag zwischen Hamstern und Hoffen. Wien 1994.

Ernst Bezemek – Otto Klambauer, USIA und USIA-Betriebe in Niederösterreich: Geschichte, Organisation, Dokumentation. Studien und Forschungen aus dem NÖ Institut für Landeskunde 5. Wien 1983.

Ernst Bezemek – Willibald Rosner (Hg.), Schönkirchen-Reyersdorf. Eine Ortskunde. Horn 1994.

Ernst Bezemek, „Der lange Weg zur Freiheit". Der Bezirk Hollabrunn unter sowjetischer Besatzung, in: Ernst Bezemek (Hg.), Krieg und Besatzungsalltag in Niederösterreich 1945. Hollabrunn 1994.

Günter Bischof – Josef Leidenfrost (Hg.), Die bevormundete Nation. Österreich und die Alliierten 1945–1949. Innsbrucker Forschungen zur Zeitgeschichte, Bd. 4. Innsbruck 1988.

Günter Bischof, Between Responsibility and Rehabilitation. Austria in International Politics 1940–1950. Phil. Diss. Harvard 1989.

Günter Bischof, Die Planung und Politik der Alliierten 1940–1954, in: Rolf Steininger – Michael Gehler (Hg.), Österreich im 20. Jahrhundert, Bd. 2. Vom Zweiten Weltkrieg bis zur Gegenwart. Wien – Köln – Weimar 1997.

Günter Bischof, Austria in the First Cold War, 1945–55. The Leverage of the Weak. London 1999.

Günter Bischof, Opfer Österreich? Zur moralischen Ökonomie des österreichischen Historischen Gedächtnisses, in: Dieter Stiefel (Hg.), Die politische Ökonomie des Holocaust. Zur wirtschaftlichen Logik von Verfolgung und „Wiedergutmachung". Querschnitte 7. Wien – München 2001.

Günter Bischof – Anton Pelinka (Hg.), The Americanization/Westernization of Austria. Contemporary Austrian Studies, Bd. 12. New Brunswick – London 2004.

Günther Bischof – Stefan Karner – Barbara Stelzl-Marx (Hg.), Kriegsgefangene des Zweiten Weltkrieges. Wien 2005. In Druck.

Walter Blasi – Erwin A. Schmidl – Felix Schneider (Hg.), Die B-Gendarmerie. Der militärische Weg zum Staatsvertrag. Wien – Köln – Weimar 2005.

Gennadij Bordjugov – Wolfgang Mueller – Norman Naimark – Arnold Suppan (Hg.), Sowjetische Politik in Österreich 1945–1955. Wien 2005. In Druck.

Wilhelm Brauneder, Österreichische Verfassungsgeschichte. 9. Aufl. Wien 2003.

Otto Breicha, Anfänge des Informel in Österreich 1949–1954. Graz 1997.

Emil Brix – Ernst Bruckmüller – Hannes Stekl, Das kulturelle Gedächtnis Österreichs. Eine Einleitung, in: Emil Brix – Ernst Bruckmüller – Hannes Stekl (Hg.), Memoria Austriae I. Menschen, Mythen, Zeiten. Wien 2004.

Gordon Brook-Shepherd, The Storm Birds: Soviet Postwar Defectors. New York 1989.

Ernst Bruckmüller, Nation Österreich. Kulturelles Bewußtsein und gesellschaftlich-politische Prozesse. Studien zu Politik und Verwaltung, Bd. 4. 2. Aufl. Wien – Köln – Graz 1996.

Ernst Bruckmüller (Hg.), Alltagserfahrungen in der Geschichte Österreichs. Wien 1998.

Alois Brusatti – Karl Gutkas – Erika Weinzierl, Österreich 1945–1970. 25 Jahre Zweite Republik. Wien 1970.

Alois Brusatti – Gottfried Heindl (Hg.), Julius Raab. Eine Biographie in Einzeldarstellungen. Linz 1986.

Elisabeth Büttner – Christian Dewald, Anschluß an Morgen. Eine Geschichte des österreichischen Films von 1945 bis zur Gegenwart. Salzburg 1997.

James J. Carafano, Waltzing into the Cold War. The Struggle for Occupied Austria. College Station, Texas 2002.

Winston Churchill, The Second World War, 6 Volumes. London 1948–1954.

Heinz Conrads, Was gibt es Neues? Aus den Rundfunksendungen 1955/56, in: Ernst Grissemann – Hans Veigl (Hg.), Testbild, Twen und Nierentisch. Unser Lebensgefühl in den 50er Jahren. Wien – Köln – Weimar 2002.

Stefan Creuzberger – Manfred Görtemaker, Das Problem der Gleichschaltung osteuropäischer Parteien im Vergleich. Eine Synthese, in: Stefan Creuzberger – Manfred Görtemaker (Hg.), Gleichschaltung unter Stalin? Die Entwicklung der Parteien im östlichen Europa 1944–1949. Paderborn u.a. 2002.

Eva-Marie Csáky, Der Weg zu Freiheit und Neutralität. Dokumentation zur österreichischen Außenpolitik 1945–1955. Schriftenreihe der Österreichischen Gesellschaft für Außenpolitik und internationale Beziehungen, Bd. 10. Wien 1980.

Feliks Čuev, Molotov. Poluderavnyj Vlastelin [Halb-majestätischer Herrscher]. Moskau 1999.

Herbert Dachs u.a. (Hg.), Handbuch des politischen Systems Österreichs. Die Zweite Republik. 3. Aufl. Wien 1997.

Herbert Dachs (Hg.), Parteien und Wahlen in Österreichs Bundesländern 1945–1991. Österreichisches Jahrbuch für Politik, Sonderband 4. Wien – München 1992.

Herbert Dachs – Peter Gerlich – Wolfgang C. Müller (Hg.), Die Politiker. Karrieren und Wirken bedeutender Repräsentanten der Zweiten Republik. Wien 1995.

Jacques Dalloz, Georges Bidault. Biographie politique. Paris 1992.

Jean-Claude Demory, Georges Bidault, 1899–1983. Biographie. Paris 1995.

Die Länderkonferenzen 1945. Dokumente und Materialien. Studien und Forschungen aus dem NÖ Institut für Landeskunde, Sonderband. Wien 1995.

Stephen Dorril, MI 6. Inside the Covert World of Her Majesty's Secret Intelligence Service. London 2000.

Hubert Ch. Ehalt, Wandel der ländlichen Lebenswelt – Entwicklungslinien und Perspektiven, in: Hubert Ch. Ehalt – Wolfgang Schulz (Hg.), Ländliche Lebenswelten im Wandel. Historisch-soziologische Studien in St. Georgen/Lavanttal. Frankfurt am Main 2000.

Martin Eichtinger, Der Versöhnungsfonds. Österreichs Leistungen an ehemalige Sklaven- und Zwangsarbeiter des NS-Regimes, in: Österreichisches Jahrbuch für Politik 2000. Wien 2001.

Peter Eigner – Andrea Helige (Hg.), Österreichische Wirtschafts- und Sozialgeschichte im 19. und 20. Jahrhundert. Wien – München 1999.

Klaus Eisterer, De Gaulle und Österreich 1938–1946, in: Klaus Eisterer – Oliver Rathkolb (Hg.), De Gaulles europäische Größe: Analysen aus Österreich. Jahrbuch für Zeitgeschichte 1990/91. Wien – Salzburg o. J.

Klaus Eisterer, Französische Besatzungspolitik. Tirol und Vorarlberg 1945/46. Innsbrucker Forschungen zur Zeitgeschichte, Bd. 9. Innsbruck 1991.

Klaus Eisterer, Die österreichischen Kriegsgefangenen in französischer Hand, in: Günter Bischof – Rüdiger Overmans (Hg.), Kriegsgefangenschaft im Zweiten Weltkrieg. Eine vergleichende Perspektive. Ternitz – Pottschach 1999.

Klaus Eisterer, Die Stimmung in der französischen Besatzungszone in Österreich im ersten Nachkriegsjahr (1945/46), in: Klaus Eisterer (Hg.), Tirol zwischen Diktatur und Demokratie (1930–1950). Beiträge für Rolf Steininger zum 60. Geburtstag. Innsbruck 2002.

Stuart Eizenstat, Unvollkommene Gerechtigkeit. Der Streit um die Entschädigung der Opfer von Zwangsarbeit und Enteignung. München 2003.

Gertrude Enderle-Burcel – Rudolf Jeřábek – Leopold Kammerhofer (Hg.), „... im eigenen Haus Ordnung schaffen". Protokolle des Kabinettsrates 29. April 1945 bis 10. Juli 1945. Protokolle des Kabinettsrates der Provisorischen Regierung Karl Renner 1945, Bd. 1. Horn – Wien 1995.

Gertrude Enderle-Burcel, Die österreichischen Parteien 1945 bis 1955, in: Reinhard Sieder – Heinz Steinert – Emmerich Tálos (Hg.), Österreich 1945–1995. Gesellschaft, Politik, Kultur. Österreichische Texte zur Gesellschaftskritik 60. Wien 1995.

Helmut Engelbrecht, Geschichte des österreichischen Bildungswesens. Erziehung und Unterricht auf dem Boden Österreichs, Bd. 5. Von 1918 bis zur Gegenwart. Wien 1988.

Edda Engelke, Niederösterreicher in sowjetischer Kriegsgefangenschaft während und nach dem Zweiten Weltkrieg. Graz 1998.

Hans-Heinz Fabris – Kurt Luger (Hg.), Medienkultur in Österreich. Film, Fotografie, Fernsehen und Video in der 2. Republik. Wien 1988.

Hans Fabris – Friedrich Hausjell, Die vierte Macht. Zur Geschichte und Kultur des Journalismus in Österreich seit 1945. Wien 1991.

V. M. Falin, Vtoroj front. Antigitlerovskaja koalicija. Konflikt interesov [Die zweite Front. Die Anti-Hitler-Koalition. Ein Interessenskonflikt]. Moskau 2000.

Gudrun Fessler, Schulalltag, Entnazifizierung, Umerziehung und Wiederaufbau des steirischen Pflichtschulwesens im ersten Schuljahr nach Kriegsende. DA Graz 1995.

Michaela Feurstein-Prasser, Von der Besatzungspolitik zur Kulturmission. Französische Schul- und Bildungspolitik in Österreich 1945–1955. Phil. Diss. Wien 2002.

Peter Findl – Andrea Hlavac – Rainer Münz, Bevölkerung, Familie und Sozialpolitik in Österreich. Wien 1994.

Ernst Fischer, Das Ende einer Illusion. Erinnerungen 1945–1955. Wien 1973.

Heinz Fischer (Hg.), Das politische System Österreichs. Wien 1974.

Heinz Fischer, Die Kreisky-Jahre 1967–1983. Wien 1993.

Michel Foucault, Was ist Kritik? Berlin 1992.

Norbert Frei u.a. (Hg.), Geschichte vor Gericht. Historiker, Richter und die Suche nach Gerechtigkeit. München 2000.

Florian Freund, Zwangsarbeit in Österreich 1939–1945, in: Rolf Steininger (Hg.), Vergessene Opfer des Nationalsozialismus. Innsbruck u.a. 2000.

Walter Fritz, Im Kino erlebe ich die Welt. 100 Jahre Kino und Film in Österreich. Wien 1996.

Susanne Fröhlich-Steffen, Die österreichische Identität im Wandel. Wien 2003.

Manfred Fuchs, Der österreichische Geheimdienst. Das zweitbeste Gewerbe der Welt. Wien 1994.

Winfried R. Garscha, Statistische Zahlen zu nationalsozialistischen Tötungsverbrechen vor österreichischen und deutschen Gerichten, in: Heimo Halbrainer – Martin F. Polaschek (Hg.), Kriegsverbrecherprozesse in Österreich. Eine Bestandsaufnahme. Historische und gesellschaftspolitische Schriften des Vereins CLIO, Bd. 2. Graz 2003.

Michael Gehler, Österreich, die Bundesrepublik und die Deutsche Frage 1945/1949–1955. Zur Geschichte der gegenseitigen Wahrnehmungen zwischen Abhängigkeit und gemeinsamen Interessen, in: Michael Gehler – Rainer F. Schmidt – Harm-Hinrich Brandt – Rolf Steininger (Hg.), Ungleiche Partner? Österreich und Deutschland in ihrer gegenseitigen Wahrnehmung. Historische Analysen und Vergleiche aus dem 19. und 20. Jahrhundert. Stuttgart 1996.

Michael Gehler, „... this nine days wonder"? Die „Figl-Fischerei" von 1947. Eine politische Affäre mit Nachspiel, in: Michael Gehler – Hubert Sickinger (Hg.), Politische Affären und Skandale in Österreich. Thaur – Wien – München 1996.

Nina Genböck, Der Nationalfonds der Republik Österreich für die Opfer des Nationalsozialismus. Die politische Debatte um „Wiedergutmachung", Mitverantwortung und Opferdefinitionen. DA Salzburg 1999.

Peter Gerlich – Wolfgang C. Müller (Hg.), Zwischen Koalition und Konkurrenz. Österreichs Parteien seit 1945. Wien 1983.

Alfred Germ, Neutralität und Staatsvertrag. Österreichs Umgang mit zwei essentiellen außenpolitischen Grundpfeilern der Zweiten Republik in den Jahren 1988 bis 1991; hat in dieser Periode das „Endspiel" von Neutralität und Staatsvertrag begonnen? DA Wien 1995.

Roland Girtler, Aschenlauge. Bergbauernleben im Wandel. Linz 1988.

Norman J. Goda, The Nazi Peddler. Wilhelm Höttl and Allied Intelligence, in: Richard Breitman u.a. (Hg.), U.S. Intelligence and the Nazis. Washington DC 2004.

Haimo Godler – Manfred Jochum – Reinhard Schlögl – Alfred Treiber, Vom Dampfradio zur Klangtapete. Beiträge zu 80 Jahre Hörfunk in Österreich. Wien 2004.

Sabine Elisabeth Gollmann, Kärntner in sowjetischer Kriegsgefangenschaft während und nach dem Zweiten Weltkrieg. Graz 1999.

Sabine Elisabeth Gollmann, Die zentrale Kommission für Kriegsgefangenenangelegenheiten von 1947 bis 1951. Ein Beispiel für die Arbeit einer politischen Kommission in Österreich zu Beginn der Zweiten Republik. Phil. Diss. Graz 2004.

David F. Good – Ruth Wodak, From World War to Waldheim. Culture and Politics in Austria and the United States. Austrian and Habsburg Studies, Bd. 2. New York – Oxford 1999.

Franz Grafl, Praterbude und Filmpalast. Wiener Kino-Lesebuch. Wien 1993.

Tamara Griesser-Pečar, Das zerrissene Volk. Slowenien 1941–1946. Okkupation, Kollaboration, Bürgerkrieg, Revolution. Wien – Köln – Graz 2003.

Hans Heinz Hahnl, Revolution und/oder Restauration? Kulturpolitik im Österreich der sogenannten „Stunde Null", in: Lisbeth Waechter-Böhm (Hg.), Wien 1945. davor/danach. Wien 1985.

Hilde Haider-Pregler – Peter Roessler (Hg.), Zeit der Befreiung. Wiener Theater nach 1945. Wien 1998.

Ernst Hanisch, Der lange Schatten des Staates. Österreichische Gesellschaftsgeschichte im 20. Jahrhundert. Österreichische Geschichte 1890–1990. Wien 1994.

Christoph Hatschek – Alfred Palisek, Landesverräter oder Patrioten? Das österreichische Bataillon 1943 bis 1945. Graz 2001.

Gottfried Heindl, Julius Raab in Anekdote und Karikatur. Wien 1986.

Oskar Helmer, 50 Jahre erlebte Geschichte. Wien o. J. [1957].

Thomas Herko, Die Frage der ehemaligen Zwangsarbeiter unter nationalsozialistischem Regime auf dem Gebiet der heutigen Republik Österreich. Der Weg zur Errichtung des Österreichischen Versöhnungsfonds. Jur. Diss. Salzburg 2002.

Alice Hills, Britain and the Occupation of Austria, 1943–45. London 2000.

Lothar Höbelt, Von der vierten Partei zur dritten Kraft. Die Geschichte des VdU. Graz – Stuttgart 1999.

Eric Hobsbawm, Das Erfinden von Tradition, in: Christoph Conrad – Martina Kessel (Hg.), Kultur & Geschichte. Neue Einblicke in eine alte Beziehung. Stuttgart 1998.

Gerhart Holzinger, Der Bundesstaat in der Verfassungswirklichkeit, in: Herbert Schambeck (Hg.), Bundesstaat und Bundesrat in Österreich. Wien 1997.

Ela Hornung – Gertrud Kerschbaumer, Österreichische Kriegsgefangene in der Sowjetunion – Probleme der Reintegration. FWF-Projektbericht. Graz – Wien 1999.

Wilhelm Höttl, Einsatz für das Reich. Im Auslandsgeheimdienst des Dritten Reiches. Koblenz 1997.

Emilia Hrbabovec, Vertreibung und Abschub. Deutsche in Mähren 1945–1947, in: Arnold Suppan (Hg.), Wiener Osteuropa Studien, Bd. 2. 2. Aufl. Frankfurt am Main 1996.

Renate Huber, „I säg oll, ma heat vrgessa höra schoffa ..." Alltagsleben von Frauen in Vorarlberg während der französischen Besatzungszeit 1945–1953 anhand lebensgeschichtlicher Interviews. DA Salzburg 1996.

Renate Huber, Identität in Bewegung. Zwischen Zugehörigkeit und Differenz. Vorarlberg 1945–1965. Innsbruck – Wien – München – Bozen 2004.

Richard Hufschmied, Wien im Kalkül der Alliierten (1948–1955). Maßnahmen gegen eine sowjetische Blockade. Wien – Graz 2002.

Gerhard Jagschitz – Klaus-Dieter Mulley (Hg.), Die „wilden" fünfziger Jahre. Gesellschaft, Formen und Gefühle eines Jahrzehnts in Österreich. St. Pölten – Wien 1985

Gerhard Jagschitz – Stefan Karner (Hg.), Menschen nach dem Krieg – Schicksale 1945–1955. Innsbruck 1995.

Heinrich Detleff Kalben – Constantin Wagner, Die Geschichte des XV. Kosaken-Kavallerie-Korps. Faßberg 1990.

Stefan Karner (Hg.), Geheime Akten des KGB. „Margarita Ottillinger". Graz 1992.

Stefan Karner, Zur Auslieferung der Kosaken an die Sowjets 1945 in Judenburg, in: Johann Andritsch (Hg.), Judenburg 1945 in Augenzeugenberichten. Judenburger Museumsschriften XII. Judenburg 1994.

Stefan Karner, Die Steiermark im Dritten Reich 1938–1945. 3. Aufl. Graz 1994.

Stefan Karner, Im Archipel GUPVI. Kriegsgefangenschaft in der Sowjetunion 1941–1956. Kriegsfolgen-Forschung. Wissenschaftliche Veröffentlichungen des Ludwig Boltzmann-Instituts für Kriegsfolgen-Forschung, Graz – Wien, Bd. 1. Wien – München 1995.

Stefan Karner, Die deutschsprachige Volksgruppe in Slowenien. Aspekte ihrer Entwicklung 1939–1997. Klagenfurt – Ljubljana – Wien 1998.

Stefan Karner, Die sowjetische Gewahrsamsmacht und ihre Justiz nach 1945, in: Claudia Kuretsidis-Haider – Winfried R. Garscha (Hg.), Keine „Abrechnung". NS-Verbrechen, Justiz und Gesellschaft in Europa nach 1945. Leipzig – Wien 1998.

Stefan Karner, Die Steiermark im 20. Jahrhundert. 2. Aufl. Graz – Wien 2005.

Stefan Karner – Thomas Krautzer, Der österreichische Unternehmer im 20. Jahrhundert. Zu Generationenfolge, Herkunft und Mobilität, in: Alois Mosser (Hg.), Vermögensweitergabe und Unternehmensnachfolge, Bd. 22. Wien 2002.

Stefan Karner – Peter Ruggenthaler, Zwangsarbeit in der Land- und Forstwirtschaft auf dem Gebiet Österreichs 1939 bis 1945. Veröffentlichung der Österreichischen Historikerkommission. Vermögensentzug während der NS-Zeit sowie Rückstellungen und Entschädigungen seit 1945 in Österreich, Bd. 26/2. Wien – München 2004.

Stefan Karner – Peter Ruggenthaler – Barbara Stelzl-Marx (Hg.), NS-Zwangsarbeit in der Rüstungsindustrie. Die Lapp-Finze AG in Kalsdorf bei Graz 1939 bis 1945. Veröffentlichungen des Ludwig Boltzmann-Instituts für Kriegsfolgen-Forschung, Graz – Wien – Klagenfurt, Bd. 8. Graz 2004.

Stefan Karner – Peter Ruggenthaler, „Eine weitere Unterstützung der jugoslawischen Gebietsforderungen bringt uns in eine unvorteilhafte Lage". Der Artikel 7 des Österreichischen Staatsvertrags als diplomatischer Kompromiss mit Österreich und den Westmächten, in: Stefan Karner – Andreas Moritsch (Hg.), Aussiedlung – Verschleppung – nationaler Kampf. Kärnten und die nationale Frage, Bd. 1. Klagenfurt 2005.

Stefan Karner – Barbara Stelzl-Marx (Hg.), Die Rote Armee in Österreich. Sowjetische Besatzung 1945–1955. Beiträge. Graz – Wien – Klagenfurt 2005.

Stefan Karner – Barbara Stelzl-Marx – Alexander Tschubarjan (Hg.), Die Rote Armee in Österreich. Sowjetische Besatzung 1945–1955. Dokumente. Krasnaja Armija v Avstrii. Sovetskaja okkupacija 1945–1955. Dokumenty. Graz – Wien – Klagenfurt 2005.

Hans Katschthaler, Der Föderalismusstreit zwischen Bund und Ländern in Österreich. Portio statt Pars. Veröffentlichung der Dr.-Hans-Lechner-Forschungsgesellschaft, Nr. 12. Salzburg 1998.

Robert H. Keyserlingk, Austria in World War II: An Anglo-American Dilemma. Kingston – Montreal 1988.

Otto Klambauer, Die USIA-Betriebe. Phil. Diss. Wien 1978.

Harald Knoll – Barbara Stelzl-Marx, Österreichische Zivilverurteilte in der Sowjetunion. Ein Überblick, in: Andreas Hilger – Mike Schmeitzner – Ute Schmidt (Hg.), Die Verurteilung deutscher Zivilisten 1945–1955. Sowjetische Militärtribunale, Bd. 2. Köln – Weimar – Wien 2003.

Carmen Renate Köper, Ein unheiliges Experiment. Das Neue Theater in der Scala 1948–1956. Wien 1995.

Herbert Kraus, „Untragbare Objektivität". Politische Erinnerungen 1917–1987. Wien – München 1988.

Thomas Krautzer, Österreichische Spitzenunternehmer im 20. Jahrhundert. Eine statistische Untersuchung des sozialen Erscheinungsbildes, der Karrieremuster und der historischen Verflechtungen der Elite der österreichischen Unternehmerschaft zwischen 1936 und 1976. Phil. Diss. Graz 1995.

Bruno Kreisky, Zwischen den Zeiten. Erinnerungen aus fünf Jahrzehnten. Berlin 1986.

Robert Kriechbaumer, Parteiprogramme im Widerstreit der Interessen. Die Programmdiskussionen und die Programme von ÖVP und SPÖ 1945–1986. Österreichisches Jahrbuch für Politik, Sonderband 3. Wien – München 1990.

Robert Kriechbaumer – Franz Schausberger (Hg.), Volkspartei – Anspruch und Realität. Zur Geschichte der ÖVP seit 1945. Wien – Köln – Weimar 1995.

Robert Kriechbaumer, „... dass der Einfluss der Kommunisten beseitigt wird." Sowjetische Meinungen über die politische Lage sowie über österreichische Politiker 1945/46, in: Siegfried Beer – Edith Marko-Stöckl – Marlies Raffler – Felix Schneider (Hg.), Focus Austria. Vom Vielvölkerstaat zum EU-Staat. Festschrift für Alfred Ableitinger. Graz 2003.

Nikita Khrushchev, Khrushchev Remembers. The Glasnost Tapes. Boston – Toronto – London 1971.

Thomas Kuczynski, Brosamen vom Herrentisch. Hintergründe der Entschädigungszahlungen an die im Zweiten Weltkrieg nach Deutschland verschleppten Zwangsarbeitskräfte. Berlin 2004.

Andreas Kusternig, Die „Große Flucht" und die „Lageruniversität". Das Lager für kriegsgefangene französische Offiziere OFLAG XVII A Edelbach, in: Ernst Bezemek (Hg.), Heimat Allentsteig 1848-2002 mit Beiträgen zur Geschichte der Katastralgemeinden Bernschlag, Reinsbach, Thaua, Zwinzen. Allentsteig 2002.

Andreas Kusternig, Der Evakuierungsmarsch des Oflag XVII A Edelbach vom April und Mai 1945. Studien und Forschungen aus dem NÖ Institut für Landeskunde. St. Pölten 2005. In Vorbereitung.

G. P. Kynin – J. Laufer, SSSR i germanskij vopros [Die UdSSR und die deutsche Frage] 1941–1949, Bd. 1. Moskau 1996.

Ernst Langthaler – Reinhard Sieder, Die Dorfgrenzen sind nicht die Grenzen des Dorfes. Positionen, Probleme und Perspektiven der Forschung, in: Ernst Langthaler – Reinhard Sieder (Hg.), Über die Dörfer. Ländliche Lebenswelten in der Moderne. Wien 2000.

René Leujeune, Robert Schuman. Paris 2000.

Maximilian Liebmann, Von der Dominanz der katholischen Kirche zu freien Kirchen im freien Staat – vom Wiener Kongress 1815 bis zur Gegenwart, in: Rudolf Leeb – Maximilian Liebmann – Georg Scheibelreiter – Peter G. Tropper, Geschichte des Christentums in Österreich. Von der Spätantike bis zur Gegenwart. Österreichische Geschichte. Wien 2003.

Sigrid Löffler, Zum Beispiel Burg und Oper – zwei kulturimperialistische Großmythen, in: Wolfgang Kos – Georg Rigele (Hg.), Inventur 45/55. Österreich im ersten Jahrzehnt der Zweiten Republik. Wien 1996.

Michael Ludwig – Klaus-Dieter Mulley – Robert Streibel (Hg.), Der Oktoberstreik 1950. Ein Wendepunkt der Zweiten Republik. Wien 1995.

Kurt Richard Luther – Peter Pulzer (Hg.), Austria 1945–1995. Fifty Years of the Second Republic. Association for the Study of German Politics. Papers delivered at the conference on the Second Austrian Republic held in June 1995 at the London School of Economics. Aldershot – Brookfield – Singapore – Sydney 1998.

Thomas Macho, Die letzten Fremden: Feiertage der Zweiten Republik, in: Lutz Muser – Gotthard Wunberg – Eva Cescutti (Hg.), Gestörte Identitäten? Eine Zwischenbilanz der Zweiten Republik. Innsbruck – Wien – München – Bozen 2001.

Wilfried Mähr, Der Marshallplan in Österreich. Graz 1989.

Hans Maršálek, Die Geschichte des Konzentrationslagers Mauthausen. 3. Aufl. Wien – Linz 1995.

Patrick Martin-Smith, Widerstand vom Himmel. Österreicheinsätze des britischen Geheimdienstes SOE 1944. Wien 2004.

Erich Maschke (Hg.), Zur Geschichte der Deutschen Kriegsgefangenen des Zweiten Weltkrieges, 22 Bde. Bielefeld 1962–1977.

Vojtech Mastny, The Cold War and Soviet Insecurity: The Stalin Years. New York – Oxford 1998.

Franz Mathis, Big Business in Österreich. Österreichische Großunternehmen in Kurzdarstellungen. Wien 1987.

Franz Mathis, Big Business in Österreich II. Wachstum und Eigentumsstruktur der österreichischen Großunternehmen im 19. und 20. Jahrhundert. Analyse und Interpretation. Wien 1990.

Herbert Matis, Der „Entrepreneur" als dynamisches Element im Wirtschaftsprozess. Schumpeters Beitrag zur Theorie unternehmerischen Verhaltens, in: Christian Ehalt (Hg.), Wiener Vorlesungen im Rathaus, Bd. 88. Wien 2002.

Reinhard Meier-Walser, Der Streikputsch der KP Österreichs und seine internationalen Hintergründe. tuduv-Studien, Reihe Politikwissenschaften, Bd. 11. München 1986.

Gernot Meirer, Die Verbindungsstelle der Bundesländer oder Die gewerkschaftliche Organisierung der Länder. Schriftenreihe des Institutes für Föderalismusforschung, Bd. 90. Wien 2003.

Sebastian Meissl – Klaus-Dieter Mulley – Oliver Rathkolb (Hg.), Verdrängte Schuld, verfehlte Sühne. Entnazifizierung in Österreich 1945–1955. Symposion des Instituts für Wissenschaft und Kunst, Wien, März 1985. Wien 1986.

Richard Mitten, Jews and Other Victims. The „Jewish Questions" and Discourses of Victimhood in Postwar Austria, in: Günter Bischof – Anton Pelinka – Michael Gehler (Hg.), Austria in the New Europe. Contemporary Austrian Studies 10. New Brunswick – London 2002.

Wolfgang Mueller, „Wildwest in Wien dauert an". Das Bild von Amerika in der sowjetischen Besatzungs- und kommunistischen Parteipresse in Österreich 1945–1953, in: Jan Behrends – Arpad v. Klimo – Patrice Poutrous (Hg.), Antiamerikanismus in der Epoche des Kalten Krieges. Bonn. Im Erscheinen.

Stefan A. Müller, Österreich-Mexiko 1901–1956: Von der Wiederaufnahme der Beziehungen bis Mexikos Beitritt zum Staatsvertrag. Phil. Diss. Wien 2005.

David E. Murphy – Sergei A. Kondrashev – George Bailey, Battleground Berlin: CIA vs. KGB in the Cold War. New Haven, CT 1997.

Tobias Natter (Hg.), Aufbrüche. Österreichische Malerei und Plastik der fünfziger Jahre. Wien 1994.

Österreichische Galerie Belvedere (Hg.), Objekte. Skulptur in Österreich nach '45. Ausstellungskatalog. Wien 2001.

Pädagogisches Institut des Bundes in Oberösterreich (Hg.), Annäherung an Mauthausen. Beiträge zum Umgang mit einer Gedenkstätte. o. O. 1997.

Erika Patka – Gabriela Nagler, Farbenlust und Formgedanken. Abstrakte Wege in Österreich 1900–2000. Wien 2000.

Anton Pelinka – Fritz Plasser (Hg.), Das österreichische Parteiensystem. Studien zu Politik und Verwaltung, Bd. 22. Wien – Köln – Graz 1988.

Anton Pelinka – Sabine Mayr (Hg.), Die Entdeckung der Verantwortung. Die Zweite Republik und die vertriebenen Juden. Eine kommentierte Dokumentation aus dem persönlichen Archiv von Albert Sternfeld. Wien 1998.

Peter Pelinka – Gerhard Steger (Hg.), Auf dem Weg zur Staatspartei. Zur Geschichte und Politik der SPÖ seit 1945. Wien 1988.

Peter Pelinka, Österreichs Kanzler. Von Leopold Figl bis Wolfgang Schüssel. Wien 2000.

Branko Petranović – Momčilo Zečević (Hg.), Jugoslavija 1918–1988. Tematska zbirka dokumenata [Jugoslawien 1918–1988. Thematische Dokumentensammlung]. Beograd 1988.

Raymond Poidevin, Robert Schuman, homme d'État. 1886–1963. Paris 1986.

Martin Polaschek – Stefan Riesenfellner, Plakate. Dokumente zur steirischen Geschichte 1918–1955. Veröffentlichungen des Steiermärkischen Landesarchives 25. Graz 2000.

Pavel Poljan, Deportiert nach Hause. Sowjetische Kriegsgefangene im „Dritten Reich" und ihre Repatriierung. Kriegsfolgen-Forschung. Wissenschaftliche Veröffentlichungen des Ludwig Boltzmann-Instituts für Kriegsfolgen-Forschung, Graz – Wien – Klagenfurt, Bd. 2. München – Wien 2001.

Barbara Porpaczy, Frankreich – Österreich 1945–1960. Kulturpolitik und Identität. Innsbrucker Forschungen zur Zeitgeschichte, Bd. 18. Innsbruck – Wien – München 2002.

Hugo Portisch – Sepp Riff, Österreich II, Bd. 2. Die Wiedergeburt unseres Staates. Wien 1993.

Hugo Portisch – Sepp Riff, Österreich II, Bd. 4. Der lange Weg zur Freiheit. Wien 1993.

Robert Prantner – Johannes Kunz (Hg.), Julius Raab. Ansichten des Staatsvertragskanzlers. Wien 1991.

Martin Prucha, Agfacolor und Kalter Krieg. Die Geschichte der Wien-Film am Rosenhügel 1946–1955, in: Ruth Beckermann – Christa Blümlinger (Hg.), Ohne Untertitel. Fragmente einer Geschichte des österreichischen Kinos. Wien 1996.

Janko Prunk, Slowenien. Ein Abriß seiner Geschichte. Ljubljana 1996.

Hermann Rafetseder, Der „Ausländereinsatz" zur Zeit des NS-Regimes am Beispiel der Stadt Linz, in: Fritz Mayrhofer – Walter Schuster (Hg.), Nationalsozialismus in Linz, Bd. 2. Linz 2001.

Oliver Rathkolb, Politische Propaganda der amerikanischen Besatzungsmacht in Österreich 1945–1950. Ein Beitrag zur Geschichte des Kalten Krieges in Presse-, Kultur- und Rundfunkpolitik. Phil. Diss. Wien 1981.

Oliver Rathkolb, Theater von gestern und kalter Krieg. Die Wiener Theaterszene in den ersten Jahren nach 1945, in: Evelyn Schreiner (Hg.), 100 Jahre Volkstheater. Theater, Zeit, Geschichte. Wien – München 1989.

Manfried Rauchensteiner, Das Kriegsende in Österreich 1945. Wien 1985.

Manfried Rauchensteiner, Die Zwei. Die Große Koalition in Österreich 1945 bis 1966. Wien 1987.

Manfried Rauchensteiner, Der Krieg in Österreich '45. Wien 1995.

Manfried Rauchensteiner, Der Sonderfall. Die Besatzungszeit in Österreich 1945 bis 1955. Neuaufl. Wien 1995.

Manfried Rauchensteiner – Wolfgang Etschmann (Hg.), Österreich 1945. Ein Ende und viele Anfänge. Forschungen zur Militärgeschichte 4. Graz – Wien – Köln 1997.

Manfried Rauchensteiner (Hg.), 50 Jahre Staatsvertrag. Wien 2005.

Walter Rauscher, Karl Renner. Ein österreichischer Mythos. Wien 1995.

Ludwig Reichold, Geschichte der ÖVP. Graz – Wien – Köln 1975.

Wolfgang R. Reiter, Naturwissenschaften und Remigration: Vertreibung ohne Rückkehr, in: Paul Pasteur – Friedrich Stadler (Hg.), Exil et retours d'exil. Austriaca. Cahiers universitaires d'information sur l'Autriche, Nr. 56. Rouen 2004.

Cornelia Reitermaier, Frauenbild und Mädchenleben in der österreichischen Nachkriegszeit. DA Wien 1996.

Hans Reithofer, Sozialpolitik in Österreich. Probleme, Lösungen, Argumente. Eine praxisorientierte Darstellung. Wien 1995.

Leopold Rettinger u.a. (Hg.), Zeitgeschichte. Bericht über die gesamtösterreichischen Seminare. Wien 1982.

David Reynolds, Great Britain: Imperial Diplomacy, in: David Reynolds – Warren F. Kimball – A.O. Chubarian (Hg.), Allies at War: The Soviet, American and British Experience. New York 1994.

Christiane Rimbaud, Pinay. Paris 1990.

Karlheinz Ritschel, Julius Raab. Der Staatsvertragskanzler. Salzburg 1975.

Andreas Rosner, Deregulierung als gemeinsames Anliegen der Länder, in: Christoph Kleiser – Karl Lengheimer (Hg.), Deregulierung. Die Herausforderung einer verständlichen und überschaubaren Rechtsordnung. NÖ Schriften, Nr. 138. St. Pölten 2002.

Andreas Rosner, Koordinationsinstrumente der österreichischen Länder. Schriftenreihe des Institutes für Föderalismusforschung, Bd. 78. Wien 2000.

Manfred Rotter, The Austrian State Treaty, or what is left of it, in: Hubert Isak – Wolfgang Benedek – Renate Kicker (Hg.), Development and Developing International and European Law. Essays in Honour of Konrad Ginther on the Occasion of his 65th birthday. Frankfurt 1999.

Helmut Rumpler, Verlorene Geschichte. Der Kampf um die politische Gestaltung des Alpen-Adria-Raumes, in: Andreas Moritsch (Hg.), Alpen-Adria. Zur Geschichte einer Region. Klagenfurt/Celovec – Laibach/Ljubljana – Wien/Dunaj 2001.

James D. Sanders – Mark A. Sauter – R. Cort Kirkwood, Soldiers of Misfortune. The Cold War Betrayal and Sacrifice of American POWs. New York 1994.

Roman Sandgruber, Ökonomie und Politik. Österreichische Wirtschaftsgeschichte vom Mittelalter bis zur Gegenwart. Österreichische Geschichte. Wien 1995.

Roman Sandgruber, Das 20. Jahrhundert. Geschichte Österreichs, Bd. VI. Wien 2003.

Herbert Schambeck, Zum Werden und zu den Aufgaben des österreichischen Föderalismus, in: Herbert Schambeck (Hg.), Föderalismus und Parlamentarismus in Österreich. Wien 1992.

Adolf Schärf, Österreichs Erneuerung 1945–1955. Das erste Jahrzehnt der Zweiten Republik. Wien 1955.

Kristina Schewig-Pfoser – Ernst Schwager, Österreicher im Exil – Frankreich 1938–1945, in: DÖW (Hg.), Österreicher im Exil. Frankreich 1938–1945. Eine Dokumentation. Wien – München 1984.

Maria Agnes Scheucher-Fastl, „Ma muaß wirklich olls kennan ..." Frauen in der Landwirtschaft 1945 bis heute. DA Graz 1997.

Erwin A. Schmidl (Hg.), Österreich im frühen Kalten Krieg 1945–1958. Spione, Partisanen, Kriegspläne. Wien – Köln – Weimar 2000.

Erwin A. Schmidl (Hg.), Die Ungarnkrise 1956 und Österreich. Wien – Köln – Weimar 2003.

Erwin A. Schmidl, Going International – in the Service of Peace. Die österreichische Teilnahme an internationalen Friedensoperationen seit 1960. Graz 2005.

Wendelin Schmidt-Dengler u.a. (Hg.), Literaturgeschichte: Österreich. Prolegomena und Fallstudien. Philologische Studien und Quellen 132. Berlin 1995.

Wieland Schmied (Hg.), 20. Jahrhundert. Geschichte der bildenden Kunst in Österreich, Bd. VI. München – London – New York 2002.

Felix Schneider, Die militärischen Operationen in der Steiermark März-Mai 1945, in: Stadt Graz (Hg.), Graz 1945. Historisches Jahrbuch der Stadt Graz, Bd. 25. Graz 1994.

Felix Schneider, Oberösterreicher in sowjetischer Kriegsgefangenschaft. Graz 2004.

Ingeborg Schödl, Im Fadenkreuz der Macht: das außergewöhnliche Leben der Margarethe Ottillinger. Wien 2004.

Gerald Schöpfer, Zur Genesis der österreichischen Sozialpartnerschaft, in: Gerald Schöpfer (Hg.), Phänomen Sozialpartnerschaft. Festschrift für Hermann Ibler. Wien 1980.

Sergej Matwejewitsch Schtemenko, Im Generalstab, Bd. 1. 6. Aufl. Berlin-Ost 1985.

Walter Schuster – Wolfgang Weber (Hg.), Entnazifizierung im regionalen Vergleich. Linz 2004.

Susanne Seltenreich, Leopold Figl – ein Österreicher. Wien. o. J. [1965].

Reinhard Sieder – Heinz Steinert – Emmerich Tálos (Hg.), Österreich 1945–1995. Gesellschaft – Politik – Kultur. Wien 1995.

Jean-François Sirinelli (Hg.), Dictionnaire historique de la vie politique française au XXe siècle. 2. Aufl. Paris 2003.

Harry Slapnicka, Oberösterreich – zweigeteiltes Land. 1945–1955. Beiträge zur Zeitgeschichte Oberösterreichs, Bd. 11. Linz 1986.

Kristian Sotriffer (Hg.), Das größere Österreich. Geistiges und soziales Leben von 1880 bis zur Gegenwart. Wien 1982.

Othmar Spachinger – Hans Spreitzer – Karl Sretenovic (Hg.), Die österreichische Schule 1945–1975. Wien 1975.

Hubert Speckner, In der Gewalt des Feindes. Kriegsgefangenenlager in der „Ostmark" 1939–1945. Kriegsfolgen-Forschung. Wissenschaftliche Veröffentlichungen des Ludwig-Boltzmann-Instituts für Kriegsfolgen-Forschung, Graz – Wien – Klagenfurt, Bd. 3. Wien – München 2003.

Susanne-Sophia Spiliotis, Verantwortung und Rechtsfrieden. Die Stiftungsinitiative der deutschen Wirtschaft. Frankfurt am Main 2003.

Karl R. Stadler, Adolf Schärf. Mensch, Politiker, Staatsmann. Wien – München – Zürich 1982.

Karl R. Stadler, Adolf Schärf, 1890 bis 1965, in: Friedrich Weissensteiner (Hg.), Die österreichischen Bundespräsidenten. Leben und Werk. Wien 1982.

David Stafford, Spies Beneath Berlin. London 2002.

Eduard Stanek, Verfolgt, verjagt, vertrieben. Flüchtlinge in Österreich. Wien – München – Zürich 1985.

Elisabeth Starlinger, Aspekte französischer Kulturpolitik in Österreich nach dem Zweiten Weltkrieg 1945–1948. DA Wien 1993.

Ludwig Steiner, „ zur richtigen Zeit das Richtige getan" Zeitzeugengespräch mit Michael Gehler und Helmut Wohnout, in: Demokratie und Geschichte. Jahrbuch des Karl von Vogelsang-Instituts zur Erforschung der christlichen Demokratie in Österreich, Jg. 1. Wien – Köln – Weimar 1997.

Rolf Steininger, Los von Rom? Die Südtirolfrage 1945/46 und das Gruber-De Gasperi-Abkommen. Innsbruck 1987.

Rolf Steininger, Der Staatsvertrag. Österreich im Schatten von deutscher Frage und Kaltem Krieg 1938–1955. Innsbruck – Wien – Bozen 2005.

Rolf Steininger, Südtirol zwischen Diplomatie und Terror 1947–1969, Bd. 1. 1947–1959. Bozen 1999.

Barbara Stelzl-Marx, Zwischen Fiktion und Zeitzeugenschaft. Amerikanische und sowjetische Kriegsgefangene im STALAG XVII B Krems-Gneixendorf. Buchreihe zu den Arbeiten aus Anglistik und Amerikanistik, Bd. 16. Tübingen 2000.

Barbara Stelzl-Marx, Das Oflag XVIII B/Stalag XVIII A Wolfsberg 1939–45, in: Robert Grazer (Hg.), Wolfsberg. Wolfsberg 2001.

Barbara Stelzl-Marx, „Russenkinder" und „Sowjetbräute". Besatzungserfahrungen in Österreich 1945–1955, in: Clemens Vollnhals – Mike Schmeitzner (Hg.), Sowjetisierung oder Neutralität? Optionen sowjetischer Besatzungspolitik in Deutschland und Österreich 1945–1955. Dresden 2005. In Druck.

Gabriela Stieber, Flüchtlingswesen in Österreich unter besonderer Berücksichtigung der Lager in Kärnten und der Steiermark. Phil. Diss. Graz 1994.

Gabriela Stieber, Die Briten als Besatzungsmacht, in: Helmut Rumpler – Ulfried Burz (Hg.), Kärnten. Von der deutschen Grenzmark zum österreichischen Bundesland. Geschichte der österreichischen Bundesländer seit 1945, Bd. 6/2. Wien 1998.

Dieter Stiefel, Entnazifizierung in Österreich. Wien – München – Zürich 1981.

Gerald Stourzh, Vom Reich zur Republik. Studien zum Österreichbewußtsein im 20. Jahrhundert. Wien 1990.

Gerald Stourzh, Erschütterung und Konsolidierung des Österreichbewusstseins – Vom Zusammenbruch der Monarchie zur Zweiten Republik, in: Richard G. Plaschka – Gerald Stourzh – Jan Paul Niederkorn (Hg.), Was heisst Österreich? Inhalt und Umfang des Österreichbegriffs vom 10. Jahrhundert bis Heute. Wien 1995.

Gerald Stourzh, Um Einheit und Freiheit. Staatsvertrag, Neutralität und das Ende der Ost-West-Besetzung Österreichs 1945–1955. Studien zu Politik und Verwaltung, Bd. 62. 4. Aufl. Wien – Köln – Graz 1998.

Fred Strohmeier, Landluft macht frei. Bilder von gestern – Texte von heute. Wien 1997.

Donal O'Sullivan, Stalins „Cordon sanitaire". Die sowjetische Osteuropapolitik und die Reaktionen des Westens. Paderborn u.a. 2003.

Arnold Suppan, Die österreichischen Volksgruppen. Tendenzen ihrer gesellschaftlichen Entwicklung im 20. Jahrhundert. Wien 1983.

Arnold Suppan, Jugoslawien und Österreich 1918–1938. Bilaterale Außenpolitik im europäischen Umfeld. Wien – München 1996.

Wilhelm Svoboda, Die Partei, die Republik und der Mann mit den vielen Gesichtern. Oskar Helmer und Österreich II. Eine Korrektur. Wien – Köln – Weimar 1993.

Emmerich Tálos – Karl Wörister, Soziale Sicherung im Sozialstaat Österreich. Entwicklung – Herausforderung – Strukturen. 1. Aufl. Baden-Baden 1994.

Emmerich Tálos – Ernst Hanisch – Wolfgang Neugebauer (Hg.), NS-Herrschaft in Österreich 1938-1945. Wien 1988.

Emmerich Tálos – Marcel Fink, Sozialpartnerschaft, in: Sven Jochem – Niko A. Sigel (Hg.), Konzertierung, Verhandlungsdemokratie und Reformpolitik im Wohlfahrtstaat. Opladen 2003.

Christian Thonke, Hitlers langer Schatten. Der mühevolle Weg zur Entschädigung der NS-Opfer. Wien u.a. 2004.

V. A. Torčinov – A. M. Leontjuk, Vokrug Stalina. Istoriko-biografičeskij spravočnik [Rund um Stalin. Historisch-biografisches Nachschlagewerk]. St. Petersburg 2000.

Gerda Treiber, Großbritanniens Informationspolitik gegenüber Österreich 1945 bis 1955. Publicity und Propaganda sowie deren Instrumente in Printmedien und Rundfunk, dargestellt anhand britischer Dokumente. Phil. Diss. Wien 1997.

Ernst Trost, Figl von Österreich. Wien 1972.

Kurt Tweraser, US Militärregierung Oberösterreich 1945–1950, Bd. 1. Linz 1995.

Heidemarie Uhl, Von „Endlösung" zu „Holocaust". Die TV-Ausstrahlung von „Holocaust" und die Transformation des österreichischen Gedächtnisses, in: Heidemarie Uhl (Hg.), Zivilisationsbruch und Gedächtniskultur. Das 20. Jahrhundert in der Erinnerung des beginnenden 21. Jahrhunderts. Gedächtnis – Erinnerung – Identität 3. Innsbruck u.a. 2003.

Andreas Ungerböck (Hg.), Österreichisches Kinohandbuch 1998/1999. Wien 1998.

Günther Unser, Die UNO. Aufgaben – Strukturen – Politik. 7. Aufl. München 2004.

Stefan Vogel, Frankreich und die Alliierte Besatzung in Wien von 1945 bis 1955, DA Wien 1997.

Herman Volkmer, Die Volksdeutschen in Oberösterreich. Ihre Integration und ihr Beitrag zum Wiederaufbau des Landes nach dem Zweiten Weltkrieg. 1. Aufl. Grünbach 2003.

Wilhelm Wadl, Das Jahr 1945 in Kärnten. Ein Überblick. Klagenfurt 1985.

Wolfgang Wagner, Die Besatzungszeit aus sowjetischer Sicht. Die Errichtung der sowjetischen Besatzungsmacht in Österreich von 1945 bis 1946 im Spiegel der Lageberichte. DA Wien 1998.

Reinhold Wagnleitner (Hg.), Understanding Austria. The Political Reports and Analyses of Martin F. Herz, Political Officer of the US Legation in Vienna 1945–1948. Quellen zur Geschichte des 19. und 20. Jahrhunderts, Bd. 4. Salzburg 1984.

Reinhold Wagnleitner, Die britische Österreichplanung, in: Anton Pelinka – Rolf Steininger (Hg.), Österreich und die Alliierten. Wien 1986.

Reinhold Wagnleitner, Coca-Colonisation und Kalter Krieg. Die Kulturmission der USA in Österreich nach dem Zweiten Weltkrieg. Wien 1991.

Nora Watteck, Alltag ohne Wiederkehr. Bergbauernleben vor einem halben Jahrhundert. Salzburg 1991.

Fritz Weber, Der Kalte Krieg in der SPÖ. Koalitionswächter, Pragmatiker und Revolutionäre Sozialisten 1945–1950. Wien 1986.

Fritz Weber, Rechtsvorrang. Wie die Linken 1945 in die Sackgasse gerieten, in: Helene Maimann (Hg.), Die ersten 100 Jahre. Österreichische Sozialdemokratie 1888–1988. Wien – München 1988.

Erika Weinzierl – Kurt Skalnik (Hg.), Österreich. Die Zweite Republik, 2 Bde. Graz – Wien – Köln 1972.

Erika Weinzierl – Kurt Skalnik, Das neue Österreich. Geschichte der Zweiten Republik. Graz – Wien – Köln 1975.

Friedrich Weissensteiner – Erika Weinzierl (Hg.), Die österreichischen Bundeskanzler. Leben und Werk. Wien 1983.

Manfried Welan, Das österreichische Staatsoberhaupt. Österreichisches Jahrbuch für Politik, Sonderband 2. 2. Aufl. Wien 1986.

Patrick Werkner (Hg.), Kunst in Österreich 1945–1995. Wien 1996.

William W. Williams, British Policy and the Occupation of Austria, 1945–1955. Phil. Diss. Swansea 2004.

Ruth Wodak u.a., Zur diskursiven Konstruktion nationaler Identität. Frankfurt am Main 1998.

Helmut Wohnout, Die Haltung der Österreichischen Volkspartei zum Neutralitätsgedanken 1945 bis 1955. Wien 1986.

V. A. Zolotarev u.a. (Hg.), Bitva za Berlin (Krasnaja Armija v poverdennoj Germanii). Russkij Archiv. Velikaja Otečestvennaja [Kampf um Berlin (Die Rote Armee im besiegten Deutschland). Russisches Archiv. Zweiter Weltkrieg], Bd. 15 (4–5). Moskau 1995.

V. A. Zolotarev u.a. (Hg.), Krasnaja Armija v stranach v Central'noj Evropy i na Balkanach. Dokumenty i materialy 1944–1945. Russkij archiv: Velikaja Otečestvennaja [Die Rote Armee in den Ländern Mitteleuropas und auf dem Balkan. Dokumente und Materialien 1944-1945. Russisches Archiv. Zweiter Weltkrieg], Bd. 14-3(2). Moskau 2000.

Autorenverzeichnis

Aigner Carl
geb. 1956; Dir. Mag.; Künstlerischer Direktor des Niederösterreichischen Landsmuseums, St. Pölten.

Angerer Thomas
geb. 1965; Ass.-Prof. Mag. Dr.; Institut für Geschichte der Universität Wien.

Beer Siegfried
geb. 1948; ao. Univ.-Prof. Mag. Dr.; Institut für Geschichte der Karl-Franzens-Universität Graz.

Benedikter Christoph M.
geb. 1966; Mag.; Historiker, Ethnologe und Kulturmanager; Mitarbeiter des Ludwig Boltzmann-Instituts für Kriegsfolgen-Forschung, Graz – Wien – Klagenfurt.

Bezemek Ernst
geb. 1949; wirkl. HR Prof. h.c. Dr.; Referent für Zeitgeschichte im Niederösterreichischen Landesarchiv, St. Pölten; Kustos des Stadtmuseums Hollabrunn.

Bischof Günter
geb. 1953; Univ.-Prof. Dr.; Professor für amerikanische Geschichte an der Universität von New Orleans und Leiter des dortigen Center for Austrian Culture and Commerce.

Brauneder Wilhelm
geb. 1943; o. Univ.-Prof. MMag. Dr.; Vorstand des Instituts für Rechts- und Verfassungsgeschichte der Universität Wien; Mitglied der Kommission für Rechtsgeschichte der Österreichischen Akademie der Wissenschaften; Direktor des Ludwig Boltzmann-Instituts für vergleichende Rechtssystemforschung, Wien.

Bruckmüller Ernst
geb. 1945; Univ.-Prof. Dr.; Institut für Wirtschafts- und Sozialgeschichte der Universität Wien; Vorsitzender des Instituts für Österreichkunde; korr. Mitglied der Österreichischen Akademie der Wissenschaften.

Burz Ulfried
geb. 1958; Ass.-Prof. Mag. Dr.; Institut für Geschichte der Universität Klagenfurt.

Cede Franz
geb. 1945; Botschafter Dr.; österreichischer Botschafter in Belgien; Leiter der Österreichischen Vertretung bei der NATO; zuvor Leiter des Völkerrechtsbüros im BMaA und österreichischer Botschafter in Moskau.

Dornik Wolfram
geb. 1978; Mag. Dr.; Historiker; Mitarbeiter am Ludwig Boltzmann-Institut für Kriegsfolgen-Forschung, Graz – Wien – Klagenfurt.

Feigl Markus
geb. 1963; Mag.; Historiker; Leiter der Plakatsammlung der Wiener Stadt- und Landesbibliothek.

Fenzl Annemarie
geb. 1945; Dr.; Historikerin; Leiterin des Diözesanarchivs Wien; Mitglied des Instituts für Österreichische Geschichtsforschung.

Filitov Alexej
geb. 1938; Prof. Mag. Dr.; Institut für Geschichte der Russischen Akademie der Wissenschaften, Moskau.

Fritz Peter
geb. 1976; Mag.; Historiker; Mitarbeiter am Ludwig Boltzmann-Institut für Kriegsfolgen-Forschung, Graz – Wien – Klagenfurt.

Garscha Winfried R.
geb. 1952; Dr.; Historiker; Mitarbeiter des Dokumentationsarchivs des österreichischen Widerstandes und Ko-Leiter der Zentralen österreichischen Forschungstelle Nachkriegsjustiz, beide Wien.

Gémes Andreas
geb. 1981; Mag.; Historiker; Projektmitarbeiter am Institut für Geschichte der Karl-Franzens-Universität Graz und Mitarbeiter am Ludwig Boltzmann-Institut für Kriegsfolgen-Forschung, Graz – Wien – Klagenfurt.

Gollmann Sabine Elisabeth
geb. 1967; Mag. Dr.; Historikerin; Abteilung für Marktforschung u. Marketingprojekte, Kleine Zeitung, Styria, Graz.

Grubmayr Herbert
geb. 1929; Botschafter i.R. Dr.; 1955–1958 der österr. Botschaft Moskau zugeteilt und in dieser Funktion Teilnahme an den Staatsvertragsverhandlungen im April 1955, 1985–1990 österreichischer Botschafter in Moskau; seit 2001 Konsulent des Österreichischen Versöhnungsfonds für Russland, Ukraine und Weißrussland.

Hagenhofer Irmgard
geb. 1975; Mag. Dr.; Assistentin am Institut für Wirtschafts-, Sozial- und Unternehmensgeschichte der Karl-Franzens-Universität Graz.

Höbelt Lothar
geb. 1956; ao. Univ.-Prof. Dr.; Institut für Geschichte der Universität Wien.

Hohenwarter Michaela
geb. 1975; Mag.; wissenschaftliche Mitarbeiterin am Institut für Wirtschafts-, Sozial- und Unternehmensgeschichte der Karl-Franzens-Universität Graz.

Hufschmied Richard
geb. 1965; Mag.; Historiker und Kulturmanager; Angehöriger des BM f. Landesverteidigung; Referatsleiter (Museumspädagogik, Öffentlichkeitsarbeit, Fotohistorik, Plakat- und Flugblättersammlung) im Heeresgeschichtlichen Museum, Wien.

Iber Walter M.
geb. 1979; Mag.; Historiker; Mitarbeiter am Ludwig Boltzmann-Institut für Kriegsfolgen-Forschung, Graz – Wien – Klagenfurt.

Karner Stefan

geb. 1952; Univ.-Prof. Dr.; Leiter des Ludwig Boltzmann-Instituts für Kriegsfolgen-Forschung, Graz – Wien – Klagenfurt, und Vorstand des Instituts für Wirtschafts-, Sozial- und Unternehmensgeschichte der Karl-Franzens-Universität Graz; wissenschaftlicher Leiter der Staatsvertrags-Ausstellung „Österreich ist frei!" auf Schloss Schallaburg 2005.

Killian Herbert

geb. 1926; Univ.-Prof. i.R. Dr.; Forsthistoriker; 1947 von den Sowjets verhaftet und zu drei Jahren Arbeitslager verurteilt, nach Nordostsibirien deportiert; 1953 Rückkehr nach Österreich; Professor an der Universität für Bodenkultur Wien.

Klambauer Otto

geb. 1949; Dr.; Historiker, Journalist; Redakteur der Tageszeitung „Kurier" in Wien; Kolumnist für politischen Hintergrund und Zeitgeschichte.

Knoll Harald

geb. 1961; Mag.; Historiker; Mitarbeiter am Ludwig Boltzmann-Institut für Kriegsfolgen-Forschung, Graz – Wien – Klagenfurt.

Kusternig Andreas

geb. 1949; wirkl. HR Mag. Dr.; Historiker; Abteilung Kultur und Wissenschaft des Amtes der Niederösterreichischen Landesregierung; Mitglied des Instituts für Österreichische Geschichtsforschung.

Lang Andrea

geb. 1964; Mag.; Verlegerin; Herausgeberin des Kinomagazins RAY.

Leidinger Hannes

geb. 1969; Dr.; Historiker; Wien.

Linke Reinhard

geb. 1959; Dr.; Theaterwissenschafter und Journalist; Redakteur beim ORF Niederösterreich (Wissenschaft, Aktuelles, Programmplanung).

Marksteiner Franz

geb. 1963; Mag.; Germanist, Verleger; Herausgeber des Kinomagazins RAY.

Mathis Franz

geb. 1946; o. Univ.-Prof. Mag. Dr.; Vorstand des Instituts für Wirtschafts- und Sozialgeschichte der Universität Innsbruck.

Moll Martin

geb. 1961; Univ.-Doz. Dr.; Historiker und Univ.-Doz. am Institut für Geschichte der Karl-Franzens-Universität Graz.

Moritz Verena

geb. 1969; Dr.; Historikerin; Wien.

Mueller Wolfgang

geb. 1970; Mag.; Historiker; Mitarbeiter der Historischen Kommission der Österreichischen Akademie der Wissenschaften.

Müller Stefan A.

geb. 1977; Mag; Historiker; Wien.

Mulley Klaus-Dieter

geb. 1953; Dr.; Historiker; Kammer für Arbeiter und Angestellte für Wien.

Pammer Otto

geb. 1926; KR Prof.; Journalist und Filmemacher; 1950–1974 für Fox tönende Wochenschau tätig, danach für ORF (Seitenblicke, Seinerzeit, Helmi etc.).

Petschnigg Edith

geb. 1978; Mag.; Historikerin; Mitarbeiterin am Ludwig Boltzmann-Institut für Kriegsfolgen-Forschung, Graz – Wien – Klagenfurt.

Rafetseder Hermann

geb. 1956; Dr.; Historiker; Österreichischer Versöhnungsfond.

Raming Walter

geb. 1931; ehemaliger Chefredakteur verschiedener österreichischer Tages- und Wochenzeitungen; heute Publizist, Autor und Gestalter von TV-Produktionen („Alpha-TV"); Obmannstv. des Dr. Karl Kummer-Instituts für Sozialreform, Sozial- und Wirtschaftspolitik und des Reichsbundes für christliche Gesellschaftspolitik und Sport.

Rosner Andreas

geb. 1961; Dr.; stellvertretender Leiter der Verbindungsstelle der Bundesländer, Wien.

Ruggenthaler Peter

geb. 1976; Mag. Dr.; Historiker; Mitarbeiter am Ludwig Boltzmann-Institut für Kriegsfolgen-Forschung, Graz – Wien – Klagenfurt.

Sandgruber Roman

geb. 1947; o. Univ.-Prof. Dr.; Vorstand des Instituts für Wirtschafts- und Sozialgeschichte an der Johannes Kepler-Universität Linz; korr. Mitglied der Österreichischen Akademie der Wissenschaften; Präsident des Verbunds oberösterreichischer Museen.

Schmidl Erwin A.

geb. 1956; wirkl. HR Univ.-Doz. Dr.; Historiker; Leiter des Fachbereichs Zeitgeschichte im Institut für Strategie und Sicherheitspolitik an der Landesverteidigungsakademie Wien.

Schmidt-Dengler Wendelin

geb. 1942; o. Univ.-Prof. Dr.; Vorstand des Instituts für Germanistik an der Universität Wien; Leiter des Österreichischen Literaturarchivs an der Österreichischen Nationalbibliothek.

Schneider Felix

geb. 1961; Mag. Dr.; Historiker; Mitarbeiter des Fachbereichs Zeitgeschichte im Institut für Strategie und Sicherheitspolitik an der Landesverteidigungsakademie Wien.

Schönner Johannes

geb. 1967; Mag. Dr.; Historiker und Archivar; stv. Geschäftsführer des Karl von Vogelsang-Instituts, Wien.

Schöpfer Gerald
geb. 1944; Landesrat o. Univ.-Prof. DDr.; bis 2004 Vorstand des Instituts für Wirtschafts-, Sozial- und Unternehmensgeschichte der Karl-Franzens-Universität Graz (dzt. karenziert); Mitglied der Steiermärkischen Landesregierung, Landesrat für Wirtschaft und Europa.

Schwarz Karl Walter
geb. 1952; MinR Univ.-Prof. Dr.; Theologe; Referat Kulturamt im BM für Bildung, Wissenschaft und Kultur; Leiter des Instituts für Kirchengeschichte des Donau- und Karpatenraumes, Wien.

Snowdon-Prötsch Milenia
geb. 1949; Dr. A.A.S.; Geschäftsführerin der Firma Changing Images (Videoproduktionen, Werbe- und Ausstellungsgestaltung), Wien.

Staikos Michael
geb. 1946; Dr.; Erzbischof; Metropolit von Austria und Exarch von Ungarn und Mitteleuropa; Vertreter der Griechisch-Orthodoxen Kirche im Ökumenischen Rat der Kirchen in Österreich.

Stangler Gottfried
geb. 1948; wirkl. HR Dr.; Niederösterreichische Landesregierung, Abteilung Kultur und Wissenschaft, St. Pölten.

Steiner Ludwig
geb. 1922; Staatssekretär a.D. Botschafter i.R. Dr.; 1952/53 Sekretär von Außenminister Karl Gruber, 1953–1958 Sekretär von Bundeskanzler Julius Raab (Mitglied der österr. Regierungsdelegation bei den abschließenden Staatsvertragsverhandlungen in Moskau, April 1955); Vorsitzender des Komitees des Österreichischen Versöhnungsfonds.

Steininger Rolf
geb. 1942; o. Univ.-Prof. Dr.; Vorstand des Instituts für Zeitgeschichte der Universität Innsbruck; Senior Fellow des Eisenhower Center for American Studies der University of New Orleans und Jean-Monnet-Professor der Europäischen Union.

Stelzl-Marx Barbara
geb. 1971; Mag. Dr.; stv. Leiterin des Ludwig Boltzmann-Instituts für Kriegsfolgen-Forschung, Graz – Wien – Klagenfurt.

Stourzh Gerald
geb. 1929; em. Univ.-Prof. Dr.; Institut für Geschichte der Universität Wien; wirkl. Mitglied der Österreichischen Akademie der Wissenschaften; ord. Mitglied der Historischen Kommission bei der Bayerischen Akademie der Wissenschaften.

Suppan Arnold
geb. 1945; Univ.-Prof. Dr.; Institut für Osteuropäische Geschichte an der Universität Wien; Obmann der Historischen Kommission der Österreichischen Akademie der Wissenschaften.

Tálos Emmerich
geb. 1944; Univ.-Prof. Dr.; Institut für Staatswissenschaft der Universität Wien.

Teibenbacher Peter
geb. 1954; ao. Univ.-Prof. Dr.; Institut für Wirtschafts-, Sozial- und Unternehmensgeschichte der Karl-Franzens-Universität Graz.

Ungerböck Andreas
geb. 1960; Dr.; Theaterwissenschafter und Publizist; Chefredakteur des Kinomagazins RAY.

Wassertheurer Peter
geb. 1964; Mag.; Historiker und Germanist; wissenschaftlicher Leiter des Felix Ermacora-Instituts, Wien.

Weeks Gregory
geb. 1969; Dr.; Vertragsprofessor für Geschichte und Internationale Beziehungen an der Webster University in Wien; derzeit am Center for Advanced Holocaust Studies des United States Holocaust Memorial Museum, Washington.

Wohnout Helmut
geb. 1964; MinR Mag. Dr.; Historiker; Bundeskanzleramt, Büroleiter des Kunst-Staatssekretärs Franz Morak; Geschäftsführer des Karl von Vogelsang-Instituts, Wien.

Die Staatsvertrags-Ausstellung auf der Schallaburg 2005

Ausstellungsveranstalter
Bundesland Niederösterreich

Geschäftsführung
HR Dr. Joachim Rössl
Leiter der Abteilung Kultur und Wissenschaft
HR Dr. Gottfried Stangler
Stv. Leiter der Abteilung Kultur und Wissenschaft

Projektleitung
HR Dr. Gottfried Stangler
Mag. Dagmar Kunert

Wissenschaftlicher Ausstellungsleiter
Univ.-Prof. Dr. Stefan Karner

Wissenschaftliche Koordination und Leitungsteam
Mag. Peter Fritz, Koordination
Dr. Wolfram Dornik, Koordination
Martin Florian
Dr. Ela Hornung
Mag. Walter M. Iber
Mag. Harald Knoll
Mag. Dr. Peter Ruggenthaler
Mag. Dr. Barbara Stelzl-Marx

Ausstellungsarchitektur
pla.net architects
DI Martina Püringer
DI Paul Linsbauer
DI Gerhard Abel
mit Oberlik Architekt ZT Gmbh

Ausstellungsgrafik
Büro Richard Ferkl
Angela Althaler
Christian Kronaus

Audiovisuelle Medien
Althaler+Oblasser

Wissenschaftliche Mitarbeiter
Dir. Mag. Carl Aigner
Daniela Almer
Ass.-Prof. Mag. Dr. Thomas Angerer
Univ.-Prof. Dr. Siegfried Beer
HR Dr. Ernst Bezemek
Univ.-Prof. Dr. Ernst Bruckmüller
Ass.-Prof. Mag. Dr. Ulfried Burz
Mag. Dr. Silke Dürnberger
Dr. Stefan Eminger
Mag. Markus Feigl
Dr. Annemarie Fenzl
Jürgen Fischer MA
Mag. Gotlind Frank
Ernst Fritz
Dr. Winfried Garscha
Mag. Andreas Gémes
Nicole Goll
Erna Gollesch
Ulrike Großschädl
Mag. Dr. Irmgard Hagenhofer
Univ.-Prof. Dr. Lothar Höbelt
Mag. Michaela Hohenwarter
Mag. Gernot Höller
Mag. Dr. Renate Huber
Mag. Hans Werner Kaller (†)
Univ.-Prof. Dr. Herbert Killian
Dr. Otto Klambauer
HR Dr. Andreas Kusternig
Dr. Hannes Leidinger
Dr. Verena Moritz
Mag. Wolfgang Mueller
Dr. Klaus-Dieter Mulley
Mag. Edith Petschnigg
Mag. Peter Pirnath
Edeltraud Putz
Siegbert Rosenberger
HR Mag. Willibald Rosner
Univ.-Prof. Dr. Roman Sandgruber
HR Univ.-Doz. Dr. Erwin A. Schmidl
Mag. Dr. Felix Schneider
Dr. Hannes Schönner
LR Univ.-Prof. DDr. Gerald Schöpfer
DI Martin Semlitsch
Dr. Milenia Snowdon-Prötsch A.A.S.
Nicole Sommer
Mag. Silke Stern
Mag. Peter Wassertheuer
Dr. Gregory Weeks
Mag. Arno Wonisch

Geschäftsführung der Schallaburg
Franz Strohmeier
Brigitta Erber

Ausstellungsbüro
Wolfgang Aigelsreiter
Mag. Edith Bilek-Czerny
Dieter Peschl
Christa Petlach
Hermine Prirschl
Dieter Rabl
Bettina Schindler

Werbegrafik
Triform Alexander Korab Design

Pressearbeit
Mag. Peter Fritz
Mag. Dagmar Kunert

Marketing
Mag. Dagmar Kunert
Mag. Edith Bilek-Czerny

Technik und Sicherheitstechnik
Hubert Moschinger

Fotografie
Justinus A. Wagner

EDV Betreuung
Karin Wagisreither

Rechtliche Angelegenheiten
Dr. Angela Apel
Mag. Clemens Csürös
HR MMag. Christian Kodric

Protokoll
Mag. Ute Oberparleiter
Andreas Moser

Weiters haben an der Ausstellung mitgewirkt
Mag. Hermann Dikowitsch
HR Dr. Peter Kirchweger
DI Dr. Christine Pennerstorfer

Ottilie Benauer
Gabriele Erhart
Stefan Köninger
Erich Lang
Wolfgang Molcik
Andrea Mukstadt
Martin Racek
Werner Schoberwalter
Alfred Schwinner
Leopold Unger
Hermine Wondra
Anita Zulus

Folgende Institutionen und Privatpersonen haben Exponate und Fotomaterial zur Verfügung gestellt. Ihnen sei dafür herzlich gedankt.

Archiv der Gesellschaft der Musikfreunde Wien
Archiv der Salzburger Festspiele, Salzburg
Archiv des Ludwig Boltzmann-Instituts für Kriegsfolgen-Forschung, Graz – Wien – Klagenfurt
Archiv Prezidenta Rossijskoj Federacii (AP RF)/Archiv des Präsidenten der Russischen Föderation, Moskau
Archiv vnešnej politiki Rossijskoj Federacii (AVP RF)/Archiv für Außenpolitik der Russischen Föderation, Moskau
Belaruski dzjaržaŭny archiŭ kinafotafonadakumentaŭ (BGA-KFFD)/Weißrussisches staatliches Archiv für Kino-, Foto- und Tondokumente, Dzjaržinsk
Bildarchiv Banny, Lackenbach
Bildarchiv Donauschwäbische Arbeitsgemeinschaft, Wien
Leon E. Braxton, Tampa
Bregenzer Stadtarchiv, Bregenz
Bruno Kreisky Forum für internationalen Dialog, Wien
Bundesdenkmalamt, Wien
Bundesministerium für Finanzen, Abt. I/3- Beschaffung und Infrastruktur, Wien
Bundesministerium für Wirtschaft und Arbeit, Bundesmobiliendepot, Wien
Bundespolizeidirektion, Wien
Bundespressedienst, Wien
CARE Österreich, Wien
Central'nyi archiv Ministerstva oborony Rossijskoj Federacii, Moskau (CAMO)/Zentralarchiv des Verteidigungsministeriums der Russischen Föderation, Moskau
Central'nyj archiv Federal'noj služby bezopasnosti Rossijskoj Federacii (CA FSB RF)/Zentralarchiv des FSB der Russischen Förderation, Moskau
Central'nyj muzej vooružennych sil (CMVS)/Zentrales Museum der Streitkräfte, Moskau
Coca-Cola Österreich, Wien
Diözesanarchiv der Erzdiözese Wien
Andreas Dobslaw, Wien
Dokumentationsarchiv des österreichischen Widerstandes, Wien
Familie Figl
Filmarchiv Austria, Wien
Fischer GmbH, Ried i. Innkreis
Forschungsverein für Geschichte und Entwicklung von Konsum Österreich, Wien
Foto Votava, Wien
Freie Weingärtner Wachau, Dürnstein
Glavnaja voennaja prokuratura (GVP)/Hauptmilitärstaatsanwaltschaft der Russischen Föderation, Moskau
Gosudarstvennyj archiv Rossijskoj Federacii (GARF)/Staatsarchiv der Russischen Föderation, Moskau
Elfriede Gruber, Groß Weikersdorf
Herbert Grubmayr, Wien
Ed. Haas Austria, Traun
Maria Hauer, Wien
Heeresgeschichtliches Museum, Wien
Heimat- und Museumsverein Thayaland, Laa a. d. Thaya
Heimatmuseum Freistadt, Freistadt
Lothar Höbelt, Wien
Institut für Wirtschafts-, Sozial- und Unternehmensgeschichte, Karl-Franzens-Universität Graz, Graz
Josef Manner & Comp. AG, Wien
Karl von Vogelsang-Institut, Wien
Stefan Karner, Graz
Kärntner Landesarchiv, Klagenfurt
Herbert Killian, Wien
Erich Klein, Wien
Kurier, Wien
Landesgericht für Strafsachen Wien, Wien
Landesmuseum Joanneum, Bild- und Tonarchiv, Graz
Hannes Leidinger, Wien
Leopold-Figl Museum, Rust i. Tullnerfeld
Ludwig Boltzmann-Institut für Kriegsfolgen-Forschung, Graz – Wien – Klagenfurt
Ministerium für Auswärtige Angelegenheiten der Russischen Föderation, Moskau
Ministerstvo inostrannych del SSSR (MID)/Ministerium für Auswärtige Angelegenheiten der UdSSR, Moskau
National Archives, Washington
Neue Freie Zeitung, Wien
Niederösterreichisches Landesarchiv, St. Pölten
Niederösterreichische Landesbibliothek, St. Pölten
Niederösterreichisches Landesmuseum, St. Pölten
Oral History Archiv des Instituts für Wirtschafts-, Sozial- und Unternehmensgeschichte der Karl-Franzens-Universität Graz
ORF, Wien
ORF Landesstudio Niederösterreich, St. Pölten
Österreichisch-Amerikanische Magnesit AG, Hochfilzen
Österreichische Nationalbibliothek, Wien
Österreichische Staatsdruckerei AG, Wien
Österreichisches Freilichtmuseum Stübing
Österreichisches Staatsarchiv, Wien
Österreichisches Theatermuseum, Wien
Percy Pachta-Rayhofen, Wien
Palmers, Wiener Neudorf
Otto Pammer, Wien
Gustav Peichl, Wien
Public Record Office, London

Raiffeisen Landesbank Steiermark, Graz
Rossijskij gosudarstvennyi archiv novejej istorii (RGANI)/ Russisches Staatliches Archiv für Neuere Geschichte, Moskau
Rossijskij gosudarstvennyj archiv social'no-političeskoj Istorii (RGASPI)/Russisches Staatliches Archiv für sozial-politische Geschichte, Moskau
Rossijskij gosudarstvennyj voennyj archiv (RGVA)/Russisches Staatliches Militärarchiv, Moskau
Siemens Österreich, Wien
Spar Österreich, Wien
Stadtarchiv Dresden
Stadtarchiv Innsbruck
Stadtmuseum Bad Vöslau
Steiermärkisches Landesarchiv, Graz
Ludwig Steiner, Wien
Steyr-Daimler-Puch AG, Graz
Stiftung und Institut Charles De Gaulle, Paris
D. Swarovski & Co., Wattens
Technisches Museum Wien
Technisches Museum Wien, Mediathek
Harald Tiede, Gifhorn
Richard Tlustos, Wien
United States Holocaust Memorial Museum, Washington
Universitätsbibliothek Innsbruck
Universitätsbibliothek Wien
Verband der Volksdeutschen Landsmannschaften Österreichs, Wien
Verein Dr. Karl Renner-Gedenkstätte, Wien
Verein für die Geschichte der Arbeiterbewegung, Wien
Vorarlberger Landesbibliothek, Bregenz
Wiener Stadt- und Landesbibliothek, Plakatsammlung, Wien
Wintersportmuseum, Mürzzuschlag
Paula Witsch, Wien
Familie Wohlmeyer (Raab)

Sonderausstellung im Vortragssaal „Wiedererlangte Mobilität – Österreichische Motorräder 1945–1958"

Koordination:
Dieter Peschl

Leihgeber:
Alfred Anzeletti
Willhelm Stubhan
Landesgendarmeriekommando Niederösterreich, vertreten durch Major Rupert Schoisswohl
Robert Hauer
Fa. Puch Wieser
Wolfgang Hawlik
Maria Compassi
Günter Diernegger
Herwig Lehner
Walter Illetits
Dieter Peschl

Folgende Personen stellten ihre privaten Exponate und Erinnerungen im Rahmen der „Zeitgeschichtlichen Sammelaktion" für die Ausstellung zur Verfügung. Sie brachten damit einen Teil ihrer persönlichen Biografie in die Geschichte der Zeit und des Landes ein. Ihnen sei an dieser Stelle herzlich gedankt.

Kurt Adler, Wien
Wolfgang Aigelsreiter, über Internet
Alfred Aigner, Wien
Leopoldine Aigner, Wien
Josef Andersch, Ebenthal
Irmgard Anderseka, Wien
Manuela Andiel, Wien
Hedwig Andorfer, Purkersdorf
Paul Angerer, Wien
Paul Antony, Waidhofen a. d. Thaya
Günter Antony, Waidhofen a. d. Thaya
Andreas Apfelthaler, Nagelberg
Christine Arbes, Wien
Familie Arco-Zinneberg, über Internet
Manfred Arndorfer, Wien
Michaela Arnhold, Traiskirchen
Herta Aschenberger, Salzburg
Sabine Auer, Hollabrunn
Hans Auer, Lilienfeld
Roman Authried, Gettsdorf
Christine Axmann, St. Pölten
Rosa Bachmauer, Wien
Helmut Bahr, Wien
Gunhild Bähr, Wien
Gertrud Baier, Wien
Karl Baierl, Breitenfurt
Hermine Bajer, Wien
Franz Baldt, Gföhl
Hermann Bauda, Rabenstein
Christine Baudraxler, Offenhausen
Otto Bauer, Mannersdorf
Olaf Bauer, Salzburg
Ernst Bauer, Wien
Dora Bauer, Unterpremstätten
Ludwig Bauer, Dobersberg
Elfriede Bauer, Baden
Gerhild Bauer, Wien
Martin Bauer, Wien
Wolfgang Baumann, Gmünd
Friedrich Baumgarten, Waidhofen a. d. Ybbs
Edith Baumgartl, Lanzendorf
Familie Baumgartner, über Internet
Eike Fritz Baur, Graz
Anton Bayr, Krummnußbaum
Edith Beck, Wien
Rudolf Beitl, Obergrafendorf
Karl Benesch, Wien
Gertrude Berddl, Wien
Franz Berdl-Foestner sen., Wolfsbach
Irmgard Berger, Laa a. d. Thaya
Waltraud Berkemeier, Wien
Regina Berndl, Klosterneuburg
Andreas Bernhard, Zwentendorf
Michael Biach, über Internet
Johannes Biber, Wien
Ingrid Biberschick, Baden
Hermann Bieder, Nussdorf
Ernst Bilek, Hinterbrühl
Johannes Binder, Gänserndorf
Ruth Binder-Kriegelstein, Hausmannstätten
Lambert Bittner, Wien
Herta Bix, Wien
Alfred Blackett, Wien
Gertrude Blahout, Wien
Dorothea Blaimdorfer, Graz
Margarethe Blamauer, Opponitz
Eva Blaschka, Mödling
Franz Blauensteiner, Pulkau
Robert Blauensteiner, Purkersdorf
Arthur Böck, Wien
Elfriede Bogath, Payerbach
Franz Bogenreiter, Erlauf
Maria Böhm, Wien
Agnes Böhm, Wien
Herman Böhmer, Dürnstein
Anton Bohn, Wien
Josef Borusik, Wien
Hilde Bory, Graz
Ilse Viktoria Bösze, Wien
Friedl Braczek, Lilienfeld
Hanna Brait, Wien
Johann Brandner, Obergrafendorf
Karl Brandsteidl, Stössing
Gertrude Brandstetter, Wien
Franz Brauneis, Stratzing
Sabine Brauner, St. Pölten
Tonio Brenner, Wien
Franziska Bretnik, Sollenau
Elfriede Brezina, Wien
Berta Brimmer, Wien

Stefanie Brininger, Deutsch Brodersdorf
Ingeborg Brosch, Wien
Gabriele Brosenbauer-Grünbichler, Prinzersdorf
Ernst Brudna, Wien
Evelyne Brunner, Wien
Julia Brustmann, Wien
Ludwig Buchinger, Muckendorf
Roas Burger, Kalladorf
Rosa Burgstaller, Schönberg a. Kamp
Leopold Burian, Klosterneuburg
Walter Cech, Wien
Helmut Cernoltorsky, Großweikersdorf
Johanna Cerny, Korneuburg
Kurt Cerwenka, Gallneukirchen
Erich Chobot, Wien
Sebastian Cody, Wien
Elisabeth Coupar, Wien
Peter Cretnik, Wien
Gertrude Cuba, Wien
Albin Czeiner, Mödling
Anna Czerwenka, Senftenberg
Alfred Czypka, Wien
Maria Dachsberger, Etzen
Sissy Danninger, Wien
Norman Darrie, Wien
Helga David, Wien
Franz Dazinger, Tribuswinkel
Johann Deimbacher, Kaumberg
Franz Deimel, Schrems
Franz Deiss, Wien
Hermine Deli, Felm
Margareta Demmelmayr, Gunskirchen
Helene Demuth, Wien
Franz Derkous, Wien
Rosina Derler, Weiz
Franz Deutsch, Wolfsegg
Kurt Dieman-Dichtl, Kopfing i. Innkreis
Gisela Dietrich, Wien
Christine Digruber, Wienerbruck
Erika Dinstl, Lunz a. See
Edith Diwischek, Wien
Herta Dobsalz, Wien
Elfriede Dokupil, Möllersdorf
Helga Dolak, Wien
Herbert Dolar, Wilhelmsburg
Herta Dopler, Graz
Gerhard Dorfer, über Internet
Gerhard Dostal, Wien
Friederike Dreiszker, Wien
Nicolaus Drimmel, über Internet
Otto Dünser, Wien
Hans Dürnbeck, Wien
Johanna Dürnecker, Obergrafendorf
Gerhard Eberstaller, Wien
Franz Eckschmidt, Litschau
René Edenhofer, Deutsch-Wagram
Hans Eder, Wien
Herbert Eder, Wien
Helma Edlinger, Furth b. Göttweig
Elisabeth Egger, Neulengbach
Maria Egger, Neulengbach
Rudolf Eichinger, Langenzersdorf
Margareta Eichler, Graz
Gerda Eigner, Wien
Herbert Eipeldauer, Wien
Elisabeth Ellegast, Pöchlarn
Ilse Ellmerich, Wien
Maria Emmersdorfer, Gössendorf
Gertraud Enengl, Krems a. d. Donau
Lucia Erben, Wien
Franz Erber, Steinakirchen a. Forst
Gerta Erdmann, Wien
Josef Esberger, Gaweinstal
Elfriede Exler, Steinabrückl
Eleonore Fahrngruber, Frankenfels
Hilda Falkensteiner, Texing
Edelbert Falschlunger, Matzleinsdorf b. Melk
Kurt Fasching, Langenlebarn
Peter Fattinger, Stübing
Willibald Fauland, Deutschlandsberg
Anna Felgitscher, Graz
Thomas Fellhofer, Stockerau
Margareta Fenböck, Wien
Marianne Fereberger, Wien
Erika Ferriman, Wien
Heinz Ferstl, Wiener Neustadt
Ernst Fiala, Wien
Johann Fiegweil, Alland
Friedrich Figlowsky, Wien
Susanne Finger, Mutters
Erich Finsches, Wien
Gerhard Fischer, Lienz
Günter Fischer, Wien
Veronika Fischer, Graz
Maria Fischer, Wien
Josef Fladenhofer, St. Pölten
Friederike Flasar, Böheimkirchen
Ulla Fleischer, Wiener Neudorf
Johannes Floch, Wien
Romans u. Ludmilla Fojtik, Wiener Neustadt

Franz Foringer, St. Leonhard a. Forst
Josef Frank, Deutschkreuz
Elisabeth Frank, Wien
Gotlind Frank, Graz
Erich Franz, Wien
Leopoldine Frech, Kapellen
Günter Freinberger, Ruprechtshofen
Ilse Friedrich, Hollabrunn
Christine Fritsch, Wien
Paul Fröhlich, Wien
Maria Frühwald, Puchberg a. Schneeberg
Ottilie Fuchs, Langau b. Gaming
Franz Fuchs, Ober-Grafendorf
Liselotte Fuchs, Tribuswinkel
Rüdiger Führer, Wien
Pauline Furtlehner, Artstetten
Adolf Gallhuber, St. Georgen a. Ybbsfelde
Henriette Gantner, Leobendorf
Erika Gartner, Klagenfurt
Bernhard Gartner, über Internet
Elisabeth Gärtner, Hollenburg
Remigio Gassari, Wien
Wilhelm Gassner, Imbach
Johann Gastegger, St. Veit a. d. Gölsen
Johann Gastl, Innsbruck
Anton Geigant, Wien
Dimitrij Geppert, Wien
Franz Geyer, Mödling
Friedrich Giersig, Mödling
Johann Gilschwert, Wien
Josef Glinz, St. Georgen a. d. Leys
Hanna Gnadenthür, Wien
Maria Gobiet, Graz
Gerlinde Gold, Kirchstetten
Maria Gollowitsch, Graz
Herbert Gorisek, Gerasdorf
Erika Göttlicher, Baden
Margarethe Gottwald, Wien
Franz Grabenhofer, St. Pölten
Helga Graber, über Internet
Reinhard Graf, Sierndorf
Friedrich Graf, Dürnstein
Richard Grafeneder, Traunstein
Johann Grasberger, Michelbach
Walter Grasberger, Rainfeld
Ernst Grässl, Graz
Herbert Gratky, Mödling
Hertha Gratschmayer, Wien
Hilde Greitbauer, Wien
Franz Gretz, Lanzendorf
Reinhold Griebler, Retz
Helene Grillenberger, Laaben
Inge Grimmlinger, Wien
Leopold Grindinger, Wien
Franz-Josef Grobauer, Wien
Josefa Groß, Bad Blumau
Manfred Groß, Deutsch-Wagram
Walther Gross, Zwettl
Friedrich Grösswang, Hinterbrühl
Leopoldine Gruber, Klosterneuburg
Hedwig Gruber, Wien
Traude Gruber, Hochwolkersdorf
Hans Grünmann, Matzen
Gertrude Gschaider, Muggendorf
Anastasius Gschaitl, Wien
Richard Gschlacht, Leopoldsdorf
Traude Gschmeidler, Pressbaum
Elfriede Gschröfl, Retz
Anna Gupfinger, Eberschwang
Peter Guschelbauer, Wien
Charlotte Gutjahr, Wien
Senta Gutkas, St. Pölten
Johanna Guttenberg, Wien
Margit Haas, Wien
Hugo Haberhauer, Wien
Franz Hack, Wien
Albert Hackl, Wien
Josef Hadrbolec, Mautern
Edith Hager, Steyr
Alfred Haidinger, Leoben
Adolf Hainzl, Großmeiseldorf
Helene Maria Hajek, Wieselburg
Ilse Halle, Wien
Josef Hammerle, Leoben
Friedrich Hamp, Wien
Hildegard Hanak, Wien
Johanna Handl, Haus i. Ennstal
Josef Franz Handler, Neunkirchen
Gerhild Hansen, Graz
Hans & Helga Hantich, St. Corona
Manfred Hanzlik, Purkersdorf
Irmtraud Härtinger, St. Pölten
Friedrich Hartl, Perchtoldsdorf
Hans Hasenzagl, Pyhra
Franz Haslinger, Herzogbirbaum
Herbert Hauer, Neunkirchen
Liselotte Hauer, Wien
Hannes Hauptmann, Dietersdorf
Helga Hayek, Klosterneuburg
Fritz Haymerle, Wien

Otto Hebenstreit, Margarethen a. Moos
Herta Heger, Mailberg
Alfred Hehberger, Wien
Hertha Heiderer, Wien
Ricky Heimpel, Raabs a. d. Thaya
Franz Heindl, Wien
Hilde Heintl, Wien
Julius Heinz, Seiersberg
Herbert Heinzel, Sieghartskirchen
Elisabeth Hell, Kaltenleutgeben
Hermine Henn, Gösing
Karl Hennerbichler, Altheim
Anna Heppe, Gumpoldskirchen
Fritz Hermann, über Internet
Otto Herzog, Wien
Elfriede Heschl, Wien
Ursula Hetzendorf, Graz
Konrad Hewera, Breitenfurt
Herwig Hierzegger, Klagenfurt
Franz Hinterwallner, Wilhelmsburg
Johann Hirn, Klagenfurt
Edith Hirt, Wien
Johann Hirtner, Weyer
Inge Hisberger, Wien
Werner Hoch, Krems
Peter Hoch, Klosterneuburg
Erich Hochedlinger, Kaltenleutgeben
Helga Hochenwarter, Wien
Gerfried Hodschar, Kainbach b. Graz
Erich Hoernig, Graz
Anton Hofbauer, Wien
Friedrich Hofer, Linz
Emilie Hoffmann, Gerasdorf
Kurt Hoffmann, Wien
Johann Hoffmann, Laxenburg
Hermine Holledauer, Hagenbrunn
Ernestine Holzbauer, Krumbach
Alfred Hora, Wien
Rudolf Horinek, Wien
Hannelore Hörist, Wien
Gertrude Horst, Graz
Hans Hagen Hottenroth, Scheibbs
Hubert Hradil, Plankenberg-Michlhausen
Franz Hruschka, Wulzeshofen
Friedrich Huber, Zwettl
Helmut Huber, Göstling
Theresa Huber, Obergrafendorf
Wolfram Huber, Wien
Irene Huber, Amstetten
Rosa Huber, Steyr
Heinz Hübner, Wien
Mathilde Huemer, St. Pölten
Anna Huemer, Wien
Elisabeth Huppmann, St. Pölten
Heimo Ilias, Kilb
Elisabeth Iro, Krems
Christa Jakob, Mistelbach
Norbert Hermann Jaksch, Traismauern
Waltraude Jakum, Wien
Claudia Jandl, Wien
Gotlinde Janisch, Graz
Ferdinand Jarolin, Wien
Familie Jarosch, Wien
Maria Jilek, Wien
Anna Jiraud, Imbach
Karl Jonas, Deutsch-Wagram
Edith Jordan, Wien
Waltraud Jorg, Wien
Andrea Jünger-Rychlik, Baden b. Wien
Franz Jungwirth, Kleinmeiseldorf
Alfred Kaar, Aurolzmünster
Johanna Kaiblinger, Maria Anzbach
Wolfgang Kail, Kirchstetten
Siegfried Kainberger, Hasbach
Christian Kaiserer, Hintersdorf
Friedrich Kallner, Maria Anzbach
Dorothea Kaltenbrunner, Petzenkirchen
Siegfried Kamleithner, Neuhofen a. d. Ybbs
Helene Kampl, Klagenfurt
Hermann Kaps, Seiersberg
Georg Karesch, Wien
Wilfried Kargl, Wien
Ingrid Karpfinger, Markgrafneusiedel
Ilse Kastelliz, Wien
Erich Kastner, St. Andrä-Wördern
Maria Katzengruber, St. Pölten
Walter Katzmayr, Schwaz
Monika Kegelreiter, Hohenwarth
Barbara Keller, Salzburg
Hannelore Kellner, Wien
Johann Kellner, Ottenschlag
Alois Kermer, Gänserndorf
Karl Kihssl, St. Pölten
Helmut Killian, Leitzersdorf
Rosemarie Killias-McGraw, Künacht
Ida Kinnl, Wien
Franz Kirchmair, Wien
Peter Heinz Kirchner, Wien
Hilda Kirchner, Wien
Gertrude Kirchner, Wien

Magda Kisser, Wien
Gottfried Kissich, Wien
Elfriede Kitzler, Krems
Dagmar Klar, Wien
Eleonore Klaus, Wien
Christine Klein, Wien
Rita Klenkhart, Raggendorf
Hannelore Klima, Wien
Lili Anna Knoll, Bruck a. d. Mur
Dieter Köberl, Wien
Maria Koblmüller, Pucking
Eva Koch, Ottenthal
Franz Köck, Wien
Josef Kogl, über Internet
Emma Köhler, Gablitz
Wolfgang Kohlroser, Graz
Margarethe Kokalj, Knittelfeld
Hannelore Koller, Schönkirchen
Alexander Koller, Ried b. Tulln
Hans Kolmer, Graz
Ilona Konczir, Gerasdorf b. Wien
Peter König, Wien
Ottilie Konrad, Hagenbrunn
Alfred Kopp, Berndorf
Herbert Korber, Wien
Horst Körber, Wien
Herta Korinek, Wien
Manfred Koscak, Statzendorf b. Absdorf
Wolfgang Kostan, Wien
Maria Kotera, Wien
Peter Ewald Kovar, Wien
Henriette Kovarik, Wien
Stefan Kozelka, Wien
Hermine Kragler, Baden
Wilhelm Krammer, Maria Lanzendorf
Hermine Kraus, Nitzing b. Tulln
Peter Krause, Wien
Helmine Krauss, Wien
Anton Kreimel, Loosdorf
Oswald Kremser, St. Pölten
Heinrich Krenn, Wien
Rosa Krenn, Wien
Hilde Kresta, Wien
Reinhard Kridlo, Jedenspeigen
Otto Krieger, Wien
Hermine Krippl, Wien
Alfred Kriz, Wien
Walter Kroiher, Laxenburg
Wolfgang Kronfuss, Wien
Erich Kruder, Palterndorf
Edith Krug, Wien
Karl Kubinzky, Graz
Robert Kudlicska, Wien
Gerhard Kühtreiber, Laa a. d. Thaya
Viktor Kukenberger, Graz
Elisabeth Kümmel, Payerbach
Alexander Kunz, Wien
Janusz Kurowski, Wien
Martha Kurz, Wien
Kurt Kutschera, Leopoldsdorf
Judith Kyzour, Wien
Karl Lackner, Markt Hartmannsdorf
Oswald Lackner, Markt Hartmannsdorf
Inge Lafer, Wien
Josef Lagler, Maria Laach
Werner Lamm, Hollabrunn
Helene Langensteiner, Losenstein
Erich Langer, Judenburg
Eduard Lanz, Graz
Walther Laske, Perchtoldsdorf
Franz Lassletzberger, Melk
Beatrix Latin, Wien
Georg Lechner, Ternitz
Herbert Leibl, Schöngrabern
Erich Leisser, Altbergbach
Hilde Leiter, Maria Enzersdorf
Johann Leitgeb, Wien
Gottfried Leitner, Wien
Maria Lengauer, Weißenbach
Anna Lepier, Wien
Daniela Lercher, Wien
Friedrich Lesel, Wien
Friedrich Letz, Wien
Heinz Leubolt, Klosterneuburg
Fam. Leupold, Wien
Rudolf Leuthner, Pillichsdorf
Walter Liebhart, Graz
Friedrich Prinz v. u. z. Liechtenstein, Riegersburg
Michaela Lilgenau, Wien
Nikolaus Lill, Wien
Edith Lindorfer, Wien
Reinhard Linke, Wien
Elisabeth Linshalm, Wien
Gertrude Litschauer, Wien
Johann Litschauer, Waidhofen a. d. Thaya
Josef Löckner, Knittelfeld
Eva Loebenstein, Wien
Hubert Loibl, Mistelbach
Birgit Longo, Niederabsdorf
Brigitta Lorenzoni, Wien

Irmgard Luef, Grimmenstein
Herbert Lukaseder, Langenlois
Theodor Lumbe, Wien
Dorothea Luttenfeldner, Wien
Friederike Machan, Leonding
Gottfried Machata, Wien
Martha Mache, Wien
Herwig Mackinger, Wien
Matthias Mackl, Wien
Oskar Madler, Wien
Siegfried Magele, Lieboch
Karl Maier, Mank
Ria Mang, Bad Gleichenberg
Karl Mann, Neulengbach
Wolfgang Marek, Schrems
Familie Margelov, über Internet
Elfriede Marincek, Wien
Walter Marinovic, Wien
Erna Mark-Draisenthal, Wien
Gisela Markl, Retz
Mathias Markl, Wien
Franz Marksteiner, Königsbrunn
Elfriede Martin, Wien
Gunther Martin, Wien
Robert Mascha, Neulengbach
Kurt Maschek, Stockerau
Leopold Matejowsky, Wien
Karl Mathes, Wipfing
Eduard Matula, Wien
Elisabeth Matuschek, Felixdorf
Alfred Mayer, Mautern
Anna Mayer, Maria Anzbach
Inge Mayer, Wien
Heinz Mayer, Wien
Ilse Mayerhofer, Rohrendorf
Leopold Mayr, Linz
Ingeborg Mazek, Kittsee
Alfred Mazza, Wien
Dagmar Mechtler, Schleinbach
Ingrid Meixner, Graz
Martha Mekiska (†), Wien
Gerda Melkowitsch, Maria Enzersdorf
Rudolf Merkle, Klosterneuburg
Karl Merzitschka, Amstetten-Greinsfurth
Heidemarie Messner, Graz
Susanne Mestelberger, Neulengbach
Winfried Meyer, Sieghartskirchen
Waltraud Milalkovits, Gramatneusiedl
Johann Mittendorfer, Ybbsitz
Familie Mlenek, Göllersdorf
Gerhard Moldaschl, Prottes
Gerhild Moscher, Hart b. Graz
Helga Moser, Wilfleinsdorf
Roswitha Moser, Gleisdorf
Rudolf Moser, Münzbach
Auguste Moser, Purkersdorf
Liselotte Moser, Wien
Sieghart Moser, Griesskirchen
Gottfried Möser, Wien
Kurt Motlik, Wien
Ferdinand Mühlbauer, Schwechat-Kledering
Thomas Mükisch, Neumarkt a. Wallersee
Karl Mülleder, Wien
Franz Müller, Maria Enzersdorf
Helene Müller, Wien
Gudrun Müller, Brunn a. Gebirge
Luise Elisabeth Müller-Wandau, Wien
Maria Müllner, Wien
Johann Muth, Wien
Ingeborg Myrdzik, Graz
Monika Nagel, Groß Enzersdorf
Ernst Nagl, Sollenau
Friedrich Nedoma, Wien
Johann Neitz, Enzesfeld-Lindabrunn
Josef K. Neklapil, Mödling
Elmar Neubauer, Wölbling
Wilma Neumann, Wien
Ottilie Neumeier, Wien
Helene Neuwirth, Trautmannsdorf
Johann Newrkla, Wien
Irma Nierlich, Wien
Franz Nimetz, Waidhofen a. d. Ybbs
Rosemarie Nimz, Wien
Ingrid Novak, Wien
Gerhard Oberleitner, Ybbs a. d. Donau
Wolfgang Odelga, Leopoldsdorf
Anton Oezelt, Hafnerbach
Karin Öhlerer, Ebenfurth
Hermine Ollatsberger, Grafenwörth
Rudolf Olsina, Wien
Alexander Ostheim-Dzerowycz, Wien
Egon Oswald, Langenrohr
Josef Ott, Wiener Neustadt
Waltraud Otte, Breitenfurt b. Wien
Leopold Ottokar, Wien
Walter Oujezdsky, Wien
Waltraud Outrata, Wien
Edith Pachernegg, Purkersdorf
Werner Pacholik, Gänserndorf
Percy Pachta-Rayhofen, Wien

Elfriede Palvik, Wien
Toni Panholzer, Linz
Gerhard Pannos, Zwölfaxing
Peter Pantzer, Bonn
Otto Panzirsch, Loibersdorf
Hermine Paschinger, St. Pölten
Erika Pätzold, Lienz
Adolf Paulis, Perchtoldsdorf
Helga Paulitsch, Sitzendorf
Raimund Paulus, Tulbing
Angela Pauser, Wien
Adolf Pechdacker, Wölbling
Josef Pechmann, Wien
Edith Penn, Wien
Christine Pennerstorfer, Schlichendorf
Henriette Pepl, über Internet
Erika Perdula, Mödling
Karl Pernsteiner, Wien
Dieter Peschl, Oberwagram
Josef Petz, Wien
Franz Pfaffl, Wien
Karl Pfeifer, Fischamend
Kurt Pfeiler, Lunz a. See
Eleonore Pfundner, Wien
Karl Piaty, Waidhofen a. d. Ybbs
Ludwig Piller, Retz
Martina Pippal, Wien
Karl Pisa, Wien
Karl Pischl, Pressbaum
Gertrude Pitsch, Wien
Friederike Plachy, Wien
Marion Plank, Loosdorf
Werner Pohl, Steinakirchen a. Forst
Alfred Pokorny, Wien
Peter Poloma, Laxenburg
Friedrich Pomikal, Wien
Hertha Ponleitner, Wien
Maria Ponsold, Graz
Robert Porod, Frauenhofen
Johann Posch, Rettenegg
Manfred Pöttenauer, Wien
Ilse Povolny, Wien
Erika Powolny, Bad Vöslau
Alfred Prager, Obersiebenbrunn
Gerhard Prammer, Lilienfeld
Werner Preier, Wien
Friedrich Preinsberger, Langenzersdorf
Herbert Prerovsky, Wien
Vera Prerovsky, Wien
Maria Pretz, Lanzendorf
Gerda Priessnitz, Wien
Peter Prinz, Wien
Johann Probst, Wien
Rudolf Prochazka, Wien
Karl Prodinger, Gföhl
Erwin Pröll, Radlbrunn
Johann Propst, Wien
Hermine Prugger, Wien
Robert Pschirer, Wien
Arnold Pum, Gresten
Peter Purk, Markgrafneusiedl
Helga Raab, Wien
Oswald Raab, Wien
Christoph Radanovic-Wetter, Absdorf
Helene Radbauer, Baden
Manfred Rahn, Rannersdorf a. d. Zaya
Franz Raidl, Rosenau
Johann Raith, Wien
Gertrud Ramharter, Amstetten
Johann Ramminger, Bad Vöslau
Martin Ranftler, Weigelsdorf
Hans Ranzenhofer, Wien
Maria Rasch, Wien
Alois Ratnik, Graz
Gertrud Rauch, Heiligenkreuz
Michael Rauchensteiner, St. Veit
Erich Redl, Wien
Johann Redl, Bad Vöslau
Johann Reich, Frauenkirchen
Herwig Reichenfelser, Wien
Ilse Reinitz, Wien
Maximiliana Reisinger, Wien
Alois Reiter, Zwettl
Johann Reiterer, Krummnußbaum
Robert Rep, Wien
Leopold Rethi, Wien
Herbert Retter, Wien
Kurt Rettinger, Passail
Hans Riedel, Wien
Stefanie Rieder, Maria Enzersdorf
Aloisia Riedrich, Wien
Christine Rief, Losenstein
Josef Riegler, Mauerbach
Leopold Riegler, Berndorf-St. Veit
Franz Riesenberger, St. Margarethen
Otto Rinder, Gießhübl
Luzia Ringhofer, Pitten
Josef Rippl, Wien
Franziska Riss, Wien
Friedrich Rohsmann, Felixdorf

Heinrich Roiss, Ernstbrunn
Karl Romeder, Wien
Gertrude Rosinger, Aspang
Elisabeth Rottensteiner, Puchberg a. Schneeberg
Helga Rottensteiner, Felixdorf
Henriette Rötzer, Wolfpassing
Herbert Rudolf, Enns
Karl Ruppert, Traunfeld
Oswald Ruttner, Wien
Ernst Rysanek, Wien
Walter Rysavi, Felixdorf
Friederike Sackl, Grübramsdorf
Johannes Salomon, Traun
Rudolf Salzmann, Krems-Lerchenfeld
Christine Samsinger, Guntersdorf
Elisabeth Sator, Wien
Edeltraud Sattler, Herzogenburg
Willi Sauberer, Salzburg
Herta Sauczek, Wien
Anneliese Sauer, Wien
Christine Säukel, Altbergbach
Kurt Schaefer, Pressbaum
Margarethe Schalko, Wien
Anna Schantl, Wien
Josef Schantl, Wien
Gudrun Scharbert, Wien
Hermann Schärf, Wien
Ingeborg Schatz, Wien
Franz Schebesta, Schrems
Christa Scheiblecker, Hainfeld
Brigitta Schelberger, Breitenfurt
Elfriede Scherz, Wien
Hans Schiel, Wien
Karl Schimanek, Gansbach
Franz-Josef Schindler, Hinterbrühl
Brigitte Schindler, Trofaiach
Margarethe Schindler, Wien
Gerhard Schindler, Leobendorf
Helmut Schleifer, Purkersdorf
Martin Schmeiser, Wien
Maria Schmid, Wien
Erich Schmid, Wien
Marianne Schmidt, Wien
Maria Schmidt, Wien
Martin Schmidt, Kottingbrunn
Elisabeth Schmidtbauer, Perchtoldsdorf
Renate Schmitz, Wien
Johann Schmutz, Neustadtl a. d. Donau
Thomas Schneider, Deutschlandsberg
Elisabeth Schöffl-Pöll, Hollabrunn
Renate Scholdau, Krumpendorf
Heinrich Schöll, Wien
Herta Scholz, St. Veit a. d. Gölsen
Heinrich Schön, Kematen a. Innbach
Ernst Schönleitner, Baden
Franz Schopper, Graz
Silvia Schotola, Graz
Anna Schreiber, Langenlebarn
Christine Schreiner, Markgrafneusiedl
Ernst Schrögenauer, Ried i. Innkreis
Rosalinde Schröttner, Wiener Neustadt
Gerhard Schüller, Mödling
Herbert Schwarz, Wien
Rudolf Schwarz, Wien
Edeltrude Schwarzbartl, Leibnitz
Karl Schwarzl, Hatzendorf
Wilfried Schweighofer, Prigglitz
Elfriede Schweigl, Marbach
Walter Schwendt, Wien
Martin Schwertführer, Sooß
Helmut Sebera, Hochgschaid
Familie Sedlak, über Internet
Lore Seifert, Wien
Kurt Seipel, Wien
Gertrude Seitz, Wien
Wilhelmine Senger, Thal b. Graz
Leopold Setzger, Wien
Erika Sieder, Wien
Annemarie Siegl, Wien
Gertrude Siroky, Wien
Margarethe Sixl, Wien
Albine Slüka, Klosterneuburg
Gerhard Smejkal, Ebergassing
Ludwig Smolka, Wien
Gebhard Sommerauer, St. Pölten
Roland Sörös, Wiener Neustadt
Johann Soucek, Felixdorf
Brigitte Spanbauer, Salzburg
Franz Spanner, Graz
Hans Jörg Spickermann, Seebarn
Franz Spießmaier, Amaliendorf
Eva Spindler, Mondsee
Hermann Spitäler, Wien
Johann Spreitz, Zeillern
Gerhard Srb, Wien
Edith Stachelberger, Prinzersdorf
Gerhard Stackl, Pottenbrunn
Helmut Stadler, Alland
Franz Stadler, Goggendorf
Walter Stadler, Freistadt

Engelbert Stadlober, Graz
Vera Stagl-Jöllinger, Klausen-Leopoldsdorf
Herwig Stajan, Maria Enzersdorf
Margarete Stampach, Wien
Hilde Stampfl, Wien
Friedl Stary, Wien
Josef Staudenmayer, Herzogenburg
Franz Steinbatz, Grafenwörth
Wilhelm Steinbauer, Lichtenau
Karl Steinböck, Wien
Ernst Steinbrenner, Wilhelmsburg
Olga Steinbrugger, Graz
Gerda Steinmann, Wien
Franz Stengl, Leitzersdorf
Wilhelm Steppan, Amstetten
Erich Steurer, Wien
Wolfgang Stiawa, Weissenbach a. d. Triesting
Alois Stiedel, Wien
Hedwig Stieff, Wien
Josef Stift, Wien
Aurelia Stiller, Wien
Heinz Stockinger, Wien
Hermine Stöckl, Wien
Josef Stöger, Reichenau a. d. Rax
Margarethe Stöger, Senftenberg
Hubert Stöger, Pöttelsdorf
Walter Stöger, über Internet
Josef Stolz, Wien
Karl Stowasser, Wien
Emma Stracker, Korneuburg
Paul Stritz, St. Gallen
Christine Strobl, Wien
Walter Strobl, Traiskirchen
Franz Strohmeier, Schallaburg
Arthur Stromenger, Maria Enzersdorf
Alois Stubhahn , Groß Sierning
Josef Studentzky, Wien
Max Stühlinger, Graz
Eduard Stumpf, Hollabrunn
Johann Suchy, Trautmannsdorf a. d. Leitha
Christa Sumper, Perchtoldsdorf
Alice Süss, Wien
Erika Swoboda, Wien
Christiane Szarka, Wien
Christine Szemeredi, Herzogenburg
Olga u. Maria Szemes, Wien
Monika Szinowatz, Neufeld
Yvonne Tanterl, Wien
Rudolf Tesas, Wien
Matthias Thalhammer, Laa a. d. Thaya
Helmtraud Thallinger, Graz
Almud Thorn, Amstetten
Adolf Tillich, Krems
Friedrich Tobil, Wien
Gerhard-Walter Toda, Tullnerbach
Sonja Toyfl, Biedermannsdorf
Herfried Trainacher, Klagenfurt
Theresia Trastaller, Mühldorf
Herbert Trefil, Wien
Johann Tretina, Hadres
Johann Trösch, Wien
Anna Trost, Gars a. Kamp
Herta Trunner, Marchegg
Walter Tschapka, Wien
Inge Tucek, Wien
Emma Tursch, St. Ulrich b. Steyr
Lucia Tuschl-Plank, Wien
Helga Tutsch, Wien
Gertrude Ungar, St. Pölten
Elisabeth Unger, Kottingbrunn
Lorenz Unger, Wien
Ernst Ungrad, Altenmarkt
Irene Urban, Wien
Walter Urbanek, Drösing
Hertha van Steelandt, Ulmerfeld-Hausmening
Susanne Vanecek, Wien
Renato Vecellio, Wien
Franz Vielhaber, Bad Hall
Violetta Voith, Niedersulz
Josef Vollgruber, Pöchlarn
Ilse Volpato, Sollenau
Gerhard Vorauer, Leobersdorf
Liselotte Vorderlind, Klosterneuburg
Kurt Wachold, Wien
Franziska Wachter, Wien
Stefan Wagesreither, Wien
Friedrich Wagner, Wien
Leopold Wagner, Lassee
Margarete Waldbauer, Oberbergern
Alois Waldherr, Kirchschlag
Anna Wallner, Purkersdorf
Franz Wallner, Großschönau
Hubert Wally, Brunn a. Gebirge
Evelyn Wanderer, Wien
Richard Wanko, Wien
Rudolf Wasinger, Gießhübl
Karl Wasmer, Wien
Eva Wasmuht, Langenzersdorf
Emilie Watzinger, Traun
Klaus Weber, Wien

Claudia Weber, Wien
Harry Weber, Wien
Margarete Weber, Wien
Hans Heinz Weber, Wien
Karl Wegerer, Würmla
Hans Dieter Weghofer, Wiener Neustadt
Erich Weghofer, Krems a. d. Donau
Ingrid Wehrmann, Wien
Alfred Weidel, Wien
Elisabeth Weihs, Wien
Peter Weiner, Mödling
Karl Weingrill, Wien
Gabriele Weinhengst, Wien
Elisabeth Weinwurm, Wien
Rudolf Harald Weiss, Laa a. d. Thaya
Herta Weiss, Liezen
Friedrich Weissensteiner, Wolfpassing
Helene Weixelberger, Raggendorf
Kurt Werner, Wien
Liane Wetchy, Wien
Walter Widerin, Wien
Erich Wiehart, Aspersdorf
Dietmar Wieser, Kufstein
Familie Wilhelm, über Internet
Gerhard Wille, Berndorf
Wilhelm Willensdorfer, Wien
Waltraud Wimmer, Sulz
Elisabeth Wimmer, Linz
Erich Windbrechtinger, Etsdorf
Aloisia Windisch, Übelbach
Anna Windsteig, Waltersdorf a. d. March
Kurt Windsteig, Zistersdorf
Erika Winkelbauer, Graz
Otto Winkelbauer, Groß Enzersdorf
Karl Winkler, Wien
Fritz Winkler, Eidenberg
Wilfriede Winter, Mühldorf
Franz Witek, Wien
Josef Wittek, Haselbach
Willibald Wöber, Wien
Emilie Wohland, Wien
Gerhard Wohletz, Klosterneuburg
Heinrich Wohlmeyer, Lilienfeld
Josef Wolf, Groß Enzersdorf
Robert Wolf, Wien
Laura Wolffhardt, Tulln
Maria Wolkinger, Graz
Gertrude Wollitz, Wien
Wilfried Wollmann, Wien
Lisbeth Wörther, Wien
Sofie Woschitz, Graz
Max Wratschgo, Feldbach
Johanna Wunsch, Wien
Liselotte Würl, Wien
Karoline Wurzberger, Korneuburg
Monika Zacharias, Graz
Helmut Zaiser, Linz
Wolfgang Zangl, Wien
Josef Zarl, Salzburg
Helmut Zaruba, Gerasdorf
Burgi u. Hans Zatyko, Graz
Albrecht Zdrazil, Wien
Herta Zedtwitz-Liebenstein, Wien
Stefan Zeilinger, Bischofstetten
Leopold Zellhofer, Hirschbach
Ricardo Zent, St. Pölten
Walter Zilka, Wien
Johann Zimmerl, Hadres
Richard Zimmerl, Wien
Gernot Zippe, Krailling
Engelbert Zoder, Maria Enzersdorf
Renate Zoder, Maria Enzersdorf
Eva Zronek, Wien
Christa Zumpf, Wiener Neustadt
Werner Zusl, Korneuburg
Eleonore Zuzak, Wien

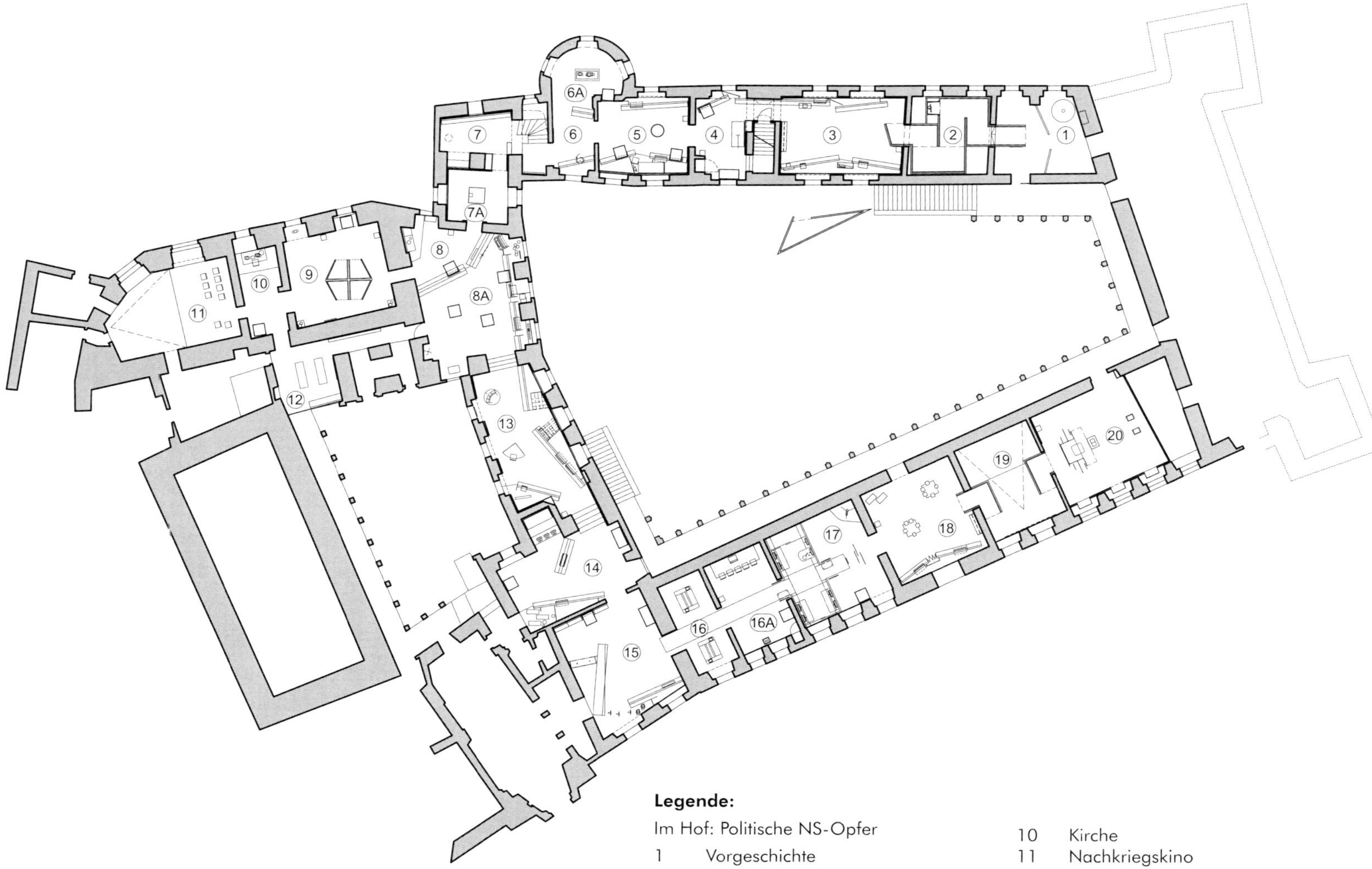

Legende:

Im Hof: Politische NS-Opfer

1	Vorgeschichte
2	Krieg
3	Kriegsende, Republiksgründung
4	Vertriebene und Flüchtlinge
5	Kriegsgefangene, Trümmeralltag
6/6A	Entnazifizierung
7	Wahlen ´45
7 A	Heimkehrer
8	Alltagsleben
8A	Wirtschaft, Technik, Sport
9	Kultur
10	Kirche
11	Nachkriegskino
12	Schule
13	Wirtschaft, Sozialpolitik
14	Wahlen, alliierte Bevormundung
15	Kalter Krieg, Spionage („Dritter Mann“)
16	Der Weg zum Staatsvertrag
16 A	Entscheidung in Moskau
17	15. April ´55: „Wir werden frei!“
18	Inhalt und Kosten des Vertrages
19	Wien ´55 – Fahrt zum Belvedere
20	„Österreich ist frei!“ – Das Dokument

architects pla.net

Personenregister

Das Register berücksichtigt die Beiträge des Bandes.